本书由闽南师范大学资助出版

台湾产业
概述

朱 磊　陈小艳　许京婕◎著

九州出版社
JIUZHOUPRESS　全国百佳图书出版单位

图书在版编目（CIP）数据

台湾产业概述 / 朱磊，陈小艳，许京婕著. -- 北京 ：
九州出版社，2024. 4. -- ISBN 978-7-5225-3008-6

Ⅰ. F269.275.8

中国国家版本馆CIP数据核字第2024M0Z864号

台湾产业概述

作　　者	朱 磊　陈小艳　许京婕　著
责任编辑	王海燕
出版发行	九州出版社
地　　址	北京市西城区阜外大街甲 35 号（100037）
发行电话	(010)68992190/3/5/6
网　　址	www.jiuzhoupress.com
印　　刷	北京星阳艺彩印刷技术有限公司
开　　本	710 毫米×1000 毫米　16 开
印　　张	37.5
字　　数	590 千字
版　　次	2024 年 4 月第 1 版
印　　次	2024 年 4 月第 1 次印刷
书　　号	ISBN 978-7-5225-3008-6
定　　价	98.00 元

前　言

　　台湾由一个历史上的农业岛变成当代科技岛，主导产业由种植业变成高科技产业，全球经济地位由微不足道的海岛经济变成不可或缺的科技重镇，经济角色变化如此之大，其经济结构的内部要素有着怎样的演化与分布，当前台湾的产业结构、龙头企业及台湾经济政策与主管机构呈现何种状态，值得关注研究。

　　荷兰殖民者与郑氏集团统治台湾时期，台湾居住人口稀少，经济的开发程度非常低，主要靠自然资源进行贸易。当时本地出口最大宗商品是鹿皮、硫黄。台湾是亚热带海岛，气候适宜草木生长，又几乎没有大型食肉动物，有利于野鹿繁殖。当地居民均以鹿肉及内脏为食。鹿皮不仅是优良的皮革原料，还能入药，故而鹿皮在很长时间内是古代台湾的主要出口商品。台湾地处亚欧板块与太平洋板块的交界地带，有大量火山喷发后产生的天然硫黄，可以用于制造黑火药。

　　明清时期台湾在出口产品不多的情况下，利用有利的地理位置，大力发展转口贸易，当时转口贸易的最大宗是丝、糖、瓷器，主要是从中国大陆进口并转口到南洋和西洋。

　　随着郑氏集团大量招募大陆民众赴台开垦，并带来先进生产工具与生产技术，台湾农业快速发展，稻米与甘蔗产量大增，并且制糖工艺相对简单，米、糖成为本地出口产品的主力。

　　清朝治理台湾前期，一方面，台湾本地出口最大宗仍然是米、糖，只是因为大量台湾民众被迁回大陆而一度生产衰退。另一方面，台湾开始出现新兴出口产品：樟脑、茶叶、煤。这主要是由于台湾经济开发开始从原来的台南平原向北部发展。北部有大量樟树，樟木可以造船，樟脑可以防腐。北部适宜种茶，同时还有煤矿。这些新兴出口产品的出现，最初是由于开发北部台湾出现供给变化，后来出口繁荣则是由于国际市场对这些产品的需求扩大。

到清朝统治台湾后期，台湾本地出口最大宗已经是茶叶、樟脑、糖，萎缩最大的出口产品是稻米。这主要由于世界市场对糖的需求扩大，甘蔗种植面积挤占稻米，导致稻米减产。

日本殖民者从清政府手中窃取台湾后，垄断了台湾产品的出口市场，恢复了台湾的米、糖经济，将台湾作为日本帝国主义扩张的原材料生产基地，这是殖民地经济的典型特点。米是日本军队和民众的主食，糖是产生人体热量60%以上的重要营养物质，台湾的米、糖输入确保了日本扩张的粮食基础。

1932年，台湾的米、糖出口额占出口总额比重为78%。1939年，台湾制糖工业产值占食品工业产值的74%，而食品工业产值占台湾工业总产值的67%。换句话说，当时台湾工业的一半产值来自制糖。不过，台湾制糖工业几乎完全被日本资本垄断，台湾资本居于从属地位，国际市场罕见台商身影。

二战结束，台湾光复初期，台湾战后重建，经济出现波动。外贸方面出口少、进口多，主要原因是国民党政权在大陆不断溃败，特别是1949年约180万人迁移至台湾，导致岛内人口骤增，农业产品要优先保证内需，国民党当局采取了限制出口的政策，因此出口量很少。1952年台湾出口总额是1亿美元，其中糖、米出口额占78%，与1932年的台湾出口结构相同。不同的是，台湾本地资本成长，地主转向工商业，台商崛起，开始成为台湾经济的活跃和主导力量。

1953年开始，台湾当局为增加工业品产能，采取了进口替代策略，结果是台湾开始有能力生产工业品，逐渐从农业社会向工业社会转变。当时出口产品中，仍然以米、糖为主，1950—1966年日本是台湾地区最大的出口市场。1967—2001年，美国成为台湾地区最大的出口市场，台湾主要出口产品是木制品、糖、纺织品。

1963年台湾工业生产净值首次超过农业。1966年台湾工业品出口比重首次超过农产品。台湾自此进入工业社会。此后农产品出口额在台湾的出口总值中所占比重越来越低，1990年后不到1%。

台湾工业化过程奠定了现代台湾科技岛的基本格局。电子产业崛起是台湾工业化过程中的产物，电子产业的产值、出口值、上市公司数量占台湾整体制造业比重的半数。电视机是台湾第一种成熟的中级技术出口产品，产值和出口值大于当时其他主要电子产品。

台湾工业化过程中，美国一直扮演重要角色。一方面是最大的进出口伙伴。美国市场占台湾地区进口市场比重最高时达 47.5%（1955），美国市场占台湾地区出口市场比重最高时达 48.8%（1984）。这两个数字，目前作为台湾地区第一大贸易伙伴的大陆，迄今仍未达到如此高的依存度。

另一方面，美国是台湾最重要的投资来源。1950 年起，美国以经济援助方式为台湾地区提供投资所需要的设备、原料、技术和人才，年均约 1 亿美元。1965 年"美援"终止，美国以直接投资取代经济援助。当时台湾工业化过程中产生大量农业剩余人口，1966 年台湾创立了第一个加工出口区，吸引外资和民间资本，将本地的劳动力优势与资本技术相结合。

美国直接投资为台湾地区带来迅速发展相关工业的机会。1965 年美国公司飞歌（Philco）第一个在台湾地区投资生产电视机。

1964 年台湾本地企业大同开始制造电视机，1969 年大同开始彩色电视机生产。1980 年大同建立台湾第一座显像管工厂，即中华映管公司。2000 年大同已占有彩色显像管全球市场的 1/4。台湾本地厂商在 20 世纪 70 年代末达到电视机产量顶峰，也孕育着下一个产品升级。

电脑生产时代来临。台湾电子业厂商生产电脑，最初几乎完全依赖进口元件而后进行组装，因此其制造技术比电视机还简单，是电子产品中最量产化的一个分支。20 世纪 70 年代初，组装计算机的台商有 20 来家，80 年代初只有 5 家厂商形成了规模经济。日本企业改采 OEM 方式在台湾生产电脑，台湾电脑产量以几乎每年翻番的速度扩充。

1995 年，台湾在电脑及周边设备的硬件生产产值上已经仅次于美日而位居世界第三，产品在世界市场上的平均占有率高达 50%，即世界每两台个人电脑就有一台是台湾生产，或使用台湾生产的资讯周边设备。1999 年，台湾电子业 14 项电脑产品产值居世界第一，包括笔记本电脑和台式电脑。

台湾地区目前是全球第四大电子信息生产基地，仅次于美、日和大陆（实际上大陆约6成产值由台企生产)。台湾超过15项电子业产品的市占率居全球首位。

台湾从电脑时代向半导体时代的过渡始于20世纪90年代,但台湾半导体产业的萌芽较早,最初是从组装作业做起,附属在电视机制造作业下,因为当时在台湾,电视机的组装和显像管的制造比半导体组装更复杂。

1976年台湾以美国技术建成自己的第一座集成电路工厂。集成电路是半导体产业的主要产品,其制造流程大体是:晶圆—设计—光罩—晶片—封装—测试—出货。20世纪80年代中期主要以资金需求较少、技术与劳力密集的封装业为主,产值占近90%。90年代中期以资本与技术密集的晶圆加工业为主,产值比重上升至56%。

21世纪初,台湾有全球第一大晶圆加工业和封测业,以及全球第二大的IC设计业。台湾半导体业的龙头企业主要有四家,即所谓"晶圆双雄"和"封测双雄"。台积电与联电占有全球80%的晶圆代工生产订单。日月光与矽品为全球第一及第三大封测厂。

台湾半导体产业崛起使台湾成为全球高科技产业制造重镇。半导体产业产值占台湾GDP的16%。半导体在现代社会具有特殊的重要性,它是互联网、高科技、现代生活、军用设备的核心,开发先进产品的必备组件,各国需要储备的战略性资源。掌握芯片生产和设计将在未来的科技领域提前具备竞争优势。

在目前的全球半导体产业中,台湾企业台积电有着举足轻重的产业地位。它是目前世界最大的半导体代工厂,拥有全世界最先进的半导体制造工艺,也是全世界第三大半导体厂商。美商英特尔的营收主要来自CPU芯片、服务器等自有品牌产品,韩商三星的营收主要来自存储芯片、手机、面板等自有品牌产品,台积电的营收只有晶圆代工。

台积电市值超过美国电子巨头IBM和美国芯片领导厂商英特尔。台积电市值约占台股大盘总市值的23%,产值约占台湾整体GDP的6%,直接拉动台湾民间投资占比10%—30%。台积电是全球首家量产5G移动网络芯片的专业集成电路制造服务公司,目前几乎包揽全球90%的5G芯片订单。技术创新方面,居台湾法人专利申请百大排名榜第一名。2021年全球晶圆代工市场占有率为 60%。

这样的龙头企业无疑是台湾主导产业的基石，台湾舆论甚至称其为"护台神山"，但国际形势的变化令台湾龙头企业的未来发展充满不确定性。还里以台积电为例做介绍。

台积电 1986 年成立，1994 年上市。目前外资（其中绝大部分是美资）对台积电持股超过 80%。台积电最大股东为美国花旗托管台积电存托凭证专户，持股比例为 20.54%。第二大股东是台湾当局"行政院国家发展基金管理会"，持股比例占 6.38%。目前 CEO 是美籍华人。从这种情况看，台积电更像是美国企业，只是主要生产基地仍在台湾。

于是美国提出要求，施压台积电将生产基地转移至美国，既保障美国国内的芯片需求，也增强美国本土的芯片生产能力。在美国压力下，2021 年台积电在美国亚利桑那州投资 120 亿美元建立 5 纳米晶圆代工厂，预计 2024 年量产。台积电目前在岛内有 9 个晶圆厂，美国有 2 个，中国大陆和日本各有 1 个。台积电在北美、欧洲、日本、韩国以及大陆和台湾均设有子公司或办事处。

不过，从成本看，大陆建厂成本最低，台湾地区次之，美国最高，而且相差很大。从市场看，智能手机等台积电市场营收结构中的主要产品，大陆都有巨大潜力，且客户与订单规模持续在扩大。如果能在大陆建厂，既接近客户，又接近产地，无疑可以最大限度地缩减中间环节，确保利益最大化。这类选择题，台积电和众多台商都会面对。

在未来全球产业链的构建中，台湾产业与台商投资该如何选择布局方向，愈来愈成为业内最关注的议题。

目前在大陆投资的台资企业产值已经超过台湾岛内所有企业的产值。台湾百大企业集团中共有 95 个集团赴大陆投资。台湾上市柜公司赴岛外投资家数占 80%，其中 76% 都是赴大陆投资。中国（不含港澳台）对美出口的前 10 名企业中有 8 家是台资企业。2021 年台湾对大陆的出口产品结构中，排名第一的是电子零组件（集成电路占出口半数），排名第二的是资通与视听产品。截至 2021 年底，台商赴大陆实际投资额为 713.4 亿美元。大陆台企约 4 万家，产值超过 5 万亿人民币，总体产值和平均规模均超过岛内台商。台商如何规划两岸分工与全球布局，关系到未来台湾经济发展与两岸关系走向。

　　台商对外贸易投资、台湾产业结构演化与两岸经济融合是一种相互促进的关系。在台湾产业结构升级的过程中，产业外移呈现大量台商投资大陆，进而带动中间产品和零部件的出口，将两岸经贸水平不断推向新高。同时，两岸经贸范围和规模的不断扩大，又为台商提供了广阔的市场，促进了台湾新兴产业的迅速崛起，而传统产业转移大陆也为岛内新兴产业的发展留出各种资源空间。未来两岸仍应通过发挥双方互补优势来加强两岸产业合作与融合，推动两岸经济关系发展。

　　台湾企业早期对外直接投资技术含量普遍不高的特点，与其普遍规模偏小从而抑制企业技术升级密切相关。最初台湾以中小规模企业为主的形式是受以资本为主的要素制约的，随着劳动密集型产业的发展，台湾经济通过发挥劳动力相对丰裕的比较优势实现剩余最大化，人均可支配资本量增加，逐渐摆脱了资本对企业规模的制约，此时管理资源，即人力资本成为企业规模扩张的主要制约因素。

　　企业组织规模的扩张需要两个前提，一是社会存在可供给的管理资源，二是社会的管理资源可以为企业所用。在信任的约束下，企业如果不能充分利用社会管理资源，就会遇到规模扩张的瓶颈，进而阻碍企业技术升级，当要素成本升高时，只有通过对外直接投资去寻找生产要素更为低廉的投资地。

　　信任约束首先和经济发展水平有关。在经济发展初级阶段，作为公共产品的社会信用体系尚未建立，社会信任的交易成本还很高，企业主要依靠私人信任。其次和社会文化环境有关。在同样的经济发展阶段，不同社会文化环境下的私人信任有"特殊主义"与"普遍主义"两种。在台湾这样特殊主义私人信任盛行的环境中，人际关系亲疏分明。由于这种社会存在较明显的内外界限，与内部人之间的交易信息租金几乎为零，因此企业主在组织规模扩张中习惯与内部人交易，这就制约了企业对社会管理资源的运用，阻碍了企业的规模扩张。由于小规模的发展中国家或地区企业很难有大量的技术创新，技术升级主要依赖于技术引进和大批量生产，而规模有限则不足以引进国际上较为先进的成熟技术，阻滞技术升级，一旦土地、劳动力等要素价格上升，企业将不得不选择对外直接投资谋取更廉价的要素，形成技术升级替代型对外直接投资，这是本书提出的台湾早期对外直接投资的动因。

经过几十年发展之后，台湾企业形态发生很大变化。大量企业的技术升级取得显著成绩，成为各个领域的世界"隐形冠军"，拥有了自身的技术优势。其中代表性的台积电，虽然不做自己的品牌产品，但其技术优势可以获得世界大部分代工订单。其对外直接投资的动因是综合的：在中国大陆的设厂既是资源寻求型，也是市场寻求型；在美国的设厂既是市场寻求型，也是效率寻求型。在美国开设先进晶圆厂，成本、技术、人才都不如台湾，因此只是看中市场和效率，以及美国政府的政策施压。

可见当今台湾企业对外直接投资已经有不少是主动进行的具有一定技术含量的"优势运用型"对外直接投资。不过，战略资产寻求型直接投资仍然是未来台商全球布局需要发展的重点。就半导体产业领域而言，未来将是世界各国在制度、科技与人才等多方面的综合竞争。最有资源动员优势的制度在哪里？最有庞大资源的人才基础在哪里？最有发展前景的科技应用在哪里？最有产业配套的营商环境在哪里？这肯定是台积电等台湾龙头企业需要进行战略思考的地方。

大陆的战略资产正在迅速增加，未来会涌现越来越多的高技术企业和大品牌公司。仍以芯片制造领域为例，从 1990 年到 2020 年，大陆建造了 32 座生产芯片的超级工厂，而全世界其他地区的工厂加在一起也只有 24 座。大陆现已制造了全世界一半以上的电路板。大陆生产了全世界 70% 的硅、80% 的钨和 97% 的镓，每一种原材料都是芯片制造不可或缺的。这种现象的发生是因为中国大陆既具有雄厚的民间发展潜力，也有高效率的政府动员能力。

政府重视和扶持政策非常重要。深化两岸融合发展是党的十八大以来为进一步深化和拓展两岸关系和平发展内涵、推进祖国和平统一进程而提出的大陆对台政策新论述和新理念，是新时代党解决台湾问题总体方略的重要内容，是新时代新征程上确保两岸关系和平发展方向的重要指导思想。大陆一直支持和鼓励台商在大陆发展，积极推动两岸融合发展，并为此提供各种帮扶与优惠政策。仅 2018 年以来就出台了"31 条措施""26 条措施""11 条措施""农林22 条措施"等有利于台商在大陆发展的政策举措。

两岸融合发展需要更好地了解台湾产业结构与经济基础，加强两岸经济与产业融合是融合发展的重要内容。2019 年习近平总书记在《告台湾同胞书》

发表 40 周年纪念会上，发表了《为实现民族伟大复兴、推进祖国和平统一而共同奋斗》的重要讲话，提出了"深化两岸融合发展，夯实和平统一基础"的新举措，指出"我们要积极推进两岸经济合作制度化，打造两岸共同市场，为发展增动力，为合作添活力，壮大中华民族经济"。①

本书不仅探讨台商投资、概述台湾产业结构，还对台湾相关政策与台湾企业进行介绍。与其他同类研究著作相比，本书更注重框架的完整性和资料的全面性。本书通过对台湾主要产业与企业的介绍，勾勒台湾当代经济主体的结构全景图，便于认识和掌握台湾经济的现状与演变，可作为研究台湾宏观经济与产业经济及从事具体投资或招商业务的必备工具。

本书分四个部分：第一部分对台湾产业与企业发展的现状进行概况介绍和特点分析，既有台湾产业结构全景图和最新发展状况，也有台湾产业与企业的特点归纳与原因分析，探讨当前台湾产业布局及对外投资的特色与历史原因。第二部分对台湾产业主管部门与机构团体进行盘点和介绍，梳理台湾产业网络与管理体系。第三部分整理台湾产业园区与自由贸易港区，挖掘台湾企业发展与产业结构演进的生长环境与政策背景。第四部分介绍台湾当前主要产业与企业的发展概况，以及两岸交流合作情况，对电子信息、集成电路、新型显示、智能制造、现代食品、生物医药六大最具投资潜力的产业及各自前三十大企业进行梳理，并对各产业及企业与大陆的投资等分工联系进行检视。

我们为撰写这本书付出了巨大努力，为了保证相关资料的准确详细，我们花费大量时间予以搜集及核对，很多数据虽然来之不易，但如果来源不可靠，拿不准真实性与准确性，我们大多选择放弃和删掉那些内容。写作时间长了也不可避免地会出现某些数据时效性较差，又没有及时更新。而且，由于涉及的信息量相当庞大，我们人手有限，肯定难免会有各种问题或疏漏，还请读者谅解。

两岸经济必将走向融合。未来会有更多研究台湾产业的成果出版。希望本书能提供台湾产业发展过程中横截面的概览，可以全面了解台湾的产业结构、主管部门与机构团体、产业园区、重点产业与龙头企业，成为台湾产业研究领域一个有价值的阶段性成果，为下一步的深入研究及内容更新打好基础。

----

① 习近平：《习近平谈治国理政》（第三卷），外文出版社，2020 年，第 408 页。

目　录

第一章 台湾产业及企业特点分析

第一节 台湾产业现状总览

台湾产业结构半个多世纪以来有相当大的变动。20 世纪 50 年代初，台湾产业结构还是以农业为主，农业产值占其 GDP 比重高出工业十几个百分点，此后 10 年间却迅速由农业社会进入工业社会，1962 年台湾工业产值占其 GDP 比重历史上首次超过农业，并在 1986 年达到 47% 的历史最高。此后台湾迅速向后工业社会演进，工业比重下降，服务业比重骤升，到 2002 年，台湾服务业产值占其 GDP 比重历史上首次超过 70%，这一比重甚至高于许多发达经济体的水平。虽然台湾目前服务业的产值比重和就业比重都大幅超过制造业，但制造业在台湾经济中的重要地位却一直无可替代。正是因为台湾制造业发达，特别是在高科技领域的突出表现，使台湾地区在国际分工中占有重要的一席之地。

当前台湾八大制造业（表 1-1）发展状况及其上中下游产业结构如下。

表 1-1　当前台湾主要制造业产业

电子信息产业	新兴科技应用产业	新兴能源产业	材料与化工产业	机械与车辆产业	生物医药产业	金属产业	民生产业
半导体	穿戴装置	太阳光电	电子材料	机械	制药	钢铁	纺织
通信	物联网	风力发电	石化	车辆	应用生技	非铁金属	食品
显示器及电子零部件	云计算		特用化学品		医疗器材	金属制品	
信息硬件	人工智能						

续表

电子信息产业	新兴科技应用产业	新兴能源产业	材料与化工产业	机械与车辆产业	生物医药产业	金属产业	民生产业
	智能制造						
	智能零售						
	移动支付						
	信息安全						

资料来源：唐铭铧：《2019 年台湾产业地图》，台湾经济日报出版社，2019 年。

一、电子信息产业

台湾电子信息产业涵盖范围较广，包括从 20 世纪 80 年代兴起的 PC 及周边设备等信息硬件，到 90 年代成为台湾高科技主导产业的半导体，以及 2000 年后作为台湾"两兆产业"之一的显示器及电子零组件和通信等重要新兴产业。

（一）信息硬件产业

台湾信息硬件产业主要有台式电脑、笔记本电脑、服务器、智能音箱等产业。台式电脑属于成熟期产品，在形态及用途上变化较少，难以创造大量需求，因此该产业全球市场已经饱和，自 2015 年起逐年萎缩。台湾台式电脑企业包括代工厂商和自有品牌厂商，二者合计目前在国际上仍有约 50% 的市场占有率。代工产品出货量占台湾台式电脑出货量 90% 以上，前三大代工厂商为鸿海、纬创与广达。主要客户为国际 PC 品牌厂商，包括戴尔、惠普、联想，这三大客户的需求量占台湾出货量的 80% 以上。台湾台式电脑的品牌厂商以宏碁、华硕及微星为代表。台湾台式电脑产业上游半导体的 CPU、GPU、芯片组均需仰赖外国大厂供应。关键零部件如主机板、机壳、电源供应器、连接器、被动组件都有台湾供应商。其中台湾企业的主机板产量占全球出货量的 40% 以上，生产基地以大陆为主。台式电脑制造的台湾代工厂技术成熟，能获得制造技术门槛较高的商业订单，有竞争优势。

笔记本电脑市场也进入成熟阶段，目前全球市场呈现微幅衰退态势，主要因为个人电脑市场饱和及智能移动产品替代。台湾在全球笔记本电脑产业中仍处于领导地位。台湾代工厂商具备全球运筹能力，长期全球市占率超过80%。其中，广达与仁宝两大代工厂商合计市占率超过全球市场的一半，产业集中度高，易于建立市场进入障碍。笔记本电脑产业的上游厂商中，台湾在CPU、GPU、存储器、硬盘等关键零部件上并无主要供应商，但在面板供应方面，台湾友达及群创具有高市占率。在生产制造方面，台湾ODM代工厂除具有成熟开发设计与生产制造技术外，在零部件的采购成本、取得能力、存货管控及物流运送等方面均有竞争优势。

服务器产业整体市场仍以美国品牌厂商为主导，包括HPE、DELL EMC、IBM等，其高阶、大型主机产业维持自制，中低阶服务器多委托台湾代工厂商生产制造，以全系统（full system）、准系统（barebone）或主机板（server board）等形式出货。台湾服务器产业中，全系统与准系统产品占45%，主机板产品占55%，2017年出货量分别为3926千台与4810千片。台湾整体服务器产值106亿美元。

智能音箱是内嵌AI语音助理的音箱，可远程控制家用设备，或连接第三方网络服务。2018年全球智能音箱市场中，以AMAZON市占率最高，其次是GOOGLE。在智能音箱产业上游厂商中，芯片供应厂商台湾的联发科及瑞昱有高市占率。生产组装方面，台湾代工厂商有鸿海、英业达、仁宝、广达、和硕等具有较强生产制造能力的企业，掌握着AMAZON、APPLE、GOOGLE等主要品牌的订单。

（二）半导体产业

半导体产品是电子系统产品中不可或缺的关键组件，因AI电子产品的问世及发展，近年来全球半导体市场大幅增长，2017年为4122亿美元。其中集成电路（IC）产品市场规模最大，占全球半导体市场83%，分离式组件市场占5%，感测组件市场占3%，光电组件市场占8%。

台湾半导体产业自台积电从事晶圆代工后，逐步发展为上下游垂直分工的产业结构。上游至下游依次为IC设计、制造、封装、测试。专业分工与产业群聚使台湾IC产业有弹性、速度、成本三方面的竞争优势。2017年台湾IC

产业产值 820 亿美元。其中，台湾晶圆代工与封测市占率均为全球第一；IC 设计市占率全球第二，仅次于美国，全球市占率 18%。

2017 年台湾 IC 设计业厂商 240 家，晶圆制造公司 15 家，封测公司 37 家，光罩公司 3 家，基板厂商 7 家，导线架厂商 4 家，晶圆材料厂商 11 家。较有代表性的厂商包括：晶圆代工厂商台积电、联电，IC 设计厂商联发科、联咏、晨星、群联，IC 封测厂商日月光、矽品，存储器厂商南亚科、华邦、旺宏、美光。

近年来，台湾 IC 设计业已渐由 PC/NB、消费性电子等成功跨入智能型手机、平板电脑等芯片领域，甚至开始布局物联网相关芯片。台湾 IC 制造包括晶圆代工与存储器制造两类，前者 12 家，后者 3 家，共 15 家 IC 制造商。目前台湾 IC 制造业仍以晶圆代工为产值贡献的最主要来源。2017 年台湾 IC 制造产业产值 456 亿美元，台湾 IC 封测产业产值 159 亿美元。台湾 IC 封测产业产值占全球封测产业总产值的 56%，其后第二大和第三大生产基地分别是中国大陆和美国。目前台湾前五大 IC 封测厂商分别为日月光、矽品、力成、顾邦、南茂。

（三）显示器产业

TFT-LCD（Thin film transistor liquid crystal display，薄膜晶体管液晶显示器，简称"液晶显示器"）产业。台湾液晶显示器产业曾经与韩国并驾齐驱，领先全球，现在地位虽不比从前，但在全球市场上仍有一席之地。群创与友达分别是全球第三与第四大面板厂，是台湾最重要的面板全产品线供应商，拥有 3.5 代线至 8.5 代线，中小尺寸面板则往高阶技术发展。中小型面板生产企业的代表是华映、彩晶、凌巨。元太是以电子纸为主要发展对象。

总体而言，台湾面板厂商在产品型号上逐步从以大型面板为主转向以中小型面板为主，在经营方式上也积极朝高阶技术、新尺寸等获利较大的产品线布局。2018 年台湾大型面板产值约 171 亿美元，中小型面板产值约 103 亿美元，分别占全球产值比重约 20% 和 35%。未来发展趋势，台湾面板厂商将从 LCD 延伸至 MINI LED、MICRO LED 等新技术。大尺寸面板将强化曲面、4K、超薄化、整合型面板等高阶产品研发生产；中小型面板将走向高画质、高精细度、轻薄、低耗能等技术。

OLED（Organic Light-Emitting Diode，有机发光二极管，又称有机电激发光显示、有机发光半导体）产业。台湾 OLED 产业在 PMOLED（Passive Matrix OLED，被动驱动式 OLED）产业部分，生产主力已转型至产业与车用等特殊领域，受季节性因素影响较低，合作客户多为欧美品牌大厂，单价较高且订单较大。该领域台湾厂商主要有铼宝科技、智晶光电。在 AMOLED（Active Matrix OLED，主动驱动式 OLED）部分，具有代表性的台湾厂商是友达和群创，二者均投入研发与量产。目前全球 OLED 产业仍维持增长，OLED 面板朝更大型化、更高值化的产品线延伸。台湾友达正在增加圆形切割的 AMOLED SMART WATCH 产品出货量，AMOLED 产值还将攀升。

LED 组件产业。台湾 LED 组件产业发展超过 40 年，除上游部分原材料供应能力稍弱外，已建构出相对完整的产业链，为全球前三大供应地。有别于美、日、欧产业的上下游垂直整合，台湾 LED 组件产业呈现垂直分工，早期以上中下游三阶段专业分工形态为主，但目前已转为上中游磊晶及晶粒与下游封装两阶段分工。其中磊晶 / 晶粒技术门槛高、资本投入规模大，因此厂商家数相对较少，产业集中度高，目前台湾的最大厂商是晶电。LED 封装厂商家数众多，且规模与技术能力差异较大，其中亿光、隆达、光宝、今台、荣创、东贝等为主要领导厂商。

被动组件产业。台湾被动组件产业全球市占率约为 10%。台湾被动组件产业包括电容、电阻、电感、滤波器、振荡器五大类产品，尤其以电容类为大宗。台湾被动组件厂商约 70 家。其中，国巨电子是全球第一大芯片电阻制造商、全球第三大积层陶瓷电容供应商。2017 年以来，岛内厂商通过联盟与并购，在市场上形成了较具规模的电容、电阻、电感完整供应厂商，但由于大部分关键材料仍来自日本及欧美厂商，上游材料也仍存在明显缺口。同时，台湾被动组件厂商近年纷纷到大陆设厂，以就近供应客户产品。

印刷电路板产业（Printed Circuit Board，简称 PCB）。台湾地区在该产业的全球市占率领先，2017 年达 31%，中国大陆以 22% 位列第二，日本以 20% 排名第三。台湾印刷电路板产业布局完整，主要原料均由岛内厂商提供。

不过高阶载板材料、高频/高速板所需材料仍需岛外厂商供应。台湾PCB供应商包括：敬鹏、瀚宇博德、健鼎等供应单面板、双面板、多层板；欣兴、华通、耀华等供应HDI（High Density Interconnector，高密度互连）；嘉联益、台郡、臻鼎等供应软板；欣兴、景硕、南电等供应IC载板；楠梓电、华通、耀华等供应软硬板。台湾PCB厂商布局仍以两岸为主，其中载板、HDI等高阶产品多数在台湾本岛生产，而单双板、多层板、软板则多已移至大陆生产，目前台商在台湾与大陆生产的PCB比重为38%和62%。预计未来东南亚因成本优势可能导致台湾有关产业生产布局比重将增加。

传感器产业。台湾传感器产业基本完整，上游传感组件投入厂商相对较多，且传感器制造与封测都有岛内半导体产业链的支撑。中游模组厂商相对较少，相较国际大厂，岛内厂商在模组产品布局上也相对落后。目前台湾上游感测组件以光学传感组件较佳，除光学镜头与触控传感器厂商长期是苹果的供应链厂商外，光传感器也已打入大陆智能手机主流品牌市场，光学鼠标影像传感器厂商更是稳居全球领导地位。中游传感模组厂商家数较少，主力厂商包括鸿海、群光、致伸等。

（四）通信产业

通信产业是近年来发展迅速的最重要的电子信息产业。通信技术分为两种——有线通信和无线通信。有线通信是信息数据在实物上传播（看得见、摸得着），基本上用的是铜线、光纤这些线缆，统称为有线介质。在有线介质上传播数据，速率可以达到很高的数值。无线通信就是利用电磁波进行通信，信息在空中传播（看不见、摸不着）。电波和光波（例如LiFi），都属于电磁波。在手机通信中，主要使用中频至超高频。例如经常说的"GSM900""CDMA800"，其实意思就是指工作频段在900MHz的GSM和工作频段在800MHz的CDMA。目前全球主流的4G LTE技术标准，属于特高频和超高频。随着1G、2G、3G、4G的发展，使用的电波频率是越来越高的。频率越高，能使用的频率资源越丰富。频率资源越丰富，能实现的传输速率就越高。5G的频率范围分为两种：一种是6GHz以下，这个和目前的2/3/4G差别不算太大。还有一种在24GHz以上。目前，国际上主要使用

28GHz 进行试验（这个频段也有可能成为 5G 最先商用的频段）。

台湾通信产业链布局完整，系统产品设计制造及组装尤其是台湾厂商的强项。上游芯片领域，虽然台湾通信芯片厂商大多跟随欧美大厂制定的国际标准，但因大陆通信产业的强劲发展也开始对台商产生影响。例如台湾企业联发科不仅与 GOOGLE 合作开发手机芯片，还积极开拓大陆市场，已经有一定的市占率。网络通信领域，台湾厂商多与欧美电信企业配合提供代工设计制造服务，成为其主力供应商，而台湾品牌厂商则因资源投入有限，与国际大厂规模存在差距。手机品牌厂商代表是华硕、宏达电、宏碁，近年来原有市场不断萎缩。下游电信营运商则以经营台湾岛内通信服务市场为主。

从全球网络通信设备价值链来看，最上游的关键芯片仍以欧美大厂领先，零部件方面是日本厂商较为成熟，中国大陆和台湾则在生产能力与成本上较有优势。设计制造和组装方面，无线网络通信设备以台厂居第一，有线网络通信设备方面则两岸相近。品牌终端以美国、法国、中国大陆的厂商较为领先。

台湾网络通信设备产业上中下游都有厂商，其中设计制造和组装最具优势。自 2000 年起，台湾网络通信厂商一直是国际品牌厂商的主要设计代工伙伴，中磊是台湾上市网络通信厂商中营业收入规模最大的公司。在品牌终端市场经营方面，友讯和合勤的消费型 WLAN AP 全球排名分居第 4 和第 6，其他终端产品厂商的重心则以设计组装制造为主。

台湾网络通信芯片厂商通过购并取得技术，让台湾芯片厂商得以快速完成高整合度芯片开发，提升芯片自制率。设计制造和组装方面，多项网通产品如CABLE（有线电视电缆）和 DSL CPE（客户端设备）的全球市占率均为第一。目前在大陆厂商的有力竞争下，台湾网通厂商已逐步往中高阶、全网管型产品及低功耗广域网络（LPWAN）应用发展。2017 年台湾网络通信设备产值为160 亿美元。

台湾手机产业上下游布局完整，涵盖芯片、零部件、设计制造与组装代工及品牌。核心的芯片领域，联发科为代表厂商，在手机应用处理芯片市场位列全球前三，主打中低阶产品线。在终端代工与品牌业务领域，台湾手机终端产业以手机组装代工为主，制造基地集中在大陆，目前台湾手机组装代工厂出货量位居全球前三。2017 年全球手机年销量 19.2 亿支，其中智能手机占 78%。

全球市场上有上百个手机品牌，市占率最高的前五大品牌是三星、苹果、华为、小米、OPPO。台湾手机品牌商一度名列前茅，但因缺乏后劲而表现保守，目前主要集中在侧框感应、AR、AI、专业摄影等功能的创新研发方面维系市场。台湾手机代工厂商则越来越多地依赖大陆品牌代工订单。

二、新兴科技应用产业

台湾"工研院"将新兴科技应用产业分为穿戴装置、物联网、云计算、人工智能、智能制造、智能零售、移动支付、信息安全八大产业。

穿戴装置产业。分五大类产品：一是头戴显示型，应用于增强现实（AR）与虚拟现实（VR）；二是手表型；三是穿着式；四为佩戴式；五为贴附式，如智能绷带，目前仍在研发阶段。2017年全球市场以智能手表和智能手环为大宗，台湾厂商是主要代工客户，华硕、宏碁也切入该市场。台湾穿戴装置产业在关键零部件、代工组装、品牌、应用服务与云端平台方面都有厂商布局，多数以硬件生产为主，如在VR市场，目前以生态系统经营模式，吸收多方产业应用的资源或新创种子，培育产业竞争力。

物联网产业。物联网分四层：感知层、网络层、平台层、应用服务层。目前台湾在每层均有厂商投入，2017年台湾物联网产值约为328亿美元，占全球产值的4%。从产值分布来看，感知层发展快、占比高，应用服务层发展慢，占比小。台湾物联网产业发展优势，在于供应链上下游完整，代工企业众多，企业深耕无线通信技术与传感器网络技术。网络层代表厂商有宏碁、研华、鸿海、台湾中华电信等。平台层代表厂商有宏碁、研华、台达电等。应用服务层代表厂商有睿能创意、慧诚智医等。

云计算产业。台湾云计算厂商的产品主要以OEM、ODM资料中心的服务器、存储、网络通信、电源系统等硬件设备为主。台湾厂商因积极投入岛内开放专案的硬件开发，已经成为大型资料中心供应链的重要角色。云端服务方面，主要以台湾电信运营商服务企业用户为主，虽已有厂商开始发展产业应用的云端平台服务，但尚在初期发展阶段。台湾厂商目前的主要市场还是白牌商机，未来将整合硬件与软件技术，并把握资料中心硬件设备建设的商机。

人工智能（AI）产业。人工智能产业商机可观，根据IDC研究报告，

2020 年全球采购 AI 金额支出可达 463 亿美元。AI 产业以软件为主，包括通用技术及特定应用解决方案，且 AI 软件带动了模型训练等产业，以及企业导入人工智能所需的系统整合等业务。台湾 AI 软件厂商技术领域以目前 AI 技术相对成熟的电脑视觉及机器学习较多，自然语言处理及移动控制较少。台湾 AI 软件产业正在萌芽起步，部分厂商有发展潜力，力图有整合软硬件的解决方案。

智能制造产业。台湾定义智能制造的应用范围有三个领域：产品设计与量产规划、产品生产制造、企业营运管理。智能制造应用方案是协助企业实现这三大领域应用的主要工具。而在建构相关应用方案时则需要产业链中的上游零部件、中游设备与系统、下游应用整合等技术领域的企业共同合作。台湾目前已逐渐形成智能制造应用方案产业链。在上游零部件领域，主要包括搜集各种资料所需的感测组件、模组与装置制造商；应用在机床与其他产业机械、工业机器人等设备动作的精密控制装置制造商；各种精密机械与造化设备所需的重要零部件制造商，如马达、轴承、气压及液压组件等。中游设备与系统包括：各类智能化加工设备制造商，例如机床与产业机械、半导体生产设备、各种工业机器人与自动化设备等。下游应用整合领域，除了自动化系统整合厂商外，还包括健康诊断及预测维护、机器视觉与自动化检测应用等智能应用方案厂商；智能工厂应用整合厂商；基于巨量资料与人工智能技术的资料处理分析服务厂商；提供电信服务与资料储存运算的云端平台与信息通信服务厂商。

智能零售产业。随着电子商务厂商将线上智能化情境复制到线下，零售业与科技的连接日益紧密。智能零售产业用的半导体、光学镜头、显示模组等零部件，都是台湾高科技产业的强项。台湾智能零售产业的供应商中，半导体厂商如晶宏、睿致，光学镜头厂商如亚光、先进光、扬明光，显示模组厂商如友达、群创、元太，为智能零售产业提供 POS 机、监控镜头、电子广告牌等产品。

移动支付产业。台湾在该产业的厂商处于群雄争霸时代，产业结构中较缺乏上中下游关系。企业有 5 种类型：金融机构型，包括财金公司、玉山银行、中国信托银行、台湾银行等；支付型，包括街口、台湾行动支付；电子票证型，包括悠游卡、一卡通票证、爱金卡、远鑫电子票证；零售商务型，包括网络家庭、雅虎奇摩、新光三越、欧美茄、全家便利店；电信资服型，包括中华电信、台湾大哥大、台景达等。

信息安全产业。该产业结构涵盖信息安全厂商、网络通信厂商、企业信息科技厂商等。IDC预估2018全球信息安全产品营业收入约395亿美元。台湾信息安全产业生态体系从软件厂商到经销商、代理商、系统整合商、信息安全顾问公司、信息安全服务专业供应商、电信厂商等，已形成完整的信息安全服务供应体系。目前的信息安全软件产品方面仍是世界大厂的产品居市场的领导地位。台湾产业近来在金融、制造、医疗等领域发展智能应用，相关云计算、人工智能、物联网、移动支付等科技带来不少新商机。信息安全架构的重点，是信息架构安全管理、身份与存取管理、信息安全政策管理三大方面，例如物联网装置安全性、作业系统与软件更新程序安全性、资料传输安全机制、外部系统识别安全性等。如何确保区块链上资料加密以防止资料外泄是新兴技术发展过程中急待解决的问题。

三、新兴能源产业

太阳光电产业从上游到下游包括多晶硅、硅芯片、电池、模组与系统五大部分。目前台湾太阳光电厂商以中游硅晶太阳能电池最具优势，其产量全球市占率为16%，仅次于大陆，位居世界第二。目前台湾太阳光电产业的各环节产业状况，多晶硅材料厂商主要是宝德，计划进入量产阶段。硅芯片主要厂商包括中美晶、绿能、达能、国硕等。硅晶电池是台湾最擅长的领域，厂商茂迪、昱晶已多年持续稳坐全球前十大宝座。台湾厂商在硅晶模组方面的市占率则相对较低，合计仅占全球市场的2%。2018年10月新日光、昱晶、升阳光电合并为联合再生能源公司，计划未来要提升模组产量，预计将提升台湾产能。过去台湾太阳光电产业以专业分工为主，产能集中在硅晶电池，近年运营触角逐渐向下游延伸。系统端的运营特性属于服务业，且需投入大量资金，如能与台湾厂商的制造优势相结合，将可推动台湾太阳光电产业发展。

风力发电产业的上中下游分别为原材料、零部件，风力机系统，以及风场开发、营造与维护服务。台湾风电市场目前以陆域为主，每年新增容量不足以形成完整的风电产业链。厂商以生产风力机系统所需要的原材料与零部件为主，以大陆为主要市场，并于当地设厂生产，直接销售给系统商，整体产值受大陆市场起伏影响。当前产业产值占比较大的厂商，包括生产树脂材料的上纬、制造铸件的永冠、提供连接线材的信邦、制造变电站的华城等。大型风力机系统商仅有东元一家。此外，台湾有 10 余家中小型风力机系统商，但产品市场规模不大，产值占比也不高。未来台湾离岸风场开发将为增加台湾风电长期性需求有较强带动效果。

四、材料与化工产业

电子材料产业中的主体是半导体材料产业。一般以日本、美国及韩国大厂生产的材料为主要选择，特别是日商在大部分半导体材料中都居领先地位，台湾厂商主要生产硅晶圆、微影光罩及化学品，其他材料须从日、美进口。台湾半导体材料产业的基础框架完备，主要产品以硅晶圆、光罩、光阻、化学液及CMP（Chemical Mechanical Polishing，化学机械抛光）研磨垫为主，在全球硅晶圆与光罩产业占有一席之地。其他相关材料，多属制程成熟或附加价值较低的产品。特殊制程气体、金属靶材、高阶制程用的光阻液及化学机械研磨液等都需要进口。

台湾硅晶圆龙头厂商是环球晶圆，全球排名第 3，仅次于日本的信越半导体及 SUMCO。光罩方面，台积电光罩部门市场占有率超过 90%，主要供应公司内部的光罩需求，而台湾光罩与中华凸版除了供应岛内厂商，也外销。除了硅晶圆与光罩外，台湾其他材料的进口依存度仍高。

半导体构装材料部分，台湾以导线架及 IC 载板等相关材料为大宗，其他在模封材料、黏晶材料与线路连接等材料方面，岛内也有厂商供应。整体而言，台湾构装材料的供应比例约为总需求量之一半。在导线架与上游所需的金属原材料方面，例如铜合金或镍铁合金，以及 IC 载板上游所需的黄光制程用化学品及树脂等原材料，则大多由岛外进口或外商在台设厂供应。在模封材料上，岛内厂商有长春化学与长兴化工。

全球构装材料的主要生产地区集中在日本、台湾地区、韩国、德国，日本在技术与产品品质上处于产业领导地位，近年来已逐渐将低获利的低阶构装材料生产大量转移至其他地区，甚至中阶构装材料的生产基地也在向台湾地区、菲律宾、马来西亚等地转移，目前日本国内以高阶封装材料生产为主。台湾目前构装材料的岛内供应比例只有五成，特别是高阶材料寻求日本厂商赴台投资设厂，同时加强自主研发以弥补缺口。

液晶面板材料占面板成本的 60%，面板厂商为降低成本纷纷进行垂直整合，跨入材料生产。目前主要材料供应商以日商和韩商为主。台湾液晶面板材料以背光模组相关材料为大宗，背光模组光学膜、导光板材料合计超过 70%，光阻、彩色光阻等液态材料已通过面板厂验证开始出货，而偏光板中的 TAC 膜也开始出货，但比例仍低。棱镜片、扩散膜等背光模组用光学膜是台湾目前生产的液晶显示器材料中厂商数目最多、产值也最高的类别。台湾厂商迎辉、友辉、嘉威生产的棱镜片不仅岛内面板厂大量采用，还有外销。目前在台湾生产的液晶材料是以外商在台设厂为主，但达兴与大立高分子也开始出货。彩色滤光片用的彩色光阻及光阻等液态材料原本也是以 JSR 等外商在台生产为主，但本土厂商也已逐步通过验证、开始出货。偏光板材料是目前正在努力的重点，达辉投入 TAC 膜的生产，长春石化也完成 PVA 膜量产。总体看，台湾液晶面板材料产业结构完整，不论国际大厂还是本土厂商，主要材料均由厂商在台生产，但大陆液晶面板生产线不断增加，材料市场将转到大陆，大陆是各材料厂商未来布局的重点。

石化产业中，基本原料产业是最上游的产业，主要产品是乙烯、丙烯、丁二烯等烯烃产品，以及苯、甲苯、二甲苯等芳香烃类产品。台湾乙烯 2017 年产能为 400 万吨，产能位居全球第 11 名。台湾基本原料产业集中在云林与高雄地区。岛内基本原料主要来自轻油裂解，上游原材料如原油依赖进口。台湾基本原料主要供应岛内厂商生产下游衍生物所需，部分基本原料销至大陆，供应大陆台商。台湾在基本原料生产上，由于资金规模限制，市场进入障碍高，主要掌握在"中油"和台塑两大石化公司手中，2017 年两家分别生产乙烯 107 万吨与 293 万吨。目前台湾扩充基本原料产能的机会微乎其微。

塑胶原料包括上游乙烯、丙烯等基本原料，中游原料包含聚乙烯（PE）、聚丙烯（PP）、聚氯乙烯（PVC）、聚苯乙烯（PS）、ABS 树脂、工程塑胶等，然后再制成下游各种塑胶制品。台湾塑胶原料产业也是集中在云林和高雄。台湾塑胶原料以外销为主，出口量占生产量的一半以上，销往大陆的数量占台湾塑胶原料总出口的 60%，ABS 销往大陆的数量占 ABS 总出口的 78%。台湾塑胶产业上游原料主要也是掌握在台湾"中油"与台塑石化两大公司手中。

橡胶原料包括上游乙烯、丙烯等基本原料，中游原料包括苯乙烯—丁二烯橡胶（SBR）、聚丁二烯橡胶（BR）、热可塑性橡胶（TPE）、丁腈橡胶（NBR），然后再制成下游各种橡胶制品。台湾橡胶原料产业上游原料厂商是"中油"和台塑，台湾唯一生产炭黑的厂商是中国合成橡胶。橡胶原料主要生产厂商有：奇美、台橡、李长荣、英全、南帝、台塑科腾。李长荣为台湾最大的 TPE 生产厂商，台橡是生产 SBR 的最主要厂商，奇美实业在 BR 生产方面占有领先地位。大陆日益成为台湾厂商扩张的生产基地。台橡 2018 年宣布在南通工厂建立 2 万吨 SEBS 生产线，预计 2019 年完工。李长荣在惠州设厂投资，同时扩充高雄的生产线。奇美实业在大陆新建 SSBR 厂已经完工投产，另有二期规划。

人造纤维原料包括上游乙烯、丙烯、对二甲苯等基本原料，中游原料包括纯苯二甲酸、乙二醇等，然后再制成下游各种人造纤维，如聚酯纤维、聚丙烯腈纤维、尼龙纤维等。台湾人造纤维的原料产品的主要客户是聚酯制造商。目前聚酯原料 EG 与 PTA 在岛内供大于求，这两类产品 90% 以上出口。AN 与尼龙上游原料 CPL 则是供不应求，均需从岛外进口。台湾人造纤维原料产业链完整，主要生产厂商为中美和、台湾化纤、亚东石化、中纤、南中石化、东联化学、南亚塑胶、中石化及台湾塑胶。其中，中美和、亚东石化、台湾化纤等公司生产 PTA，2018 年台湾 PTA 产能突破 600 万吨。台湾"中石化"为台湾唯一生产 CPL 的厂商，年产能 40 万吨，为全球 CPL 第四大厂。

塑胶添加剂产品中的前三大产品是可塑剂、难燃剂、PVC 用热安定剂。台湾的塑胶添加剂产业链可分为上游原料供应、中游塑胶添加剂合成与纯化、塑胶掺配、下游应用产品等四个领域。生产规模较大的厂商包括联成、南亚、三晃、永光、双键与妙春等。

台湾染颜料产业在亚洲地区较领先，整体技术落后于日本、印度，与韩国的技术实力接近，领先中国大陆。台湾染颜料产业链从上游到下游可分为化学原料、中间体、染颜料制品、下游产品应用等领域。由于没有无机矿源，台湾染颜料产品均以有机产品为主，煤焦油是主要原料，中碳为主要供应商，但只供应部分染颜料中间体原料。台湾地区大多数中间体原料由中国大陆与印度进口，台湾厂商将其加工制成中间体与染颜料成品，这是台湾该产业的主要经营模式。永光、泰锋、台唐、明儒等为目前台湾有机染料较具规模的厂商。在颜料部分，大恭、色真、清丰与丰彩等厂商为主要调制颜料生产商。

台湾接着剂产业链可分为上游化学原料供应，中游树脂合成、接着剂配方以及下游应用等。台湾在上游化学原料方面，"中油"体系与台塑体系两大石化企业为主要供应商，但部分原料如 AA 与 MDI，岛内并无厂商生产，需依赖进口。树脂合成方面，南宝、长兴、长春与大东树脂为规模较大的厂商。德渊与诚泰是接着剂配方的重要生产厂商，上述合成树脂大厂也均有生产。

台湾地区涂料产业在亚洲较为领先，整体技术落后日本、韩国，略领先中国大陆和泰国，大幅领先其他亚洲地区。台湾涂料产业链主要分为上游化学原料，中游涂料组成物、涂料制造，下游应用。台湾厂商生产的涂料产品以建筑为最大宗。船舶、金属外壳也应用较广。3C 电子产品与汽车的表面特殊涂料仍以美日进口为主。永记、新美华、柏林、三叶、大东树脂等均为台湾著名的涂料制造厂商。

台湾界面活性剂与清洁用品产业链主要分为上游化学中间体，中游界面活性剂合成、清洁用品调配制造，下游应用产业。岛内较有名的企业包括中日合成、盘亚、台湾新日化、南侨化工、美琪生技、好来化工、嘉联实业、狮王工业、台塑生医、毛宝、花仙子、美吾发等。

台湾生质塑胶产业链主要集中在中游的混炼、掺配制造，以及下游应用产业。目前台湾厂商生产的该领域产品广泛应用在超市生鲜包装、餐具、农业用膜、纺织及其他应用中。著名生产企业有铭安、乔福、宏力生化、远东新世纪、兴采等。产业应用以 PLA 为主，最大宗应用是食品容器，约占 90% 以上，用于生鲜蔬菜水果盒及冷饮杯；其余 10% 用于免洗餐具、包装袋等制成品，以外销欧美日为主。

五、机械与车辆产业

台湾机械产业在 2017 年成为继半导体与面板后的第三个"兆元产业"，其中更拥有全球唯一的机床及零组件产业聚落。台湾地区机床产业在世界产量排名第 7，位列中国大陆、德国、日本、意大利、美国、韩国之后，全球市场占有率 5%—6%。机床产业链分为材料、零部件、整机、应用等部分，台湾地区在上游材料部分的滚珠螺杆、线性滑轨等方面较发达，是全球第二大滚珠螺杆供应地，以上银为代表。中游主要是提供零部件，主要供应商包括健椿、和进机械等。台湾 90% 的机床及零部件厂商集中在大台中地区，台湾中部地区成为全球唯一的机床及零部件产业聚落。台达电、宝元、新代、舜鹏等公司正在投入开发该产业特定产品。

工业机器人产业全球已有 50 多年发展历史，形成欧、美、亚三足鼎立之势，日本与德国囊括了高荷重、高精度的机种，台湾地区在总体工业机器人上的全球市占率约 6%。台湾工业机器人产业本地制造商与国际品牌代理商合计约百家，直接从业人数约 9000 人。直角坐标型机器人产品在全球市场上有一定竞争力，市占率超过 30%。其他型的工业机器人产品全球市占率约为 6%。产业集群主要在台湾中部科学园区、水滴经贸园区、精密机械科技园区。

半导体设备产业也是重要的机械产业。半导体设备产业上游是关键零部件厂商，中游是半导体设备制造商，下游是晶圆代工厂、封测厂、存储器制造商。半导体设备产业全球市场掌握在美、日、荷三国手中，分布在三国的五大厂商市占率超过 60%，以前段制程设备为主。在前段制程设备方面，台湾厂商主要有：汉辰科技生产离子布植机，京鼎精密提供薄膜、蚀刻与研磨制程设备，帆宣提供薄膜制程设备，瑞耘、弘塑、嵩展提供湿式批次处理设备，汉民微测提供缺陷量测设备。台湾半导体设备产业的后段制程设备发展较早，厂商较多。测试取放设备厂商有致茂、德律，芯片封装切割有博磊、禾宇，黏晶与覆晶设备厂商有均豪、均华、聚昌、旺硅，烘烤回焊厂商有志圣、群翊、宜特、台技，封胶设备厂商有均豪，点胶设备厂商有万润、均豪，封装与基板检查设备厂商有乘远、详维、由田新技。

平面显示器产业分上游零部件、中游制程设备、下游面板。台湾地区面板产业由下向上发展，目前关键的制程设备与零部件还是高度依赖日美厂商，甚至从韩国进口。台湾在上游显示器零部件产业方面的厂商超过 40 家，但许多设备的关键零部件仍需进口。中游的制程设备厂商约有 10 家，复杂度较高的制程设备还是从日本进口。在下游的平面显示器中以液晶面板为最大宗，目前只有 4 家厂商。

台湾汽车产业产量有限，2017 年不足 30 万辆。整车厂商包括中华、裕隆、三阳现代、台塑，以及外资企业国瑞、台湾本田、福特六和。台湾 9 家汽车厂旗下的零部件代工厂约 494 家，加上供应售后维修体系的零部件厂商，台湾汽车上中下游供应厂商约 2569 家，赴大陆投资厂商超过百家。目前台湾厂商多已从局部制程自动化发展出少量多样的弹性制造能力，品质也达国际水平。台湾汽车零部件产业上中下游供应链相当完整，未来发展方向是整合智能制造、物联网，串联研发、生产、销售、物流与维修等生态供应链。台湾电动汽车产业链各环节均有厂商投入，如裕隆、富田、台达电、华创车电等。

台湾地区是全球自行车最大出口产地。2018 年整车出口 220 万辆。台湾自行车外销比例高达 96%，主要销往欧美，出口数量合计占总出口的 80%，主要厂商有巨大和美利达。代表性厂商有：自行车链条厂商桂盟，全球市占率 70%—80%。自行车轮圈厂商亚猎士科技，全球市占率 55%—60%。台湾摩托车产业也有较完整的供应链，2017 年内销数量 100 万辆。台湾电动摩托车 2017 年销售 3.6 万辆，但台湾当局的目标是 2035 年新售摩托车全面电动化。台湾电动摩托车产业链的整车主要厂商有睿能、中华车、光阳、三阳等。

六、生物医药产业

全球药品市场增长稳定，美国、中国大陆、日本的药品市场占全球一半以上。台湾地区药品市场占全球的 0.5%，2017 年市场销售额 1735 亿元。[①]

台湾西药制剂产业发展已超过 30 年，目前产业结构完整，从药品研发、原料供应到药品产制均有厂商。截至 2018 年 6 月 30 日，上游台湾原料药 GMP（优良制造规范）工厂有 26 家，外销比重 90%，主要原料药厂商包括台湾神隆、台耀、旭富、中化合成、生泰、展旺。中游台湾 GMP 西药制剂厂有 139 家，内销占 80%。下游通路物流厂商包含久裕、吉地喜、裕利、泛泰、台湾大昌华嘉、集康、昱升等 19 家，给台湾医院、诊所和药店配送药品。

蛋白质药物产业因疗效佳、副作用小在全球药品市场重要性趋高。台湾蛋

---

① 本书所涉台湾企业有关经济指标货币单位除特别注明外，均为新台币，不再一一标明。

白质药物产业在政策鼓励下积极投入新药开发，2018 年有重大进展，有 2 项产品获准上市。产业链也较为完整，有一些药物开发企业，进行疫苗探索开发与临床试验。上游材料中不少产品依赖进口。中游制造中细胞培养袋、培养液仍需进口，一次性使用反应器有永昕、台康、喜康、联生药等生产厂商。下游通路与西药产业一致。

中药制剂起源于大陆，市场也以大陆规模最大。台湾上游中药材原料主要来自大陆，少部分自产。台湾中游 GMO 中药制剂工厂截至 2018 年 6 月 30 日有 91 家，生产中药制剂与中药保健食品。台湾地区中药制剂产业多为小型药厂，以岛内需求为主，部分外销美国、日本、东南亚，2017 年台湾中药制剂产值 80 亿元，出口额 8.4 亿元。

OTC 药品市场主要是美、中、德，三者市场合计占全球 OTC 药品市场的 36%。台湾 OTC 药品市场规模约 142 亿元，占台湾整体药品市场的 7.5%。本土厂商的市占率略高于外资厂商，主要有永信、杏辉、中美兄弟、宝龄富锦、五洲、台湾东洋等。

细胞治疗产业可分细胞储存与细胞治疗两大类，现阶段台湾细胞治疗产业主要是细胞储存有营业收入，细胞治疗仍处于临床试验阶段，尚无相关产品与疗法上市。台湾从事细胞治疗的厂商共 28 家，核心业务为细胞储存及细胞治疗产品开发。台湾细胞治疗产业链分三部分：上游为细胞收集及细胞储存，细胞收集场所为医院或诊所；中游为细胞治疗制程开发与应用研究；下游为临床试验治疗与研发服务。

台湾动物疫苗产业完整，上游的研究单位有研发能量，中游的疫苗制造商有良好生产品质和行销能量。目前台湾动物疫苗市场呈现贸易逆差，2017 年进口额为出口额的 6.5 倍。

台湾化妆品产业链结构完整，上中下游均具规模。上游化妆品原料多进口自欧、美、日，少部分由台湾地区厂商自行生产，包材则多由本地厂商自行生产制造。中游包括化妆品代工业务和品牌商两方面，代工业务占多数。部分厂商因有产品设计与创新能力，已发展出自有品牌并占有一席之地。下游分为品牌销售与品牌代理，台湾化妆品市场由国际企业居主导地位。台湾化妆品厂商多为中小企业，为扩大营业收入，拓展海外市场已是势在必行。

台湾电子血压计生产既有自有品牌也有代工生产，目前大多将生产制造设置在大陆，台湾作为研发、行政和财务管理总部。在医用超声波扫描仪产业中，台湾上下游供应链厂商大多是购买境外零部件在台湾自行组装、测试、销售与售后服务，如长庚医材和佳世达等。台湾地区体外诊断用器材产品，以血糖计、血糖试纸生产厂商营业收入最高，2017年营收为33亿元，美国和中国大陆为其主要出口地区，主要厂商有泰博、五鼎、台欣、讯映、华广、曄世、聿新等。

行动辅具产业，台湾在电动轮椅与电动代步车方面已有完整的上下游供应链，业务也从代工转向品牌，并积极拓销国际市场。从产业链上中下游看，上游零部件如马达、变速箱、轮胎等部分，岛内厂商如士林电机、朝扬实业等均可自行生产，但控制器仍依赖国际厂商。中游整车组装是台湾强项，重要厂商有国睦、康扬、龙荧、建迪、光星骨科与台湾维顺工业等。

隐形眼镜目前已成台湾优势产品，岛内有超过20家的隐形眼镜制造企业，主要厂商有精华光学、金可国际、优你康等。产品出口增长强劲，2017年出口金额109亿元。

七、金属产业

全球钢铁产业市场中国大陆占45%。台湾地区2017年钢铁产业产值11197亿元，粗钢产量占全球1.3%，排名第11。整体台湾钢铁制造业厂商810家，从业人员5.2万人。上游是炼钢厂，有"中钢"、中龙、丰兴、东和等。中游是表面处理、制管、裁剪等二次加工，厂商有烨辉、盛余、美亚、新光钢等。下游应用产业广泛，岛内生产的钢材约有25%用于营建业，35%用于制造业，40%用于出口。

全球不锈钢产业市场中，日本、德国、中国大陆占到半数以上，台湾地区市场占有率6%—10%，和韩国不相上下。台湾不锈钢产业已发展30年，目前岛内有11家生产不锈钢的上游厂商，包括唐荣、烨联、华新丽华、荣刚等。下游冷轧厂商包括远龙、千兴、东盟、嘉发等。台湾不锈钢产品70%用于民生用途，也是台湾不锈钢产业一大特色。

全球铝工业的市场供应中，中国大陆占57%。2017年台湾地区铝锭消费量 87 万吨，约占全球 1.8%。由于没有采矿及炼铝业，台湾铝工业上游是铝合金锭炼制业，厂商约 49 家，70% 集中在南部地区，厂商包括展维、台湾穗高等。中游铝材轧延、挤型、伸线业厂商约 150 家，半数集中在南部地区；中游的铝铸造业厂商约 200 家，半数集中在北部地区，包括"中钢"铝业、台晖铝业、烨锋轻合金、亚猎士、六和、源恒等。台湾铝工业的产业链完整，在全球自行车及零件、锻造铝轮圈、3C 机壳、电脑散热片等市场占有一席之地。台湾铝厂商 90% 以上是中小企业，主要原料仰赖进口，制造成本高于发展中国家或地区，竞争压力大。

钛产业与航空航天产业密切相关。全球约 6 个国家生产海绵钛，中、日、俄占有 80% 以上的市场。钛加工材料生产则集中在美、日、俄，产量占 70% 左右。台湾钛产业的上游原料海绵钛、钛锭均需进口，半成品部分进口。台湾是全球高尔夫球头的重要代工基地，因而具有钛球头的精密铸造、锻造、焊接等技术。重要的代工企业包括复盛、明安、大田、钜明。其他下游应用产业还有生物医药、石化、3C 零件及航空零件等。

铜产业的全球主要生产地区是智利、秘鲁、中国、美国。对废铜、电解铜等上游原料台湾需要进口，但半成品部分的生产相当发达。目前岛内从事铜相关产业的厂商约 166 家，相关从业人员超过 5700 人。加工产业小厂林立，缺乏规模效益。2017 年台湾铜箔产值 530 亿元。

螺丝螺帽产业中，全球前五大出口地为德国、中国大陆、美国、台湾地区、日本，占总出口值的近 60%。台湾该产业上中下游体系完整，并以台南、高雄一带为聚集区。冈山地区被称为"螺丝窟"，产业集群效果明显。在台湾地区的螺丝螺帽出口中，对美国的出口值占出口总值的 38%。上游材料以线材为主，"中钢"是第一大厂，二线厂商包括烨联、官田钢、丰益、华新丽华。2017 年台湾扣件产量 160 万吨，居全球第 2，产值 43 亿美元。

手工具产业中，中国大陆、德国、台湾地区占据全球半数以上市场份额。台湾非动力手工具业厂商约 1620 家，从业人数 34000 人，属劳力密集型和外销型产业，厂商多集中在中部地区。台湾手工具上游材料为钢棒及板片钢料，材料供应商主要是"中钢"、烨联、荣刚。中游制造商包括圣岱、光荣、金统立、义成等，多为中小企业。下游主要是在汽机车、机械业等领域的应用。

模具产业中，中国大陆产值全球第一，台湾地区、日本、韩国也有重要地位。台湾模具产业以中小企业为主，资本额低于4000万元的厂商高达98%。区域特色明显，台湾北、中、南地区分别为电子/3C、工具机/手工具以及汽车零部件/螺丝螺帽等模具产业制造的大本营，产业集群效应明显。产出方面，订单以定制化为主，较少有大量生产，大部分岛内自用为主，36%左右的模具产品外销。

水五金产业中，台湾是全球重要的代工地区，外销占比70%—80%。厂商主要集中在彰化和台中地区，约占67%，主要产品是水龙头、闸阀、球阀等。水五金产业的生产厂商多是典型的传统中小企业，产业成熟度高，经营方式以代工为主，管制程度高。上游材料供应厂商以丰兴、"中钢"、荣钢材料、元祥、名佳利等公司为主，可以满足岛内市场需求。中游制阀工厂主要有成霖、彰一兴等公司。下游产业包含建筑业、室内设计业、文创产业及卫浴品牌商等。

八、民生产业

台湾纺织产业结构完整，包括上游的人造纤维、加工丝产业，中游的织布业，下游的成衣业。台湾的聚酯丝和耐隆纤维产量均为全球第三大，是国际品牌运动休闲服的重要制造供应商。上游厂商包括新光合纤、力丽公司、台湾化学、南亚塑胶、中国人纤等。中游纺纱织布的厂商包括台元纺织、大东纺织、联发、宜进等。下游制成品厂商包括聚阳实业、儒鸿企业、隆美窗帘、好家庭毛巾等。

饮料产业，台湾将酒精成分不超过0.5%的饮料产品称为非酒精饮料。台湾非酒精饮料厂商约300家，90%以上是中小企业。从前八大厂商市场占有率超过70%看，台湾非酒精饮料产业属于寡占市场。主要企业包括统一、黑松、爱之味、金车、维他露等。台湾每年有近300种新品上市，非酒精饮料产业以内需为主，企业间竞争激烈，年产值约480亿元，呈饱和状态。

调理食品产业，在台湾有四类：冷冻（-18℃）、冷藏（4℃）、常温、便利店鲜食（18℃）。整体产业年产值约770亿元。厂商约250家，半数为冷冻调理食品厂商。该产业厂商多为中小企业，一般拥有自己的品牌，也为大型零售商代工。受限于口味差异、产品体积及储运保存等特性，除少数冷冻调理食品及罐头食品进行贸易外，多数调理食品以内需市场为主。台湾冷藏调理食品及鲜食的产业链较有特色、国际知名，是由便利店向上游整合，形成自有的供应链体系，以产品开发速度、掌握消费需求及多元行销等特色方式开拓市场。近年生鲜电商服务兴起，形成直接供应和客制化（即定制化）的新趋势。

第二节　台湾产业企业特点

台湾产业和企业在发展过程中形成一些自身的特点。这些特点对台湾经济的发展模式和业态方向产生重要影响。

一、追逐低成本的迁移性

资本扩张有两种选择：一种是移动去寻求一个更有利于创造利润的地方，另一种是固着于某个地方使得资本积累得以发生（Herod，2011）。[1] 就台湾而言，其经济起飞阶段恰逢国际产业转移，经济扩张阶段又时值大陆开启改革开放，台湾产业和企业的发展顺应了历史发展形势，在恰当的时代背景下承接产业移入和向外产业移出，布局中国大陆与东南亚，表现出强烈的企业迁移性。

台商对外投资发展大体可分三个阶段：第一个快速增长期是 20 世纪 80 年代中后期（1987 年到 1991 年），随着台湾私人资本力量壮大及台湾当局放宽外汇管制，开始出现成批对外直接投资。同时由于外贸巨额顺差，台币迅速升值，工资大幅上涨，企业成本增加，大量劳动密集型产业纷纷外移。第二个快速增长期是 20 世纪 90 年代中后期（1995 年到 1997 年），在国际低价电脑流行的背景下，台湾新兴的信息电子产业也加入对外直接投资行列，充分利用国际资源和市场，扩大经营规模。第三个快速增长期是 21 世纪初（1999 年到 2000 年），民进党上台，台湾社会意识形态对立激化，"朝野"矛盾加剧，岛内投资环境受 1998 年"本土性金融风暴"的冲击趋于恶化，众多台商在政治和经济的双重影响下采取对外直接投资的形式谋求自身未来发展。台湾学者张

---

[1]　Herod, Andrew, *Scale*, London：Routledge, 2011.

弘远（2004）认为，三个阶段的最大不同在于投资的产业结构：第一阶段是传统制造业对外投资，主要是一些劳动密集且技术层次较低的产业部门；第二阶段是制造业中技术、资本较为密集且仍具有比较优势的部门，如石化、机械与家电等；第三阶段为资讯产业中的资本密集型部门与服务性产业。台湾学者王信贤（2004）以IT产业为例提出台商对外投资几个阶段的不同：第一阶段以中小企业和未上市企业为主，属劳力密集型企业，采取个别设厂投资形态，代表性产品包括家电、消费性电子产品等；第二阶段以中大型企业为主，多为电脑周边产业和技术层次较低的资讯产业，兼有个别设厂和企业联盟形态，代表性产品包括主机板、桌上电脑组装等；第三阶段以大型企业为主，多为可以带动相关厂商投资的领导厂商，属技术、资本密集型产业，代表性产品包括笔记本电脑、液晶显示器组装等。前两个阶段主要是台商制造能力外移，第三阶段则以通路布局和供应链整合为主要特征。[①]

　　台湾对外投资的动因，大陆学者的研究包括以下成果：张冠华（1997）认为台商投资大陆主要动机是节约成本，但与台商投资东南亚地区相比，大陆具有的优势包括市场进入障碍小，股权比例限制低，以及企业所得税、进口关税、劳工工资、同文同种等方面优势。[②] 吴能远（2000）提出台商投资大陆是世界、中国大陆及台湾三方面因素综合作用的结果，具体包括：企业管理、降低成本、科技创新、资源、市场、产业升级。[③] 朱磊（2000）考察造成中国大陆与美国在台商对外投资地区结构中地位消长的原因，包括：新台币升值、中国大陆及美国对台经贸政策的改变，以及台湾边际产业扩张。[④] 郑竹园（2001）认为台资大量进入大陆的主要因素是两岸投资环境的变化，大陆涉外法规、基础设施及整体经济都不断改善，台湾土地、工资、能源均日趋恶化。[⑤] 朱少颜（2003）在分析台湾高科技产业投资大陆时提出大陆高素质科技人才在吸引台

---

① 王信贤：《物以类聚：台湾IT产业大陆投资群聚现象与理论分析》，《经济全球化与台商大陆投资》，晶典文化事业出版社，2005，第76页。
② 张冠华：《亚太经济整合过程中台湾角色的转变》，《台湾研究》，1997年第3期，第50—52页。
③ 吴能远：《台商投资祖国大陆与两岸关系——一个政治经济之分析》，《台湾研究集刊》，2000年第1期，第1—3页。
④ 朱磊：《台湾对外经贸地区结构的动态分析》，《台湾研究》，2000年第3期，第65页。
⑤ 郑竹园：《两岸经济关系现势及前景》，《台湾研究》，2001年第3期，第18—19页。

商中的重要作用。[①] 另外，张传国（2003）从企业形象、市场、成本和文化四方面分析台资企业在大陆经营本土化的内部动因。[②] 单玉丽（2003）总结台商在大陆区域分布的影响因素主要是：经济地理位置、生产力发展水平、大陆经济发展战略、台湾当局大陆经贸政策及台商投资策略。[③] 张冠华（2003b）发现台商投资大陆的大规模行为是从下游劳力密集型产业转移开始的，是产业结构调整过程中的被动性选择。[④] 他还以台湾 IT 产业为例（2003a），提出台湾高科技产业投资大陆的动因已由过去的成本导向型，转为市场导向型和企业全球布局策略。[⑤] 孙祖培（2004）认为台商投资大陆的主要动因是大陆的吸引力：大陆是跨国公司全球战略的重点、大陆是未来世界最大的市场及大陆是东亚整合的关键区域。[⑥] 朱磊（2004）以 OLI 范式为理论框架，通过计量检验认为台商对外投资动因进入以效率寻求型为主的阶段。[⑦]

台湾学者高长、杨景闵（2004）提出，20 世纪 70 年代台商对外投资的目的是为确保原料供应和躲避歧视性贸易，80 年代台商对外投资的考虑主要是寻求低成本的生产据点，规避国际歧视性贸易的考虑依然重要，90 年代的最主要动机则是追求企业国际化，发展多元化经营。[⑧] 张弘远（2004）认为，台商对外投资的三个阶段动因各有不同：第一阶段由于整体生产环境改变，中小型企业面临外贸环境改变，与生产要素价格上升所造成的产品成本优势流失，对外投资以维持外贸出口的成本控制，此为"生产要素的资本外移模式"；第二阶段是"比较优势考虑的资本外移模式"，台湾石化、钢铁、电子等资本、

①　朱少颜：《对台湾高科技产业"西移"的思考》，《台湾研究集刊》，2003 年第 3 期，第 86—87 页。

②　张传国：《大陆台资企业本土化经营的动因、方式与影响》，《台湾研究》，2003 年第 4 期，第 61—62 页。

③　单玉丽：《台商在大陆投资的区域分布及未来走势》，《台湾研究》，2003 年第 4 期，第 57—58 页。

④　张冠华：《台商大陆投资对两岸贸易影响探析》，《台湾研究》，2003 年第 4 期，第 52 页。

⑤　张冠华：《台湾 IT 产业祖国大陆投资格局与两岸产业分工》，《台湾研究》，2003 年第 1 期，第 43 页。

⑥　孙祖培：《经济全球化与区域集团化——台商投资大陆背景解读》，《经济全球化与台商大陆投资》，晶典文化事业出版社，2005，第 199—201 页。

⑦　朱磊：《台商对外直接投资动因实证分析》，《台湾研究》，2004 年第 5 期。

⑧　高长、杨景闵：《制造业台商全球布局对台湾产业发展之意涵》，《经济全球化与台商大陆投资》，晶典文化事业出版社，2005，第 285 页。

技术密集型产业在进口替代政策的协助下陆续出现规模经济效应，进而形成产业竞争优势，在优惠政策逐渐停止后，加上后起厂商的威胁，为维持本身生产的比较优势进行对外投资；第三阶段是"垄断优势考虑的资本外移模式"，在资讯产业的全球分工中，台湾在制造与组装环节具有高度优势，即使部分下游组装厂商外移后，岛内资讯产业仍具有中间产品生产的优势，并在设计上领先全球，但为扩大获利来源，该产业仍采取对外投资策略以降低成本、接近市场和提高生产效能。[①] 陈添枝、顾莹华（2004）认为，台商第一阶段的投资以"防御性"为主，第二阶段以后的投资以"扩张性"为主。陈德升（2004）提出台商投资大陆的动因是岛内产业结构调整、投资环境恶化形成的"推力"和大陆投资环境和对台经贸政策的相对优势形成的"拉力"。台商的主要考虑是成本、利润、便利性和产业的群聚效应因素。[②]

二、绝大多数台企集中在大陆发展

从 20 世纪 80 年代末期开始，台资工厂随着区域经济自由化及两岸政治经济松绑，大规模西进大陆，对商品链的生产端而言，台资企业向大陆迁移往往视为提供降低生产成本的地方（邓建邦，2017）。[③]Gereffi（1989）也曾指出台湾的社会镶嵌（social embeddedness），与其他经济体不同的是，台湾企业几乎都在大陆经营生产据点，新加坡主要投资马来西亚和印度尼西亚，香港投资主要在同样受过英国统治的中南美牙买加等国。[④] 李非（2005）认为伴随着产业转型升级，台湾产业外移规模逐步扩大，外移地区出现向大陆集中的趋势，即使是海外投资也有相当一部分作为转投资流向大陆。[⑤] 台湾产业向大

---

① 张弘远:《两岸经贸关系中国家角色的转变》,《经济全球化与台商大陆投资》,晶典文化事业出版社, 2005, 第 63—65 页。

② 陈德升:《经济全球化与台商大陆投资：策略与布局》,《经济全球化与台商大陆投资》,晶典文化事业出版社, 2005, 第 155—173 页。

③ 邓建邦:《接近的距离：大陆台资厂的核心大陆员工与台商》,（台湾）《台湾社会学》, 2006 年第 6 期。

④ Gereffi G. Rethinking Development Theory: Insights from East Asia and Latin America, *Sociological Forum*, 1989, 4（4）：505-533.

⑤ 李非:《当前台湾产业外移的特点与对大陆投资趋势》,《两岸关系》, 2005 年第 9 期, 第 25—28 页。

陆迁移符合雁行理论中先进经济体将低附加值产业转移到相对落后经济体的过程（陈幸雄，2005）。[①] 台湾企业向大陆转移后，规模普遍增大，部分厂商进一步将台湾垂直分工的多层次生产组织整合成两层，即原先由零件制造商和专业加工企业协力完成的制程整合到成型厂，或者向上游发展，进入原材料产业（郑志鹏、林宗弘，2017）。[②] 台商通过政商关系进行产权制度创新，加之排他性的族群网络，比其他外资厂商更快、更大规模地进入大陆设厂投资，利用廉价土地与劳动力取得生产和外销优势，建立了后进地区厂商难以跨越的包括制造、研发与规模优势在内的系统性障碍（龚宜君，2008）。[③]

　　台湾对外投资的区位分布目前主要集中在亚洲，尤其是大陆。从二战后到1988 年的 40 年间，台湾对外投资主要集中在美国，比重高达 60%，而对亚洲投资仅占其总投资的 30%，约为对美投资之一半。这主要是为接近消费市场和易于获取技术专利，但投资额相当有限。台湾真正开始大规模对外投资始于 1988 年前后，随着传统产业纷纷外移，大量资本流向亚洲地区，区位分布迅速实现"脱美入亚"。到 1991 年，台商对大陆以外的亚洲地区投资超过总投资额之一半，而对美投资仅剩 16%。此后台商对大陆的投资异军突起，对亚洲其他地区投资比重有所降低。1991 年起，台湾当局正式将台商赴大陆投资合法化，次年适值大陆在邓小平南方谈话后深化改革开放，台商对大陆的投资额迅猛增加。截至 2004 年底，台商对大陆投资实际金额达 398 亿美元，占到台湾对外投资总额之一半左右。台商对外投资之所以高度集中在大陆，除大陆具备资源、人力、市场、技术等优势外，本质上讲，两岸间的投资属一国内部经济行为，这有其他地区所无法比拟的地理优势和文化优势。

　　从台商对外投资的全球布局来看，约 8% 制造业台商投资美国，主要产业是化学制造、电子电器及运输工具业，其特征是以大型企业为主力，其中超过 40% 的投资厂商在岛内从事的行业为电子资讯业。台商在东南亚的投资主

　　① 陈幸雄：《以系统观探讨台湾产业的发展》，台湾交通大学，2005。
　　② 郑志鹏，林宗弘：《镶嵌的极限：中国台商的"跨国资本积累场域"分析》，收录于李宗荣、林宗弘编：《未竟的奇迹：转型中的台湾经济与社会》，台湾"中央研究院"社会所，2017，第 611—643 页。
　　③ 龚宜君：《台商：生成于亚洲的新兴跨国资本》，群学出版社，2008。

要集中在纺织成衣业、基本金属业及电子电器业，且各国投资产业分布极为不同，如在新加坡以电子电器业及金融保险业为主，在越南及印度尼西亚以纺织成衣业为主，在菲律宾及泰国以化学制造业及电子电器业为主，在马来西亚则以基本金属业及电子电器业为最多。制造业台商约 70% 投资大陆，主导产业由食品、纺织、塑胶制品等传统产业转化为电子资讯、精密器械等资本密集型产业。台商的投资布局受全球化影响极为明显。在经济全球化的趋势下不仅市场界线渐失，制造生产能力及技术创新也开始分散化，结果国际分工格局已由线性架构下的水平分工与垂直分工，转向网络化发展。这一趋势具体反映在跨国企业的资源布局多元化，以及以制造活动为基础的厂商，经由专业价值与价值整合能力，创造有利竞争优势的演变。①

　　台商在大陆的投资分布有由南向北的发展趋势，依次由珠江三角洲向长江三角洲和环渤海地区延伸。台湾学者陈添枝、顾莹华（2004）认为，台商的国际竞争力主要是基于台湾的生产网络，对外投资时必须和岛内网络保持连锁关系才能维持其竞争力，因此台商早期到大陆投资集中在深圳、东莞等珠江三角洲地带就是为了方便联结岛内生产网络和出口便利。台商在大陆投资的集群特征非常明显，中国商务部统计资料显示，2004 年台商投资地区主要集中在江苏省、广东省、浙江省及福建省，投资总额合计约占台当局核准在大陆投资总额的 85%。在江苏，台商投资集中在苏州市、南京市、镇江市、无锡市和常州市 5 个城市；在广东省，台商投资集中在深圳市、东莞市和广州市 3 个城市；在福建省，台资集中在福州市、厦门市、漳州市、泉州市、莆田市 5 个城市，占全省台资总额的 90% 以上。台湾学者王信贤（2004）将台商在大陆的投资区域分为"深圳—东莞—广州产业带"和"上海—苏州—杭州产业带"，前者以传统产业、桌上电脑及手机零组件为主，后者以半导体、笔记本电脑为核心，而其他电脑周边产品与零组件如主机板、印刷电路板、被动组件与显示器等零组件则在两大区域都有产业聚落。他将台商集群现象归为五大原因："生产协力网络"易地重构、地方政府提供诱因、自然分工与重新组合、同业模

---

　　①　高长、杨景闵：《制造业台商全球布局对台湾产业发展之意涵》，《经济全球化与台商大陆投资》，晶典文化事业出版社，2005，第 287—288 页。

仿、集团资源整合。①

三、中小企业为主的产业集群形态

台湾属于典型的海岛型经济，内部资源相对匮乏，资源禀赋的有限性促使台湾中小企业众多且呈现出浓厚家族色彩，中小企业一度成为台湾经济组织结构中的重要组成部分（陈介玄，2005）。② 与美、日、韩等地情形类似，台湾地区中小企业规模占比高于大企业（巫永平，2017），③ 产业生产体系以中小企业为主（谢斐宇，2017）。④ 不同之处在于，以中小企业为主的产业特性，使得台湾在研究开发、人才吸引与培养等层面，难以与国际大企业相抗衡。为提升台湾企业对外竞争力，台湾当局实施"中心—卫星工厂体系"（或称中卫制度），其基本思想是以某个规模较大的大企业为中心工厂，结合几十家或者几百家甚至更多的中小企业形成卫星工厂，通过产业链合作，使大企业与中小企业连为一体，提升产业竞争力（吴金希、李保明，2018），⑤ 这种产业聚群模式充分发挥中小企业分工精细、产品多样、适应能力强等特点，与大企业建立互利共赢的稳定关系，共同缔造利益共同体，是台湾推动产业发展的一个重要特色模式（高群服，1998；苏锦伙，2010）。⑥ 台湾地区过去没有像美、日、韩那样的大企业，但中小企业与大企业紧密共生的产业集群形态特点明显。⑦ 群

---

① 王信贤：《物以类聚：台湾 IT 产业大陆投资群聚现象与理论分析》，《经济全球化与台商大陆投资》，晶典文化事业出版社，2005，第 89—97 页。

② 陈介玄：《协力网络与生活结构：台湾中小企业的社会经济分析》，台北：联经出版公司，2005。

③ 巫永平：《是谁创造的经济奇迹？》，北京：读书·生活·新知三联书店，2017。

④ 谢斐宇：《从头家岛到隐形冠军：台湾中小企业的转型，1996—2011》，收入李宗荣、林宗弘编，《未竟的奇迹：转型中的台湾经济与社会》，台湾"中央研究院"社会所，2017，第 346—382 页。

⑤ 吴金希、李保明：《聚变：产业转型升级的 C3 模式——中卫体系经验与大陆实践》，清华大学出版社，2018。

⑥ 高群服：《论台湾中小企业及其经济转型》，《南开管理评论》，1998 年第 6 期，第 25—29 页。

⑦ 《财富》杂志世界 500 强排行榜，2010 年及以前台湾企业未进入前 100 强，而美、日、韩有多家企业位居前 100 强；2011 年，台湾鸿海精密工业股份有限公司首次进入前 100 强，位居第 60 位；2018 年，台湾共有 6 家企业进入世界 500 强排行榜，分别为：鸿海精密工业股份有限公司（第 24 位）、广达（第 354 位）、台积电（第 368 位）、仁宝电脑（第 404 位）、纬创集团（第 432 位）、台湾"中油"股份有限公司（第 436 位）。

聚企业组织随着产业经济的发展呈现出复杂性和多样性，Peter Knorringa 将产业集群分为意大利式产业集群（中小企业居多、专业化强、基于信任网络的合作关系）、卫星式产业集群（以中小企业居多、依赖外部企业、基于低廉劳动力成本）和轮轴式产业集群（大规模地方企业和中小企业、明显的等级制度），虽然产业集群被人为划分成不同的几种类型，而现实中往往是一种或多种集群的混合。①

但近二十年来，在继续以中小企业为主体的同时，台湾企业开始向着大型化发展，国际级的大企业（如鸿海、台积电）陆续出现（董安琪，2011）。②"引擎的巨人"成为过去 20 年台湾中小企业发展过程的比喻。据统计，台湾地区前二十大企业雇佣人数平均近 20 万人，与韩国、日本企业相比，毫不逊色（林宗弘、胡伯维，2017）。③台湾企业大型化路径符合 Chandler（1977）提出的现代企业通过资本、劳动力、垂直与水平整合、国际化等来扩大规模与范围的论点。④ Chu 和 Amsden（2003）基于 1986 年、1991 年和 1996 年工商普查资料，从产业层面对台湾企业进行对比分析，认为后进者的市场策略是通过扩大规模的方式来进行产业升级，这样不仅可以降低市场的不确定性，还可以提升产业竞争力。⑤台湾企业大型化进一步促进中卫制度产业聚群体系，截至 2017 年，台湾已构建成 215 个产业合作体系，提升了台湾产业集群的国际竞争力。

四、高科技产业为主体

20 世纪 90 年代，台湾高科技产业就已成为制造业的主导产业，并很快跻

① 高雪莲：《基于技术体制视角的高科技产业集群演变——以台湾中小企业为例》，《科技进步与对策》，2012 年第 1 期，第 74—78 页。

② 董安琪：《全球化下台湾的产业发展与产业政策》，台湾"中央研究院"经济所，2011。

③ 林宗弘、胡伯维：《引擎的巨人：台湾企业规模迅速成长的原因与后果》，收入李宗荣、林宗弘编：《未竟的奇迹：转型中的台湾经济与社会》，台湾"中央研究院"社会所，2017 年，第 230—266 页。

④ Chandler A D, Press B. "The Visible hand: the managerial revolution in American business". *Journal of Financial Economics*, 1977, 3（1）：305-360.

⑤ Wan-Wen Chu and Alice Amsden. *Beyond Late Development Taiwan's Upgrading Policies*. Cambridge, MA: MIT Press, 2003.

身发达经济体的高科技产业行业，以科技创新为核心的高科技产业成为推动台湾产业经济发展的主要原动力（刘培，2015）。[①] 台湾地区高科技产业是在美国高科技产业主导下的延伸产物，是国际 IT 产业供应链的重要一环。为推动高科技产业发展，台当局先后制定了"六年建设计划""科技岛"战略、"两兆双星"计划、"5+2"产业创新方案等（张祖英，2000；熊俊莉，2007），[②③]使其在全球价值链中的地位不断攀升，与发达经济体始终保持密切联系的同时，建构自己的生产网络体系，造就了一批享誉世界的高科技企业（张冠华，2004；李非、张路阳，2012）。[④⑤] 纵观台湾创新系统的经济表现，不管出口还是就业，高科技产业都做出了突出贡献，是台湾经济成长、生产力和福利提升的关键驱动力，同时也是高附加值和就业的来源。[⑥] 朱斌和雷德森（2000）提出在台湾众多企业中，民营企业具有较高的资本自我积累和集中能力，表现出较强的企业和资本运作效应，因此以民营企业作为台湾高科技产业化的主体，带动高科技产业发展，成为台湾发展高科技产业之一大特色。[⑦] 韩莉，徐洁（2003）认为台湾高科技产业发展过程中，采取了"政府"先导、民营为主的发展模式，通过"政府"扶持，合理设置科学工业园区，吸纳海外人才和建立风险投资机制，台湾高科技产业发展迅速，成为经济增长的重要动力。[⑧]

根据发达国家和地区的经济发展经验，主导产业一般顺序是由资源密集型产业到劳动密集型产业、到资本密集型产业、到技术密集型产业、再到知识密

---

① 刘培：《台湾地区科技创新体系的时空演变研究》，上海师范大学，2015。

② 张祖英：《台湾高科技产业的发展》，《清华大学学报（哲学社会科学版）》，2000 年第 2 期，第 46—55、66 页。

③ 熊俊莉：《台湾"两兆双星"产业发展现状》，《海峡科技与产业》，2007 年第 2 期，第 22—26。

④ 张冠华：《台湾高科技产业的发展特征》，《海峡科技与产业》，2004 年第 3 期，第 18—20 页。

⑤ 李非，张路阳，《21 世纪以来台湾高科技产业发展困境与出路探讨》，《台湾研究集刊》，2012 年第 2 期，第 36—44 页。

⑥ 财团法人台湾经济研究院：《产业技术白皮书》，台北："经济部技术处"，2018 年第 9 期。

⑦ 朱斌、雷德森：《台湾发展高科技产业的策略研究》，《高科技与产业化》，2000 年第 6 期，第 7—10 页。

⑧ 韩莉、徐洁：《论台湾地区高新技术产业发展的主要特点和经验》，《北京联合大学学报》，2003 年第 2 期，第 14—20 页。

集型产业。① 一般说来，这种产业升级的顺序是难以跳跃的，因为产业结构的演进受到要素、技术和消费三方面的约束。首先，在生产要素方面，知识技术密集型产业意味着需要大量的研发投入及研发人才。而在经济发展水平未能达到相应高度时，人力资本存量很小，没有足够高的人力资本比例来支持高级产业的生产。其次，在技术方面，无论是国家还是企业，都对越新的技术保护越严，转移的价格也越高，欠发达经济体很难得到最新技术；即使购买到最新技术也会因缺乏消化、吸收的人才而无法建立最新产业。最后，在消费方面，欠发达经济体更需要生活必需品，而非价格高昂的高科技产品；即使因收入分配不均存在对高科技产品的需求，也达不到生产的最低规模经济要求。

知识密集型产业是以人力资本和知识积累为主要生产要素的产业。OECD（1999）是根据研究发展的密集度来定义知识密集型产业的，② 包括两个部分：一是知识密集型制造业，涵盖高科技工业（航空航天、电脑与办公室自动化设备、制药、通信与半导体）及中高科技工业（机械、科学仪器、汽车、电机、化学制品、其他运输工具）10 个工业；二是知识密集型服务业，涵盖运输仓储及通信、金融保险不动产、工商服务、社会及个人服务 4 个行业。按照这一标准，1991 年到 1996 年间，台湾知识密集型产业的名义附加值平均达 11.5%，高于同期全体产业的 9.9% 及非知识密集型产业的 8.9%。知识密集型产业内部结构不断改善，逐渐成为台湾经济增长与竞争力优势的重要来源。

台湾产业结构在 20 世纪 90 年代进入知识密集型为主导的产业结构阶段。首先是台湾知识密集型产业的相对规模不断扩大。台湾知识密集型产业占其名义 GDP 比率在 1991 年为 37.7%（表 1-2）；1996 年增至 40.6%，略高于韩国的 40.3%，但低于 OECD 国家平均的 50.9%。当时主要发达国家的比重

---

① 产业的要素密集度的划分主要有要素丰裕度和要素密集度两种。要素丰裕度又称为要素禀赋，指的是一个国家所拥有的各种可用生产要素之间的相对丰裕关系。要素密集度是产品生产过程中不同投入要素之间的比率。在资本和劳动两要素假定下，要素密集度可以用生产中使用的资本劳动比率（$k_i = K_i/L_i$, i=X, Y），也就是人均资本消耗量来衡量。根据生产过程中要素密集度的不同，产品分为劳动密集型产品和资本密集型产品。和要素丰裕度一样，要素密集度也是相对概念。

② 当然，该标准并非绝对，严格定义哪种产业属于或不属于知识密集型产业是不恰当的，因为每一产业为维持竞争力优势，都必须提高知识化程度，否则即使被定义为知识密集型产业，也会在竞争中因知识含量降低而面临被淘汰的命运。

是：德国为 58.6%，美国为 55.3%，日本为 53%，英国为 51.5%，加拿大为 51%，瑞典为 50.7%，另外，作为新兴工业国家的新加坡高达 57%。[①] 从台湾知识密集型产业附加价值成长情况看，1996 年是 1991 年的 1.7 倍，高于非知识密集型产业同期的 1.5 倍，显示台湾知识密集型产业发展相对快速。其次是知识密集型产业内部结构调整迅速。1991 年至 1996 年间，台湾知识密集型制造业快速增长，名义附加值平均增加率达 12.6%，高于知识密集型服务业的 11.3%。其中又以 1994 年到 1996 年平均增长率达 20.5% 最为显著，主要是资讯产品及家用电子电器产业名义附加值的增加。台湾知识密集型服务业的成长虽不如知识密集型制造业快速，但其占名义 GDP 比率平均高达 33%，远高于知识密集型制造业的 6.2%，显示知识密集型服务业是当前台湾知识密集型产业的主流。从产出增长来源看，1991 年到 1996 年，台湾知识密集型制造业的成长来源以出口扩张效果最大，占 79.5%，显示出口扩张不但提高内部有效需求，也可增加知识应用的机会，促进知识密集型制造业的发展。知识密集型服务业的成长则主要依赖内部需求扩张效果，占 70.3%。[②]

表 1-2　台湾知识密集型产业的变化

单位：%

项目	时间与阶段	全体产业	知识密集型产业	知识密集型制造业	知识密集型服务业
名义附加值增加率	1991—1994	9.8	11.2	7.6	11.9
	1994—1996	10.2	12.1	20.5	10.6
	1991—1996	9.9	11.5	12.6	11.3
占名义GDP比率	1991	100	37.7	6.1	31.6
	1994	100	39.2	5.7	33.5
	1996	100	40.6	6.8	33.8

[①] 引自 2000 年 APEC 公布的资料。
[②] 朱磊：《台湾产业结构演进及对两岸经济关系的影响》，《台湾研究》，2006 年第 4 期。

续表

项目	时间与阶段	全体产业	知识密集型产业	知识密集型制造业	知识密集型服务业
5 年产出增长来源	内需扩张	71.1	53.3	26.5	70.3
	出口扩张	44.4	45.3	79.5	23.6
	进口替代	−4.8	−4.3	−8.7	−1.4
	投入产出系数变动	−10.7	5.7	2.7	7.5
	合计	100	100	100	100

资料来源：转引自台湾《"自由中国"之工业》，2001 年第 6 期，第 32 页。

据台湾"产业技术白皮书"资料，台湾高科技产业生产总值由 1986 年的 9608 亿元增至 1996 年的 25600 亿元，占制造业产值的比重由 27.4% 上升为 42.3%。作为高科技产业的主体，十大新兴工业产值由 1992 年的 272 亿美元增加到 1997 年的 503 亿美元。信息产业是台湾高科技产业的主体，其产值占十大新兴工业产值的比例自 20 世纪 90 年代以来占三分之一以上。信息产业主要从事电脑的硬件与软件开发、制造及其使用。台湾信息工业主要以硬件开发与生产为主。台湾信息产业发展十分迅速，已成为台湾的新兴支柱产业。据统计，1991—1997 年，该产业产值年平均增长 19.6%。台湾高科技产业的布局明显，主要分布在北部，尤其是新竹科学工业园区集中了台湾主要的高科技产业企业。

五、代工为主的生产方式

台湾高科技产业发展成效显著，但以民营企业作为主导的高科技厂商具有规模小、技术水平及经验不足的特征，致使中国台湾不能向美、日等经济体那样去发展最先进的技术，仅能扮演先进技术的追随者角色，充当发达地区高科技产业化的配角，这种策略不仅仅贯穿于台湾高科技产业中，在其他产业发展中也得到了体现，形成台湾产业发展的独特方式。台湾产业发展始于代工，虽然选择代工生产方式能使得资源禀赋得到充分发挥，符合比较利益优势，但以委托加工（OEM）和委托设计（ODM）为主的生产方式，使台湾产业难以形成品牌竞争力和原创性的自主研发体系，对国际市场、资金与技术形成严重的依赖。Gereffi 等（1994）以跨国生产的同一产业或商品作为分析单位，提出全球商品价值链，并将上游设计制造到下游零售行销链接成跨地域、彼此相互依赖的行动者网络，依据行动者的权利关系划分为生产方驱动和买方驱动。在生产方驱动的商品价值链中，拥有关键技术的厂商不仅控制生产流程，也获取最多的纯利润；而在买方驱动的商品价值链中，掌握利润分配权利的不涉及制程，却是占据研发设计与市场销售端的品牌商等，[①] 大多数海外台商在国际分工中属于买方驱动的商品链，是代工制造商（郑志鹏，林宗弘，2017）。张俊彦和游伯龙（2001）分析了台湾半导体产业主要以代工为主。[②] 以代工为主作为台湾产业经济的重要特点，历经几十年的发展，台湾有自有品牌的企业仍是凤毛麟角（童力群，2007；曾贵、钟坚，2010）。[③④] 盛九元（2018）提出国际大企业负责研发等上游环节，而将制造、库存、销售等下游环节转移到海外厂商，使得台湾厂商将被进一步纳入大企业全球供应链体系，这样会导致企业的技术储备和创新能力严重不足，难以改变以代工为主的模仿与跟进之路，台湾代工模式看不到调整的迹象。[⑤]

20 世纪 80 年代中期以前，台湾第二产业的主要经营形态是简单的加工制造。利用岛内廉价和素质较高的劳动力，从日、美等发达国家进口原料及中间产品，经过加工装配后，再销往最大的美国市场，形成“日—台—美”三角贸易体系。在过去的亚太国际产业分工体系中，台湾地区扮演着劳力密集型产品加工出口基地的角色，处于雁行序列的尾部。在贸易形态上，台湾表现为典型的“加工型贸易”，其主要特征就是台湾生产厂商只是从事产品的委托加工制

---

① Gereffi，G.，Korzeniewicz，M.and Korzeniewicz，R. "Introduction：Global commodity chains". In *Commodity Chains and Global Capitalism*，Edited by：Gereffi，G.and Korzeniewicz，M.Westport，CT：Praeger.1994.

② 张俊彦、游伯龙：《活力：台湾如何创造半导体与个人电脑产业奇迹》，时报出版社，2001.

③ 曾贵、钟坚：《台湾加工贸易转型升级的路径、机制及其启示》，《世界经济与政治论坛》，2010 年第 5 期。

④ 童力群：《台湾企业为何难以形成自主品牌——用路径依赖理论审视台湾的代工模式》，《现代台湾研究》，2007 年第 2 期。

⑤ http：//sh.qihoo.com/pc/9145a75710591c721?cota=1&sign=360_e39369d1&refer_scene=so_3。

造，靠接受外国贸易商的订单进行生产，本身缺乏行销能力，台湾生产的许多产品只是以外国品牌的面貌出现。据台湾"经济部国贸局"的调查，20 世纪 80 年代初台湾地区产品外销值的 75% 是操纵在日本商社等外国人手中。在当时的美、日、亚太分工体系中，台湾地区扮演的角色很简单，就是一个劳力密集产品的生产加工基地，进口依附日本，出口依附美国，因此也有人将台湾地区称作"日本的海外大型加工厂"。台湾生产所获得的利益，其生产利润相当一部分被中、上游产品的供应商抽走，行销利润则被外国贸易商获得，台湾所获得的只是微薄的"打工费"。台湾地区在这种三角分工体系中的角色显然是被动的。

这种传统角色在 20 世纪 80 年代中期以后开始发生转变，随着台湾地区对东南亚及中国大陆直接投资的激增，台湾与亚太地区的经贸关系达到了前所未有的紧密程度，其在亚太地区扮演的角色也相应发生了转变，这种转变主要表现在台湾企业的技术含量不断提升，在产品全球价值链中的地位有所提高。在亚太地区国际分工体系中，台湾正逐渐脱离过去的劳力密集型加工出口基地角色，转而开始扮演技术密集型产品加工基地角色，这也使得台湾在亚太地区产业分工体系中的地位逐步提高，形成与日美等发达国家以及与东南亚和中国大陆之间的不同层次的产业分工体系。在技术密集型产品方面，台湾大致仍然维持传统的三角分工形态，亦即从日本引进技术、设备与关键零部件，然后由台湾加工组装成成品或半成品，再出口到美、欧市场。而在传统劳力密集产品方面，台湾则将大部分生产工厂移向东南亚及中国大陆，移往岛外工厂的机器、原材料、零部件仍由岛内提供，利用当地的廉价劳动力进行装配加工，最终产品主要销往美、日等发达国家。大陆因素在提升台湾企业的国际分工地位方面作用明显。

20 世纪 90 年代台湾产业升级进一步发展。台湾制造业循环大体可分为"买入—生产—卖出"三个环节，其模式基本由 80 年代的"日本进口—台湾地区生产—出口美国"演变为 90 年代以后的"美、日进口—中国大陆和台湾生产—出口美国和中国大陆"，亦即，台湾制造业生产设备和技术主要从美国和日本进口，但生产和销售则有相当大的比重发生在大陆。从结构演变和调整角度看，两岸间产业梯度正逐步缩小，大陆对台湾制造业影响日渐扩大，正形成"台湾接单—大陆出货""台湾管理—大陆组装""台湾研发—大陆生产"等多运作模式。另外，台湾对外贸易形态正在力图摆脱被动式的"加工贸易形态"，逐渐向"技术导向"和"海外投资"型的贸易形态发展。随着传统产业的大量外移，台湾逐渐失去其劳力密集型加工基地的角色，由于不再具有加工装配的传统优势，台湾厂商面临被国际贸易网络摒弃的危险。面对形势变化，岛内的企业走向产业升级之路，发展较高技术的产品，以创造新的比较优势空间，这样可以摆脱加工型贸易面临的困境，提高技术能力，继续与国际贸易网络相连接，向"技术导向"贸易形态发展。一些有能力的台湾企业开始凭借自己的技术力图创出自己的品牌和行销网络，如宏碁集团生产的个人电脑在国际市场已有一定的知名度。但总体上看，像宏碁这样的企业在台湾仍是凤毛麟角，而且一旦失去技术优势，其品牌地位将岌岌可危，它无法像那些掌握全球贸易网络的大厂商或大商社那样，既控制消费市场又同时支配生产，不一定从事生产却可以利用最好的生产技术。因此总的来看这种"技术导向"的应对方式虽不至于被淘汰出国际贸易网络之外，却不能改变原先处于被控制的被动地位。于是，在提高生产技术的同时，台湾企业也通过大量的海外直接投资来提高自己的贸易地位，台湾接单、海外生产，向"海外投资"贸易形态发展。大量海外投资和传统加工基地的外移，一是扩大了台湾贸易的范围，使其在国际贸易网络中的自由度加大，增加了出口地的选择；二是由于海外投资厂商在当地进行的进一步延伸投资，以及在当地拓展自己的贸易网络，使得台湾地区在国际贸易网络中的地位相对提高，逐渐向贸易中介角色发展。

　　台湾产业升级的成功代表是 IT 产业。台湾企业凭借委托加工生产形态成功发展起 IT 产业，并以 IT 产业为主导产业，为其在产品全球价值链中的重要地位奠定坚实基础。台湾 IT 产业为几乎所有的世界 IT 品牌代工。20 世纪末，全球销售的电脑显示器中，每两台中就有一台是台湾企业制造的；世界上三分之一的笔记本电脑和三分之二的电脑主机板来自台湾企业；台湾企业生产的鼠标、键盘占全世界市场的五分之三以上。台湾企业每年在信息技术工业的投资，比整个欧洲在这个领域的投资还要多。台湾的核心竞争力在于它的成本工程不是狭隘的、单个企业的逻辑，而是整个岛内的代工制造产业捆绑在一起共同推进"降价"工程。台湾的 IT 代工制造业的整个产业结构在发展的过程中分工越来越细，精细的分工一方面降低了IT制造业的进入门槛，另一方面有助于单个企业的生产效率提高。台湾IT产业将分工推向极致，可以将一台技术含量高、制造技艺精巧的电脑整机分拆为一个螺丝钉或者是一个集成电路，一个按照统一模具压制的外壳甚至只是一片需要镀膜的玻璃。例如台湾代工制造业的龙头企业鸿海精密，成立之初生产的仅仅是电脑外接电源的插头。属于高科技制造业的电脑整机制造在台湾企业的分工下变成了和传统制造业差不多的生产过程。分工合作的企业由于分工提高了各自的生产率，降低了自己的生产成本。当他们形成合作关系时，企业的整体竞争力要比其他企业高。于是，在全球电脑制造市场上获得的份额变大，他们可以从自己的生产链之外获取更多的利润。随着分工的进一步深入，台湾代工企业的整体竞争力也会继续提高，而且这种提高往往不是等距离的，而是递进式的。也就是说分工越细，整个台湾代工制造从国际市场上获取的份额也将跳跃式地增长。通过挤占其他国家和地区的市场份额，整个台湾代工制造业壮大了自己的实力，整个行业的利润持续上升，产业组合内的各个企业共同获利。在微观层面上，上游的企业在寻找合作伙伴时会选择质优价廉的下游企业。所以各个企业必须做到同行之中的最好，才能够进入整个代工生产的产业链中。而一旦这个企业达到同行中的最好后，它就会走向产业升级，进入上一分工层次的竞争体系中，如此循环，以至带动整个产业链的滚动升级和全行业世界竞争力的增强。例如，鸿海精密从生产插座升级到生产主机板等电脑核心部件，代工范围也从最初的单一产品拓展到电脑的各个组件以致整机。台湾IT制造业的新秀明碁集团最初只是宏碁集团中为宏碁电脑生产个人电脑以及一些零组件的子公司，1991年明碁转型为面对全行业的电脑零部件供应商，1995年开始进入通信制造业并发展为台湾第一大手机制造厂，1998年明碁在宏碁集团内升级为集团内一级子集团，2000年年底在宏碁的第三次再造工程中干脆脱离母体独立，并且走上品牌经营的发展道路。尽管台湾产业升级的研发力量不断增强，但委托加工生产一直是台湾企业的主要经营形态。台湾产业结构中，制造业是工业的绝对主力，而制造业企业绝大部分以委托加工形态为主。

六、主导产业更迭速度快

从工业化过程看，产业结构演进要经历前期、中期和后期三个阶段。台湾1963 年工业生产净值首次超过农业，表明经济进入工业化中期阶段；20 世纪80 年代中后期台湾工业增长大大减慢，服务业急剧扩张，1988 年服务业产值首次超过工、农业产值之和，形成在三次产业中的支配性地位，标志着台湾经济进入工业化后期阶段。从主导产业的转换过程看，台湾大体经历了农业、轻工业、重化工业、现代服务业、信息产业的演进过程，20 世纪90 年代中后期开始，台湾经济进入以信息产业为支柱产业和主导产业的阶段，也称后工业化阶段。

产业结构演进的一般规律有两个：一是工业化发展规律，即经济发展经历工业化的前、中、后期，农业、工业和服务业分别在每个时期的产业结构中占支配地位；二是主导产业转换规律，即主导产业一般遵循"农业—轻工业—基础工业—重化工业—现代服务业—信息产业"的演进路径。

20 世纪50 年代以来，台湾产业结构的演进基本符合这两个规律，大约每10 年出现一次较明显调整，每个阶段的主导产业依次更迭，大体经历了农业（以种植、养殖为主）、轻工业（以食品、纺织为主）、重化工业（以石化、金属为主）、现代服务业（以金融、保险为主）和科技产业（以电脑、半导体为主）等阶段。

第一阶段，1953 年到1960 年，劳力密集型产业进口替代时期。进口替代工业主要是纺织、肥料、水泥、玻璃、人造纤维等。该阶段台湾产业结构以农业为主体，工业相对薄弱，服务业相对稳定。1960 年台湾第一、二、三产业占 GDP 的比重分别为28.5%、26.9%、44.6%，就业比重分别为50.2%、20.5%、29.3%，农产品及农产加工品、工业产品出口值占总出口值比重分别为67.7% 与32.3%，标志着台湾还属于工业化前期的资本积累阶段。

第二阶段，1961 年到1970 年，劳力密集型产业出口扩张时期。上阶段的进口替代效果显现，1963 年工业生产净值首次超过农业，表明台湾工业逐渐取代农业在经济活动中的地位，进入工业化中期阶段。1970 年台湾第一、二、三产业占 GDP 的比重分别为15.5%、36.8%、47.7%，就业比重分别为

36.7%、28%、35.3%，农产品及农产加工品、工业产品出口值占总出口值比重分别为21.4%与78.6%。20世纪60年代日本重点发展重化工业为主的资本密集型产业，原有的轻纺工业、组装工业等劳动密集型产业纷纷向海外转移，台湾利用这一时机，开始发展日本梯度转移的劳动密集型产业。

第三阶段，1971年到1980年，重化工业进口替代时期。20世纪70年代在石油危机的冲击及新兴市场崛起的背景下，日本进行第二次产业结构调整，由资本密集型产业向技术密集型产业转变，把资源耗费量大、环境污染严重的资本密集型产业部分移至台湾，台湾进入重化工业进口替代阶段。1980年台湾第一、二、三产业占GDP的比重分别为7.7%、45.7%、46.6%，就业比重分别为19.5%、42.5%、38%，农产品及农产加工品、工业产品出口值占总出口值比重分别为9.2%与90.8%。

第四阶段，1981年到1990年，现代服务业迅猛扩张时期。20世纪80年代前半期，台湾产业结构相对平稳，中后期发生重大变化，工业增长大大减慢，服务业急剧扩张，取代工业在经济活动中的主导地位。资本和劳动力纷纷从第二产业流向第三产业，使服务业产值在1988年首次超过工、农业产值之和。到1990年，台湾第一、二、三产业占GDP的比重分别为4.2%、41.2%、54.6%，就业比重分别为12.8%、40.8%、46.3%，农产品及农产加工品、工业产品出口值占总出口值比重分别为4.5%与95.5%。20世纪80年代日本进行第三次产业结构调整，实现由技术密集型产业向知识密集型产业转变，台湾利用这一时机引进技术密集型产业，实现产业结构的又一次升级，逐渐发展起新兴支柱产业——信息电子产业（台湾称"资讯电子业"）。在第三产业中，商业、金融保险及不动产业，产值分别占服务业产值的1/4和1/3，就业人数占服务业就业人数的40%和7%。

第五阶段，1990年到2000年，高科技产业快速发展时期。该阶段第三产业继续发展，1995年服务业产值占GDP比重一度超过60%，成为台湾进入发达社会的标志之一。与此同时，技术密集型产业迅速崛起，占制造业产值比重从1986年的24%增加到1995年的36%。专门技术人员在就业人口中所占百分比也由5%增加到11.1%。2000年台湾第一、二、三产业占GDP的比重分别为2.1%、32.5%、65.4%，就业比重分别为36.7%、28%、35.3%，农产品及农产加工品、工业产品出口值占总出口值比重分别为 1.4% 与 98.6%。上阶段发展起来的信息电子、半导体和通信产业成长为台湾制造业中的支柱产业，其他如精密零组件、微处理机、通信关键零组件、高画质视讯产品、生物科技产品、复合材料等也成为具有发展潜力的关键产业。

第六阶段，高科技产业发展间歇期。进入 21 世纪，在作为主导产业的资讯电子业发展势头出现下降之后，台湾新兴产业的重点开始转向半导体产业和液晶面板产业。这"两兆产业"发展速度很快，但却有后劲不足的倾向。由于产业演进路径与方式的变化，台湾新兴产业外移加快，岛内新兴产业的知识技术含量未能同步得到大幅提高，国际分工角色仍处于价值链的中间环节，加之国际竞争加剧，利润空间压缩，造成岛内整体制造业无论是产值增长率还是产值占 GDP 比重在 21 世纪以来持续下滑。该阶段服务业是台湾产业结构中的绝对主力，2005 年服务业产值占 GDP 比重首次超过 70%。其中以金融保险及不动产业比重最高，达 21%。工业与农业在产业结构中的比例持续下降，占 GDP 比重分别跌至 30% 和不足 2%。制造业仍为工业中最大项，占 GDP 比重稳定在 26% 左右。2005 年，台湾第一、二、三产业占 GDP 的比重分别为 1.8%、24.6%、73.6%，其中制造业产值占 GDP 比重下降到 21%。①

第七阶段，高科技产业发展转型期。台湾高科技产业中的电子信息产业、精密机械产业和传统产业中的化学制品业，及服务业中金融保险业保持重要地位的同时积极寻求转型升级。台湾电子信息产业在台湾产业发展中仍占据主导地位，2017 年电子信息产业产值达到 1423.33 亿美元，占制造业产值的比重为 32.86%；其中，半导体行业是台湾电子信息产业中最具竞争力的行业，2017 年产值约为 808.17 亿美元，以 IC 制造产值最大（代表企业：台积电、联电），IC 设计业（代表企业：联发科）、IC 封装（代表企业：日月光、矽品）和 IC 测试业（代表企业：日月光）次之。由于高科技产业的持续发展，台湾经济的总体产业结构表现为第一产业在 GDP 中的占比继续下降，第二产业占比有所回升，第三产业占比总体呈现出稳中有降的态势。2017 年，台湾第

---

① 数据均引自台湾当局"行政院主计处"编《台湾统计月报》和台湾"经建会"编 *Taiwan Statistical Data Book*。

一、二、三产业占 GDP 的比重分别为 1.77%、35.63%、62.60%，[①] 三次产业就业人数占比分别为 4.91%、35.78%、59.30%，[②] 同比增长 −0.03%、−0.1%、1.4%。从三次产业就业人数占比的变化可以看出，劳动力不断从第一、二产业向第三产业转移。从进出口贸易结构来看，2017 年台湾进出口贸易总额为 5765.15 亿美元，其中第一产业贸易额占比为 3.50%，二、三产业贸易额占比高达 96.5%；其中出口贸易总额为 3172.49 亿美元，农林牧渔产品出口贸易额为 49.81 亿美元，占比为 1.57%，工业和服务业出口占比为 98.43%；[③] 台湾最主要的出口商品为机电产品、贱金属及其制品、塑料橡胶和化工产品，在出口总额中的比重分别为 55.30%、9.50%、7.70%、6.2%。[④]

七、产业政策效果显著

不同产业的资源配置效率不同，如果能够通过产业结构政策将资源从低效率产业转移到高效率产业，社会总体生产效率和福利将会增加。根据领先型经济发展经验，主导产业一般顺序是由资源密集型产业到劳动密集型产业、到资本密集型产业、到技术密集型产业、再到知识密集型产业。由于产业结构的演进受到要素、技术和消费三方面的约束，一般说来这种产业升级的顺序是难以跳跃的，因此追赶型经济可以把握这种产业结构演进的规律性和趋同性，采取相应的产业政策加速这一成长进程。[⑤] 台湾当局的产业政策变化基本符合适度逆比较优势策略，促进了台湾产业结构顺利向协调化与高度化演进。[⑥] 台湾产

---

① 资料来源：台湾当局"行政院主计处""国民所得统计"。

② 资料来源：台湾当局"行政院主计处"《人力资源统计》；"劳委会职训局"《就业服务统计》。

③ 资料来源：2017 年台湾统计年鉴；台湾当局"行政院农业委员会"。

④ 资料来源：台湾当局"工业研究院产经中心"（IEK）。

⑤ 追赶型经济在实施产业结构政策时有广泛的内容和手段。一是直接控制手段，即配额制、许可制和对工资与价格的直接管制；二是间接诱导手段，包括财政税收、财政支出、金融、外贸、价格等；三是信息指导手段，主要有发布指示性或展望性计划、进行劝告和诱导、提供交换信息场所、引导外资投入等；四是制度变革手段，包括财税、预算、金融、土地、产权、就业、职业培训、失业保障等制度的变革。

⑥ 产业结构协调化是指在产业发展过程中要合理配置生产要素，协调各产业部门之间的比例关系，促进各种生产要素有效利用；产业结构高度化是指产业结构从较低水平状态向较高水平状态发展的动态过程，即产业结构向高技术化、高知识化、高资本密集化、高加工度化和高附加值化发展的动态过程。产业结构高度化以新兴产业比重提高为前提，其重要标志就是各产业的技术层次不断提高和新兴产业不断成长为主导。

业政策与产业结构演变大体可分为以下几个阶段：

第一阶段，20世纪50年代，主导产业由资源密集型产业向劳动密集型产业转换。战后台湾处于以农业为主的经济发展阶段，农业具有比较优势，工业处于比较劣势，1953年台湾当局明确提出"进口替代"的发展策略，主要是利用美国援助的物资，发展劳动密集型轻工业。落实进口替代策略的政策措施包括：复式汇率、进口限制、设厂限制、低粮价政策等。该策略实施后的7年内，台湾工业部门生产平均年增长率达到15.8%的较高速度，劳动密集型轻工业迅速发展起来，形成比较优势。水泥、棉纺织品等劳动密集型产品产量在这7年间增长3倍左右；从1959年开始，大批纺织品外销美国，尤其以成衣业最为突出。这种结果意味着台湾实行逆比较优势策略政策的成功。

第二阶段，20世纪60年代，作为主导产业的劳动密集型产业得到充分发展。当劳动密集型轻工业作为新兴产业成长起来之后，台湾当局采取了"出口扩张"的比较优势策略，放手让劳动密集型轻工业充分发展。当时台湾当局的考虑是：市场方面，美国、日本及其他发达国家工业已经转型，走上技术及资本密集型工业的道路，不再愿意生产劳动密集型产品，这会给台湾提供一个很好的机会，利用自己相对廉价的劳动力为国际市场生产劳动密集型产品，扩展对外贸易；劳动力与就业方面，土地改革后，生产率提高，人口增加，劳动力出现过剩现象。继续生产劳动密集型出口商品，可减轻失业压力；资本与技术方面，台湾缺乏必要的资本和技术以建立和发展资本技术密集型工业，其所处经济阶段还不具备产业升级转型的条件；国际收支方面，外汇储备短缺，国际支付能力不足，发展第二阶段进口替代工业需要大量的外汇储备，那将使台湾的"国际收支"状况更加恶化。为落实"出口扩张"的比较优势策略，台湾当局推出以"奖励投资条例"为标志的多项政策措施，但在该"条例"中明确提出对资本和技术密集型产业进行奖励，因此也带有逆比较优势策略的色彩。出口扩张策略下，台湾工业保持了近10年的高增长，形成了一定的经济规模。实行比较优势策略的结果，是台湾劳动密集型产业继续发展，比较优势更加明显，其在台湾经济与出口中的比重大大超越农产品。1970年台湾工业和农业占GDP的比重分别为36.8%和15.5%，工业产品与农业产品的出口值占台湾总出口值比重分别为78.6%与21.4%。

第三阶段，20 世纪 70 年代，主导产业由劳动密集型产业向资本密集型产业转换。一方面，20 世纪 70 年代初台湾具有了第二次采取逆比较优势策略的条件。当时出现的新问题是：劳动密集型工业迅速发展，就业率不断提高，1972 年已经达到充分就业水平，劳动密集型产业面临劳力不足和工资成本上涨的压力，影响了产品的国际竞争力；交通、电力等基础设施的发展，跟不上经济成长的速度，已经形成工业进一步发展的瓶颈；出口工业主要是加工装配产业，其原料、技术都依赖进口，极易受世界经济波动的影响。另一方面，出口扩张策略为台湾积累了一些发展重化工业的有利因素：由于出口工业的高速发展，生产规模迅速扩大，对原材料及零配件等中间产品的需求急剧扩张，机械、电机、钢材等生产资料的需求量也不断增加；同时，民众收入不断提高，储蓄率随之上升，资本供应能力和投资能力也大大增强；经过长时间工业发展经验的积累和教育的普及，技术人才的供应逐渐充裕。在这种情况下，台湾当局认为应及时改变发展策略，在继续发展出口加工业的同时，以人造纤维、塑胶、机械及钢铁为代表，发展自己的重化工业，满足中、下游出口加工业的需要，这也就是第二阶段进口替代策略。1974 年，台湾当局开始推动"十大建设计划"。一方面，决定大幅扩建交通及电力等基础设施，另一方面，决定建立大型钢铁厂、造船厂及石油化工企业，以"逆向整体性发展"方式，将上、中、下游产业予以结合，建立完整的重化工业体系。尤其是修正"奖励投资条例"，鼓励民间参与重化工业投资，取得显著成效。在这一阶段，台湾工业继续以 11.68％ 的较高年均增长率发展，工业净产值比重由 1972 年的 40％ 提高到 1980 年的 45％。工业制品在出口贸易中的比重，由 1970 年的 79％ 增长到 1980 年的 91％。工业就业人口占总就业人口的比重，由 1972 年的 32％ 上升到 1980 年的 42％。与此同时，台湾建成一批大型重化工业企业和基础设施，为台湾工业的进一步发展打下必要基础，也标志着台湾工业开始由片面强调加工产业向追求完整工业体系转换。

第四阶段，20 世纪 80 年代，主导产业由劳动密集型产业向技术密集型产业转换。总体上，台湾发展重化工业的政策是有成效的，但在形势变化下却不得不变更方向。1979 年第二次世界能源危机爆发。世界能源价格大幅提高，台湾出口加工产品竞争力受挫，石化企业受到冲击最为严重，普遍出现减产或停工。面对变局，台湾当局决定改变继续发展重化工业的策略，重点发展技术密集型产业。技术密集型产业对当时的台湾来说绝对是不具有比较优势的新兴产业，因此这一政策是台湾第二次逆比较优势策略的延续。台湾当局明确宣布将积极发展某些策略性产业，包括机械、资讯、电子、电机、运输工具等技术密集型工业，这些工业多具有附加价值高、耗能少的特点。为此修正的"奖励投资条例"对技术密集型工业投资给予税收优惠。不到 10 年，效果已经显现。技术密集型产业得到发展，并逐渐形成自身的比较优势。从 1983—1986 年工业生产结构变化系数看，资本、技术较为密集的重化电子工业变化系数是 4.1，而代表劳动密集型产业的轻纺工业变化系数则为 −4.8，此消彼长，显示台湾工业结构已经开始转变，由生产食品、纺织及木制品等劳动密集型产品为主，向生产资本、技术密集型产品为主转变。

　　第五阶段，20 世纪 90 年代，主导产业由资本、技术密集型产业向知识密集型产业转换。以资讯电子业为代表的技术密集型产业兴起之后，台湾当局"三化"方针[①] 的提出，使技术密集型产业占制造业产值比重从 1986 年的 24%增加到 1995 年的 36%；专门技术人员在就业人口中所占百分比也由 5% 增加到 11.1%。资讯电子业在 90 年代中期迅速成长为台湾第一大制造业和出口产业，在台湾经济中呈现一枝独秀的局面，台湾也因此成为世界经济中的 IT 产业重镇。而且，由于个人电脑及周边设备的迅猛发展，带动对集成电路（IC）和液晶面板（TFT-LCD）等上游产品的需求，使台湾半导体产业和光电产业迅速发展起来，利用发达国家生产外包的有利契机形成较大规模，显示出巨大的发展潜力。台湾当局在发展技术密集型产业的同时也开始着力扶植知识密集型产业，其标志性政策是 1991 年出台并实施的"促进产业升级条例"，通过选择十大新兴工业进行重点扶植而推动知识密集型产业发展。1991 年到 1996

---

　　① 1984 年台湾当局提出以"自由化、国际化、制度化"为目标的"三化"政策。"自由化"是指：尊重市场机能，减少各种经济活动不必要的行政干预，让市场机能这只"看不见的手"，在经济活动中发挥主导作用。自由化的推动方向，主要包括取消不必要的投资限制、公营事业的民营化、金融自由化与贸易自由化等方面。其目的在于加速产业升级与产业结构调整，提高产业竞争力。"国际化"是指：将台湾经济纳入国际经济体系，加强国际区域间的经济合作和争取进入重要的国际多边经济组织，更大程度地参与国际分工，从而为台湾经济开拓更大的发展空间，突破面临的经济瓶颈，早日进入发达地区行列。"制度化"是指：建立一套完善的规章制度，用法制调节控制经济运作，使社会经济能够在比较合理的制度下进行。

年间，台湾知识密集型产业的名义附加值平均达11.5%，高于同期全体产业的9.9%及非知识密集型产业的8.9%。台湾知识密集型产业的相对规模不断扩大。台湾知识密集型产业占名义GDP比重在1991年为37.7%；1996年增至40.6%，略高于韩国的40.3%，但低于OECD国家平均的50.9%。当时主要发达国家的比重是：德国为58.6%，美国为55.3%，日本为53%，英国为51.5%，加拿大为51%，瑞典为50.7%。[1]

1999年台湾当局通过"促进产业升级条例修正案"，按照"两大、两高、两低"原则提出"新兴重要策略性产业"概念，以10年为期对其给予租税抵减，并且每两年重新评估一次产业适用范围，做必要调整。"新兴重要策略性产业"有如下特点：一是对经济发展有重大效益，其产业关联性大、产品附加价值高及市场潜力大；二是风险性高，回收期限长、市场进入障碍大及营收风险大；三是长期来看具有策略性，其能源依存度低、污染程度低、知识及技术密集度高；四是亟须"政府"扶植，进口替代高、投资金额大及研发投入比例高。2000年台湾当局确定新的十大新兴工业为：通信、资讯、半导体、消费电子、精密机械与自动化、航天、特用化学品制药与生技、医疗保健、环境保护及高级材料工业。

经过10年发展，通信、资讯、半导体、消费电子、精密机械与自动化等新兴产业苗壮成长起来，但航天、特用化学品制药与生技、医疗保健、环境保护及高级材料工业等其他新兴产业的发展效果却不如预期。面临2009年12月31日"促进产业升级条例"到期，台湾当局开始酝酿以新的产业政策取代该"条例"。2008年岛内政党轮替后，台湾当局将此前讨论过的"产业发展基本法""产业创新加值条例""产业园区设置管理条例"等"产业三法"的精神放入新草拟的"产业创新条例"，以继续促进台湾产业结构发展。与以前两部"条例"相比，"产业创新条例"在奖励方式上取消了"产业别优惠"，同时对于"功能别优惠"进行调整，仅保留研发的租税优惠，受惠对象不分产业，也不限于工业区厂商，只要符合奖励项目即可享受。此举主要针对台湾企业创新研发能力不足，在补助、行政辅导等政策工具外，以租税优惠诱导企业长期从

---

[1]   引自2000年APEC公布资料。

事创新活动，而租税优惠不以产业划分，是基于产业发展方向由市场决定优于"政府"选择。

　　产业结构所处阶段不同，产业政策的重点也不同。①台湾当局原来采取的以逆比较优势策略为主轴的政策也常常称为"产业导向的经济政策"。产业导向的经济政策的特征是以产业结构政策为核心，主要是由于经济起飞阶段的国家或地区人力与物力的资源都非常有限，政府通过直接补贴、优惠融资、政府采购、税赋减免等优惠性保护政策为特定产业类别提供支持，将有限的资源用在少数具有影响力的产业上，以重点突破来带动相关产业的发展。而目前台湾当局以比较优势策略为主轴的政策也称"创新导向的经济政策"，强调以产业技术政策为核心，政策优惠不限定任何产业或企业；不考虑产业中的领先者或落后者；不考虑对既得利益者的影响。创新导向政策与产业导向政策相比，最大的不同是"政府"对产业结构演进由强干预转为弱干预。因为产业结构政策对追赶型经济有效，对领先型经济却无效，甚至有反效果，因此进入领先型经济后，产业结构政策应该逐渐退出，代之以产业技术政策。②

　　世界经济发展呈现雁行序列，有一个最发达的头雁经济带路，其他经济尾随追赶。产业结构政策对缩小追赶型经济与领先型经济的差距有显著作用，但对领先型经济的发展却有局限性。领先型经济不再有可以比照模仿的范本，政府主导的产业结构政策难免会对资源配置产生扭曲，因为未来的产业结构升级和发展方向是无法确知的，正如在通过历史进化而形成的生态系统中，很难人为断定哪一个物种是最优越、最适宜存在一样，在具有发展前景和巨大潜力的新兴主导产业兴起之前，政府无法准确预言产业结构的优化方向，此时应改变追赶型经济的既有产业结构政策，从模仿走向创新，从以产业结构政策为主转

---

　　①　产业政策主要有四类：产业结构政策（以扶植战略产业为主）、产业组织政策（以限制垄断和过度竞争为主）、产业布局政策（以产业空间分布为主）和产业技术政策（以促进技术进步为主）。

　　②　产业技术政策，是指国家或地区对产业技术发展实施指导、选择、促进与控制的政策总和。包括两方面内容：一是确定产业技术的发展目标和具体计划，如制定各种具体的技术标准、技术发展规划，公布重点发展的核心技术和限期淘汰的落后技术项目清单；二是技术进步促进政策，如技术引进、技术扩散、技术开发等政策。产业技术手段可分为直接干预和间接干预两种。前者包括政府直接投资于产业技术开发和应用推广、主持和参与特定产业技术开发项目等；后者主要是政府对产业技术开发提供补助金、委托费、税制优惠和融资支持等。

型为以产业技术政策为主，通过技术突破由市场选择未来的主导产业。长期来看，追赶型经济与领先型经济的产业结构将会趋同。[1] 当追赶型经济的发展水平接近领先型经济之后，其产业政策也应随之转型，产业结构政策逐渐退出，产业技术政策居于主导。产业导向发展战略要求将有限的资源用在少数具有影响力的产业上，以重点突破来带动相关产业的发展。相较于产业导向策略，创新导向策略具有以下优点：首先，没有限定任何产业或企业；其次，不需考虑产业中的领先者或落后者；最后，不需顾虑商业地理因素、特定产业、企业政治力的介入式影响既得利益者等。此外，产业导向策略中，可能产生道德危机，因为产业在与政府互动时，存在信息不对称的问题，而创新导向策略可以避免产业导向策略所衍生的缺陷。创新导向经济发展战略的具体目标主要有三方面：一是建立和完善介于垄断和竞争之间的市场体系；二是形成科学技术与市场需求互动的良性机制；三是形成技术创新集群。

台湾自 20 世纪 90 年代中期开始进入发达经济后，[2] 其产业结构也开始进入以知识密集型产业为主的较高级阶段，这意味着在产业政策方面已经难以再继续以前的模仿发达经济发展路径的"产业导向的经济政策"，只能代之以"创新导向的经济政策"。2010 年 5 月施行的"产业创新条例"与"奖励投资条例"及"促进产业升级条例"最大的不同，就是取消了"产业别优惠"而代之以"功能别优惠"，其最大意义也就是标志着台湾产业政策开始进行从"产业导向的经济政策"向"创新导向的经济政策"的转变，"比较优势策略"将取代原来的"逆比较优势策略"成为经济发展战略的主轴，产业结构的发展方向也将由"政府"主导转为市场主导。

第三节　台湾企业对外投资分析

台商的海外投资是国际投资现象中的异数（陈添枝，2004）。与常见的对

---

[1]　Kiyoshi.Kojima, "The 'flying geese' model of Asian economic development：origin, theoretical extensions, and reginal policy implications," *Journal of Asian Economics*，11，2000.

[2]　国际上对发达经济的较公认的标准是人均 GDP 在 8000 美元以上，并具有较高的社会发展水平。1993 年台湾地区人均 GDP 首次突破 1 万美元，1995 年服务业产值占 GDP 比重首度超过 60%，成为台湾进入发达社会的重要标志。

外直接投资不同，台湾企业对外直接投资（FDI）① 以相当小的企业规模、不突出的技术能力、无基础的营销网络，在没有"政府"扶持、欠缺知名品牌，甚至尚无出口经验的条件下就开始大量出现，被西方学者称为"早熟的对外投资"或"跳跃式的国际化"。从事对外直接投资的台湾企业甚至难以像其他地区 FDI 企业一样称为"跨国公司"（殷存毅，1996）。这是相当有趣和值得探讨的经济现象。

一、概念内涵与问题探讨

对外直接投资（Foreign Direct Investment, FDI）既可指外向的对外直接投资（outward FDI, OFDI），也可指内向的外国直接投资（inward FDI, IFDI）。站在资本输出方的角度，FDI 译作对外直接投资；站在资本输入方的角度，FDI 译作外国直接投资或外商直接投资。如果没有特别说明，FDI 在本书中的含义是 outward FDI。

对 FDI 的理解有两个角度：一是微观角度，即从投资者角度分析企业跨境经营现象，主要分析对外直接投资的动因，也研究 FDI 对投资者、投资方经济体和受资方经济体的影响；二是宏观角度，更多地把 FDI 视作国际资本流动，尤其是证券资本的流动，而非实物资本的流动（Robert.E.Lipesey，2001）。② 前者的传统内涵是：投资者在境外开办企业，投入设备、劳力、技术等要素的行为。具体而言，FDI 是指某国或地区的境内投资主体在境外以现金、实物、无形资产等方式投资，并以控制境外企业的经营管理权为核心的经济活动。对外直接投资业务包括在境外的生产性投资（如投资办厂、加工装配、资源开发等）、贸易性投资（如设立贸易公司、办事处等）、金融性投资（如境外设立分行、财务公司等）。后者是指：投资者通过资本市场购买境外企业股票或债券的行为，也被称作对外间接投资（Foreign Portfolio

---

① 本研究将台商对大陆的投资视为台湾企业 FDI 之一部分，但本质上台商对大陆的投资是一个国家内部的跨区域投资，即使在台官方统计中，台商对大陆投资也与对外投资分开统计。

② Robert.E.Lipesey，2001，*Foreign Direct Investment And The Operations of Multinational Firms: Concepts, History, and Data*，NBER Working Paper Series，http：//www.nber.org/papers/w8665.

Investment，简称 FPI）。[1]

然而，这二者的区别正日益模糊化，直接投资行为可以避开物化生产要素的转移，通过拥有一定比例的股票或债券实现对区域外企业长期控制。国际货币基金组织（IMF）1985 年在《国际收支手册》中，将 FDI 定义为："在投资人以外的国家（经济区域）所经营的企业中拥有持续利益之一种投资，其目的在于对该企业的经营管理拥有有效的发言权。"[2] 这里的"有效的发言权"实际上是指管理控制权，这种控制权是直接投资区别于间接投资的根本所在。联合国贸易和发展会议（UNCTAD）多年来发表的年度《世界投资报告》中，国际直接投资被定义为：一国（地区）的居民实体在其本国（地区）以外的另一国的企业中建立长期关系，享有持久利益，并对之进行控制的投资。[3] 国际货币基金组织和经济合作与发展组织（OECD）建议，在具体确认一项投资是直接投资还是其他形式的投资时，以 10% 为划分标准，即直接投资者应拥有直接投资企业 10% 或以上的股权或投票权。各国在统计实践中多数依据上述定义和标准。世界银行（WB）认为：FDI 是向东道国企业提供一定数量的融资，从而能够直接参与企业管理过程的外国投资。可见，衡量一种跨区域投资行为是直接投资还是间接投资，关键在于控制权。拥有控制权的控股比例一般认为是 20%，但各国对此有不同规定，如美国和日本法定直接投资的控股比例是 10% 以上。

从事 FDI 的台湾企业，因规模及技术水平有限，大多不具备运用全球资源的能力，且其 FDI 总体上以转移生产据点为主，在进行 FDI 以后逐渐中止原来在台湾岛内的生产经营，多数学者并不将其视为"跨国公司"。跨国公司

---

① 对外间接投资（Foreign Portfolio Investment，简称 FPI）指证券投资和国际借贷。这类投资仅存于资本市场，一般不流向具体的生产和服务部门，其关心的是资本收益而非企业的日常经营。对外间接投资的收益可能是固定的（如债券和优先股的收益），也可能是变动的（如普通股的收益）。

② 本书认为，"有效控制权"与享有"持久利益"是密不可分的。"持久利益"是目的，而"有效控制"则是实现这一目的的手段。因而，对外直接投资既涉及初始的投资，更包含形成海外公司以后的经营行为。

③ FDI 的这个一般定义基于 OECD《外国直接投资定义的详细标准》第三版（巴黎，OECD，1996 年）和 IMF《国际收支手册》第五版（华盛顿特区，IMF，1993 年）。资料来源：UNCTAD《2002 年世界投资报告》，中国财政经济出版社，2003，第 253、264 页。

（Transnational Corporation）又被称多国公司（Multinational Corpora-tion）、国际企业（International Business）等，人们从经济、法律、管理等不同的角度，用不同的标准来定义它。

（一）法律标准。联合国最新做出了更加具体的表述："跨国公司是股份制的或非股份制的企业，包括母公司和它们的子公司。母公司定义为一家在母国以外的国家控制着其他实体的资产的企业，通常拥有一定的股本。股份制企业拥有10%或者更多的普通股或投票股权者，或者非股份制企业拥有等同的数量（资产）者，通常被认为是资产控制权的门槛。子公司是一家股份制的或非股份制的企业，在那里一个其他国家的居民的投资者对该企业管理拥有可获得持久利益的利害关系。"[①]母公司（Parent Company）在国外的附属企业有子公司（Subsidiary Company）、关联企业（Associate；Affiliates）和分支机构（Branch Office）这几种形式。子公司通常界定为要有50%以上的投票权；关联企业则至少要拥有10%以上的投票权；分支机构指在国外的独资或合资公司，也适用于未组成法人的跨国公司及其国外附属机构。母公司所在国被称为母国（Home Country）或本国，按本国法律注册的法人团体母公司直接投资所产生的子公司所在国被称为东道国（Host Country），子公司是东道国的法人。

（二）结构性标准。对跨国公司之一种定义是联合国秘书长指定的"知名人士小组"在1974年提出的，即"跨国公司是指在它们基地之外拥有或者控制着生产和服务设施的企业"。[②]这个定义强调以对外直接投资为基础的跨国经营管理，即国际直接投资是跨国公司产生与发展的前提。这一定义强调跨国公司"跨国"的特质。

（三）企业行为标准。从企业行为标准界定跨国公司，强调其"企业"的特征。从19世纪60年代以来跨国公司初期发展特征来看，跨国公司是发达资本主义国家的大企业。弗农（Vernon）在其主持的"跨国公司与国家"的

---

①　United Nations Conference on Trade and Development（UNCTAD），*World Investment Report 1997：Transnational Corporations, Market Structure and Competition Policy,*United Nations Publication, 1997, p295.

②　Dunning, J.H., "The Eclectic Paradigm of International Production：A Restatement and Some Possible extension," *Journal of International Business Studies*, Spring1988, 19（1）：1-31.

专题研究中，将《财富》杂志所列举的美国最大的 500 家制造业公司（年销售额在 1 亿美元以上）中，在海外有 6 个以上子公司并且股权在 25% 以上的 187 家公司才列入跨国公司的范畴。因此，弗农所界定的跨国公司特指西方发达国家中那些规模巨大、分布广泛、实力雄厚的巨型公司，学术界一般称之为狭义的跨国公司或传统的跨国公司。这种定义排除了某些重要的跨国经营现象，如它不包括发达国家的中小跨国公司和发展中国家的跨国公司。

　　人们认为权威的是联合国《跨国公司行为守则》（1986）所做的定义，它认为跨国公司必须具备如下三个要素：第一，公司必须是包括设在两个或两个以上国家的公营、私营或混合所有制企业，不论这些实体的法律形式和领域如何；第二，公司必须在一个决策体系下进行运营，通过一个或一个以上的决策中心制定协调的政策和共同战略；第三，该实体通过所有权或其他方式结合在一起，实体中之一个或多个能够对其他实体的活动施加重大影响，并与其他实体分享知识、资源，共担责任。由于世界经济环境引起跨国公司行为的改变，跨国公司的含义也发生了变化。邓宁（Dunning）指出，20 世纪 80 年代和 90 年代对外直接投资的特征与对跨国公司系统性的理解有关，现在约 90% 的新增对外直接投资是由已经做出了对外直接投资的跨国公司进行的。跨国公司的系统性概念意味着跨国公司的行为模式不同于传统的对外直接投资者。传统的对外投资者在国外投资建厂，每一国外企业都拥有相对自主权或互不干涉，每一企业都经过精心设计，以保证投资资源获得最大可能的收益；而当代跨国公司从全公司整体利益出发，对外直接投资为投资公司带来了整体效益。跨国企业的早期定义是"决策执行的协调单位"。但是，今天应当更准确地将跨国企业定义为"相互关联的增值行为网络的协调者"。①

　　然而台湾的 FDI 与一般意义上的跨国公司存在着以下区别：一是其直接动机是转移生产据点以调整成本结构。台湾大部分 FDI 企业的动机着重于利用当地廉价生产要素，继续维持企业原有的市场份额，较少考虑新市场开发的积极因素，这就是台湾 FDI 企业大多在投资地从事外销第三地产品生产的重要原因。二是与跨国公司以品牌和技术作为投资优势不同，台湾企业则利用外

---

① 约翰·邓宁：《重估外国直接投资的利益》，《管理世界》，1994 年第 1 期。

销网络和低成本作为投资优势。由于出口导向型经济的成熟发展，已有的出口订单是台湾企业 FDI 的主要优势。三是采取跳跃式的投资步骤。由于台湾企业尤其是中小企业对外投资的主要动机是利用当地低廉的经济资源，生产销往第三地的产品，因此它很少依循跨国公司惯用的渐进模式，即先在投资地外销，外销有一定成绩后再设行销据点，而后再演进为投资设生产据点。台湾大多数企业对外投资经常省略了外销和行销据点的前置步骤，而直接进入生产据点的开设。若确有必要或机会在生产地拓展行销，它往往利用当地或海外华商行销网络来弥补自己的弱点。四是资源调度仅限于投资地与岛内的取长补短。台湾大多数企业的规模都不大，缺乏进行大规模跨国资源调度的资金和管理能力。所以他们一般赴海外投资时，都和岛内生产网络保持密切联系，确保在投资地只进行劳动力或土地取得的投入，而不需进行其他资源开发或生产的投放，如机器设备、原料及零部件大多向岛内采购。这与国际跨国公司的不同点在于，跨国公司是在多国间完成生产资源的组合，如劳动力、机器设备、管理人才、原材料和零部件这些要素的整合不限于投资者国与被投资国两者之间，其中往往包括第三者甚至更多的参与者，而台湾 FDI 却大多限于投资地与岛内取长补短式的简单资源调度。五是与母公司相对独立的管理方式。跨国公司的 FDI 多雇佣当地的管理人才和技术人员管理企业的运作；台湾企业进行 FDI 时，企业主多随投资外移进行管理，若不是随企业"移民"，就是长期滞留海外亲自对投资企业进行管理。即使岛内母公司仍在运作，岛外子公司与岛内母公司之间也没有跨国公司那种明显的或绝对的等级关系。因此，早期从事 FDI 的台湾企业并不属于跨国企业，这与台湾 FDI 的技术欠缺密切相关。

二、台企 FDI 的理论综述

虽然 FDI 动因的理论研究已经有不少成果，但在解释台湾早期这种技术欠缺型 FDI 方面仍有缺憾。目前的 FDI 动因主要可归纳为以下三种：一是优势运用，即利用企业已有的所有权优势、内部化优势与东道国区位优势的结合，再加上扩张的动机，则企业就具备了 FDI 的充分条件；二是优势寻求，即企业本身不具备优势，利用 FDI 去寻求和建立经营优势；三是劣势规避，即企业因经济环境变化出现经营劣势，不得不运用 FDI 形式回避劣势，保持生存。有些理论虽然可以在一定程度上解释台湾早期技术欠缺型 FDI，如劣势规避的思路，但并未进一步探讨企业为什么不通过技术升级将经营劣势转化为经营优势，这也是本研究的切入点。

国外关于 FDI 理论的研究已经取得较为丰富的成果。其一，从研究内容上看，研究领域不断深入。大体线索是：why（垄断优势理论、金融市场理论）— when（产品周期理论）— where（经济地理理论）—why + how（内部化理论）—why + when（寡占博弈理论）—when + where（国际化进程理论）—why + how +where（边际产业扩张理论、OLI 理论）。其二，从研究重点上看，微观经济层次理论强调个体 FDI，多以市场不完全为前提，以企业各种优势为基础，重在从成本角度解释 FDI 的动机。宏观经济层次理论强调整体 FDI，多以完全竞争理论为前提，以宏观比较优势为基础，重在从收益角度解释 FDI 的动机。其他还有从产品或产业角度解释 FDI 的动因、时机和形式，以及从汇率等现代金融角度解释 FDI 发生的理论。其三，从研究方法上看，早期理论多静态分析，后期研究多动态分析。静态研究包括：垄断优势理论、内部化理论、生产区位理论、制度机构理论、金融市场理论、宏观因素理论；动态研究有：国际化进程理论、汇率理论、动态发展理论、现代国际贸易理论、寡占博弈理论、经济地理理论、OLI 理论。

西方学者对于 FDI 动因的研究是从跨国企业的"优势运用"开始的，这是第一种思路。先是将视野放在发达国家的企业上，研究其如何通过 FDI 将其先进技术收益最大化。海默（Hymer，1960）的"厂商垄断优势理论"、维农（Vernon，1966）的"产品生命周期理论"、尼克博克（Knickerbocker，1973）的"寡占博弈论"、格来姆（Graham，1975，1978）的"威胁互换假说"、迪克西特（Dixit，1980）的"跨国企业与潜在竞争者互动的博弈论模型"，均是建立在发达国家对外直接投资经验基础上，总结发达国家的大型跨国公司在 FDI 之前具备的各种优势，将"优势前提"作为核心假设，认为具备某种优势是跨国公司从事对外直接投资的必要条件。然而，台湾企业在大量出现 FDI 的时候，台湾还只是新兴工业化地区。如果按照 2005 年国际上对发达国家或地区的定义（人均 GDP 在 1 万美元以上及较高的社会发展水平），台湾直到 1992 年（人均 GDP 首次突破 1 万美元）才进入发达地区，因此这些理论并不适用于早期的台商 FDI。

其后又将"优势运用"的思路扩展到发展中国家或地区的 FDI 上。威尔斯（L.T.Wells, 1977）的"小规模技术理论"、拉尔（S.Lall, 1983）的"局部技术变动论"、坎特韦尔和托兰锡诺（J.A.Cantwell & P.E.Tollaention, 1990）提出的"技术创新产业升级理论"，虽然是以发展中国家或地区的 FDI 实践为基础，可以部分地解释台湾企业 FDI 的动因，即利用自身的管理经验及技术适应性在境外市场生存，前者主要通过管理者"干中学"和"学中用"形成经验，后者是为使产品更适应当地需要而做的技术调整，因不够复杂且容易扩散而不能准确定价进行转让，只能通过对外直接投资获取利益。20 世纪 80 年代台湾出现大量 FDI 时虽属于发展中地区，但不同的是，台湾企业的 FDI 是以扩大其出口市场占有率为主要目标，而非面向当地市场。1993 年之前，大量台商从事 FDI 时唯一的考虑就是保住已有的出口市场，以"求生存"（陈添枝、顾莹华，2004）。当时台湾经历了 30 年的出口导向发展，出口市场对企业生存起着关键作用。以 1987 年为例，台湾出口额占其 GDP 比重高达 53%，贸易顺差占其 GDP 比重为 18%。然而随着 20 世纪 80 年代台湾要素禀赋条件变化，劳动成本明显上升，台湾企业凭借低成本占领出口市场的条件随之恶化，出口市场的丧失意味着企业的倒闭。在这种情况下，失去低成本优势的台湾企业并不像上述理论所描述的那样都具备"自身的管理经验及技术适应性"，事实上，多数台商除了有一些可供生产经营的资金和成熟技术外，没有任何优势可言，但他们仍然进行大量的 FDI，以维持其已有的出口市场占有率，而非着眼于当地市场，这是"优势运用"理论所无法解释的现象。

交易成本理论的出现为 FDI 动因的研究开辟了新的领域，但这同样属于"优势运用"的思路。巴克莱和卡森（P.J.Burkley & M.Casson, 1976）提出并经拉格曼（A.M.Rugman, 1979）等人补充和完善的内部化理论，从制度经济学的交易成本理论出发，对企业为什么采取对外直接投资的方式，而不是采取发放许可证、出口等方式利用优势的原因做出回答，认为由于外部市场的不完全性，导致交易性市场失效（Transactional Market Failure）。企业为了克服交易性市场失效，减少交易成本，倾向于将中间产品，包括原材料、零部件，尤其是专利、商标和信息等知识产品在企业内部转让，即以内部更有效率的市场来代替外部市场，通过内部化来组织经济活动，从而取得更高利润。但该理论仍以发达国家跨国企业为研究对象，是对企业已形成技术优势后的交易方式选择做出分析，而无法解释企业形成技术优势前发生FDI的原因。如果以内部化理论解释台湾FDI，同样会面对"缺乏技术优势"的困境，因为没有技术、专利、商标和信息等优势，也就没有以内部市场代替外部市场的问题。

在很多情况下，企业在没有自身优势的情况下也会进行FDI，目的是寻求各种优势，这是第二种思路。"优势寻求"的思路较早是以空间经济学的理论解释FDI动因。约翰逊（H.G.Johnson，1970）、格雷（H.P.Gray，1982）的生产区位理论强调外部市场的优势，认为企业FDI是利用外部市场优越条件降低成本的重要途径，如东道国价格低廉的自然资源、劳动力、土地等，这是人们在看待FDI现象时最直观的印象，也是解释台商FDI的常见观点。这种理论认为，物质资本和知识产权都是可移动的，只要两个地区在可移动要素价格上存在差异，就存在潜在的利润机会，FDI就会产生。但该理论的假设条件是世界上只有两个地区，如果按照客观现实放松假设，世界上存在多个地区，甲地区（如大陆）生产要素低廉，则乙地区（如美国）和丙地区（如台湾）的企业都可向甲地区进行FDI，而丙地区的企业在技术上远远落后于乙地区，那么与乙地区的企业相比，丙地区企业的FDI的优势何在呢？

台湾厂商从代工起家，即使在20世纪80年代开始大量出现FDI以后，仍以委托加工厂和零配件供应商为主，为大型国际跨国公司代工，其技术与设备多是国际上的成熟产品，与发达国家的企业相比不可同日而语。但作为受资方的中国大陆与东南亚的开放政策却是面向全球企业的，在同样的生产要素价格条件下，从事FDI的台湾地区企业与发达国家的跨国企业相比毫无优势可言。可见，用东道国的区位优势来解释台湾FDI是受到限制的。

区位理论之后，关于优势寻求的FDI研究又从其他角度积累了相当多的文献，诸如Kogut和Chang（1991）、Wesson（1993）、Lecraw（1993）、Dunning（1993）、Almeida（1996）、Shan和Song（1997）、Kuemmerle（1999）、Makino（2002）、Branstetter（2006）的研究，也可在一定程度上用以解释台湾FDI的独特现象，但这些研究至今还没有形成一个较为完整的理论体系，也缺乏充足的实证研究。这些理论同样过多地强调了外部市场的优越性，即企业如何通过 FDI 在外部市场获得优势，而缺乏对企业拒绝从内部市场获得优势的现象分析。如 Makino 等人（2002）在对台湾 328 个样本企业对外直接投资区位选择的研究论文中，虽然提出了资产运用和资产寻求两种对外直接投资动机，但对动机的成因缺乏进一步分析。事实上，企业如果可以通过技术升级从投资方经济体中获取经营优势，就不一定需要选择 FDI 从受资方经济体中获取经营优势。台湾的情况就是这样。台湾地区企业通过到经济发展较为落后的地区进行 FDI，利用东南亚和中国大陆地区的价格低廉的劳动力和土地，可以获取低成本优势，弥补岛内生产成本升高的劣势，一定意义上可以视为"优势寻求"；但理论上低成本优势还可以通过技术升级的办法实现，比如通过企业的规模扩张实现规模经济，实现降低成本的目的。至于台湾企业向发达地区 FDI 以便接近和获取技术，同样可以通过技术升级的办法改造岛内企业。1993 年以前，以技术升级作为转型方向的台湾企业并不多，大量企业还是选择了 FDI，这说明以技术升级降低成本的做法一定存在现实中的障碍，上述理论并未涉及。

第三种思路是日本学者从产业结构变动的角度研究 FDI 动因，可称之为"劣势规避"型 FDI。小岛清（K.Kojima，1971）和小泽辉智（T.Ozawa，1975）的边际产业扩张理论主要是依据 20 世纪 60 年代日本的 FDI 经验形成的。小岛清将直接投资理论与国际贸易理论相结合，提出二者都是建立在"比较优势原理"基础之上。国际贸易按既定的比较成本进行，而 FDI 则可以创造新的比较成本，通过向经济较落后地区转移边际产业（本地区处于比较劣势的产业，如劳动密集型产业）可以降低生产成本。企业 FDI 按比较利润率进行，但比较利润率是否与比较优势相一致取决于产业的国内、国际竞争程度。

在完全竞争（或自由贸易）条件下，比较利润率与比较优势是一一对应的，即较强的比较优势对应于较高的比较利润率，于是，比较利润率较低的企业（边际产业）会将生产移至比较利润率较高（比较优势）的地区；而在不完全竞争条件下，比较利润率不能正确反映比较优势，比较利润率较高的企业（比较优势产业）反而会对外直接投资以获取垄断利润。小岛清认为 FDI 应从本国（投资国）已经处于或即将陷于比较劣势的产业即边际产业开始依次进行，这些边际产业在东道国则是有显在或潜在比较优势的产业。

图 1-1 中，I—I 线是日本本国的商品成本线，假定其中的由 a 到 z 都能用相同成本生产出来，Ⅱ—Ⅱ线（虚线）为对方国家商品成本由低到高的顺序线。两线相交于 m 点，m 点表示按外汇汇率计算两国 m 商品的成本比率相等。左边的 a、b、c 产业是本国的边际产业，应该从这些产业开始对外直接投资。投资的结果对方国家的成本就可能降至 a*、b*、c*。结果双方就能实现利益更大、数量更多的贸易。他认为日本 FDI 是边际产业，而美国 FDI 则是比较优势产业。类似的，台湾地区 FDI 也发生在边际产业。小泽辉智用比较成本的动态变化来解释直接投资的发生。认为在不同产业比较优势的相对变化过程中，处于比较劣势的产业会将资源向其他地区具有比较优势的同行业进行转移，从而导致 FDI。这种理论以"边际产业"的概念指出了企业经营的困境，并以"劣势规避"的思路解释了企业外移的现象，但却不能解释企业为什么不选择通过技术升级由比较劣势产业转化为比较优势产业。20 世纪 80 年代台湾进行 FDI 的企业大多从事传统产业，如制鞋、成衣、家电等，这些劳动密集型产业在台湾要素禀赋结构变化后成为边际产业，也就是说，在台湾经济经过较长时间发展后，城市化进程中的农村剩余劳动力已经用完，劳动力成本显著上升，劳动相对价格上升，资本相对价格下降，劳动密集型产业不再具有优势，成为经营出现困境的边际产业。为了求生存，从事劳动密集型生产的企业以 FDI 方式寻求成本更低廉的地区，规避岛内生产的劣势，这种现象在台湾地区和 20 世纪 60 年代的日本都是一致的，可以用边际产业理论解释，但这些企业没有通过技术升级使自己重新获得比较优势，应该是某种特殊的原因阻碍了技术升级的进行。边际产业理论没有对此进行深入分析，这为本研究提供了很好的着力点。

综合以上三种思路也是一种研究方法，最典型的是邓宁（J.H.Dunning，1977）提出的"折衷范式"（eclectic paradigm，OLI 理论），有人称其为"集大成者"，也有人认为这只不过是"理论大杂烩"。其理论基础是要素禀赋理论和市场缺陷理论。要素禀赋理论认为国际间要素资源分布不均且不流动，跨国公司进行 FDI 的目的是将本地拥有相对禀赋优势的产品与东道国拥有相对禀赋优势的资源相结合。市场缺陷理论认为现实中市场存在两类缺陷：结构性市场缺陷（即垄断优势论的四类市场不完全）和交易实施性市场缺陷（交易中存在的各种风险）。跨国公司通过 FDI 可运用内部交换机制替代外部市场，

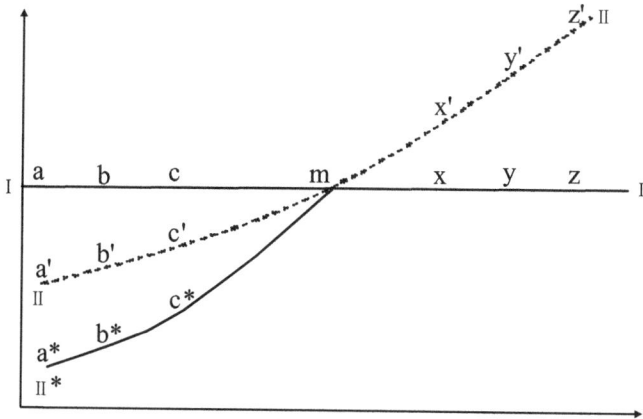

图 1-1　边际产业扩张理论

资料来源：小岛清著，周宝廉译:《对外贸易论》，南开大学出版社，1987，第 444 页。

避开市场缺陷。

因此，从"优势运用"的角度讲，企业进行 FDI 可以运用所有权优势（ownership advantages）和内部化优势（internalization advantages）。前者指企业拥有或能够获得而境外企业没有或无法获得的资产及所有权，包括两类：一类是各种均能给企业带来收益的优势，如产品、技术、商标、组织管理技能等；另一类是只有通过 FDI 才能实现的优势，如交易和运输成本的降低、产品和市场的多样化、产品生产加工的统一调配、对销售市场和原料来源的垄断等。后者指公司将拥有的各种优势通过内部使用而非市场所带来的优势。跨国公司对所有权优势的利用有两条途径：将资产或资产使用权出售，即资产使用外部化；或将资产自己使用，即资产使用内部化。内部化优势大小决定跨国公司是否采用 FDI。

除上述两种优势外，FDI 可使企业寻求区位优势（locational advantages），包括直接区位优势和间接区位优势两种。直接区位优势是从"优势寻求"的角度出发，指东道国的有利因素形成的区位优势，如优惠政策、广阔市场、低廉成本、丰富原料等；间接区位优势是从"劣势规避"的思路出发，指企业所在地不利因素形成的 FDI 区位优势，包括运费过高、要素成本过高、贸易保护限制等。邓宁以三种优势的具备程度解释企业参与国际经济方式的选择。即：如果仅有所有权优势 O，厂商会选择许可合同式经营；仅有所有权优势 O 和内部化优势 I，厂商会选择出口销售；只有在 O、I 和区位优势 L 都具备的情况下，厂商才会选择直接投资。该理论具有极强的解释力和实用性。

以"折衷范式"为分析框架和基础，Dunning 将企业 FDI 的动因研究动态化，提出"投资发展周期模型"（IDP，1981），其中心命题是：FDI 与经济发展阶段密切相关，每个阶段的 FDI 动因不同，阶段的变化取决于该地区企业所拥有的所有权优势、内部化优势及区域优势的变化。FDI 动因可分资源寻求、市场寻求、效率寻求和战略资产寻求四种类型，在不同的经济发展阶段，占主导地位的对外直接投资类型也不同。

其中，资源寻求型直接投资是指以寻求自然性资产为主的投资。自然性资产（natural assets）主要指原料、低技术工人等有形资产；与之相对应的创造性资产（created assets）指知识、组织、机构类无形资产。市场寻求型直接投资是指为寻求规模经济或采取"跟随领导者"战略而进行的投资，贸易导向型投资（trade-oriented FDI）也属于该类型。效率寻求型直接投资的特征是：依据全球范围内专业化分工不同及不可流动的创造性资产的不均衡分布安排各种生产活动。战略资产寻求型直接投资的动因是通过某种方式保护和提升创造性资产。

邓宁认为，FDI 最初动因是资源寻求和市场寻求。因为本地区经济发展导致自然资源供给不足和劳动力成本大幅上升，企业需要到其他地区寻求更充裕和廉价的自然性资产；对于某些规模较小的经济体，企业会选择对外直接投资以突破市场瓶颈的限制；经济发展到第三阶段，FDI 的流向和动因出现分流，主流部分继续进入经济发展水平较低的国家或地区，动因以市场寻求型为主，主要是为突破贸易障碍或开辟新的市场而进行的投资；另一部分则进入经济发展水平较高的国家和地区，既有市场寻求型（发达国家或地区市场规模相对较大），也有效率寻求型（分散化经营，避免单一经济体周期波动带来的风险）；第四阶段企业热衷于以 FDI 来替代出口，动因以效率寻求型为主，并开始有资产增值型投资出现；第五阶段，企业跨境交易倾向于通过跨国公司而非市场进行，对外直接投资以资产增值型为主（表1-3）。

表1-3 投资发展周期特征与关系表

项目	阶段1	阶段2	阶段3	阶段4	阶段5
人均GNP	≤400美元	400—2000美元	2000—4750美元	≥4750美元	进一步提高
FDI状况	无直接投资流出	直接投资进多出少	直接投资出快于进	直接投资出多于进	直接投资进出均衡
所有权优势	外多内无	外多内少	外降内增	外降内增	外足内足
内部化优势	外多内无	外多内少	外降内增	外降内足	外足内足
区位优势	内少外无	内增外少	内降外增	内降外增	外足内足
FDI水平	有限L优势，极少O优势；极少外来直接投资，没有对外直接投资	一般L优势，成长O优势；外来直接投资增长，少许对外直接投资出现	创造性资产型L优势，境内产业强劲；外来和对外直接投资均增长	创造性资产方面有强L优势和O优势；对外直接投资大于外来直接投资	高水平的直接投资均衡，流入基本等于流出
经济结构	第一产业为主	第一产业比重下降	第二、三产业比重上升	第二产业为主	第二产业下降，第三产业上升为主体
FDI（流入）动机	资源寻求型直接投资；L优势限于自然资源禀赋	资源寻求型直接投资、市场寻求型直接投资；L优势增长，尤其是非技术型劳工和基础设施	市场寻求型直接投资、效率寻求型直接投资；L优势日益以创造型资产为主	市场寻求型、效率寻求型直接投资和战略资产寻求型直接投资	
FDI（流出）动机	无	自然资源寻求型和市场寻求型直接投资	市场寻求和贸易导向型直接投资（经济发展水平较低的地区）；效率寻求型直接投资（经济发展水平较高的地区）	效率寻求型和资产增值型直接投资	

注："外"指境外企业或地区；"内"指境内企业或地区。

资料来源：笔者根据 R.Narula and John.H.Dunning, 1998, "Globlisation and new reali-ties for multinational enterprise-developing host country interaction", http：// www-edocs. unimaas.nl/files/mer98015.pdf. 以及 J.H.Dunning, 2002, *Theories and paradigm of international business activity*, Edward Elgar Publishing, inc. 等文献综合整理。

邓宁运用上述 OLI 范式与 IDP 理论考察了台湾 20 世纪 80 年代以来的对外直接投资情况，认为台湾在 20 世纪 90 年代正处于 FDI 发展周期中的第三阶段，FDI 的动因主要是市场寻求型，兼有效率寻求型。然而在理论分析的过程中，Dunning 过于侧重 O 优势（所有权优势）和 I 优势（内部化优势），忽略 L 优势（区位优势），以致在解释厂商 FDI 与出口行为选择时缺乏逻辑的严密性。而且，在对 FDI 动因分析的过程中，其分类也相当模糊。邓宁也采用了"优势运用"和"优势寻求"的划分思路，但认为，资源、市场、效率这三种直接投资的动因都是企业利用现有的优势谋取经济租，属于"优势运用"型，而战略资产寻求型直接投资的动因则属于更高类型的直接投资，是通过某种方式保护和提升创造性资产，扩大现有优势，属于"优势寻求"型。这种分类方法的演绎结果是：在经济发展的前期是"优势运用"型 FDI，而在经济发展的后期是"优势寻求"型 FDI，这与现实经验不符，相反的情况更为常见。很多发展中国家或地区的企业是先进行"优势寻求"型 FDI，获取和积累了某种优势后才进行"优势运用"型 FDI 的。虽然邓宁对于 FDI 动因的动态分析方法被普遍接受，但从经济发展的顺序看，劣势规避—优势寻求—优势运用的 FDI 动因演变更为合理，而对台湾早期的"劣势规避"型 FDI，邓宁并未做深入分析。

两岸学者对台商 FDI 的动因研究大体遵循了第二、三种思路，即优势寻求与劣势规避的理论，认为台湾企业在进行 FDI 时本身是缺乏技术优势的，不属于优势运用类型，但究竟是主动地到岛外寻求优势，还是被动地以 FDI 规避岛内困境，则意见不一，或认为兼而有之。然而，对于台湾企业进行技术升级——作为 FDI 的替代选择——所遇到的障碍，还缺乏深入细致的研究。

台湾学者对台湾企业 FDI 的早期研究认为其是为寻求成本、市场、技术等经营优势，具体有 4 种：占有原材料、获取市场、方便出口、取得技术

（Chi. Schive，1990）。后来的相关研究则倾向于分阶段研究台湾企业 FDI 的动因。陈添枝、顾莹华（2004）以 1992 年邓小平南方谈话为界限，将台商 FDI 分为两个阶段，前一阶段的投资以"防御性"为主，是被动地"求生存"，后一阶段的投资以"扩张性"为主，是主动去扩大市场占有率。也有台湾学者以年代分界，高长、杨景闵（2004）提出，20 世纪 70 年代台商对外投资的目的是为确保原料供应和躲避歧视性贸易，80 年代台商对外投资的考虑主要是寻求低成本的生产据点，规避国际歧视性贸易的考虑依然重要，90 年代的最主要动机则是追求企业国际化，发展多元化经营。张弘远（2004）认为，台商对外投资的三个阶段动因各有不同：第一阶段由于整体生产环境改变，中小型企业面临外贸环境改变与生产要素价格上升所造成的产品成本优势流失，对外投资以维持外贸出口的成本控制，此为"生产要素考虑的资本外移模式"；第二阶段是"比较优势考虑的资本外移模式"，台湾石化、钢铁、电子等资本、技术密集型产业在进口替代政策的协助下陆续出现规模经济效应，进而形成产业竞争优势，在优惠政策逐渐停止后，加上后起厂商的威胁，为维持本身生产的比较优势进行对外投资；第三阶段是"垄断优势考虑的资本外移模式"，在资讯产业的全球分工中，台湾在制造与组装环节具有高度优势，即使部分下游组装厂商外移后，岛内资讯产业仍具有中间产品生产的优势，并在设计上领先全球，但为扩大获利来源，该产业仍采取对外投资策略以降低成本、接近市场和提高生产效能。对于台湾早期 FDI 的动因，陈德升（2004）将优势寻求与劣势规避两种思路结合起来，提出台商 FDI 的动因是东道国地区投资环境和对台经贸政策的相对优势形成的"拉力"，与岛内产业结构调整、投资环境恶化形成的"推力"相结合的结果，具体可分为成本、利润、便利性和产业的群聚效应等因素。以上研究以大量的统计数据和案例分析为基础，有较强的说服力，但缺乏对 FDI 替代性选择的研究，也就使 FDI 的动因研究停留在投资环境恶化等表面现象上，而未能对 FDI 现象与技术升级现象之间的联系进行深入剖析。

大陆学者对台商 FDI 的动因研究也集中在优势寻求与劣势规避的具体表现上，如：新台币升值；中国大陆及美国对台经贸政策的改变；台湾地区边际产业扩张；台湾土地、工资、能源均日趋恶化；大陆涉外法规、基础设施及整体经济都不断改善；生产力发展水平；大陆经济发展战略；台湾当局大陆经贸政策及台商投资策略等（朱磊，2000；吴能远，2000；郑竹园，2001；单玉丽，2003）。不少学者着重从受资方经济体的比较优势寻求台商 FDI 的动因，如：认为台商投资大陆的动机主要是节约成本，但与台商投资东南亚地区相比，受资方经济体具有市场进入障碍小、股权比例限制低，以及企业所得税、进口关税、劳工工资、同文同种等方面优势；高素质科技人才的重要作用；跨国公司全球战略的重点及地区整合的关键区域等（张冠华，1997；朱少颜，2003；张传国，2003；孙祖培，2004）。也有学者较为重视台商 FDI 动因的动态变化，张冠华（2003a）以台湾 IT 产业为例，提出台湾高科技产业投资大陆的动因已由过去的成本导向型，转为市场导向型和企业全球布局策略。针对早期台商 FDI 的动因，张冠华（2003b）发现台商投资大陆的大规模行为是从下游劳力密集型产业转移开始的，是产业结构调整过程中的被动性选择，这属于劣势规避的 FDI 研究思路，是与小岛清和小泽辉智的边际产业扩张理论相似的理论观点，也就面临着同样的问题，即从事 FDI 的台湾企业为什么不通过技术升级使自己重新获得比较优势。

　　综上所述，由于 FDI 的类型和动因相当复杂，目前还不存在一种理论可以完全解释各种 FDI 现象，甚至有人认为"对 FDI 理论做一个全面深刻的回顾与评价是一项几乎毫无希望的工作"。[①] 然而现有的 FDI 研究成果，却为进一步研究提供了扎实的分析基础和广阔的理论平台，也为解释台湾 FDI 现象指明了研究方向。首先，"优势运用""优势寻求"和"劣势规避"这三种思路结合在一起基本可以囊括对各种 FDI 现象的理论解释，无论是发达国家，还是发展中国家和地区，以及像台湾这样的新兴工业化地区，其 FDI 的动因大体都可以遵循以上思路找到答案；其次，FDI 的动态研究有助于加深对 FDI 动因及性质转变的认识，任何一个国家和地区，其发生的 FDI 均非一成不变的，随着经济发展水平的提高，FDI 的动因也由被动的"劣势规避"向主动的"优势寻求"和"优势运用"转变，因此本书只集中研究台湾较早期的 FDI

---

① Caves, Richard E. *Multinational Enterprises and Economics Analysis*. London：Cambridge University Press.1982：pp. Ⅸ。

动因，避开动因转变的复杂性；最后，对于台湾早期的FDI动因研究，国内学者已经给出丰富的理论解释，尤其是对于从事FDI的台商在岛内所面对的各种不利因素，已有广泛多样的探讨，这对进一步更加深入而精确地研究台商FDI动因大有裨益。另外，现有FDI理论在解释台湾FDI现象时存在的不足，则为本书提供了深入研究的切入点。除上述已分析过的各种理论在解释台湾FDI现象时所暴露的各种缺陷外，大量关于台湾早期FDI动因的研究都忽略了台商的另一种替代性选择——技术升级，即台商为什么不通过技术升级解决其所面对的各种不利因素，因此，本书以台湾企业早期FDI现象为观察样本，沿着台商"劣势规避型FDI"的思路，在已有研究的基础上，将台商FDI与技术升级的研究结合起来，重点分析台商技术升级的深层次障碍，发掘其FDI成因。

欠缺技术能力的FDI的产生会不会缘于技术升级受阻呢？发达国家企业技术升级需要技术创新，而发展中国家或地区企业的技术升级则多依赖技术引进。技术引进需要企业具备一定的规模。发展中国家和地区的企业基本均缺乏最先进的技术，即使在高科技产业，其制造产品在该地区固然很新，但以全球标准衡量则属于成熟产品。成熟产品的特点是利润率不断下降。为获取适当利润，发展中国家或地区的企业必须利用大量制造以实现规模经济（瞿宛文、安士敦，2003）。但信息成本制约企业组织规模扩张，在社会信任成本过高的条件下，企业会自动选择信息成本相对较低的私人信任，而私人信任限制了代理人的选择范围，不利于企业规模扩张和技术升级，最终导致企业选择技术含量不高的FDI，以应对要素禀赋条件变化。

三、企业规模的信任成本

对"信任"的研究实质上是探讨影响企业组织规模扩张的信息成本，即交易成本。信任旨在降低组织内部及组织之间的信息成本，减少违约等机会主义行为的可能性，信任的出现往往是人们理性选择的结果（Kreps，1986；Williamson，2001）。信任的人际关系可以降低交易成本和缓解"搭便车"问题（Fukuyama，1995）。信任程度与信息成本成反比，即信任程度越低，信息成本越高，组织规模扩张的阻力越大（图1-2）。

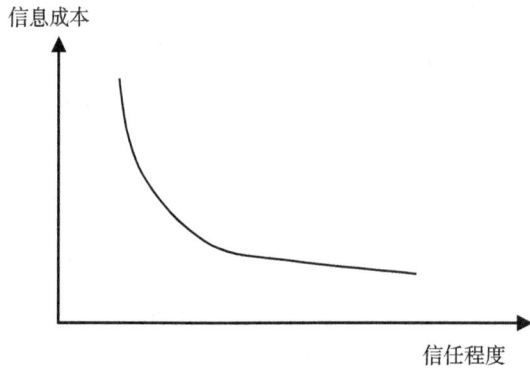

信息成本

信任程度

图 1-2　信息成本与信任度的关系

对于信任的概念有不同的理解和区分，如计算性的信任（Williamson，1993）、利他主义的信任（Dasgupta，1988）、个人信任与组织信任（Luhmann，1979）。M.Korczynski（2000）曾列举了 20 多位作者关于信任的不同用法，区分这些不同概念的基本要素是信心的来源。因为，信心来源的多样性也就决定了信任的多面性。可以从 4 种信心来源对不同的信任概念进行归类：激励—治理结构；个人关系；对于对方内在规范的知识；制度。经济学家主要强调的是信任的经济或社会意义上的激励—惩罚机制，这种信任可称为"社会信任"，它是一种公共产品，是建立在法律制度和正式契约之上的，靠社会制度如信用体系来保证。与此相对应的是"私人信任"，作为私人产品，这种信任靠个人关系来保证，往往是基于信任管理和协调博弈的演进过程（李新春，2005）。将信任分类为社会信任与私人信任是为进一步分析组织规模扩张中的交易成本。

社会信任主要是一种制度信任。经济学的一个共同假定前提是，人是自利和理性的，即在没有有效的约束条件下，人总是具有机会主义倾向的，如偷懒、缺斤少两、以次充好等。Williamson（1985）指出，人天生具有机会主义倾向，即信息不完整的透露或者是歪曲的透露，并形成"旨在造成信息方面的误导、歪曲、掩盖、搅乱或混淆的蓄意行为"。由于存在信息不对称和交易成本，确信地判断和限制他人的机会主义是不可能的。Williamson（1993a）认为，如果信任超出了自我利益的计算，必然产生盲目的和无条件的信任，这对于当事人而言是难以在市场竞争中生存的。由于个体事前不拥有确切的关于机会主义何时何地发生的知识，他不得不采取各种保护措施来防范机会主义的危害。这些保护措施主要建立在强制权利和制止行动的基础上，构成了所谓的"正式控制"（formal control）。例如，在存在专用性资产投资（specialty asset）的契约缔约与执行过程中，当一方进行专用性资产投资之后，另一方可能由此进行"敲竹杠"，趁机剥夺对方的剩余甚至使之出现亏损，即出现所谓的"阻滞"（hold-up）问题。由于这种可占用性准租（appropriable quasi-rent）的存在，会使具有专用性资产投资的交易达成变得十分困难（Klein, Crawford and Alchian, 1978）。而在缺乏相关保障措施的前提下，当事人相信对方不会"敲竹杠"而进行专用性资产投资显然是不明智的。除非存在抵押，或者第三方规制（Williamson, 1979），或者是一体化科层控制，才足以让当事人相信对方不会在自己投入专业化资产之后采取机会主义行为。对于理性的经济人而言，实质的问题是面临一系列约束条件下的最大化选择。正式控制的功能在于，使当事人选择诚实地履行事前的承诺，比起背信更加有利可图。而选择信任他人要比不信任更加有利可图（Sen, 1977；Telser, 1980）。正式控制从信任类别上讲是社会信任。它的信心来源主要是通过制度立法及实施的信用治理，在该体系尚不完备的情况下，其信息成本相对较高。

　　私人信任则是对人际关系的信任。在具体交易中，每个人都会按照他人与自己的关系而进行信任度分类，并在长期关系或交易中动态地记录和进行信任管理。在大多情况下，这种信任管理是一种几乎本能式的、非正式方式进行的过程。或者说，私人信任是一种建立在个人特征化的信任编码、历史记录和动态的分类管理方式上的过程。私人信任是一个很复杂的过程，最初的私人信任的建立主要是通过自然信任分类和信任传递实现的，自然信任分类是通过一些重要的关系特征来识别，如家族化差序结构与信任的基本对应关系。同时，信任信息也通过声誉、口碑传递下来，实际上，是关于对方内在规范的知识获取。这两者都是先天的和经验性的信息，必须在实践中加以检验。具体合作中所表现出的行为将作为对具体个人的信任特征数据进入个人信任编码、储存和分类管理系统，这一管理系统将根据实际合作情况对个人信任进行动态处理，对特定个人的信任度升级或降级，并作为今后合作行为的基础。在一个社会里，私人信任和社会信任既可能相互补充，也可能相互替代。从相互替代的角度很容易解释社会信任不发达造成的私人信任普遍的现象。

如图 1-3 所示，在一定企业规模下，私人信任的信息成本低于社会信任的信息成本，社会信任与私人信任的信息成本均随企业的组织规模增长而增大，但二者相交于点 A，在此之前，私人信任的信息成本较低，此后则社会信任的信息成本较低。如果企业在 A 点前习惯于以私人信任扩大组织规模，在 A 点后将面临信息成本过高的问题。

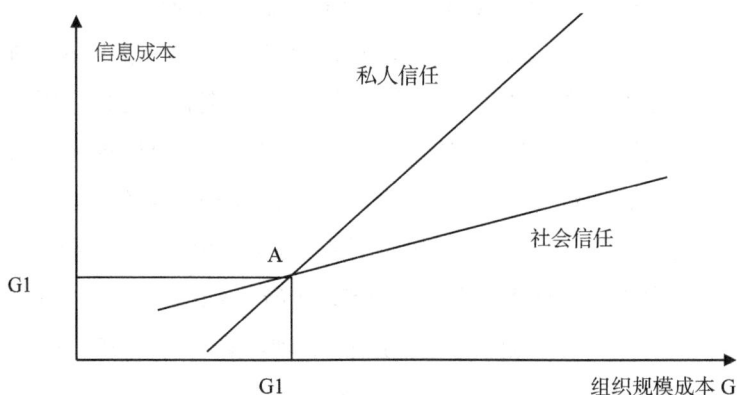

图 1-3　家族主义困境与企业规模

为什么在 A 点以前私人信任的信息成本会较低呢？从某种意义上说，企业也就是不同所有者通过交易将不同的资源组合起来。这些资源包括物质资源和人力资源。其中，人力资源的组合本身就意味着将不同的人组织起来，而物质资源的组合也要通过人与人的交往才能得以实现。如马克思所言，生产本身又是以个人之间的交往为前提的。也就是说，物质资源的组合是以人的交往为先导的。人们为建立新企业或扩张旧企业而交往的过程中需要付出信息成本，由于一个人与不同的其他人具有不同的关系，因而，人们在与不同的人结合在一起组成一个组织时所需要的信息成本是不同的。参加者间原来所具有的良好的人际关系及相互间的了解，有助于解决各种冲突，减少达成一致赞同和资源聚集过程中的信息成本。进一步说，在组织的组建过程中，人们不仅可以利用一般的人际关系，而且可以直接地利用原有的各种组织。事实上也是如此，并非所有的组织都是完全"新建"的，而是大量地利用了原有组织，新组织中有相当大的部分是在原有组织基础上建立起来的。而且，不仅是原有的经济组织，原有的非经济组织也同样可以成为新经济组织的组建基础。换句话说，企业的规模扩张通常是以原有企业组织为生长点的。

私人信任所特有的交易者间的相互了解、良好人际关系等特点可以节约信息成本。例如，事前对交易对手的了解可以节约信息搜寻成本；交易者之间具有良好的情感关系和合作习惯就容易达成契约，甚至在契约达成过程中根本不需专门进行谈判；同样，这些人际关系和合作习惯也有助于契约的执行。此外，交易者之间的相互了解和良好人际关系还可以降低交易风险，增加交易过程中的可预期性，而从某种意义上说，风险也可以视为一种成本，降低了交易风险也就意味着减少了信息成本。当然，负面的人际关系也会增加谈判和契约执行成本。一般来说，人们倾向于和自己已经相互熟悉并有某种良好关系的人合作和共同组建一个组织。应该说，人们的这种倾向并非完全是"非理性"的，而是具有一定合理性的选择，因为人们在这样做时，可以节约信息成本，节约组织的组建成本。即使在客观上可信任程度相同的情况下，相互熟悉也至少可以能够更准确地判断对方在何种情况下、何种程度上是可信赖或不可信赖的，因此可以较为准确地估计"道德风险"，减少"不确定性"。而且，亲密的感情关系本身也构成了一种约束力量，使人们更倾向于守信，减少欺骗行为。

仅仅比较社会信任和私人信任的信息成本还不够，因为任何社会，无论是发达经济还是欠发达经济，都存在社会信任和私人信任，但为什么有些地区，如台湾，以私人信任为基础的交易方式更易成为组织规模扩张的阻力呢？

不同社会的私人信任程度是不同的。弗兰西斯·福山在其《信任——社会道德与繁荣的创造》（1998）中将不同的文化区分为低信任度的文化和高信任度的文化，前者的信任只存在于血亲关系上的社会，后者是指信任超越血亲关系的社会。他认为，中国、意大利南部地区、法国等属于低信任文化国家，而日本、德国、美国等属于高信任文化国家。注重家族主义的社会比较难以创建大规模的经济组织。他的这种划分是针对不同社会的私人信任而言的，但很多学者对其结论并不赞同，认为其以信任度高低作为划分标准过分简单。Zucker（1986）将信任分为三种：一是基于制度的信任模式（依赖于社会规章制度），二是基于特征的信任模式（依赖于家庭背景或种族），三是基于过程的信任模式（此模式依赖于过去的交易经验，如信誉等）。她的这种划分被更多学者接受。第一种基于制度的信任即社会信任，第二种和第三种是私人信任，但却有所不同，前者属于"特殊主义"，后者属于"普遍主义"。

"特殊主义"（Particularism）与"普遍主义"（Universalism）源于社会学家帕森斯和希尔斯（T.Parsons & E.W.Shils，1951）的定义，最初是以这两个名词区分了两种不同的价值取向、行为准则和人际关系模式，但却被经济学家们用来分析引入文化因素后的私人信任。"特殊主义"是指"根据行为者与对象的特殊关系而认定对象及其行为的价值高低"；"普遍主义"则是指"对对象及其行为的价值认定独立于行为者与对象在身份上的特殊关系"。简言之，"特殊主义"比"普遍主义"更注重家族背景等特征，在社会生活中对待不同的人选择不同的交往规则。在特殊主义私人信任盛行的环境中，人际关系亲疏分明，在原来没有特殊关系的人与人之间建立这种信任关系是更为困难的，因而也就难以实现创建经济组织所需要的资源聚集。换言之，在这种私人信任中，资源的聚集更经常地需要以人情的聚集为先导。而在以前不具有特殊关系的人们之间建立这些关系需要花费较多的成本。而且，这些以前不具有特殊关系，又各抱有特殊主义准则的行为主体聚集起来后，还需要经过较长时间的"磨合期"才能形成稳定的合作关系。也就是说，在这种私人信任中，由一些原来不具有特殊关系的人组成新经济组织的组建成本相当高昂。与此相反，在普遍主义私人信任盛行的社会中，人际关系更具均质性，其亲疏不甚分明。与具有特殊主义文化传统的社会相比，在这种社会中，利用已经存在的人际关系和即存组织的相对作用较小，节约的组建和创新成本较少；在原来不具有特殊关系的人们之间组建组织的成本较低。或者说，原有人际关系的圈子和即存组织的"比较优势"不甚明显。因此，相对而言，较少在组织组建和创新中利用原有人际关系和即存组织，较多地由没有特殊关系的人们共同组建组织，组织创新也更多是通过建立新组织实现的。

如图1-4所示，私人信任1即特殊主义私人信任模式，而私人信任2则为普遍主义私人信任模式，特殊主义信任曲线斜率大于普遍主义信任曲线斜率。私人信任2与社会信任交于B点，即在G2以前的组织规模下，私人信任的信息成本低于社会信任的信息成本，而在更大规模上，私人信任的交易成本会更高。但同时，私人信任 2（普遍主义）与私人信任 1（特殊主义）相比，能够在较大组织规模上保持低于社会信任的成本，即信息成本 C1 到 C2 的距离。该图的意涵是，特殊主义私人信任模式下的人际关系强度虽大，规模却很有限。在规模较小的范围内，可以较多地节约信息成本；在规模超出这一范围后，便很少存在可以利用的关系和即存组织。在某种程度上，可利用关系的规模限定了企业的规模。因此，在特殊主义的文化传统中，更容易产生小规模的组织，而在形成大规模组织的过程中则会遇到较多的困难。而在普遍主义盛行的私人信任中，可利用的关系虽然强度小，规模却较大。因此，与特殊主义人际关系模式相比，在产生小规模组织方面能够利用特殊关系降低组建过程中信息成本的程度较小，但在形成大规模组织方面却优于特殊主义的私人信任。

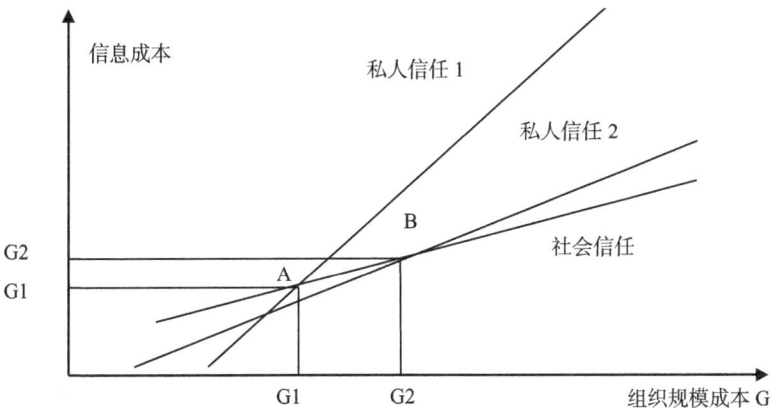

图 1-4　家族主义困境与企业规模

即使在组建成本相同的条件下，人们一般也倾向于与自己有某种感情关系的人一起工作。但在不同的人际关系模式下，这种倾向的强度是不同的：在特殊主义人际关系模式下，人们的这种倾向更强；而在普遍主义人际关系模式下，这种倾向较弱。这也同样会使具有特殊主义文化传统的社会更倾向于按照已经具有某种关系的圈子，或以即存组织为基础进行组织的组建和创新。显然，这种倾向也会在一定程度上影响企业的规模。在特殊主义私人信任中，在"圈内"存在着亲密的人际关系。但这并不是说，"圈内"的关系都是和谐美满的，事实上内部冲突是经常存在的。这些内部冲突当然是耗费资源的，因此人们将其称作"内耗"。"内耗"的严重程度与群体规模正相关。一般说，在小规模的企业中，"内耗"常常发生于组织成员个人之间，因而较容易控制和消弭。而在大企业中，内耗问题则严重得多。在特殊主义私人信任中的大规模组织内，通常存在范围不同、属于不同层次、相互间存在"竞争"关系的"圈子"。作为一种理想，人们希望"对局部之偏爱不会影响对整体的爱"（亨廷顿，1989）。但在特殊主义私人信任中，人们总是首先忠于内部关系更为密切的小群体，而这种"对局部的偏爱"必然会"影响对整体的爱"。不仅是当小群体的利益与包括这一特定小群体在内的大群体利益发生冲突时，首先考虑的是小群体的利益，从而可能有损于大群体的整体利益，而且小群体间的冲突也会产生所谓"内耗"。更重要的是，小群体内部个人之间存在相互支持、相互强化的机制。因此，与小群体内个人的冲突相比，大群体内小群体间的冲突更难消解，冲突也更为剧烈、持久，由此产生的"内耗"也更为严重，从而特殊主义取向本身就具有限制大群体形成和运行的作用。

在特殊主义私人信任中，人们通常更加难以信任外来者，但在组织规模扩大的过程中，又需要吸收外来者。当外来者来源不一，而且是分散地进入一个组织时，会形成一个由外来者组成、其成员在组织中一般均处于低层次的松散群体。在这种情况下，除非他们组织起来，一般不会对整个组织的运行构成威胁。如果外来者原来就构成一个独立的人际关系"圈子"，或原本同属于另一个组织，就很容易在他们所进入的组织中形成一种势力。特别是在外来者有组织地进入的情况下，更容易产生宗派主义的小集团。例如，通过合并而实现两个组织的联合时，就常常形成两个宗派主义小集团。并且，在这种情况下，通常必须在新组织中为两个组织的原有领导者安排适当的职位，并分别"拥有"不同派系的"兵"，这就更加强化了帮派和小集团。因此，这也造成了特殊主义文化中有组织的兼并和联合的困难，并在实际上减少了联合、兼并的现象，也阻塞了组织规模扩大的一个重要途径。

四、中小企业与家族特征

台湾经济发展初期的要素禀赋结构中，劳动力资源丰富而资本、技术、人才匮乏，这些制约因素造成台湾企业规模较小。规模小则企业数量多，从而市场交易频繁。为降低交易成本，台湾企业发展出带有浓厚家族色彩的企业网络形式。由于长期合作的每个企业以其所擅长的技术涉入局部流程，这种企业网络可以形成细密的专业化分工，提高生产效率。随着生产剩余的迅速积累，要素禀赋结构发生变化，企业需要进行技术升级以更多地使用要素价格相对便宜的资本，但企业家族性限制了企业规模的扩张，从而制约了企业技术升级。为应对劳动力成本不断升高的压力，台湾企业不得不选择 FDI 以寻求更低的要素成本，形成了"逐水草而居的游牧民族性格"。

中小企业网络的经营模式。中小企业[①]一直是台湾经济组织结构中的重要组成部分，直到 2004 年底，台湾中小企业占台湾企业总数的比重仍高达98%；就业人数占台湾企业总就业人数的 77%。从营运规模看，有 90% 以上的中小企业年营业额在 1000 万元以下，有 70% 左右的中小企业营运资本额在 10 万元以下，整个企业结构呈底边极宽大的金字塔型。从行业结构看，从事商业的中小企业最多，占 60%；其次是制造业，约 20%；再次是社会团体及个人服务业，约 10%，其余均在 4% 以下。尤其是 20 世纪 80 年代中期以前，中小企业无论是在数量上还是在雇用人数和出口比例方面，都在台湾经济中占有举足轻重的地位（王健全，2003；于宗先、王金利，2000）。"从世界的产业组织看，有以下这样几种类型：'英美型'的倒金字塔型（大型企业居多）；'西欧型'的金字塔型（中小型企业比大型企业多）；'日本型'（也是正金字塔型，但底边比较宽大）；台湾的产业组织模式接近于日本型，但其底边又要比日本型宽大得多"（渡边利夫、栗林纯夫，1992）。

对于台湾大量中小企业的成因，有人认为是公营企业和大型企业垄断了台湾市场，中小企业被迫走出口路线，而小型贸易公司和专业贸易商中小企业成为对外贸易的桥梁（崔龙浩，1998）。也有人从交易习惯角度寻找原因，认为

---

① 关于中小企业的定义，台湾当局 1967 年公布的"中小企业辅导准则"曾做出具体规定，后多次予以修订。1995 年最近一次修订后的定义是：1. 制造业、矿业、加工业及手工业，实收资本额 6000 万元以下的企业；2. 农林渔牧业、水电燃气业、进出口贸易业、商业、运输业、金融保险不动产业、工商社会及个人服务业，前 1 年营业额在 8000 万元以下的企业；或经常雇用人员不满 50 人的企业。

台湾内销交易由出货至收款通常需 3—6 个月，对缺乏周转资金的中小企业是个很大的财务负担，而从事外销则只需取得信用证即可通过押汇银行取款，对中小企业反而有利（San，1995）。除此而外，台湾企业以中小企业为主的一个不可忽视的原因，是要素禀赋结构的制约。台湾经济发展早期是劳动丰裕度高的社会。20 世纪 50 年代台湾经济以农业为主，农产品及农产制造品占出口比重 90% 以上，工业可从农业部门取得充裕的劳动力，而资本却相对不足。这种要素禀赋结构使台湾企业发展的主要制约因素是资本。"资本制约规模，是以多数台湾企业以中小企业的面貌出现"（周添城、林志诚，1999）。另外，台湾经济发展早期的金融压抑状况，也制约了中小企业难以取得足够的资本来迅速扩大企业规模，以致中小企业的规模在较长时期内一直是经济中的普遍现象。

台湾存在的大量中小企业形成了一种特殊的企业网络（business network）或称"产业网络（industrial network）"的组织方式。它是两个或两个以上厂商之间建立的长期关系，这种关系既非完全通过市场机制运作的传统交易关系，也不是在同一正式企业结构下的层级关系。企业网络兼有市场的自主性和厂商组织的协调能力，因而是众多组织形式[①]中较为有效降低交易成本的形式。企业网络中的厂商仍保持相当程度的独立自主，但彼此间又互相依赖，呈现专业分工的现象。厂商间的互动关系源于互惠性的资源交易或厂商间的冲突。网络中的互动行为包括交换和适应，交换的功能是取得厂商外部资源、销售厂商产品及劳务、提升技术；而适应的目的则在解决网络中厂商间利益的不一致，使网络关系能更持久。企业网络的建立通常需要长时间的经营，维持网络关系没有特定合约，而是靠承诺、信任及相互利益来进行。网络存在于许多市场形态中，某一网络可能跨越两个以上的产业，而某个产业中也可能存在多个彼此竞争的网络（Benson，1975；Thorelli，1986；Johanson & Mattsson，1987）。企业网络的一些经营特点如生产经营弹性、家族经营方式、外包代工模式等均有降低交易成本的效果。

---

① 各种形式的企业集团如卡特尔（cartel）、辛迪加（syndicate）、托拉斯（trust）、康采恩（concern）、综合性大企业（conglomerates）、企业网络（business network）等都属于介于企业和市场之间的组织形式。

　　台湾企业网络如图 1-5 所示：贸易商负责取得订单及相关的押汇、通关工作；制造商负责生产，有时也会直接接受国际订单；代工厂则是规模更小的工厂，依附于制造商，部分代工厂还可能将工作再分包给家庭代工；家庭代工是企业网络的底层。在这样的网络体系下，分包（或称"转包"，subcontracting，putting-out）成为常见的经营方式，目的在于降低固定的人事、资本、设备等费用，同时使生产更具弹性，以应付订单的不确定性。如果是将自己无法生产或不具有规模经济利益的产品转包，则称为专长转包；如果是为应对市场需求变动而进行的转包，则称为产能转包（Holmes，1986）。

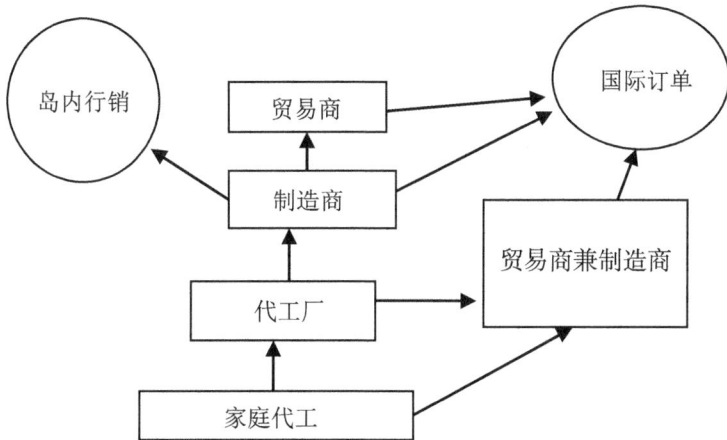

图 1-5　台湾企业网络结构

资料来源：周添城、林志诚：《台湾中小企业的发展机制》，联经出版事业公司，1999 年，第 206 页。该图已经简化处理。

　　贸易商自国际行销体系取得订单，将工作转包给制造商或代工厂，如果本身兼制造商则可以自行生产，或根据实际情况转包给代工厂或家庭代工。贸易商间及制造商间也可能将无法消化的订单转给同业去做。制造商之间也可能是一种平行互惠的生产关系，如甲厂商的某一个零配件、某一部分的加工工作刚好是乙厂商生产或从事的工作，则甲乙厂商即可互相搭配，形成"平行的协力生产加工关系"，这种关系在台湾的机械业、纺织业都有，而以资讯业最常见。而制造商和代工厂间则是垂直的从属关系，如果代工厂土地、厂房及原材料均由制造商提供，代工厂只负责机器设备及员工，则称为内包型代工厂，相当于制造商的一条生产线；如果所有生产要素由代工厂自行负责，则称为外包型代工厂（陈介玄，1991）。贸易商、制造商、代工厂间的关系有一对一、一对多和多对一等多种形态，家庭代工处于企业网络体系的最底层，可以最充分地利用廉价劳动力，但自 20 世纪 80 年代后已经大量萎缩，显示企业网络的发展趋于专业化。

能否找到最优交易方式是降低交易成本的重要途径。科斯（Coase，1937）认为企业的组织机制与市场的价格机制是两种基本的交易方式，而企业的规模则被界定在企业内部的管理成本与市场交易成本在边际上相等的位置。张五常（2002）认为在市场和企业间存在大量的中间状态，市场、企业及其中间状态的交易或组织形式，实际上只是一系列契约，它们之间没有本质性的区别，这些形式可以相互替代，具体采取哪种契约形式，视交易成本大小而定。威廉姆森（Williamson，2003）同意张五常"组织形式并非只有市场和企业两种形式"的观点，并提出介于市场和企业之间的"混合体（hybrid）"的概念。[①]也有人将利伯维尔场与层级组织之外的交易方式统称为"网络"（Grabher，1993）。在网络的运作模式里，经济活动不通过价格机制或管理命令，而是经由许多从事互惠的、有特定喜好的和相互支持的行动者所构成的关系网络进行。在根据关系网络所从事的交换活动中，利益的取得并不是来自每一次的交易中追求利益最大化，而是从长期的交换关系中取得利益（Macneil，1985）。

从交易成本角度出发，在市场不稳定及竞争激烈的环境中，以中小企业公司组成的企业网络比垂直大公司更具有竞争力，因为它不但同样能产生规模经济的效益，还具有强于大公司的生产经营弹性，更适应外在变化（Knoke & Kuklinski，1982；Lorenz，1991；Johnston & Lawrence，1988）。实证研究显示，台湾地区社会的总体交易成本低于韩国、匈牙利和秘鲁，但略高于美国（Levy，1991；张善智，1991）。台湾地区企业网络的低交易成本来源于

---

① 假定可以根据交易双方自主程度的高低来给各种交易排出座次，那么，互不相关的交易就会处于一端，高度集中的、实行等级制的交易在另一端，而兼有这两种特点的交易（特许经营权、合资企业以及其他各种非标准化的合约）处于中间地带，而处于中间地带的交易才是更普遍的形式（Williamson.O，2003）。

日本占领时期台湾企业的商业活动经验、二战后大陆赴台的专业人员及适当的政策。当经济体内潜在的交易团体个数、经济组织的聚集程度、贸易商个数及跨语言和文化的沟通能力越高时，市场交易成本越低，厂商越倾向以市场进行交易（Levy，1991）。由于市场进入门槛低，台湾中小企业创业容易，个人逐利动机性强，厂商运用市场交易的成本较低；而厂商间若加强关系往来形成企业网络，则可进一步降低交易成本（瞿宛文，1993）。

　　任何厂商在决定其产销活动范围时，都要受两个主要因素的影响：一是能拥有、运用的资源，二是与其他厂商的业务往来的交易成本。一方面，如果所能拥有和运用的资源越多，则其在生产和销售阶段的广度和深度就会越大。另一方面，如果厂商间的业务往来交易成本很高，厂商就被迫在内部设立许多部门承做议价、签约、履约、交运、储存等繁杂业务；而如果彼此间的交易成本越低，厂商就越容易和更有倾向将相关业务分包给其他厂商，再通过交易、组装来完成。台湾工业化初期几乎每个中小企业都面临资本限制，个别厂商选择整个产销流程的一部分来进行会比独立完成整个产销流程更容易。换句话说，由于资金取得受到制约，期初固定资本越低，进入障碍越低，中小企业主的创业机会与可行性就越大。由于台湾中小企业各自均选择自己所熟悉的局部流程进入市场，专业化分工的效益极易转化为竞争优势。除零组件生产外，组装、包装、接待客户、出口报关或退税，几乎都有专业化的中小企业、贸易商和报关行来搭配。但选择整个产销流程中的一部分来进行，就必须与产销流程中其他部分的厂商进行交易，因此厂商间交易成本高低决定了企业网络形式能否具有国际竞争优势。在台湾，交易成本往往只是一通电话、一场应酬、一纸订单。台湾中小企业间的合作如同一家大型企业，但又避免了大型企业层级官僚组织的僵化。因为中小企业决策过程比大企业迅速，更容易掌握商机，且由于必须自负盈亏，决策也都是利润导向，经营弹性较强，较之日、韩等经济体更接近完全竞争市场。也因此，当国际大型公司有任何新的产品需要寻找生产制造商，台湾中小企业可以最快的速度通过企业网络分工提供出来。但因进入障碍低，大量中小企业的加入使厂商利润率迅速降低至正常利润，甚至可能因过度竞争而亏损，这时也因退出障碍低，部分厂商退出使该产业基本维持在仅能获取正常利润的长期均衡状态。

台湾中小企业的规模成长虽然受到资金的制约，但国际转包制度和岛内企业网络的结合，使其克服了规模的限制，在生产流程易于分割且劳动密集的产业上，充分发挥网络经济的效益。利用和领先型经济中厂商间的国际转包，台湾出口导向中小制造业避开了国际行销的资金和管理问题；以家族和情感关系为基础建立的家庭代工、内包、外包、平行产销及加工的企业网络，使中小企业在创新及发展时，可以得到技术、机器设备、原料、市场、人力、资金等的流通，促进生产的专业化及交易成本的降低，有效运用各种资源。企业网络降低了台湾出口导向中小制造商的进入障碍，大量中小企业的存在又拓展了企业网络的成长空间。

中小企业的家族特征。台湾中小企业普遍具有家族特征。企业规模小，数量多，必然伴有频繁的市场交易，只有成功地降低交易成本，企业才能在激烈的市场竞争中存活。以信任为基础的长期合作是台湾企业降低交易成本的重要途径，家族性则是寻求这种信任的必然结果。相比于很多发达经济的普遍信任原则，台湾是内外有别的特殊主义信任，是与家族主义相关联的特殊主义。对于家族或家族化成员（自己人）表现出极高的信任，而对于非家族（化）成员（外人）则呈现出很低的信任或不信任。因此，家族信任只能是存在于小团体内，信息成本在企业规模很小的时候非常低，但却会随企业规模突破家族范围而骤然升高。

家族企业网络可以在一定规模下以相当低的交易成本解决企业代理问题。如何解决所有权与控制权分离导致的交易成本过高问题一直是代理理论（Agency theory）中的核心问题。[1] 阿尔钦和德姆塞茨（Alchian and Demesetz, 1972）率先将交易成本用于解释企业内部结构的激励问题，认为企业就是为了克服内部各种要素所有者之间，在团队生产过程中的偷懒与"搭便车"[2] 动机而建立起来的制度安排。以阿尔钦和德姆塞茨所提出团队生

---

[1] 在自由市场、层级组织和混合模式三种形态下，各自存在欺骗成本、偷懒成本和组织成本，由于现实中绝大多数经济运作形态为混合模式，因此如何降低组织成本是普遍面临的问题（Hennart, 1993）。

[2] "搭便车"（free riding）是指由于存在成员之间的监督成本，合作成员中的某些成员就会偷懒或选择更多的闲暇，因为他这样做的成本并非由其一人承担，而是把其中的大部分强加于其他合作成员，由此将产生合作组织效率的下降（Alchian and Demesetz, 1972）。

产中责任逃避与监督的制度安排看法为基础，约翰逊和麦克林（Jensen and Meckling，1976）提出"代理成本"的概念，并进而建构出企业所有权结构理论。[①] 选择合适的企业所有权结构可以降低代理成本，亦即降低交易成本。从现实经验看，股权是否分散成为研究企业交易成本能否降低的重要内容之一。20 世纪 80 年代以前，大型上市公司为美国经济创造了前所未有的财富，美式的股份制公司制度设计也被视为"完美典范"，多数人认为所有权与控制权分离及专业经理人管理可以使经营效率大大超过交易成本。[②] 但在 20 世纪80 年代以后，汽车、家用电器、自动化机械、办公室事务机、钢铁和纺织品等市场上，美国公司似乎都不及日本和德国等外国竞争者，总生产率持续落后竞争对手，同时，工资和生活水准也呈现停滞（Dertouzos，Lester and Solow，1989）。许多著名的大型企业在业绩与营业收入持续下降的同时，总经理的薪资却一直在稳定成长，增长幅度高过通货膨胀、员工调薪幅度，以及美国经济增长率。美式股份制公司制度中"强管理者、弱所有者"（Mark J. Roe，1994）的结构特性是否能够有效降低交易成本遭到质疑。由于股权的分散化，一个积极的股东并不能经由自己的努力或投入而增加全体的收益，反而增加了承担责任的风险。该股东要负担相应的成本，而收益却要在全体股东间分配，这使得大多数分散的小股东都明智地避免对企业的干涉。因此，股权分散的结构因素限制了股东集体行动的可能性，形成了美国企业结构的核心问题。然而研究发现：德国与日本的公司并未出现过度分散化的股权结构，金融中介机构在企业发展的过程中扮演了重要角色。德国的"大银行"与日本的"主银行"都对公司的重大决策有相当影响力，这在给予管理人员自主权的同

---

① 约翰逊和麦克林（Jensen and Meckling）1976 年发表的《企业理论：经理行为、代理成本和所有权》（"Theory of the Firm：Managerial Behavior，Agency Coasts and Ownership Structure"）一文中，承接了代理理论中"委托—代理"关系的看法，同时更明确地将代理关系定义为一种契约关系，提出代理成本是监督成本、保证成本与剩余损失三部分的总和。主要的结论是，一个均衡的公司所有权结构应该是由股权代理成本和债权代理成本之间的平衡关系所决定。

② 这类看法认为，所有权与控制权分离的结果所产生的效率来自三方面：第一，将股票索取权划分为更小的单位，使累积大规模资本成为可能，并且这种能力大大超过了公司投资者以个人拥有的有限财产来承担大股东职能的可能性；第二，股票所有者从公司控制中的分离，将扩大公司经理人员的能量，并使专业经理人在公司组织决策的层次获得提高；第三，当股票的收益被分割为很小的部分并由众多投资者所享有时，资本提供者就可以通过在许多不同的公司里拥有小股份的方式，使自己的投资多元化以降低风险。

时保持了对整个经营管理过程的监督与控制权。John.Cable（1985）的研究表明，德国的公司治理模式降低了代理成本及信息成本，同时公司也更趋向降低成本与追求利润的目标。Stephen Prowse（1991）对 1980 年至 1984 年美国的 761 家与日本的 133 家上市制造业公司财务数据进行分析，显示当金融机构大量持有其融资公司的股份时，确实具有避免公司投机侵害债权人权益的效果。当然，各地区企业制度的形成是在不同条件下制度演化的结果，现代美国企业之所以出现"强管理者、弱所有者"的公司结构特性，根本上在于股权的分散化，而股权分散化的形成除了规模与技术因素外，政治性因素也有重要影响；[①] 造成德国大银行拥有举足轻重表决权的重要原因是股市发展不够蓬勃（John.Cable，1985）；日本大企业与金融中介机构的密切关系既是政府扶持的结果，也是二战前的财阀遗迹。[②]

台湾企业股权不分散的特征与德、日企业相似。台湾企业家族特征明显。[③] 不仅 70% 以上中小企业具有较明显的家族特征，大型企业中 60% 的上市公司和几乎全部的上柜公司都有相当浓厚的家族色彩（高孔廉，1980；林建山，1991）。由于家族成员之间所特有的信任使企业经营有了利益以外的力量，在公司规模有限的情况下更可以通过所有权与管理权合一的制度解决企业的代理问题。家族企业网络是新兴市场中一种普遍存在的企业组织形式与管理模式。家族企业向"强网络"化的组织形式、管理模式和成长战略模式演化，能够弥补组织自身的柔软与不足（G.Redding，1991；Peng and Heath，1996；李新春，2002、2003）。家族企业网络作为一种特殊的企业网络组织形式，其

---

① 美国哥伦比亚大学法律学者罗尔（Mark J. Rol）在其著作《强管理者，弱所有者——美国公司财务的政治根源》（*Strong Mangers, Weak Owners: The Political Roots of American Corporate Finance*，1995）中阐述这一观点时指出，美国的公司结构除了是一种经济范式外，更是一种政治范式。

② 财阀的形成可追溯到日本明治维新时期，二战后财阀虽被盟军解散，但 1952 年后又在政府的支持下，原来作为财阀中心的银行恢复其在盟军占领期间禁止使用的财阀名号，并重新组合已遭解散的集团（Miyashita and Russel，1994；Gerlach，1992）。

③ 按美国学者唐纳礼（Robert.G.Donneley）的定义，家族企业有 7 个指标来判定：1. 家族关系是决定管理继承的主要因素；2. 现任企业主持人的妻子儿女或前任企业主人为现任董事会的主要成员；3. 企业目前的价值观念与家族成员的价值观念相同；4. 尽管家族参与经营，但其属员行动，都反映了企业的信誉和荣誉；5. 家族成员认为他有义务持有公司的股份，其理由并非财务关系，而是为使公司延续下去；6. 家族成员在公司的地位，影响到他在家族中的地位；7. 家族企业的成员与公司的关系，决定其一生的荣誉。

特点是网络关系和企业活动主要建立在家族（或泛家族）社会关系基础之上，而建立在血缘、亲缘、姻缘基础之上的家族信任以及建立在地缘、业缘、学缘、朋友缘等私人关系基础之上的泛家族信任则是家族企业网络基本的运行机制。这种信任在企业治理与控制中可以减少交易双方的不确定性从而降低交易成本。台湾绝大多数中小企业的家族性，也是建立在广义的"同"与"缘"的基础上的人脉关系。同姓、同乡、同学、同事，加上血缘、姻缘、地缘、学缘的关系，再配之以利益，在台湾企业网络的原料采购、加工、装配、销售等中都很容易看到这种广义的家族关系（陈明璋，1990）。因此台湾家族企业大致有四种类型：基于血亲关系、基于宗亲关系、基于同乡关系、基于共同创业的伙伴关系。在此基础上，家族关系的延伸就是感情关系。台湾企业网络中，感情原则与利益原则是同等重要的两个基本条件（陈介玄，1991），这也是网络具有弹性的重要原因。台湾学者赵蕙玲认为，台湾小企业集群经济网络形成的前提条件就是人与人之间的社会关系（亲友关系），通过这种关系建立的集群比例高达 60% 以上；台湾学者郑伯、任建刚等（1998）也指出，华人家族企业网络属于"社会情感网络"，其特征是"讲求彼此间的情感与感受"，而华人文化中的关系取向在家族企业网络中扮演了重要角色；大陆学者胡军（2002）等人的研究表明，华人家族企业通过关系运作来建立家族企业网络是华人家族企业组织演进中的一个重要特征；李新春（1998）认为基于家族（或泛家族）信任的社会关系网络是台湾地区及东南亚华人中小企业网络形成的重要原因。

在一定规模下，家族性企业之间重视血缘和感情关系的做法提高了交易双方的信任度，也就降低了交易成本。因此，台湾企业网络之一大特色是非文字契约的口头承诺，这使交易更有效率。中小企业接单多以交货时间为主，为争取时效，往往一通电话就算数。而这种口头契约之所以有效，主要是基于厂商之间的彼此信任。这种信任需经长时间的互动才能建立。一旦失信，便会面临信用破产的危机，使其他厂商不敢与之往来（赵蕙玲，1993）。这种网络关系可简化企业每次寻找客户或寻找货源所做的工作，彼此有交情以支持互相的依赖，又不像大企业，非得从自己公司的事业部进货不可，从而具备经营活力与弹性的基础（司徒达贤，1994）。此外，家族企业还具备所有权与经营权统一、企业经营目标政策有一贯性，且企业继承有连续性等优点，而且从业者有自我牺牲的奉献精神，尤其在创业阶段，家族成员向心力强、彼此同心协力成为企业快速成长的原因，不只顾眼前利益、以长远发展目标为重等，均会强化企业经营目标和决策的统一性。

五、技术升级替代型 FDI

台湾官方资料记载，第一例台湾企业对外投资案是 1959 年一家水泥厂商到马来西亚投资了 10 万美元。暂停两年后，一家台湾麻袋生产商于 1962 年在泰国投资建厂。整个 20 世纪 60 年代，台湾每年 FDI 约在 8 万美元，但自 1970 年起，台湾企业 FDI 以每年 23.78% 的速度增长，80 年代，FDI 更开始蓬勃发展，其特征以技术升级替代型为主，这与台湾要素禀赋结构发生重大变化密切相关。

要素禀赋结构变化与 FDI 形成。进入 20 世纪 80 年代，台湾要素禀赋结构开始发生明显变化，这是市场经济发展的必然结果。[①] 由图 1-6 可以看出台湾要素禀赋结构的提升情况。1976 年后的 20 年间，台湾资本价格（利率）不断下降，同时劳动力价格（工资）显著上升。当要素禀赋结构变化时，如果不考虑交易成本，具有自生能力[②]的企业会主动寻求技术升级，以更多地运用价格相对便宜的要素。要素禀赋结构改变要求企业进行技术升级，尽量多地运用价格相对较低的资本，而少用价格相对较高的劳动力要素。技术升级需要企业具备一定的规模，以应对成熟技术产品利润率大幅滑落的趋势，这就要求企业规模应随之增大。然而台湾企业规模扩张遇到了信息成本过高等困难。

[①] 市场经济中，企业具备自生能力，从而能够通过经营制度和生产技术的合理选择实现交易成本和生产成本的最小化，结果是经济剩余的最大化，在给定经济体的土地和人口的前提下，经济剩余最大化使人均可支配资本量增加，要素禀赋结构得以提升。

[②] 企业自生能力理论（EVT）是林毅夫及其合作者提出的（Lin and Tan，1999；林毅夫和刘培林，2001；林毅夫，2002；林毅夫和李志赟，2004；林毅夫和刘明兴，2004）。按照林毅夫的定义："自生能力（Viability）是在一个开放、竞争的市场中，只要有着正常的管理，就可以预期这个企业可以在没有政府或其他外力的扶持或保护的情况下，获得市场上可以接受的正常利润率。"换句话说，自生能力概念是根据企业的获利能力来定义的，就是企业的自我生存能力，即在没有外力扶持下的获利能力。按照林毅夫等人的论述，企业是否具有自生能力取决于企业是否选择了与整个经济的要素禀赋结构相适合的生产技术，只有采取"在经济发展的每一个阶段上都选择符合自己要素禀赋结构的产业结构和生产技术"的比较优势发展战略，才是"唯一"能保证资本快速积累、进而提升要素禀赋结构和产业结构的有效途径。

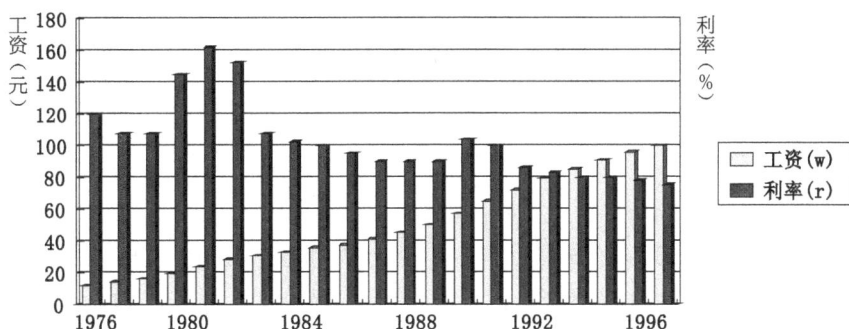

注：工资数据为制造业平均收入指数，利率为每年担保贷款利率（％），资料来源：根据台湾"经建会"编 *Taiwan Statistical Data Book* 2001 年版相关数据整理。

图 1-6　台湾资本与劳动力价格变化

企业技术升级过程中最直接也最主要的障碍是企业规模太小，导致技术升级能力弱或无效益。根据台湾经济主管部门 1992 年委托台湾经济研究院所做的问卷调查（简称"调查"），台湾企业不选择技术升级的理由，最主要的困难是"规模太小"。当企业规模扩张遇到障碍时会很自然地回避技术升级。

一般而言，企业规模扩张有内部成长和外部成长两种策略，科斯（Coase，1937）称之为"一体化"和"联合"，[①] 斯蒂格勒（Stigler，1998）认为外部成长策略更加重要。企业在以外部成长策略进行规模扩张时可以有两种选择：企业合并或企业合作。企业合并包括水平合并和垂直整合，目的是实现规模经济以降低成本或经营风险，提升市场竞争力。但企业合并过程中存在经营组织的调整、资产重估、人事权的安排等问题，如果合并对象选择不好，这些问题将成为合并过程中难以逾越的障碍。企业合作分为大小合作与小小合作两种，前者形成中心卫星工厂体系（简称"中卫体系"），后者称为企业产销合作模式，两者均旨在扩大企业经营规模。在大小合作中，中小企业加入中卫体系是希望获得大企业在销售和技术上的帮助，如果大企业不能提供相关帮助，或对中小企业的经营干涉与牵制过多，甚至有被吞并的危险，中小企业将失去合

---

①　科斯（Coase.R.H，1937）提出："当先前由两个或更多个企业家组织的交易变成由一个企业家组织时，便出现了联合。当所涉及的先前由企业家之间在市场上完成的交易被组织起来时，这便是一体化。企业能以这两种方式中之一种或同时以这两种方式进行扩张。"

作意愿。在小小合作中，中小企业基于互惠互利的原则，在生产技术、原料采购、机器设备、人才使用、产品营销方面进行合作，获得实质规模扩大的益处。但由于企业规模所限，双方都处于信息不对称条件下，缺乏足够的人力和财力对合作伙伴的经营状况进行充分调查，较大的可能风险会阻碍合作的进行。

针对 20 世纪 80 年代末期台湾中小企业的"调查"显示，"难以找到合适的合并或合作对象"是台湾企业不选择合并或合作的最主要原因。以中小企业为主体的台湾经济结构，决定了企业互相了解的成本很高。一方面自身经营状况的透明度不高，另一方面了解其他中小企业的能力有限，虽然"政府"出面调查和公布相关信息在一定程度上降低了信息成本，但在政商勾结还较为普遍的情况下，信息的准确性和可靠性存在问题，同样抑制了企业间的合并或合作行为。另外，台湾企业中普遍存在的家族经营模式，使特殊主义私人信任的氛围还很浓厚，社会信任缺乏也提高了企业合并与合作的信息成本。过高的信息成本使企业不愿致力于以规模扩张进行技术升级，转而选择对外直接投资以降低成本。因此，"早期台商赴海外投资系以降低生产要素成本为主要考虑"。（何美玥，2004）

技术升级替代特征。自 20 世纪 80 年代中后期，台湾企业 FDI 出现三个较快的发展时期。第一个快速增长期是 1987 年到 1991 年。随着台湾私人资本力量壮大及台湾当局放宽外汇管制，开始出现成批对外直接投资。同时由于外贸巨额顺差，新台币迅速升值，工资大幅上涨，企业成本增加，大量劳动密集型产业纷纷外移。第二个快速增长期是 1995 年到 1997 年，在国际低价电脑流行的背景下，台湾新兴的信息电子产业也加入对外直接投资行列，充分利用国际资源和市场，扩大经营规模。第三个快速增长期是 1999 年到 2000 年，民进党上台，台湾社会意识形态对立激化，"朝野"矛盾加剧，岛内投资环境受 1998 年"本土性金融风暴"的冲击趋于恶化，众多台商在政治和经济的双重影响下采取对外直接投资的形式谋求发展。三个阶段的最大不同在于投资的产业结构：第一阶段是传统制造业对外投资，主要是一些劳动密集且技术层次较低的产业部门；第二阶段是制造业中技术、资本较为密集且仍具有比较优势的部门，如石化、机械与家电等；第三阶段为资讯产业中的资本密集型部门与服务性产业（张弘远，2004）。也有人以 IT 产业划分 FDI 的几个阶段：第一阶段以中小企业和未上市企业为主，属劳力密集型企业，采取个别设厂投资形态，代表性产品包括家电、消费性电子产品等；第二阶段以中大型企业为主，多为电脑周边产业和技术层次较低的资讯产业，兼有个别设厂和企业联盟形态，代表性产品包括主机板、桌上电脑组装等；第三阶段以大型企业为主，多为可以带动相关厂商投资的领导厂商，属技术、资本密集型产业，代表性产品包括笔记本电脑、液晶显示器组装等。前两个阶段主要是台商制造能力外移，第三阶段则以通路布局和供应链整合为主要特征（王信贤，2004）。

宏观层面，台湾企业 FDI 的技术升级替代特征表现在以下三方面：

首先是投资地域的选择主要为生产要素成本比台湾更为低廉的地区，并且随当地生产要素相对价格的变化而不断迁移，显示其应对岛内成本升高压力的动因明显。台湾真正开始大规模对外投资始于 1988 年前后，随着传统产业纷纷外移，大量资本流向以中国大陆为主的亚洲地区。截至 2007 年底，大陆累计吸引台商实际投资 457.6 亿美元，制造业台商更是约 70% 投资大陆。台商在大陆的投资分布有由南向北的发展趋势，依次由珠江三角洲向长江三角洲和环渤海地区延伸，这体现了欠缺技术含量的 FDI 不断向生产要素更为低廉的地区移动的趋势。自 2006 年大陆各地区陆续出现刘易斯拐点后，台商 FDI 开始大量向越南、印度等劳动力成本更为低廉的地区转移，尤其是东莞等地台商出走率更高达 40%。

其次，从台湾 FDI 的投资产业结构可以看出其技术含量不高。20 世纪 80 年代，台湾 FDI 产业主要是食品和饮料制造业、纺织业、橡胶塑胶制造业、化学制品、非金属矿产物品制造业等传统产业，其制造技术多来自发达国家淘汰或转移的成熟技术，部分加以改良。90 年代金融保险和电子及电器业成为台湾 FDI 中前两大产业。2001 年，电力电子机械器材业吸收台湾投资额占台商来大陆投资总额的 45%，将近一半，远远领先于其他各产业，成为台湾地区对外投资的绝对支柱产业。但该产业中的多数企业均以代工（委托加工）为主，技术含量仍然非常有限。例如，2004 年台湾制造业前十大龙头企业 [①] 中一半以上以代工为主；台湾引以为傲的电脑制造业中，前十大龙头企业 [②] 除明基电通一家主打自有品牌外，其他均以代工为主；发展势头迅猛、有取代电脑制造业领导地位趋势的台湾半导体业中，前十大龙头企业 [③] 全部以代工为主，前两名台积电与联电占有世界市场 80% 的晶圆代工生产订单，日月光与矽品两大企业集团主要从事集成电路的封装与测试，分别为全球第一及第三大封测厂，也基本以代工为主；光电产业与半导体产业同为台湾当红的"两兆产业"，其前十大龙头企业 [④] 全部以代工为主；台湾前五百大企业中有 40% 多属于近年来一直在台湾产业结构中占绝对主导地位的信息电子产业，其中绝大多数企业采取以代工为主的经营方式。[⑤]

最后是台湾 FDI 的投资方式，尤其是早期 FDI，体现出其技术含量有限的特点。早期台商采取"三来一补"方式对外投资，通过返销可取得原材料、半成品和急需商品的稳定供应来源，本身即为技术含量不高条件下的选择。由于存在业务范围狭窄、规模效益不大、加工方总处于被动地位、补偿期限过长而增大风险等弊端，2000 年以来，迅速向"三资企业"方式集中，且以独资方式为主。2003 年"台湾工业总会"的调查显示：大陆台商中，独资企业占72.8%，合资企业占 19.5%，合作经营企业占 7.7%。台商独资者大幅增加，一方面是由于其技术含量开始提高，为保护其所有权优势（包括技术、工艺、专利、产品、品牌、管理等有形和无形资产）而采取的制度安排，另一方面独资企业具有生产与经营的自主性，可提高企业的生产效率，降低企业的经营成本，减少商业秘密外泄的可能。

---

① 依次为：鸿海精密工业、台塑石化、广达电脑、台湾积体电路制造、仁宝电脑工业、中国钢铁、南亚塑胶工业、友达光电、光宝科技、明基电通。

② 依次为：鸿海精密工业、广达电脑、仁宝电脑工业、明基电通、英业达、纬创资通、大同、英华达、神达电脑、华硕电脑。

③ 依次为：台湾积体电路制造、联华电子、德州仪器工业、台湾飞利浦建元电子、力晶半导体、台湾应用材料、日月光半导体制造、茂德科技、南亚科技、矽品精密工业。

④ 依次为：友达光电、奇美电子、光宝科技、中华映管、广辉电子、建兴电子科技、鸿海精密工业、中强光电、潮宇彩晶、胜华科技。

⑤ 台湾中华征信所企业股份有限公司：《台湾地区大型企业排名 TOP5000（2005）》，台湾"中华征信所"。

六、台湾企业的技术升级

没有从事 FDI 的台湾企业如果能够克服规模限制，将可实现技术升级，克服要素禀赋变化带来的成本压力，而不需要过早地进行技术含量不高的 FDI。企业的技术升级主要指由劳动密集型生产技术向资本（或技术、知识）密集型生产技术转化，也有人将企业技术升级的内涵扩展为流程层次、产品层次、功能层次和部门层次（Gereffi，1999b；Lee and Chen，2000；Humphrey and Schmitz，2002）。流程层次的技术升级，是企业引入更为复杂的生产系统生产同类型产品。产品层次的技术升级，主要指产品多元化，在规模经济的基础上实现范围经济。功能层次的技术升级，是企业由产品价值链中的低附加值环节向高附加值环节升级，即通常所说的从 OEA、OEM 向 ODM 和 OBM 升级的过程。[1] 部门层次的技术升级，是企业由低附加值产业向高附加值产业升级，即由原价值链的生产转向新的价值链，也称"链升级"。企业进行"链升级"往往是向新的产业扩展。本书在探讨企业技术升级时包括以上四项内容。

规模经济推动台湾企业技术升级的过程。经济学家对企业在何种规模时最有利于技术升级有着截然不同的看法。马歇尔（Alfred.Marshall，1949）认为，规模小、高度专业化的厂商是技术升级的媒介，这些厂商共同创造出"外部经济"，克服内部不足，减少官僚体制的成本，结成网络以获得技术进步或进入新产业所需的速度与弹性。一些针对台湾的实证研究也支持了这一看法（Borrus，1997；Chou and Kirby，1998；Hamilton，1991；Namazaki，1997；Saxenian and Hsu，2001）。然而，以熊彼特（Joseph.Schumpeter，1942）为代表的经济学家却将现代大企业的成功归结为大企业和内部经济，认为技术升级主要发生在那些最小有效规模的工厂上，其在管理层级制度、专利知识资产及全球营销系统上的投资，可使其获得进一步更新的管理技能与资本。就台湾而言，更多的经验数据也表明：小企业成长为大规模企业才是台湾

---

① 格雷菲等人（Gereffi et al，1994）根据香港等地服装产业在价值链上的升级过程，最早提出了委托组装（Original Equipment Assembling，OEA）、委托加工（Original Equipment Manufacturing，OEM）、设计加工（Own Designing and Manufacturing，ODM）、全球运筹（Global logistics）和自主品牌生产（Own Brand Manufacturing，OBM）的技术升级路线。

进行产业升级的成功之道。瞿宛文和安士敦（2003）的研究显示，台湾小厂商并不特别注重创新，实际上 1986 年到 1996 年新厂商加入率是减少了；在具有代表性的电子业和服务业两种产业中，小企业在很短时间内成长为相当大的企业，进而成台湾经济中最有进取性的力量。这也符合本书的研究：企业规模是技术升级的必要条件。

　　以台湾产业结构和出口结构中最为重要的电子业为例。台湾电子业的产品升级依循电视机、计算机、集成电路的次序向资本、技术更为密集的方向发展。在这一过程中，台湾厂商以外包形式接获新产品的大量订单（主要来自美国跨国公司），形成必需的规模经济，迅速扩充产能，实现产业升级。供给方面，台湾存在一个密度较高的生产供应网络是形成电子业企业规模从而产生较低比较成本的重要原因。该网络有两点优势：一是在搜寻和运输方面可以降低交易成本；二是在全球供应链中的知名度高，可增加订单。台湾最初专门制造需要大量零组件的 IT 产品，是因为在 IT 产业崛起之前，即电子产品升级之前，岛内已存在一个高密度的生产供应网络——非电力机械制造业。当电子产品的全球需求激增时，这些机械制造业厂商纷纷改行去替电子组装厂制造零组件。以笔记本电脑为例，台湾本地供应的零组件约占全部零组件数量的 97%。非电力机械制造业如缝纫机与自行车的网络由来已久，在外商参与和国际代工之前就存在了，这些网络的创业经验从何而来已不可考。[1] 外商是在 20 世纪 60 年代参与第一个主要的非电力机械制造业——缝纫机业的直接投资与合资企业。胜家（Singer）1963 年刚在台湾生产缝纫机时，岛内已有 250 家组装厂和零件供应商。电子机械业与非电力机械制造业的一个重要差别是对零件的进口依赖度非常高。电脑类产品的中间投入占总价值的 83%，其中 45% 必须依赖进口，因此电脑类产品的投入进口率为 55%。电子机械业供应网络的形成需要政府和大企业的资金投入，政府的扶持性政策对企业扩大经营规模有重要影响。工资上涨使绝对成本上升，外资无意改进在台湾分公司的运作，选择撤资；但本地企业网络的迅速发展却使本地厂商技能升高，从而新兴产业的比

---

　　① 瞿宛文、安士敦：《超越后进发展：台湾的产业升级策略》，联经出版事业股份有限公司，2003，第 102 页。

较成本降低，促成跨国公司将产品制造外包给本地企业。1975 年，外商投资电子业的出口占台湾电子业出口 80% 以上，但到 1998 年该比例不到 8%。外资企业的减少主要是被本地企业并购。较有名的电子业并购案包括：国巨买下飞利浦在台湾的两座制造厂，英业达买下迪吉多（DEC）在台湾的分公司，宏碁买下日立的电视机厂和西门子的在台个人电脑部门，日月光买下摩托罗拉的半导体制造测试与组装厂，台积电买下德州仪器与宏碁合资制造半导体的德碁。外商在台湾的运作模式从进行直接投资转为外包代工。电子业在台湾刚刚崛起的时候，大多数厂商的创业规模都很小，只有少数厂商有资金雄厚的大集团支持，如神通电脑属于联华实业，大众电脑属于台塑集团。到了产品周期的第二代或第三代，领先厂商已经达到应有的规模经济，并积累了相当多的技术和财富，可以培育和扩展新的比较优势，下一次产业升级才会发生。台湾电子业的产品升级正是遵循这种路径，即从电视机发展到计算机和笔记本电脑，再发展到半导体和液晶面板。

规模经济可分三类：第一类是增加生产效率，主要是以干中学（learning-by-doing）的方法在生产中积累经验，更充分利用产能和大批采购原材料以节省成本；第二类是降低单位设计成本，由于设计和开发模型的成本是固定的，产量越大，单位设计成本越低；第三类是降低信息、通信和交易成本。追赶型经济的企业如果要成为外国大厂商的代工厂，本身规模必须足够大。合同越大，平均成本越低，因此，规模决定潜在代工厂争取 OEM 或 ODM 合同的资格。台湾企业网络往往以策略联盟的形式获取规模经济，如研究发展策略联盟、市场信息与技术信息策略联盟、联合采购、联合销售等，企业之间以固定协作关系共同发展。依靠这种规模经济，台湾高科技制造业得以不断实现技术升级。

台湾高科技制造业始于电子业，而电子业的发展首先从家电业起步。通过外包代工的生产模式发挥弹性优势，在最短的时间内实现规模经济。电视机是台湾第一个成熟的中级技术出口产品。1971 年台湾电视机年产量高达 180 万台，其产值大于收音机、录音机、电唱机、电话等当时其他主要电子产品的产值，也大于所有"其他电子组件"的产值。当时主要有两种生产模式：一种是美商完全持股的直接投资企业生产，产品主要外销；另一种是日商以合资方式生产，产品以内需市场为主，且使用当地组件。第一个在台湾地区投资生产电视机的美国公司是 1965 年到台湾的飞歌（Philco），其后的美国投资者是在台湾地区推出第四个五年经济建设计划，将彩色电视机列为重点扶植项目后才赴台的。双方最早的合资企业是松下（Matsushita）、三洋（Sanyo）、夏普（Sharp）和东芝（Toshiba）。随着工资不断升高，外商将电视机组装作业设在台湾的诱因减弱，于是开始撤资。台湾本地厂商开始崛起，他们通过合资或技术合同的方式，从外商尤其是日本企业取得技术，开始自行生产。例如，声宝公司原是夏普电视机的台湾代理商，当声宝决定自己生产电视机时，便向夏普购买技术。更典型的例子是大同公司。该公司成立于日本占领时期的 1918 年，最初是一家营造公司，二战后从事修理火车业务。20 世纪 40 年代末赶上消费电器产品需求激增，如收音机、电冰箱、电风扇等，大同一举成为台湾第一个兴建现代量产设施的厂商。1964 年开始与日本东芝公司成立合资企业，开始制造电视机，其大规模生产所需资金主要通过公开招募优先股及发行公司债获得。1969 年大同进入彩色电视机生产。1976 年开始在美国设厂制造彩色电视机，1981 年在英国设厂生产电视机。1980 年大同建立台湾第一座显像管工厂，即中华映管公司，最初是大同和另外 5 家当地公司的合资企业，后大同取得百分之百股权。到 2000 年，大同已占有彩色显像管全球市场的 1/4。台湾本地厂商在 70 年代末达到电视机产量顶峰，也孕育着下一个产品升级的来临。

计算机成为台湾制造业的主流产品是台湾电子业产品升级的一大飞跃。台湾电子业厂商最初生产计算机几乎完全依赖进口组件而后进行组装，因此其制造技术比电视机还简单，是电子产品中最量产化的一个。20 世纪 70 年代初开始组装计算机的台商有 20 多家，但到 80 年代初只有 5 家厂商形成了规模经济，其他厂商则被淘汰出局。从资金来源看，计算机厂商的资金主要由传统产业的再投资而来。仁宝、广达、英业达这三家大公司的创办人，早年均在一家木材兼旅馆集团的出资下，参与创办三爱电子，后来各自出来创业。宏碁创办人开始服务于环宇电子和荣泰电子，两家公司均由一家纺织公司出资。东元原是专门做马达的电子公司。80 年代初，日本放弃长达近 15 年的自己国内生产计算机的做法，改采 OEM 方式在台湾生产计算机，台湾计算机产量随之猛增，以近乎每年翻番的速度从 1980 年的 1000 万台左右，扩充到 1989 年的近 7000 万台的高峰。台湾计算机制造商能够立足世界市场，并非凭借自有品牌或设计平台，也不完全是低工资，最关键的是整合能力。他们非常擅长将大量零组件用最低的价格从世界各地买回来，再整合在一小块空间里，即使成本不是最低，也能第一个推出市场，从跨国公司手中拿下获利能力最好的"原始设计合同"。

20 世纪 80 年代后，台湾电脑产业突飞猛进。全球范围内个人电脑（PC）产业的兴起通常追溯到 1977 年，当年有三种互不相容的新机器上市；到 1982 年 IBM 推出 PC 机使产业典范得以确立，随之而来的是 PC 产业的竞争白热化。台湾生产 PC 机可追溯到 1976 年宏碁公司的成立和台湾工业技术研究院电子工业研究所的研发工作。在 IBM 确立 PC 典范之后 4 年，宏碁成功开发出 32 进制的 PC 系统，声名大噪。但更多台湾地区 PC 厂商是通过与国际大厂签订 OEM 合同迅速达到规模经济，在新产品的制造领域得以立足。如英业达在 1988 年开始从掌上计算器转入笔记本电脑领域的过程中，一波三折，直到最后和康柏（COMPAQ）形成稳定长期合作关系后，产能才得以大幅提升，迅速成为台湾第三大笔记本电脑制造商。利用原有经济和外资企业撤离后留下的厂房也是迅速扩充产能的办法。如华宇电脑为在最短时间内扩大产能以赢得订单，直接买下一座现成工厂，使其电脑月产量在短短几个月内从 9000 台跃升到 8 万台。英业达在进入笔记本电脑领域时，也向消费电器业和纺织业厂商购买或租赁厂房。到 1995 年，台湾地区在电脑及周边设备的硬件生产产值上已经仅次于美日而位居世界第三，产品在世界市场上的平均占有率高达 50%，即世界每两台个人电脑就有一台是台湾生产的，或使用台湾生产的资讯周边设备。

由于对相关产品的大量需求，电脑及周边设备制造业的繁荣孕育出台湾又一新兴支柱产业——半导体产业（IC 产业）。集成电路是半导体产业的主要产品，其制造流程大体是：晶圆—设计—光罩—芯片—封装—测试—出货。1958 年美国企业德州仪器开始出第一个集成电路原型，使电晶体、电阻器、电容器等半导体制品可以重新组合成单一组件，减少电路之间的联结，这种技术很快被推广应用到各种电子产品中，也是台湾电子业在 20 世纪 90 年代的产品升级方向。台湾半导体产业的起源可追溯到 1964 年，当年美国通用器材公司在台湾地区新成立的加工出口区 ① 兴建一座集成电路组装厂，产品主要用于出口。台湾 IC 产业是从组装作业做起，最初附属在电视机制造作业下，因为当时在台湾，电视机的组装和显像管的制造是比 IC 组装更复杂的运作。1976 年台湾以美国技术建成自己的第一座集成电路工厂，此后民间集成电路工厂纷纷设立，规模迅速扩大。从 20 世纪 80 年代中期到 90 年代中期是台湾半导体业的爆发期，集成电路产品产值占半导体产业产值的比重从 30% 上升到 70%。从生产环节看，80 年代中期主要以资金需求较少、技术与劳力密集的封装业为主，产值占比近 90%；90 年代中期台湾半导体业已经以资本与技术密集的晶圆加工业为主，产值比重上升至 56%。台湾半导体业根据制造流程的不同环节，形成严密而完整的分工，其中作为半导体原料的晶圆的生产被视为该产业的核心技术，台湾的"晶圆双雄"已在该领域取得较领先地位。21 世纪初，台湾已拥有全球第一大的晶圆代工和封测业，以及全球第二大的 IC 设计业。从生产情况看，2004 年台湾半导体业产值占全球半导体业产值比重近 1/5。从投资情况看，2004 年台湾半导体业投资规模约占全球半导体投资的 1/4，显示未来台湾在全球半导体业中的地位可能会继续上升。在上游的 IC 设计领域，台湾专利数目和创新能力名列世界第二，仅次于美国；台湾 IC 设计业厂商约 225 家，产值近 60 亿美元，占全球 IC 设计业总产值的 28%，产品以资讯产品及消费性产品为主。在中上游的 IC 制造领域，台湾 IC 制造业产值约 150 亿美元，居全球第四。其中晶圆代工收入占全球营业收入比例为 71%，居世界第一，存储器营业收入占 18% 左右。在下游的封装、测试领域，台湾封测业产值近 50 亿美元，居全球第一。台湾半导体业的龙头企业主要有四家，即所谓"晶圆双雄"台积电和联华电子（简称"联电"）、以及"封测双雄"日月光与矽品。台积电与联电是世界知名半导体企业，2004 年全球半导体企业排行榜中分列第 8 名与第 19 名，主要从事晶圆代工生产。在全球半导体生产中，英特尔、IBM 等国际龙头企业自行生产制造的芯片约占 80%，

---

　　① 1962 年，台湾当局提出将自由贸易区与工业区合并经营的方式，称作"加工出口区"，这在世界上也是首创。高雄港区、高雄楠梓和台中潭子三个加工出口区，总面积为 192 公顷，建区总经费 4.76 亿元。

其余均由世界各晶圆代工工厂生产，台积电与联电占有 80% 的晶圆代工生产订单。日月光与矽品两大企业集团主要从事集成电路的封装与测试，分别为全球第一及第三大封测厂。

台湾产业升级并未停留在半导体时代，与半导体产业并为台湾"两兆产业"的液晶面板（TFT-LCD）产业近年来也迅速崛起。该产业是 21 世纪初才在岛内崭露头角的新兴产业，但发展迅猛，投资规模和产品市场占有率在世界上已首屈一指，成为国际产业分工链条中的重要一环，在岛内也有超越半导体产业、成为台湾又一个高科技支柱产业的趋势。液晶显示器（LCD）是笔记本电脑最重要的零部件，也是平面电视、移动电话等新型消费电器的重要部分，因此这一阶段是台湾电子业升级不可逾越的阶段。台湾是全球笔记本电脑和显示器的生产重镇，必须要保证主要零组件 TFT-LCD 的货源供应，因此台湾"工业研究院"早在 1990 年即开始自行开发 TFT-LCD，此后联友光电与元太科技两家企业分别完成建厂，生产小尺寸 TFT-LCD。台湾 TFT-LCD 产业的高速发展主要得益于亚洲金融危机后日本 TFT-LCD 生产技术的大规模转移。1997 年亚洲金融危机是台湾 TFT-LCD 产业的高速发展的机遇期，当时日本、韩国经营环境恶化，台湾几大厂商抓住时机与日本各大 TFT-LCD 制造商进行策略联盟，引进技术，合作生产，使台湾 TFT-LCD 产业在激烈的国际竞争中迎头赶上，产量及世界市场占有率迅速提升。由于日本 TFT-LCD 产业除夏普公司外均已放弃大尺寸面板生产，台湾企业得以在日本专利技术的支持下，集中资源扩充 TFT-LCD 产能，迅速与韩国比肩，年产量与韩国不相上下，共同主宰世界液晶面板市场。

提升社会信任水平的作用。如果通过政府政策提高社会信任水平，则可淡化特殊主义私人信任的局限性，企业扩张可以突破规模限制即可实现快速技术升级。在台湾当局的鼓励和干预下，台湾在几十年间形成了由民间专业征信、银行内部征信、银行间联合征信、企业内部征信及银行对授信企业信用评级和专业信用评级组成的门类比较齐全的企业和个人征信组织体系，使社会信任水平大为提高，也就为企业规模扩张提供了有利条件。

台湾企业和个人征信组织体系的建设包括：其一，民间专业征信。其业务范围主要是为企业及其负责人提供财务与债信资料，一般经济、市场及行业征信资料，个人信用及财产征信资料，动产和不动产时价征信资料的搜集、整理、分析、编译和查询，但部分机构也超出"一般征信"范围，兼办其他业务。其二，银行内部征信。起源于1959年3月"台湾银行"业务部成立的征信科，征信工作与授信业务逐渐分工，其后虽有部分银行跟进设立征信部门，但未受到普遍重视，没有建立起完整的征信制度。1971年，台湾金融界先后发生多次冒贷案，征信工作提上议事日程，各银行才普遍设立征信部门，其名称依各自业务需要而定，如征信室、征信处、调查研究室、经济研究处、企划科等，功能在于协助授信业务的顺利开展。其三，银行间联合征信。是在台湾金融管理部门推动下发展起来的。1975年，台北市银行公会为加强会员间征信联系，按照台湾金融管理部门关于"加强征信业务，成立银行业联合征信中心"的要求，成立"台北市银行公会联合征信中心"。1992年改组，更名为"财团法人金融联合征信中心"，建置覆盖全岛的企业和个人信用信息数据库，充实金融信用信息内涵，开放会员机构查询，并推广信用教育。目前，该中心会员单位已达341家，向会员机构提供的查询服务有100余项，同时也应企业和个人申请，为被征信对象有偿提供其个人的信用报告。其四，企业内部征信。一般工商企业内部设立征信部门在台湾比较普遍，有的是独立的，有的则附属于财务或业务部门，其共同的职责是搜集、整理、分析客户资料，以彻底地了解客户的信用状况，进而确定适当的信用额度，预防交易风险，同时对已暴露的商业信用风险采取措施进行控制：但在交易日趋复杂的情况下，不少企业出于征信成本与收益的比较或收集交易对象信用资料遇到的困难等，更多地委托专业性的征信机构为其办理征信事务。其五，银行对授信企业信用评级。台湾银行业对授信企业信用评级于20世纪60年代初期首先由"台湾银行"尝试，其后"交通银行"试行办理，但因受当时台湾保守观念、社会环境、经济情况及企业会计制度等因素制约影响，实施效果不佳，一度废弃。到70年代，由于社会及经济变革，信用评级越发显得重要，各银行先后建立了信用评级制度。1987年台湾推动利率自由化政策，银行公会制定"银行业办理授信企业信用评级要点"，统一了信用评级标准，使银行业对授信企业的信用评级渐趋规范。其六，专业信用评级。最早始于1979年中华征信所建立的信用评分制度，其通过在信用报告中增加信用评分和信用等级内容，为客户提供深层次的征信服务。1997 年，台湾金融管理部门推动建立信用评等制度，由岛内几家熟悉台湾金融环境的股东与国际标准普尔合作，成立了台湾第一家信用评级公司——中华信用评等公司，从事企业、银行、保险、证券、票券、共同基金及公共工程的信用等级评定。2002 年，台湾修正"信用评等事业管理规则"，降低信用评级机构市场准入门槛，吸引国际信评机构惠誉及穆迪在台湾先后设立分公司及子公司，打破了台湾信评市场一家独大的局面。

台湾的专业资信调查机构可为客户及时详尽地提供企业的资信报告。台湾最著名的征信机构——台湾中华征信所成立于 1961 年 1 月（其前身为中国征信所），拥有丰富的资信调查、市场研究经验。该机构主要从事工商企业资信调查、产业及产品调查研究。其资产评估、出版工商企业名录等业务，建有全球性征信及市场调查的网络，调查与研究服务区域遍及世界主要国家和地区。中华征信所是世界征信事业联合会的会员，同时也是科法斯（Coface）的主要成员，已取得国际间承认的征信资格。此外，台湾《天下》杂志等机构在台湾征信市场也占有一席之地。目前，台湾企业资信报告被誉为世界各国和地区资信报告中的典范，其报告内容丰富翔实，涉及被调查企业的每一个方面，从多个角度反映了该调查企业的信用状况。报告时间一般为 15 个工作日完成，最快 5 个工作日。如中华征信所的资信报告，形式规范，内容全面，涉及经营管理要素、财务要素、经济要素，且财务记录详细，并实地走访，最后给出评估。

随着台湾社会信用体系的不断发展，台湾企业规模扩张也随之加快。经过 20 世纪 70 年代的快速发展，至 1979 年年底，资产总值超过 30 亿元的台湾企业有 39 家，其中 100 亿元以上的已有 10 家，促进这一时期台湾企业规模发展迅速的其他原因还包括台湾加工出口经济的成熟和台湾当局对发展重工业的鼓励政策。80 年代台湾企业不仅规模继续壮大，经营领域也从制造、营造（如建筑）等生产行业转向金融、房地产等第三产业，出现金融资本与工商资本互相融合的趋势。90 年代台湾的大型企业集团无论是在规模、结构，还是多元化经营方式上都与世界发达地区的企业集团大大缩小差距。由于大规模经营可以发挥较佳的经济效益，岛内许多制造业的市场份额有愈来愈集中于少数大厂的现象，并且强者愈强，弱者益弱。

随着企业规模迅速扩张，留在岛内的台湾企业不断向高附加值产业升级。据台湾当局"经济部"统计，从 1986 年到 1996 年，制造业中劳动密集型产业的产值所占的比率从 40.4% 降至 26.4%，技术（或科技）密集型产业的产值占比从 24.0% 增至 37.5%，资本密集型产业产值所占的比率大致不变。在 1981 年到 1985 年间，制造业的增长有 26.0% 来源于劳动投入，39.0% 来源于资本投入、仅有 35% 来源于技术进步。劳动与资本投入是制造业增长的主要来源，属于粗放型增长。在 1986 年到 1990 年间，由于劳动投入的减少，其对制造业增长的贡献转为 −14.3%，相应资本投入与技术进步的贡献分别达到 54.3% 和 60.0%；1991 年到 1993 年，劳动投入对增长的贡献为 17.1%，而资本投入与技术进步的贡献分别为 85.4% 和 31.7%。这显示，在 20 世纪 80 年代中期以后制造业增长方式已由过去的粗放型转向集约型。这种转变，促进了生产效益的改善，产品附加价值率与劳动生产率都有较大的提高。

由于信任约束的放宽，企业规模扩张阻力减小，企业将加速引进国际先进技术，进行技术和产业升级。根据发达国家或地区的经济发展经验，产业升级一般顺序是由资源密集型产业到劳动密集型产业、到资本密集型产业、到技术密集型产业、再到知识密集型产业。20 世纪 90 年代，也就是台湾企业 FDI 由早期形态向后期形态转变的期间，台湾制造业也发生类似的变化。反映在出口商品结构上，台湾高劳力密集度产品出口占总出口的比重逐年下降（表 1−4），1989 年为 43.45%，2001 年跌至 33.49%，下降近 10 个百分点；而中、低劳力密集度产品出口比重则从 37.75%、18.8% 分别略升至 42.93% 和 23.58%，各约上升 5 个百分点。这说明台湾制造业产品的劳动成本含量已有相当程度的下降，中、低密集度的产品已占 2/3。同期台湾低资本密集度产品的出口比重大幅下降，从 22.68% 跌至 8.43%，下降 14.25 个百分点；中、高资本密集度产品则从 50.73%、26.59% 分别提高到 60.53%、31.04%，各约上升 9.8 和 4.45 个百分点，这说明制造业产品的资本含量已有一定程度的提高，达到中、高水平。从留在岛内的台湾高科技企业的发展水平看，出口商品结构接近发达国家或地区。2001 年台湾重化工业产品出口占总出口的比重达 69.17%，非重化工业产品的出口比重则为 30.83%，出口结构与美国、欧盟等大致相当，比日本落后 16.69 个百分点。台湾地区高科技产品出口占其总出口的比重达

54.01%，略高于欧盟，比美国、日本等发达经济体落后5—15个百分点；非高科技产品的出口比重则为45.99%，略低于欧盟，高于美国、日本等。可见，台湾高科技产品的出口结构已向发达经济体靠近，但高技术人力密集度产品的出口比重与发达经济体的水平相比，还有较大差距，大致落后15—20个百分点；中、低技术人力密集度产品的出口比重仍超过50%，而发达国家和地区则在40%以下。

表1-4　台湾出口商品结构按要素密集度分类

单位：%

年度	劳力密集度产品出口比重			资本密集度产品出口比重			技术人力密集度产品出口比重		
	高	中	低	高	中	低	高	中	低
1989	43.45	37.75	18.80	26.59	50.73	22.68	24.25	38.10	37.65
1990	41.02	38.30	20.68	28.95	50.54	20.51	26.73	38.57	34.70
1991	40.10	38.73	21.17	29.82	50.98	19.20	27.23	38.52	34.25
1992	39.57	40.01	20.42	29.12	52.74	18.14	29.36	38.81	31.83
1993	38.95	41.14	19.91	28.99	54.70	16.31	31.33	40.34	28.33
1994	38.68	39.75	21.56	31.13	54.91	13.96	32.49	41.87	25.64
1995	37.43	39.77	22.79	31.86	56.73	11.41	35.88	42.04	2.08
1996	36.37	41.78	21.84	31.2	58.39	10.42	37.99	40.88	21.13
1997	35.02	43.00	21.98	30.38	60.52	9.10	39.61	41.13	19.27
1998	34.55	44.20	21.25	29.50	62.09	8.41	40.91	40.56	18.53
1999	35.61	43.54	20.85	28.53	63.61	7.86	41.89	41.09	17.02
2000	37.75	41.05	21.20	28.22	64.24	7.53	42.33	43.27	14.40
2001	33.49	42.93	23.58	31.04	60.53	8.43	46.20	38.81	14.99
增减	-9.96	5.18	4.78	4.45	9.80	-14.25	21.95	0.71	-22.65

资料来源：张隆宏：《全球化趋势下台湾制造业结构之调整与升级努力》，《台湾经济研究月刊》，2002年第6期，第36页。

随着社会经济的发展，政府逐渐形成足够的共识，并积累足够的财力，可以大量投入社会信任这种公共产品的建设，进而企业规模扩张的信任约束线上移，为技术升级扫清主要障碍，企业也不必为规避技术升级被迫进行 FDI。从台湾的发展经验看，当 20 世纪 80 年代要素禀赋结构急剧变动时，一些企业外移从事 FDI，另一些企业则留在岛内。留在岛内的企业中，有的在成本压力下倒闭，有的则突破规模限制实现了技术升级；同时，从事 FDI 的企业由于成功地实现了规模扩张，也有能力对岛内厂家进行技术升级，这些技术升级推动台湾经济在近 20 年间发生快速的产业结构变动。

七、台企对外投资动因变化

关于 FDI 的动机，"虽然没有任何一个动机能够决定其他动机，但由知识资本所有权所带来的规模经济和由政府造成的动机具有某种特殊的重要性"。[1]台湾企业早期 FDI 技术含量普遍不高的特点，与其规模普遍偏小从而抑制企业技术升级密切相关。最初台湾以中小规模企业为主的形式是受以资本为主的要素制约，随着劳动密集型产业的发展，台湾经济通过发挥劳动力相对丰裕的比较优势实现剩余最大化，人均可支配资本量增加，逐渐摆脱了资本对企业规模的制约，此时管理资源，即人力资本成为企业规模扩张的主要制约因素。企业组织规模的扩张需要两个前提，一是社会存在可供给的管理资源，二是社会的管理资源可以为企业所用。在信任的约束下，企业如果不能充分利用社会管理资源，就会遇到规模扩张的瓶颈，进而阻碍企业技术升级，当要素成本升高时，只有通过 FDI 去寻找生产要素更为低廉的投资地。

信任约束首先和经济发展水平有关。在经济发展初级阶段，作为公共产品的社会信用体系尚未建立，社会信任的交易成本还很高，企业主要依靠私人信任。其次和社会文化环境有关。在同样的经济发展阶段，不同社会文化环境下的私人信任有"特殊主义"与"普遍主义"两种。在台湾这样特殊主义私人信任盛行的环境中，人际关系亲疏分明，本书建立的模型也表明，由于这种社会存在较明显的内外界限，与内部人之间的交易信息租金几乎为零，因此企业主在组织规模扩张中习惯与内部人交易，这就制约了企业对社会管理资源的运用，阻碍了企业的规模扩张。由于小规模的发展中国家或地区企业很难有大量

---

[1] 《新帕尔格雷夫经济学大辞典》（第 2 卷），经济科学出版社，1996，第 433 页。

的技术创新，技术升级主要依赖于技术引进和大批量生产，而规模有限将不足以引进国际上较为先进的成熟技术，阻滞技术升级，一旦土地、劳动力等要素价格上升，企业将不得不选择 FDI 谋取更廉价的要素，形成技术升级替代型 FDI。

　　因此，通过增加社会管理资源的供给可以加速企业技术升级。对于一个家族主义色彩浓厚的小规模发展中经济，政府有两种途径增加社会管理资源的供给：一是通过公共产品的投入，完善社会信用体系①建设，提升经济体内部的社会信任水平，使企业可利用的管理资源不局限于家族内部，突破企业规模扩张瓶颈，实现技术升级；二是加强与外部经济的联系与合作，通过区域经济一体化扩大管理资源的供给。既然规模限制是小规模经济体中企业技术升级的主要约束，那么在提高社会信任水平以放宽信任约束的同时，与周边经济进行更紧密合作，扩大生产要素供给，则是有助于企业突破规模限制的另一重要途径。就台湾而言，如果能与大陆实现经济一体化，生产要素可以在两岸间自由流动，则有利于企业规模扩张，家族企业的治理模式加速转型。这种条件下，台湾企业在大陆的投资行为，将不是出于替代技术升级的目的，而是通过规模扩张实现技术升级的有效途径。在技术升级得以顺利进行之后，企业 FDI 也不再是被动的"劣势规避型"，而成为主动进行的具有一定技术含量的"优势寻求型"或"优势运用型"FDI。

---

　　①　社会信用包括企业信用、个人信用和公共信用（主要指政府行政和司法的公信力）。一个富有效率的社会信用体系包括：信用数据的开放和信用管理行业的发展、信用管理系列的立法和执法（使用信用的规范和失信惩罚机制的建立和完善）、政府对信用交易和信用管理行业的监督和管理、信用管理民间机构的建立、信用管理教育和研究的开发等。

第二章 台湾产业主管部门与机构团体

第一节 经济主管部门

一、"经济部"（"Ministry of Economic Affairs"）

"经济部"是台湾主管工业、对外贸易等经济事务的最高主管机关。1949年台湾当局公布实施"经济部组织法"，由"经济部"统筹主管经济行政及经济建设事务，设置"工业司、矿业司、商业司、总务司、会计处、统计处、人事室"等内部单位，并设置"农林署""水利署"及"资源委员会"等附属机关。"经济部"的职能几经演变：1979年11月增设能源委员会，原商业事务中的证券管理、会计师部分改由"财政部"管理。1981年1月增设"国际合作处、投资业务处、技术处、中小企业处"，同时将原来的"农业司"与"工业司"改为"农业局"及"工业局"。1996年12月合并"水利司"与"水资源统一规划委员会"，改设"水资源局"。1999年1月将原来的"中央标准局"及"商品检验局"改为"智能财产局及标准检验局"。7月为配合"精省"政策，台湾省政府建设厅、物资处、水利处、台北水源特区管理委员会、"矿务局"业务归并"经济部"，并设置第二办公室及中部办公室。2002年3月将水利处、"水资源局"及台北水源特区管理委员会合并成立"水利署"。2004年7月将"能源委员会"改制为"能源局"。

"经济部"设置有18个幕僚单位、14个行政机关、5个事业机构及63处驻外商务机构。（1）幕僚单位包括"秘书室、人事处、诉愿审议委员会、矿业司、会计处、信息中心、商业司、统计处、中部办公室、总务司、政风处、中区联合服务中心、国际合作处、研究发展委员会、南区联合服务中心、投资业务处、经贸谈判代表办公室、技术处"。（2）行政机关包括"工业局、水利署、投资审议委员会、国际贸易局、中小企业处、专业人员研究中心、智能财产局、加工出口区管理处、贸易调查委员会、标准检验局、中央地质调查所、矿务局、能源局、公营事业委员会"。(3)事业机构包括：台湾糖业公司、台湾"中油"股份有限公司、台湾自来水公司、台湾电力公司、汉翔航空工业。①

其中，"经济部工业局"成立于 1970 年，掌管全台工业发展任务，推动台湾工业创新升级、转型，积极辅导厂商强化经营体制，提高生产力及国际竞争力，并协助企业应对环境变化。具体负责：国际贸易、知识财产、标准、检验及度量衡、投资与技转、中小企业辅导、产业技术研发、加工出口区等。"经济部国际贸易局"成立于 1969 年，负责台湾当局国际贸易政策研拟、贸易推广及进出口管理事项，重点工作包括：贸易政策法规的研拟与执行；参与国际经贸组织活动（WTO、OECD、APEC）；加强双边经贸关系；贸易谈判、咨商与争端的处理及协调；推动洽签自由贸易协议；处理 ECFA 后续协议及经合会相关业务；推动与欧洲洽签 ECA；推动台湾地区加入 TPP 业务；货品输出入及出进口厂商管理辅导；办理贸易安全与管控事宜；推展对外贸易，拓销海外市场；创造有利外贸发展的环境，包括国际展馆兴建与贸易无纸化、便捷化的推动，全球经贸信息网站的架设；驻外商务机构的联系与协调；办理贸易相关业务法人、团体联系与辅导。②

二、"财政部"（"Ministry of Finance"）

"财政部"是台湾公共财政的最高主管机关。1949 年国民党当局退踞台湾后一直沿用大陆时期的制度，直到 1981 年 2 月 2 日，"财政部组织法"修正公布施行，调整组织架构，"财政部"设"关政司、金融司、总务司、秘书室、人事处、会计处、统计处及法规委员会"。1991 年 5 月 31 日，"财政部组织法"及"财政部金融局组织条例"修正公布施行。2004 年 7 月 1 日，"行政院金融监督管理委员会"成立，原"财政部保险司、金融局、证券暨期货管理委员会"分别改为"金融监督管理委员会"下的"保险局、银行局及证券期货局"。2013 年 1 月 1 日，新版"财政部组织法"（第 9 次修正）实施，规

---

① 台湾当局"经济部"网站：http://www.moea.gov.tw/Mns/populace/home/Home.aspx。
② 台湾当局"经济部国贸局"网站：http://www.trade.gov.tw/。

定"财政部"主管台湾财政，基本职能包括："国库"及支付业务、赋税、关务、公有财产、财政信息、促进民间参与公共建设、监督指导财政人员训练机构等。

"财政部"设下列单位及机关（构）①有：（1）"综合规划司、国际财政司、推动促参司、秘书处、人事处、政风处、会计处、统计处及法制处"9个单位，以及参事、技监等。（2）下属行政机关（构）包括"国库署""赋税署"、台北"国税局"、高雄"国税局"、北区"国税局"、中区"国税局"、南区"国税局"、"国有财产署""关务署""财政信息中心"10个三级机关，及财政人员训练所。（3）下属事业机构设台湾金融控股股份有限公司及其下台湾银行股份有限公司、台银人寿保险股份有限公司、台银综合证券股份有限公司，另设台湾土地银行股份有限公司、中国输出入银行、台湾烟酒股份有限公司、"财政部"印刷厂8个事业机构。

三、"交通部"（"Ministry of Transportation and Communications"）

"交通部"是台湾主管交通业务的最高行政机关，隶属于"行政院"。其负责范围涵盖运输、气象、观光、通信（包括邮政及电信）四大领域，负责交通政策、法令规章厘定和业务执行督导。②运输事业分为陆、海、空运输。陆运包括铁路（含一般铁路、大众捷运、高速铁路）及公路运输。海运包括航运及商港事业。空运包括航空公司和航空站。观光事业发展包括观光宣传与推广、观光产业管理与辅导、观光游憩区规划建设与经营管理、旅游事业管理与推广、观光市场分析与研究。"交通部中央气象局"负责关于气象观测、气象预报、地震测报、海象测报及相关信息的发布工作。通信事业包括邮政及电信。原来曾包含邮政、电信、广播（包括电台广播、电视广播）3大项，在2006年"国家通讯传播委员会（NCC）"成立后，广播业务全部移交于"NCC"管理，电信业务则与"NCC"分工。

"交通部"所属单位包括"秘书室、技监室、参事室、总务司、人事处、

---

① 台湾当局"财政部"网站：http：//www.mof.gov.tw/ct.asp?xItem=70253&CtNode=2471&mp=1。

② 台湾当局"交通部"网站：http：//www.motc.gov.tw/ch/home.jsp?id=568&parentpath=0。

政风处、会计处、统计处、法规委员会、诉愿审议委员会、道路交通安全督导委员会、科技顾问室、管理信息中心、交通动员委员会、路政司、邮电司、航政司、交通事业管理小组"。下属外部机关包括"台湾区国道高速公路局、民用航空局、台湾区国道新建工程局、观光局、公路总局、中央气象局、铁路改建工程局、航港局、高速铁路工程局、运输研究所、台湾中华邮政股份有限公司、台湾铁路管理局、桃园国际机场股份有限公司、台湾港务股份有限公司。"

四、"中央银行"（"Central Bank"）

"中央银行"是台湾地区的发挥"中央"银行职能的官方指定银行，具有稳定台湾金融发展、维持物价平稳、维护新台币币值等重要作用。1949年台湾当局"中央银行"编制仅6个单位，重要业务均委由台湾银行办理。1961年7月1日起收回委托台湾银行业务。只有通货发行业务一项，考虑新台币币值稳定且流通已久，仍沿用新台币为其货币，由"中央银行"印铸存储，委由台湾银行发行。1979年"中央银行"由"总统府"改为隶属"行政院"。2000年，台湾当局将新台币发行权收回"中央银行"。"中央银行"的英语名称由"Central Bank of China"改为"Central Bank of the Republic of China（Taiwan）"。

组织架构包括[①]：理事会、监事会、总裁和内部及业务单位。其中，理事会设理事11—15人，由行政部门报请台湾当局领导人派任，其中5—7人为常务理事，组织常务理事会。"中央银行"总裁为当然主席、财政部门及经济部门主管官员为当然理事与常任理事，并为常务理事。理事任期为五年，可续任。监事会设监事5—7人，由行政部门报请台湾当局领导人派任。"行政院主计总处"负责人为当然监事，监事会置主席1人，由监事互推。监事任期为3年，可续任。总裁是台湾当局领导人予以特任，任期5年，可续任。内部机构设置包括："业务局、发行局、外汇局、国库局、金融业务检查处、经济研究处、秘书处、会计处、资讯处、人事室、政风室、法务室"。驻岛外单位包括纽约代表办事处和伦敦代表办事处。附属机关有"中央印制厂"和"中

---

① 台湾当局"中央银行"网站：http://www.cbc.gov.tw。

央造币厂"。

五、"主计总处"（"Directorate-General of Budget，Accounting and Statistics"）

"行政院主计总处"（简称"主计总处"）负责台湾的岁计、会计、统计工作，以统计资料作为编制施政计划与预算的依据并为事后的考核，使设计、执行、考核三者相互结合，称为主计体系，并以"主计总处"为中心，在各级机关设立主计室或主计处。[①]1949年台湾当局将地方会计与统计单位合并设置，并定名为主计处或主计室。1959年台湾当局公布"行政院主计处组织法"，1981年制定"主计机构人员设置管理条例"，主计机构及人员设置管理均依该"条例"办理。2012年台湾当局制定"行政院主计总处组织法"，"行政院主计处"更名为"行政院主计总处"。

"主计总处"的主要职能与业务包括：综合规划、公务预算、基金预算、会计决算、综合统计、形势普查、主计信息等。主计制度具有超然的特点：一是主计机构组织超然，以"主计总处"为最高主计机关，由上而下自成系统，即主计系统；二是主计人事的超然，即主计人员的任免、迁调、奖励、考核，均由主计主管机关负责，不由所在机关处理；三是主计职责超然，主计人员依会计法、统计法等规定可超然独立行使其职务，不受影响。

"主计总处"组织架构大体是以"主计长""副主计长"及主计会议为最高决策单位。业务单位包括："综合规划处、公务预算处、基金预算处、会计决算处、综合统计处、国势普查处、主计资讯处、中部办公室"。行政单位包括"秘书室、人事室、政风室、会计室"。附属机关包括主计人员训练中心。

六、"经济建设委员会"（"Council for Economic Planning and Development"）

"行政院经济建设委员会"（简称"经建会"）是台湾当局推动经济发展、策划发展走向的专责机构与主要幕僚单位。1963年，"美援运用委员会"改组为"行政院国际经济合作发展委员会"（简称"经合会"）。1973年，台湾当局

---

① 台湾当局"主计总处"网站：http：//www.dgbas.gov.tw/ct.asp?xItem=2878&CtNode=1678&mp=1。

为加强经济设计、研究工作，将"经合会"改组为"行政院经济设计委员会"（简称"经设会"）。1977 年，台湾当局为加强推动经济建设，促进经济整体发展，将"经设会"与"行政院财经小组"合并，改组为"经建会"。①2014 年台湾当局"行政院经济建设委员会"与"行政院研究发展考核委员会"（简称"研考会"）合并为"国家发展委员会"（简称"国发会"）。"经建会"成员包含"行政院政务委员""中央银行总裁""财政部部长""经济部部长""交通部部长""农委会主委""工程会主委""劳委会主委""金管会主委""行政院秘书长""行政院主计总处主计长"（以上均为无给职）共 11 名以及聘用的相关专业人员（有给职）。下设主任委员、副主任委员、咨询委员、主任秘书、参事等。其行政业务部门包括"财务处、总务处、综合计划处、经济研究处、部门计划处、人力规划处、都市及住宅发展处、管制考核处、财经法制协调服务中心、人事室、会计室及政风室"。

七、"金融监督管理委员会"（"Financial Supervisory Commission"）

"行政院金融监督管理委员会"（简称"金管会"）是台湾当局为健全金融机构业务经营，维持金融稳定及促进金融市场发展、建立公平营利的金融环境、全面提升金融业竞争力而成立的监管机构，其职能目标包括：维持金融稳定、落实金融改革、协助产业发展、加强消费者与投资人保护与金融教育。

2001 年后，台湾金融集团跨行合并或与异业结盟的现象日渐增多，为避免保险、证券、金融等多元监管制度可能产生叠床架屋的管理问题，台湾当局2003 年通过"行政院金融监督管理委员会组织法"，目的是使金融监管制度由原来的多元化改变成垂直整合之一元化监理，以健全金融机构业务经营，维持金融稳定与促进金融市场发展。根据该"法规"，2004 年 7 月 1 日设"金管会"，以实践金融监管一元化目标。2010 年 2 月 3 日修正公布的"行政院组织法"明列其为"行政院"所属委员会，并于 2011 年 6 月 29 日公布修正后的"金融监督管理委员会组织法"，规定该会委员由"行政院长"就相关机关首长、具有金融专业相关学识经验人士担任，并自 2012 年 7 月 1 日施行。

---

① 台湾当局"经济建设委员会"（简称"经建会"）网站：http://www.cepd.gov.tw/。

"金管会"具体掌理下列事项：（1）金融制度及监理政策。（2）金融"法令"拟订、修正及废止。（3）金融机构之设立、撤销、废止、变更、合并、停业、解散、业务范围核定等监督及管理。（4）金融市场发展、监督及管理。（5）金融机构检查。（6）公开发行公司与证券市场相关事项检查。（7）金融涉外事项。（8）金融消费者保护。（9）违反金融相关"法令"的取缔、出售及处理。（10）金融监督、管理及检查相关统计资料的搜集、汇整及分析。（11）其他有关的金融监督、管理及检查事项。[①]

"金管会"的次级机关及其业务包括：（1）银行局：规划、执行银行市场、票券市场、金融控股公司与银行业的监督及管理。（2）证券期货局：规划、执行证券、期货市场与证券、期货业的监督及管理。（3）保险局：规划、执行保险市场与保险业的监督及管理。（4）检查局：规划、执行金融机构的监督及检查。

八、"农业委员会"（"Council of Agriculture"）

台湾当局"农业委员会"（简称"农委会"）是全台农、林、渔、牧及粮食行政事务的最高主管机关。

1949 年名为"经济部农业司"，后易名"农林司"。1981 年 11 月，"农林司"升格为"经济部农业局"。1984 年 7 月 20 日，"经济部农业局"与成立于 1979 年的"行政院农业发展委员会"（简称"农发会"）合并，成立"农委会"。自此台湾农政机关组织开始趋于一元化，不但事权统一，且组织、经费亦逐渐充实。1998 年 7 月 1 日台湾省虚级化，台湾省政府农林厅及粮食处裁并为"农委会"中部办公室及第二办公室，原所属机关改隶为"农委会"附属机关。同年 8 月 1 日，"农委会"渔业处升格成立"渔业署"，"农委会"农粮处及畜牧处部分人员与"经济部商品检验局"部分人员合并成立"动植物防疫检疫局"。按照台湾当局目前的规划，"农委会"未来将升格为"农业部"，"农委会林务局"及"水土保持局"将并入"环境资源部"。

"农委会"目前设有直属机关 23 个，直属机关下属机关 37 个，总计 60

个机关。其内部单位包括"企划处、畜牧处、辅导处、国际处、科技处、农田水利处、秘书室"等。直属机关包括"农粮署、渔业署、动植物防疫检疫局、农业金融局、林务局、水土保持局、农业试验所、林业试验所、水产试验所、畜产试验所、家畜卫生试验所、农业药物毒物试验所、特有生物研究保育中心、桃园区农业改良场、苗栗区农业改良场、台中区农业改良场、台南区农业改良场、高雄区农业改良场、花莲区农业改良场、台东区农业改良场、茶叶改良场、种苗改良繁殖场、屏东农业生物技术园区筹备处"。①

九、"国家通讯传播委员会"（"National Communications Commission"）

"国家通讯传播委员会"（简称"通传会"）是台湾电信、通信、传播等信息流通事业的最高主管机构。在该机关创设之前，台湾通信传播事业的监管与审查业务由"行政院新闻局""交通部电信总局"等多个机关负责。2005年10月25日，台湾通过"国家通讯传播委员会组织法"。2006年2月22日"国家通讯传播委员会"成立。2007年12月20日通过"国家通讯传播委员会组织法"第四条修正案。2012年8月1日"通传会"新组织架构实施。委员人数7人，任期仿照"大法官"，采取"交叉制"，任期4年，可无限制连任；委员由"行政院长"提名，经"立法院"同意后任命。委员任内有违规或行为不当，由"行政院长"将其免职。目前其内部单位包括："秘书室、人事室、会计室、政风室、综合规划处、通讯营管处、传播营管处、资源技术处、内容事务处、法律事务处"。附属机关包括北区监理处、中区监理处、南区监理处。②

十、"公平交易委员会"（"Fair Trade Commission"）

"公平交易委员会"（简称"公平会"）是台湾当局"行政院"下属监管商业交易行为的主管机关。1991年2月4日，台湾当局公布"公平交易法"，一周年后正式施行。1992年1月13日"行政院公平交易委员会组织条例"公布实施后，1月27日"行政院公平交易委员会"正式成立。于2011年11月

---

① 台湾当局"农业委员会"（简称"农委会"）网站：http://www.coa.gov.tw/show_index.php。

② 台湾当局"国家通讯传播委员会"（简称"通传会"）网站：http://www.ncc.gov.tw/。

14 日，台湾当局制定公布"公平交易委员会组织法"，于 2012 年 2 月 6 日实施，原"行政院公平交易委员会"更名为"公平交易委员会"。

"公平交易委员会"采委员合议制，设有主委、副主委各一人，委员 5 人，以独立机关建制，委员任期 4 年得连任；受有任期保障，不因政党轮替或"内阁改组"而解职。委员需独立行使职权，维持中立，具同一党籍者不得超过全体的 1/2；且任期中不得参与政党活动。委员需有法律、经济、财税、会计或管理专长，由"行政院长"提名，经"立法院"同意任命。委员任内有违规或行为不当，由"行政院长"将其免职。

"公平交易委员会"内部单位包括"秘书室、统计室、人事室、会计室、政风室、资讯及经济分析室"，业务单位包括"综合规划处、服务业竞争处、制造业竞争处、公平竞争处、法律事务处、南区中心"。主管业务包括独占事业、事业体结合、联合行为、多层次传销、不公平竞争、统一定价、限制竞争或妨碍公平竞争行为、仿冒商标或包装、商品（含包装）或广告虚伪不实等行为。①

十一、"公共工程委员会"（"Public Construction Commission"）

"公共工程委员会"（简称"工程会"）是主管和推动台湾公共工程的规划、审议、协调及督导的行政部门。1995 年 7 月 20 日成立，当时台湾当局考虑公共建设规模及所需金额日益庞大，牵涉范围极广，有必要成立该部门统筹规划、审议、协调及督导。此后随着时空环境的转变，"工程会"的业务除主掌"政府采购法""技师法"及"促进民间参与公共建设法"与"工程技术顾问公司管理条例"外，其功能也逐渐由督导考核扩大并强化为辅导与服务。具体包括：改善"政府"采购环境，推动"政府"采购电子化，强化工程伦理，推动民间参与公共建设，同时督导重大公共建设工程期程及预算执行，兼顾自然环境保护与可持续发展。②

---

① 台湾当局"公平交易委员会"（简称"公平会"）网站：http：//www.ftc.gov.tw/internet/main/index.aspx。

② 台湾当局"公共工程委员会"网站：http：//www.pcc.gov.tw/pccap2/TMPLfronted/ChtIndex.do?site=002。

　　为应对当前岛内外经济发展与环境变迁、能源及原物料日渐短缺、全球暖化造成的地球温室效应以及环境保护意识的抬头，"工程会"的施政重点方向除继续推动公共工程建设及节能减碳政策外，同时包括建构有效吸引民间及外资投资爱台12项公共建设的机制，健全公共工程相关"法规"及制度，全面提升公共工程质量，结合科技力量，促进工程相关产业国际竞争力与国际接轨。

　　内部单位包括"委员会、企划处、技术处、工程管理处、秘书处、人事室、主计室、法规委员会、诉愿审议委员会、采购申诉审议委员会、工程技术鉴定委员会、中央采购稽核小组国会联络组、技师惩戒委员会及复审委员会"。

十二、"原子能委员会"（"Atomic Energy Council"）

　　"行政院原子能委员会"（简称"原能会"）是台湾原子能业务主管机关，负责岛内核能电厂、核子设施及辐射作业场所的安全监督。

　　1954年联合国大会第九届常会审议美国提出"国际合作发展原子能和平用途"后，12月台湾涉外部门建议当局设立原子能研究机构，并参加国际原子能会议。教育主管部门拟定"行政院原子能委员会组织规程"草案，会商有关机关后，1955年5月26日通过，并于同年5月31日发布设立，当时仅置"主任委员"1人，由"教育部长"兼任，有关工作则由"教育部科学教育委员会"兼办。1970年12月，"原子能法"与"行政院原子能委员会组织条例"通过，"主委"改为专任。1979年7月27日修正公布"组织条例"，设置"综合计划处、核能管制处、辐射防护处、秘书处、人事室、会计室"及六个"专门委员会"，另有核能研究所、台湾辐射侦测工作站及放射性待处理物料管理处三个附属单位。1992年11月23日，增设核能技术处。1996年1月26日，放射性待处理物料管理处改制为放射性物料管理局。7月17日台湾辐射侦测工作站改制为辐射侦测中心。2010年2月3日，修正"行政院组织法"，确定裁撤"原能会"。2013年"行政院"组织调整后，降编为直属"行政院"的三级独立机关"核能安全委员会"。

　　"原能会"成立以来，执行核能安全管制、辐射防护及环境侦测，妥善规划放射性废弃物管理，确保核能应用安全，并积极推动原子能科技在民生应用的研究发展。在核能及辐射安全的管制与监督方面强化意外事故应变能力，督促台电公司妥善处理放射性废弃物，同时原子能的和平用途经多年发展取得一定成效，应用于医学上的诊断与治疗，农业上的食品保鲜、育种，工业上的核能发电、核能安全与辐射防护的评估、电浆技术、废弃物处理与处置、非破坏性检测、自动控制及材质改良等。

目前其行政部门包括：综合计划处、核能管制处、辐射防护处、核能技术处、秘书处、人事室、会计室、政风室。所属机构包括：核能研究所、放射性物料管理局、辐射侦测中心。常设委员会包括：原子能科学技术研究发展成果审议委员会、核子反应器设施安全咨询会、核能四厂安全监督委员会、游离辐射安全咨询会、放射性物料安全咨询会、"国家"赔偿事件处理会、法规委员会、性别平等专案小组、性骚扰申诉调查处理委员会。非常设委员会包括：核子事故调查评议委员会和核子事故复原措施推动委员会。还有一个基金会：核子事故紧急应变基金管理会。①

第二节　经济机构团体

一、对外贸易发展协会（Taiwan External Trade Development Council）

对外贸易发展协会（简称"外贸协会"或"贸协"）是由台湾经济主管部门联合民间工商团体成立的公益性财团法人，宗旨是协助业者拓展对外贸易。台湾对外贸易发展协会成立于 1970 年，当时因台湾贸易依存度逐年升高，且世界众多经济体政府纷纷成立专责机构办理贸易推广工作，台湾却无类似机构，台湾经济主管部门经过 4 年多评估后正式成立财团法人"对外贸易发展协会"，并由当时"经济部长"孙运璿兼任董事长。目前，外贸协会除台北总部外，设有新竹、台中、台南及高雄 4 个岛内办事处，并在全球各地设有 57 个据点，形成完整的贸易服务网，提供完善服务。另相继设立台湾贸易中心、台北世界贸易中心等机构，形成完整的贸易服务网。

---

① 台湾当局"行政院原子能委员会"（简称"原能会"）网站：http://www.aec.gov.tw/。

　　主要业务包括：开拓海外贸易市场，筹组参展团赴海外拓销，为外商提供采购服务，为岛内业者提出客制化拓销专案；品牌行销，如"品牌台湾发展计划""台湾国际品牌整合行销传播及产业广宣专案"（简称"IMC专案"）、"拓销台湾农产品""争取全球政府采购商"（简称"GPA专案"）、"推动国际策略联盟合作计划""协助台商全球布局计划"及"协助企业延揽海外科技人才"等；推广服务业贸易，选定观光医疗、文化创意、营建环保及连锁加盟四大产业为核心，协助服务产业业者进军国际市场；市场研究发掘商机，通过办理市场调查及举办研讨会、发行中外文出版品、提供经贸次级资料查询、销售经贸书籍等多重管道提供业者参考；网络行销服务，通过"台湾经贸网（Taiwantrade）"提供电子下单、电子目录管理与线上贸易数据库；培训国际企业人才，创设"国际企业人才培训中心"；办理多元展览业务，在台北每年举办30多项国际专业展，除协助厂商拓展商机外，并推动台湾会展产业发展。此外，台北世贸及南港展馆两展馆均由外贸协会进行营运及管理。①

　　二、"工业总会"（"Chinese National Federation of Industries"，"CNFI"）

　　台湾工业总会是台湾六大工商团体②的龙头。其前身是1942年成立的"中国全国工业协会"，1948年改组为"全国工业总会"。国民党当局退踞台湾后，"全国工业总会"在台复会。1975年进行重大改组，当时为健全理监事会组织，在台北市举行第一届第一次理监事暨所属团体会员代表会议，并进行理监事缺额补选。大同集团董事长林挺生出任改组后的第一届理事长，从第二届起理事长分别为和信集团的辜振甫、太子汽车集团的许胜发、统一集团的高清愿、中日国际集团的林坤钟等。理事长均是台湾本地知名大企业家，大多是国民党中央常务委员或常务委员。工业总会会员由岛内各县市工业会及各工业同业会等团体会员组成，每三年举行一次会员代表会议，改选理事会与监事会成员。目前理事会下设台湾产业职业能力发展中心、职业训练研究发展中心、大陆投资厂商联谊会、智能财产权联谊会与高尔夫联谊会等附属组织。目前工业

---

　　① 台湾"对外贸易发展协会"网站：http://www.taitra.org.tw。
　　② "工业总会、商业总会、工商协进会、中小企业协会、工业协进会及电机电子工业同业公会"，合称台湾六大工商团体。

总会团体会员为 143 个，有 10 万多个会员，理监事与各专业委员会召集人均是台湾大型企业集团的负责人。①

三、"商业总会"（"General Chamber of Commerce of the Republic of China"）

"商业总会"是台湾具有重要影响力的工商团体。最早于 1946 年 11 月 1 日由各省市商会及海外华商商会代表在南京成立并召开第一届代表大会。国民党当局退踞台湾后，1951 年 9 月 21 日在台北市复会。1972 年 7 月 26 日台湾当局公布实施"商业团体法"后，该会 1973 年由"商会全国联合会"更名为"全国商业总会"。目前拥有 110 多万家会员。其目标任务包括：商业调查、统计及研究，国际贸易之联系、介绍及推广，经济政策与商业法令协助推行及研究，商业纠纷调处，举办商业及服务业各项创新技能、人才培育有关训练与业务讲习，会员商品的广告、展览及商业证明文件签发，会员与会员代表基本数据建立及动态调查、登记，会员委托证照申请变更、换领及其他服务，举办会员或社会公益事业，维护会员合法权益，接受机关、团体委托服务，参加社会运动、商业、服务业就业服务等事项。②

四、"工商协进会"（"Chinese National Association of Industry and Commerce"，Taiwan，"CNAIC"）

"工商协进会"（简称"协进会"）是台湾由重要企业组成、对台湾当局财经措施颇具影响力的工商社团。1952 年在台北市成立之初名称为"中国工商联谊会"，会员包括工商金融界大、中、小型企业代表约 1500 位。后经扩充及改组发展成"工商协进会"。其创会宗旨是结合产学界力量，作为工商界与"政府"间的桥梁，充分发挥工商政策、财税、金融、劳资关系、交通运输、国际事务、大陆经贸、产业提升及"立法"关系等委员会功能，定期向有关机构提供财经建言，协助改善岛内投资与经营环境，促进国际产业合作与两岸经

---

① 台湾"工业总会"网站：http://www.cnfi.org.tw/kmportal/front/bin/home.phtml。
② 台湾"商业总会"网站：http://www.roccoc.org.tw/。

贸交流，且加强推动经济自由化与企业全球化。①

协进会早在 20 世纪 70 年代即定期召开"工商早餐会"，每隔两三个月举行一次，由"行政院长"或"副院长"与该会理事长共同主持，邀请有关财经主管部门首长与工商界领袖见面沟通，该早餐会成为业界向"政府"建言的重要渠道。协进会历任理事长除束云章、辜濂松、黄茂雄、骆锦明之外，以辜振甫任期（自 1961 年迄 1994 年）最久，影响最大，被该会推戴为永久名誉理事长。辜振甫于"戒严"时期曾任国民党中常委，且于 1981 年 9 月至 1987 年 12 月间兼任工总理事长。辜氏的长期带领及其特殊地位，使协进会在所有工商团体当中有举足轻重的分量。

工商协进会目前主要职能包括：（1）代表工商界定期向"政府"提供财经建言；（2）推动国际产业合作与两岸经贸交流；（3）密集举办演讲活动，并提供最新工商信息，加强服务工商界。自 1972 年起，该会积极推展国际事务，设置国际事务委员会，以民间企业的渠道，拓展与无"邦交"国经贸关系，与 40 余个重要国家的全国性工商团体签署合作协议，或成立对等机构进行对话与沟通，并促成投资保证暨关税优惠等协议签订及签证申请简化。此外，该会还举办各种讲座讨论和观摩团，并出版杂志促进工商界交流。

五、工业协进会（Industry Development Association）

工业协进会（简称"工协"）是台湾较重要的工商团体。2001 年 5 月 23 日成立于台北市。工协宗旨是反映基层工业界心声，提供施政参考，策进工业发展，增进业界共同利益，促进经济繁荣，为全台工业界服务。由台湾省及 21 县市工业会共同筹组，第一届理事 35 人、监事 11 人，第一届理事长是李成家。其主要任务包括：（1）适时反映工业界需求及意见，促进工业健全发展；（2）协助"政府"政策倡导并服务会员办理各项训练及活动；（3）举办各种增进工业界企业经营现代化的活动；（4）集合工业界力量参与经济建设活动；（5）其他有助于工业界发展的活动。②

---

① 台湾"工商协进会"网站：http：//www.cnaic.org/。
② 台湾大百科全书网站：http：//taiwanpedia.culture.tw/web/content?ID=100502。

六、电机电子同业公会（Taiwan Electrical & Electronic Manufacturers'
Association）

电机电子同业公会（简称"电电公会"）是台湾重要的高科技、专业性的
产业公会。电电公会成立于 1948 年 10 月 24 日，当时称为"台湾区电工器材
工业同业公会"，创会时仅有加工修理、保养等小型工厂 50 余家成员。随着
电子电机产业的发展，1983 年起台湾电子工业产值及出口值超越纺织业，成
为台湾最大产业与出口产业。这一时期信息产品已成为台湾电子工业之主力产
业，1988 年其信息产品产值超越消费性电子产品产值，成为台湾第一大主力
产品。电子电机产业及上下游产值、出口值约各占台湾总产值及总出口值之一
半，原先的"电工器材工业同业公会"名称不易表达高科技产业，1994 年 10
月 24 日更名为"电机电子同业公会"。1991 年公会会员数达到 4510 家的历
史最高峰。

公会宗旨是提供会员全球多元化服务，增进共同利益，作为产业及"政
府"的桥梁，促进经济发展。1991 年以后，顺应经贸国际化、自由化潮流，
加强国际交流，创设自有品牌，分散市场，营销世界，推动产品共同开发策略
联盟，发展精密关键性电子零组件及产业信息管理系统。2000 年以后，发展
网络及电子市集、企业 e 化、知识管理、数字广播以及各种通信、多媒体、有
线、无线与宽带技术。2005 年起面临欧盟环保指令的冲击及全球环保趋势的
要求，为使电机电子产业永续发展，电电公会推动岛内产业适应国际绿色环保
指令计划。2008 年起配合当局扩大内需方案，推动产业再造及全球联结、两
岸经贸互动。2009 年重点促进新兴产业、碳足迹、碳卷标、绿色电子及营销、
数字消费电子、再生能源与 ICT 产业创新机会、两岸搭桥共创两岸标准及台
商转型升级。2011 年积极拓展新兴应用领域，朝汽车电子与云端运算产业开
发新商机。2012 年积极推动利用 ICT 产品及技术建立智能家庭、智能经贸园
区及智能城市。[①]

---

① 台湾区电机电子工业同业公会网站：http://www.teema.org.tw/about-teema.aspx? unitid= 92。

七、中小企业协会（Association of Small and Medium Enterprises）

中小企业协会是对中小企业经营与发展具有重要协助功能的台湾中小企业共同组织。中小企业协会成立于 1972 年 7 月，主要致力于改善中小企业经营环境、加强交流与合作，推动中小企业的发展，同时扮演中小企业与当局之间的桥梁角色。台湾中小企业及人数占全体企业家数及人数的 97% 左右，在台湾经济发展上，扮演着重要的角色。在国际自由贸易风潮的兴起及国际分工等潮流下，台湾中小企业的生存发展遭受多重的冲击。为积极协助中小企业经营发展，台湾中小企业协会在各县市成立中小企业协会，除强化地方服务网络外，也协助推动相关政策、拓广服务范围、深入地方基层，以提升中小企业的竞争力。会员包括个人会员、公司会员、团体会员与赞助会员，会员涉及各个产业领域及台湾各县市。

中小企业协会在理事会下设立国际、两岸、人力、产学合作、权益促进、财税 6 个功能委员会，延揽经验丰富、出类拔萃的学者专家担任委员，成为专业咨询顾问。设有秘书室及 7 个业务单位，分别是推广中心、企研中心、培育中心、创辅中心、职发中心、产创中心、企资中心。[①]

八、工商建设研究会（Council for Industrial and Commercial Development）

工商建设研究会（简称"工商建研会"）是一个集合新一代企业家及社会中坚精英的岛内工商社团，以促进岛内外工商建设研究发展与进步为宗旨。工商建设研究会成立于 1990 年，由台湾中生代企业家组成，共有会员近 2000 名，除企业界各行各业的佼佼者之外，还有多位居党政要职，如中国国民党中央常务委员、"立法委员"、县市首长、县市议长与议员等，会员遍布全省、两岸暨全球各地。成员所从事产业类型涵盖食、衣、住、行、育、乐、海、陆、空、金融服务及传统大型产业，包括数百家上市、上柜公司等。目前岛内民生产业、制造业、建筑业与电子高新科技业等名列前十大的企业中，70% 隶属于该会，总产值占台湾 GDP 的比重接近 60%。

工商建研会的目标任务包括：倡导工商建设伦理与实务有关研究发展、举

---

① 台湾中小企业协会网站：http://www.nasme.org.tw/front/bin/home.phtml。

办工商建设与发展有关研讨会、举办国际经贸与两岸经济发展有关研讨会、集合会员推展社会公益有关发展事项、出版会志及有关刊物、提供会员工商信息服务并增进情感与意见交流等事项。工商建研会以会员大会为最高权力机关，在会员大会闭会期间，由理事会代行其职权。该会置理事 35 人，候补理事 11 人，监事 11 人，候补监事 3 人，均由会员大会选举，组织理事会、监事会。理事会互选常务理事 11 人，监事会互选常务监事 3 人，并由常务监事互推 1 人为监事会召集人。理事、监事任期均为一任两年，理事和监事连选得连任，理事长则不得连任。理事、监事均为义务职。[①]

九、青年创业协会总会（Youth Career Development Association Headquarters）

青年创业协会总会（简称"青创会"）是台湾当局提供补助青年创业贷款、由创业有成且热心服务社会的青年企业家组成的社会组织。主要功能包括创业咨询服务、创业政策建言、企业训练辅导、创业楷模选拔、两岸经贸交流、国际事务参与、创业刊物出版、各类活动办理 8 项。"青创会"于 1972 年 5 月 17 日成立，在台湾当局相关单位的辅导、培植下逐步成长壮大。1992 年起陆续成立各县市联谊会，以使各县市会员能就近参与"青创会"所举办的各项活动，并为成立各县市"青创会"培育社团领导干部。1997 年起"青创会"陆续促成各县市联谊会登记立案成为地方性社团，争取在地资源补助，逐步成为台湾以辅导创业为宗旨的成立最久、规模最大、资源最多、经验最丰富的社团法人。目前会员组成比例是个人会员占 87.65%，团体会员占 11.35%，赞助会员占 1%。会员产业分布大体是服务业占 57%，工业占 41.5%，农业占 1.5%。[②]

十、纺织业外销拓展会（Taiwan Textile Federation）

纺织业外销拓展会（简称"纺拓会"）是台湾民间筹资、官方辅导的旨在维护台湾纺织业利益的组织。1975 年欧洲经济共同体为保护其会员国纺织工业，决定对包括台湾在内的纺织品主要供应地区施行进口设限及咨商谈判，台

---

① 工商建设研究会网站：http：//www.cicd.org.tw/cicd/。

② 青年创业协会网站：http：//www.careernet.org.tw/modules.php?name=web&file=about。

湾当局为维持台湾纺织品在欧洲市场的利益，组织民间机构代表官方与其进行谈判，由纺织业者捐助基金于 1975 年 11 月 25 日设立"纺拓会"。"纺拓会"成立后，为配合台湾纺织业发展需要，逐步扩大业务范围，陆续增加市场拓销、设计研发、流行信息分析、产业电子化、人才培训、经贸商情搜集研析、机能性纺织品验证、刊物发行、产地证明书签发及产业服务等业务。近年来提升服务质量，取得港商英国标准协会（BSI 公司）ISO 9001 质量管理系统认证。市场拓展是其主要功能，每年组团赴欧、美、亚太地区及东欧等各主要市场参加纺织品专业展，或办理纺织品拓销团，协助业者拓展国际市场；并每年在台北举办"台北纺织展"，邀请各国重要买主赴台参观及参加采购商洽会，扩大国际市场领域，达到拓展全球市场的目标。该会设有纺织产业数据库，通过纺拓会全球信息网、纺织月刊、台湾纺织工业统计汇编等网站及纺织专业商情刊物，提供业界深度整合信息。[1]

十一、台北市进出口商业同业公会（Importers and Exporters Association Of Taipei）

台北市进出口商业同业公会是由台北市进出口业者共同组成的民间商业团体，成立于 1947 年。创立之初会员有 200 余家，随着台湾经贸快速成长，现有会员 5500 余家，是台湾最大的进出口公会，也是全台最具规模、最有影响力的民间商业团体之一。其宗旨是沟通台湾当局与贸易业者，以超越、创新、整合、服务的经营理念，发挥对内协调同业关系、增进共同利益，对外拓展国际贸易、促进经济发展两大使命，凝聚业界共识，争取会员权益，并协助业者拓展全球贸易商机。职能主要是反映问题，代言贸易业，开拓商机，推动全球贸易，策略联盟与交流联谊，拓展贸易空间，掌握脉动，建立信息整合平台，培养人才，办理贸易证照，提升贸易业竞争。该会为综合性公会，会员从事行业遍及各个领域与多个地区，贸易对象以北美、欧洲、东北亚、东南亚和中国大陆为主；行业别以机械工具、电工器材及化工产品为主。在组织架构上，设有会员代表大会、理事会、监事会以及会务工作单位四个组织系统。会员代表

---

[1]　纺织业外销拓展会网站：http://news.textiles.org.tw/about%20ttf/aboutttf.htm。

大会由全体会员选举产生，现有大会代表 86 名，是最高权力机构。理事会由理事 27 名组成，监事会由监事 9 名组成。理事会下设美洲事务委员会、欧洲事务委员会（含非洲）、亚洲事务委员会（含大洋洲）、大陆事务委员会、贸易刊物编辑委员会、会员联谊委员会、奖学金审查委员会 7 个委员会。[①]

十二、"三三会"（Third Wednesday Club）

"三三会"是台湾大企业家的联谊组织。其宗旨是促进会员联谊，增进国际企业交流，推动成立策略联盟，强化国际投资技术、贸易交流，促进国际经贸关系。20 世纪 90 年代后期，"经济建设委员会"主任委员江丙坤鉴于面临的台湾经济转型，认为除了台湾当局应有长远的规划外，仍须通过民间各大企业的积极参与配合，方可事半功倍，于是与辜濂松联合发起，并于 1999 年 7 月在台北成立"三三企业交流会"，简称"三三会"，规定每个月的第三个星期的星期三举行午餐会。当初之所以选在周三，是希望这些大企业家可以在开完国民党中常会之后，顺便参加这个"企业界的中常会"。通过每个月定期的餐会加强会员间的交流，每次餐会均邀请产官学界重要官员或专家学者进行演讲，特别是各"部会"就施政方针及当前的经贸动态、国际情势做出分析报告，同时该会会员也利用这个机会表达各个企业团有关切身问题的意见及建议，作为施政参考。另外，每年邀请国际知名学者专家针对台湾经贸及企业应对国际形势提出参考建言和对策。辜振甫当选首任理事长，工业总会理事长高清愿、工商协进会理事长黄茂雄及商业总会理事长王又曾担任副理事长。现阶段成员已由最初的 13 个企业集团成长到 58 个，并有 3 个赞助企业，台积电、台塑、鸿海、中信金控、统一等最具实力的台湾企业都在其中，其会员企业的净营业总额已超过 3200 亿美元，占到台湾 GNP 的 62%，被称为"台湾最富的企业家俱乐部"。

"三三会"初期以组团赴日本访问为主，先后有 16 个大型访问团及 2 个小型访问团拜会日本 48 个大企业团、12 大机构团体及三大工业区。自 2002 年起，加强与大陆的联系，先后组团访问一些大型企业团及工业区，并与京

---

① 台北市进出口商业同业公会网站：http://www.ieatpe.org.tw/index.asp。

城企业协会、上海经团连、中国企业联合会等大陆企业组织签订经贸合作备忘录。2012 年 10 月 17 日"三三会"改组换届，台湾中国信托金控公司辜濂松董事长担任名誉会长、台湾中国信托金控公司江丙坤最高顾问（前海基会董事长）担任会长。同时修改入会资格为"中华征信所"公布的百大企业集团及"热心国际经贸交流事务者"，须缴交 30 万元入会费及 10 万元年费，并须积极参加"三三会"举办的各项活动。①

十三、"产经建研社"（Taiwan Construction Group）

"产经建研社"是为台湾当局提供经济政策建议的绿营智库，其目标是做台湾公共政策的沟通平台、经济发展的行动智库、全新思维的知识论坛。2000 年民进党在台执政后，认为需要加强经济政策研究，以应对"本土社会价值多样化演变"，提供给"政府"与民间一个"更有效率且多元化"的沟通平台，促进产业界与官方、学界之间的意见交流，具体构筑一个多次元的公共政策形成体系，据以促进经济产业发展与协助推动财经"立法"，进而达到政策落实。2002 年 9 月，该社由民进党"新潮流系"的洪奇昌、吴乃仁等人倡议发起成立，当时有 19 位"立法委员"支持。成立不到两年，重要成员如吴乃仁、龚照胜、林逢庆、邱太三、赖清祺等分居台湾当局财经单位要职，在财经界的影响力已远大于"凯达格兰学校"及"台湾智库"。其成立宗旨，一是整合公共政策意见，针对官方的民间企业委办资源，根据不同产业类别，建立行政机关与产业界之间相互合作的机制；二是促进经济产业发展，进行产业政策研究，提供施政依据与参考；三是推动财经"立法"，提供官方与民间公共政策的观念沟通平台，促进产业界与官方、学界之间意见交流，并协助推动财经"立法"。②产经建研社根据产业与议题类别，划分五组论坛——金融、两岸贸易、产业科技、人力资源与投资环境，每月固定举办一次论坛，每半年举办一次公开大型研讨会。通过产官学研间广泛的讨论沟通，起到凝聚同性质业者间共识，促进财经有关规定修订的作用。

---

① http：//www.sansanfe.org.tw/index.php?target=about.php&sn=3。
② http：//www.baike.com/wiki/台湾产经建研社。

十四、证券商业同业公会（Taiwan Securities Association）

证券商业同业公会（简称"证券公会"）于 1998 年 1 月正式成立，次年该会合并了台北市和高雄市两家证券同业公会，成为台湾证券业唯一的同业公会组织。[①] 其组织体系和主要职能包括：（1）会员大会。证券商业同业公会的最高权力机构，由会员单位指派代表出席。（2）理事会。公会的常设机构，也是执行机构，主要负责策划、推动会务和业务发展。（3）监事会。监察机构，对理事会执行会务及财务情况负有监督和纠正的责任。（4）专门委员会。理事会下属 18 个专门委员会，包括承销业务、经纪业务、自营业务、研究发展、教育培训、财务管理、国际事务、大陆事务、期货业务、公共关系、申诉处理、交易纠纷等委员会。专门委员会主要从事证券市场的研究、制度改进或建议事项以协助会务推动。（5）工作小组。理事会还下设专门的工作小组：法规组、议价组、债券组、衍生性金融商品组等，专门从事专业性的研究。（6）会务部门。公会行政及执行的主体，包括：行政管理部，业务发展部，以及下设的地区办事处等。（7）各地区联谊会。在台北县、桃园县、新竹等大地区基本都有证券商联谊会，组织网络相当健全。[②]

十五、国际青年商会台湾总会（Junior Chamber International Taiwan，JCI）

国际青年商会台湾总会（简称"青商会"）是国际青年商会旗下的台湾青年组织。"青商会"不是商业社团，所谓的"商"，是指商议、研讨，目的在训练青年人通晓会议规范、拥有法治的精神。由美国开始的青商运动是一个青年人步入社会服务性社团的发展过程，原本是美国青年在第一次世界大战期间，因为感到青年们在社会上需要互助合作、关怀小区及从事公益服务而形成的青年社团运动。1920 年 6 月成立了美国全国性的青年商会，后逐渐扩散至全世界各大洲。国际青年商会在 1944 年成立后，以一个新兴的公益性、服务性社团的形象，吸引许多国家的青年加入。在第二次世界大战后，亚洲国家

---

① http://www.csa.org.tw/。

② http://tga.mofcom.gov.cn/aarticle/sgb/i/o/200703/20070304511029.html。

的青商运动开始活跃。1951 年，国际青商总会前会长、菲律宾籍的维兰纽瓦（Roberto Villanueva）赴台湾访问，向台湾涉外部门的王国铨介绍"青商会"的宗旨及活动，并表示希望能将"青商"运动推介给在台湾的青年朋友。1952 年，由张廉骧等 37 名发起人向台湾内部事务管理部门提出正式成立申请书。1953 年 1 月，以"中国国际贸易友谊协会"之名获得台湾当局正式批准，并于 3 月正式成立，后更名为"国际青年商会台湾总会"。宗旨是促进"国际"贸易、增进"国际"友好关系、提倡公益互助精神、为社会人群谋福利。[①] 台湾"青商会"与全国青年联合会已交流 20 多年，"青商会"每一年固定有一趟北京行，"青商会"也与大陆各省青年进行交流，这不仅能让双方青年相互了解想法，也为两岸青年建立了沟通渠道。

十六、台湾省农会（National Farmers Association）

台湾省农会是具有经济性、教育性、社会性、政治性四大功能的非营利社团法人组织。1900 年台北三峡镇成立第一个农会。以保障农民权益，提高农民知识技能，促进农业现代化，增加生产收益，改善农民生活，发展农村经济为宗旨。工作范围主要包括农村推广、经济、金融、保险等。农业推广由农会的推广部（股）承担，工作范围涵盖农业发展、农村建设、农民福利和生产、生活、生态等各个方面。经济工作一般由农会的供销部承担。工作范围包括畜产品、农产品运销、仓储、加工、制造、批发、零售、农业生产资料进出口、加工、制造等；农村副业；农业旅游及农村休闲事业等；以及接受主管机关或公司团体之委托事项。按 1974 年公布的现行"农会法"及"农会法实施细则"，台湾农会组织分为省、县（市）、乡镇市（地区）基层农会，下设 4572 个农村小组，并由农事小组组织产销班、家政班等基层组织。农会会员分为个人会员及团体会员，又各自细分为正式会员与赞助会员，正式会员主要有自耕农和佃农两种，以及部分从事农业推广的技术人员和实际从事农业工作的农、林、牧场职工。赞助会员不论是个人会员还是团体会员，除可以当选监事以外，均无选举权和被选举权。会员每户以一人为限，由于成为会员才可以在农

---

① http://www.taiwanjc.org.tw/。

民强制保险等方面享受优惠待遇，因此，台湾绝大多数农民都是农会会员。农会设理、监事，分别组成理、监事会。理、监事会定期召开，总干事由理事会聘任，秉承理事会决议，负责各业务执行。农会的经费，除会费收入外，还来源于农会募集的事业资金、农业推广经费收入、农业金融机构年度所获纯利的提取收益和"政府"预算编列的农会农业推广事业补助费。[①]

十七、金融研训院（Taiwan Academy of Banking and Finance）

金融研训院是台湾为培养及训练金融从业人员以促进金融业务现代化而成立的教育培训机构。1979 年台湾当局结合业者力量，共同集资筹设"财团法人基层金融研究训练基金"，从事基层金融研究发展以及人员培训两项工作。1980 年财政部门及台湾银行业成立"财团法人金融人员研究训练中心"，从事银行业人才培训及研究任务。1990 年两机构合并变更为"财团法人台湾金融研训院"。[②] 其成立宗旨是推广金融教育及研究，提升专业素质，以促成金融业务现代化。主要业务分为研究发展、教育训练、金融测验、传播出版四大项。服务对象包含金融机构从业人员、"政府"机构、工商企业、学校教师学生及社会大众。董、监事会组成成员为"金管会"的副主任委员、银行局局长、检查局局长，"中央银行"代表，农金局局长，银行公会理事长，银行业代表，票券公会理事长，信托公会理事长，信合社理事主席，基层金融业代表及专家学者。训练业务包含七大领域：高阶主管训练注重经验传承、提升金融视野与加强政令倡导，并以专题研讨或座谈会为主；专业人才训练注重管理知能养成、业务运作技巧与新种业务介绍，以实务分享与个案分析为主；初阶人员训练加强基本金融规定与业务流程介绍，增进对业务操作熟稔度，以讲述及情境模拟演练为重点；基层金融协助地方基层金融升级，培训基层金融业务专才；国际合作与境内外相关机构合作交流，引进国际新观念、新产品与新技术，分享经验及开阔视野；教育视频会议举办网络及函授教学，以提供多元化学习渠道；其他业务有终身学习计划、学生金融、工商金融、全民 e 化金融等。自成立以来，训练人数超过 58 万人次，为台湾金融研训机构首位。所发

---

① http：//www.hbagri.gov.cn/tabid/64/InfoID/891/frtid/259/Default.aspx。

② http：//www.tabf.org.tw/Tabf/Default.aspx。

行《台湾财务金融》季刊，是金融专业领域的重要期刊。历年执行多项重要金融政策研究项目，是台湾当局及各金融机构重要研究咨询对象。[①]

十八、财团法人证券暨期货市场发展基金会（Securities and Futures Institute）

财团法人证券暨期货市场发展基金会是台湾提供资本市场与金融市场专业知识整合服务平台的财团法人。1984 年 5 月 29 日成立，旨在配合经济增长，引导投资活动，推动证券暨期货学术与实务研究，加强投资人服务，提供完整信息，促进市场整体的健全发展。基金会以董事会为最高决策机关，置董事 7—9 人，监察人 1 人，董事长为代表人。为协助推动各项业务，置总经理 1 人，综理本会业务，并置主任秘书襄助处理会务，并设研究处、人才培训中心、测验中心、信息处、推广倡导处及行政管理处六部门。为实现"推动证券暨期货学术研究，以促进市场之健全发展"的基金会成立目标，基金会业务广泛，大体包括：以有系统、分层级、与国际接轨的方式规划各类别专业课程，建构完整培训体系，提供进修与高质量服务，进而协助提升个人与产业竞争力。基金会测验中心专责办理各类证券暨期货市场从业人员资格测验，向有志参与证券暨期货市场人士提供最基本的专业认知、协助主管机关及相关公会对专业人才进行管理和维护整体市场从业人员质量。对从业人员管理采取强制性资格测验，加以职前及在职训练以提升从业人员专业，保护投资人权益、建立值得信赖的证券暨期货市场。公司治理制度推动，建立"董监人才数据库"，作为上市柜公司延聘董、监事的参考。该基金会是目前台湾典藏证券暨期货相关信息最齐全、历史悠久的地方，同时于台湾各地方主动传播金融知识。设置图书阅览室，陈列各种公开发行公司资料供投资人阅览，1995 年为扩大对各界服务，正式命名为"证券暨期货专业图书馆"并进行公开发行公司公开信息在线数据库及各类期刊、研究报告数字化工程的建置，提供各界更便利的信息查询服务。自 2003 年始接受主管机关指示负责推动"金融知识普及计划"。2012 年 2 月 1 日起更名为推广倡导处，以原有教育倡导推广业务及图书信息

---

① http://baike.baidu.com/view/2550301.htm; http://www.tabf.org.tw/Tabf/Page/intro_TABF/intro_TABF.aspx。

典藏为基础，再结合书籍出版业务，主动向各界推广更多实务性及前瞻性的金融知识以提升民众金融知识素养。①

第三节　科研机构与团体

一、"台湾科学委员会"有关所属机构

（一）"自然科学及永续研究发展司"

"自然科学及永续研究发展司"下设数学与物理科（第一科）、化学与贵重仪器科（第二科）及地球永续防灾科（第三科）3 个科。数学与物理科负责纯数、应数、统计、一般物理、凝态物理及纳米科技等学科领域的科学研究工作，并设有数学研究推动中心、物理研究推动中心、台湾理论科学研究中心。化学与贵重仪器科负责有机、无机、物化及分析等学科领域的科学研究工作和贵重仪器使用、管理等工作，并设有化学研究推动中心、贵重仪器中心。地球永续防灾科负责大气、海洋、地质、地物、防灾、永续及空间信息等学门领域的科学研究工作，并设有地球科学研究推动中心、地球领域共享设施服务平台及资源卫星接收站等。

（二）"工程技术研究发展司"

"工程技术研究发展司"为配合"科技部"任务，规划推动工程领域基础研究与先导性应用研究，改善整体研发环境，培育科技人才。设有民生化材科、电子资通科、机电能源科、前瞻产学科。民生化材科的研究方向为土木工程、环境工程、化学工程、高分子、材料工程、医学工程。电子资通科的研究方向为微电子工程、光电工程、电信工程、资讯工程、智能计算。机电能源科的研究方向为机械固力、热流航天、自动化、控制工程、电力工程、海工造船、能源、工业工程。前瞻产学科的研究方向为"防务"科技、能源科技、原

---

① 证券暨期货市场发展基金会：http://www.sfi.org.tw/。

子能科技、产学合作。

（三）"生命科学研究发展司"

"生命科学研究发展司"掌理事项如下：生物、医学、医药卫生、农业科学研究发展策略的策划、推动、辅导及协调；生物、医学、医药卫生、农业科学研究申请案件的审核及补助与考核；生物、医学、医药卫生、农业科学研究人才的培育及延揽与奖助；生物、医学、医药卫生、农业科学研究环境的建置及提升；生物、医学、医药卫生、农业科学跨领域与跨"部会"相关研究的策划、推动、审核及考评；生命科学创新、尖端与优势领域的策划、推动、审核及考评；生物、医学、医药卫生、农业科学研究成果的推广及应用；产学合作计划的审核、补助及考核；生物、医学、医药卫生、农业科学研究相关业务资料的搜集、统计及建档；生命科学相关产业前瞻技术研发政策的规划、推动、管理及技术评估；其他有关生命科学研究发展事项。

（四）人文社会科学研究中心

"科技部"（原"行政院台湾科学委员会"）为了统整人文及社会科学的跨领域密切合作，以促进台湾人文及社会科学的卓越化，于2011年1月补助"人文社会科学研究中心"，计划名称：人文社会科学研究中心设置及运作计划第二期。中心以促进学术研究的卓越化为主要任务，学术服务为辅。学术研究以面向台湾、培养新进研究人才、提高台湾人文社会科学的全面水平为首要目标；学术服务项目包括咨询与服务、数据库整合、学术期刊评鉴、学术专书出版等，也与岛内其他学术机构广泛合作，为培养学术人才、提高台湾整体研究水平共同努力，并邀请岛外优秀学者前来演讲与进驻，强化台湾地区与国际学界的交流，促进本土人才成长。中心的前身为1999年所成立的"人文学研究中心"与"社会科学研究中心"（简称"两中心"），分别补助台湾大学及"中央研究院"，目的皆是提升岛内人文及社会科学的学术水平与研究质量。两中心在这12年当中经历了两个阶段（每阶段六年），已经初步完成多项阶段性任务，包括岛内人文及社会科学的学术期刊数据库雏形建置、学门前瞻研究学术报告、培育年轻学者研习、推动专书补助等有助于人文及社会科学研究长远发展的规划案。

（五）"科教发展及国际合作司"

其驻外业务及管考科综理驻外科技组人事行政及预算、综理预算编列相关业务、综理综合业务。大众科学教育与科学传播科综理大众科学教育推广相关计划、网络科普传播、刊物编辑及科学回廊展业务。国际科技合作交流科综整法国、意大利、西班牙、北非等在台湾地区的科技合作。两岸交流及补助业务科综理两岸科技交流业务、国际交流一般补助业务、抛光计划、龙门计划，兼管海外人才归台桥接方案（LIFT）、南海小组及东海小组等业务、数字创新经济发展方案。

（六）"前瞻及应用科技司"

"前瞻及应用科技司"掌理事项如下：（1）科技发展环境与政策的研究及分析。（2）中长期发展科技前瞻调查；台湾科技发展愿景、政策与策略的规划及推动。（3）台湾科技发展重点领域的规划。（4）筹办台湾科学技术会议及其他重要科技会议。（5）重大科技研究发展计划的规划及推动。（6）应用科技发展的规划及推动。（7）科学研究成果转化为新技术的规划。（8）主管行政法人、财团法人的相关施政业务督导及协调。（9）"政府"科技发展计划的综合规划、协调、评量考核及科技预算的审议。（10）"行政院"台湾科学技术发展基金业务、其他有关前瞻及应用科技事项。

（七）"产学及园区业务司"

"产学及园区业务司"掌理事项如下：（1）补助产学合作研究计划相关业务。（2）技术移转的管理。（3）官方研发成果与其衍生的知识产权的归属及运用。（4）园区产业创新的规划、激励及推动。（5）科学工业园区发展政策、新设园区的筹划、业务"法规"的修订、园区预算编列、执行与园区作业基金的督导及协调。（6）园区建管业务、环保计划、环评追踪、公共工程督导、公共艺术的设置、劳工安全检查的审议及监督。（7）园区厂商投资审议与厂商管理制度、园区产业人才培育、园区实验中学与园区共通性业务发展的督导、管理及整合。（8）其他有关产学及园区业务事项。

二、"中央研究院"有关所属机构

（一）数学研究所

数学研究所于1941年由姜立夫在昆明开始筹备，时值抗战，图书设备不易购置，故直至1947年始正式成立。所址设在上海，由陈省身代理所长。1949年该所迁台，此项珍贵的藏书，亦皆随所迁运来台。数学所迁台后，由"中央研究院"总干事周鸿经兼代所长，至1957年"中央研究院"迁南港新址，始重新展开工作，加强训练及研究。1970年，周元燊接任所长，极力争取扩增员额和经费，并推动概率论及统计学的研究；同时也适时开展数学推广及支持台湾地区数学教育的改革工作。此后经过刘丰哲、李国伟、黄启瑞、刘太平几位所长的筹划，该所的研究领域扩张迅速，图书及硬件设施也具一定规模，研究的支持人力更改善不少，数学所乃有今日的规模。近年来，该所致力推动台湾数学发展及培养数学研究人才，加强与学者交流并提供相当数量的博士后研究及研究助理的职位。此外，提供大学生6周暑期研究专题讨论班及设置大学博士生核心课程。

（二）物理研究所

物理研究所于1928年首创于上海，1962年于台北南港复所，由吴大猷担任首任所长。1970年，该所成立大气科学与流体力学的跨领域研究计划；后又于1975年新增生物物理研究计划。在此期间，该所的研究领域亦扩充至场论、粒子物理、原子核物理及统计与计算物理等领域。2017年该所有44位研究人员，包括特聘研究员5名，研究员23名，副研究员9名，助研究员2名，研究技师2名及研究副技师3名。同时该所有访问学人、博士后研究人员、专任助理和兼任助理、研究生等共约480人从事研究工作。该所的研究方向可分为量子材料物理、生物动态物理及中高能物理三大主流。

（三）化学研究所

化学研究所于 1928 年 7 月于上海成立，1957 年 4 月于南港院区复所，化学所现有 28 名研究人员，致力于尖端基础化学及应用化学研究。化学所目前的研究方向，以材料化学、催化反应及合成化学、化学生物学三个整合议题为核心，结合研究人员专长，选择重点研究领域，执行个人型及整合型研究计划，配合台湾地区能源与生物科技发展，达成研究创新、学术卓越的目标。该所近年完成实验室空间整修后，配合原有的尖端仪器设备采购最先进仪器，成立结构分析机构（质谱服务中心、核磁共振实验室、X 光实验室），配备生物影像及材料组件制备的核心仪器设施，亦建置化学生物学共同核心，为研究人员提供最完善的研究支持。

（四）地球科学研究所

地球科学研究所位于台北市南港区的"中研院"主要院区内，为一栋六层楼高及地下室一层的建筑物，拥有研究室及各式实验室。针对全球及台湾地区的地球科学议题，地球所的研究包括两大部分：地球物理和地球化学。源于地球所成立的历史，该所的地球物理研究特别着重于观察和理论地震学。此外，长期以来也建立了地磁学方面的研究。近年来在测量学方面的应用，特别是全球卫星定位系统和重力研究方面也有长足的发展。新的研究发展方向包括地函动力构造模拟计算、热流、太空遥测。在地球化学方面，研究领域包括放射性和稳定性同位素分析、地质和宇宙矿物学、火山和地体构造学、陆地及海洋地质定年技术。该所具备先进、适当功能和规模的地球化学仪器及设备。

（五）信息科学研究所

信息科学研究所于 1977 年开始设立筹备处，历经五年筹备，于 1982 年 9 月正式成立研究所，是台湾"中央研究院"数理组十一个单位之一。"件件工作，反映自我，凡经我手，必为佳作"是其一贯秉持的工作信念，重视工作的卓越质量，发挥最佳综效的团队精神。该所除了从事信息科学领域的基础研究外，亦以开发具前瞻性的尖端技术与发展以应用为导向的最先进系统为职志。该所依研究领域共有生物信息实验室、计算机系统实验室、资料处理与探勘实验室、多媒体技术实验室、语言与知识处理实验室、网络系统与服务实验室、程序语言与形式方法实验室、计算理论与算法实验室八大实验室，研究重点包含生物信息、平行及分散式运算、智能代理人、文件分析与辨识、多媒体系统、计算机视觉、影像处理及图形识别、中文信息处理等。

（六）统计科学研究所

1980 年 7 月，"中央研究院"第 14 次"院士会议"中，周元燊、刁锦寰、李景均等 21 位"院士"联名建议设立统计学研究所。嗣经聘请周元燊等 13 位"院士"组成设所咨询委员会，周元燊为主任委员，于 1982 年 7 月 1 日成立筹备处，赵民德博士为筹备处主任。至 1987 年 8 月，筹备处已具规模，奉准成所，同时将名称改为现名，由赵民德博士任第一、二任所长。该所持续从事统计科学基础与应用研究，一方面尊重个人独立研究，一方面积极加强所内外合作研究群的建立，以推动跨领域、跨院际的研究计划。该所目前有 36 位研究人员、22 位博士后研究人员以及 57 位研究助理，行政及信息支持团队约 20 人，研究领域涵盖：概率论及其应用，数理统计与推论，生物医学统计、生物信息、系统生物学与统计遗传学等方面。

（七）原子与分子科学研究所

1982 年 7 月间，举行第 15 次"中央研究院院士会议"，由李远哲等 15 人联署建议成立原子与分子科学研究所。现今该所研究的范围涵盖化学、物理、光电等领域，并划分为：尖端材料与表面科学组、原子物理与光学组、化学动态学与光谱组、生物物理与分析技术组四个研究群。为促进与大学间的研究交流，该所设于台湾大学校总区内，所内许多研究人员合聘于台湾大学、台湾师范大学、"中央大学"、中正大学的物理、化学、生命科学、工程与系统科学、光机电整合工程研究所、凝态科学研究中心等系所及研究中心；该所也合聘了 10 名来自各校的教授。另外，该所设有机械、电子、玻璃工场及信息室，以一流的技术协助各研究团队。

（八）天文及天文物理研究所

天文及天文物理研究所致力于天文学领域研究。该所核心团队的研究项目包括：太阳系、恒星形成、银河及银河团、宇宙学等。该所经常举办国际学术会议及讲座，期在理论、实验和仪器三大天文领域上进行最尖端的研究。该所位于台湾大学校总区内的天文数学馆大楼，另于夏威夷设有办事处。该所与澳大利亚、加拿大、日本、美国和欧洲一流学术机构及天文台均已建立密切合作关系，同时与台湾多所顶尖大学从事最先进的天文研究。李远哲阵列望远镜（原称"宇宙微波背景辐射阵列望远镜"），代表该所与台湾大学在宇宙学和高能天文物理学领域的最重要合作成果。与"中央大学"在"中美掩星计划"（TAOS）的合作研究，已进行多年。

（九）应用科学研究中心

1983 年 7 月李远哲于第 21 次"院士会议"前夕在龙潭龙珠湾召开"中研院"促进应用科学座谈会，建议在"中研院"设立应用科学中心。应用科学研究中心运用最尖端、新颖的科学技术，进行跨领域的基础科学与应用研究。其三大专题中心为生医科学应用、绿色科技、力学及工程科学。力学及工程科学专题中心的研究重点为多尺度生物结构 / 纳米结构模拟计算、环境力学 / 颗粒流 / 土石流力学，先进领域为纳米制造技术与急性肾损伤诊断工具发展。绿色科技专题中心的研究重点为开发先进材料与超材料在高效能创能、贮能与节能及优质生活中的应用。生医科学应用专题中心以具有功能性的感测与影像科技，结合微环境操控平台，以期在生物医学科学上做出重要突破性研究，并聚焦在具有生技产业价值或重要临床应用的研究课题。

（十）环境变迁研究中心

2004 年，环境变迁研究中心正式成立，由刘绍臣担任首届中心主任。刘绍臣于 2012 年底任满卸任，从 2013 年起，由美国威斯康星大学（麦迪逊）王宝贯教授回台接任中心主任迄今。中心研究范围大致可分为三大领域：（1）气候科学——研究全球与台湾区域气候变化的科学规律。（2）大气物理化学——研究台湾周围大气中的物理及化学状态，并检测其变异及可能引发这些变异的物理化学机制及它们对环境及人类社会的可能冲击。（3）水圈科学——台湾是一个海岛，位处西北太平洋的核心位置，海洋不仅在科学上具有重大研究价值，对台湾气候、渔产、生态及台风形成等均有深远影响，台湾有必要深入研究周边海洋在全球环境变迁下的变动机制及对上述各方面的影响。

（十一）信息科技创新研究中心

信息科技创新研究中心的设立在于推展信息科技的创新及应用，着重于关键性的信息通信技术的研发，以及跨领域的信息科技的整合，以求对现今知识经济及服务经济体系的发展有进一步提升的作用，同时也致力于创意发展，为人力资源储备能量。该中心包含网格与科学计算、资通安全、智能优网运算、人工智能创新应用四个专题中心。网格与科学计算专题中心为全球网格亚洲中心，肩负亚太地区网格基础架构维运与扩展、网格相关技术研究、促进亚太区域内与全球 e 化科学应用研发合作。资通安全专题中心整合了台湾地区各大学及研究机构的资源与专家学者，目的在于强化台湾地区资通安全的研究与发展，并促成"政府"、学术机构以及民间企业间合作管道的建立。智能优网运算专题中心的研究涵盖网络通信、云端运算、嵌入式系统、多媒体技术、资料科学，以及相关的新兴应用与创新，希望能以创新的资通信科技在国际网络新世代引领出崭新而重要的应用与服务。人工智能创新应用专题中心整合中心人工智能议题的相关研究，并作为对外的桥接窗口，促进技术移转、人才培育及与其他学门及产业的跨领域研究合作。

（十二）植物暨微生物学研究所

植物暨微生物学研究所（简称"植微所"）现有 26 位研究人员，研究领域横跨植物生物学，包括植物生理学、植物基因体学及植物与微生物的交互影响。该所位于"中央研究院"院区，并与其他生命科学研究单位相邻。该所拥有设备完善的实验室及世界级的仪器设施，有多个由研究技师管理及提供良好的技术支持现代化的核心实验室。该所亦积极投入研究人才的培育，学生可通过"中央研究院"的国际研究生学程或是该所与台湾大学及"中央大学"合作的博士班学程来接受该所研究人员的指导攻读博士学位。该所持续追求的目标是提升研究成果的质与量以及提高国际能见度，过去该所在水稻育种及基因组、病毒的卫星核糖核酸、微生物的周期表现及组织培养的再生等领域有重大的成就。

（十三）细胞与个体生物学研究所

该所的前身是动物学研究所，因此所内保有传统行为学和生理学研究的动物模式系统。2005年更名后，研究重心即转移至分子和细胞层次的研究。该所于2014年确立五项主要研究领域，期望将细胞功能研究延伸至整个生物个体，并整合两个研究蓝图。该所的五大主要研究领域包含：（1）水生及海生生物科技。（2）细胞结构与个体功能分析。（3）个体功能障碍及疾病的分子基础;（4）神经科学。（5）干细胞机制与应用。该所将继续加强水生和海洋生物技术研究，并率先在台湾地区推广使用斑马鱼作为一种生物医学研究的模式系统。研究团队已开始在后基因组时代，加强系统生物学研究，尤其是在个体生物生长与发育过程中的基因调控网络。其标靶药物的开发也被视为癌症治疗的重大突破。

（十四）生物化学研究所

该所于1970年2月1日成立筹备处，1971年3月成立设所咨询委员会，并推举李卓皓为主任委员，同年12月1日李卓皓自美返台湾地区主持首次会议，对设所事宜获两项具体结论：（1）研究范围：研究具有生物活性的蛋白质，此为该所的长程目标;（2）将所址设于台湾大学，俾与台湾大学生化科学研究所在教学及基础研究方面能彼此协助，相得益彰。该所于1973年2月与台湾大学生化科学研究所签订合作研究生化科学合约。目前该所约有330位员工，其中包括30位全职研究员及研究技师。有许多研究员与台大生化所合作并负责指导学生，目前学生人数约有164位。

（十五）生物医学科学研究所

生物医学科学研究所（简称"生医所"）筹备处于1981年2月成立，由余南庚担任主任委员兼筹备处主任。钱煦于1987年接任筹备处主任，带领20

余位研究人员正式开始研究工作。1988 年吴成文接任筹备处主任，并于 1993 年 12 月 1 日"生医所"正式成立后担任第一任所长，之后伍焜玉、陈垣崇与刘扶东依次接任所长，2017 年 10 月起由郭沛恩担任第五任所长。研究领域主要包括流传病学与遗传学、神经科学、癌症、感染疾病与免疫学等。

（十六）分子生物研究所

该所筹备处于 1982 年 12 月成立，前栋实验大楼于 1986 年 7 月 1 日启用，同时正式展开实验工作，并于 1993 年 3 月 1 日正式成所。该所以分子生物及细胞生物技术来探讨各种生物问题，主要利用酵母菌、线虫、果蝇、斑马鱼、小鼠、阿拉伯芥等模式生物从事基础研究。依工作性质，可大致分为以下几个领域：染色体生物学、发育生物学、感染与免疫生物学、神经科学、植物生物学、核糖核酸生物学、结构生物学、系统生物学。

（十七）农业生物科技研究中心

农业生物科技研究中心（简称"农生中心"）的前身为生物农业科学研究所筹备处。此研究所（中心筹备处）成立于 1998 年 1 月，由杨宁荪担任筹备处创所主任。2006 年 8 月依原宗旨转化成立农业生物科技研究中心。到目前为止，"农生中心"共有 19 位研究人员（Principal Investigators）及 5 位研究技师（Research Specialists），分别在"中央研究院"南港院区及位于台南科学园区的"中央研究院"南部生物技术中心进行研究工作。2009 年底院区内同仁已迁往新建落成的农业科技大楼。

（十八）基因体研究中心

基因体研究中心于 2003 年 1 月正式成立，翁启惠应聘回台担任首届中心主任，积极规划研究方向、人才延揽以及进行研究大楼兴建。该中心的任务为"进行基因体与蛋白质体的科学研究，以致力于找寻与确认人类疾病的标的物，发展新颖的治疗方式来消弭与克服疾病"，并将所研发的重要成果技术转移给新创科技公司，予以产业化，带动台湾生技产业的发展。该中心针对发展新药和新兴生医技术设立四个专题中心：（1）化学生物学专题中心，着重于疾病标的物的寻找和新药合成;(2)医学生物学专题中心,着重于癌症医学、干细胞学、免疫学及流行病学的转译研究;(3)物理与信息基因体学专题中心,着重于生物信息处理及发展高创意的生物技术平台;(4)生技育成专题中心,负责科技转移、育成、产业合作与国际交流工作。

(十九)生物多样性研究中心

"中研院"早在 1998 年 5 月的"1998 年度学术暨行政主管座谈会"中即拟推动生命科学各所重整计划,依生命科学六所现有的研究任务、功能、专长与人力、物力资源重新调整,以符合 21 世纪生命科学研究方向的国际潮流。特别是动、植物两所从事生态及生物多样性的同仁应重组成"生态及生物多样性研究所"。2004 年生物多样性中心正式成立,但只有执行原来单纯跨院校、跨所或跨中心及跨领域的整合型重点研究,纯系"对外"开放申请的预算。而从 2005 年起,原动、植物所从事生物多样性研究的人员才正式转入中心,此"对内"预算的研究目标、内容、评比、审查及分配运用的原则与方式皆不同于"对外",后改称为"竞争型计划"的预算。也因此,2005 年起除了本身等同研究所一般从事中心自己的研究外,仍有部分预算提供结合外界的专家共同推动一些尖端或任务导向的整合计划。

(二十)历史语言研究所

该所成立于 1928 年。"中央研究院"筹备委员傅斯年向大学院院长蔡元培建议设置历史语言研究所。同年 3 月,该院于广州中山大学筹设历史语言研究所,聘傅斯年、顾颉刚、杨振声三人为常务筹备员。7 月,正式成立,由傅斯年代行所长职务。10 月 22 日迁入广州柏园,始有独立所址,后经议定,以此日为该所所庆纪念日。人文学科的研究必须个人与集体并重,一方面尊重个人的研究领域,另一方面在水到渠成时,鼓励合作研究,故该所未来仍将秉持这个原则,一方面尊重个人研究,鼓励同仁成为个别领域的领导学者;另一方面以专题研究室为基础,突出几个跨学门的、全所性的研究重心。期待同仁扩大格局与眼光,以亚洲及世界的视野来思考所从事的种种研究,并力图与世界各国历史文化进行比较。同时,积极整理出版所藏学术材料,扩充数位环境,期以建构世界汉学研究的平台。

（二十一）民族学研究所

1928 年"中央研究院"成立。1934 年民族学组改隶属历史语言研究所。该院迁台后，为了对当时为数约 20 万的台湾少数民族以及在人数上占优势的汉民族社会与文化进行研究，遂于 1955 年 8 月 1 日成立民族学研究所筹备处，并于 1965 年 4 月间正式设所，创所所长为凌纯声。该所目前人员依个人研究旨趣与专长分别组成数个研究群，继续积极推动跨所、跨院校与国际合作的整合型主题研究计划。目前的 10 个研究群包括：比较南岛研究群，当代情境中的巫师与仪式展演研究群，身体经验研究群，心理疗愈研究群，医疗人类学研究群，音声发微研究群，家庭、世代与生命历程研究群，宗教生活实践研究群，区域研究与区域治理研究群，以及行动人类学研究群。

（二十二）近代史研究所

1955 年 2 月，近代史研究所筹备处成立，聘郭廷以为筹备处主任，初期工作重点在于档案资料的搜集、中西图书的添购、研究人员的罗致与训练，以及研究计划的厘定与进行等。该所的研究范围为近现代中国在政治、军事、外交、社会、经济、文化、思想等各方面的变迁，尤其着重探讨现代性的形成。除了秉持历来史学研究的良好传统与基础外，更加强对当代社会、人文与世界的关怀。为有效推动以上各项重大议题的研究，该所同仁自发组织了妇女与性别史研究群、知识史研究群、胡适研究群、城市史研究群、蒋介石研究群、东亚区域研究群、西学与中国研究群及台湾与社会研究群八个研究群，盼能在既有的基础上，联合拥有共同兴趣的所内外同仁，针对近代史上若干重大课题，集中资源，进行长期而深入的研究，以凸显该所研究重点和特色，取得国际学术界的竞争优势。

（二十三）经济研究所

该所创建于 1962 年 10 月 4 日，由当时台湾大学商学系与"行政院台湾长期发展科学委员会"（现在的"科技部"）共同筹备，讲座教授邢慕寰担任筹备处主任，并组织"设所咨询委员会"，1970年2月1日经济研究所正式成立。该所一向以提升台湾地区经济学研究水平为己任，出版期刊与专书、举办学术研讨会。该所也创风气之先，建立严格的研究人员升等续聘评鉴制度，作为提升学术研究水平的基础。

（二十四）欧美研究所

1969年8月，"中央研究院"前"院长"王世杰鉴于美国文化研究的重要性，倡议于"中美人文社会科学合作委员会"下筹设美国研究中心，并于1972年3月12日正式成立，隶属"中央研究院"。该所图书馆广泛搜罗欧美文学、历史、哲学、教育等领域资料，类型涵盖图书、期刊、报纸、微缩资料、光盘、数据库、录音带、录像带等。此外，信息室配置多种先进的软硬件设备，并随时更新，以提供研究人员所需。该所除基础研究外，并兼及实务的政策分析。基础研究：由研究人员以其专长，就欧美的历史、哲学、文学、文化、社会及法政建制，选定议题进行深入且具系统性的研究。政策分析：研究人员针对当前欧美国际组织与国际关系若干实质问题进行学术上的研究与分析。

（二十五）社会学研究所

社会学研究所于1928年成立，下设法制、民族、经济和社会四组。1934年北平社会调查所并入该所。到1954年，"中央研究院组织法"明文设置23个研究所，其中列有社会研究所。然而这个"组织法"所明订的社会研究所，一直都没有正式成立，而是于2000年1月10日正式成立研究所。社会学研究所的主要任务，在于累积并增长社会学知识，研究社会组成原则、运作过程及其历史变迁。因体认到任何现代社会的组成、运作与发展，固然有历史与本土特殊性，但常是和更广泛的周边区域，甚至全球变迁息息相关。因此，社会学研究所成立后，除强调建立本土社会学特色外，也重视台湾周边社会及华人社会研究，并推动不同区域、社会的相互关联性及异同比较。

（二十六）中国文哲研究所

该所成立的宗旨在于撷取古往今来中国文化的精髓，以作为当前文化创造的活水源头。因此，该所将加深中国文哲传统精华的阐发，开发新的学术话语与多元沟通表述，为传统注入新生命，为新文化充实内涵与深度。该所与国际汉学界沟通对话，并善用院方提供的资源人力，发掘优秀人才，提供彼此学习的平台，一方面引入新观点、新方法；另一方面也希望将台湾学界卓越的研究成果介绍给全世界。有系统、有计划地译介海外的研究成果并推广。

（二十七）语言学研究所

"中央研究院"基于"基础学科设所、跨学科研究设中心"的长期发展政策，为深入探讨人类语言的生物共性、数理共性与文化共性，以建立关于人类语言的科学性及系统性知识，于1997年先成立语言学研究所筹备处，2003年正式成所，现有专任研究人员18名。该所以从事人类语言的科学研究为宗旨，长期致力于台湾本土与邻近相关语言的结构与类型研究，同时兼及跨学科研究。该所在语言结构分析、语言计算模拟、语言典藏与跨学科研究方面已取得显著成绩。

（二十八）台湾史研究所

该所的成立，可追溯至1986年。该年，张光直等人为推动台湾史研究，结合历史语言研究所、民族学研究所、近代史研究所、中山人文社会科学研究所四所的部分人力资源，筹划台湾史田野研究计划，并分总计划与各子计划。总计划初期工作以搜集史料为重点。1988年4月，经"中央研究院"年度第一次院务会议通过，设立"台湾史田野研究室"为执行单位。自1989年7月起，台湾史田野研究室经费改由院方编列，研究工作乃日益正规化。

（二十九）人文社会科学研究中心

人文社会科学研究中心，是"中央研究院"在人文社会科学领域现设的唯一研究中心。它设立的目的及特色，是希望从事单一学科研究所无法进行的跨领域研究。现任研究中心主任为研究员萧高彦，副主任为赖孚权及蔡明璋。该研究中心目前包含 5 个"专题中心",分别为政治思想研究专题中心、制度与行为研究专题中心、亚太区域研究专题中心(系整并原有的海洋史研究专题中心、亚太区域研究专题中心、卫生史研究计划、东亚经贸发展研究计划而成)、调查研究专题中心,以及地理信息科学研究专题中心。每一个"专题中心"设一位执行长,统筹研究相关事宜。该研究中心的特色,乃是跨领域研究。例如,"地理信息科学研究专题中心"的研究计划,广泛延伸到公共卫生、历史、考古、宗教及社会学各领域的研究议题中。

三、"农业委员会"有关所属机构

(一)科技处

科技处掌理事项:(1)关于农业科技政策、规定、重大方案与施政计划的研拟及督导事项。(2)关于农业科技先期作业与预算编制的规划、协调及督导事项。(3)关于"农业委员会"所属农业试验所和研究所的联系、协调及督导事项。(4)关于农业科技研发计划的审核、督导及考核事项。(5)关于前瞻性、跨领域农业科技研发与成果推广的策划、推动及督导事项。(6)关于农业科技园区业务的联系、协调及督导事项。(7)关于农业科技研发成果衍生知识产权管理与技术移转的推动及督导事项。(8)其他有关农业科技研发及行政事项。

(二)农业试验所

农业试验所成立于 1895 年 8 月,位于台中市雾峰区,负责台湾的农业试验研究工作。该所占地 145 公顷,其中建筑面积 17 公顷,主要建筑包括行政大楼,试验研究大楼及各种附属建筑等。农场面积 128 公顷,灌溉排水设施完善,为全岛首善的农业试验研究环境。

(三)林业试验所

林业试验所是"行政院农业委员会"所属的大型森林学研究机构,是台湾最大的森林学研究单位,该所在台北市南海路上,台北植物园隶属于该所。

（四）水产试验所

水产试验所（简称"水试所"），成立于1929年，现位于台湾基隆市，负责台湾的水产试验研究工作。

（五）畜产试验所

畜产试验所（简称"畜试所"），成立于1940年，现位于台南市新化区。并设有新竹、宜兰等7处出售所、场，负责台湾畜产试验研究工作。

（六）家畜卫生试验所

家畜卫生试验所（简称"家畜所"），成立于1904年，现位于台湾新北市淡水区，负责台湾的家畜卫生试验研究工作。

（七）农业药物毒物试验所

农业药物毒物试验所（简称"药毒所"），设立于1971年，负责台湾农药研究与发展，农产品残留有毒物质管制，植物保护新方法开发，技术服务及制订各种检定方法与评估标准，以确保农药的安全使用及农产品的安全品质。

（八）特有生物研究保育中心

特有生物研究保育中心（简称"特生中心"），由1992年成立的"台湾省特有生物研究保育中心"改制而来，主要以台湾特有种、珍贵及稀有生物为对象，进行物种分布、族群数量、生态史、栖地环境、复育方法及生态教育等调查研究工作。

四、"原子能委员会"有关所属机构

2022年"原子能委员会"改制为"核能安全委员会"，并入"科技部"，由三级降级为二级独立机关。

（一）核能研究所

核能研究所（简称"核研所"）是"行政院原子能委员会"的附属机构，

1968 年成立于桃园县（今桃园市）。专门负责台湾核能安全、核设施除役及放射性废弃物管理、辐射应用、新能源与再生能源及环境等离子五大领域的研发。近年以累积的技术为基础，扩大到再生能源与新能源领域，包括太阳能、风力发电、纤维酒精、燃料电池等领域的研究。

（二）"放射性物料管理局"

"放射性物料管理局"负责台湾放射性物料处理、贮存与处置设施的建造、运转与除役的审核与发照，以及放射性物料输入、输出、处理、贮存、运送与处置等相关作业的安全管制与检查等事项。台湾放射性物料的管理机制，说明如下：

1. 建置完备规定

"原能会"依职权订定各项放射性物料管制规范，明确规范放射性物料及放射性废弃物有关处理、贮存与处置设施的安全设计要求及申请设置规定与相关导则。

2. 落实安全审查

放射性物料设施的兴建、运转，业者均须提出安全分析报告送"原能会"审查，认定安全无虞，才会核发建造执照。设施兴建完成后，业者须提出试运转计划向"原能会"申请，依试运转结果，经审查确认符合规定后，才会核发运转执照。

3. 严格安全检查

为确保设施营运安全，"原能会"平时派员执行设施安全检查工作，并定期举行管制会议。检查方式包括例行、定期及项目三种，针对重要事项执行项目检查并追踪查核其执行成果。目前各放射性物料设施均有专人执行安全管制，以防止辐射外释、保障系统正常营运、减少废弃物产生，并确保后续贮存、运输、处置等作业的安全。每季执行各核能电厂低放射性废弃物处理设施的管制评鉴，评鉴内容包括废液饲入量、废液回收率、固化废弃物产量及改善事项四项指针，并公布评鉴结果。

（三）辐射侦测中心

"原子能委员会"于1974年2月奉准设置台湾辐射侦测工作站，执行岛内有关环境辐射侦测业务，以维护人民的辐射安全，并于同年9月即正式接办全岛放射性落尘侦测作业。1996年7月17日公布"辐射侦测中心组织条例"，强化环境辐射侦测的功能，成为"环境试样放射性分析的中心实验室"，加强分析技术及质量保证作业，积极参与国际性的比较实验与技术交流，建立辐射侦测数据的公信力。职掌：环境辐射侦测计划的研拟及推动事项、环境中天然辐射的侦测事项、放射性落尘的侦测事项、食物及饮用水放射性含量的侦测事项、核设施及放射性物质使用单位周围环境的监测事项，以及放射性产品与废料处理、贮存、运输及最终处置等场所周围环境的监测事项，核设施意外事故的环境辐射侦测及放射性分析事项，人体辐射剂量的评估事项，环境辐射侦测技术的研究发展事项，辐射侦测结果异常情形的立即发布事项，并定期公布辐射侦测、监测及评估的相关结果。

五、"经济部"有关所属机构

（一）"中央地质调查所"

"中央地质调查所"是一所台湾地区的地质调查机构，也是中国最早成立的地质科学研究机构。

（二）"智能财产局"

"智能财产局"（简称"智能局"或"智财局"）是"经济部"所属机关，前身为成立于1927年的"全台注册局"，负责商标、著作、专利等知识产权和营业秘密事项，也是"商标法""著作权法""专利法"和"营业秘密法"的最高主管机关。

（三）"标准检验局"

"标准检验局"（简称"标准局""标检局"），前身为1930年成立的"全台度量衡局"，是台湾地区的最高检验机关，负责台湾地区标准、度量衡和商品检验等工作。

（四）台湾"中油"公司

台湾"中油"股份有限公司（简称"中油""台湾中油"，英语译名：Chinese Petroleum Corporation, Taiwan, 缩写：CPC），是台湾地区最大的石化能源公司，为"经济部"所属的公营事业机构，其事业版图横跨石油与天然气的开采、炼制、产品行销等完整供应链。公司成立于 1946 年，原名中国石油公司（全名中国石油股份有限公司；英语译名：Chinese Petroleum Corporation, 简写为 CPC），2007 年改为现名。

（五）探采研究所

探采研究所是"台湾中油"所属的一个研究机构，位于苗栗县苗栗市文发路。

（六）台湾糖业公司

台湾糖业股份有限公司（简称"台糖"），是台湾农产业规模最大的企业之一，于 1946 年 5 月 1 日在上海市成立，当时名为台湾糖业有限公司，在接收日本所属在台各糖业相关机构后，于 1947 年 1 月 19 日将总部搬迁至台北市，等旧会社民股处理完毕，才于 1948 年 9 月 3 日正式召开股东大会并报"工商部"（今"经济部"）核准登记，改制为股份有限公司。而由于"台糖"各事业部多位于南部，为活化资产及便于调配资源，2005 年 10 月 7 日召开临时股东会，通过修改公司章程，将总管理处（总公司）由台北市迁至台南市台糖研究所用地，并于同年 12 月 19 日起开始办公。

该公司成立时的最主要业务是砂糖生产与销售，而"台糖"的种蔗面积最高达 12 万公顷（1948—1949 年），产糖量最高达 100 万吨（1964—1965 年），糖外销外汇收入最高为 1 亿 3500 万美元（1964 年），曾占台湾总出口外汇的 79%，缴库盈余达到 28 亿元（1976 年），后来由于受国际糖价波动及下跌等因素影响，台湾制糖业从 20 世纪 90 年代开始式微，过去可供外销的砂糖产量减少，而后"台糖"转型，约在 2004 年初完成所属八大事业部的建置，除了原本主要的砂糖事业外还有量贩、油品、畜殖、生物科技、商品行销、精致农业、休闲游憩等事业。而在过去，台糖还曾经营过铁路运输与教育等事业。

（七）台糖研究所

台糖研究所为台糖公司一级研发单位，核心技术包含发酵工程、天然物分离纯化、制程优化、剂型开发、功效验证、转基因与分子学验证平台、优良作物分子育种及 GAP 栽培管理、组织培养与设施栽培，以及植物病原检测与验证服务。除培育优秀的研发团队外，亦重视智能财产及相关管理制度，拥有多项 TAF（财团法人全台认证基金会）认证，获得科技管理学会优秀团队奖，并连续 5 年通过 TIPS 验证，相关经验运用于产品开发及技术授权谈判策略，成效卓越。未来仍将继续加强与公司发展方向相关的研究发展工作的投入，使研究成果能在公司的转型经营中落实生根。

（八）台湾"国际造船公司"

台湾"国际造船公司"（简称"台船""台湾造船"），为台湾造船业的旗舰企业之一。总公司设于高雄市，在高雄、基隆两地设有大型造船工厂。其英文名 CSBC Corporation Taiwan 中的"CSBC"是旧名"中国造船公司"的英文名（China Ship Building Corporation）缩写，简称"中船"，是台湾"十大建设"的重要项目之一。

（九）台湾电力公司综合研究所

综合研究所在公司投入人力与资源的支持下，已成为台湾电力公司重要的发电、输电及配电技术提供与支持单位，技术研发内涵也经由追随与学习先进技术，转变为创新与创造，并将产生的研发成果，以技术移转方式，扩展到公司各单位，厚植公司核心技术及提升公司竞争力。

未来综合研究所将依据未来经营策略、永续经营发展关键议题、满足各系统单位营运需求、参酌其他国家和地区电业研发方向等需求，积极持续提升技术水平，协助公司致力于下列 7 个方向的研发工作：强化电网系统性能、提高发电营运绩效、推动再生能源并扩大低碳发电布局、核能安全与营运效率提升、环境生态平衡与资源利用、提升公司经营能力、加强客户端电能服务与管理。

综合研究所致力于科学、技术、健康的研究和分析，以加强次世代能源的永续发展，并成为电力科技的领导者，与公司共渡财务难关。此外，将配合办理公司应对有关推动电业自由化政策的准备工作，如厂网分工、组织转型等，以及推动 AMI、智能输电与节能减碳等议题。

（十）汉翔航空工业股份有限公司

汉翔在有关航空工业发展政策指导与全体人员努力下，已培育出经验丰富的航天科技人才，并使汉翔拥有军用飞机的研发制造、全机系统整合、民用飞机的区段研发、零组件制造与组装、后勤支持与飞航服务等能量，成为亚太地区少数兼具研发、系统整合、测试及制造能量的航空工业供货商，受到国际航天产业的重视与赞许，并对台湾航天工业具有重大贡献。其业务有：防务业务——岛内军用飞机的研发、设计、制造、维修、性能提升、机队商维、整体后勤支持服务、军工厂委托民间经营案等及军用引擎业务；民用航空业务——民用飞机机体结构、次组合件的设计加工（ODM）及代工制造（OEM）等，国际民用飞机的引擎零组件设计加工（ODM）及代工制造（OEM）等，以及辅助动力系统/消音系统工程业务产品设计与整合等；科技服务类业务——以现有航空技术能量所衍生的各类科技产品的研发、设计、制造、测试、系统整合及售后服务等业务为主，包括轨道机电整合、绿能工程、汽车电子、飞航及信息。

（十一）台湾自来水公司

台湾自来水公司（全称台湾自来水股份有限公司，简称"台水""台水公司"），是台湾地区最大的自来水供应机构，为"经济部"管理的公营事业。除了大台北部分区域与金马地区的自来水供应分别由台北自来水事业处及当地自来水厂负责外，台湾地区的自来水供应均由"台水"负责。

六、"环境部"有关所属机构

2022年"环保署"升格为"环境部"。

（一）永续发展室

其科技永续组业务包含科技发展事务及永续发展事务等两大类，业务简介如下：科技发展事务——办理科技计划先期审议及绩效管理作业；永续发展事务——办理"行政院台湾永续发展委员会秘书处"的事务。国际合作组的业务方面，"环保署"积极推动与环保先进建立双方或多方合作关系，经由人员互访、技术转移、共同研究等管道，以促进台湾环保体系的健全、环保"法规"的建制及环保技术的提升。另外，从2014年起与美国环保署共同推动"国际环境伙伴计划"，借由美国环保署协助扩展与区域及国际组织的合作。同时积极参与亚太经济合作（APEC）及世界贸易组织（WTO）环境保护相关业务，掌握国际环保动态趋势，及早研拟应对对策。

（二）环境检验所

其业务职掌为，第一组：检测业务规划管理，第二组：空气及物理检测，第三组：无机检测，第四组：有机检测及超威量物质检测，第五组：生物检定。服务项目主要有：环境检验测定机构许可、环境污染的检验方法订定、环境污染的检验测定。

七、"公共工程委员会"有关所属机构

"公共工程委员会"已并入"交通部"。

"工程管理处"

"工程管理处"职掌：公共工程计划管理制度的研议，公共工程计划执行的协调、配合、督导及考核，公共工程计划执行质量管理制度的研议及督导，公共工程信息体系的建立与管理，公共工程计划的其他工程管理事项。

八、"卫生福利部"有关所属机构

"卫生署" 2013 年改为 "卫生福利部"。

"中医药司"

应对"卫生福利部"成立，原"行政院卫生署中医药委员会"纳编为中医药司，分 4 科办事，职掌如下：一是中医药管理政策的规划、推动及相关规定的研拟。二是中医医事人员管理与医事人力发展政策的规划、推动及相关"法规"的研拟。三是中医医事机构管理政策的规划、推动及相关"法规"的研拟。四是中药（材）的管理与质量促进政策的规划、推动及相关"法规"的研拟。五是其他有关中医药管理事项。

九、"交通部"有关所属机构

（一）"中央气象局"

"中央气象局"于 1941 年在重庆成立，直属"行政院"，1949 年迁台，1958 年将业务交由台湾省气象所办理，直到 1971 年 7 月恢复建制，改隶"交通部"，主管台湾气象业务。该"局"置"局长"一人、"副局长"二人及主任秘书一人，并设有第一、二、三、四组，气象科技研究中心和秘书、人事、主计、政风四室；另辖气象预报、气象卫星、气象信息、地震测报、气象仪器检校、海象测报及台湾南区气象 7 个中心，25 个气象站，3 个气象雷达站及 1 个天文站，分别掌理气象、地震以及和气象有关的海洋与天文业务；并搜集全球气象信息，分析大气变化，发布各种天气预报及警报，以供民众参考使用。

（二）气象科技研究中心

1938 年台北测候所改称为台北气象台，设五课（总务、观测、调查、预报及航空课）。1948 年台湾省气象所改组成四科四室，设总务、观测、预报、天文科及人事、会计、统计、研究室。1983 年 2 月以任务编组方式成立气象科技研究中心，发展数值天气预报。主要业务：第一科——气象科技研究、发展、技术转移等事项，气象科技研究计划的规划、执行、管理、协调、联系、评估等事项，中、长程气象科技研究计划的规划及执行事项，技术性气象会议的规划及执行事项。第二科——延聘台湾外科技顾问的协调、联系及执行等事项，"国科会"研究计划的申请、联系、协调、管理等事项，气象科技研究文献及期刊的编印与交换事项，图书的搜集、典藏、管理等事项，气象专业人才培育等业务的综合规划及执行事项。研究群有：数值天气预报组、气象统计预报组、短期气候预测组、卫星气象与雷达气象组、台风研究组。

（三）运输研究所

运输研究所是"交通部"附属机构，1970 年成立。目的在于为台湾交通主管部门提供"解除拥挤""疏通瓶颈""提高容量""扩充及充分利用现有运输设施"及"拟订中长期运输发展计划"的各种研究报告及各项企划案。

（四）港湾技术研究中心

1999 年 7 月 1 日，因台湾省政府功能业务与组织调整，原台湾省政府交通处港湾技术研究所改隶，该所更名为"交通部运输研究所港湾技术研究中心"，为"交通部"所属机关。

十、与科技发展相关的法人机构

（一）"国科会"台湾实验研究院

"国科会"台湾实验研究院（简称"国研院"）成立于 2003 年 6 月，隶属于"科技部"，下辖 10 个研究中心，由院本部统合协调各单位的运作，以提升弹性与效率，促成台湾科技发展体系的垂直整合。借由整合各研究中心的核心技术与设施，"国研院"提供台湾官、学、研界进行"地球环境""资通信科技""生医科技""科技政策"等领域所需的研发平台与技术服务。配合"科技部"推动全台科技发展，"国研院"秉持"建构研发平台、支持学术研究、推动前瞻科技、培育科技人才"四大任务，以"追求全球顶尖、开创在地价值"为愿景，并以"创新科技、守护台湾"作为营运目标，扮演科技人才与创新经济所需的科技研发平台的提供者，转译学术研究成果，创造新兴产业，贡献民生福祉。

1. 台湾实验动物中心

动物中心隶属于"国研院",为其下 10 个台湾级实验研究中心之一。动物中心秉持着"品质第一,福祉优先"的核心精神,提供生物医学研究与生技药品测试需要的临床前动物试验资源与标准化环境,在科学应用与动物福祉双轨并进的基础上,提供多元化的技术服务及教育训练课程,满足生医研究需求,提高临床前试验效率。配合台湾生技发展政策。动物中心进驻重要生技发展群落,依在地生技研究与产业发展特色,支持产业界与学研界的生医研发、新药开发及医疗器材发展。动物中心目前计有台北中心、临床前测试实验室、南部设施、临床前手术及照护设施 4 个服务据点。

2. 台湾高速网络与计算中心

台湾高速网络与计算中心(简称"国网中心"),于 1991 年成立,拥有全台湾唯一共享的大型计算平台及学术研究网络设施,肩负计算、储存、网络、平台整合的前瞻云端技术先导角色,提供台湾各界高速计算、高品质网络、高效能储存、大资料分析及科学工程模拟等云端整合服务。"国网中心"的愿景是"成为国际级高速计算中心,促成科学发现与技术创新"。自成立以来,"国网中心"致力提升台湾高速计算与网络基础设施能量,规划执行先导性高速计算、云端运算、大资料计算的方法与应用研究,以专业技术与平台服务学、研、产、官各界,培育无数相关领域的高速计算人才。为有效支持台湾科技研究,"国网中心"建构科技研发平台,支持台湾外研发团队高速计算与大资料库发展工作,范围涵盖工程与科学、环境与灾防、生物医学及数位文创等应用领域,打造一流的国际级高速计算中心。

3. 台湾地震工程研究中心

台"行政院台湾科学委员会"为有效推动台湾震灾科技的研究与发展,择定于台湾大学校园内,设立台湾地震工程研究中心。该中心历经多年的筹建,1998 年 11 月底始正式启用研究大楼,其设立的宗旨为设置地震模拟试验室,利用大比例尺或足尺寸静动态试验方式,提升与落实地震工程的研究。另外也结合岛内外与地震工程有关的学者及工程师,从事有关地震工程的基本研究和应用研究,分别从理论或试验方面解决岛内工程界的耐震问题,带动地震工程科技研究的创新，提升学术研究地位。并同时配合震前准备、震时应变、震后复建的需要，整合岛内学术资源，执行整合型计划，发展地震工程新技术，以减轻地震灾害损失为最终目的。

4. 台湾纳米组件实验室

台湾纳米组件实验室位于新竹市科学工业园区旁，隶属于财团法人台湾实验研究院，为台湾培育半导体与纳米科技高级技术人才的重镇，自1988年成立以来，即成为岛内开放纳米组件制程的试验环境，提供岛内唯一全方位的全套委托服务开放式实验研究环境，并结合生命科学、光学、电子、机械、电路设计或系统工程等领域专家，以各种合作模式获得跨领域的研究成果与技术，不仅提升台湾学研机构在整合组件技术上的研究能量，进而建立国际学术声望。

5. 台湾太空中心

台湾太空中心缘起于1991年10月，系台"行政院"核定的15年"台湾太空科技发展长程计划"（第一期计划）所设立，作为台湾太空计划的执行单位，并借由台湾中心业务组织的推展，建立岛内大型高科技系统整合能力，以奠定台湾太空科技发展的基础，并塑造未来在国际太空市场及应用产业上有利的竞争资源。

6. 台湾芯片系统设计中心

1992年5月起推动"芯片设计制作中心"筹设专案计划，1993年1月于新竹科学工业园区成立中心筹备工作小组。鉴于科技发展趋势，1996年7月更名为"台湾芯片系统设计中心"。为强化南部高科技研发环境，特于2002年9月于台南科学工业园区设立南区办公室，以发展与新竹科学园区相辅相成的前瞻研究，建立高科技技术及产业发展聚落。中心以"培育积体电路芯片及系统设计人才、提升积体电路芯片及系统设计技术"为宗旨，强化台湾积体电路芯片及系统设计能力。主要任务为：建立积体电路芯片及系统设计环境；提供积体电路芯片及系统设计雏形品的实作与测试服务；推展积体电路芯片及系统设计的"产、学、研"合作研究，并将学术界的研究成果落实推广至产业界；推动地区积体电路芯片及系统设计相关技术的合作与交流。

7. 科技政策研究与信息中心

科技政策研究与信息中心成立于1974年，一直作为科技信息服务单位，

2005 年改制为财团法人后，除持续强化学术研究信息服务基础环境外，并积极发展科技信息分析能力，建立科技政策研究的能量，以支持"政府"科技政策决策，目前已成为台湾科技政策幕僚与信息服务单位，肩负"'台湾级'科技智库"角色。科政中心以成为具备学术基础和实证研究特色的世界级科技政策智库为发展目标，结合学者专家整合建立科技政策研究体系，建构科技研究方法与知识库，提供科技政策形成机制与沟通平台，以促进台湾科技政策决策体系专业化与健全化发展，加速台湾科技整体发展与提升国际竞争力。

8. 仪器科技研究中心

仪器科技研究中心（简称"仪科中心"），配合台湾科技政策，从事仪器科技的研究与开发；支持前瞻学术研究，促进科学上的新发现；关怀环境与生态，创造优质生活环境。仪科中心为台湾真空技术与光学技术的先驱，于所建立的相关技术领域基础上，发展仪器基础工程技术，建构台湾仪器科技基础平台及服务体系；提供学术与产业界新兴仪器应用服务测试平台。结合学界推动产学合作，以创新工程品化及工程服务化为方向，建构台湾仪器科技基础平台及服务体系，以支持前瞻学术研究自主开发仪器设备所需，协助促成特色学术领域与产学应用。

9. 台湾灾害防救科技中心

台湾灾害防救科技中心（简称"灾防科技中心""灾防中心"）为台湾地区的行政法人型的研究机构，位于新北市新店区。负责结合上、中、下游研发能量，并强化提升灾害防救科技水准，以及整合当局部门与学术组织的灾害防救科技资源，进而将各类灾害损失伤亡降到最低程度。

10. 台湾海洋科技研究中心

台湾海洋科技研究中心成立于 2008 年，致力成为台湾海洋科技学术研究的后盾；发展重点为建置海洋科技研究的核心设施及技术团队，支持学术活动与执行"政府"部门交付的任务，成为培育台湾海洋科技人才的重要平台；应用海洋资料库与加值，提供创新服务，以促进产、官、学的合作架构并推动在地价值与全球顶尖前瞻研究议题，及研究船队的管理与维运，以提升台湾海洋研究与探测能量。

11. 台风洪水研究中心筹备处

台湾实验研究院常务董事会议通过，于 2007 年 1 月 1 日成立台风洪水研究中心筹备处。中心发展愿景为研发大气水文观测、分析、同化与模拟关键技术，建立先进大气水文灾害实时模拟能力，协助学术界、防灾相关单位及相关产业；培养优秀大气水文研发人才并提升研发能量，突显具区域特色的大气、水文研究议题和成果，使台湾成为世界知名大气水文研究重镇。

（二）"经济部"工业技术研究院

1. 南分院

工业技术研究院（简称"工研院"）南分院，以创新技术与服务，配合台湾南部整体区域产业发展政策，运用"工研院"各单位的研发成果，与产、官、学界密切合作，强调开放、参与、交流，带动台湾南部产业创新、转型与升级。

目前有微系统中心、激光中心、信息与通讯研究所、材料与化工研究所、绿能与环境研究所、生技与医药研究所 6 个技术单位及产服中心、产业学院、资料中心、行政处、会计处、人力处、安环部 7 个业务单位进驻。

2. 电子与光电研究所

工业技术研究院（简称"工研院"）成立于 1973 年，是国际级的应用科技研发机构，拥有 6000 多名科技研发人员，以科技研发带动产业发展，创造经济价值，增进社会福祉为任务。该院成立 40 多年来，累积近 3 万件专利，并新创及育成 273 家公司，包括台积电、联电、台湾光罩、晶元光电、盟立自动化等上市柜公司。"工研院"以"创新、诚信、分享"的核心价值，持续深耕前瞻性、关键性的技术。

3. 信息与通讯研究所

信息与通讯研究所（简称"资通所"）于 1990 年成立，以 ICT 产业发展所需的前瞻主题研究、关键技术的开发、其研发成果附加价值的提升与产业化为核心。20 多年来，从早期的个人计算机（含笔记型计算机）、有线通信与网络，一直到无线与移动通信及新兴智能终端与云端应用服务等，"资通所"不仅仅是 ICT 技术的先驱领航者，也培育出相当丰沛且深厚的技术能量及优秀人才，为台湾地区产业发展奠定殷实的根基。此外，"资通所"亦配合当局政策，协助整合台湾地区产、官、学、研各界能量参与国际ICT相关标准组织活动与标准制定，借由技术创新与智财的累积，增进台湾地区在全球竞争舞台能见度与影响力。

4.机械与系统研究所

面对科技日新月异的挑战，产业的研究发展工作与智能财产权的保护管理，已经成为一个企业是否能够永续经营的关键。机械与系统研究所秉持"整合、创新、速度"的工作理念，致力于前瞻创新研发，促动机械产业，将智权制度融入研发管理中，并协助台湾地区业者解决智权问题。

5.材料与化工研究所

材料与化工研究所主要职能是整合化工与材料研发能量，扮演材料科技研发的前瞻者、智能资产的创造者角色，创造产业竞争力，并配合新兴产业发展及传统产业竞争力提升，致力于新世代电子材料、绿色能源材料及组件、高值化学材料及与民生福祉相关材料等关键技术开发，以创造价值来彰显实质产业效益，经由前瞻开创性研发、整体性技术服务，加速工业材料与化工技术开发。材料与化工研究所的愿景与使命是提升在材料与化工领域的突破性创新能量，结合优势产业以深化整体竞争力，同时也促进特用材料及化学品产业的成长与附加价值；建构国际级的企业与创新体系，成为产业创新的活水源头。

6.绿能与环境研究所

绿能与环境研究所伴随台湾经济成长的脚步，积极进行研发及创新以协助台湾地区资源开发利用、再生能源、节能减碳、能源效率与环保等技术的提升，扶植产业成长贡献卓著。绿能与环境研究所将持续投入前瞻绿能科技研发，开创节能减碳与永续环境科技，并协助绿能产业发展开创绿能与环境新产业，以达到永续发展的目标。绿能与环境研究所定位为低碳家园技术的引领者——以绿能、环境及资源技术为核心，开创前瞻节能减碳与永续环境的科技，发展绿色能源环境产业，引领低碳家园建设。其发展策略除配合院部既有制度与体系进行外，亦积极导入创新的能源、资源与环境技术规划，并秉持协助推动产业转型、提升产业竞争力的使命，进行各项组织发展的布局。

7. 生技与医药研究所

1999 年 7 月 1 日成立生物医学工程中心，又于 2006 年 1 月 1 日转型成为生技与医药研究所，全力投入跨领域的创新前瞻性的生物医药技术开发，积极整合"工研院"的材料、化工、纳米、资讯工程等技术，为台湾生技与医药研发开创崭新的未来。该所的发展重点乃以基因与医药为核心，推展新药开发、细胞医疗与纳米生物科技等前瞻、创新的生物医学科技及应用。主要的研究计划包括：蛋白质体、基因芯片、生物标记、microRNA、生物资讯、干细胞与细胞治疗、生医材料、类新药、标的新剂型、天然药物开发、组织修复等。

8. 影像显示科技中心

"工研院"从 1987 年在该院电子所（ERSO）开始执行平面显示器技术开发计划，1997 年台湾 TFT-LCD 产业的厂商如雨后春笋般陆续成立，台湾平面显示器相关产业蓬勃发展。2002 年在当局推动"两兆双星"计划后，即进入快速增长期，同时在产、官、学、研的共同努力下，台湾影像显示产业创造出比半导体产业更惊人的增长，并已于 2006 年底前产值破兆。设短程目标于发展利基型的显示技术，如复合式穿透式液晶显示、低驱动电压与高均匀性的 CNT FED（Carbon Nanotube Field Emission Display）技术；中程目标则致力于发展初阶软性双稳态显示技术的应用产品；长程则希望达到应用于行动生活的高阶软性面板的技术发展。期许以"工研院"创新、诚信与分享的信念结合前瞻性的技术主题，研发出具高度原创性、创新性产品。

9. 系统芯片科技中心

系统芯片科技中心为"工研院"五大焦点中心（Focus Center）之一，自系统芯片技术的角度出发，聚焦于通信、多媒体与行动网络应用等领域，从事 SoC/IP、Platform、Software、Application 到 Service 的创新完整解决方案（total solution）的研发，并以创造产业新价值为目标。系统芯片科技中心（简称"芯片中心"）致力于系统芯片技术研发与产品应用实现，并追求产业效益的落实，在技术研发方面则聚焦于 MIMO Mobile WiMAX RF/Baseband/MAC 技术，以及 DSP core/Multi-Core 软硬体技术。长期而言，芯片中心将增进与产、学、研合作的深度与广度，充分运用资源来协力发展关键领先技术，以进一步协助台湾 IC 设计业强化其全球领导地位。

10. 太阳光电科技中心

太阳光电科技中心（Photovoltaics Technology Center）成立于 2006 年，为"工研院"五大焦点科技中心（Focus Center）之一。该中心结合产、学、研团队与国际合作，开发出崭新的太阳光电技术，并拓展新的应用领域，扶植太阳光电产业成为下一波的明星产业。太阳光电科技中心未来将带领太阳光电产业竞逐全球市场、加速新型太阳光电技术的商品化，以成为太阳光电发展政策的智库为任务。

11. 医疗器材科技中心

医疗器材科技中心于 1995 年 1 月 1 日成立，结合台湾 ICT 产业技术优势、资金、品牌及行销能力，以快速成长的远距及居家医疗器材市场为着眼点，带领台湾医疗器材产业成功转型。应对全球人口高龄化、慢性与退化疾病患者增加，医疗费用持续攀高，健康照护服务需求增加，医疗器材产业更具有科技、知识高度密集的特性，促使近年来产值呈现 2 位数的增长。该中心善用台湾成熟的资通信技术，跨领域整合包括无线辨识（RFID）、微系统及医疗电子等在内的应用，将医疗服务带出医院直达"银发族"的家，帮助其建立自我健康管理的概念。

12. 辨识与安全科技中心

辨识与安全科技中心将整合"工研院"辨识、感测、视讯监控及无线网络等相关技术，开发新一代园区安全及居家安全系统，提升台湾安全产业从"组件生产制造者"成为"安全系统及整合服务提供者"；同时发展 RFID 创新应用服务，相关软硬体技术，及国际级验测认证能量，带动 RFID 产业发展。

13. 纳米科技研发中心

纳米科技研发中心于 2002 年 1 月 16 日成立，目前已启动纳米列车行驶全省，首站从高雄传统产业出发，接着将为能源、集成电路、电子构装、信息存储、通信、生物科技、显示器及材料等各产业，解说纳米科技的特性及其对产业所带来的革命性改变，引导业者多加利用，使产、学、研合作的效益能再进一步发酵、扩散，共同为提升台湾产业竞争力而努力。目前台湾产业应用的纳米技术有：镍氢电池隔离膜、锂电池隔离膜、磁性流体、基板平坦化、无机记录媒体、CMP研磨液、PDA Hand Coat、喷墨印刷机墨水、纳米颜料、纳米黏土复合材料、纳米黏土、MRAM，而相关的纳米化产品也已陆续开发成功，并且已有诸多企业在产品制程中使用纳米技术，其市场竞争力与占有率亦有明显攀升，也由于产业纳米化后的成效良好，已有相关业者对纳米技术寄予厚望，陆续引进。

14. 产业经济与趋势研发中心

面对国际新兴科技与创新应用趋势加速的挑战，以及台湾产业创新转型升级的关键时刻，"工研院"整合原有产业经济与趋势研究中心（IEK）的市场分析与产业智库服务能量，以及国际中心（IIC）海外产、官、学、研机构国际网脉，成立"工研院产业科技国际策略发展所"，聚焦于前瞻科技及应用的产业蓝海市场策略，同时借由深化与国际前瞻科技研发机构的深度合作，达到联结全球创新生态网络、协助台湾产业布局全球前瞻科技市场的国际发展策略，提升"工研院"成为世界级智库。愿景与优先任务包括：以"掌握全球产业与科技趋势，引领台湾产学研国际发展策略的推手"作为愿景，并定锚四大优先任务：扫描前瞻科技与新兴应用市场、联结全球创新生态网络、结盟科研策略伙伴共创未来、提升产、学、研整体创新科技研发能量，期待借由强化国际前沿技术扫描、促进国际领导公司及机构的产业与科技合作等功能，以提升台湾整体创新科技研发能量。

15. 量测技术发展中心

1985年，量测技术发展中心在前"经济部中央标准局"（今"标准检验局"）与工业技术研究院的共同推动下成立。在组织定位上，量测中心属于"工研院"的联结中心（Linkage Center），以促进院内跨领域、跨专长的合作，创造衍生价值为主要任务；在组织功能上则包括企划与推广、标准与技术发展、标准与计量技术发展、仪器与感测技术发展、计量验证与创新应用、医疗器材验证，以及前瞻感测技术发展。高科技产业是台湾的主要命脉，量测中心为支持产业需求，进行多项前瞻研究，如飞秒脉冲激光光频、单电子电量、微力、光纤传输式电磁场强等研发。其中，纳米计量的研发，期与台湾科技政策同步推进；同时，针对半导体、平面显示器等主流产业，则建立了膜厚、线宽、表面电阻、微波材料特性量测等产业标准，提供产品开发所需的设计、制造及检验能力，目前正在建置的是影像显示产业标准及平面显示器验证技术，让业者在台湾迅速完成标准追溯，提升国际竞争力。未来，量测中心将着力于新兴产业，如节能、生物医药等标准建立。

16. 服务业科技应用中心

服务业科技应用中心（简称"服科中心"）成立于 2006 年 1 月 1 日，目标即在产业价值链中发掘创意价值，触动并开创具有原创性、科技性、长期性的服务事业，最终则希望形成新的服务产业链及服务产业聚落。服务业科技应用中心的成立宗旨，即针对服务业，提供"工研院"科技整合、技术附加值及创新商业模式等服务。期望有效运用"工研院"特有的跨领域资源，协助并促成业界合作与商机媒合，加速台湾服务产业科技运用的发展。目前台湾服务业占其 GDP 比重达 73.6%，但服务业投入研发的比重仅占整体产业研发经费的 6.5%，比例明显低于欧美的 20% 以上。为了促进台湾服务业朝向科技化发展，并培育创新科技化服务业，促使服务业朝精致化、高值化和国际化发展，该中心将发展创新服务所需的核心能量，包括需求洞察、商业模式与服务发展、系统建构、联结策略与行销等。因此，如何将新技术应用到服务业，在全球的产业链中找到新的定位，是推动经济增长的重要指标，也是"工研院"成立该中心的目的。过去"工研院"服务的对象多是制造业者，成立服科中心，将针对服务产业提供"工研院"整合技术加值及商业模式创新等服务。期望运用"工研院"的跨领域资源，激荡服务科技的创新应用，为服务业创造新商机，拓展服务业的国际市场与国际品牌。

（三）资讯工业策进会

台湾资讯工业策进会（简称"资策会"）成立于 1979 年 7 月，是一个官、民共同出资的法人团体，在台湾资讯产业中承担着研发、推广、组织与协调作用，被称为"台湾资讯产业的智库"，在高科技产业特别是资讯产业界地位十分重要。"资策会"下设技术研究处、产品开发处、教育训练处、推广服务处、特种系统处、系统工程处与资讯技术处等，以及资讯市场情报中心、科技法律中心等部门。其业务范围相当广泛，主要包括：（1）担任当局推动资讯产业发展、资讯科技应用及建构知识经济环境的智库。（2）协助构建资讯产业及知识经济发展的基础与环境建设。（3）推动台湾各界、各领域资讯科技的应用，以提升其生产力及增进人民福祉。（4）研发及引进前瞻、创新的资讯技术，协助企业掌握新兴产业机会，提升台湾资讯产业的国际竞争力。（5）培养资讯产业及知识经济所需的技术与管理人才。同时，"资策会"出版《资讯与电脑》《网路通讯》杂志，以及《资讯法务透析》与《资讯工业透析》等专业刊物，建立"MIC 产业资料库系统"与"剪报资料库系统"等资料库。

1. 数位服务创新研究所

部门定位：研发与实证数位服务创新营运模式，带动服务业创新升级及网络新经济发展。发展重点：研发数据分析与服务系统技术，设计与实证创新数位服务营运模式，搜集与分析用户行为大数据，积累数位服务解决方案，进而复制扩散境外地区。创新应用服务顾问辅导：科技化服务解决方案研发与应用、服务创新设计方法研究。

2. 数位转型研究所

部门定位：以数位科技与思维为本，推动产业跨业整合与数字化创新转型。发展重点：以数位科技与思维为本，建立以数位科技为核心的系统整合能力，针对台湾以中小企业为主的特性，通过异业结盟融合领域知识，研发符合产业特性的数位转型解决方案，以促进产业转型升级。专业能力：该所的研究与研发团队，搜集分析数位经济趋势下企业转型所需的数位技术应用项目，研发适合产业转型及附加价值所需的资通信技术与平台，并提供企业转型所需的顾问及研发服务，与专业型法人跨界合作，整合产业领域知识，带领企业数位转型，迈向数位经济。主要聚焦于发展人工智能、机器学习、区块链、开源资料等关键技术，应用于智能分析、智能制造、智能能源、智能食品安全等领域，企盼以数位信息技术推动跨产业整合与数字化创新转型，构筑产业智能联网生态圈，达成协助产业数位转型的目标。

3. 智能系统研究所

部门定位：建构大型智能系统研发能力、研发关键技术模块，发展高价值智能系统解决方案，带动台湾外产业发展与建构新兴产业生态系。发展重点：

物联网/云雾运算、深度学习、交通分析、5G通信、异质联网、混合实境与体感穿戴技术。应用领域：智能制造（端、网、云）、智能运输、智能电厂、智能体感/穿戴、智能通信。业务功能：以研发智能系统为核心，发展物联网云雾运算、智能交通、智能体感、智能通信、智能电厂等平台系统与应用服务，促进产业升级。

4.数位教育研究所

培育优质专业人才：应对产业需求，融入创新、创意与创业的精神，培育国际化资通信相关人才。开创校园科技产业：发展智能校园科技应用服务，布建优质学习环境，并带动智能校园相关产业的发展。推动数位内容创作：运用新媒体科技，丰富创作的表现与内涵，厚植文创产业发展的基础。主要业务：培育优质专业人才。资通信技术：资通信技术涵盖所有计算机硬件、韧体、作业系统、应用软件开发、多媒体及网络电信等相关通信产业技术，并借由这些技术的建构与联结，提供人类便捷与舒适的生活和服务。为承先启后，针对30多年来带动台湾经济增长主要动能的产业技术，该所持续研发、引进与开办最新资通信技术课程，包含：Big Data、云端技术、行动运算、智能联网等各式前瞻技术，并以超过100门慕课课程、学习地图及ICT技能检定规范等创新教学服务及训练质量管理系统，实时培育并提供企业所需优质人才，以协助产业掌握关键前瞻科技，引领企业再造蓬勃商机。科技化服务：科技化服务指善用资通信科技与管理方法，提供客户创新应用的服务。2000年以来，在RFID、智能装置、Web 2.0、云端运算等技术快速发展后，各种创新整合的应用亦纷纷出笼，有效优化了产业营运模式，并提升民众的生活质量。该所开办的科技化服务课程包括：企业电子化、行动加值应用、云端运算、巨量资料、信息架构管理、项目管理、信息服务管理、研发管理、营销管理等类别，提供中高阶管理人员提升管理技能及掌握全球趋势的管道。数位内容：数位内容是当前知识经济中，全球文化创意产业发展的重要核心，涵盖以"创意结合数位技术"所创造出的内容产品、应用娱乐或服务，并已逐步成为当代社会发展中的主流产业与趋势。以新媒体科技为载体的数位内容相关领域为：计算机动画、数位游戏、行动内容、数位影音、数位出版、数位学习等，包含时下流行的3D立体电影与触控体感游戏。该所协助当局推动"数位内容产业发展跃进计划"（其前身为"数位内容学院计划"），导入市场项目与引进台湾外师资开办企划营销、国际版权、制作管理、海外研习及精英人才中长期养成课程，借以培育具有国际竞争力的数位内容创作人才。

5. 资安科技研究所

资安科技研究所（Cybersecurity Technology Institute，简称 CSTI）为财团法人信息工业策进会所属的研发部门之一，长期专注于资通信安全领域的政策规划、推动及新技术研发等，均有重大成果。近几年来，积极参与国际资安相关组织的合作与交流，以提升技术与专业水平，并提供资安相关的顾问辅导与技术服务，祈能协助各行各业强化资安防护能力，进而增进营运效率与竞争力。部门定位：台湾资通信政策规划与科技创新应用的推动者，资安核心技术研发与专业防护方案的领航员，台湾资通安全防护的策划与执行者。主要业务：研究前瞻资通信政策，并协调推动执行；研发资安核心技术，带动产业发展；提供资安服务，强化当局及民间信息安全防护；提供软件检测服务，确保信息系统质量。愿景：成为具国际竞争力的资安技术与服务专业机构，坚实台湾资通信安全防护能力。服务理念：以客为尊、以人才为本、以专业为要、以维护客户利益为前提。

6. 产业情报研究所

产业情报研究所（MIC）成立至今 30 余年，1987 年以"信息市场情报中心"为创始名称，并于 2009 年升格改制为产业情报研究所，专执台湾信息工业发展研究调查，并以"政府"智库与产业顾问自许。该所多年翔实记录资通信产业成长轨迹，并为台湾产业政策发展提供前瞻视野与建言，至今仍不断自我鞭策，致力于扮演产业领航角色，持续观察新兴市场发展与定位，随着产业趋势脉动为产业备妥先探研究。部门定位："政府"智库——协助当局擘画产业政策与技术发展蓝图；产业的顾问——提供严谨、稳定、可靠的产业情报信息，协助产业繁荣发展。产业情报服务：中文情报会员服务（AISP）、英文情报会员服务（IIP）、数据库、研究报告。产业知能提升服务：产业顾问学院、企业内训服务、研究方法专书。

7. 科技法律研究所

部门定位：科技法律政策与制度智库、科技与法律的跨界转译者、科技法制与智财的推展合作伙伴。主要业务："资策会"于 1989 年在信息市场情报中心下正式编制"信息法律研究小组"，协助信息产业掌握全球脉动，追求卓越的国际竞争力。1996 年将研究团队转型为独立编制的"科技法律中心"，2011 年组织调整后更名为"科技法律研究所"。该所研究范围聚焦于科技与产业发展、科技研发体系、技术移转、智能财产权、资通信、信息安全、电子商务、新兴科技等核心议题，并扩及国际经贸、官方采购、竞争秩序等外延领域。目前主要业务有：担任科技法律智库幕僚，协助架构台湾科技创新研究发展及产业应用法制政策，以健全能鼓励创新、促进产业的法制环境。近年来，应对需求导向、公私合作的研发创新潮流与"政府"组织改造，协助推动产业创新研发与成果运用的法制精进工程。活化新兴科技（如研发创新试验、无人载具、生物科技、绿色科技、能源科技等）发展法制，并于"科学技术基本法"、研发创新试验法制、FinTech、食品安全法制、农业生物科技法制、绿色能源科技法制、智能节能科技法制等领域协助相关政策研拟与相应的规范调整与建构。针对云端科技、创新金融加值、开放资料（Open data）、巨量资料（Big data）、信息安全与远距医疗服务，进行前瞻性法制趋势与议题研讨，提供产业与相关主管机关参考。进行国际上前瞻性科技法律重要议题先期研究分析，并针对台湾外科技法制政策重要议题持续追踪，厚植政策形成的信息与能量。针对台湾产、学、研智财现状与国际智财重要议题进行观测与研析，以促进台湾智财与科技生态循环为目标，提供台湾政策措施及法治建议。协助当局就"数字化政府"、电子商务综合应用、电子发票、创新采购、公务机关个人资料保护与管理等，进行法制分析与规范的研议。

推动电子商务产业发展相关法制环境建置。就台湾电子商务领域，协助研修相关规定、研析重要实务法制议题，以及通过法制讲习与文宣出版推广。推动通信产业发展相关法制环境建置。协助当局进行电信、广播电视及数位汇流法制政策的规划、"法案"的研拟修正，并就相关议题进行研究并提供法制相关意见。推动科技及文化创意产业发展相关法制环境建置。协助推动科学园区、产、学合作数位内容产业发展，担任相关法制研析智库，并进行配套法制规范研究。推动当局资料开放与应用相关法制环境建置。协助当局就资料开放、数字化行政、电子发票、行政文书等议题，进行法制分析与规范的研议。

推动个资管理制度与信息安全暨个人资料保护法制研析。规划、建置与推行台湾个人资料保护与管理制度、资料隐私保护标章，以及协助当局就信息安全暨个人资料保护与管理制订相关规范。推动企业建置智能财产管理制度。协助当局推广台湾智能财产管理规范（TIPS），提供智财网站平台资源，包含检视智财管理现状、智财管理基础认知教材等；并提供实体资源（包含智财管理制度诊断建议、智财管理制度辅导导入、智财管理制度培训机制与智财管理验证登录等）辅导措施。协助企业以智能财产建立及提升品牌竞争力。协助具国际品牌发展潜力的企业，提供国际品牌企业深入客制化智能财产保护管理、策略布局等多元服务。推动创业及中小企业相关法制环境建置。就新兴科技创新、科技创业、青年创业、新创采购、法规沙盒等议题，研析台湾外创新创业政策及措施，协助当局整备创新创业政策及其机制规划。担任网域名称争议处理机构。协助台湾网络信息中心（TWNIC）处理网域名称争议事务，受理网域名称争议申诉案。办理专业鉴定。接受司法或行政机关委托办理通信技术领域专业鉴定。办理"资策会"智能财产权管理及推广业务。

8."国际处"

"资策会"于2005年成立"国际事业群"（International Group），2012年更名为"国际处"。部门定位：台湾通信产业拓展国际业务的好伙伴、联结国际研发机构合作的推手。主要业务：整合"资策会"推动国际化及国际合作的资源与能量，支持台湾通信产业拓展国际业务，共同创造价值，提供高质量的信息技术、产品、解决方案及服务。"国际处"的主要产业服务内容如下。（1）国际营销：整合资源办理营销活动、搜集目标区域市场需求与客户信息、建立销售管道与合作模式，及介绍有潜力的国际买家与台湾业者的合作，以增加台湾业者参与国际业务的机会。（2）研发国际合作：整合该会各研究所，作为与欧、美、中东等地区研究机构合作的窗口。（3）市场开拓：针对不同技术或专业领域，与岛内业者组成多个解决方案团队，联结目标市场有影响力的通路与合作伙伴，掌握正确的商机讯息，再通过合作伙伴与客户近距离不断的接触，有效取得采购案或直接委托的机会。（4）策略伙伴合作：协助台湾业者组成国际业务团队，结合东南亚（如越南、马来西亚、泰国等）、非洲（如甘比亚、史瓦济兰等）、中东（如科威特、卡达、沙特阿拉伯、阿曼）等地区的通路伙伴，拓展当地市场。配合主管机关及公协会，建构长期有效的服务机制，以提升台湾业者及其产品的国际竞争力与绩效。

9. "南区产业服务处"

部门定位：培育新兴软件企业、辅导企业创新应用、推动南部产业发展。主要业务："资策会"本着创新、关怀、实践的精神，将"强化南部服务"列为营运重点项目之一，整合全会资源与经验，以"南区产业服务处"为服务窗口，从产业加值辅导、企业育成营运、推动产业发展等方面着手，为均衡台湾南北发展，协助南部业者开创商机，提供必要的产业服务，并积极通过与台湾南部各公协会密切交流，扩大信息服务应用层面，协助通信业者开创潜在市场商机，以提升台湾南部信息应用能力及信息产业水平。近年来基于服务在地需求，"南区产业服务处"由信息服务建置走向创新辅导与产业推动。创新辅导主要为辅导厂商突破经营瓶颈，创造产业价值，以协助产业升级转型与产业推动，并与区域的产、官、学、研界建立密切而良好的合作网络，共同促进地方营造产业创新研发氛围，以协助推动地方产业发展。

10. "中区产业服务处"

部门定位：研发中部产业所需的关键技术与服务的整体解决方案；培育中部信息服务业者，使其升级为具大量资料分析能力的服务营运商；引领与辅导具在地智能的中部企业创新应用发展；活化闲置资产价值，打造聚落特色经济。主要业务：以关键制程应用资料平台技术为基础，提供应用租赁及其感知加值服务与能源管理。以创新体验服务设计方法，快速发掘出台湾中部具规模化潜力的优质业者，提供科技加值服务，加速推动台湾中部产业发展。在数位机会中心所在区域，协助建构具在地特色商品的电子商务营运模式及机制，带动社区产业整体发展。

11. 台日产业推动中心

部门定位：台湾地区与日本企业及产业的合作桥梁，台"经济部"对日产业合作交流的智库与推动单位。主要业务：日本长期以来是台湾地区的重要技术与投资来源地，并且也是台湾许多产业的重要合作伙伴，为持续深化与扩大双方双赢的合作，提升台湾产业竞争力，该中心积极协助台湾产业、地方政府与日方建立合作关系。中心主要业务重点包含推动双方产业及地方政府交流合作、振兴产业互惠、活络地方经济、扩大国际出海口，共创双方经济发展双赢的机会与环境。中心通过深化全球型日商人脉，促成全球型日商投资台湾地区，并网罗具有地方特色或优良技术的中小企业，联结台湾研究机构与产业界，达成既深且广的双方合作模式。另外，中心也秉持新兴与传统产业需并进发展的精神，不仅与日本具有先端技术的企业合作，提升台湾新兴产业技术水平，也发掘具有台湾特色的当地产品，通过与日本合作，向世界营销台湾，期望在"新技术、新产品、新营运模式"的思维下，持续不断地加速台湾产业创新发展，促进台湾产业技术升级转型，创造更多附加价值。

（四）"中技社"

财团法人"中技社"（CTCI Foundation）于1959年10月12日创设，原名为财团法人"中国技术服务社"（China Technical Consultants, Inc.），以引进科技新知，培育科技人才，协助台湾经济建设及增进台湾生产事业的生产能力为宗旨。"中技社"成立以来，协助推动台湾建设，先后组成触媒研究中心，污防、能源、环境等技术发展中心，协助当局拟定环保、能源等施政策略，提供产业技术咨询与辅导；另开设讲座、设立奖学金，赞助各项学术活动，奖励杰出优秀人才，带动台湾科技研发风潮。近年应对国际趋势与发展，投入智库平台业务运作，致力新创研究与应用，促成科技推升与经济繁荣的兼筹并顾。

（五）"中国生产力中心"

财团法人"中国生产力中心"（"China Productivity Center, CPC"），自1955年成立以来，即被当局赋予提升台湾企业生产力的使命，它是一个非营利性质的组织。机构作用：CPC早期在"美援"经费支持下，引进境外的生产技术及管理技术，协助企业界培训人才及改善体质。1984年以后，在CPC自营的业务以外，当局更以大型项目计划委托CPC执行，除"全面提高产品质量计划"外，还有"全面提高生产力运动计划""中小企业技术引进服务计划""改善日经贸结构：质量提升执行小组工作计划""研究发展管理人才培训计划""商业自动化发展计划"等。据统计，CPC每年辅导的企业超过

350 家，训练的人数高达 6 万人次，出版的书籍、杂志、录音带、录像带则将近 20 万份，再加上经常不定期举办座谈、演讲、研讨会，与产、官、学、研各界意见领袖交流经验，CPC 充分扮演着强化台湾产业竞争优势的角色。1990 年，CPC 被世界银行评鉴为开发中国家辅导机构的典范，许多开发中的国家，如哥伦比亚、菲律宾、尼泊尔，邀请 CPC 到该国，协助并建立类似的机构。现在 CPC 已发展成台湾最大的管理顾问机构，拥有 500 多名员工，年均营收约 10 亿台币（1996 年），除了台北总部以外，尚在台中、斗六、台南、高雄设立地区服务处。

（六）中兴工程顾问社

财团法人中兴工程顾问社（简称"中兴社"）于 1970 年 4 月由当局及民间团体捐助 120 万元成立。中兴社的设立宗旨为：协助当局推动水利、电力及其他公共工程建设，提升台湾工程建设相关技术水平，并对外技术输出。中兴社成立后，积极参与台湾重大经济建设计划的基础建设，主要从事水利、电力、都市建设、工业及农业建设，环境、土木、交通、建筑、机械、电气工程的研究、勘测、规划、设计、检验、施工监督及工程管理等服务。至 1994 年止，已完成台湾工程建设项目计划超过 2500 件。中兴社自 1973 年起推展海外业务，遍及沙特阿拉伯、印度尼西亚、菲律宾、越南、中南美等国。1978 年中兴社连续 12 年被美国工程报道杂志（ENR）评鉴为世界前 200 名国际设计顾问机构，充分显示中兴社在台湾良好的声誉。中兴社并将盈余拨入工程研究基金，用于研究发展、奖励在学优良学生、培育工程人才、提高技术水平及技术输出等。

（七）台湾大电力研究试验中心

成立缘由及任务：该中心原系于 1978 年依"行政院"科学技术会议决议成立的"重电机高电压检验中心"，由台湾电力公司与台湾 13 家重电机制造业联合捐助，创立基金（550 万元），于 1979 年 4 月正式成立，属于经济事务非营利财团法人机构，目前设置地点分布于观音及树林二个地区。主要任务为：协助当局推动经济建设，促进电机工业发展。交换大电力研究与试验的学术经验，建立大电力研究与试验的世界性地位。配合产业界需求，持续在各专业领域中发挥服务功能，成为业界最强有力的技术后盾。未来发展：依总体环境变动及台湾电业自由化趋势，适时调整经营策略。扩充检测能力及开发电力、电器、环保等客户需求服务项目，提升服务价值及客户满意度。结合外部资源，以研究团队方式争取当局及民间项目计划。配合组织重整及导入绩效管理制度，以降低内部成本，提升营运绩效，并拓展业务范围。

（八）台湾电子检验中心

财团法人台湾电子检验中心（简称 ETC）的前身为工业技术研究院电子工业研究所所属的电子检验服务组，1983 年在"经济部"和台湾区电机电子工业同业公会的推动下，成立了财团法人台湾电子检验中心。随着科技的进步，ETC 秉持服务厂商，促进产业进步与繁荣的原则，不断扩充检测能量，提升测试服务质量，以电机电子设备与科技，提供各类产品的检测与验证服务。ETC 自成立以来，部门由初期的 4 个部门发展至目前的 12 个部门，员工数超过 340 人，包含电子、电机、机械、化工、材料、环保、医工等各领域的专业技术人力资源。提供的服务早期为电子零组件与产品的基本测试，而后配合台湾产业发展的需求，提供广泛领域的服务，包含：仪器校正、产品安全测试、电磁兼容（EMC）测试、通信产品测试、软件测试、环境可靠度试验、环保与节能标章测试、绿色产品测试、食品测试、连接器测试、LED 照明产品测试、光学产品测试、医疗器材测试、法定度量衡器检定、天线特性测试与研发。另外，管理系统辅导方面包含质量、环保、医疗、智能财产权、碳排放等领域的服务。

ETC 除了提供多元化的产品检测服务外，也朝向验证机构发展，以提供厂商更完整配套的服务，是最早获得台湾"通讯传播委员会"（NCC）及"经济部标准检验局"（BSMI）授权核发产品验证证书的验证机构，自 2012 年起获得"环保署"授权为产品环保标章的验证机构。此外为协助厂商产品外销，也积极发展国际验证服务，协助厂商取得国外验证证书；ETC 参与亚洲网络论坛（Asia Network Forum-ANF）的成立，为五个创始验证机构之一，发展亚洲验证机构的交流平台；与许多国际主要验证机构或实验室建立密切合作关系，例如大陆 CQC、CTTL、FQII，日本 JQA、JATE、TELEC、VCCI，美国 UL，德国 VDE 及 TV-SD，英国 BABT，澳洲 SAI 等，此外，也提供多国验证服务，目前可协助厂商取得 80 余国的产品验证服务。未来 ETC 将持续配合业界需要、有关政策及新兴产业发展，持续发展相关测试技术并扩充测试与验证能量，特别是在新兴能源、绿建材及嵌入式软件等检测技术研究方面，同时将持续加强国际合作，以协助台湾产业发展及拓展产品外销。

（九）台湾机电工程服务社

1977 年 3 月，台湾电力公司（简称"台电公司"）承办台湾经济建设及工业发展有关技术工作，报请"经济部"核准设立台湾机电工程服务社，以承办台湾机电工程及环境保护工程的研究、规划、勘测、设计、检验、装设、施工、运转维护及监督管理等各项业务，并对外技术输出，以配合台湾经济发展。30 余年来，该社以诚信、负责的态度，承办诸多大小工程，深获各界肯定，近年更积极致力于拓展海外业务。2006 年 7 月由该社转投资成立百分之百持股的天美时工程股份有限公司，承办机电工程及环境保护工程的研究、规划、勘测、设计、检验、装设、施工、运转维护及监督管理等各项业务，并拓展更多元的工程领域，以期提供给各界更完善的服务。天美时公司继受该社工程顾问的主要人员（consultant key men）、智能财产技术（know-how technology）、设备（instrument facility）及专业能力（professional capability），并扩大经营范围，已逐渐取得信誉，充分展现过去实绩及未来发展远景，期能对台湾经济建设贡献力量。

（十）生物技术开发中心

配合产、官、学、研各界，建构生技医药产业所需的重要环境设施，开发关键生物技术，培植延揽专业人才，以促进台湾生物技术产业的发展。现阶段定位为"生技医药临床前加值研发中心"，致力于生技药品、小分子药品与植物药品的临床前开发，并以取得药品主管机关核准的"临床试验用新药"（IND）为绩效指标。成立目的：执行台湾生物技术产业政策项目、支持台湾生物技术产业的发展、担任学界与业界的桥梁、推动台湾生物技术产业与国际接轨。

（十一）石材暨资源产业研究发展中心

为平衡东西部经济发展，振兴传统产业，财团法人石材工业发展中心于1992年8月成立筹备会，由"经济部工业局"、台湾区石矿制品工业同业公会及石材业共同捐助基金4000万元成立。2006年应对东部产业转型升级，以及单位永续发展，经董、监事会同意后，于同年5月正式更名为财团法人石材暨资源产业研究发展中心，并扩充软、硬件设施，以既有石材相关技术能量为基础，积极研发深层海水应用技术，肇基"蓝金"产业。2009年配合各项政策推动，该中心新增东部产业技术服务中心、东区创业创新服务中心及应对ECFA的产业辅导单位等多重任务，加上多年来投入与经营东部地方特色产业辅导开花结果，扩充研发人力与经费于地方特色产业的创新服务与关怀辅导，并且成立专责部门积极推动，期许该中心成为"东部地区的创新服务平台"，对于东部地区的产业发展将扮演重要的推手角色。

（十二）印刷工业技术研究中心

该中心为"经济部工业局"与台湾区印刷暨机器材料工业同业公会捐助筹设的财团法人组织，1992年9月成立董、监事会，并于1993年3月2日正式核准成立。该中心配合印刷工业发展政策，促进印刷产业升级，从事印刷工业的机材、生产技术、质量工程管理的研究与开发；印刷工业技术移转，印前、印刷、印后技术整合与发展；办理人才培育，全面推动人力质量的提升。成立目的：发扬印刷产业核心价值，促成台湾印刷产业永续经营；促进台湾印刷产业由劳动密集迈向智能密集产业；以辅导、研发、训练协助印刷产业与国际接轨；带动印刷产业的全面e化，使印刷业成为数位媒体的整合者；提倡印刷产业的无污染化，建立产业清新形象。

（十三）自行车暨健康科技工业研究发展中心

该中心于1992年由"经济部工业局"与业界共同捐助设立，致力于自行车工业的产品开发技术、建立自行车检测中心，以厚植台湾自行车产业体质，增强国际市场竞争力。中心除了致力于自行车工业的产品开发技术、建立自行车检测中心外，在面临经济环境变化之际，为能辅导业界多元整合及深耕发展，服务范围扩展至健身器材及医疗辅具相关领域，并于 2003 年正式更名为财团法人自行车暨健康科技工业研究发展中心。

（十四）自强工业科学基金会

1973 年，台湾清华大学校友捐献基金成立财团法人自强工业科学技术服务社，启动了科技研发与人才培育之路。1997 年 1 月，更名为财团法人自强工业科学基金会（Tze Chiang Foundation of Science and Technology），简称"自强基金会"（TCFST），以更完备的法人组织与企业化经营管理，开启台湾科技发展新页。该基金会成立至今，掌握趋势、与时并进，不断变革创新，专精于高科技人才培育、工业技术研发与合作，成为台湾重要的产、官、学、研整合平台。近年来，应对产业发展与全球化潮流，积极推动生物技术产业等前瞻科技的培训，拓展代工、检测、认证等专业领域，并致力于各类国际业务，促进交流与合作，迈向世界舞台。愿景：成为全球华人人才培育重镇。使命：致力于提供专业训练与技术服务，协助产业发展。核心价值：创新、纪律、诚信、专业、热情。基金会名称出自清华大学校训"自强不息，厚德载物"，系国学大师梁启超 1914 年在清华大学演讲时引用《易经》中的名句。基金会从 1973 年自强社之一个小单位成为如今人才培训的先锋，数十年来，诚信合作、勇于开创的坚持，不仅诠释了自强不息、厚德载物的精神，也释放出卓越绩效的光亮。基金会的诞生源自台湾清华大学校友的捐款，与清华大学的关系向来紧密相连。与学校以合作双赢的方式办理相关培训课程、计划与研讨会，推展日新又新的知识文化。

（十五）"全台"认证基金会

财团法人"全台"认证基金会（TAF）推动台湾各类验证机构、检验机构及实验室各领域的国际认证，建立台湾验证机构、检验机构及实验室的质量与技术能力的评鉴标准，结合专业人力评鉴及运用能力试验，以认证各验证机构、检验机构及实验室，提升其质量与技术能力，并致力于人才培训与信息推广，强化认证公信力，拓展国际市场，提升台湾竞争力。主要任务：建立及维持台湾认证制度的实施与发展，确保该会的认证运作符合国际规范 ISO/IEC 17011 的要求，以公正、独立、透明的原则，提供有效率及值得信赖的认证服务，满足顾客的期望。持续维持与运用国际认证组织的相互承认协议机制，积极参与国际和区域认证组织的认证活动或主办国际认证活动，建立符合 WTO 及 APEC 符合性评鉴制度的基础架构，有利经贸发展。建构评鉴数据库及知识服务体系，提供认证质量及技术的专业网络及信息服务。加强推广台湾及产业需求的符合性评鉴认证方案，健全地区符合性评鉴制度的发展环境。

（十六）车辆研究测试中心

其系"经济部"依据 1985 年 3 月 15 日台"行政院"通过的汽车工业发展项目，结合"交通部""环保署"及车辆业者的力量，于 1990 年正式推动成立。成立宗旨：从事相关的技术研发与产品质量改善业务，促进车辆产业升级发展，提供具国际公信力的车辆及零组件检测与验证服务，并协助有关机关规划车辆管理制度及研拟"法规"与标准，以保障行车安全、维护消费者权益。成立目的：配合政策及产业环境需求。现阶段主要任务如下：提供产品测试、分析及改良服务——提升质量并促进车辆工业升级；促进国际验证合作——协助厂商取得外销验证证书，拓展市场版图；产业政策与车辆管理——趋势分析、政策研拟、管理制度提案与执行。

（十七）金属工业研究发展中心

该中心为非营利性财团法人，从事金属及其相关工业所需生产与管理技术的研究、发展与推广，旨在促进台湾金属及其相关工业升级，使其具备国际市场良好的竞争能力。成立目的：从事研究发展，厚植工业服务与技术推广的能力，以训练专门人员及生产与管理、技术服务方式辅导协助台湾金属及其相关工业改善设备，提高管理及生产技术，研究改良制造方法及成本控制，以有效利用金属资源、发展新产品、拓展销售市场，使其具备国际市场良好的竞争能力为目的。

（十八）食品工业发展研究所

该所设立的宗旨如下：研究及发展食品与生物等产业相关的科学与技术。提供食品与生物等相关产业的技术服务，投资其具创新或前瞻性的事业，带动产业发展；培育及训练食品与生物等相关产业的科技人才；策进及协助食品与生物等相关产业的国际交流与发展。食品所的成立为台湾食品科技发展的重要指标，历经40余年的努力，食品所已发展成为台湾最具规模的食品综合研究机构，亦为全球少数兼具食品与生物资源研发能量的研究机构，在台湾食品及生物产业未来发展中将扮演更积极且更有影响力的角色。

（十九）纺织产业综合研究所

经由研究、开发、技术引进，以及训练、辅导、技术移转，促使台湾纺织工业持续升级，以提升国际竞争力。成立目的：配合有关政策，进行纺织产业的综合研究，提高纺织产业水平，促进经济繁荣与提升台湾整体竞争力为目的。

（二十）塑料工业技术发展中心

1993年结合产、官、学界的资源，成立该中心，设立宗旨：辅导协助台湾塑胶加工业改善设备，提高生产技术及产品质量，改良制造方法，开发新产品，并推动国际合作技术交流，以增强竞争能力。成立目的：中心为台湾专业的塑胶加工应用技术研发机构，以"研发"及"验证"为核心业务，掌握产业环境变迁的需求，以提升产业竞争力为使命。着重于材料配方技术、加工应用技术、材料改质技术、验证技术及塑胶加工人才培育等项目，协助辅导塑胶加工业朝高值化转型。

（二十一）精密机械研究发展中心

该中心以科技为机械产业创造价值。成立目的：建立相关检测与验证技术；建立故障排除的技术能量；建立机械商品化的技术能力；建立机械工业信息化技术能力。业务重点：成为具高可靠度的计算机自动化机械设备的设计机构，提供给业者升级转型的利器，并能累积知识，分享业者。持续发展为信誉卓越的检测机构，为产业提供检测验证服务，并能自主营运。筹设机械设计、控制、组装、测试与加工技术人才培训中心，为机械业者提供技术人才的培育服务。筹设机械产业人才资源、诊断维修、客制化经验等专业知识库，建立人才与技术传承的机制。推动跨领域传统产业创新联盟，结合各产业研发中心的能量，共同促进产业升级，并推动研发成果多元化运用，促成人才、技术与智财的永续发展。协助拟订机械产业发展策略及协助产业推动环境的布建，以加速推动智能型机器人等政策性发展的新兴产业。

（二十二）鞋类暨运动休闲科技研发中心

该中心以配合有关发展鞋业、运动休闲产业的策略，从事鞋类及运动休闲产品的创新设计、生产技术、材料研发、质量及检测认证、经营管理、知识服务研究与发展，借以促进鞋业与运动休闲产业升级及发展为宗旨。成立目的：强化核心技术能量，提升产品创新研发及技术深入发展，成为国际级鞋业及运动休闲、辅具、包箱的技术整合机构；建构运动休闲科技化服务体系，成立"运动休闲 ICT 平台事业创新中心"，加速推动产业升级；成立"矫具义具及行动辅具资源推广中心"整合并推广全台辅具资源，成为国际级的检验及认证辅导机构。

（二十三）联合船舶设计发展中心

为积极发展台湾造船工业，协助台湾奠定自力设计船舶的基础，1974 年，由旅美学人上书"行政院院长"，案经"行政院"交"经济部"研拟筹设，联合"交通部""国防部"及台湾的中国造船公司、台湾造船公司、中国石油公司、"海军总部"、中国验船协会、台湾机械公司、招商局轮船公司、基隆港务局、高雄港务局等单位捐助成立，以促进台湾造船工业发展、培植台湾船舶设计能力、提升船舶产业技术、配合发展海洋工程等为成立宗旨。成立目的：该中心以提供工程规划、工程设计、研究发展、技术服务及知识整合的服务，协助船舶、航运、海洋及相关产业的升级与永续发展为目的。

（二十四）医药工业技术发展中心

台湾当局于 1991 年第 4 次"全台"科技会议中决议成立"财团法人制药工业技术发展中心"，主要目的在于协助业界从事药品研发，强化岛内医药产业短、中、长程技术发展，提升岛内整体产业水平，达到医药产业升级与国际化目标。随着产业环境变迁、人类生活质量需求及医疗保健器材技术的快速发展，业务亦渐扩及医疗保健器材产业的技术研发与辅导。为应对实务需求，遂于 2004 年正式更名为财团法人医药工业技术发展中心，秉承成立的初衷，持续为医药产业的需求效力，并扩大其专业服务范畴。同时也致力于产、官、学、研沟通平台建置，有效提升整体医药产业技术水平，以利技术生根、产业升级与国际化宗旨的达成。开展以药品、医疗器材为主，保健食品与含药化妆品等生技产品为辅的医药产业辅导与生产技术、药效评估、临床前试验等相关技术研究开发、技术移转与人才培训，致力于服务台湾医药业，提升医药工业现代化水平及国际竞争力。

（二十五）"交通部"台湾世曦工程顾问股份有限公司

台湾世曦工程顾问股份有限公司成立于 2007 年 5 月，其前身是中华顾问工程公司，如今已发展成为技术与管理人员逾 1700 人的工程顾问公司，辐射面至公路、铁路、港湾、机场、桥梁、隧道、捷运、水利等各领域，服务项目涉及工程技术相关的调查、试验、研究、设计、评估、监造、检测、技术开发、维护管理，负责完成工程包括新竹科学园区、台湾高雄港、台北市民大道、屏东大鹏湾大桥、金门大桥、冬山河大桥等，并于中国大陆（昆山）、越南、印度尼西亚以及非洲等地设有众多分公司。

（二十六）"中华电信研究院"

"中华电信研究院"的前身为"交通部"电波研究所，于 1969 年改制为"交通部电信总局"电信研究所，之后配合政策，伴随"中华电信公司"于 1996 年成立"中华电信研究所"及 2005 年改为民营，成为"中华电信公司"专属的研发机构，"中华电信公司"于 2012 年 7 月将"中华电信研究所"更名为"中华电信研究院"，历经 40 余年的蜕变与成长，累积深厚及扎实的研发能量，专注创新研发，全力协助公司成为通信服务的领导者，促进产业升级，提升台湾整体竞争力。"中华电信研究院"拥有超过 1600 名员工（占公司人数近 6.5%），其中约 90% 为研发人员。现阶段主要研发领域为：宽带网络研发、智能网络研发、汇流业务营运系统研发、企业资安防护研发、巨量资料分析研发、数位生活服务及技术研发、"政府"与企业通信解决方案研发及云端运算产品与技术研发等。

（二十七）"卫生署"台湾卫生研究院

台湾卫生研究院创立于 1996 年，系一非营利性的财团法人学术研究机构。主要研究内容包括：重要疾病与健康问题、医疗保健政策与管理、医药科技发展及临床研究四大方向，期望能在基础与临床医学研究的相互配合下，发展出疾病诊断与治疗的最新方法，提升高科技生物与医疗技术及医药产业，以及改善精神与物质环境，加强保健预防工作。卫生研究院希望借由研究环境与制度的改善，优秀人才的积极投入，与整合性的运作与规划，使各种医疗问题得到学术研究的支持并得以完善解决。

（二十八）"卫生署"医药品查验中心

财团法人医药品查验中心由"行政院卫生署"（"卫生福利部"前身）于 1998 年 7 月 13 日捐助成立。中心成立的主要目的是提升台湾医药品审查的质量与效率，保障民众用药安全及使疾病患者及早获得所需医药品，以增进人民健康与福祉。查验中心以"致力法规科学，守护生命健康"为愿景。

（二十九）"内政部"台湾建筑研究所

建筑研究所前身为 1987 年 3 月由"内政部营建署"以任务编组方式成立的"建筑研究所筹备小组"，嗣于 1989 年 9 月将筹备小组提升为直接隶属"内政部"建筑研究所筹备处，迄于 1995 年 10 月 30 日正式成立。其设置目的系为推动台湾地区建筑研究发展，达成台湾地区整体建设的目标。该所着重公共安全性、政策性、管理性的实务研发工作，以提升建筑安全，改善全民整体居住环境质量，提高营建技术水平，及健全都市发展计划。

（三十）"国科会"台湾同步辐射研究中心

台湾同步辐射研究中心位于新竹科学工业园区内。中心的同步加速器设计建造完成，于 1993 年 10 月正式启用，为亚洲第一座完成的第三代同步辐射设施。1993 年 10 月台湾光源正式启用，为台湾第一座，也是亚洲第一座完成的第三代同步辐射设施。为能满足光源用户进行前沿的科学实验需要超高亮度的 X 射线的需求，该中心与学术科技界经过多次研讨和评估，于 2004 年 7 月的董事会中决议推动新加速器光源的筹建，提出台湾第二座同步辐射设施——"台湾光子源跨领域实验设施"兴建计划，将在现有基地上主导兴建一座电子束能量 30 亿电子伏特、周长 518 米、超低束散度的"台湾光子源"同步加速器。"台湾光子源兴建工程"于 2010 年 2 月 7 日举行动土典礼，并于 2014 年兴建完成，2015 年开放光源与周边实验设施，提供给学术科技界进行尖端科学研究之用，2016 年 9 月 19 日正式启用。

（三十一）"国科会"光电科技工业协进会

光电科技工业协进会（PIDA）于 1993 年由"行政院国科会"与多家台湾光电大厂共同成立，主要任务为提升台湾光电产业的国际竞争力，及促进台湾产、官、学、研合作发展光电产业，以及促进光电经贸发展。目前主要工作为光电产业各类别的技术与市场调查分析，以及主办光电专业展览、专业研讨会议课程、出版相关光电出版品、光电会员咨询服务、国际相关组织合作及光电相关科技工业贸易推广等。

（三十二）"农委会"台湾香蕉研究所

该研究所正式成立于 1970 年 7 月，初设办事处于台北，于 1973 年迁入屏东现址。建地面积 3.1 公顷，试验农场 5.7 公顷。经历年不断扩充，各项基本研究设备皆已齐备，环境清幽，适合研究工作。以研究改进香蕉的生产与运销，促进台湾香蕉产销事业发展为宗旨，研究范围包括香蕉病虫害的防治、香蕉品种改良、香蕉健康种苗培育技术的研发、肥培管理及采收集运的改善与蕉农教育。

（三十三）"农委会"台湾渔业及海洋技术顾问社

该社是由台湾渔业主管机关推动及渔业相关单位捐助，于 1974 年筹设成立，其主要目的在于协助当局整合渔业产业，提供相关科技服务，以促进渔业及台湾经济的稳定成长。主要工作项目包含与海洋及渔业有关的港湾海岸工程、养殖科学、资源栽培、海钓游憩娱乐、经营管理及国际渔业合作等规划设计及技术指导。自 1975 年 3 月开始接受委托服务迄今，已完成 1000 项以上的工作计划。并基于大量的工作经验，吸收了很多先进的工程及科学技术成果，培养了港湾、海岸、水利、结构、环境、建筑、机电等工程师群，与养殖、渔业、生物、休闲游憩等领域的专技人才。

（三十四）"农委会"台湾动物科技研究所

1970 年 7 月 15 日成立台湾养猪科学研究所，后于 2001 年 9 月 1 日正式更名为财团法人台湾动物科技研究所。该所为学术研发机构，整合畜牧、兽医、生化、生命科学等人力和物力，配合台湾科技发展政策，投入畜产生物技术研发工作，培养理论和实务兼具的高级人才。同时，加强本土性具产业发展潜力的畜产动物资源和生物科技研究，引进畜产生物技术的科学新知及技术，参与国际合作，并将研发成果商品化、事业化（技术移转、专利授权、衍生公司等），以技术和人才直接或间接扩散至产业界，提升动物科技的整体应用效益，增进人类健康与福祉。

（三十五）"农委会"农业工程研究中心

1971 年 1 月成立，设立目的是办理工程技术在农业与渔业、水与环境资源、环境生态、科学发展及农村发展中的应用。中心仍当秉持多年来所奉行的非营利、研究农工科技的宗旨，努力研究新知，加强试验分析，扩大研究领域，加强岛内外水利机构的研究和服务。

（三十六）"农委会"农业机械化研究发展中心

1984 年 10 月成立，该中心成立的宗旨是：结合"政府"机构、公营事业单位、学术团体、农机厂商及农民团体与使用农机的农民总体力量，促进台湾农业机械化的研究与发展。主要业务范围有：搜集台湾农机有关资讯并出版农机有关书籍、杂志、通信及刊物；办理及辅导农机研究与发展工作；辅导农机厂商的现代化经营与管理；与台湾有关机构办理农机合作事项；办理农机学术研讨会、讲习及训练工作；接受有关机关或厂商委托办理农机系能测定、调查、查证、研究及咨询服务；协助或接受委托办理农业机械化有关工作等。

（三十七）"中华谷类食品工业技术研究所"

该所前身是 1962 年成立的"台湾区面麦食品推广委员会"，后于 1982 年改组为财团法人"中华面麦食品工业技术研究所"。1988 年第二次改组为财团法人"中华谷类食品工业技术研究所"，位于台北县。该所是配合有关农经政策，改进全岛人民主食多样化，促进全岛人民健康及提高人民营养，研究发展各种谷类食品加工技术，训练有关食品加工技术人才，并以提供食品安全与品质的验证服务为宗旨。

（三十八）"中华经济研究院"

财团法人"中华经济研究院"，简称"中经院"，为台湾经济研究机构，于 1981 年 7 月 1 日正式成立。虽然为独立财团法人，但根据"中华经济研究院设置条例"，收支预算及决算由董事会审查核定并报主管机关，"行政院"应将预算送"立法院"、决算送"监察院"，故具有准官方机构性质。

（三十九）台北病理中心

台北病理中心成立的主要目的是以热忱负责与高效率的工作态度，配合临床需求，提供能与国际接轨的病理检验技术，协助提升岛内整体的医疗品质。主要业务有：接受委托办理病理检验业务；从事病理技术的研究及成果的推广事项；从事公共卫生及预防医学的研究事项；办理疾病预防、新生儿筛检、健康检查等保健服务事项；办理人体中环境危害物质的检测；协助公私立医疗院所从事病理相关及医事技术人员的训练及交流；办理其他有关病理学术技术研究发展事项。

（四十）台湾区橡胶工业研究试验中心

台湾区橡胶工业研究试验中心于 1976 年 7 月成立，以研究改进橡胶工业制品的生产技术、管理方法，使产品品质提高，促进本业进步、繁荣，谋本业的公益为宗旨，多年来秉持着公平、公正的原则服务业界，以提升橡胶工业产品品质，增加台湾市场的竞争力，进而带动橡胶工业的蓬勃发展，达到产业升级的目的。

（四十一）台湾经济研究院

台湾经济研究院，简称"台经院"，台湾经济研究中心与智库，由辜振甫捐助成立，创办于 1976 年 9 月 1 日。成立的宗旨：积极从事岛内经济、岛外经济及产业经济的研究，并将研究成果提供给"政府"机构、企业及学术界参考，以促进台湾经济的发展。

（四十二）台湾营建研究院

台湾营建研究院为非营利性的财团法人组织，原名为"台湾营建研究中心"，系由"荣民"工程股份有限公司（前"行政院退辅会""荣民工程事业管理处"）、台湾大学暨台湾科技大学（前台湾工业技术学院）共同于 1981 年 5 月创立，于 1996 年 9 月扩大改制而成台湾营建研究院，以推动有关营建产业与经营管理的研究与服务为宗旨，并致力于聚合产业界、"政府"机构与学术界的力量，从事改善台湾营建环境及提升台湾营建技术水准的研究发展，开创营建业新的局面，进一步加强对世界营建市场的竞争能力。

（四十三）亚太粮食肥料技术中心

亚太粮食肥料技术中心成立于 1970 年，扮演着汇整亚太地区有关研究，并传递研究成果给推广人员及农夫的角色。不同于一般的国际组织，该中心负责收集和传播亚太地区各研究中心的研究成果。中心的目标是给农民提供新技术讯息和知识以助增加其产量和收益。中心同时也扮演亚太地区的国际农业组织和各国农业组织间的媒介角色。亚太地区各国可以通过该中心获取邻国的研究，增加更多的合作机会，也同时避免执行重复的研究。中心的信息服务聚焦于亚太区域，所有的业务都和亚太地区各国的合作伙伴及人员有关。现正面临的任务及挑战是发掘隐藏在现有科技及信息革命中的机会，以促进更具生产力、有弹性、可持续发展和具备竞争力的亚洲农业，同时力求公正及广泛地促进农业增长和全亚太地区的发展。

（四十四）亚洲蔬菜研究发展中心

该中心简称"亚蔬中心"或"亚蔬"，总部位于台南市善化区，于1971年5月22日设立，前身为亚洲蔬菜研究发展中心，2008年4月14日更名为"亚蔬—世界蔬菜中心"。它是世界上居于领导地位的国际性非营利蔬菜研发机构，旨在培育优良蔬菜品种、提升蔬菜产销技术，以期为发展中的台湾创造更多获取收入的机会及提供更健康的膳食。中心的研发工作重点在于开发蔬菜优良品种、安全蔬菜栽培法、减低采收后损失，及增进蔬菜的营养价值。蔬菜是营养及经济价值相当高的作物，并且对达成"联合国千禧年发展目标"具有相当重要的角色，尤其是对于消除极度的饥饿与贫穷、降低幼儿的死亡率及改善孕妇的健康这三项，具有重要作用。中心所开发的品系可以被使用在台湾较贫穷的地区，成为他们换取现金的重要来源，并且可以帮助穷人解决微量营养素缺乏的问题。

第三章　台湾产业园区与自由贸易港区

第一节　科学工业园区

为了引进高级科技工业与人才，带动台湾工业技术的研究创新，促进高科技产业在台湾生根发展，台湾当局"行政院国家科学委员"1980年底设立新竹科学工业园区，其管理构想系以加工出口区为蓝本。依据"科学工业园区设置管理条例"及其相关"法规"，设立科学工业园区，以各项优惠措施吸引设厂，并以特殊人文建设吸引海外高科技人才就业，激励工业技术的研究创新，并促进高级技术工业的发展，意图造就台湾高科技领域生产与研发的全球领先地位。台湾在新竹科学工业园区成功发展后，为实现"南北均衡"发展及推广新竹科学工业园区的成功经验，又相继在南部与中部建立了两个新的科学工业园区，从而形成北、中、南三个科学工业园区，力图将原来"点"的开发转变为"线"的发展，形成台湾"西部科技走廊"。

一、新竹科学工业园区（Hsinchu Science and Industrial Park；HSIP）

新竹科学工业园区位于新竹市，1978年提出设立，1980年12月正式营运，先后开发三期。由于开放面积仍不能满足需求，后来又在苗栗县设立竹南与铜锣两个基地，作为第四期开发计划，打算供100家厂商进驻。其中，竹南基地面积138公顷，铜锣基地面积350公顷。2002年5月，将原"陆军笃行营区"作为新的园区开发基地，面积29公顷，主要用于兴建半导体工业园区，即晶圆厂，可视为第五期开发计划。

（一）发展概况

被称为"台湾硅谷"的新竹科学工业园区，是以美国加利福尼亚州斯坦福科学工业园区为蓝本建立发展起来的。台湾当局首先于 1976 年提出设置"科学工业园区"的构想；1977 年 12 月，新竹科学园工业园区破土动工；1979 年 7 月公布"科学工业园区设置管理条例"；1980 年 12 月 15 日正式成立管理委员会，科学工业园区全面启动。

新竹科学工业园区坐落于台湾岛西北部的新竹市（1982 年升格为县级市，即省辖市）。这里交通便利，北靠桃园县，南面苗栗县，东北与宜兰县相接，西临台湾海峡。距离台湾最大都市——台北市 70 公里，距台中港 90 公里，到台湾最大的国际机场——桃园国际机场 55 公里。南北电气化铁路和高速公路贯通其间。气候宜人，风光秀丽，温泉、瀑布到处可见，为风景旅游休闲胜地。新竹市有台湾清华大学、交通大学、"中央大学"和中正理工学院等高等院校；有"中山科学研究院""工业技术研究院"、食品工业技术研究所、"交通部"电讯研究所、"国科会"精密仪器发展中心等科研机构。这些优良与有利条件使新竹成为高科技工业发展的建设基地。

整个科学园区面积 2000 公顷，其中可供开发利用的土地约 800 公顷。整个园区由工业区、教育研究区、商业区、住宅区和园林区等几个大区域组成。原计划用 10 年分三个阶段完成。第一阶段（1980—1983 年）重点在于"科技引进、人才培训"，以引进高科技工业的整体技术、人才、制造经验，并以产品能进入市场为主。第二阶段（1984—1986 年）重点是"科技生根，市场拓展"，以培训研究发展人才、推动建设和教育合作，强化产品的竞争能力为主。第三阶段（1987—1990 年）重点是"科技突破，产品创新"，通过加强培训各种人才，使科学技术有所突破，逐渐达到自行发展台湾的优质产品，开发特定市场的目的。第二阶段到期后，新竹科学园区管理局又拟定了 1987—1996 年的《科学工业园区十年营运计划》，当时预计到期时，园区将汇集 200 家高科技厂商，7 万从业人员，厂商营业额将达到 77 亿美元。后来的发展均超出原预计的规模。

1991 年，台湾当局制订的"六年国建计划"提出在新竹邻近地区设立新竹科学工业园区第二基地，即第四期扩建计划，主要目的是为适应中小型高科技企业的需要，便于就近利用科学工业园区的资源，于是将苗栗县的竹南与铜锣列为园区新基地进行扩建。其中竹南基地面积 138 公顷，设置生物技术专区、光电工业专区与通信工业专区，1999 年 7 月正式动工兴建。

（二）主要成就

新竹科学工业园区是世界上最成功的科学工业园区之一，也被认为是世界十大科学工业园区之一。2001 年，美国 *SIT SELECTION* 杂志将台湾新竹科学工业园区评为全球十大发展最快的园区之一。

1.园区产业营业收入大幅增长。1983 年，营业收入达到 30 亿元，1985 年超过 100 亿元，1993 年突破 1000 亿元，1997 年超过 4000 亿元，2000 年超过 9000 亿元，园区营业收入年增长率平均在 30% 以上。此后，在台湾经济大环境巨变下，营业收入增长趋缓。2000 年，新竹科学园区营业总额 9293 亿元，分别占台湾地区域内生产总值与电子信息产业产值的 10.7% 与 32.5%。2001 年，台湾经济不景气，出现 50 多年来第一次负增长，科学工业园区也受冲击，营业收入降为 6625 亿元，下降近三分之一（29%）；2002 年开始恢复到 7055 亿元，增长 6.5%；2003 年达到 8578 亿元，增长速度为 22.3%；2004 年，新竹科学工业园区营业收入首次突破 1 万亿元，计 108915 亿元；2005 年略有减少，营业收入为 9855 亿元（300 多亿美元），较上年下降 7%，是科学园区建立以来第二次衰退。其中除了生物科技产业与通信产业营业收入保持增长外，电脑及配套设备、光电、集成电路等产业营业收入出现不同程度的下降。园区内企业不断增加，1981 年只有 11 家，1985 年增到 50 家，1989 年超过 100 家，1996 年超过 200 家，2001 年超过 300 家，目前超过 400 家。

2.园区成为台湾高科技产业基地。台湾的高科技产业主要集中在该园区。新竹工业园区有六大科技产业，分别为集成电路、电脑及配套设备、通信、光电、精密机械、生物科技。在产业结构上，以集成电路产业为核心。2001 年，集成电路企业数占 39.4%，营业收入占 57%。2002 年，集成电路企业 136 家，占总数的 40.6%；营业收入 4575 亿元，占 64.8%，2003 年上半年占 66%。2005 年，集成电路产业产值为 6857 亿元，占园区总产值的近 70%。台湾半导体晶圆厂主要集中在新竹科学工业园区。目前，新竹科学工业园区内共有 31 座芯片厂，其中 8 英寸芯片厂有 19 座。台湾七大半导体公司在 2005 年前兴建了 21 座 12 英寸芯片厂，其中 9 座在台湾，总投资 1.85 万亿元。园区第二大产业为电脑及配套设备产业，2002 年企业家数为 50 家，营业收入为 1245 亿元，分别占总数的 15% 与 17.6%。目前，该产业企业有 60 多家，营业收入有所下降，只有 1000 多亿元。台湾地区的资讯产业硬件产值排名曾排世界第三位；2000 年，被大陆超过，但仍居第四位。

3. 园区诞生了许多知名高科技企业。刚建立时，园区只有联电、全友与大王等 7 家厂商进入，如今达到 400 多家。其中产生了许多知名的科技企业，如联电、鸿海、大众、联发科技、友讯科技、茂硅电子、华邦电子、联华电子、扬智科技、凌阳科技、神达电脑、联友光电、连基科技、盛群半导体、瑞昱半导体、普邦科技等。园区内 80% 以上是台湾本地企业，而非外资企业。

4. 园区投入产出比高，劳动生产率高。园区劳动生产率是台湾制造业劳动生产率的 2.7 倍，人均获利超过 3 倍。园区企业成功率高，在美国硅谷，企业的成功率只有 20%，而新竹园区企业成功率达 80%。

（三）成功经验

新竹科学工业园区取得如此大的成功，原因是多方面的，包括决策及时与正确、吸引人才政策恰当、技术集中、资金充足与政策扶持等。

首先，台湾当局的政策优惠是最重要的。为推动科学园区的建设，台湾当局对在园区投资、生产的厂商提供许多优惠条件，如可连续 5 年免征其营利事业所得税，免征 4 年厂商增资扩展部分的营利事业所得税；免征进口自用的机器设备、原料、燃料及半成品的进口税及货物税；外销产品免征货物税、营业税；免征厂房、建筑物的契税。目前台湾的减免税规定达 80 多个，其中"奖励投资条例"与"产业升级条例"（后者 1993 年减免税为 59 亿元，2110 年达到 653 亿元，增加 10 多倍）减免税范围最大。这极大地降低了企业的生产成本，提高了产品竞争力。据台湾中华经济研究院研究，台湾制造业的营利事业所得税实质有效税率为 15.6%，其中新竹科学园区的高科技厂商营业税的实质有效税率为 10% 左右，因关税、货物税与营业收入免征等，其整体实际有效税率只有 1.6%（即每 100 万元所得，只缴税 1.6 万元）。台湾制造业前 100 大企业的平均税率为 15.3%，差不多是新竹科学园区厂商所缴税额的 10 倍，而一般中小企业传统产业的营业所得税实质有效税率达 20%，是高科技产业的 13 倍，显示台湾高科技产业享有最多租税优惠。

第二，重视研究开发，提高产品的附加价值。到 20 世纪 90 年代初，园区内企业用于研究与发展的投入占产出总值的比率高达 5.4%，远高于台湾整体约 2% 的研发经费投资比例，从而提高了产品的附加价值。园区企业每个从业人员年创造的价值达 8 万美元，产品附加价值率达 55%—60%。如台湾两大半导体企业台积电与联电的研发经费占其营业收入的比重相当高，而且持续上升。其中，联电的年研发经费投资在 1998 年以前不超过 2 亿元，2001 年近 9 亿元，占营业收入的比重一般在 7% 以上，2001 年达 13.3%；台积电公司的研发经费投资在 1995 年以前不超过 1 亿元，2001 年近 11 亿元，占营业收入的比重上升到 8.5%。

第三，大力吸引高科技人才及加强人才的培训。为吸引海内外高科技人才到园区创业，园区为创业者及其家属提供良好的生活福利设施与条件，解决了他们的后顾之忧，因此园区吸引了大批高科技人才。为配合园区技术人力的需求，提高从业人员素质，园区管理局与台湾的工业研究院、清华大学、交通大学等学术研究机构合作，开展园区从业人员在职进修及专业技术人才训练。同时，企业通过员工配股、高薪等吸引人才与留住人才，因此园区吸引了大批高科技人才。目前，园区内博士超过 1000 人，硕士超过 1 万人；园区企业负责人中，博士、硕士与学士约各占三分之一。

第四，海外留学人员在科学园区发展中扮演着重要角色。园区当初设立的一个重要宗旨就是希望提供海外学人施展才华的工作与生活环境，吸引他们返台创业。园区为此特别设立了科学工业园区实验高中及附设初中、小学与幼儿园等。20 世纪 80 年代以来，台湾留学人员改变了过去外留不归现象，纷纷回台创业，且大多进入科学园区。如今园区大多数企业的负责人或高级管理人员都是从海外归来的留学人员，他们学有专长，且有丰富的技术与市场经验，对园区的发展有着重大推动作用。海外学人在园区创立的企业近 200 家，占企业总数的 45% 左右。在园区的高科技企业中，大多数与美国有密切联系，且美国企业本身也占有相当大的比例。有不少企业采取"在美国进行基础研究及市场拓展，在园区从事产业发展、产品工程设计与生产"的经营模式，这也是台湾地区成为西方跨国公司电子信息产品代工基地的原因之一。

第五，当局的大力支持。当局除了给予上述税收优惠外，主要是政策引导、扶持与资金支持。台湾当局对产业研发提供的金融协助方案有 10 多个，包括提供"补助款""补助款加配合款""低利贷款"与"政府投资"。其中"国科会"专门制定了"科学工业园区创新技术研究发展计划"，直接提供补助款；"国科会"与"行政院开发基金"制定了"科学工业园区研究开发关键零组件及产品计划"，提供"配合款与补助款"；"行政院开发基金"参与投资了许多高科技企业，对台湾高科技产业发展贡献甚大，像台积电、宏达科技、台湾慧智、力晶半导体、世界先进、太景生物科技等企业都有当局参与投资。与此相关，台湾高校、研究机构与企业的有效合作特别是"工业技术研究院"对企业的技术转移以及创投（风险）基金的设立也发挥了重要作用。

第六，历史机遇。不论是加工出口区还是新竹科学园区，台湾在把握世界经济与科技产业发展趋势方面有较强的能力，善于抓住时机，制定政策。特别是台湾赶上了信息产业迅速发展的国际大环境，找到了很好的定位，大力发展电脑及配套设备、半导体等产业，从而使台湾高科技产业获得迅速发展。

第七，大陆为园区产品出口提供了巨大市场，成为支撑园区持续发展的重要背景。早期，园区产品出口主要靠美日市场带动。2002 年，香港取代过去前两位的日本及美国，高居园区最大出口地区，大陆成为园区第四大出口地区，对其出口额占总出口额的 10%。到了 2005 年，大陆成为园区最大出口地区，对其与香港合计出口额占了园区出口总额的 44%，可以说大陆如今成为新竹科学园区发展的重要支撑力量。

（四）面临问题

1. 电力供应问题。台湾电力供应问题一直较为严重。台湾的工业企业80% 集中在北部地区县市，而且人口集中，对电力需求大；南部地区工业企业比例偏低，人口少，而电力供应过剩，形成"南电北输"的电力供应结构。这种"南电北输"的风险较大。例如，一次输变电路意外中断，造成台湾大部分地区严重停电，新竹科学工业园区营运受到影响，导致中关村电脑及配套产品价格的上涨，以及美国高科技股市的波动。1999 年台湾"921 大地震"，一度影响园区的生产，对全球半导体市场产生影响。由于经常停电，导致企业利益受损，许多企业不得不自备发电设备，增加了生产成本。

2. 土地不足问题。新竹科学园区已开发了四期，开发面积达 1100 公顷，但工业用地仍不能满足厂商投资与扩厂的需求。在台湾要取得土地是相当复杂与不易的，这个问题一直困扰着园区发展。

3. 缺水问题。台湾水资源不足，位居世界缺水地区第 18 位。100 年来，台湾消失了 35% 的森林面积。台湾大片山坡（有 80 多座）地被垦为果园、游乐场或高尔夫球场。20 世纪 90 年代以后，台湾不断发生重大缺水现象，1991 年发生严重枯水；1993 年出现 44 年罕见的枯水年；1995 年 9 月宣布台北、台中与基隆为干旱或特旱地区；1996 年以后经常实施限制用水措施。台湾北部地区经常出现干旱，缺水严重。2001 年春，由于天旱，新竹科学工业园区面临严重水荒，各企业大量租用运水车应急，运水费用上涨，企业生产成本增加。当局不得不采取水田休耕与加强工业用水的"南水北调"措施，加上旱情解除，才解决了水危机。目前园区每天缺水仍达 3000 吨。

4. 科技人才与企业外流问题。由于台湾政治与经济环境的变化，台湾科技企业继传统产业之后，纷纷到大陆投资发展，现在园区大多数知名高科技企业都在大陆有投资，包括台积电与联电两大晶圆代工龙头企业。同时，园区科技人才大多希望到大陆发展，一份调查显示竟然有 90% 的园区科技人才希望到大陆发展。

5. 环境污染与保护问题。有些高科技产业的发展，在促进经济发展的同时也带来严重的环境污染问题，引起社会的极大关注与争议。2000 年，联电公司在新竹科学工业园区因设厂问题引发与市环保局的一场激烈争议。

二、台南科学工业园区（Tainan Science and Industrial Park）

为继续发展高科技产业，并实现南北均衡发展（台湾经济与高科技产业集中在北部），台湾当局于 1990 年开始构思设立第二个科学工业园区；次年在"六年国建计划"中，当局明确提出设立新的科学工业园区，1995 年正式确定为"台南科学工业园区"，1996 年 1 月举行动工典礼。2003 年 6 月，台南科学工业园区正式改为南部科学工业园区。

台南科学工业园区包括台南县新市乡与路竹两个基地。台南县新市乡基地面积 1038 公顷，1997 年 7 月正式营运。路竹基地于 2001 年 7 月正式动工。目前已决定增加高雄生医园区和高雄生技医疗器材专区，将与台南科学园区的生物技术走廊形成一个上下游垂直整合的研发与生产体系。

另外，台南市设立的台南科技工业区有意纳入台南科学工业园区。台南科技工业区于 1996 年开始开发，到 2003 年年中已批准 60 多家企业进入。由于台南科技工业区与台南科学园区距离较近，名称类似，于是台南市与"经济部"计划将台南科技工业区转型为科学园区，并与台南科学园区合并，建立"府城科学园区"。

目前台南科学工业园区主要产业包括光电、积体电路、生物技术、通信、精密机械五大产业。2001 年，台南科学工业园区有企业 18 家，营业收入 493 亿元。到 2005 年，正式营运的厂商达到 87 家，园区产值达到 3500 亿元，预计 2006 年达到 5000 亿元，2009 年突破 1 万亿元。其中，光电产业规模最大，营业收入达 2000 亿元；其次为集成电路产业，营业收入为 700 亿元；其他产业营业收入规模则不大，增长最快的是生物技术产业与精密机械产业。可以说，台南科学工业园区以光电与集成电路两大产业为主，企业家数占一半以上，营业收入占 97%。与新竹科学工业园区以集成电路与电脑配套产业相比较，大致形成"北 IC，南光电"的格局。其中，台南科学园区是 TFT-LCD 与光电产业垂直整合最完整的基地，此类企业已有 47 家，产值突破 2000 亿元。

三、台中科学工业园区（Taichung Science and Industrial Park）

2000 年 5 月，陈水扁上台执政后，提出在中部地区开发第三个科学工业园区，以落实他提出的将台湾发展成为"绿色硅岛"的远景。2001 年 9 月，选择台中县市相邻地区及云林县虎尾镇为优先设置中部科学工业园区用地；2002 年 9 月，台湾当局"行政院"核定"中部科学工业园区筹设计划书"。2003 年 8 月正式设立中部科学园区。新竹科学工业园区管理局局长李界木兼任中部科学工业园区筹备处主任。

中部科学工业园区台中基地位于台中县大雅乡与台中市西屯区交界处，面积 332 公顷；云林基地位于虎尾镇，面积 96 公顷。台中基地的设厂面积达

151 公顷。这里地处台中大肚山区，环境优美，建设强调"绿色建筑"，希望建设成为观光型的科学工业园区。

规划的主要产业包括纳米精密机械、生物技术、通信、光电、航天、纳米材料应用六大产业。总投资预计为 2000 多亿元（70 亿美元）。已有友达光电（TFT-LCD 面板）、环隆科技（通信）、和大（变速器）等 280 多家企业表示设厂，其中友达光电于 2003 年 7 月第一个动工，标志着中部科学园区正式启动。

中科园区在借鉴新竹园区成功经验的基础上，发展迅速，建厂投资金额达 1.4 万亿元，接近新竹科学工业园区 25 年建厂投资金额 1.6 万亿元的总额。中科园区产值也迅速增加，2005 年为 600 亿元，2006 年突破 1000 亿元。中部科学工业园区的重大投资项目较多，包括：友达光电公司投资 1425 亿元兴建第六代 TFT-LCD 面板厂；茂德科技公司投资 1550 亿元兴建 12 英寸晶圆厂；华邦电子公司投资 1000 亿元兴建 12 英寸晶圆厂；台湾中华映管公司投资 2200 亿元兴建次世代 TFT-LCD 厂等。目前，力晶半导体公司在中部科学园区有 4 座 12 英寸晶圆厂，茂德科技公司与华邦电子公司各有 2 座 12 英寸晶圆厂，台积电计划设立 2 座 12 英寸晶圆区，使得中部科学园区不仅是台湾而且是全球 12 英寸晶圆生产重镇。

第二节　加工出口区

第二次世界大战以后，自由贸易港区重新恢复并加速发展。在传统的自由贸易港区（自由港、自由区）蓬勃发展的同时，加工出口区、保税区异军突起，为自由贸易港区开创了全新的发展模式。加工出口区是在自由港和自由区的基础上演变和发展而来的，主要是发展出口替代工业，有些加工出口区还发展了对外贸易、转口贸易和旅游业，从事综合经营。1959 年爱尔兰在香农国际空港兴建的自由贸易港区，被认为是世界上第一个加工出口区。中国台湾的高雄、楠梓、台中以及新加坡的裕廊等加工出口区均在这一时期设立，也是世界上最早一批发展加工出口区的地区。

一、发展历程

为应对岛内市场饱和，解决资金与技术缺乏及农村劳动力过剩等问题，台湾当局选择优先发展以欧美发达国家为主要目标市场的劳力密集型轻工业，在1960年制订"侨外投资条例"及"奖励投资条例"等规定的基础上，1965年后陆续制订了"加工出口区设置管理条例"及相关配套措施，1966年首先创立了高雄出口加工区，1971年又建成了台中与楠梓两个出口加工区。

台湾的加工出口区大致经历了四个发展阶段：第一阶段（1966—1987年）以吸引中小型劳力密集的加工工业为主，主力产业包括纺织、针织、鞋类等日用品及消费电子装配等，为台湾地区的工业发展提供了重要基础，达成了"促进投资，发展外销，增加产品及劳务输出"等设区目标。第二阶段（1987—1996年）通过对入区产业标准的调整，逐渐淘汰了劳力密集型产业，资本、技术密集型产业占比达到65%。第三阶段（1997—2007年）设区目的简化为"促进投资及国际贸易"，通过主动与科学工业园区生产对接的方式，重点由加工出口向研发设计等拓展，产业向信息电子产业集中，后者占比超过80%，旧有的三大园区各选择一、两项科技产业形成优势产业。另外分别于1997年12月与1999年2月依托台中港与高雄港分别建立了中港与临广园区，利用当地海空运基础设施发展仓储转运物流专区。2000年12月高雄软件科技园区与重点发展光伏产业的屏东园区先后动工，2001年3月又成功开设物流园区，旧园区也都有所扩大。第四阶段（2008年后）以提高产品附加价值为核心，区内信息电子产业进一步向关键零部件倾斜，进而由制造端向服务端延伸，突出发展行销、品牌与运筹管理等功能。2011年12月设置台中软件园区。

二、基本现状

由台湾当局"经济部"加工出口管理处按专门规定进行管理，对引进产业做过多次调整，以岛内缺乏基础、产品有销路、能合理利用生产资源、不危害公共安全卫生与环保为制定准入标准的指导原则，目前引进产业包括通信电子设备制造业、机械设备制造业等20类。入区厂商资本额限制分别是：制造业承租或购置厂房者1000万元；自行兴建厂房者2000万元；仓储业8000万元、运输业 5000 万元，其他行业 100 万元。区内投资者可享受多项优惠条件，其中行政审批从投资设厂到行政管理实现了单一窗口服务，保证投资设厂所需的各项证照在两周内完成；在进出口方面，通关服务逐步实现了账册式自主管理；租税方面的优惠条件包括：（1）区内进口的机器设备、原材料、燃料、半成品及样品免进口税捐；（2）区内输出入的产品、机器设备、原料、半成品及样品免货物税；（3）取得区内标准厂房以及购进物资，免营业税；区内生产的产品输出时，扣除区内加工增值部分后计征关税及营业税；（4）转运业务按收入的 10% 计算营业事业所得额，课征营利事业所得税。另外区内新辟土地均采取出租形式，租地厂商可自建也可承租或购置园区提供的标准厂房，各园区土地年租金按当局公告地价的 2.24%—5% 计算。区内企业另须按营业额缴纳管理费，规模愈大费率愈低，其中制造业分 4 级征收。

有关政策在岛内发展出口导向型工业、实现经济起飞阶段曾经发挥过重要作用，在克服 20 世纪 90 年代末以后长达 10 年左右的停滞、徘徊后，目前全区总面积为 536.7 公顷，分布在台湾省中南部的高雄、台中及屏东两市一县，综合效益仅次于新竹科学园区。到 2012 年底，区内共核准投资申请 682 件（表 3—1），成立公司 580 家，登记家数为 542 家；投资总金额为 151.9 亿美元，其中台资占 115.9 亿美元；维持正常营运的企业家数为 412 家，其中服务业占 23.1%；员工总数为 73337 人，包括职员 28746 人、工人 44591 人。2012 年营业额为 3761.5 亿元，其中信息电子产业占 71.5%；出口 124.2 亿美元，进口 90.6 亿美元。

表 3-1　台湾加工出口区历年发展概况表

项目	1967 年	1991 年	2001 年	2008 年	2012 年
核准设立家数	109	241	174	441	682
投资总额（百万美元）	15	241	274	10099	15195
进口额（百万美元）	13	1916	4168	7138	9063
出口额（百万美元）	8	3991	6587	7136	12421

资料来源：台湾当局"主计总处"编：《统计年鉴 2011 年》；台湾当局"加工出口区管理局"编：《加工出口区月报（2012 年 12 月）》。

随着台湾地区关税不断调降，同时劳动力供应短缺，新台币相对升值等不利条件持续恶化，区内外待遇差别日益缩小，加上国际市场环境发生了根本性变化，地区间加强合作的同时对外建立高进入门槛，台湾通过建立加工出口专区促进产业发展的优势基础大幅流失，虽经多次转型与调整发展重点，其在台湾经济发展中的地位与重要性已明显降低。[①]

三、加工出口区

（一）高雄加工出口区（Gao xiong Export Processing Zone）

它是中国台湾地区最早开发的加工出口区，也是亚洲第一个加工出口区。

1. 地理位置

高雄加工出口区位于高雄市前镇区西北部的高雄港区内，拥有便捷的交通运输条件，有专用接驳车与高铁左营站和高雄捷运站相衔接，并有专用道路连接台湾南北高速公路，距高雄小港机场仅 8 分钟车程。

2. 发展历程

20 世纪 60 年代初，台湾当局为推动外向型经济发展，承接发达国家的产业转移，并增加就业机会，经过近 10 年的研究筹备，在完成相应的制度创新基础上，于 1965 年 7 月动工开发，利用高雄疏浚港口工程的泥沙就地填海造地形成中岛专区，1966 年 12 月完工后正式成立。其总面积由最初的 68.4 公顷扩大到了 72.3 公顷，由台湾当局"经济部"加工出口区管理处高雄分处管理。

为简化行政管理程序，首创"单一窗口式服务"模式。成立仅 2 年多进驻厂商就已达 80 家，以成衣、皮革、制鞋、玩具、消费性电子等代工产业为大宗，不仅成为高雄市作为全岛制造业重镇地位的重要组成部分，也成功带动台湾出口，促进其外向型经济高速发展，并吸引南部周边地区的劳动力就业。区内开工家数从 1966 年的 40 家增至 1973 年最高峰时的 149 家，员工总数为53306 人。其后随着台湾经济基础不断累积，劳动密集型产业快速外移，产业结构转而以资本与技术密集型产业为主，1995 年后转向科学工业园区形态发展，21 世纪后确立了走以制造业为主，并吸引区域营运中心、仓储转运及关

联产业为辅的道路,增加仓储、运输、拆装、金融、组合、验证、包装等整合型加工功能,以提高吸引力,进而带动周边地区相关产业的发展。2008年后,液晶显示器及零部件制造业逐渐成为投资重点,已占全部投资额的55%,同时强调运用高雄港口加工储运所特有的通路优势,培育自主品牌,通过创建产销合作伙伴关系提升产品国际竞争力。目前高雄市已将它定位为其"亚洲新湾区"规划的枢纽,积极推动区内厂房更新与硬件设施改造,以再造投资区位优势。

3. 基本现状

截至2012年底,区内事业核准投资家数为92家,其中通信电子设备制造业44家、金属冶炼及制品业13家;核准投资金额21.6亿美元,其中外资占2.9亿美元;外资企业有24家,占17%,营业额则占35%左右;全区员工总数13909人,包括职员5334人与工人8575人。2012年全区企业营业总额为504.4亿元,较上年增长0.6%;出口15.2亿美元,进口11.1亿美元,进出口总额居台湾各加工区第三。代表企业有瑞仪光电、华新科技、华东科技、高雄日立电子、飞信半导体、全台晶像、台虹科技等。

截至2012年9月,当地工业区平均地价为25257元,但区内土地只租不售,投资者承租土地后可兴建自有工厂或购置标准厂房,土地租金为每平方米每月10.5元,在台湾各出口加工区中最低,租期10年,到期可续租。另外每月还需缴纳公共设施建设费,每平方米10.472元。其他应缴纳的税费则按加工出口区统一标准征收。截至2012年底,全区可出租土地面积51.3公顷;已建厂房面积19.68万平方米,已全部出租出售完毕。

(二)楠梓加工出口区(Nan zi Export Processing Zone)

楠梓加工出口区是中国台湾地区早期开发兴建的三大加工出口区之一,产值居首位。它位于高雄市楠梓区,与高雄海洋科技大学隔街相望。高雄捷运设有专站,紧邻高雄港(2公里),距高雄小港机场40分钟车程,有公路直通高铁左营站。

1. 发展历程

1969年1月开始筹建,1971年3月建成。最初面积88.1公顷,以后逐步扩大到了92.3公顷,包括产业用地71.7公顷与公共设施用地20.6公顷,台

湾当局"经济部"加工出口区管理处设在本区并直接管理该出口区。2009 年
6 月又将西南面毗邻的原荣民塑胶厂厂区改建为第二园区，2010 年 5 月正式
成立，2011 年 9 月完成公共设施建设，开始招商引资，面积 8.5 公顷，专门
引进高科技产业做制造研发。

园区建成后，曾经成功吸引外资及台资企业入驻，成为纺织服装、皮革、
消费性电子等劳动密集型产业的集中地，已开发土地全部被企业承租。20 世
纪 90 年代后由于劳工、土地成本提高，劳动密集型产业不断迁出，加上外资
退出，发展陷入困境。2004 年高雄市都市发展局批准提高容积总量管制，以
增加区内可建厂房面积，同时将重点产业转向半导体封装、测试产业，目前该
产业厂家包括日月光、恩智浦、华泰等大厂，加上周边厂商共 33 家，投资额
占全区的 90%，营业额占 77%。

2. 基本现状

该园区无论营业额还是员工总数均居于台湾各加工出口区之首。截至
2012 年底，区内事业核准投资家数为 96 家，其中通信电子设备制造业 46 家、
金属制品业 12 家；核准投资金额 51.3 亿美元，其中外资仅为 1.1 亿美元；全
区员工总数 34034 人，包括职员 14382 人与工人 19652 人。2012 年全区企
业营业总额为 1455.5 亿元，较上年增长 5.4%；出口 73.4 亿美元，进口 47.7
亿美元。代表企业有日月光电子、日月光半导体制造、台湾福雷、中日新科
技、长华科技、华泰电子、楠梓电子、台湾恩智浦半导体等；第二园区也已吸
引日月光、李长荣化工等企业进驻。

截至 2012 年 9 月，当地工业区平均地价为 23307 元，而区内土地采出
租方式使用，节省了企业成本。根据加工出口区的统一规定，租金每平方米
11.5 元，第二园区为 16.7 元。另外承租企业每月每平方米还需分别缴纳 2.79
元与 7.56 元的公共设施建设费，其他应缴纳的税费则按加工出口区统一标准
征收。截至 2012 年底，全区可出租土地面积 71.7 公顷，其中厂房用地 70.5
公顷；已建厂房面积 23.12 万平方米，已全部出租出售完毕。

（三）台中加工出口区（Taizhong Export Processing Zone）

台中加工出口区是台湾地区早期开发兴建的三大加工出口区之一，也是台

湾经营效益最好的加工出口区。该区位于台中市潭子区，紧邻台湾南北高速公路，毗邻台中港、台中清泉岗机场。

1. 发展历程

台中加工出口区的核心区域为原台湾糖业公司潭子糖厂厂址，20 世纪 60 年代后期规划为潭子工业区，1969 年 8 月台湾当局为适应岛内加工出口工业蓬勃发展的需要，并带动台中地区经济发展，核准改建为出口加工区，1971 年 3 月完工。由于实际发展超过预期，既有面积无法满足后续企业的申请需求，1983 年台中加工出口区区域进一步扩大，总面积达 26.2 公顷。此后有小部分土地移出，现总面积为 26.1 公顷，是台湾已投入营运的 5 个加工出口区中面积最小的，包括产业用地 16.9 公顷与公共设施用地 9.2 公顷，由台湾当局"经济部"加工出口区管理处台中分处管理。

员工总数曾经从 1971 年建区时的 1618 人扩大到 1983 年最高时的超过 1.6 万人。但随着台湾经济不断成熟，区内引进的重点产业几经调整，企业进出转换频繁，产业形态从早期的劳动密集型产业逐渐转变为资本与技术密集型产业，仍然受困于工业废水污染地下水与设施陈旧老化等难题，加上 1997 年 12 月台湾当局在台中港区内设置面积更大（177 公顷）的中港加工出口区的后续效应，该区发展一度陷于停滞，直到 2008 年后成功吸引照相机等高端光学设备制造业的投资，才重新确立了产业发展区位优势。

2. 基本现状

目前区内共有 45 家企业，其中通信电子设备制造业占 28 家，投资额占总投资额的 94%；资金来源以岛内为主，占 61.9%；外资占 38%。2012 年全区营业额再创建区历史最高纪录，达 954.6 亿元，较上年增长 7.7%，仅次于楠梓出口加工区而居台湾各加工出口区第二位；每公顷产值 36.6 亿元，居台湾各加工出口区第一位；其中光学设备制造业营业额 550 亿元，占 60%，同比增长 26.5%；通信电子设备制造业营业额 315 亿元，占 30%，同比减少 17.4%；出口 26 亿美元，进口 12.7 亿美元，进出口总额居台湾各加工区第二位。代表企业有胜华科技、亚洲光学、台湾佳能、安碁科技、佳能半导体设备、菱生、保胜光学、成霖企业等。

截至 2012 年 12 月底，共核准 153 家事业设立，总投资金额达 32.9 亿美元；区内事业出口金额累计达 303.9 亿美元，占全部加工出口区出口总额的 15.9%；2012 年 12 月底全区员工总数为 14281 人，其中职员 4811 人，工人 9470 人。

截至 2012 年 9 月，当地工业区平均地价为 28476 元，而区内土地采出租方式使用，租期 20 年，租金每平方米 9.15 元，另外承租园区后续扩展部分的企业每月每平方米还要缴纳 5.38 元的公共设施建设费，其他应缴纳的税费则按加工出口区统一标准征收。截至 2012 年底，全区可出租土地面积 20.25 公顷；已建厂房面积 9.81 万平方米，已全部出租出售完毕。

第三节　工业园区

台湾除拥有 3 个"科学园区管理局"下属的 3 个科学工业园区，"经济部"加工出口区管理处分管的若干加工出口区，还有"经济部工业局"编订的若干工业区。过去按原"奖励投资条例"及"促进产业升级条例"所编定的工业用地，无论由"中央"、省或地方开发，其管理机构均由省设置，1998 年精简后全部由台湾当局"经济部工业局"依"促进产业升级条例"督导管理，共计 165 处，面积共计为 40768 公顷。但实际由"经济部工业局"直接设置管理机构管理者，则有 58 处工业区，管理面积 15392 公顷，设置了 52 个服务中心（站）、2 个专业管理机构、3 个区管理处及 1 个环境保护中心。

20 世纪 50 年代后期，台湾地区逐渐恢复工业发展，初期由于没有规划，致使工厂沿主要公路呈带状分布，造成土地使用与环境污染等问题。基于提高土地使用效率与环境保护、健全都市均衡发展、妥善利用地方资源、发挥产业聚集经济效益及提高附加价值的生产环境等目的，台湾省政府于 1960 年创设台湾第一个工业区（六堵工业区），其后由"经济部工业局"制订"奖励投资条例"，并依据相关规定，由"中央"、省市及地方政府筹组开发团队积极在全省各地开发各类型工业区，推展相关业务。20 世纪 90 年代，为使高科技产业能在岛内生根发展，除了订定"促进产业升级条例"取代旧有的"奖励投资条例"外，并同时开始规划设立智能型工业园区，涵盖了由"政府"开发的研究园区、科技园区、软件工业园区、航天工业园区、孵化中心等新形态的产业发展区，以充分配合台湾岛内科学技术的研发方向，支持科技产业的发展。

根据台湾当局"经济部工业局"的统计，2000 年台湾地区的工业用地供给总量为 67000 余公顷，其中依"促进产业升级条例"编定开发的工业区用地总量最多达 4 万余公顷，且空间分布及涵盖的产业类别广度最广，占台湾地区工业用地供给总量的约 61%；其次为都市计划地区内的工业（分）区，占用地量总量的约 26%；非都市土地工业区外的建筑用地，占工业用地供给总量的约 8%；加工出口区及科学工业园区所占比例则不高，约占工业用地供给总量的 5%。因此，以量及空间分布而言，依"促进产业升级条例"编定开发的工业（园）区占了很重要的地位。总之，工业（园）区的开发设置对岛内工业发展及整体土地利用规划管制的影响相当深远。

一、云林"离岛"工业区

它是中国台湾地区在外海以抽砂填海造地方式开发建设的重化工业专业区，台湾最重要的石化工业基地之一。该区位于台湾地区中部云林县西海岸，北起浊水溪南岸，南迄牛桃湾大排水北岸约 5 公里处，涵盖云林县麦寮、台西、四湖及口湖等乡镇的外海浅海地区，南北长约 32 公里，东西宽 3—4 公里，规划建设 5 条专用道路连接台湾西滨快速公路，进而与台湾南北高速公路与纵贯铁路相通。

为解决台湾民间环保诉求高涨和旧有重化工业区基础设施陈旧，相关企业亟须更新设备与技术改造间的矛盾，提供岛内重化工业后续发展的用地需求，并结合云林县推动工业化建设的目标，台湾当局"经济部工业局"从 1990 年规划，1991 年 6 月确定开发方案，计划按麦寮区、新兴区、台西区及四湖区 4 个区块，分 3 期开发，并设置麦寮及四湖两座工业专用港，规划总面积达 17203 公顷，其中填海造地面积计 11562 公顷，包括 7410 公顷生产用地与 4152 公顷公共设施用地，以引进石化、钢铁、电力、肥料等大型重化工业企业为主。由于涉及大面积填海造陆工程，为兼顾环保等因素，特别提出工业区应以宽 500 米的绿化带与隔离水道与内陆隔开，并设置沿岸观光休闲带，减少对内陆环境的冲击。而且各区间要设置隔离水道，保证区域内与内陆的防洪需求；并按产业类别分区设置，区内工业用水则通过管线统一调配。

　　该区发展分为两个阶段：第一阶段是 1993 年由台塑集团投资开发麦寮区，1998 年开发完成，共造地 2233 公顷。台塑集团在此先后完成了第 6 套轻油裂解厂（"六轻"）建厂计划及后续 3 期扩建工程，目前在区内设有炼油厂、轻油裂解厂、汽电共生厂、发电厂、重机厂、半导体芯片厂等，进驻企业计有台塑石化、麦寮汽电、台塑、南亚、台化、南中石化、大连、长春人造树脂、长春石油化学、台塑重工、台塑油品、台塑旭、小松电子 13 家公司，66 家工厂，投资总金额超过 6500 亿元，年产值 1.5 万多亿元。区内的麦寮工业专用港由麦寮工业区专用港管理公司投资开发及经营管理，2001 年 3 月开始营运，成为台湾第一座由民间投资兴建及营运的工业专用港。港区范围约 1594 公顷，陆域面积约 179 公顷，规划建造码头 30 座，已兴建完成 19 座，航道水深 24 米，可供 26 万吨级船舶进出，2009 年全年进港船只达 2943 艘次，货物装卸量达 7039 万吨。

　　第二阶段从 1995 年 11 月台湾当局"工业局"委托"荣民"工程公司开发新兴区，计划造地面积 991 公顷，但在投资 100 多亿元，完成填海造地面积 283 公顷后，因原计划进驻的台塑钢铁厂转往越南投资，而"国光"石化公司也已取消在台设厂规划，后续工程被迫中断，已开发土地至今仍闲置。而原安排由云林县政府负责开发的台西区面积 1061 公顷，则一直未见动工。到 2005 年 1 月台湾当局"行政院"鉴于岛内工业区使用状况发文称，原则同意包括四湖专用港建设项目（规划设有 28 座码头）的四湖区开发工程暂行停止开发，"视未来产业发展需求再行办理"，此后全区开发工作即告全面停止。

　　目前区内产业以石化工业一家独大，产值占全台 GDP 的 1/7 左右。2012 年计划设厂的 19 家企业进驻 17 家，开工面积 1614.8 万平方米中已使用 1582.9 万平方米，其中台塑集团占有主导地位，已超过高雄成为台湾最大的石化工业生产基地。云林县政府对未开发使用的区域计划转用于发展物流等其他服务性产业，将麦寮港作为两岸直航港口，向自由贸易港区或转运中心的方向发展。

二、大发工业区

　　它是台湾地区开发建设的综合性工业区，位于台湾地区高雄市南部大寮区，距高雄港 20 公里，距小港机场 12 公里，有公路干线连接台湾南北高速公路与高铁。自 1975 年 4 月开发，1978 年 6 月完工。原名大寮工业区，1986 年底改为现名，1987 年底全部土地出售完毕。总面积 372.2 公顷，包括生产事业用地（311.1 公顷）与公共设施用地（57.7 公顷）等部分。20 世纪 80 年代曾以废五金拆解业最为著名，1989 年台湾当局全面禁止废五金进口后，经营开始走下坡，目前年产值规模为 1725 亿元。

2012 年 9 月底，当地工业区平均地价为每平方米 11713 元。截至 2012 年，区内共设有 528 家厂商，其中以金属加工及制品业（188 家）、食品饮料制造业（103 家）与非金属矿物制品业（60 家）的厂商较多；厂商开工面积共 281.2 万平方米，以金属加工及制品业（99 万平方米）、食品饮料制造业（44.2 万平方米）与橡胶塑料制品业（38.3 万平方米）占地面积较大；企业员工总数 13826 人，以金属加工及制品业（3793 人）、食品饮料制造业（3991 人）、非金属矿物制品业（1595 人）与橡胶塑料制造业（1532 人）员工较多。主要企业有福华电子、长兴人造油脂及长兴化学工业等。

三、大社工业区

它是台湾地区的石化工业专区。位于高雄市大社区，距高雄小港机场与高雄港约 15 公里，紧邻台湾南北两条高速公路与高铁。由台湾"退辅会"与原高雄县政府共同规划，"荣民"工程公司负责施工，分为两期开发，第一期 61 公顷，于 1971 年完工，1975 年再扩大开发 54 公顷。总面积 109 公顷，包括生产事业用地 93.1 公顷与公共设施用地 13.4 公顷，与林园工业区、台湾"中油"高雄炼油厂共同构成南台湾石化产业链，目前年产值规模为 720 亿元。

2012 年 9 月底，当地工业区平均地价为 17516 元。石化工业占有主导地位，截至 2012 年区内共设有 12 家厂商，其中石化工业企业就有 11 家；厂商开工面积共 93.1 万平方米，石化工业占 90.5 万平方米；区内员工总数 2447 人，石化企业员工独占 2267 人。代表企业有台橡、国乔石化、中国人造纤维高雄厂及中国石化工业开发大社厂、高雄塑酯化学工业等，多属总公司设在台北企业的分厂，与当地经济与社会联系较少。

四、永安工业区

它是台湾地区的非都市区综合性工业区，位于高雄市永安区，邻近冈山区，距高铁台南站与左营站各 38 公里与 40 公里，距台湾南北高速公路交流道 8 公里。1973 年由原高雄县政府与台湾土地开发投资公司合作开发，1975年底完成，包括生产事业用地 64.4 公顷与公共设施用地 9 公顷，目前年产值规模为 586 亿元。

2012 年 9 月底，当地工业区平均地价为 9427 元。截至 2012 年区内共有65 家厂商，其中以金属加工及制品业（28 家）最多，其次是石化工业的 12家厂商；厂商开工面积共 62.9 万平方米，以金属冶炼加工及制品业（29.1 万平方米）与石化工业（11.9 万平方米）所占面积较大；企业员工总数 4205 人，以金属冶炼加工及制品业（1481 人）、通信电子设备制造业（862 人）与石化工业（748 人）人数较多。区内企业以 30 人以下的小厂为主，产品主要供内销，主要企业有胜一化工、有益钢铁、台湾金蜂及台湾卜蜂、中日国际高雄厂、高兴昌钢铁永安厂等。

五、林园工业区

它是台湾地区的石化工业专区，位于台湾地区高雄市林园区，距高雄港13 公里，距小港机场 18 公里，距高铁左营站 40 公里。为配合 20 世纪 70 年代"十大建设"工程，由台湾当局"经济部工业局"委托台湾中华工程公司开发，1973 年 6 月确定规划，1975 年底开发完成。该区总面积 403.2 公顷，其中产业用地 317.7 公顷，是台湾规模最大的石化中间原料产地，目前年产值达2323 亿元。

2012 年 9 月底，当地工业区平均地价为每平方米 8790 元。石化工业是主要产业，截至 2012 年，石化工业企业在 28 家设厂企业中占 26 家；厂商开工面积 304.7 万平方米（总面积 309 万平方米）；企业员工 4803 人（总数4877 人）。该区以台湾"中油"林园厂为核心，聚集了李长荣化工、南帝化工、台湾石化合成、信昌化学、台湾苯乙烯、台湾塑料、南亚塑料、东联化学、中美和等岛内重要石化业中下游企业，和台湾"中油"高雄炼油厂及大社石化专区共同构成台湾南部石化产业链。1988 年 10 月曾发生附近居民抗议区内废水污染，群起围厂的"林园事件"，造成区内 18 家工厂停工，事后达成的赔偿金额高达 13 亿元，创下台湾环保运动史上最高赔偿纪录。

六、凤山工业区

它是台湾地区的专业工业园区，位于高雄市凤山区，附近有高雄捷运经过，并邻近南北高速公路，距小港机场 8 公里，距高铁左营站 20 公里。为解决当地汽车修配业发展用地，由台湾当局"经济部工业局"与原高雄县政府合作，台湾糖业公司出地，委托台湾中华工程公司开发，1974 年 6 月完工，1975 年 9 月全部土地售出。全区包括生产事业用地 7.6 公顷与公共设施用地 3.5 公顷，目前年产值规模为 13.8 亿元。

2012 年 9 月底，当地工业区平均地价为 20059 元。运输工具制造业占有主导地位，截至 2012 年区内共有 87 家厂商，以汽车修配业（28 家）与其他运输工具制造业（23 家）厂家较多；厂商开工面积 6.5 万平方米，以汽车修配业与其他运输工具修配业（各约 1.8 万平方米）占地较多；企业员工总数 679 人，也以其他运输工具修配业（181 人）与汽车修配业（142 人）人数较多。主要企业有台湾中华奔驰汽车凤山修护厂、日清汽车、东南汽车修配、仁武机械、正在机械工业等。

七、临海工业区

它是台湾地区开发最早，也是面积最大的工业区。该区位于高雄市小港区与前镇区沿海地带，紧邻小港机场，距高雄港 2 公里，距台湾南北高速公路 3 公里，距高雄捷运线 5 公里，距高铁左营站 26 公里。1960 年设立，后经多次扩建，1977 年 12 月完成开发。该区总开发面积 1560 公顷，包括产业用地 1437 公顷与公共设施用地 123 公顷，目前年产值高达 9136 亿元，是高雄市主要工业基地之一。

2012 年 9 月底，该工业区平均地价为每平方米 12729 元，自 2001 年提供租金优惠措施，即第 1、2 年免租金，第 3、4 年按审定租金的 60% 计收，第 5、6 年按 80% 计收，租期最长可达 30 年。截至 2012 年，区内共设有 444 家厂商，其中以金属冶炼加工及制品业（144 家）、机械设备制造业（65

家）与石化工业（33家）厂家较多；厂商开工面积共1337.9万平方米，以金属冶炼加工及制品业（840.1万平方米）、石化工业（237.8万平方米）与其他运输工具制造业（126.7万平方米）占地面积较大；企业员工总数37813人，以金属冶炼加工及制品业（18024人）、石化工业（4799人）与通信电子设备制造业（4464人）人数最多。区内产值前五大厂商有台湾"中油"公司炼油厂、台湾中国钢铁公司、台湾造船公司、李长荣化学工业公司高雄厂与唐荣铁工厂，区内其他厂商有"中钢"机械、联华实业、联成化学、东和钢铁等。

八、内埔工业区

它是台湾地区的非都市区综合性工业区，位于屏东县北部内埔乡，邻近南北高速公路，并通过台1线与屏87线连接高雄港及屏东火车站。自1980年开始开发，1984年4月完成。全区面积103.3公顷，包括生产事业用地（74.4公顷）与公共设施用地（20公顷）等，目前年产值规模为321亿元。

2012年9月底，内埔工业区平均地价为每平方米7999元。截至2012年区内共设有47家厂商，以食品饮料制造业（19家）与金属加工及制品业（9家）厂家较多；厂商开工面积共64.7万平方米，以食品饮料制造业（31.6万平方米）、烟草制造业（19.1万平方米）与金属冶炼及加工业（4.4万平方米）占地面积较大；企业员工总数为2575人，以食品饮料制造业（1041人）、金属加工及制品业（453人）与烟草制造业（312人）人数较多。主要企业有宇洲食品、大田精密工业、永大食品原料、宏益冷冻食品及台湾烟酒、台南企业、顶新制油实业的屏东分厂等。

九、屏东工业区

它是台湾地区的综合性工业区，位于屏东县北部屏东市，紧邻台湾南北高速公路、屏东机场与南回铁路，距屏东市区约11公里，距高雄小港机场与高雄港各约25公里。1973年11月由台湾当局"经济部工业局"委托台湾中华工程公司投资开发。总面积113.2公顷，包括产业用地101.6公顷与公共设施用地11.6公顷，目前年产值规模为132.7亿元。

2012年9月底，当地工业区平均地价为每平方米8488元。截至2012年共有 116 家厂商，以金属加工及制品业（23 家）、食品饮料制造业（17 家）与橡胶塑料制品制造业（13 家）厂家较多；厂商开工面积共 38.8 万平方米，以金属加工及制品业（8.3 万平方米）、食品饮料制造业（7.6 万平方米）与汽车制造业（4.5 万平方米）占地面积较大；企业员工总数为 2664 人，以金属加工及制品业（528 人）与汽车制造业（478 人）人数较多。主要企业有高茂金属工业、明光金属工厂、协禧电机、立奇机械及和泰电机、烨辉企业、力厉企业的屏东分厂等。

十、屏南工业区

它是台湾地区的非都市区综合性工业区。地跨屏东县中部佳冬乡及枋寮乡，距台湾第二高速公路 7 公里，有公路可连接高雄小港机场（30 公里）、高雄港（34 公里）与高铁左营站（54 公里）。由台湾当局"经济部工业局"委托台湾中华工程公司开发，1979 年确定规划，1987 年 9 月完工。

2012 年 9 月底，当地工业区平均地价为每平方米 1042 元。截至 2012 年共有 74 家厂商，以金属加工及制品业（27 家）、食品饮料制造业（10 家）与石化工业（10 家）厂家较多；厂商开工面积共 142.2 万平方米，以金属加工及制品业（59.9 万平方米）、石化工业（26.5 万平方米）与食品饮料制造业（11.2 万平方米）占地面积较大；企业员工共有 2416 人，以金属加工及制品业（601 人）、石化工业（425 人）与家具制造业（307 人）人数较多，员工中本地人占 90%。主要企业有长兴化学、大成长城、高兴昌钢铁、烨兴企业、盛余科技、高铝金属、中橡等。

十一、仁武工业区

它是台湾地区的综合性工业区，位于高雄市仁武区，紧邻台湾南北高速公路，距离高雄港与小港机场各约 23 公里，距高铁左营站 11 公里。该区由台湾当局"经济部工业局"规划开发，委托中华工程公司施工，1971 年 2 月完工，与大社工业区同归"工业局"仁大工业区管理中心统一管理。全区总面积 21 公顷，包括生产事业用地 18.3 公顷与公共设施用地 2.7 公顷，目前年产值规模为 197 亿元。

2012年9月底，当地工业区平均地价为每平方米23139元。截至2012年区内共有39家厂商，以金属加工及制品业（17家）与石化工业（6家）厂家较多；厂商开工面积共17.7万平方米，以金属加工及制品业（7.3万平方米）与石化工业（5.9万平方米）占地面积较大；企业员工总数1999人，以金属加工及制品业（844人）、石化工业（399人）与橡胶塑料制品制造业（273人）人数较多。主要企业有长春人造树脂厂高雄厂、良联工程公司仁武厂等，多属劳力密集型产业，员工以当地人为主。

第四节　自由贸易港区

自由贸易港区的范围通常包括整个港口及其周围的地区，即自由贸易港区必须是港口或港口之一部分，这也是其与自由贸易区的主要差异之处。自由贸易港区需要具备的基本条件如下：（1）优越的地理区位及自然条件；（2）优良的港口群体；（3）宽广的经济腹地；（4）日益完善的城市基础设施；（5）较好的工业基础；（6）拥有素质好、资源丰富的劳动力；（7）具备向系统化、国际化迈进的金融保险业；（8）已具备了基本上按国际惯例运作的开发区、保税区。虽然各国和地区对自由贸易港区称呼不同，但此境内关外特区设立的基本精神是一致的，即自由贸易港区泛指政府在港区附近划定一特定范围，区内货物与人员可自由进出，不受海关的管制，可免除种种繁复的行政手续，且企业可于区内进行装卸、储存、制造、加工、组装等各种活动，创造自由流通的贸易环境以吸引外商投资与发展对外贸易的特别区域。自由贸易港区可分广义与狭义，广义的自由贸易港区指符合上述全部或部分条件的自由贸易港区域，包括自由港、加工出口区与保税区等；而狭义的自由贸易港区，则只是特指以转口贸易为主体的自由经济区，与加工出口区、保税区处于同等的地位，本书介绍的自由贸易港区属于狭义的定义。

20世纪上半期是自由贸易港区的兴起阶段，一些国家和地区在港口或港口附近的海关管制区，划出许多外国商品免税自由进出的特殊区域，称为自由区，实质上是扩大了自由港的形态。1945年第二次世界大战结束以前，自由贸易港区数量和规模有限，以自由港和自由区为主，共有75个自由贸易区，分布在 26 个国家和地区。自由港和自由区最主要的特点为允许外国商船自由进出，但各国和地区对区内经营的业务范围都有严格的规定。除国家规定的少数禁止进出的货品外，其他货品允许自由进出，不需征收关税，手续简便。允许进入区内的货物自由储存、改装、修理、买卖、展示、贴标签、取样、分级、装卸、简单加工、重新包装或分包等。其目的都是以方便货品的销售为主，而不允许货品有本质上的改变，即允许外国货品在区内的简单加工，不允许进行装配、制造和生产等，货品的生产制造活动是被禁止的。这一时期的自由贸易区纯粹从事转口贸易或贸易，被称为传统的自由贸易区。第二次世界大战爆发，自由贸易港区的发展陷入停顿。

　　第二次世界大战结束后，自由贸易港区重新发展并不断延伸出新的功能。（1）依范围属性分，可分为自由贸易港区设置于主权国（或地区）之内及全国（或地区）或全港区都是自由贸易港区两类。（2）依经营形态分为三种，一是专为储运及转口贸易所设的自由贸易港区，即所谓"商业型自由贸易港区"；二是为加工、制造业所设的加工出口区，即所谓"工业型自由贸易港区"；三是集转运、仓储、贸易、工业及金融服务、观光等多目标功能于一体，兼具地缘、资源及市场要件的自由贸易港区，即所谓"综合型自由贸易港区"。（3）依目的与功能分，则包括对外贸易区、自由港、转口区、自由贸易特区、加工出口区、关税特惠区等，以及大陆设立的经济特区、保税区。

　　台湾自由贸易港区的发展策略，包括制定"专法"管理，确立自由港区营运管理组织架构，加速货物流通效率、加强自由港区事业自主管理、便利国际商务人士进出自由港区，改善租税措施提供诱因等。（1）制定"专法"妥善管理。台湾地区的自由贸易港区，是依据"境内关外"原则设立的特殊区域，免征关税、货物税以及零营业税税率，且允许企业在区域内进行有限度的各种工、商业行为，对跨国企业经营者应极具吸引力。为迅速处理港区内复杂的行政业务，自由贸易需要有一套管理及控制机制，以确保该区能有效地运转，而特制定"专法"以解决此问题。（2）确立自由港区营运管理组织架构（单一窗口服务）。在台湾当局"行政院"下成立组成跨"部会"的"自由港区协调委员会"，审议自由港区发展政策、自由港区划设案件、跨自由港区业务之协调等相关事宜。另为统筹自由港区的营运管理，自由港区的事业主管机关选定自由港区管理机关，管理自由港区内一般事务，并提供自由港区内所需之各项服务。（3）加速货物流通效率（货物自由流通）。自由港区结合物流中心简易通关效率，及加工区、科学园区深层加值优势，活络国际机场、港口周边范围的营运效益。此外，自由港区事业申请从海外进入自由港区内之物品，原则上将免审免验，除基于防卫地区安全及遵守国际条约必要之情形下始予设限。从海外运入自由港区内的物品，原则上视同台湾地区关税领域外。由自由港区以外台湾领域进入自由港区之物品，则视为出口。至于自由港区间物品的流通，除有地区安全或环境影响之顾虑外，原则上由业者自行管理并以加封免押运之方式转运。（4）自由港区事业自主管理（企业自主管理）。自由港区内事业管理，系以高度的企业自主管理制度取代政府管理限制，降低政府实质介入程度，以使自由港内之货物及人力得以迅速流通，进而增加企业进驻之意愿。企业申设进驻自由港区之要件，须具备符合自主管理之基本要件，包括具有良好的货控与会计制度、良好的保全与稽查配合，且其营业活动规范应符合港区管理机关所订定之自由港区作业规范。（5）便利国际商务人士进出自由港区（商务活动引进）。为便利外籍商务人士进入自由港区从事商务活动，外籍商务人士入境方面，除凭一般（停留或居留）签证、免签证及落地签证入境外，对于紧急案件则由港区管理机构核转主管机关于三个工作天内办理选择性落地签证入境。（6）妥善租税措施提供诱因。为配合自由港区运作，订立妥善的租税措施，提供充分的诱因，以吸引海内外企业进驻自由港区，其中具体租税"法制"变革包括：①海外厂家进入自由港区，免征进口关税、货物税、营业税、烟酒税、烟品健康福利捐、推广贸易服务费及商港服务费。②货物由港区输往课税区者，应依进口货物之规定，课征进口关税、货物税、营业税及相关税费。自由港区事业销售劳务至课税区者，应依法课征营业税。③港区内的货物、机器、设备及其他各项物品因修理、测试、检验、委托加工或提供劳务输往课税区，复运回港区者，免征进口关税、货物税及营业税。④税区之营业人销售货物至自由港区内，视为外销货物，其营业税税率为零；自由港区事业或外国事业在自由港区内销售货物或劳务，或与其他港区、海外客户间之交易，其营业税税率为零。[①]

一、基隆港自由贸易港区（Jilong Seaport Free Trade Zone）

它是台湾当局在基隆港设立的自由贸易港区。2004 年 3 月 18 日由台湾当局"行政院"核准设立，2004 年 9 月正式营运，开发单位为基隆港务局。开发范围包括基隆港东岸 6 号至 22 号码头以及西岸 7 号至 33 号码头，总开发面积约 71.16 公顷。基隆港毗邻大台北都会区及汐止、南港、内湖等产业园区，主要定位为船舶运输、国际物流、仓储等的营运基地。截至 2012 年底进驻厂商约 12 家。

二、台北港自由贸易港区（Taibei Seaport Free Trade Zone）

它是台湾当局在新北市台北港设立的自由贸易港区。位于新北市八里区，2005 年 5 月 25 日台湾当局"行政院"核准设立，同年 9 月开始营运，开发单位为基隆港务局台北港分局，主要经营汽车物流业。第一阶段营运范围为东码头区（79 公顷），包括第一、二、三散杂货中心、临时油品储运中心及车辆物流中心；第二阶段营运范围为北码头区货柜储运场北 3 至 6 码头后线（约 14.7 公里），于 2012 年 12 月获台"交通部"核准纳入自由贸易港区，两区总面积约 93.7 公顷。台北港整体规划陆域面积 1038 公顷，未来将配合台北港货柜储运中心及港埠建设时程，逐步纳入自由贸易港区的营运范围。截至 2012 年底进驻厂商 3 家。

三、台中港自由贸易港区（Taizhong Seaport Free Trade Zone）

它是台湾当局在台中市设立的自由贸易港区。台湾当局"行政院"2005 年 2 月 2 日核准设立，第一期于 2005 年 10 月正式营运，第二期于 2006 年 8 月营运，开发单位为台中港务局。开发范围包括 1 号至 18 号码头、20A 至 46 号码头以及西 1 至西 7 码头，总开发面积约 536 公顷，此外港埠发展产业区 82.55 公顷将纳入自由贸易港区范畴。台中港自由贸易区毗邻中港园区、台

---

① 吴文杰：《自由贸易港区的概念、历程与功能及中国台湾发展自由贸易港区的策略》，《物流技术》，2011 年第 30 卷第 2 期。

中港关连工业区、彰滨工业区等加工出口区，发展化学品及油品储运中心。截至 2012 年底进驻厂商 30 家。

四、高雄港自由贸易港区（Gaoxiong Seaport Free Trade Zone）

它是台湾当局在高雄港设立的自由贸易区。台湾当局"行政院"于 2004 年 3 月 18 日核准设立，并于 2005 年 1 月起开始营运。开发范围包括 1 号至 5 号货柜中心。总开发面积约 415 公顷，开发单位为高雄港务局。2005 年 9 月台湾当局"行政院"核准增设中岛商港区 30 号至 39 号码头后线场地及仓库为自由贸易区，面积约 17.72 公顷，并于 2006 年 6 月 15 日营运。高雄港自由贸易港区东距高雄小港国际机场 3 公里，各货柜中心联外道路均毗邻省道台 17 线、中山高速、"国道" 10 号及 3 号，形成便捷的交通网络。截至 2012 年底，进驻高雄自由贸易港区厂商累计 28 家。

五、苏澳港自由贸易港区（Suao Seaport Free Trade Zone）

它是台湾当局在宜兰县设立的全台第 6 座自由贸易港区。2010 年 9 月台湾当局"交通部"核准设立。营运范围为管制区内第 1 号至第 13 号码头及其后线仓栈设施，包括一般堆置场 3 处、货柜堆置场 1 处、第一和第二物流专区等，面积总计 71.5 公顷。由于苏澳港自由贸易港区建设时间较晚，截至 2012 年底，进驻高雄自由贸易港区厂商仅为 1 家。苏澳自由贸易港区积极招商引资，绿能产业有 25 亿元投资，未来除引进国际物流中心与相关绿能产业进驻外，还结合区外各主要产业企业区，以委托加工方式串联供应链，以形成产业集群效应。

六、桃园航空自由贸易港区（Taoyuan Airport Free Trade Zone）

它是台湾当局在桃园国际机场附近设立的全台首个空港自由贸易港区。台湾当局"行政院"于 2005 年 5 月 25 日核准成立，并于 2005 年 12 月 22 日正式营运。总开发面积约 45 公顷，定位为"国际航空货运运筹中心"，允许产业深层加工，包括 15.5 公顷货运站、3.7 公顷物流专区、13.9 公顷加值园区及商务中心、仓办大楼等。桃园航空自由贸易港区是全台首个依照"促进民间参与公共建设法"以 BOT（兴建—营运—转移）方式兴建的自由贸易港区，由其"交通部民航局"与特许公司远雄航空货运园区股份有限公司签订契约。

第五节　自由经济示范区

2013 年 12 月 26 日台湾当局"行政院"第 3378 次"院会"通过"自由经济示范区特别条例（草案）"。台湾"自由经济示范区规划方案"是台湾当局应对亚太区域经济一体化进程加快、推进经济自由化与国际化的重要举措，对深化和创新两岸经济合作也提供了一定机会。后来该案随着岛内政权更迭、民进党的上台而被废弃。

一、推动背景

建立"自由经济示范区"是马英九在岛内执政时期台湾当局"黄金十年"愿景的重要内容之一，也是其推动经济自由化和国际化、谋求加入亚太地区经济一体化进程的重要着力点。

（一）为参与亚太区域经济一体化创造条件

随着亚太区域经济一体化进程加快，特别是台主要竞争对手韩国对外 FTA 战略取得重大进展，使台湾当局的经济边缘化危机感不断增大。ECFA 签署后，台湾当局将对外签订类似 FTA 的经济合作协议作为对外经济关系的重点，提出"8 年内加入跨太平洋伙伴关系协议（TPP）"、加入"区域全面伙伴关系协定（RCEP）"等目标。但以台经济的开放程度与承受力，还远远达不到加入 TPP 等要求的标准，因此台湾当局通过建立自由经济示范区，以试点方式率先推动自由化，然后意图逐步扩大开放，为对外签订经济合作协议与加入 TPP 创造条件。

（二）借此启动新一轮经济自由化与国际化

自加入 WTO 后，台湾经济自由化、国际化程度停滞不前，而且随着经济发展趋缓，岛内保守意识上升，影响其国际竞争力的提升。台湾当局希望通过设立"自由经济示范区"这一"先行先试"方式，启动台湾方面加入 WTO 后的新一波经济自由化，打破经济"开放不足、保守有余"的心态，为经济发展注入新的活力，借此"将台湾打造成一个自由经济岛"，提升整体竞争力。

（三）提升经济发展动力，加快经济转型

全球金融危机后的世界经济深刻变革，使台湾经济面临空前转型压力，过去以代工生产和加工出口为主的经济发展方式增长动力减弱，投资与出口扩张能力下降。台湾当局将自由经济示范区列为"经济动能推升方案"的重要内容，希望借此吸引境内外投资、大力发展新型与前瞻性产业，以增强经济发展动力，加快经济转型，建立"创新驱动型经济"。

（四）减轻对大陆开放压力，深化两岸经济合作

尽管两岸 ECFA 进程加快，但台湾当局对开放大陆资金、人员、机构等入岛仍设置诸多障碍。将两岸经贸纳入自由经济示范区范围，区内将对大陆资金、人员等进入条件放宽，并提出可协商"特区对特区"，开展两岸产业合作。

二、主要内容

"自由经济示范区"规划原以自由化、国际化与前瞻性为核心理念，以"突破法规框架、创新管理机制"为主要推动策略，重点发展高端产业。

（一）区域布局分两阶段推动实施

第一阶段是从 2013 年 7 月起将现有的"台北港、台中港、基隆港、高雄港、苏澳港"及"桃园航空城"的"五海一空"自由贸易港区直接升级为"自由经济示范区"。"自由经济示范区"启动后，原有"自由贸易港区"的功能将大大扩充，除继续享受"境内关外"（台境内但在关税区外）政策外，区内经营范围与政策优惠也大幅增加，还可以通过区内企业委托区外企业加工生产的"前店后厂"模式，将生产与物流链延伸至周边加工出口和产业园区。第二阶段则从"自由经济示范区特别法"通过后，将示范区范围进一步扩大至其他地区。

（二）初期重点发展四大高端产业

"自由经济示范区"的产业发展原则是"以高附加值的高端服务业为主，促进服务业发展的制造业为辅"。第一阶段将结合台湾人力、技术、区位与两岸优势，初步规划将自由贸易港区主体物流仓储产业扩大至智能运筹、国际医疗、农业加值及国际产业合作等四大高端产业。官方预计2年后区内厂商和产值将分别增至200余家和1万亿元以上。第二阶段将根据需要重新规划，不排除其他任何产业。

（三）采取五大推动策略，大幅放宽租税优惠

主要包括：（1）促进人员、商品与资金自由流动；（2）开放市场接轨国际；（3）打造优惠租税环境；（4）提供土地便捷取得；（5）建立优质营运环境。其中在吸引台商及外商加强投资、协助企业取得专利及技术、鼓励外籍专业人士来台工作、鼓励企业投入研发及鼓励跨国企业来台设区域营运总部等方面出台5项租税减免政策，年均减税额高达500亿元，成为示范区规划之一大亮点。

（四）区内对大陆资金、人员等仍有差别待遇，但提出两岸"特区对特区"的合作设想

与过去的自由贸易港区相比，"自由经济示范区"纳入两岸经贸，但对陆资与外资仍然采取差别性待遇。如陆资对制造业投资比照外资，但须专案审查；陆资服务业短期内不能享受WTO待遇。对外资则争取给予与FTA、TPP等同的"超WTO"待遇。在人员进出方面，第一阶段推动外籍商务人士赴台短期停留免签及大陆商务人士核发3年期"多次出入境许可"。规划放宽大陆人士赴台商务居留，但需第二阶段订立"专法"后实施。

台湾高层官员也表示可与大陆经济特区开展"区对区"的产业合作，利用ECFA优势，推动与大陆及跨国企业合作，如与大陆古雷半岛、平潭等共同开发，借助日本技术与大陆资金在示范区生产面板，以免税方式出口至大陆，构建"新黄金三角合作模式"。以"特区对特区"方式开展两岸产业合作，有利于两岸跨越现行经贸政策架构，开展新的深度合作模式和两岸经济一体化实验。

三、进程观察

2013 年 11 月 26 日至 12 月 3 日，中国社科院台湾研究所朱磊与国台办海研中心人员赴台调研 8 天，包括实地考察台中、楠梓等加工出口区，高雄、台中、苏澳等示范区港口，以及中部科学工业园区、台中文化创意产业园区等相关经济园区，并与台湾中华经济研究院及台湾工业研究院等智库单位座谈，对台湾自由经济示范区（简称"示范区"）的现状进行了详细考察。

（一）示范区目前少有进展，尚未成型

第一，示范区政策雷声大，雨点小，缺少实际内容。按照规划，示范区的目标有三：自由化是要持续松绑"法规"限制，国际化是要与国际规则接轨，前瞻性是要构建新的产业结构。但这些目标的实现大多需要"修法"，为赶时程，台湾当局在"修法"前推出所谓第一阶段措施，即利用现有的自由贸易港区，简单包装，提出目标数值，直接转化为示范区。第二阶段内容则等"立法"部门"修法"后推出。问题是现有的自由贸易港区本身开放程度已经较高，转化为示范区其实变化不大，一些园区内的物流企业表示没感到有什么不同，因此示范区的出现客观上也并未增加企业的进驻。

第二，示范区开放举措难以达到预期目的。示范区内选取的重点产业问题重重，智能物流（即原来的智能运筹）与农业加值本就限制不多，国际健康（即原来的国际医疗）虽可松绑，但预期效果有限，台湾当局地方管理人员认为，前 2 项放到示范区中没有加分，后 1 项也不过由原来的 20 分增加到 30 分，至于新增加的金融服务与教育创新，则是内容空洞，华而不实。更重要的是，本来示范区的规划是重点发展服务业，因此选取的四大产业均为服务业，但服务业需要有较多人口作为服务对象，目前第一阶段的自由贸易港区均不符合这一要求，拟推动的第二阶段方案中又将以制造业为主体的加工出口区和科学园区纳入进来，前后矛盾，连"中经院"等相关规划部门自己都感到无奈。

第三，示范区第一阶段政策缺少发展空间，第二阶段实施遥遥无期。由于第一阶段内容仅限于将自由贸易港区直接升级为示范区，目前只有"六港一空"和屏东生技园。实地考察了高雄、台中、苏澳等示范区港口，空间狭小，相当于几个保税仓库，根本无法满足建设医院和农产品加工厂的需求，基本只

能在现有基础上发展物流，设定目标将大打折扣。第二阶段扩大范围本该推行其"前店后厂""前柜后院"的设计理念，但台湾当局各部门意见不一，草案一拖再拖，12月15日有关行政部门才拿出定稿草案，但还要"立法"部门审查。

（二）主要原因是决策草率、机构制约

第一，示范区设计仓促，内容过于理想化。示范区的设计由台湾中华经济研究院提出，自2012年4月至11月用了8个月时间，很大程度上是落实时任"经建会主委"尹启铭考察其他发达经济后推出的示范区概念。与1995年台湾当局委托精通工商实务的跨国企业麦肯锡公司设计推出"亚太营运中心"不同，此次示范区的设计过于理想化，操作层面设计不周密，实际推行障碍重重。例如，示范区的最初规划，是选取有常住人口的区域进行服务业的试点松绑，以县市或乡镇为单位提出创立示范区的申请，也可以是县市之间的区域，申请内容要包括完整的产业试验内容和目标。但由于提出申请的示范区域不像以前加工出口区那样有围墙分隔，外面的人员和设备很容易进入示范区享受区内的优惠政策，难以管控。又如，示范区对物流业的设计是由简易加工转为深层加工，以前是"产品外形不得改变，且须专案申请"，示范区可以改变产品外形，如药粉加工成药丸、西红柿加工成西红柿汁等，但这种政策会带动加工贸易形态的改变，从而影响到增值课税。示范区虽然可以使区内企业获得与跨国企业相当的租税待遇（因台湾对外签署的避免双重课税协议很少，在台企业有租税劣势），对台湾的区外企业却出现不公平的租税待遇。

第二，示范区规划决策草率，内容变更随意。示范区的设计本意是制度松绑，而非招商引资，但为避开"修法"，台湾当局决定分阶段实施。高雄市极力争取成为台湾第一个示范区，并获得台湾当局的初步认可，但在其他自由贸易港区的要求下，后来第一阶段确定了已经是自由贸易港区的"五港一空"全部转为示范区。在新任"经建会主委"管仲闵赴台南考察时，台南市长赖清德要求台南也要加入示范区，结果"经建会"就将台南的安平港列进去，成了"六港一空"。不但地域空间增减草率，试点产业也变动随意。最初设计本来只有智能运筹和国际医疗，主要考虑台湾物流业和医疗业有国际竞争力，例如台湾医疗业不仅能做韩国擅长的医疗美容，还能做重症治疗，且"法规"限制还有松绑空间。但在确定方案时台湾当局各主管部门争相加入各自负责的产业，于是农业加值等也列了进去。前"行政院长""政务委员"陈冲看了方案后说"怎么没有金融"，示范区草案就将金融也纳入进去，成了"4+1"，并表示以后将是"4+N"。后来台"教育部"说马来西亚都开放了教育产业，台湾地区教育产业这么发达怎么能不列进去，于是有了目前的五大重点产业。

第三，台湾当局内部互相制约，规划方案阻力大。对示范区第二阶段规划草案的内容，台湾当局内部其实争议极大。争议最大的议题是示范区是否应有租税优惠。"经建会"主张只有提出租税优惠才能增加吸引企业的诱因，"财政部"反对给予租税优惠，理由是示范区内有很多政策松绑，企业进驻应该"加税买自由化"。其次是如何处理陆资开放的问题，尤其是金融业。"金管会"对此持积极态度，"中央银行"则较为保守，坚持不能开放与新台币汇率相关的金融产品。至于涉及陆资部分，更是会面临民进党和"立法"部门巨大的政治阻力。

（三）现阶段台湾自由经济示范区提供的合作空间有限

第一，台湾示范区的设计虽然为推动两岸经济合作预留空间，但实际效果恐怕并不乐观。示范区实质上是多方博弈协调后的方案，这也决定了其具有多目标、多功能、多主管的特征。在重点产业中，智能物流、农业加值、国际健康、金融服务与教育创新的主管部门分别为"交通部""卫生福利署""农委会""金管会"和"教育部"，其指导思想与推动重点各有不同。与大陆的关系是：物流业需要扩大两岸港口基础建设；农产加工有望扩大对大陆农产品进口；医疗美容有赖于大陆游客的参与；金融产品需要两岸金融机构的合作；教育创新需要庞大的大陆生源。大陆虽然可在以上方面推动两岸合作，但目前示范区设置仅限"六港一空"和屏东生技园，空间狭小，开放幅度又不大，"没有牛肉"，"中经院"学者也认为效果不会好。

第二，示范区的扩展方案缺乏魄力和亮点，施政思路有问题。出于便于执行和管理的考虑，台湾当局计划以"委外加工"的方式将各加工出口区及科学工业园区与示范区连接起来，并成立"产业园区管理局"统一进行管理。但以考察的情况看，这些经济园区的潜力非常有限，首先是土地不够，除屏东园区还有 10% 的土地外，其他加工出口区的用地均已基本饱和，再有新企业进入只能迁出旧的企业，或在原地加盖楼层。从近年来的实际情况看，各加工出口区极少有迁出的企业，因此迁入的企业也不多，新陈代谢缓慢，影响转型升级。除土地限制之外，不少园区用水、用电均已达到上限，因此台湾当局不得不另开辟新的园区，如软体科技园区、物流园区、航空货运园区等。新园区对企业吸引力不大，因为台湾北部已无工业用地，南部设立新的园区又不能形成集聚效应，政策与市场的不同步使示范区陷入两难。

第三，示范区的重点产业中剔除了原来的产业合作，陆资能在其中扮演何种角色有待观察。原先设计时，产业合作部分由"经济部工业局"主管，可望通过该项条款给予陆资超过区外的待遇，但在 12 月 15 日的新草案中删掉了，其用意尚不明确。据参与设计者（刘大年）说，就台湾的政策而言，陆资肯定无法获得与外资相同的待遇，但差距会减小，而不会拉大。这部分内容去掉也许更有利于草案通过"立法院"审查。

四、后续发展

台湾当局"行政院"通过了自由经济示范区规划方案的最后修正案后，原本预计将于 2014 年 3 月的"立法院"会期审议通过。但因岛内在 3 月爆发"反服贸运动"，"立法院"瘫痪，其后又有全岛性的"反核四抗争"，排在"两岸服贸协议案"和"核四案"之后的"示范区案"也被耽搁审查。此后该案干脆被束之高阁。最后的"修正案"内容如下。

（一）自由经济示范区规划方案修正案主要思路

将要付之"立法院"讨论的自由经济示范区规划方案的最后"修正案"内容主要包括前言、示范区的理念与意涵、示范区的推动策略、示范创新重点、示范区之区位及效益、政策倡导规划及结论七大部分。

示范区的理念与意涵集中在自由化、国际化与前瞻性。市场开放指对外资及陆资扩大开放。跨境自由化指人流、物流、金流自由化。境内自由化主要是岛内"法规"及行政措施与国际接轨。此外还包括制度改革、促进创新、活络经济、促进投资等。前瞻性强调选择具发展潜力、示范功能，并能创造多元效益的经济活动。

方案对示范产业自由化的效果做了两种预期：若产生正面综效，则可推广全台，扩大适用。若产生负面效果，可了解相关冲击并做调整。可以示范新形态经济活动；示范具有前瞻性的创新活动，引导产业发展方向；示范外界仍存疑的产业活动，用结果释疑。最终目标是由区而台，使台湾成为自由经济岛。

（二）示范区的推动策略

为掌握办理时效，示范区分为两阶段推动。第一阶段已于 2013 年 8 月正式启动；第二阶段研订"自由经济示范区特别条例"，"立法"通过后正式启动。示范区由"中央"划设或由地方政府申设。民间土地亦可通过与"政府"合作开发的方式，申设为示范区。

推动策略主要是突破"法规"框架、创新管理机制。内容包括：促进人员、商品、资金自由流动，开放市场接轨国际，应对国际租税竞争，推动跨国产业合作，提供便捷土地取得，建置优质营运环境，并行双轨示范机制。

促进人员、商品与资金自由流动包括：人员进出自由化，均不涉蓝领外劳；放宽外籍专业人士来台工作及聘用帮佣限制；扩大外籍商务人士来台短期停留免签证或落地签；松绑大陆人士来台商务活动及居留限制。

商品流动自由化包括：农工原料及货品原则自由输入；农工原料及货品输入税负优惠；检验制度革新（如电机电子产品业者提出如有"供货商符合性声明"，产品上市前可免审查）。

资金流动自由化包括：区内事业资金可自由流动；对示范区内之外国人不涉新台币的资金需求，由国际金融业务分行（OBU）提供服务。

开放市场接轨国际包括：区内外资由 WTO 迈向 WTO+；放宽外籍白领专业人士提供服务之限制，得以委任或承揽形态提供服务；松绑专业服务业之投资限制，如律师、会计师、建筑师；区内陆资由 ECFA 迈向 WTO；在台湾安全无虞下，投资示范区制造业之陆资比照外资；投资示范区服务业之陆资参酌 WTO 承诺（或由主管部门改以负面表列方式限制），并辅以审查机制；简化区内侨外投资程序，一定金额以下的投资案改为事后申报。

应对国际租税竞争措施包括：境外货主（含大陆及港澳）于示范区内从事货物储存或简易加工，外销100%，内销10%免征营所税（多为自贸港区已有）；鼓励外籍专业人士来台工作，外（陆）籍专业人士免申报最低税负制之海外来源所得；且前3年薪资以半数课税；吸引台商加强投资，海外股利或盈余汇入示范区实质投资（注）免所得税（免税范围不含最低税负）。

推动跨国产业合作措施包括：借由示范区良好环境，在各产业皆可推动跨国合作机制；鼓励企业引进先进国家关键技术、智财或资金，促成跨国合作，带领台湾地区产业升级转型；通过产业合作开拓新兴市场，提高台湾地区在国际产业价值链之地位，扩大台湾地区出口动能与全球市占率；运用示范区建立与其他国家（地区）产业合作试点机制，例如区对区产业合作。

提供便捷土地取得政策。加强用地取得：公有土地采拨用或让售，私有土地得采协议价购、征收、区段征收、租用、设定地上权或合作开发等方式，并得提供租金优惠及免回馈。加速土地变更审议："中央"开发之示范区，土地使用变更采"一级一审"；既有园区转型者，非都市土地采备查方式办理。弹性管制土地使用：园区主管机关得自行拟具土地使用管制规定，报"内政部"同意后实施。

建置优质营运环境：提供高效率单一窗口服务；由于开发及管理之必要，管理机关设置基金；建置产业发展所需公共建设；提供完备资通信基础设施。

并行双轨示范机制：地理区位明确者，以实体区域示范，并可通过"前店后厂"联结区外厂商。不适合实体区域试行之产业，以指定试点方式，示范业务范围之松绑并可采分级管理。

（三）示范创新重点

示范区以高附加价值的高端服务业为主，促进服务业发展的制造业为辅。重点包括智能物流、国际健康、农业加值、金融服务、教育创新五大方面。

智能物流意涵：通过创新关务机制及云平台等信息服务，提供最佳物流服务，增加商品流通的自由及其附加价值。推动做法是推动整合云端e化服务：建置共享云平台，提供创新服务能量；整合运筹流通信息与关务审验平台。发展各项服务模式，扩大企业营运利基：简化委托加工关务审验机制；松绑检测维修模式；开放多国拆并柜业务办理对象及地点限制。活络跨区联结：运用委外加工"前店后厂"，建立供应链关系；建置海运快递专区。

国际健康意涵：推动"国际健康产业园区"，于区内设立国际医疗专办机构及生技研发机构，带动医疗（含重症治疗）、生技、药品、复健、养生等健康产业发展。推动做法是，第一阶段：设置"国际医疗服务中心"，提供已事前预约之国际人士就医咨询、医院联系及联合营销等服务。第二阶段：成立"国际健康产业园区"，园区内由医疗社团法人设立国际医疗专办机构，引入外籍医事人员，并松绑现行"医疗法"相关规定，如：法人须为医疗社团法人之社员、放宽具医事资格之董事比例、外国人得充任董事长等。园区内鼓励设置生技研发机构，带动外围健康产业发展。配套措施：国际医疗专办机构应订定回馈计划及缴纳经营许可费（特许费）、不得为健保特约机构、限制区外医师兼职看诊时数等。

农业加值意涵：将农业从"农产品"扩大为"价值链"，善用岛内农业技术，致力产品创新加值、MIT 营销国际。推动做法：建立产销平台，增进农民收益：辅导区内业者与岛内生产者、农会、合作社等进行契作，建立高效率供应体系。吸引企业投资，创造多赢：通过政策配套（如"国发基金"）提供项目融资，吸引岛内大型企业、外资进驻或参与投资；拓展屏东农业生技园区。推动农技商品化：推动农业技术商品化，发展农技输出的新模式；发展农业商品国际管理与营销能力，并就外销潜力高的品项，研究国际契作可行性。

金融服务意涵：通过业务分级与差异化管理方式，发展财富与资产管理业务，放宽金融机构业务范围，并鼓励岛内金融机构研发创新金融商品，培育金融专业人才。推动做法是，大幅放宽银行办理之业务及商品范围：放宽国际金融业务分行（OBU）及外汇指定银行（DBU）业务与商品范围。开放证券商办理之业务及商品范围：开放证券商国际证券业务分公司（OSU）及境内证券商（DSU）业务及商品范围。金融训练输出：由岛内金融训练机构（金融研训院、证基会及保发中心等）培训境外人士。人才培育：培育本土金融人才，并加强金融商品与服务研发投资。

教育创新意涵：由岛内大学与境外大学合作设立实验性之大学（分校、分部）、学院，授予学位（程），借此突破现有法令框架、创新治理模式、扩大招收境外学生、拓展岛内学生视野、提升国际竞争力。推动做法是，放宽"法令"限制，赋予办学弹性：松绑设校条件、学校经营、招生修业、人才延揽等"法令"限制，"政府"仅做适度监督，给予办学最大弹性；涉及个别"法律"修正者，将通过示范区"特别条例"突破；多元模式推动，促进国际合作：分为大学（分校、分部）、独立学院、学位专班、专业学程4类。第一阶段将以增修行政"法规"即可扩大推动之学位专班及专业学程模式优先。参与之岛内大学须经"教育部"评鉴办理完善，绩效卓著，其合作对象亦须是符合国际水平之优质境外大学，以确保办学质量。以招收境外生为主，但具国际优势或岛内发展亟须之学门领域，亦可培育岛内优秀学生。

（四）示范区区位及预期效益

自由贸易港区"六海一空"加上屏东农业生技园区1处共8处，优先于4处国际机场设置国际医疗服务中心。主管机关如有新设区位规划，经报"院"核定后即可新设。

预期效益方面，量化效益包括：（1）促进民间投资：2014年民间投资增加210亿元；（2）增加GDP：2014年增加300亿元；（3）创造就业机会：2014年创造13000人就业；（4）自由港区贸易值于2015年倍增至1兆元以上；（5）屏东农技园区产值由2013年的40亿元提高至2017年的180亿元；（6）银行业及证券业营业收入5年约可分别增加300亿元及400亿元。质化效益包括：（1）创新经营模式，例如：多国拆并柜、海运快递专区、农业MIT品牌；（2）创造融入区域经济整合条件：有助未来加入TPP、RCEP。

从上述台湾当局制定的最后方案来看，台湾自由经济示范区的第二阶段内容做了很多补充和增强，要比前期规划内容丰富和扎实。如果未来重启示范区建设，应该也会在此方案基础上规划。从大陆方面看：第一，应密切关注台湾自由经济示范区的第二阶段开放政策的实施情况，把握两岸合作机会。台湾示范区第一阶段内容简单，更多的是招商引资的性质，而非自由化示范的初衷，因此提供的新的两岸特区合作的机会很有限。在第二阶段规划方案中看到一些不同于第一阶段的内容，如能在"立法"部门通过并予落实，两岸将有新的合作空间。第二，两岸如果推动特区（园区）合作需要超越目前的格局和思路。尤其是如何看待和推动特区之间的合作，需要加以研究。从当前情况看，台湾自由经济示范区的特区政策是面向世界的，即使是为大陆企业提供的一些机遇，也是适用于整个大陆，而非特定区域。同样，上海自贸区也是面向全球的，平潭实验区的特色与重点是台湾全岛。另外，两岸 ECFA 后续谈判内容均是面向大陆和全岛，也非特区合作的专有内容。第三，借鉴台湾已有的开放政策，提升大陆经济特区建设的速度和质量。台湾自由经济示范区的开放力度和当前成效不如上海自贸区的重要原因之一是，两岸所处的经济发展阶段不同。上海自贸区的许多开放举措在台湾早已实行，因此相对而言台湾政策开放空间有限。上海自贸区开放政策中的一些亮点，如投资项目的负面表列、金融开放的四大内容，在台湾已经推行良久，积累了不少有益的经验值得大陆借鉴，这些经验也对海西试验区与平潭试验区有参考价值。

第四章　台湾主要产业及企业

第一节　电子信息

一、产业发展概况

根据台湾当局划分，台湾电子信息产业主要涵盖通信、电子、光电及资讯四大类产业，其中又细分为半导体、电子零组件、光电产品等 10 余项子产业。台湾业界对电子信息产业的界定主要有三个方面：（1）从涵盖面上被定义为"3C 工业"，即涵盖消费性电子工业、资讯工业和通信工业。（2）从贸易面上，是指台湾贸易分类（SRTC）中的 75 类"资讯产品"、76 类"电讯、录音和录影设备"以及 77 类"一般家电及电子零件"，即以这三项作为广义的电子信息产品贸易范围。（3）从发展方向上，是指"二高、二低、二大"工业，即技术密集度高、附加价值高，能源密集度低、污染程度低，市场发展潜力大和关联效果大。

台湾电子信息产业在 20 世纪 50 年代逐渐萌芽发展，80 年代快速成长、获得全面发展，在 90 年代后进入发展成熟期，电子信息产值持续上升，出口逐渐增长，多项产品总量居世界前列，同时向大陆及其他地区的投资不断增加，电子信息产业已经成为台湾经济的主导产业，并在世界上也举足轻重。[1]

（一）台湾电子信息产业发展历程

（1）20 世纪 50—70 年代——萌芽期

这一时期属台湾电子信息产业的萌芽时期，厂商主要从技术水平较低的传统消费性电子产品入手，多集中于零部件生产和成品组装，主要满足岛内需

---

[1]　林世渊：《台湾电子资讯产业的现状与发展趋向》，《亚太经济》，2000 年第 1 期，第 34 页。

求；厂家数量有限且规模小，截至 1978 年不足 1000 家，65%—70% 的厂商的资产都在 1000 万元台币以下，资产在 4000 万元台币以上的厂家只占 8% 左右。

（2）20 世纪 80 年代——快速成长期

这一时期，台湾当局对电子信息产业的扶持非常明显，1981 年制定的"资讯工业部门发展计划（1980—1989）"中首度认定资讯工业为策略性工业，同时加强培养和招揽高级科技人才，促进岛内相关产业发展。在当局的大力支持下，电子信息产业进入快速发展期，微电脑制造业、半导体产业、通信产业等"全面开花"，产品产值和出口增长迅速。然而，这一时期传统消费类电子产品产值在 1987 年达到 1260 亿元后开始下降，家用电器业和照明设备业在 20 世纪 80 年代后期均呈下降态势。资讯产品（不包括电脑业中的电脑零部件）在 1987—1991 年平均增长率为 25%，同期电信产品为 6%，而消费性电器为 −10%。另外，产品出口导向明显，电子信息产品 80% 以上出口，主要出口美国和西欧；同时，产品代工（OEM）特征明显，自我设计和研发能力较弱。

（3）20 世纪 90 年代以后——发展成熟期

1990 年以后，台湾的电子信息产业逐渐进入成熟期。首先，电子信息产值持续上升，资讯产品、通信设备、半导体和电子零部件的产值持续上升，资讯产品产值在 2000 年升至顶峰，消费类电器继续衰落。其次，资讯、通信和半导体的产量逐渐上升，在 20 世纪 90 年代末期达到顶峰。再次，出口持续增长，2000 年到顶峰，其后呈下降态势。最后，产品技术含量逐步提升，如笔记本电脑取代台式电脑、液晶显示器替代传统平面显示器。资讯产品主要集中在个人电脑及周边设备，而半导体产品则集中在集成电路，通信类产品集中在交换设备、传输设备和用户终端设备，产品呈现多元化，上、下游产品整合程度大幅提高。

这段时期台湾电子信息产业特点比较鲜明：第一，电子信息产业出现群体效应，台湾电子产业集群出现。第二，世界电子产品低价化趋势加剧，台湾中小资讯厂商发展困难，大型公司开始占据优势地位，岛内在 1997 年出现并购热潮，规模效应显现。第三，产品国际市场占有率逐渐扩大，1994 年资讯硬件产品产值为 146 亿美元，居美、日、德之后，居世界第 4 位，1995 年超过德国。1997 年台湾电子信息产品居于世界前三名的有：主板、显示器和芯片代工居第一，笔记本电脑、IC 设计、封装和网卡居第二，台式电脑居第三。1999 年，14 项电脑产品产值居世界第一，笔记本电脑和台式电脑也跃居第一。第四，政策倾斜及新竹科学工业园成为产业发展的牵引力，产品力求向中上游过渡。第五，电子信息产业到达顶峰，厂商开始外移，新兴工业化国家和地区是台湾电子信息产业发展的新着力点。

台湾电子信息产业发展简表如表 4-1 所示。

表 4-1　台湾电子信息产业发展简表

年份	类别	事件
1958	学	新竹交通大学创立，只有一个电子研究所
1963	学	新竹交通大学开始半导体生产的研究
1964	学	新竹交通大学成立半导体实验室
1966	学	新竹交通大学凌宏璋、张俊彦与郭双发教授成功制造出台湾第一颗 IC
1966	产	高雄设立加工出口区，高雄电子公司成立，开始做晶体管的装配
1967	产	高雄电子公司开始做集成电路的装配。
1969	产	飞利浦建元电子公司开始做集成电路的装配，台湾通用器材开始生产二极管。环宇电子公司成立，开始做晶体管、集成电路的装配
1970	产	新竹交通大学团队成立万邦电子，但于 1987 年被华新集团并购。万邦训练出一批双极（Bipolar）技术成熟的 IC 工程师
1970	产	RCA 在 1970 年赴台投资消费性电子产业，在新竹、宜兰和桃园设厂，享受"奖投条例"的种种补贴和优惠，利用台湾充沛而廉价的劳动力进行生产。刚开始，生产黑白电视机、彩色电视机基座、电视机零组件，并投资半导体封装业（在全盛时期员工高达 1 万人）
1970	产	德州仪器公司开始做集成电路的装配，菱生精密开始做集成电路的装配，新竹交通大学成功制出台湾第一片晶圆。三爱电子成立
1971	产	RCA 与台湾安培开始做集成电路的装配，华泰电子公司开始做集成电路的装配
1973	产	万邦电子公司开始做集成电路的装配，菱生公司与三菱公司开始做晶体管的装配

年份	类别	事件
1974	官	潘文渊得到当时"经济部部长"孙运璇的支持，前往美国成立电子技术顾问委员会，决定自美国引进 IC 制造技术，并决定以 CMOS 技术为主。该会成立评选委员会，委员有方贤齐、胡定华、杜俊元、温鼎勋及张俊彦
1974	官	潘文渊于新竹成立"工研院"电子工业研究发展中心，由康宝煌担任主任，并借调新竹交通大学的胡定华为副主任。杨丁元、史钦泰、章青驹等人均于此时期进入该团体。"立法院"通过电子所发展集成电路的四年 1000 万美元预算（当时台湾地区"平均国民所得"400 美元）
1974	产	鸿海塑料成立，洲际电子公司开始做二极管的装配，集成电子公司开始生产晶体管
1975	官	潘文渊说服 RCA 以 350 万美金的较低价格技术移转"工研院"，通过 RCA 为合作对象，其中涵盖代训 330 人次电路设计、光罩制作、晶圆制作、封装、测试、应用与生产管理等人才
1975	产	台湾光宝电子开始装配发光二极管，新美化精机开始制造焊线机
1976	官	潘文渊（3 月）与 RCA 签订"集成电路技术移转许可协议"，合约保证良率 17%。（5 月）第一批"种子部队"赴美踏上训练旅程，包含曹兴诚、章青驹、蔡明介、曾繁城等人
1976	产	宏碁计算机成立，台湾东京晶体开始装配晶体管，万邦电子公司开始制造 GaAsP 发光二极管，同欣电子公司开始制造厚膜混合集成电路。大同公司成立硅晶中心，开始筹备生产硅芯片，欣贤电子公司开始制造层流台
1977	官	（5 月）完成 300 人日在 RCA 的训练，担任建场、装机、试车、训练等工作，3 寸晶圆示范工厂（10 月）落成；（12 月 16 日）制成第一片集成电路。建厂后 6 个月的良率达 70%，远超过 RCA 之预期
1977	学	新竹交通大学半导体实验室扩充为半导体研发中心
1977	产	电正电子开始做整流二极管，高雄日立电子开始做晶体管装配，大联半导体开始做 IC 装配，光源电子开始装配太阳电池
1977	美	Apple 发展出个人计算机 Apple II
1978	官	"工研院"示范工厂首次接受客户委托设计 IC，电子所与电信所合作双极集成电路

续表

年份	类别	事件
1978	产	台湾东京晶体开始装配二极管
1979	官	电子所集成电路技术计划移转民间，以RCA技术转移后成立的晶圆厂，协助联华电子筹组与建厂，并由杜俊元出任第一任总经理
1979	官	电子所第一批双极集成电路试制成功
1979	产	万邦电子开始制造GaAs红外线二极管，光敏晶体管及光电耦合器
1980	官	科学园区成立，联电第一家登记，生产电子表、计算器与电视用IC
1980	产	统一企业成立电子事业部筹备制造双击功率晶体管及太阳电池，大王电子公司成立，开始筹备制造MOS功率晶体管。光达电子公司成立，开始筹备制造LED及整流二极管
1981	美	IBM发展出PC，并取得成功。Osborne发展出可携型计算机，又贵又大，不成功
1981	产	中美硅晶开始生产硅芯片
1981	官	电子所四位单芯片微电脑IC研制成功，开始提供给半客户委托设计IC服务，完成光罩自制系统，完成开发N信道硅闸MOS制程技术
1982	产	联电量产，11月损益平衡，营业额1亿9000万元，员工380人，来年6月，月销售额达1亿元，全年营业额暴增至11亿元，员工610人。太欣半导体设计公司成立
1982	官	"工研院"接连开发定时器、电话机、音乐内存、闸排列、语音合成、微电脑、计算器、音响、模拟/数字转换IC并取得成功
1983	产	RCA不敌韩国低价竞争，因此接受台"经济部"建议，转入电子信息业
1983	官	"工研院"与"国科会"合作开始MPC计划、建立大学内IC设计与CAD研究能力。"工研院"项目，成立经VLSI实验工厂，以促进台湾IC设计工业的发展
1983	产	IC相关公司开始萌芽（合德IC设计、日月光、华旭封装）（1983—1985）
1984	产	RCA增资将桃园厂黑白电视机生产线"升级"为生产黑白及彩色的计算机屏幕

年份	类别	事件
1985	产	美国工资终于不敌台湾地区工资，RCA 关闭美国生产线，将彩色电视机的生产转移到台湾地区
1985	官	张忠谋接任工业技术研究院院长，提出将 VLSI 实验工厂转移民间成立代工公司之构想，潘文渊继续领导顾问团协助开发研究工作，"工研院"开始电子束精密光罩制作服务，成立共同设计中心，推广 IC 设计服务
1985	产	"工研院"与华智公司发展成功 1.5 微米 CMOS 256K DRAM。IC 电路公司接连成立（其朋设计、汉磊制造、Motorola 封装）（1985—1987）
1986	官	台币升值，台湾的劳动力价格相对高涨
1986	产	益华 CAD 公司成立（设计公司：通泰、普盛，制造：国善）
1987	官	完成超大规模集成电路案，张忠谋提出将 VLSI 实验工厂转移到民间成立代工公司的构想实现，成立"台积电"，张忠谋成为董事长
1987	官	进行"次微米制程技术计划"
1987	日	Toshiba 发展出 T1000 型笔记本电脑，重 6.25 磅，不太成功
1987	产	计算机业：广达成立，IC 设计公司：大智、硅统、扬智、瑞昱、诠华、华展、群立、普晋成立，IC 制造公司：天下、台积、华邦、华隆微成立
1988	产	台积电进入量产阶段，IC 制造公司增至六家。IC 设计公司：一华、华麦、飞虹成立，IC 制造公司：合泰、台湾光罩、伟智，IC 封装公司：福雷、立卫
1989	美国	Compaq 发展出 LTE/286 的笔记本电脑，重 7 磅，获得成功
1989	产	IC 制造厂大量成立，达 13 家，IC 设计公司：劲杰、伟诠，IC 制造：旺宏，IC 封装公司：华特、巨大、微硅。台湾光罩公司成立。伟诠公司进入园区，从事数字 / 模拟 IC 专业设计
1989	官	草拟"芯片保护法"，规划次微米制程发展计划，由 ERSO 与业者共同合作进行
1990	产	新台科技成立，使台湾的光罩公司增为两家。景气衰退，多家厂商进行人力结构调整，并积极与境外技术合作。伟智与合泰建厂落成启用，加入 IC 制造行列。巨大与矽品购装厂进行策略联盟。半导体技术列入台湾未来 10 年的十大新兴产业。Intel 与台积电、联电合作生产内存。裕创公司进入园区，专业为次微米计划进行内存生产。IC 设计公司：凌阳、硅成创立，IC 制造公司：德碁成立

续表

年份	类别	事件
1991	产	华邦成功开发自主生产的首颗64K SRAM，鑫成科技完成SMT封装厂，天下电子发生财务危机，寻求资金纾困，旺宏与日本NKK策略联盟。茂硅、华智首开IC厂合并先例，于10月22日签约。IC设计公司由钰创、民生成立，IC制造公司由茂硅成立，IC封装公司由鑫成成立
1992	官	电子所与联电、台积电签订次微米制程技术许可协议，并成立次微米制程技术使用者同盟会
1992	产	旺宏与MIPS签订R3000 RISC技术许可协议。茂硅华智由太平洋电线电缆接手经营，胡洪九接任董事长。汉磊科技新厂完工，生产Bipolar IC。华邦VLSI二厂落成，合泰扩厂。电子所加速进行MCM技术开发，自PMC公司引进五层导体MCM量产技术。各半导体厂陆续进入0.6微米制程。IC设计公司由巨华、冠林、沛亨成立
1993	官	次微米实验室落成，是岛内第一座八寸晶圆厂。"国科会"芯片设计制作中心成立
1993	产	台湾茂硅与日本OKI签订合作协议，将转移4M DRAM技术
1993	日	日本住友工厂爆炸，造成环氧树脂缺货
1993	产	台积电三厂动工，德碁斥资16亿元提升设备。IC设计公司由宇庆、台晶成立。IC封装公司由硅丰、大众成立
1994	产	硅丰公司进军高脚数IC测试市场。华邦完成亚洲首颗MPEG标准的影像压缩IC。联电、华邦开发完成0.5微米制程。南亚与OKI签订技术转移契约。IC制造公司由世界先进、力晶、嘉蓄、南亚成立。IC封装公司由华新先进、福懋、致福、日生科技成立
1995	产	华新先进公司成立。德碁生产4M DRAM。南亚DRAM厂动土。台积电四厂动工，世界先进二厂动工，德碁二厂动工，茂硅三厂动工。南亚科技公司成立。旺宏推出16M Flash IC。大众计算机IC测试暨封装公司启用。联电与S3、alliance合资成立八寸晶圆代工厂（联诚）。联电与Trident、ATI、ISSI合资成立联瑞公司。台积电宣布将在美成立八寸晶圆厂。华邦与东芝策略联盟

资料来源：作者综合参考整理。

（二）台湾电子信息产业国际分工地位

全球IT产业跨国生产体系主要有两条：一条是母公司直接投资和公司内

部贸易形成的母子企业间的价值链体系；另一条是通过非股权安排的企业间交易网络形成的由核心企业主导的供应链体系，核心企业掌握技术、市场标准和销售渠道，只需用必要的小额资本便可以控制整个供应链，从而牢牢控制产品的价值实现。随着世界竞争加剧，跨国公司经营战略上更注重空间分布和接近市场，更注重节省成本和降低价格，因而世界电子产业链20世纪90年代出现重组趋势。

20世纪80年代电子信息产品的产销模式经过下列发展顺序：美国研发的技术和产品—技术出口至日本—转移到亚洲四小龙—其他发展中国家和地区—产品回销到欧美和其他市场，产业和技术转移基本符合"雁行"模式。台湾正是抓住了"雁行"的机遇发展电子信息产业，从而在代工方面占绝对优势。20世纪90年代后期，美日等国大厂逐渐略去中间环节直接向低成本的发展中国家和地区转移，中国大陆因而迅速崛起，资讯大厂以更快的速度向祖国大陆倾斜。台湾迅速跟进，将代工转移到大陆并提高设计水平，力图挤进重组的产业链。这种跟进逼迫岛内厂商从岛内制造、大陆组装、行销欧美转向岛内设计并研发、大陆制造、欧美或中国大陆销售。中游的制造业部分是附加值最低区域，竞争力相对较低。在制造业区域，台湾地区中小企业因适应快、反应灵活和转型方便，在20世纪80年代末和90年代前半期迅速发展，较美日具有较大的成本优势。尽管电子信息产品降价迅速，但是台湾厂商较早"西移"仍存在利润空间。大陆劳动力充裕而廉价，土地价格低，原材料便宜，采购方便，因而"西移"的电子信息厂商能在中游制造业区域形成一定规模，从而获取利润。

上游的专利权及知识经济是电子信息产业中附加值较高部分。台湾电子信息产业利用"西移"不断向产业链的中上游攀爬。20世纪90年代初期，台湾电子信息厂商开始将消费性电子产业大量"西移"，促使岛内出现一次产业结构升级，许多企业转向生产个人电脑及周边产品、半导体等中上游产品。20世纪90年代中期，岛内产业开始分工，部分低档的电脑周边产业，如键盘、鼠标、机壳等转移到珠江三角洲等地，以出口加工为主。珠三角因而一二年内就形成了明确分工、配套互补的产业群，成为电子信息低档产品的生产重镇，并逐渐与岛内形成分工格局。岛内产业内部升级已近完成，主打产品转移至半导体、笔记本电脑，并开始生产微处理器（CPU）、液晶显示器（TFT-LCD）

等高附加值产品。21 世纪初，笔记本电脑、液晶显示器和数码相机等高科技及半导体行业开始"西移"，岛内产业又在产品设计和研发方面取得进步，开始掌握核心技术，向上游的专利权和知识经济方向发展。随着台湾地区电子信息产业在产业链向上攀升，一些品牌在国际上已有较高知名度，如趋势科技、宏碁、华硕、明碁，但与岛内电子信息业的地位并不相称。台湾当局"经济部"因而制定了 7 年期的"品牌台湾发展计划"，自 2006 年开始实施，推动品牌建设，整合相关资源长期发展品牌，提供企业所需人才及营造优质品牌环境；同时提升国际品牌价值的成长率，缩小与全球品牌的差距。[①]

（三）当前发展状况

台湾电子业自 20 世纪 80 年代开始起步，抓住为欧美企业做 PC 代工的机会迅速崛起，一跃成为世界最重要的电子产业聚集地之一。历经多年发展，台湾地区已成为全球最主要的资讯大厂采购中心、全球第四大电子信息生产基地（仅次于美、日、中国大陆，实际上中国大陆约 6 成产值由台企生产），其中半导体产值超过 2 万亿元，居全球第二；显示器及 LED 等产值也分居全球第二及第三位，超过 15 项产品的市占率居全球首位。据台湾当局统计，2016 年岛内电子信息工业产值高达 4.2 万亿元（表 4-2），占台湾整体制造业总产值的近 4 成，同时岛内约 1850 家上市公司中，高达 830 多家（约占 45%）与电子信息产业相关，显示电子信息产业依然为台经济发展的最核心动力。虽然台湾电子信息产业国际竞争力较强，但其以 OEM/ODM 为主的生产方式也面临产业利润率下滑、外部竞争加剧等严峻挑战，使岛内电子信息产业步入转型升级的十字路口。岛内电子信息产业龙头主要有台积电、鸿海精密等大型企业，这些企业在相关领域的全球市占率超过 4 成，同时近年来岛内也涌现出大立光（主要为苹果等智能手机生产光学镜头，全球平均市占率 30% 以上，部分单项产品全球市占率超过 6 成）等电子信息产业新锐。

然而，随着 PC 潮退，台湾原有产业优势逐渐消失；同时，台湾又未能及时抓住云计算、物联网、人工智能等新技术带来的机会。身处迅速迭代的电子

---

① 焦建华，徐翠红：《台湾资讯电子信息产业发展现状与趋势》，《重庆工商大学学报（西部论坛）》，2007 年第 2 期，第 105—107 页。

业，一些台湾企业却固守代工思维，过于重视产品的硬件制造，忽视了产品设计与创新以及软件的优化，因而逐步丧失竞争优势。以代工起家的台湾知名企业 HTC 曾是谷歌最早的合作伙伴，也曾是最早加入安卓阵营的手机厂商，赶上了安卓市场的第一波红利。但当 HTC 进军高端市场时，缺乏核心技术的劣势一下凸显出来，支撑品牌溢价的根基不在，自然难有消费者愿为其买单。台湾代表品牌华硕与宏碁推出的重点产品依旧是电竞游戏电脑设备。尽管该产品性能优越、受到粉丝热捧，但在 IT 企业发力 AI、区块链的今天，这样的产品布局还是略显守旧。究其根本，让台湾电子产业发展脚步迟缓的原因，看似是固守代工优势，实则是优势背后的固化思维。因此，打破代工模式所形成的思维定式，及时补齐在工业设计、研发、供应链等方面的短板，才是台湾电子业复兴的关键。[①]

表 4-2　2003—2017 年台湾电子信息产业产值

年份	电子信息工业		电子零组件业		电脑、电子产品及光学制品业	
	产值（新台币，百万元）	增长率（%）	产值（新台币，百万元）	增长率（%）	产值（新台币，百万元）	增长率（%）
2003	2712700	7.85	1805175	14.94	907525	3.94
2004	3064316	12.96	2213050	22.59	851266	−6.20
2005	3179230	3.75	2407351	8.78	771879	−9.33
2006	3691596	16.12	2935210	21.93	756386	−2.01
2007	4011536	8.67	3283884	11.88	727652	−3.80
2008	3719498	−7.28	3046993	−7.21	672505	−7.58
2009	3259643	−12.36	2695905	−11.52	563738	−16.17
2010	4394414	34.81	3603620	33.67	790793	40.28
2011	4341913	−1.19	3313363	−8.05	1028549	30.07
2012	4146196	−4.51	3333397	0.60	812798	−20.98
2013	4250939	2.53	3487565	4.62	763375	−6.08

---

① 何亮:《搁浅的台湾电子业：挥别旧的才能和新的相遇》,《科技日报》, 2018 年 6 月 13 日。

年份	电子信息工业		电子零组件业		电脑、电子产品及光学制品业	
	产值（新台币，百万元）	增长率（%）	产值（新台币，百万元）	增长率（%）	产值（新台币，百万元）	增长率（%）
2014	4511703	6.13	3769945	8.10	741758	-2.83
2015	4320668	-4.23	3623376	-3.89	697292	-5.99
2016	4184633	-3.15	3535769	-2.42	648864	-6.95
2017	4332483	3.53	3696071	4.53	636413	-1.92

资料来源：台湾当局"经济部统计处"："工业生产统计年报"，2017 年。

二、两岸产业关系

大陆电子信息产业具体细分为投资类产品、消费类产品和元器件产品三个大类。到 2009 年 2 月为止，电子信息产业已成为大陆国民经济重要的支柱产业，也是目前海峡两岸整合程度最高的产业。台湾地区电子信息业对大陆投资初期以生产功能为主，岛内负责产品研发和设计，大陆负责产业链下游的劳动力密集部分，形成两岸之间的垂直分工模式。随着大陆电子信息业的迅速发展，产业竞争力逐渐提升，两岸产业链结合日益紧密，大陆在两岸产业合作中的主导性日益明显。

大陆近年来最引人瞩目、发展速度最快的电子信息业是通信产业，特别是 5G 行业。该产业中的华为、中兴等中国企业的崛起甚至引起美国政府的恐慌并从 2018 年起进行公开遏制。5G 行业国际格局及中国大陆在世界的地位和影响简介如下。

5G 是 4G 之后的延伸，指第五代移动电话行动通信标准，也称第五代移动通信技术。5G 技术旨在实现以下几大目标：（1）1000× 的容量提升；（2）1000 亿＋的连接支持；（3）10GB/s 的速度；（4）1ms 以下的延迟。基于上述特性，国际电信联盟 ITU 在 2015 年定义了 5G 三大主要应用场景：增强型移动宽带（eMBB）、大规模物联网（mMTC）及低时延高可靠通信（uRLLC）。其中，eMBB 主要追求人与人的极致通信体验，对应于 3D/ 超高清视频等大流量移动宽带业务；mMTC 主要体现物与物的通信需求，应用于智慧城市、智能家居、可穿戴设备等以传感和数据采集为目标的场景；uRLLC 面向如自动驾驶、移动医疗等对时延和可靠性要求极高的应用。

世界各国 5G 行业的实力比较主要体现在：标准主导能力；芯片的研发与制造；系统设备的研发与部署；手机的研发与生产；业务的开发与运营；运营商的能力。总的来看，中国在世界范围内属于 5G 的领跑者。

（一）标准主导能力

在 5G 的标准中，中国通过的立项最多，在世界居于最前列地位，任何一项 5G 的子标准和技术，如果没有中国都很难通过。按国家统计全世界 5G 标准立项且通过的数目，中国 21 项，美国 9 项，欧洲 14 项，日本 4 项，韩国 2 项。全世界 5G 标准立项且通过的企业中，中国移动 10 项，华为 8 项，爱立信 6 项，高通 5 项，日本 NTT DOCOMO 4 项，诺基亚 4 项，英特尔 4 项，三星 2 项，中兴 2 项，法国电信 1 项，德国电信 1 项，中国联通 1 项、西班牙电信 1 项、Esa1 项。

（二）芯片的研发与制造

总体而言，在 5G 芯片方面还是美国占据了较大的优势，很可能未来会居于主导地位，而欧洲有一定的衰落，中国在这方面还有较大差距，但中国正在寻求突破。（1）计算芯片：全世界就是美国最强，英特尔是华为最重要的供应商，也是中兴最重要的供应商，除了少数服务器芯片，中国有一定的产品，绝大部分计算芯片基本上是美国企业称霸世界。（2）存储芯片：当今世界上储存芯片还是由美国、韩国、台湾地区主导。现在大陆也有多家公司在存储芯片领域发力，但是如果要在市场上居于主导地位，还需要努力一段时间。（3）专用芯片：这个领域依然还是美国较为强大，除了英特尔、高通这样的企业之外，还有大量的企业生产各种专用芯片，中国是他们最大的市场。在这个领域中，中国也有了较大进步，海思、展锐、中兴微电子等企业都设计和生产专用芯片，可以说这个领域大家各有所长，不像计算芯片那样被美国企业垄断。（4）智能手机芯片：5G 时代，三星采用了高通芯片，苹果很可能最后还是会采用高通芯片。只有华为 5G 芯片会采用自己的芯片。联发科也会坚持 5G 芯片的研发，而中国的展锐通过多年的技术积累和国家的大力投入，也会在 5G 中低端产品芯片上发力。5G 的智能手机芯片，还是美国拥有最强大的实力，不过中国已经有华为在旗舰产品上与之抗衡，而在中低端产品上展锐也会有所作为。（5）感应器：这个新兴的领域，世界上各个国家都加入争夺中，目前很难分出高下，除了恩智浦这类大的半导体公司，还有大量中小企业希望在这个领域有所作为。日本的村田制作所等企业有一定优势。

（三）通信系统设备的研发和部署能力

系统设备能力，全世界第一集团就是中国，第二集团是欧洲，韩国也有一定的市场，这方面中国的竞争力很强大。全世界最早的移动通信是美国人发明的，摩托罗拉是世界上最早的也是最强大的通信设备公司，后来才有爱立信、诺基亚、西门子、阿尔卡特、朗讯、NEC 等众多的通信设备公司，在中国的土地上就有过所谓七国八制，众多的通信公司在中国争夺市场。2G 时代，中国自己的通信设备基本上没有，一直到后期才有少量的设备，与发达国家差距极大。3G 时代，中国的大唐、华为、中兴开始借助中国的 TD-SCDMA 在中国市场发力，而华为、中兴也通过技术积累，在 WCDMA 上做了较大的研发和积累，产品富有竞争力。2G 时代欧洲企业通过统一标准，整合力量，确立了自己世界老大的地位。美国因为缺乏整合，内部争斗非常厉害，政府在高通和英特尔等各个不同的集团中摇摆，到了 3G 时代标准争夺处于下风，WiMax 全面失败，美国的设备商受到较大打击。4G 时代，通信系统的格局基本成为华为第一，华为在全世界 176 个国家和地区参与了网络建设，网络的品质和服务受到了欢迎，成为世界上最强大的通信系统设备制造商。爱立信第二，这个曾经最强大的欧洲系统设备商，其在全球的市场份额渐渐落后于华为，诺基亚是一步步把那些倒下的企业都整合到自己的下面，包括了朗讯、西门子、阿尔卡特、上海贝尔，诺基亚用这些整合起来的资源，占据了第三的位置。中兴居第四，韩国的三星居第五。当然中国大唐等企业也参与系统设备市场。还有日本 NEC 等企业，主要是本土市场，在全球缺少足够的竞争力。5G 时代的系统设备如果没有政治的影响，中国企业将成为世界的主导。

（四）手机的研发与生产

当今世界上，手机研发和生产只有美国、中国、韩国三强。三大企业分别是韩国三星、美国苹果、中国华为，这三强中，唯有华为具有较强的爆发力，发展势头良好。除前三强之外，世界十大手机品牌，中国已经占据了七席，唯有韩国的 LG 可以挤进全球前十强，而中国的 OPPO、vivo、小米更是前三强后面的小三强，联想、中兴虽然在中国市场表现不佳，但是全球市场情况也还是不错的。目前全世界第一批推出 5G 手机的也就是中兴、联想、OPPO、vivo、小米、一加这些企业。智能手机领域目前还没有一个国家可以在综合能力上和中国抗衡。随着中国市场争夺加剧，越来越多的企业把视角转向全球市场，华为、中兴、联想早已在国际市场有所作为。近几年，小米、OPPO、vivo、一加也在海外市场发力，传音这样的企业在非洲占据了半壁江山，印度市场也被中国产品占据了大半。欧洲手机品牌只剩下诺基亚，不过早已经在中国研发和生产，只剩下牌子。总体上，手机研发和生产，世界上第一集团是中国，美国的苹果和韩国三星也还有强大的实力，但是在手机领域的综合能力，美国、韩国难比中国，5G 时代中国会更进一步巩固自己的实力，在这个领域中国有一定的优势。

（五）5G 业务和应用的开发与运营

就智能硬件产品的研发和生产能力而言，全球研发实力最强、生产产品最多的是中国，智能手环、手表、体脂秤这样的产品，中国很快做到了世界第一，产品效率高、成本低。目前中国智能家居体系的小米，整合产品能力远远超过苹果和谷歌，接入的产品数量也远超苹果和谷歌。CES 消费电子展上，中国的企业占据了 1/3 以上。

（六）电信运营商的网络部署能力

中国三家电信运营商是世界上实力最强的电信运营商，中国移动拥有用户数 9.2 亿，是全世界用户数量第一的电信运营商，用户数差不多是整个欧洲的人口，中国电信和中国联通的用户数也居世界电信运营商的前列。中国电信运营商拥有强大的网络部署能力，中国的 4G 基站已经覆盖 99% 的用户，三家电信运营商的 4G 基站数超过 350 万个，总基站数超过 640 万个，这个数目是全世界任何一个国家无法比拟的。而美国 4G 基站数不超过 30 万个，印度的总基站数也不超过 70 万个。在数量上和世界任何一个大国相比，中国都是其他国家的 10 倍甚至更多。基站的数量意味着网络覆盖能力和网络的品质。在欧美很多国家，出了城市不远就没有网络，或是网络品质很不好。基站覆盖对于很多国家来说，在很长时间内都难以实现，包括美国和欧洲很多国家，尤其是南欧和东欧。

（七）官方支持和市场能力

世界各国都在进行 5G 的推动，比如分配频率、及时发放牌照，但是在执行效率和实际效果上，和中国相比还是有较大的差距。中国政府对 5G 发展态度是非常明确的，积极支持整个行业加快 5G 建设，从研发到网络部署上，中国政府的态度都是非常积极。一个非常典型的例子是频谱的分配和规划，频谱是 5G 建设必须要的基本资源，这和盖房子要用地一样。欧洲、美国等很多国家对于频谱采用拍卖的方式，电信运营商拿到频谱需要花几十亿甚至上百亿欧元，5G 还没有建设，运营商就背负很高的债务，这种情况下，小运营商对于 5G 的建设就非常不积极，大运营商即使较为积极，但也背负了很高的资金压力。而中国政府采用的频谱分配方式是，在经过协商后，把频谱根据电信运营商的需要和技术的情况分配给电信运营商，频率占用费用很低，电信运营商压力小。

总之，5G 是一个庞大的体系，它需要由多个力量形成综合实力，在这个完整的体系中，中国除芯片稍弱之外，在其他领域都是居于优势地位，而芯片也打破了一无所有的局面，在 5G 时代应该还有较大突破。全世界 5G 的发展，欧洲强在系统，美国强在芯片，中国强在综合实力。可以预期，随着 5G 的正式商用，首先在业务上出现全面爆发、领先世界的一定是中国。

大陆的产业发展对台湾企业的吸引力也日益增强。台湾企业到大陆投资经历了从追求低成本到追求拿订单的过程。台湾地区电子信息业向大陆转移与电子信息业的特征和大陆的区位优势紧密相关。电子信息业存在"摩尔定律"，即价格不变的情况下，集成电路元器件的数量和性能每 18 个月提升一倍。因而生产者需要能够迅速应对市场变化，并尽量压低生产成本。大陆的成本优势和市场规模优势成为吸引台湾地区电子信息业转移的重要条件。1996 年以来，受台湾岛内土地以及劳动力成本不断上升的影响，电子信息产业以直接投资或间接投资方式，以每年约 6% 的增长速度转向大陆。早在 2000 年台湾当局核准的间接赴大陆投资金额中，电子信息产业就高达 15 亿美元，占当时制造业赴大陆地区投资比重的 61.7%。而由非官方渠道进入大陆的资金估计是官方统计金额的三至四倍。同时，台湾电子信息产业对大陆的经贸往来从初期的单纯贸易发展为以投资生产为主、贸易为辅的方式。2001 年两岸相继加入 WTO 后，高档次的产品如笔记本电脑等也迅速大量赴大陆生产。一些当时在台湾还处于萌芽、起步阶段的手机、LCD、网络通信设备及关键零部件等，台商也规划在大陆筹设新厂。在赴大陆投资热潮的涌动下，很多电子信息产业生产商在大陆拥有大量的建厂用地，华硕电脑在苏州购买了 80 公顷地，南亚在昆山购买了约 1127 公顷地，华宇、台达电在吴江购买了约 133 公顷地。大型台商电子信息产业向长江中下游流域集结，很多公司的厂房面积动辄是在台湾的 10 倍以上。随着台商投资企业数量逐年增加，在大陆的台商企业也由点扩展到片，形成两大中心区域，分别是深圳—东莞和上海—昆山。在这两个地区整个产业的分工体系日趋完备，周边卫星工厂已形成聚落与供应链。在东莞，台式电脑的零部件组装已绝大多数（90% 以上）在当地自足供应，生产的横向和纵向分工已建构完成，由此引发大陆电子硬件产品产出中，台商投资企业产出比例不断增加。2010 年，2810 亿美元的大陆信息硬件总产值有 56% 为台商投资企业的产出。而且，台湾企业大部分信息硬件产品在大陆生产，2010 年大陆产量占台湾岛外生产量的 50% 以上，其中机壳、视盘机等占到台湾企业总产量的 70% 以上，扫描仪、电源等的产量占到了台湾企业总产量的 80%以上。[1]

　　台湾地区电子信息业对大陆的投资历程，大致可分为 3 个阶段。第一阶段：缓慢增长阶段（1991—2001 年）。这一阶段大陆实行全方位的开放政策，

---

　　[1] 李非，蒋含明：《海峡两岸电子信息产业合作博弈分析》，《亚太经济》，2011 年第 3 期，第 134—138 页。

出台各种制度和政策吸引外商直接投资。另外，台湾地区企业受岛内工资上涨、劳动力短缺的影响，逐渐丧失成本优势，开始将一部分生产功能转移到大陆。由于缺少产业投资相关的知识和信息，这一阶段台商多为试探性投资，投资金额较少，大都在 10 亿美元以下。但从总体看，其投资额有逐年上升的趋势，且电子信息业在台湾地区对外投资的产业中越来越重要。2000 年，台湾地区电子信息业对大陆的投资达到其对大陆总投资的 43%。

　　第二阶段：迅速增长阶段（2002—2011 年）。中国在 2001 年加入 WTO 之后，市场更加开放，政策更加宽松，再加上 2000 年台湾地区政党轮替，放宽了对大陆投资的限制，掀起了一股台商赴大陆投资的浪潮，台商借助已有台资企业的知识和信息积累，对大陆的投资迅速增加。仅 2002 年至 2004 年，电子信息业投资总额就高达 64 亿美元，是第一阶段投资总额的 1.4 倍，年投资额在 2010 年、2011 年达到 45 亿美元的峰值。同时，这一阶段台湾地区电子信息产业结构进一步调整，产业链中下游从岛内向岛外转移，投资额占向大陆投资总额的比例基本维持在 30% 以上。

　　第三阶段：稳步调整阶段（2011 年至今）。这一阶段台湾地区对大陆的整体投资有所下降，电子信息业投资额及比重也呈下降趋势。一方面，大陆劳动力供给出现拐点，工资成本上涨，台资企业通过大陆代工的盈利减少，一些台商开始转向东南亚等劳动力成本更低的地区投资。电子信息制造业受劳动力成本的影响较大，占总投资额的比重逐渐降低。另一方面，大陆的电子信息业不断发展成熟，LED 面板和连接器等细分产业逐渐崛起，并与台湾地区产生竞争，迫使部分台资企业收缩投资。但总体来看，电子信息业投资额仍维持在 25 亿美元左右，处于稳步调整阶段。

　　在 2004 年以前，台商对大陆的投资主要集中在长三角、珠三角等东部沿海地区和北京等地，在中西部省份的投资额较少，台资的集聚现象较为明显。2005—2009 年，河南、湖北、山西、四川、重庆等中西部地区的台商投资额出现明显提升，内蒙古、吉林的台商投资也从无到有，但东南沿海仍然是台商投资最密集的区域。2010—2014 年，对中部的投资进一步增加，而对浙江、上海、北京的投资有所下降。这一时期对四川、河南的投资大幅增加，投资额仅次于江苏、广东和上海，分别为 9.5 亿美元和 9.1 亿美元，是上一时期的 15 倍和 60 倍。河南从投资的"凹地"转变为投资的"凸地",这主要是由于富士康、蓝天电脑、奇力电子等企业在这一阶段向河南的大规模投资所致。2009 年后,沿海地区的"民工荒"现象逐渐凸显,使得这些企业为了寻求廉价劳动力,转向劳动力充裕的内陆进行投资。

从转移趋势看,台湾地区电子信息业投资逐步由东南沿海向中西部的内陆地区转移。中西部省份的投资规模从小到大,从无到有,其中,河南、四川是中西部吸引投资转移的主要省份。目前东南沿海仍是台资电子信息业最为集聚的区域。这种转移趋势反映了随着台湾地区投资者对大陆投资环境的熟悉及生产成本的上升,其投资开始转移到内陆的人口大省以获取充足的劳动力并降低成本。尽管电子信息业属于技术密集型产业,但是台湾地区在大陆的投资多集中在"劳动密集型"的制造环节,后期获得充裕的劳动力是影响投资区位选择的重要因素。现存状态反映了台商在一定时间内仍倾向于追随已有台资集聚的地区或在原投资地追加投资,以规避风险、降低信息成本并获取共享市场资源等优势。因此,成本因素和集聚效应可能在不同时期对投资区位选择产生不同的影响[①]。

两岸产业链结构关系。20 世纪 80 年代以来,随着信息技术的快速发展、经济全球化持续推进和知识经济的兴起,模块化的设计、生产和消费获得迅速推广,为产品不同价值链环节实现跨国或跨区域分工提供可能,对产业结构的调整与升级起到了革命性的作用,引发国内外学者对价值链的驱动机制、治理、升级路径及其地域特征展开研究,其中价值链地理集聚及空间区位研究尤受青睐,而发挥比较优势的区域合作对价值链升级的影响也成为被广泛关注的问题之一。近年来两岸经贸合作交流持续推进,电子信息产业成为两岸产业合作的重点领域。但在全球电子信息产业价值链制造网络中,欧、美、日垄断着高端价值模块如设计研发与品牌;相比之下,中国大陆尚处于劳动密集型加工为主的价值链低端,缺乏核心技术和管理人才,产业转型升级迫在眉睫;台湾地区因闻名于世的代工技术囊括价值链中低端环节,虽有涉猎价值链中高端

---

① 任卓然、王俊松:《台湾地区电子信息业对大陆投资区位选择的影响因素研究——基于集聚效应与区位成本的动态影响》,《世界地理研究》,2018 年第 5 期,第 82—92 页。

部分，如台积电等半导体和宏碁等计算机品牌，不过在新国际金融危机的背景下，面临欧美市场萎缩、岛内市场饱和，以及代工成本上扬与后进经济体代工竞争导致利润渐薄等问题。在此背景下，处于产业转型期的大陆，与迫切需要新市场支撑的台湾地区，亟待深化电子信息产业价值链的分工与合作，整合资源以共同提升全球竞争力①。大陆大力扶持本土电子厂商，产业链发生变化，开始向当地上下游与周边产业采购零组件。这一变化让台湾电子科技业面临很大压力和冲击，台湾电子零组件企业首当其冲受到影响，这也直接影响到其下游的零组件批发企业者（IC 销售企业）。另就目前国际电子零组件布局来看，近年大陆厂商崛起形成的新供应链正快速发展，当地电子零组件企业因拥有价格竞争优势，且制造实力大幅提升，已严重影响岛内企业在国际上的接单情况。除此之外，岛内电子零组件批发企业尚有许多外在及内在的经营风险②。

三、主要台湾企业

（一）鸿海精密工业股份有限公司

1. 基本情况

鸿海科技集团是全球 3C（计算机、通信、消费性电子）代工领域规模最大、成长最快、评价最高的国际集团，集团旗下公司不仅于台湾、香港、伦敦等证券交易所挂牌交易，更囊括当前台湾地区最大的企业、捷克前三大出口商、大中华地区最大出口商、福布斯和财富全球五百大企业，及全球 3C 代工服务领域龙头等头衔。2017 年营业收入 1547 亿美元，相当于台湾地区 GDP 的 26.7%，2018 年排名世界 500 强的第 24 名。鸿海曾被美国财富杂志评鉴入选为全球最佳声望标杆电子企业 15 强，并成为全球唯一能连续 6 年名列美国《商业周刊》科技百强（IT100）前 10 名的公司。2017 年连续第 12 年获《天下》杂志"台湾 2000 大"排名第 1 名。获《天下》杂志"两岸三地 1000

---

① 高月华、韦素琼、刘善开：《模块化视角下大陆台资电子信息产业价值链的时空演变》，《台湾研究集刊》，2016 年第 3 期，第 52—63 页。

② 赖建成：《台湾电子零组件批发业：大陆产业链变化使其备受压力》，《两岸商情》，2016 年第 6 期，第 37 页。

大"排名第 5 名。连续 12 年获中华征信所台湾企业排名第 1 名。获美国《财富》杂志"全球五百强"第 27 名。获美国《福布斯》杂志"全球 2000 大"第 98 名，为台湾唯一进入"百大"的企业。获 *Cheers* 杂志台湾"新世代最向往企业"调查第 5 名。获 IR Magazine 大中华区投资者关系最佳进步奖提名。公司创立于 1974 年，总部设立于新北市。现任董事长是创始人郭台铭。

2. 发展历程

1994 年转投资立卫科技股份有限公司及转投资陇华电子股份有限公司，公司业务得到扩张。

1995 年转投资欣兴电子股份有限公司及联华电子股份有限公司，开发 L/P MCA、SGC、RF 等多种新产品。

1996 年转投资鸿扬创业投资股份有限公司及转投资硅丰股份有限公司。

1997 年设立热传产品事业处、环工电镀技术发展部，成立材料测试实验中心。

1999 年首次以 GDR 方式于国际金融市场募集资金，并以 10% 溢价发行，创下岛内企业海外筹资之历史记录。

2001 年成为岛内第一大民营制造业，Intel Pentium 4 CPU Stocket 478 全球最早量产供应制造商。

2003 年收购摩托罗墨西哥奇瓦瓦厂、合并台湾国碁电子（股份）公司，成为全球第一大 3C 代工服务厂。

2005 年通过子公司鸿扬创业投资（股份）公司投资安泰电业（股份）公司，通过子公司 Transworld Holdings Ltd. 投资奇美通讯（股）公司，合并台湾普立尔科技（股份）公司。

2015 年 10 月，公司取得美国电竞耳机龙头 Turtle Beach 的订单。

2015 年 12 月，公司取得 Smartron India 代工订单，2016 年 Q1 开始生产智能手机、平板计算机、超薄笔记本电脑、物联网设备。

2016 年 5 月，公司取得 Nextbit 云手机代工订单，由亚太电信取得独家代理权。

2016 年 11 月，公司产品手机面板取得苹果认证，2017 年有机会取得苹果 iPhone 面板订单。

2017 年 1 月，公司旗下子公司富士康独家取得大陆最大之智能单车共享平台摩拜单车之 500 万辆单车订单，且富士康专门开辟摩拜单车生产线，年产能为 560 万辆。

公司旗下子公司夏普于 2017 年 4 月在欧洲等地通过代理店销售太阳能面板 BLACK SOLAR，此产品之主要特色为发电效率高，并应用于住宅领域。

3. 经营状况

鸿海精密工业股份有限公司的营收主要来自计算机、通信、消费性电子等产品，其中以计算机产品占营收比重最高，主要产品为 DT、NB、网通及服务器组装，通信产品以手机为主，消费性电子产品则包括 LCD TV 及游戏机组装。2017 年全年累计营收额 47067 亿元，缴纳税款 475 亿元，净利润 1354 亿元。

郭台铭近年表示，虽然鸿海集团中的富士康是全世界最大的代工企业，但它在 20 年前就已经不只有代工了。富士康很早就使用 AR 技术，现在已经可以帮客户量身定做，甚至帮客户选择、建议客户用哪一种材料。未来的商业模式分为 ABCDE，第一是 AI，富士康来共同研发，因为每一个行业都有它的人工智能，而富士康有大资料（B）的收集，将把富士康云（C）变成各个行业的专业知识与经验（D），最后通过整合，利用实践（E）来验证可行性。

在 5G 应用领域，鸿海集团首先深耕智慧工厂的工业互联网，未来会持续布局其他应用领域。鸿海集团在 5G 的分工上，由鸿海主导设计与制造，亚太电负责应用服务，2018 年亚太电已在内湖及土城设立基地台，2019 年规划在新竹建立垂直应用试验场。

4. 大陆投资情况

富士康科技集团是鸿海精密工业股份有限公司在大陆投资兴办专业研发生产精密电气连接器、精密线缆及组配、电脑机壳及准系统、电脑系统组装、无线通信关键零组件及组装、光通信组件、消费性电子、液晶显示设备、半导体设备、合金材料等产品的高新科技企业。自 1988 年在深圳地区投资建厂以来，集团规模迅速壮大，在中国大陆和台湾、日本、东南亚及美洲、欧洲等地拥有数十家子公司，产品从当初单一的电气连接器发展到今天广泛涉足电脑、通信、消费性电子等 3C 产业的多个领域。

自 1996 年起投资兴建、2000 年初纳入统一联网保税运作的深圳龙华科技工业园，已发展成为全球最大的电脑准系统制造和系统组装生产基地，也是中国最大的电脑游戏机、服务器、主机板、网络配件、光通信组件、液晶显示器、精密模具的综合生产基地，以及国内通路建设的整合规划与布建中心。在华东地区，集团从 1993 年开始逐步推动产业布局，先后建立昆山、杭州和上海等基地。2003 年 3 月，集团的杭州钱塘科技工业园建设拉开序幕，一个融研发、设计与生产为一体的无线通信产业基地崛起在钱塘江畔。

2001 年动工、2002 年初步建成投产的"富士康（北京）科技工业园"，是集团全球无线通信的事业总部，工业园将有效整合集团华南、华东地区的零组件制造能力，进而向客户提供从关键零组件到系统组装的全方位制造与客户服务。

2003 年 5 月，集团旗下沛鑫半导体和群创光电在台北、昆山和深圳三地，全面进入基地启用与营运提速阶段，标志着集团在半导体设备和液晶显示面板产业领域展开实质性的长程布局。10 月，太原工业园区建设启幕（2004 年 5 月启用），工业园是山西省最大的引进外资项目，重点发展 3C 产品机构件、合金材料、精密模具、汽车零部件等产品。2004 年，富士康（烟台）科技工业园建设进入建厂规划与实施阶段，建设成为山东半岛最大的 3C 科技产业基地。

2007 年鸿海集团布局南京，建立集团软体中心，更完善集团 eCMMS 一站式垂直整合服务；与全球最大企业间电子商务平台阿里巴巴结盟。

（二）和硕联合科技股份有限公司

1. 基本情况

和硕联合科技股份有限公司在美国《财富》杂志 2016 年全球五百大公司的排行榜中位列第 259 名。2018 年 7 月《财富》世界 500 强排行榜中排名第 285 名。该公司成立于 2007 年 6 月，总部设在台北市，2010 年 6 月 24 日挂牌上市，目前在亚洲、欧洲及美洲设有制造及服务中心，现任董事长是童子贤。

2. 发展历程

2008 年 1 月受让华硕电脑分割的代工事业相关营业。4 月与 100% 控股的子公司威硕电脑股份有限公司以吸收合并方式进行合并。6月正式成为EICC（电子行业行为准则）会员。

2009年2月以6044482美元并购Top Quark Limited股权。7月向华硕电脑取得其100%持有的华谦商贸（上海）有限公司股权。9月公司与景硕合资成立晶硕，由电子业跨足隐形眼镜产业，晶硕光学推出自有品牌"PEGAVISION"，截至2013年在大台北地区已设置10个品牌专柜。

2010年8月25日董事会决定斥资2.2亿美元，由第三地间接取得大陆日腾计算机配件及日贵精密模具两家公司控股权。主要从事生产NB、DT、平板计算机、电子书、显示器的相关机构件。

2016年6月，公司与乐视签订战略合作意向书，于重庆旭硕厂生产乐视手机。7月，公司为应对欧盟2018年车用电子法规，将研发自动紧急呼叫系统及车载信息系统产品，与欧洲大车厂合作，跻身车联网应用供货商。

2017年1月，公司公告旗下子公司世硕电子（昆山）有限公司投资11.9亿元兴建部分厂房及购置机器设备，厂房坪数共3.8万坪，于2018年初投产。9月，公司公告旗下世硕电子（昆山）有限公司以11亿元向湖北沼山建设及中亿丰建设取得位于昆山市的厂房及厂房设备工程。

3. 经营状况

和硕联合科技主要产品包括笔记型电脑、上网型电脑、台式电脑、游戏机、行动装置、主板、显卡、液晶显示器及宽带通信产品，如智能手机、机上盒和电缆调制解调器。2018年第1季营收占比分别为：信息电子产品（DT、MB、NB）12%、通信电子产品（智能型手机与宽带设备）71%、消费性电子产品（TV、游戏机、Tablet）9%、其他垂直整合业务与策略投资8%。2017年累计营收额11938亿元，缴纳税款44亿元，净利润160亿元。

4. 大陆投资情况

上海一鼎电子科技有限公司，负责研发和生产便携式微型计算器、笔记本计算机及相关配件，销售自产产品。

世硕电子（昆山）有限公司，负责从事卫星导航定位接收设备及关键零组件制造，手机、第三代及后续移动通信手机，基站、核心设备及网络检测设备，大中型电子计算器、便携式微型电子计算器，高档服务器，大容量光、磁盘驱动器及其部件制造。

名硕计算机（苏州）有限公司，负责生产、研发及销售电源供应器、计算机机壳等新型电子元器件和计算机系统、笔记本计算机及计算机主板、附加卡、光驱等计算机周边产品及维修服务。

旭硕科技（重庆）有限公司，负责研发、制造、销售卫星通信系统与定位接收设备、手机、网络相关设备、音视频编译码设备、车载电子技术及装置，及相关零部件、设备机构件及其系统组装成品。并提供相关进出口、代理、售后服务、维修及技术服务。

百硕计算机（苏州）有限公司，负责研发、生产及销售新型精密电子元器件、线路板及相关产品，并提供售后服务。

昌硕科技（上海）有限公司，负责研发、生产、组装卫星通信系统设备、卫星导航定位接收设备与关键零组件、手机、中大型电子计算器、便携式微型计算器、打印设备、电子元器件等，及以上产品及其相关零部件的批发、相关产品维修、产品设计等。

虹华科技（苏州）有限公司，负责生产、研发、加工非金属制品模具，精冲模、精密型腔模、模具标准件、五金零部件，新型仪表元器件，磁盘驱动器及其部件开发与制造，数字照相机及关键件及相关塑料制品并提供相应售后服务；销售公司自产产品。

康硕电子（苏州）有限公司，负责研究、生产销售新型电子元器件、接插件和相配套的精密模具以及相关产品，并提供技术和售后服务。

凯全电子（重庆）有限公司，负责研发、生产、检查计算机及应用系统，精密冲压模具、模具标准件设计及制造，非金属及金属制品模具设计与制造；塑料、五金件开发及生产；销售自产产品。

凯达电子（昆山）有限公司，负责塑料射出件生产制造相关业务。

凯硕计算机（苏州）有限公司，负责从事生产、研发和销售计算机及应用系统和相关零部件，并提供售后服务。

复扬电子（苏州）有限公司，负责多层挠性板及模块、计算器数字信号处理系统及板卡的研发、制造、检测、维修，销售自产产品及提供相关技术咨询和服务。

钧硕电子科技（上海）有限公司，负责研发、生产销售笔记本电脑产品组件，设计非金属模具、电子专用设备等相关产品，及精密仪器设备维修制造，并提供售后服务及相关技术服务。

锦虹精密模具工业（苏州）有限公司，负责非金属制品模具的设计、加工、制造，精冲模、精密型腔模、模具标准件及相关塑料和五金零部件的生产；销售公司自产产品。

苏州联硕电子有限公司，负责接插件生产制造。

跃群计算机（上海）有限公司，负责生产及销售电子计算器之零部件、数字式自动数据处理机、多媒体计算机系统等机器配件、电源供应器、网络交换器、调制解调器。

台湾和硕联合科技 2018 年 11 月 8 日表示，该公司将加快从中国大陆向东南亚转移生产线，美中贸易紧张局势是公司进一步重新考虑新产能投资的原因。2019 年 1 月 21 日，兼任台北市电脑公会理事长的和硕董事长童子贤在谈到华为被多国抵制时表示，台厂要引以为戒，小心知识产权和到其他国家执行业务两件事。

（三）广达电脑股份有限公司

1. 基本情况

广达公司成立于 1988 年，是全球第一大笔记本电脑研发设计制造公司，市占率约 26%。于 1988 年 5 月 9 日成立于台北市士林区，1999 年迁至桃园市龟山区，现任董事长是林百里。

2. 发展历程

2010 年 6 月，广达宣布将与 3M 合作开发新一代触控技术：震波式触控技术（Dispersive Signal Technology, DST），此技术最多可支持 40 点多点触控，但初期还是以发展 2 点和 4 点触控为主，未来主要运用于 NB、平板计算机、小笔电等中小尺寸行动型装置。

2011 年 6 月，广达与远传宣布联手推出云端服务，其中广达主要负责基础建设的硬件建置、云端中间件平台，而远传负责云端平台和服务、网络基础建设等，2011 年 7 月 1 日第一阶段服务正式上线，首要目标客群锁定中小企业。

2013 年 5 月，公司为布局云端数据中心与英国 IT 通路商 Hammer 合作，计划 Hammer 在泛欧洲地区提供 Quanta QCT 的云端数据中心相关客制化产品，包括服务器、储存设备和交换器。

广达与麻省理工学院（MIT）共同合作研发 QOCA 医疗平台，预计 2015 年初推出智能床边照护系统、远程健康照护系统，可应用于大型综合医院及赡养中心。智能床边照护系统已少量出货予中国医药大学附属医院、亚洲大学附属医院；远程健康照护系统第一代产品已于 2012 年出货给基隆长庚，第二代 2015 年上市，并于加拿大赡养、看护中心进行推广。

2015 年 3 月，公司旗下云达科技（QCT）宣布与云端基础架构大厂 VMware 签署嵌入式 OEM 合约，VMware 提供 vSphere 6 最新版本、SAN 储存解决方案，以及虚拟桌面等软件，云达科技则提供客制化组合。此外，双方已于 2013 年达成协议，推出符合脸书 OCP 架构规范的 EVO——RACK 云端机柜，于 2015 年底上市。

2016 年 1 月，公司旗下云达科技（QCT）宣布与新帝（Sandisk）结盟，将在新帝的储存技术与平台导入云达科技服务器系统，双方共同发展云端商机。

2016 年 2 月宣布，公司与爱立信（Ericsson）签约成为策略联盟。以爱立信超大规模数据中心系统 HDS 8000 为基础，共同研发下世代数据中心解决方案，双方合攻全球云端市场商机。

2017 年 12 月，公司已向扩增实境（AR）组件业者 Lumus 取得授权协议，将生产智能眼镜用的镜头。

2018 年，公司取得特斯拉（Tesla）汽车充电桩的继电器组装业务。

3. 经营状况

广达电脑主要替品牌业者从事代工服务，代工项目包含笔记本电脑、平板计算机、AIO PC、智能型手机、服务器、数字电视、消费性电子、车用电子等，其中又以笔记本电脑为主。2017 年企业累计营收额 10212 亿元，缴纳税款 55.8 亿，净利润 145 亿元。

2018 年 8 月，公司与纬创、台北"荣总"签订合作意向书，共同合作将

"荣总"打造成为数字科技智能医院，初步规划研发的项目包括病人信息整合系统、出院准备服务及居家照护系统、智能病历暨医疗决策系统、行动查房系统、情境式临床技能训练系统、智能透析决策系统及智能化数字病理诊断系统等。

4. 大陆投资情况

广达电脑成立于 1988 年，最初设址于台北市士林区，1999 年迁至桃园市龟山区。从 2000 年起，生产线逐渐迁至大陆，目前有上海市松江区制造城（QSMC）、常熟制造城（CSMC）、重庆沙坪坝区制造城（QCMC），在台湾仅留行政与研发部门。2006 年，广达研发中心于桃园市龟山区华亚科技园区落成，并设总部于此，可容纳数千位研发工程师。

2000 年投资设立了达功（上海）计算机有限公司，负责计算机及外围设备制造与销售。

2000 年投资设立了达人（上海）计算机有限公司，负责计算机、外围设备及手机制造与销售。

2001 年投资设立了进达（上海）精密模具有限公司，负责非金属制品模具生产及买卖。

2001 年投资设立了达研（上海）光电有限公司，负责计算机外设储存装置及相关零组件制造及销售。

2002 年投资设立了贤富金属制品（上海）有限公司，负责计算机及外围产品零配件制造。

2002 年投资设立了展运（上海）电子有限公司，负责计算机及外围产品零配件制造与销售。

2006 年投资设立了达伟（重庆）物流仓储有限公司，负责仓储服务。

2006 年投资设立了达伟（上海）物流仓储有限公司，负责仓储服务。

2006 年投资设立了达明电子（常熟）有限公司，负责计算机外设储存装置及相关零组件制造与销售。

2006 年投资设立了达富计算机（常熟）有限公司，负责计算机及移动通信外围储存装置及相关零组件制造与销售。

2007 年投资设立了研精舍（上海）精密机械加工有限公司，负责精密机械及其配件、金属模具生产和销售。

2007 年投资设立了研精舍（常熟）精密机械加工有限公司，负责机壳及工模具生产及销售。

2007 年投资设立了常熟展运电子有限公司，负责计算机及外围产品零配件制造与销售。

2007 年投资设立了达研光电（常熟）有限公司，负责计算机外设储存装置及相关零组件制造与销售。

2010 年投资设立了达丰（重庆）计算机有限公司，负责计算机加工、制造及销售。

2011 年投资设立了展运（重庆）电子有限公司，负责计算机及外围产品零配件制造与销售。

2016 年投资设立了东莞双莹光电科技有限公司，负责光学仪器及电子零组件制造与销售。

2017 年投资设立了达功（重庆）计算机有限公司，负责计算机及移动通信外围储存装置、相关零组件制造与销售。

（四）仁宝电脑工业股份有限公司

1.基本情况

仁宝电脑工业股份有限公司为全球前二人 NB 代工厂，及 LCD 显示器、LCD TV 制造大厂。公司成立于 1984 年 6 月 1 日，隶属于金仁宝集团，总部设立于台北市内湖区，现任董事长是许胜雄。

2.发展历程

2010 年 8 月 24 日公司公告将与韩国液晶面板大厂 LGD 合资成立公司，公司名称暂定为乐宝显示科技（昆山）有限公司，资本额约 4.8 亿元台币，其中仁宝将投入 2.35 亿元台币。新设立的公司主要从事生产、组装及销售笔记本电脑相关零组件。

2011 年 7 月公司宣布将购买东芝（Toshiba）设立于墨西哥华伦斯城的液晶电视组装厂。

2011 年 9 月 27 日联想集团宣布与仁宝订立合资协议，双方将合资成立新公司，新公司由联想持股 51%、仁宝持股 49%。合资新公司从事笔记本电脑及零件制造。

巴西厂因客户宏碁的投资，在 2012 年底已扩充产能，月产能达 20 万台，以供应宏碁为主。另外与联想合资的联宝厂在 2012 年底开始投产，2013 年月产能约为 400 万台，联宝合肥厂规划 2013 年第 3 季后月产能达 100 万台。

2013 年 9 月，仁宝宣布公开收购华宝。

2013 年 10 月，公司以 7.3 亿元，收购日本东芝位于波兰弗罗茨瓦夫（Wroclaw）经济特区 Kobierzyce 的液晶电视组装厂（简称 TTCE），波兰厂 1 年 TV 产能约 100 万台，预订 2014 年度第 1 季底前完成产权移转。

2014 年公司入股安勤，取得 20.5% 股权，成为最大股东，并合作开发医疗、POS 系统、机器人、工业控制领域产品。

公司计划在 2015 年 7 月接手东芝（Toshiba）在波兰 TV 组装厂的设计、制造，并且直接供货给欧洲地区的通路商。

2015 年 10 月，公司宣布与儒鸿、聚阳异业结盟，共同抢攻智能衣商机，公司负责提供电子系统、后端医疗云平台及智能衣专利，成衣生产则由儒鸿、聚阳负责。已获 Adidas、Nike、Under Armour 等知名品牌业者下单，预计 2016 年第三季度开始大量出货。

2017 年 3 月，子公司仁宝信息技术（昆山）有限公司参与乐视网旗下子公司乐视致新的现金增资案，总投资金额为 7 亿元人民币，预计于 6 月 21 日前完成，公司将取得乐视致新 2.15% 股权。2017 年 8 月，中止投资案。

2018 年 4 月，公司旗下智能医疗团队推出糖尿病远距照护系统"爱糖宝"，并与彰化基督教医院签约合作，将专业医疗服务与资通信技术整合，以远距服务国内外的糖尿病友。此外也配合"南向政策"，"爱糖宝"的服务对象将进一步扩展至泰国、越南等地。

3. 经营状况

仁宝电脑工业股份有限公司主要营业项目为笔记本电脑、液晶显示器、液晶电视及各种电子零件制造、加工与销售。2017 年公司营收占比分别为：NB73%、LCD TV 2%、智能手机及平板 20%、其他产品（包括工业计算机、网通、物联网、穿戴装置）5%。2017 年仁宝电脑累计营收额 8877 亿元，缴纳税款 19.6 亿元，净利润 61.6 亿元。

4. 大陆投资情况

2000 年投资设立了仁宝电子科技（昆山）有限公司，负责生产笔记本电脑、PDA 及相关零配件；GSM、CDMA 及相关零配件之代工；销售自产产品并提供售后服务。

2000 年投资设立了丽智电子（昆山）有限公司，负责生产加工芯片电阻、陶瓷电容器及二极管等各种新型电子元器件与相关的精密电子器材；销售自产产品。

2001 年投资设立了昆山柏泰电子有限公司，负责生产笔记本电脑、平板计算机、手机及穿戴式电子设备等信息产品与相关零配件；销售自产产品并提供售后服务。

2001 年投资设立了智同电子科技（苏州）有限公司，负责数字家庭电子产品产销。

2003 年投资设立了华宝通讯（南京）有限公司，负责手机及平板计算机生产经营。

2003 年投资设立了仁宝信息技术（昆山）有限公司，负责生产笔记本电脑、移动电话、PDA 掌上计算机等信息产品及相关零配件；销售自产产品并提供售后服务。

2003 年投资设立了仁宝网络信息（昆山）有限公司，负责无线网络产品生产销售。

2003 年投资设立了巨宝精密加工（江苏）有限公司，负责镁合金射出成型制造及销售。

2004 年投资设立了怡宝通讯（南京）有限公司，负责手机及平板计算机生产经营。

2006 年投资设立了吉宝通讯（南京）有限公司，负责手机及平板计算机生产经营。

2007 年投资设立了仁宝信息研发（南京）有限公司，负责计算机、手机及电子零组件相关产品的软硬件研发、生产与销售。

2009 年投资设立了仁宝计算机（成都）有限公司，负责研发和生产笔记本计算机、平板计算机、数码产品、网络交换机、Wireless AP、车用电子产品等。

2010 年投资设立了仁宝数码科技（昆山）有限公司，负责研发和生产笔记本电脑、手机、数码产品、高档服务器、无线传输设备、车用电子产品及其他网络通信等信息数码产品与相关零配件，销售自产产品并提供售后服务。

2010 年投资设立了恒颢光电科技（昆山）有限公司，负责触控面板及相关零组件生产。

2010 年投资设立了升宝精密电子（太仓）有限公司，负责研发、生产新型电子元器件、精密型腔模具、模具标准件设计与制造，销售自产产品。

2010 年投资设立了乐宝显示科技（昆山）有限公司，负责触控面板及液晶显示器生产。

2011 年投资设立了联宝（合肥）电子科技有限公司，负责生产与销售个人计算机及其相关零配件，并提供相关维修及售后服务等。

2011 年投资设立了证盈电子（重庆）有限公司，负责研发与生产新型电子元器件、精密型腔模具、模具标准件设计与制造，销售自产产品。

2011 年投资设立了仁宝视讯电子（昆山）有限公司，负责生产及销售液晶平板电视机等。

2011 年投资设立了仁宝计算机（重庆）有限公司，负责研发、生产与销售笔记本计算机及其相关零配件，并提供相关维修及售后服务等。

2014 年投资设立了昶宝电子科技（重庆）有限公司，负责镁合金成型品之产销。

2015 年投资设立了丽智电子（南通）有限公司，负责研发、制造片式元器件（贴片电阻、贴片陶瓷二极管、贴片塑封二极管）；销售自产产品并提供相关的售后服务。从事电子元器件、半导体、元器件专用材料及零配件的批发与进出口业务。

2017 年投资设立了重庆翊宝智能电子装置有限公司，负责研发、生产、销售通信设备、手机、电子计算器、智能手表并提供相关技术服务。

（五）纬创资通股份有限公司

1. 基本情况

纬创资通股份有限公司目前为全球第三大笔记本电脑制造商，也是全球第七大电子代工厂。2018 年 7 月《财富》世界 500 强排行榜中排名第 432 名。前身为宏碁的研制服务部门，于 2001 年 5 月 30 日分割独立而成立，总部设立于新竹科学工业园区，现任董事长是林宪铭。

2. 发展历程

2010 年 3 月，公司董事会决议投资茂林光电，此次投资总金额不超 2000 万美元，公司将取得茂林光电增资后 17%—19% 的股权。6 月，公司参与佳龙私募案，认购金额为 2.43 亿元，并取得佳龙 5.2% 的股权及一席董事，未来双方将就电子废弃物回收事业进行策略联盟。

2014 年 5 月，公司与戴尔（DELL）共同宣布，双方将在电子废弃物回收封闭再生循环（Closed-loop Recycling）方面进行合作与发展；纬创将提供获第三方机构 UL Environment 认证通过的电子废弃物循环解决方案，把用回收方式所生产而来的封闭循环再生塑料，应用于戴尔计算机生产线的制造上。6 月，公司与工业计算机厂商盘仪共同宣布，双方已达成策略性技术与销售网络协同合作共识，将携手推展云端物联网创新商业模式。

2015 年 6 月，公司取得英国特易购（Tesco）自有品牌平板二代品"Hudl2"的订单。11 月，取得东南亚国家机场标案，预计 2016 年初进行架设，提供旅客导览、定位等 App 服务。11 月 24 日，宣布与印度手机经销集团 Optiemus 公司签订合作意向书，将成立合资公司在印度设立制造组装基地，初期规划以智能通信装置为主要生产产品。

2016 年 3 月，公司成立纬创生技投资控股，主要业务系整合纬创在医疗及软件应用的相关投资。11 月，公司宣布投资广积科技旗下车载子公司广昌科技，三方将签订 MOU，强化在物联网相关垂直领域合作、开发利基市场，扩展产业物联网商机。

2017 年 12 月，公司成为大陆蔚来（Nio）电动车的电控设备之供货商。取得苹果 2018 年新一代 Macbook Pro 系列新机键盘组装大单。

2018 年 3 月，公司旗下的纬创医学科技与台大医院针对下肢外骨骼机器人签订临床实验与发展合作意愿书，锁定下肢未完全瘫痪的病患，技术提供伙伴为公司主要股东的加拿大业者B-temia。8月，公司与广达、台北"荣总"签订合作意向书，共同合作将"荣总"打造成为数字科技智能医院，初步规划研发之项目包括"病人信息整合系统""出院准备服务及居家照护系统""智能病历暨医疗决策系统""行动查房系统""情境式临床技能训练系统""智能透析决策系统"及"智能化数字病理诊断系统"等。

3. 经营状况

纬创资通股份有限公司主要替品牌业者从事ODM服务，代工项目包含笔记本电脑、平板计算机、桌面计算机、AIO PC、液晶电视、显示器、智能型手机、可携式导航设备、工作站、服务器、网络储存设备等产品，其中又以笔记本电脑为主。2018年第二季度公司营收占比为：笔记本电脑30%、桌面计算机15%、显示器3%、电视3%、智能装置11%、服务器/网络储存设备29%、其他9%。2017年企业累计营收额8361亿元，缴纳税款18亿元，净利润44亿元。

纬创积极投入智能医疗，台北"荣总"院长张德明、广达董事长林百里、纬创董事长林宪铭日前签订合作意向书，盼能共同提升医疗照护质量。

纬创2018年8月宣布，旗下纬创医学科技公司携手高雄市立小港医院，打造智能血液透析病房，落实医疗信息数字化，实现科技与医疗产业的理想合作。

4. 大陆投资情况

1998年投资设立了联益精密（中山）有限公司，负责生产耐高温绝缘材料及成型件，计算机主机制造及附设零件组装等。投资设立了协昱电子科技（中山）有限公司，负责生产经营新型电子零件器。投资设立了纬创资通（中山）有限公司，负责个人计算机、服务器及液晶电视等信息产品组装与产销。

2000年投资设立了深圳天鹏盛电子有限公司，负责数字相框、MP3、MP4、GPS卫星定位导航系统等生产与制造。

2001年投资设立了纬创资通（昆山）有限公司，负责笔记本电脑组装及产销。投资设立了太康精密（中山）有限公司，负责生产信息与通信产品专用的连接器及特殊用途的精密结构联结器。

2002 年投资设立了昆山诠能精密铸造有限公司，负责锌铝合金精密铸造及液晶显示器支架、电动工具系列产品制造与销售。

2004 年投资设立了纬新资通（昆山）有限公司，负责手持行动装置之产销。

2006 年投资设立了赫得纳米科技（昆山）有限公司，负责电子用高科技纳米材料生产及销售。投资设立了纬视晶光电（昆山）有限公司，负责通信产品及零组件生产制造（模块）。

2008 年投资设立了纬联电子科技（中山）有限公司，负责液晶显示器组装及产销。

2009 年投资设立了纬创资通（泰州）有限公司，负责液晶显示模块与触控显示模块组装、产销。

2010 年投资设立了纬润高新材料（昆山）有限公司，负责电子用再生环保塑料制品及新产品研发、制造与产销。

2011 年投资设立了中山茂林光电科技有限公司，负责各类导光板、背光板及相关光电子器件产销。投资设立了纬创资通（成都）有限公司，负责笔记本电脑组装及产销。投资设立了纬创资通（重庆）有限公司，负责笔记本电脑组装与产销。

2012 年在成都正式投产的纬创资通（成都）有限公司，专注于笔记本电脑、台式电脑的设计和制造，截至 2018 年 3 月笔记本电脑累计出货量已突破 4000 万台。

2015 年投资设立了重庆仙桃智能样机创新中心有限公司，负责智能终端机设备研发、设计、制造、销售、维护。

2016 年投资设立了重庆纬创医疗科技有限公司，负责生产医疗器材。

2019 年初，Wave Optics 宣布与台湾两家公司达成战略合作，共推穿戴式 AR 设备。这两家公司分别是 ODM 供应商纬创资通和仁宝电脑工业，前者专注于信息与通信产品，而后者专注生产智能设备和笔记本电脑。纬创资通近年来一直在投资 XR 产品设计，它在信息与通信产品领域的多年经验和业务将确保产品设计和生产的质量符合高端客户的要求。可见纬创在产品研发方面仍有强劲发展潜力。

与此同时，据台湾《电子时报》报道，纬创资通正在加大其在南亚的投资，已将其印度子公司 Wistron Info Comm Manufacturing（India）的授权资本增至 300 亿印度卢比（约合 4.3 亿美元），以满足其在印度的未来发展需求。公司对此也很快予以证实。纬创董事长林宪铭针对印度投资计划向股东说明，其集团在印度已有多项投资计划都正进行中，不仅是智能手持装置产品或单一客户，包括 PC 事业、IoT 物联网及医疗、云端服务等相关事业，未来都会陆续进驻印度。在印度长期发展将是公司的未来发展战略。

（六）英业达股份有限公司

1. 基本情况

英业达股份有限公司是全球最大的服务器制造商，也是世界笔记型电脑领导厂商之一。该公司成立于 1975 年 6 月 9 日，总部设立于台北市，在美、英、欧洲、日本、韩国、中国大陆、东南亚等地均有布局，现任董事长是卓桐华。

2. 发展历程

2010 年 7 月 27 日，公司董事会决议通过认购华冠私募普通股，将以 4.1 亿元取得华冠 10% 的股权，公司将成为第二大股东，仅次于最大股东华宇光能。此次私募案，将整合公司在 NB 制造经验与华冠在 3G 通信的研发经验，未来双方将合作推出平板计算机等 3G 行动终端。

2010 年 9 月 28 日，公司董事会通过与英华达、无敌、稳懋合资设立英稳达股份有限公司。英稳达登记资本额为 60 亿元，第一期实收资本额为 30 亿元，公司与 100% 持股子公司英源达，分别持股比例为 35% 及 5%，英华达持股 10%，无敌持股 5%，稳懋则在额度 5 亿元以内参与投资。英稳达主要生产多晶硅太阳能电池，厂房将设于桃园科学园区，第一期规划产能为 180MW，于 2011 年五六月投产。

2011 年 1 月 24 日，公司董事会通过以 4.25 亿元内，认购景懋光电现金增资股，景懋光电主要从事太阳能电池模块业务。

2011 年 1 月 27 日，公司董事会通过英业达暨其关系人参与益通私募股权，总计约 2 亿 3000 万股，每股约 22 元，总投资额为 50.6 亿元。益通增资之后，英业达持股比重约 47.97%。

2012 年小米科技推出新款智能型手机"小米手机 2"与"小米手机 1S"。小米手机 2 于 9 月上市，售价为 1999 元人民币，小米手机 1S 于 8 月 23 日发售，售价为 1499 元人民币。2013 年 9 月小米科技再推出小米手机 3，价格维持在 1999 元人民币。英华达为小米机主要的组装代工厂。另外，小米推出的机顶盒"小米盒子"也交由英华达代工，2013 年第二季度初已开始交货，预估 2013 年可出货 1000 万台。

2012 年 10 月，公司会对外发表新的私有云解决方案，以通过虚拟化的方式，减少服务器数量，也减少用电量及服务器授权费用，评估一年约可节省 4000 万美元。

公司的软件主要产品为 Dr.Eye，除字典服务外，也开发电子书包功能，在岛内约有 200 万用户，大陆则有 100 万用户。在 2012 年第四季规划推出新一代软件平台，内含教科书、云端书城等，付费下载内容，同时搭配销售后端的服务器，建立完整的商业模式。

在智能型手持装置市场，英业达于 2013 年宣布计划切入穿戴式装置，以子公司英华达为主力，公司的智能手表已小量出货。

英业达于 2013 年 9 月宣布，计划投资 5000 万美元，约 14.8 亿元，于大陆设立区域营运总部，发展云端业务。预计年底在台成立全球第 1 家 OCP（Open Compute Project）认证实验室。

英业达旗下子公司英华达，于 2013 下半年投入 3D 打印服务，在上海成立 3D 打印研发中心，主要业务为代工专业型 3D 打印机及 3D 打印服务。

2015 年公司规划投入 80 亿元扩充南京厂产能。2015 年 3 月公司宣布于印度清奈设立厂房，预计于第三季度初开始投产。

2015 年 8 月，公司宣布与西门子签订工业 4.0 合作意向书，由西门子提供软硬件协助公司工厂导入工业 4.0 应用，提升生产基地效率与自动化生产。

2015 年 9 月，公司宣布旗下自有品牌 Dr.eye 译典通和大陆金山软件旗下的金山词霸合作共同开发"两岸用语的对照词典"。也会进行引擎技术合作与交流，如 OCR 辨识、TTS 发音等相关技术的优化与升级。

2015 年 12 月 29 日，公司以 60.6 亿元向宏达电收购位于桃园的 TY5 大楼及土地所有权。其目的主要为应对服务器事业之业务扩充需求，并设为云端研发总部，2016 年 Q2 启用。

2016 年 3 月，公司与研华合资成立"英研工业移动"，双方各持有 55%、45% 股权，新公司主要专注于工业用手持无线装置研发及产销，应用于零售、车载、医疗等市场。

3. 经营状况

英业达股份有限公司的主要产品包括笔记本电脑及服务器。英业达集团旗下子公司有英业达（负责 PC）、英华达（负责手机）、英稳达（负责太阳能）、英冠达（负责 AIO）等。2017 年英业达累计营收额 4675 亿元，缴纳税款 28 亿元，净利润 43 亿元。

全球人工智能（AI）应用蓬勃发展，英业达董事长卓桐华透露，目前已掌握客户，新 AI 产品正在开发导入阶段，预计 2019 年底开始将会有很大的成长机会；英业达个人电脑事业群总经理张晖指出，将致力应用 AI 的语音与影像辨识等特色，并以企业市场用户为主。

英业达强调，目前有多项新品陆续导入，2018 年效益还不明显，预计 2019 年底开始将会有很大的成长机会。英业达先前成立三大中心，其中，AI 中心由台大陈维昭博士领导，主要以算法及新技术为主，如何在 AI 领先将是英业达接下来最重要的事情之一。

4. 大陆投资情况

1991 年投资设立了英华达（上海）电子有限公司，负责通信及数字助理产品组装。

1993 年投资设立了英业达集团（天津）电子技术有限公司，负责电子产品软硬件开发制造。

1994 年投资设立了英业达集团（北京）电子技术有限公司，负责电子产品软硬件开发制造。

2000 年投资设立了英业达（上海）有限公司，负责计算机产品组装及销售。

2003 年投资设立了英顺达科技有限公司，负责计算机产品组装及销售。

2004 年投资设立了英华达（上海）科技有限公司，负责通信及数字助理产品组装。投资设立了英华达（南京）科技有限公司，负责通信及数字助理产品组装。投资设立了英顺源（上海）科技有限公司、英业达科技有限公司和英源达科技有限公司，负责计算机产品组装及销售。

2007 年投资设立了浙江英鑫达电子科技有限公司，负责电子计算器整机及外部设备产销业务。投资设立了英华达（西安）通信科技有限公司，负责通信及数字助理产品组装。

2008 年投资设立了英华达（南昌）科技有限公司，负责通信及数字助理产品组装。

2010 年投资设立了英冠达（福建）电子科技有限公司，负责一体成型计算机产销。投资设立了英顺源（重庆）科技有限公司和英业达（重庆）有限公司，负责计算机产品组装及销售。

2018 年投资设立了南昌英华达智能制造有限公司，负责可穿戴智能设备制造、电子产品及通信设备的研发、设计、加工、制造和销售。

（七）微星科技股份有限公司

1. 基本情况

微星科技股份有限公司原为一家主板制造大厂，后转型为计算机相关系统开发制造厂商，已成为台湾前四大、全球前五大的服务器制造商及全球电竞笔记本电脑行业龙头。1986 年 8 月成立，总部设立于新北市中和区，现任董事长是徐祥。

2. 发展历程

2003 年，开始生产笔记本电脑。2007 年，发表可超频笔记本电脑。2008 年，发表全球第一台 10 寸上网本。2012 年，发表电竞笔记本电脑，以龙盾牌 LOGO 作为代表图腾，红黑配色为主要视觉设计。2014 年，发表全球第一台配备机械式背光键盘的电竞笔记本电脑。电竞笔记本电脑为微星带来知名度。2015 年 6 月，与 Tobii 合作，推出世界首款内置眼球追踪功能的电竞笔电。2016 年 3 月，与华纳兄弟影业公司（Warner Bros.）跨业合作，于三创数字生活园区，联名举办"蝙蝠侠对超人：正义曙光 Batman v Superman: Dawn of Justice"特展。

2016 年，微星与宏达电合作，开发多款支持虚拟实境（VR）电竞笔电，并于 2016 年 6 月台北国际计算机展发表新品。随后推出专为 HTC Vive 量身设计的 VR One Backpack PC 虚拟实境计算机背包，获 2017 年国际消费性电子展（Consumer Electronics Show，CES）电竞最佳创意奖、科技最佳创意奖（Innovation Awards），以及 2017 年 ETG 台湾顶尖电竞装备大赏（Taiwan Esport Top Gear Awards，ETG）创新应用特别奖。并于 2016 年 9 月与宏达电联手进军东京电玩展。

2017 年，导入全红龙盾牌图腾，作为公司 LOGO。与旧有黑红龙盾牌图腾，代表产品 LOGO，做出区隔。2017 年 3 月，与育碧娱乐股份公司（Ubisoft）合作，搭配汤姆克兰西之《火线猎杀：野境》（《Ghost Recon：Wildlands》），推出限量电竞迷彩系列（Camo Squad Limited Edition）笔电、桌机、主板、显卡。

3. 经营状况

微星科技的主要产品包括，主板：Intel 及 AMD 平台主板；多媒体专业显示适配器：Nvidia 及 AMD 系列显示适配器；服务器：服务器主板、工作站主板、积架服务器、整合式威胁管理防火墙系统等；桌面计算机：电竞桌上计算机、迷你计算机、桌面计算机、一体成形计算机、电竞一体成形计算机；工业计算机：工业计算机主板、工业计算机系统、POS、PPC、工业手持式平板；消费性电子产品：汽车影音与通信等相关智能应用产品；笔记本电脑产品：电竞专用笔记本电脑、多媒体娱乐笔记本电脑、移动式工作站、虚拟现实专用笔记本电脑和绘图笔记本电脑；智能机器人、云端运算：家用服务机器人系统、云端运算及 Android 应用软件模块。2017 年微星科技累计营收额 1064 亿元，缴纳税款 10 亿元，净利润 49 亿元。

4. 大陆投资情况

公司生产基地位于昆山、深圳，其中昆山厂主要生产笔记本电脑及车用电子；深圳厂主要生产主板、显示适配器、服务器主板、桌面计算机、POS 机及消费型电子产品等。

（八）正崴精密工业股份有限公司

1. 基本情况

正崴精密工业股份有限公司现为 3C 产品岛内领导厂商，成立于 1986 年 7 月 14 日，早期为连接器塑料射出及零组件装配工厂，总部设立于新北市土城区，现任董事长郭台强。

2. 发展历程

1998 年正崴营收才 23 亿元，郭台强却要大手笔盖占地 20 万平方米的东坑一厂，当时明基电通营收 334 亿元，也只在苏州盖了 5 万平方米的工厂。没想到东坑的富东厂完工之后，正崴产能立刻填满，马上又在东莞、昆山与天津兴建了工厂。

正崴在 2002 年 10 月成立蓝牙技术团队，由于蓝牙技术一直无法突破，面临必须收掉研发团队的危机。郭台强当下决定，继续加码投资，强化管理，终于在 2005 年下半年出货蓝牙耳机给摩托罗拉，推估蓝牙耳机在去年为正崴贡献了 60 多亿元营收。同年正崴并购达智科技，正式跨入手机 ODM 设计业务，同年并以 300 万美元并购摩托罗拉天津尼尔生电能公司，填补供应一线手机大厂的手机电池的庞大产能。

2009 年，正崴通过子公司富崴国际投资股份有限公司投资 5540 万元，取得苹果计算机产品之零售通路商 Studio A（晶实科技股份有限公司）51% 的股权。晶实于 2007 年 5 月在台湾成立首家苹果计算机旗舰店。同年又取得虹优科技股份有限公司 56.4% 的股权。虹优科技旗下有 3C 通路商"彩虹 3C"，在台湾拥有 20 家门市。

2010 年，董事会通过投资 9.31 亿元，入股 DRAM 模块厂劲永。公司是通过两种管道取得劲永股权，一方面投资 3.18 亿，认购劲永 1.74 万张私募现增股，占股权比例约 5.97%；另一方面，又投入 6.13 亿元，取得劲永大股东志得投资 100% 的股权，志得投资持股比例约 9.97%。公司持股比重约 16%，成为劲永第一大股东。

2011 年，正崴宣布与大陆百货公司金鹰合作，扩展大陆通路市场。

2012 年正崴转投资光学镜头厂光耀科技，最初通过柜买中心上柜审议会，2012 年 3 月挂牌。光耀科技主要产品为光学镜头、光纤接头、镜片与零组件等，正崴持股为 45% 以上，产品主要应用于数字相机和手机镜头，客户为美系手机大厂。

2015 年，董事会通过旗下转投资富士临国际投资公司，认购中影公司现增，金额 9 亿元，每股 60 元。公司跨入文创产业发展。

2017 年，公司成功研发纳米（纳米）涂料技术，可应用于电子组件的防水和防汗，已出货医疗和耳机大厂，未来将进军电动车市场。

2018 年 10 月，旗下子公司光耀科、崴强及劲永整并成立永崴投控公司。

3. 经营状况

正崴精密工业股份有限公司 2017 年主要产品及营收占比分别为：3C 零组件 49%、通路事业（Studio A）12%、系统及外围和其他（电池控制模块、主动组件、被动组件、PCB 等）39%。主要产品项目包括线缆连接器（含 USB 连接线、消费性电子产品应用转输线、Data Cable）、通信连接器（手机网络外围设备连接器）、电池模块（应用手机及 NB）、电源管理模块（不断电系统、3C 产品电源供应器）、其他（包括 Apple 专卖店 Studio A、游戏机游戏杆、蓝牙耳机等）。2017 年正崴精密工业股份有限公司累计营业额 936 亿，缴纳税款 8 亿元，净利润 4 亿元。

受贸易战影响，多家苹果配件供货商酝酿搬离大陆减风险，正考虑要把部分产能移至台湾地区或东南亚等地，为 iPhone 提供充电器的正崴精密工业称公司考虑将部分生产线搬回台或东南亚，董事长郭台强称，公司亦正评估泰、越、菲新厂房。

4. 大陆投资情况

1992 年投资成立富展电子（上海）有限公司，负责电子零组件制造及买卖。

1997 年投资成立富港电子（东莞）有限公司，负责电子零组件制造及买卖。

1998 年投资成立富港电子（天津）有限公司，负责电子零组件制造及买卖。

1999 年投资成立富士临工业（天津）有限公司，负责电子零组件制造及买卖。

2001 年投资成立劲永科技（盐城）有限公司，负责电子零组件制造及买卖。

2002 年投资成立富士林电子（东莞）有限公司和富港电子（昆山）有限公司，负责电子零组件制造及买卖。

2003 年投资成立苏州钰航电子科技有限公司和钿航电子科技（深圳）有限公司，负责生产计算机、记忆卡等连接器。

2004 年投资成立富士湾电能（天津）有限公司，负责电子零组件制造及买卖。

2005 年投资成立协创数据技术股份有限公司、东莞富强电子有限公司和昆山富士锦电子有限公司，负责电子零组件制造及买卖。

2007 年投资成立富士能电子（昆山）有限公司，负责电子零组件制造及买卖。

2010 年投资成立富士祥研发中心（昆山）有限公司、富港电子（南昌）有限公司，负责电子零组件制造及买卖。

2011 年投资成立富强电子（盐城）有限公司和富港电子（盐城）有限公司，负责电子零组件制造及买卖。

2013 年投资成立了东莞市本润机器人科技股份有限公司和东莞富士昌计算机有限公司，负责自动化机器设备制造及买卖。投资成立富强电子（马鞍山）有限公司和富港电子（马鞍山）有限公司，负责电子零组件制造及买卖。

2016 年投资成立江苏正崴新能源科技有限公司，负责电子零组件制造及买卖。投资成立上海昌永科技有限公司（原上海同永电子技术有限公司），负责车用视频及音响系统设备、车载信息系统设计研发及销售。

2017 年投资成立富港电子（徐州）有限公司，负责电子零组件制造及买卖。

（九）宏达国际电子股份有限公司

1. 基本情况

宏达国际电子股份有限公司是全球前五大智能型手机厂之一，成立于 1997 年 5 月 15 日，总部设立于新北市新店区，现任董事长是王雪红。

2. 发展历程

2007 年 11 月，宏达电加入由 34 家公司成立的开放手持设备联盟，推出 Android 系统的智能手机。

2011 年 4 月，宏达电以 7500 万美元获取"ADC"82 项专利及 14 项专利申请案。

2012 年 6 月，将总部从桃园市桃园区迁移至新北市新店区。宣布退出巴西智能手机市场，并关闭美国北卡罗来纳州一个研究中心。同年 7 月，宣布退出韩国手机市场。8 月，宏达电股价跌至一年来新低 240 元，与 2011 年 4 月底高点的 1300 元相比，1 年多来市值已蒸发超过 8800 亿元；同年 11 月跌至新低 194 元，市值已蒸发超过 9000 亿元。同月，苹果公司与宏达电双方达成和解，双方所有专利诉讼均撤销并签订期限为 10 年的专利授权契约，消息一出，股价随即止跌反弹。

2013 年 1 月，宏达电智能手机厂商的市占率排名第六名。2013 年 10 月，公司出现上市后首度亏损，9 月营收 182 亿元、营益率 −7.4%、每股亏损 3.58 元，这是该公司自 2002 年以来首次出现净亏损，表示 HTC 通过手机重振品牌地位的努力，并没有提升其销售额。

2014 年 4 月，宏达电出售 Beats by Dr. Dre，其后苹果公司以 30 亿美元收购。

2015 年 6 月，宏达电在第 2 季认列部分闲置资产及预付费用一次性减损约 29 亿元，下修 2015 年第 2 季财测目标，合并营收目标 330 亿至 360 亿元，营业毛利率 19% 至 19.5%，每股亏损 9.70 元至 9.94 元，并于 9 日股价跌停至 75.3 元。

2017 年 8 月，公布 8 月营收仅 30 亿元，较 7 月的 61.9 亿元呈现腰斩态势，单月月营收为近 13 年新低，较去年同期衰退 54.4%，宏达电强调，单月营收表现不代表季趋势。据了解，应是新机 HTC U11 出货高峰已过，虚拟实境（VR）产品 Vive 营收占比低，降价效益尚未发挥所致。

2017 年 9 月，宏达电出售旗下 ODM 部门，由 Google 公司以 11 亿美元收购。

3. 经营状况

宏达国际主要以生产智能型手机为主，产品包含 Android、Windows Mobile 与 Brew 操作系统智能型手持式装置。智能型手机 OS 出货以 Android 平台为主，出货量约占 90%、其他平台出货量占 10%。2017 年宏达国际累计营收额 621 亿元，净亏损 170 亿元。

2018 年下半年规划推出区块链手机 Exodus，而该产品将与区块链社群密切合作，致力为重视个资安全的用户设计出能驱动网络去中心化的创新智能型手机。

4. 大陆投资情况

2003 年投资设立宏达电子（苏州）有限公司，负责智能型手持式装置制造与销售。

2007 年投资设立威宏电子（上海）有限公司，负责智能型手持式装置制造与销售。

2017 年投资设立威宏电子（深圳）有限公司，负责智能型手持式装置制造与销售。

（十）佳世达科技股份有限公司

1. 基本情况

佳世达曾经是全球第一大液晶显示器厂，全球第二大投影机品牌及全球第一大 DLP 品牌，成立于 1984 年，总部设于桃园，全球营运据点包括研发制造与服务据点遍及岛内（台北、桃园、新竹）、中国大陆、美国以及日本。现任董事长是陈其宏。

2. 发展历程

佳世达科技股份有限公司提供电子产品的 ODM/OEM 服务，产品线涵盖计算机、通信、消费电子、车用电子、医疗电子等 5C 领域。2017 年佳世达累计营收额 1369 亿元，缴纳税款 7.6 亿元，净利润 64 亿元。

佳世达董事长陈其宏指出，为应对美中贸易战，已将部分生产线移回台湾地区，目前为止，贸易战对佳世达的影响约 1%，另已备妥往东南亚或美国设厂的应对方案。

3. 经营状况

1997 年投资达碁科技（现为友达光电），开始生产液晶显示器和 GSM 移动电话。

2008 年 5 月，南京明基医院正式开幕。

2010 年 2 月，入股正式取得三丰医疗器材经营管理权，更名为明基三丰医疗器材股份有限公司，为医疗设备专业制造商，主要产品为手术用手术台、手术灯等。

2014 年 3 月，旗下明基三丰与策略伙伴以色列 AB Dental Devices，合资成立"明基口腔医材股份有限公司 BenQ AB DentCare"，双方分别持股 50%，并规划运用 3D 打印技术，推出 3D 植牙整合服务。

2015 年 5 月，公告斥资 4.5 亿元购入友通 8.7% 的股权，成为最大法人股东。

2017 年 3 月，宣布公开收购拍只股票，3 月 10 日至 3 月 30 日止，收购金额约 7.5 亿至 13 亿元，公司已持有拍档 26% 股权，加上此次收购 24.82% 至 42.82% 的股权，总持股将达 51% 至 69%。2017 年 9 月宣布，旗下子公司达利投资、达利贰投资及外资合作伙伴 Gordias Investments、Hyllus Investments 共同收购友通。预计最高收购股数为 8028 万股，占友通股权 70%，最低收购 5849 万股，占友通股权 51%。

2018 年 3 月合计投入 23 亿元，参与网通设备厂明泰的私募现增案。获得明泰 18.37% 的股权，成为第二大股东。2018 年 8 月，公司宣布携手机器人大厂 ABB，推出针对半导体厂打造的智能自主移动机器人。主要模拟半导体行业的应用打线接合（Wire bonding）制程，以公司的自主移动机器人技术，搭配 ABB 的六轴机器人，整合为半导体产业专用的自主移动机器人，提供高度生产弹性及效率，同时通过精密控制可使自主移动机器人缓降速而不急停，为精密芯片接合提供高效率、零失误的自动化制程。

4. 大陆投资情况

1993 年投资成立苏州佳世达电子有限公司，负责液晶面板模块加工。

1993 年投资成立苏州佳世达电通有限公司，负责液晶显示器及行动通信产品加工。

2000 年投资成立苏州联和医疗器材有限公司（苏州联和），负责医疗器材销售与制造。投资成立明基材料有限公司，负责机能膜产品加工。投资成立苏州佳世达光电有限公司，负责投影机等光电产品加工。

2005 年投资成立佳世达电通（上海）有限公司，负责液晶显示器加工。

2007 年投资成立苏州佳世达精密工业有限公司，负责塑料机构零件加工。

2010 年投资成立明基材料（芜湖）有限公司，负责机能膜生产及为相关产品提供技术与服务。

2011 年投资成立东莞衍通电子信息有限公司，负责计算机机板、板卡、主机、电子零配件生产和销售业务。

（十一）可成科技股份有限公司

1. 基本情况

可成科技股份有限公司为全球 3C 产品镁合金压铸件的领导厂商，也是岛内第一家成功开发并量产 NB 镁合金机构件的厂商。成立于 1984 年 11 月 23 日，成立初期主要生产硬盘机之铝合金压铸件，后投入镁合金压铸技术之开发，目前总部设立于台南市永康区，现任董事长是洪水树。

2. 发展历程

1986 年硬式磁盘机机座开始量产，供货当年岛内最大厂商"微科"公司（Micro Science Technology）。

1987 年获得普安公司（Prime）试作订单，开始生产 $5\left(\frac{1}{4}\right)$" 磁盘机读取器摇动臂。

1995 年与台湾第一大电脑厂宏碁公司开始开发笔记型电脑镁合金压铸件。次年笔记型电脑镁合金机座正式量产（岛内首例）。

2008 年大部分的智能型手机采用塑料外壳，造型单调，而且很容易摔破。但金属手机机壳的制程工法很复杂，还要用上好几片的金属外壳，才能拼凑出一支手机，造成手机厂不太爱用金属壳。可成坚持开发最新的"一体成型"工法，为市场主流。

2009 年 10 月公司与纬创合资设立纬成科技（泰州）有限公司，其中可成持股 70%、纬创持股 30%。合资设厂地点位于江苏泰州，主要从事研发、生产各式材料与机构件，以及相关模具生产销售。

2011 年增加投资大陆子公司可成科技（宿迁）有限公司、可成科技（苏州）有限公司、可胜科技（苏州）有限公司、可利科技（苏州工业园区）有限公司等。

3. 经营状况

可成科技主要从事金属（铝、镁、锌、不锈钢）机壳及内构件制造，制程技术包括：镁铝合金压铸、铝挤型、锻造、冲压、CNC 加工、阳极等各式表面处理技术，产品项目 NB、手机、MP3、PDA 等可携式及 3C 信息产品机壳及内构件与散热模块。2017 年产品营收占比为：手机机壳约占 65%、NB机壳约占 31%、平板及消费电子机壳约占 4%。2017 年可成科技累计营收额933 亿元，缴纳税款 109 亿元，净利润 219 亿元。

可成董事长洪水树在 2018 年 11 月指出，目前市场对大客户的销售状况杂音非常多，市场需求波动性高一直是科技业既有的特性，但从公司 10 月营收创新高表现看，"第 4 季营运已经有了一个好的开始"，表示可成订单状况良好，会持续观察后续客户拉货状况。

4. 大陆投资情况

2001 年投资成立可成科技（苏州）有限公司，负责各式合金生产、销售、开发。

2003 年投资成立可胜科技（苏州）有限公司，负责各式合金生产、销售、开发。

2005 年投资成立亚奇拉科技（宿迁）有限公司，负责各模具及电子零组件之产销。

2006 年投资成立可利科技（苏州工业园区）有限公司，负责各式合金生产、销售、开发。

2008 年投资成立巢湖云海镁业有限公司，负责白云石、铝、镁合金及其他碱土金属及合金生产与销售。投资成立了可成科技（宿迁）有限公司，负责各式合金生产、销售、开发。

2012 年投资成立可胜科技（泰州）有限公司，负责各式合金生产、销售、开发。投资成立可功科技（宿迁）有限公司，负责各式合金生产、销售、开发。

2014 年投资成立可发科技（宿迁）有限公司，负责各式合金生产、销售、开发。

2016 年投资成立可利科技（泰州）有限公司，负责各式合金生产、销售、开发。

2017 年投资成立可达科技（宿迁）有限公司，负责各式合金生产、销售、开发。

（十二）启碁科技股份有限公司

1. 基本情况

启碁科技是岛内第一大卫星通信厂商，也是全球主要汽车电子供应商之一。它创立于 1996 年，总部位于新竹科学园区，目前在中国大陆与美国、英国、日本、越南等地设有服务或制造据点，现任董事长是谢宏波。

2. 发展历程

2000 年自美国 WIDCOMM 移转 Springboard Wireless Connector 产品技术，投资设立 ANC Holding Corp.，正式导入 PHS 量产。

2002 年总部迁入新竹科学工业园区，投资设立 NeWeb Holding Corp. 和 WNC Holding Corp.。

2008 年配合客户推出 Satellite WiFi MP3 Player，并采用 iPod 操作接口；2010 年推出 LDS 激光雕刻天线；2012 年发展出 LTE 相关设备产品。

2015 年物联网应用将从实验阶段正式进入实践阶段，智能制造、智能交通及智能医疗将成为物联网发展的重要领域。

2017 年台湾与大陆启新厂建置太阳能发电站。

3. 经营状况

启碁科技公司产品线主要分为家庭联网、网络设备、车联网与工业、传感器与天线四大类。2018 年第一季度公司营收占比为：家庭联网占 18%、网络设备占 51%、车联网与工业及传感器与天线占 27%、其他占 4%。2017 年公司累计营业额 569 亿元，缴纳税款 6 亿元，净利润 26 亿元。

启碁科技表示，第三季度就已经感觉到原物料短缺状况有舒缓，加上消费旺季到来，对于第三季度、第四季度获利有正面影响。未来将受惠于 5G 新品以及车用工规、网络需求增温，业绩有望双位数成长。

然而贸易战冲击以大陆为生产基地的网通厂，启碁在今年第四季度就开始在台南科学园区建 S2 厂、越南 V1 厂应对，预计资本支出在今年第四季度到明年约为 20 亿元，新厂估计明年第二季度就能启用。

4. 大陆投资情况

2002 年投资设立昆山诠能精密铸造有限公司，负责锌铝合金精密铸造及液晶显示器支架、电动工具系列产品制造及销售。

2003 年投资设立启基永昌通讯（昆山）有限公司，负责卫星通信系列产品及移动式通信系列产品制造及销售。

2004 年投资设立启佳通讯（昆山）有限公司，负责卫星通信系列产品及移动式通信系列产品制造及销售。

2006 年投资设立启新通讯（昆山）有限公司，负责卫星通信系列产品及移动式通信系列产品制造及销售。

2007 年投资设立启承技术服务（昆山）有限公司，负责卫星通信系列产品及移动式通信系列产品维修。

2008 年投资设立启扬通讯有限公司，负责卫星通信系列产品及移动式通信系列产品制造及销售。

（十三）鸿百科技股份有限公司

1. 基本情况

鸿百科技股份有限公司为鸿海科技集团旗下子公司。总公司位于台湾桃园，并在欧洲、美国、中东、澳洲、日本、韩国、东南亚、中国大陆等地与当地战略伙伴结盟，给客户提供实时的服务。

2. 发展历程

2003 年获网络科技奖（Networking awards 2003），高效能网络储存服务器 NAStorage 获 2003 台湾精品奖。2004 年 NAStorage 4400R 获最佳外销信息产品奖（Best Choice Of COMPUTEX TAIPEI 2004），高效能

网络储存服务器 NAStorage 获 2004 台湾精品奖。2007 年通过 ISO 9001：2000 认证，NAStorage 8420R 获最佳外销信息产品奖（Best Choice Of COMPUTEX TAIPEI 2007）。高效能网络储存服务器 NAStorage 4420R 与 Phoebus 太阳能控制器同时获 2007 台湾精品奖。2010 年 NAStorage 8520R 获最佳外销信息产品奖（Best Choice Of COMPUTEX TAIPEI 2010）。

3. 经营状况

鸿百科技产品开发、量产及相关服务包括：大数据服务 / 云端服务服务器相关产品研发 / 生产、网络附加储存系统、多重附加功能的环境监控产品。

4. 大陆投资情况

该公司为鸿海子公司，具体信息披露较少，在大陆未有投资。

（十四）技嘉科技股份有限公司

1. 基本情况

技嘉科技股份有限公司为全球第二大主板厂商，也是岛内第二大主板与显示适配器品牌厂。1986 年 4 月成立，总部设立于新北市新店区，现任董事长是叶培城。

2. 发展历程

1999 年的世贸电脑展，技嘉科技推出一系列新品，被业界看好，同年，新出炉的《商业周刊》公布年度全球资讯科技厂商排行，岛内主机板大厂技嘉科技荣膺全球资讯科技 100 大排行榜第 41 名。

2004 年借由导入逻速科技 GLCP 平台，技嘉科技不仅强化了与供应商和协力厂商之间的关系，也大幅提升了客户服务水平。

2016 年 7 月，公司与 Cavium 合作推出 ThunderX 服务器系列产品，产品主要功能为优化数据中心的工作负载，优化项目包括运算、安全性、储存、与分布式数据库。10 月，公司旗下子公司曜嘉科技与元太科技合作推出全球首创免插电之电子数字相框 Pixer。同年 12 月，公司获得欧洲客户服务器订单，为配合当地产业法令，于欧洲当地成立组装厂，预期可为公司拓展市场。

2017 年 2 月，台"经济部"核准通过公司之转投资声远精密光学进驻台中园区案，此投资案金额约 2 亿元，主要为扩充手机用镜头组装生产线，同年 8 月投产。公司与 Intel、Preferred Networks（PFN）等厂商合作共同打造 AI 生态系统，且公司将与 Intel 合作推出针对 AI 及深度学习的高效能通用型图形处理器（GPGPU）服务器。

2018 年 7 月，公司宣布以 6 亿元投资取得淳安 9.44% 的股权，成为淳安第三大股东。借此投资跨足行车安全系统及车载镜头等汽车电子市场。

3. 经营状况

技嘉科技公司主要业务为从事计算机硬件外围设备、零件及电竞产品制造、销售，2018 年第一季度产品营收占比分别为：主板 35%、VGA 45%、服务器 20%。2017 年技嘉科技累计营收额 599 亿元，缴纳税款 4.6 亿元，净利润 27 亿元。

技嘉近年来聚焦推广旗下电竞品牌 AORUS 产品，并与东南科技大学合作，联手建置"电竞人才培训基地"推动电竞产学合作，进一步扩大推动产学合作培育计划，共同促进台湾电竞产业更加蓬勃发展。在硬件设备方面，则采用 AORUS 系列的高阶板卡产品，包括 Z370 系列电竞主板及 GeForce GTX 1070 系列显示适配器。

4. 大陆投资情况

1998 年投资成立东莞技嘉电子有限公司，负责计算机信息产品制造。2001 年投资成立宁波技嘉科技有限公司，负责计算机信息产品制造。2016 年投资成立声远精密光学（东莞）有限公司，负责模具及工业用塑料制品销售。

（十五）研华股份有限公司

1. 基本情况

研华股份有限公司为全球工业计算机前三名的制造厂商之一，也是岛内第一大工业计算机制造商。成立于 1981 年 9 月 7 日，目前总部设立于台北市内湖区，现任董事长是刘克振。

2. 发展历程

2010 年，研华以 1285 万欧元并购 Augusta Technologie AG 旗下的 DLoG GmbH 公司 100% 的股权。DLoG GmbH 拥有工业级车载计算机的设计与研发，应用于车载仓储、重型工程车（矿车、农耕机）市场。

2010 年，研华以 334 万英镑并购英国公司 Innocore Gaming Ltd.100%
股权，Innocore Gaming Ltd. 主要从事设计及生产博弈用的计算机平台软、
硬件。同年，公司以 9300 万元并购 ACA 先进数字科技 100% 股权。ACA
主要从事工业便携计算机生产，具备整合无线传输的设计能力，产品项目包
含工业手持式产品、工业 PDA、工业平板计算机等，应用于运输业、制造业、
物流业、军事等领域。

2013 年，研华以台币 3.19 亿元并购钧发科技 70% 的股权，钧发科技为
台湾 POS 厂商。同年又以 7.3 亿元并购宝成旗下工业控制器子公司宝元数控，
合并后品牌名称改为研华宝元数控（Advantech-LNC），宝元数控除继续既
有的控制器 Machine Control Solution 事业部外，成立 iControl & Robot
新事业部，发展机器人与智能控制平台。以约 941 万美元并购英国 GPEG
100% 股权，GPEG 为智能嵌入式显示器大厂，主要经营博弈事业的智能嵌入
式显示器设计与生产。11 月，公司与大陆 CPU 厂龙芯共同合作推出板卡产
品，此产品可应用于各种工业控制领域；与 Intel 签署合作备忘录，针对物联
网（IOT）计算平台进行合作，开发物联网（IOT）与智能城市。

2014 年 6 月，公司与上银携手合作跨足台湾机器人市场，公司提供控制
器及机器视觉软硬件技术，上银则生产机器手臂、伺服马达、驱动器技术，并
规划培养下游"应用系统整合公司"。9 月，公司与中国移动物联网共同签署
"研华 WebAccess+ 物联产业应用联盟合作协议"，借助中国移动的远程通信
服务与技术，以建构大陆的物联网应用方案。12 月，公司与微软合作，共建
物联网智能云端平台"WISE-Cloud"，开发智能云端平台以及应用各领域技
术，以微软 Azure 云端平台结合研华的 SUSIAccess 物联网解决方案。

2015 年，公司以 9985 万美元取得 B+B SmartWorx 100% 股权。B+B
SmartWorx 为美国工业物联网大厂，主力产品为光纤多媒体转换器与工业网
通路由器、工业交换器等，并在欧美市场销售。11 月，公司与华电网、台湾
中华电信签订 4G ITS 智能车队管理合作计划案合作备忘录。由台湾中华电信
提供完整 ITS 云端化车载资通信车讯快递管理平台整合服务，公司与华电网
共同提供 4G 智能车载终端设备，以全新 4G 概念将完整的智能车队管理系统
解决方案，提供给出租车、快递、货运业、冷链物流等业者使用。

2016 年，公司通过旗下转投资 ATC（HK）取得业强科技（昆山）有限公司厂房及业强科技（昆山）有限公司 100% 股权，此交易金额约 4.8 亿元。同年与英业达合资成立英研工业移动公司，双方各持有 45%、55% 股权，此公司主要专注于工业用手持无线装置研发及产销，应用于零售、车载、医疗等市场。10 月，公司与 Intel、Microsoft、ARM、IBM 共同打造从端至云的完整物联网解决方案，加速促成各产业走向智能化应用。同时为了此项合作，公司与 Intel 合作开发智能型联网嵌入式方案，整合 Atom 及 Xeon 系列处理器，发展服务器等级 Type 7 嵌入式模块计算机、Mini-ITX 主板及 EIS，促使物联网装置快速接收大量数据，并确保云端顺畅沟通。

2017 年，公司宣布投资 Kostec 并取得 60% 股权，Kostec 为韩国医疗显示器公司，此投资案有助于公司拓展韩国市场。同年，公司以 5.4 亿元取得融程电 16.62% 的股权。7 月，公司宣布与英特尔、家乐福共同合作打造家乐福于台湾首家智能零售量贩店，合作范围包含电子目录、室内空气质量侦测、客流分析系统、中央控管公播系统、WiFi 广告定位推播等。公司借此合作跨足智能零售市场。

2018 年，研华与"工研院"合资成立环研智联股份有限公司，主要从事水处理业务，将公司 IoT 技术与"工研院"的水处理技术结合为系统化服务，建立台湾之循环经济。为深耕土耳其市场，投资获得 Alitek Teknoloji 25% 的股权。且规划于未来增加其持股比例，建构跨足中东市场并提供在地服务的前哨站。以 4.57 亿元取得海华 18% 的股权，成为该公司第二大股东。公司主要借此投资案加深其无线通信模块合作及推动工业物联网应用发展。同年又宣布与越南系统整合商 TECHPRO 合资成立研华越南分公司，除为满足境外伙伴产能需求外，进一步深耕越南内需市场。

3. 经营状况

研华所生产的产品应用领域广泛，包含捷运卡片阅读机、自动售票机、ATM、POS、博弈、网络储存、数字电子广告牌控制中心、智能型大楼之中央监控系统、乐透彩券机等。另以产业别区分应用，可分零售服务用、医疗领域、影像监控及工业自动化和环境控制领域。2017 年研华累计营收额 444 亿元，缴纳税款 13.8 亿元，净利润 61.5 亿元。

4. 大陆投资情况

1994 年投资设立北京研华兴业电子科技有限公司，负责工业用计算机之营销买卖。

2000 年投资设立研华科技（中国）有限公司，负责适配卡及外围设备机壳、塑料外壳及配件产销业务。

2001 年投资设立东莞研华宝元数控有限公司，负责控制器制造及买卖。

2003 年投资设立屏通科技（深圳）有限公司，负责人机接口制造及买卖。

2004 年投资设立昆山研智电子科技有限公司，负责工业用计算机制造、营销及买卖。

2007 年投资设立杭州研华拓峰自动化技术有限公司，负责计算机外设零组件加工及销售。投资设立屏通科技（上海）有限公司，负责人机接口买卖。

2008 年投资设立西安研华软件有限公司，负责软件技术开发、软件产品制作。投资设立上海研华慧胜智能科技有限公司，负责工业用计算机制造、营销及买卖。

2018 年投资设立上海研乐智能科技有限公司，负责智能零售服务。投资设立研华服创（上海）智能科技有限公司，负责智能科技领域内的技术开发、咨询、服务。

（十六）亚旭电脑股份有限公司

1. 基本情况

亚旭计算机股份有限公司，是世界知名品牌"ASUS"旗下子公司一员，专精于网络通信及电子产品开发的国际大厂，成立于 1989 年，总部设立于新北市，现任董事长是林成贵。

2. 发展历程

1996 年设立阿斯基国际公司（AIC），位于硅谷，是高科技创新的中心。AIC 是 Askey Computer Corp. 的全资子公司。AIC 的使命是探索先进技术，作为北美分销中心运营，并为北美和南美的客户提供现场支持。

1999 年 Askey 成为第一家获得 CableLabs 认证的有线调制解调器的台湾公司。

2014 年 9 月 Askey 4G LTE 模块由日本 KDDI 认证。

2015 年获全球电信业务奖。

2016 年 Askey 推出革命性的 DSL + LTE Bonding 解决方案。

2017 年 Askey 在台北推出最先进的智能城市解决方案。

3. 经营状况

亚旭计算机股份有限公司为台湾网络通信设备制造领导厂商。为应对台湾外宽带网络市场起飞，领先开发成功的非对称数字回路调制解调器（ADSL）及电缆调制解调器（Cable Modem），在台湾岛内外市场各领风骚。以亚旭的优异研发能力，能够在短时间内取得多国安规标准认证，同时为台湾地区首家通过美国 Cable Labs 及欧洲 Euro DOCSIS 认证的厂商。亚旭计算机的产品线完整，从宽带网络产品，如 xDSL, Cable Modem, WLAN, VoIP, Set Top Box, PDT, 宽带路由器等，到具有发展潜力的光纤产品 GPON, GPS 及高阶整合型产品均有，同时还为应对数字家庭的产品需求不断创新研发，近来更在智能车载产品上积极地规划与生产。亚旭以其深耕本业的执着，专注技术研发与创新，建构符合市场主流需求的多元产品线。年营业额超过 12 亿美元。

4. 大陆投资情况

目前 Askey 总部设置在台北，2001 年在苏州建设占地 30 万平方米的工厂园区及三座先进制程工厂。

（十七）中磊电子股份有限公司

1. 基本情况

中磊电子股份有限公司是全球前三大家用宽带网通设备供货商之一，也是全球第一大 IP Camera 供货商。成立于 1992 年，营运总部位于台北，陆续于两岸设立研发中心与生产制造中心，并积极进行国际化布点，营销据点遍布北美、欧洲、中国大陆及亚太地区，全球员工总数数千人。现任董事长是王伯元。

2. 发展历程

1995 年列表服务器取得 Novell NDS 验证，中磊成为全球第二家通过该验证的打印机打印服务器厂商。

1999 年股票正式挂牌上柜。推出亚洲第一台网络储存服务器（Network

Attached Storage Server)。

2006 年获全球第一大打印机打印服务器制造商称号。

2008 年晋身为全球前三大家用宽带网通设备供货商。

2012 年 Small Cell 小型基地台及 FTTx 光纤产品市场占有率进入全球前三位。

2016 年 1 月公司与东贝进行异业结盟，双方在智能照明产品方面合作。

3. 经营状况

中磊电子股份有限公司主要产品与服务包括：无线宽带网关、整合型 IAD 产品、Small Cell 小型基地台、智能家庭监控设备、商用路由器以及光纤级网通产品等。2017 年中磊电子累计营收额 386 亿元，缴纳税款 3 亿元，净利润 16 亿元。

中磊表示，智能物联网的多元发展，带动下世代宽带设备升级需求。中磊凭借深厚的系统整合实力，持续拓展电信市场，高附加价值产品如 IAD 整合型产品、商用网通设备、智能物联网、LPWA 低耗广域网等出货增温，改善产品组合及整体毛利表现。同时，中磊加速全球化策略，除深耕既有市场外，更积极布局东南亚、拉丁美洲及其他新兴市场，并积极参与国际电信通信展。

4. 大陆投资情况

2000 年投资设立中磊电子（苏州）有限公司，负责各类服务器、路由器、操作系统及相关软件之研究、发展及制造。

2004 年投资设立中怡数宽科技（苏州）有限公司，负责各类服务器、路由器、操作系统及相关软件研发、制造及销售。

2009 年投资设立苏州飞烽通信有限公司，负责通信产品及相关软件研究、发展、制造及销售。

2013 年投资设立苏州华怡通信科技有限公司，负责各类服务器、路由器、操作系统及相关软件研究、发展制造及销售。投资设立南京飞烽通信有限公司，负责通信产品及相关软件之研究、发展及销售。

（十八）精英计算机股份有限公司

1. 基本情况

精英计算机股份有限公司为岛内第三大主板厂，成立于 1987 年 5 月 6 日，总部设立于台北市内湖区，主要股东为大同集团（持股约 27%）与宝成工业（持股约 13%），现任董事长是林郭文艳。

2. 发展历程

2000 年收购 Alphatop，此公司是苹果"i-book"电脑的唯一供应商。

2005 年于荷兰建立欧洲区新营运总部。

2006 年合并大同公司个人电脑事业部门，合并笔记本电脑专业厂志合电脑。在大陆（深圳，苏州）、墨西哥和捷克共和国增加新的生产基地，完成属于精英电脑的全球制造网。

2013 年 12 月精英出售内湖大楼予三商美邦人寿，出售金额为 66.8 亿元，出售利益为 33.92 亿元，精英将售后租回大楼 10 年，并分两阶段认列出售利益。

2017 年 4 月，公司公告将出售兴英科技（深圳）有限公司，并投资 1 亿美元于大陆成立精英数字科技有限公司，承接原兴英科技业务及相关资产负债。另外，公司同时也成立 ECS Holding（HK），主要成立目的为转投资成立精英数字科技有限公司。公司预计于 2021 年至 2023 年搬迁精英数字科技有限公司，将取得搬迁补偿金 25 亿元人民币。

3. 经营状况

精英电脑主攻计算机及外围设备产业，有上游零件主板的制造及代工生产 DT、NB、平板。2017 年企业累计营收额 299 亿元，缴纳税款 1.5 亿元，净利润 2.2 亿元。

精英计算机总经理杨龙光 2018 年 11 月 28 日表示，该公司主要生产基地是在大陆的深圳，应对美中关税摩擦问题，已经在东南亚寻找第二生产基地，预计 2019 年三四月间可以营运。该公司回台设厂还是要以自动化为主，但自动化是长期计划，短期无法应对中美贸易战。精英主要生产都在大陆，考虑到关税影响，板卡与系统产品都会在东南亚生产，目前该公司在东南亚先租用厂房，自己架设生产设备。

4. 大陆投资情况

2001 年投资设立精英计算机（苏州工业园区）有限公司，负责笔记本电脑、平板计算机及相关零件开发及生产。

2002 年投资设立兴英科技（深圳）有限公司，负责生产、研发多层线路板、主板、台式机、笔记本电脑整机组装、平板计算机及计算机外设产品。

2003 年投资设立北京讯宜创新电子有限公司，负责从事计算机及其外围产品和电子类相关零部件批发及技术、维修咨询服务。投资设立了讯瑞电子（深圳）有限公司，负责电子设备、仪器、仪表、计算机配件及其他外壳的生产和维修。

2005 年投资设立北京讯润科技有限公司，负责电子设备、仪器、仪表、计算机配件及其他外壳的生产和维修。

2006 年投资设立群茂计算机（深圳）有限公司，负责计算机及其外围产品批发及进出口，提供相关产品技术咨询及维修服务。

2007 年投资设立精英数字科技（深圳）有限公司，负责生产、研发多层线路板、主板、台式机、笔记本电脑整机组装、平板计算机及计算机外设产品。

（十九）鸿准精密工业股份有限公司

1.基本情况

鸿准精密工业股份有限公司为 Apple iPhone、iPad 及 Macbook 的机壳主要制造商、生产散热模块与相关零组件，也是任天堂游戏机主要组装厂。公司成立于 1990 年 4 月 26 日，前身为华升电子工业股份有限公司，2004 年 3 月 1 日与鸿海集团旗下鸿准精密工业股份有限公司合并，以鸿准精密为存续公司，并更为现名。现任董事长是洪志谦。

2.发展历程

1993 年与美商 NCD 签约，受托开发 15 寸高分辨率黑白终端机（SRT-1501），并顺利完成技术移转。

1999 年与美国康柏公司签订采购合约，由公司出售桌面计算机成品予美国康柏公司。

2004 合并鸿准精密工业股份有限公司，华升电子更名为鸿准精密工业股份有限公司。

2016 年通过子公司 FOXCONN TECHNOLOGY PTE. LTD. 投资日本 SHARP CORPORATION，投资日币 569 亿元。

2017 年 12 月，公司以 14.85 亿港元取得香港 IDG 能源投资集团有限公司股权，成为香港 IDG 能源第二大股东，正式跨足天然气领域。

3. 经营状况

鸿准精密工业股份有限公司主要产品为镁铝合金机壳及机构件、开发制造桌面计算机、服务器、笔记本电脑等 3C 产品的散热模块及消费性电子产品（游戏机）零组件制造和系统组装。2017 年鸿准精密累计营收额 1478 亿元，缴纳税款 15 亿元，净利润 100 亿元。

4. 大陆投资情况

1995 年投资设立富瑞精密组件（昆山）有限公司，负责加工电机板及相关零组件，光电、计算机线产销业务。

1998 年投资设立富辉钢工业（深圳）有限公司，负责计算机机箱组件电子元器件及电力电子元器件。投资设立富钰精密组件（昆山）有限公司，负责插头及插座、电压未超过 1000 伏特者、其他载波电流线路系统用器之产销业务。投资设立富准精密工业（深圳）有限公司，负责电子计算器零件（计算机散热器）产销业务。

2002 年投资设立鸿富晋精密工业（太原）有限公司，负责电子计算器零件及其附件与计算机机壳及其相关金属冲压件产销业务。

2007 年投资设立烟台富准精密电子有限公司和南宁富宁精密电子有限公司，负责计算机机箱组件电子元器件及电力电子元器件产销业务。

2013 年投资设立富准精密电子（鹤壁）有限公司，负责新型合金材料、精密器具、新型电子元器件，便携式计算器及上述产品零配件的生产。

（二十）智邦科技股份有限公司

1. 基本情况

智邦科技是全球一流大厂的 OEM/ODM 主要合作伙伴，1988 年成立于新竹科学园区，从基本的以太网络到记号环网络（Token-Ring）产品，智邦迅速开枝散叶于世界各地，现任董事长是郭飞龙。

2. 发展历程

2008 年智邦科技宣布，作为全球先进网络与通信设备的 OEM/ODM

领导厂商，智邦已经与香港富士通微电子有限公司台湾分公司（富士通为WiMAX 方案的领导供货商和开发商）建立合作关系，成为 WiMAX 基频SoC 的合作伙伴。将联手开发 WiMAX 产品，并合力推动事业发展版图，在市场上建立起产品的策略定位。

2013 年台湾智邦科技与 LSI 公司，宣布合作推出一款全新低成本软硬件平台。该平台通过宽带存取网络，可提供网络电视（IPTV, Internet Protocol Television）与新一代多元媒体应用。

2015 年公司宣布将与 HP 合作成立白牌 Switch 产品线 Brite box switches，产品规格以 10G 与 40G 为主，从 2015 年 3 月开始出货。

2016 年智邦（2345）旗下云炬网络（IgniteNet）携手经纬航天科技（8495）展出"智能救灾无线通信方案"。

3. 经营状况

智邦主要产品及 2017 年公司营收占比为：网络交换器 68%、网络应用设备 12%、网络接取设备 9%、无线网络设备 5%、宽带网络设备 1%、其他 5%。2017 年智邦累计营收额 364 亿元，缴纳税款 7 亿元，净利润 25.5 亿元。

受惠于部分客户提货力道增强，销售产品组合优化，2018 年第三季度智邦科技营运成果有显著提升；展望第四季度营运，智邦将持续推出领先产品，积极扩充产能规模，以提升营运成长动能。

4. 大陆投资情况

2001 年投资设立智邦大陆科技有限公司，负责销售计算机网络相关产品。

2005 年投资设立智祺通信技术（上海）有限公司，负责销售计算机网络相关产品。投资设立昊阳天宇科技（深圳）有限公司，负责计算机网络适配器生产及销售。

2011 年投资设立诺云信息系统（上海）有限公司，负责计算机软件开发、设计、制作及销售自产产品，提供技术咨询及服务。

（二十一）创见资讯股份有限公司

1. 基本情况

创见资讯股份有限公司为内存扩充卡相关生产的全球前三大厂商之一，成立于 1989 年 8 月 30 日，目前总部设立于台北市内湖区，且在美国、英国、德国、荷兰、日本、韩国、中国大陆及香港等地均成立了子公司，现任董事长是束崇万。

2. 发展历程

为了拓展国际市场，1990 年创见资讯在美国洛杉矶创立第一个海外子公司，作为拓展美洲市场的据点。而后，创见陆续在德国汉堡（1992）、荷兰鹿特丹（1996）、日本（1997）、香港（2000）、英国（2005）、美东马里兰州（2005）、韩国首尔（2008）、美国迈阿密（2011）与美国硅谷（2013）等地成立子公司，另在北京（2000）、上海（2001）、深圳（2005）及各国主要城市陆续成立营销据点，并与各地的经销伙伴紧密合作创建了绵密的营销网，产品营销 140 余国。公司看好中南美洲市场，2011 年于美国迈阿密设立分公司，作为进入中南美洲市场的据点。

2016 年 3 月宣布推出超大（1TB）容量的 M.2 规格固态硬盘（SSD），为目前业界最高容量产品，搭配 2280 尺寸模块，采用高质量 MLC 闪存晶。同年 6 月，公司推出新产品，包括轻巧型 DrivePro 50 行车记录器、DrivePro Body 20 及 DrivePro Body 52 两款穿戴式摄影机，以及全新 StoreJet Cloud 110 及 StoreJet Cloud 210 个人云端储存装置（分别内建 4TB 和 8TB 超大容量）等。

3. 经营状况

2017 年创见资讯的主要产品及营收占比为：工控产品（SSD/Flash 解决方案、工业用内存模块）45%、策略性产品（外接式硬盘、行车记录仪、Apple 相关产品应用、body cam 和 action cam、卡片阅读机）19%、消费性 Flash（各式规格记忆卡、随身碟、移动硬盘）16%、标准型 DRAM（超频内存模块、PC/NB 内存模块）19%。2017 年全年创见资讯的累计营收额为 210 亿元，缴纳税款 6.6 亿元，净利润 26.6 亿元。

创见针对 PC 市场需求，规划应用于商用机种升级项目的 DRAM 产品，项目推广渐收成效，2019 年可陆续贡献营收。

4. 大陆投资情况

2005 年投资设立创见信息（上海）有限公司，负责内存扩充卡、外接式储存装置等空白媒体及其他磁盘驱动器产销业务。

2006 年投资设立创歆贸易（上海）有限公司，负责扩充内存模块、外接式储存装置、相关存储类设备及零件批发、代理、进出口、零售及相关服务。

（二十二）华冠通讯股份有限公司

1. 基本情况

华冠通讯股份有限公司是台湾第二大手机制造厂，1999 年成立于台北市内湖区，目前在两岸、东南亚和巴西等地均设有子公司，现任董事长是邱志哲。

2. 发展历程

2000 年 7 月接获 Sony Ericsson 订单，签订销售合约。

2001 年 8 月与 NEC 正式签约合作；12 月与 Toshiba 正式签约合作。

2006 年 11 月与 LGE 正式签约合作。

2007 年 6 月与倚天正式签约合作。

2008 年 1 月成立华冠巴西 Jundiai 厂。

2015 年 11 月通过印度尼西亚合资设厂计划。

2016 年 9 月投资成立华彩创意科技股份有限公司。11 月投资成立冠达智能科技股份有限公司。

2017 年 5 月投资成立华一声学股份有限公司。

3. 经营状况

华冠通讯主要从事手机、行动手持装置设计、制造、后勤维修、配送服务等；2017 年度营收比重，手机收入占 100%。2017 年华冠科技累计营收额为 163 亿元，净利润 -6.8 亿元。

华冠积极转型，2017 年年中宣布转投资子公司，包括华彩、华一、华信、冠达等，分别发展光学、声学、激光模块、物联网等各领域业务，希望降低客户手机生产数量减少的冲击，目标是在下半年转型效益发酵，力拼今年损平。

4. 大陆投资情况

2000 年投资设立华冠通讯（江苏）有限公司，负责电话用器具、电器修理、批发及零售等业务；（一般类）移动电话、数字移动电话、因特网计算机通信器及国际海事卫星通信 M/B 型移动系统产销业务。

2001 年投资设立华宇科技（南京）有限公司，负责电子计算器之零件与电话机零件生产、买卖及其售后维修服务。投资设立了利达通信（苏州）有限公司，负责电话机零件之产销及其他器物修理业、批发业、零售业业务；移动电话、数字移动电话、GSM 移动电话、因特网计算机通信器及国际海事卫星通信 M/B 型移动系统产销业务　。

2002 年投资设立宇诠国际贸易（上海）有限公司，负责国际贸易业。

2004 年投资设立华冠科技（浙江）有限公司，负责电子计算器之零件及附件、电话机零件、其他器物修理和批发业。

2016 年投资设立重庆创华科技有限公司，负责通信设备、电子产品、电子计算器软件研发、设计及批发进口业务，以及研发技术咨询服务。

（二十三）智易科技股份有限公司

1. 基本情况

智易科技股份有限公司是全球最大 IAD 制造商，市占率超过两成。于 2003 年由飞利浦与智邦合资设立，2006 年智邦将智易近七成的股权出售给仁宝。公司现在隶属于仁宝集团旗下。现任董事长是陈瑞聪。

2. 发展历程

2006 年智邦将智易近七成的股权出售给仁宝，仁宝集团成为智易第一大股东。

2009 年智易科技长期与全球电信客户合作，深知市场对于移动宽带的需求，与远传电信公司合作发展 Femtocell 计划，结合了 CPE、Edge 端网络设备与 3G 移动电信营运商，进行互操作性测试，形成一水平整合的 Femtocell 研发联盟。

公司为网通设备制造厂商之一，早期经营模式主要是替品牌厂商进行代工，从 2012 年公司开始转向直接出货给电信营运商客户，毛利率较一般代工更好。

3. 经营状况

智易科技的主要产品包括：DSL 终端设备、无线局域网络设备、光纤通信网络设备、移动宽带设备、数字家庭应用。2017 年智易科技累计营收额为

201 亿元，缴纳税款 1.4 亿元，净利润 6.5 亿元。

4. 大陆投资情况

2001 年投资成立智同电子科技（苏州）有限公司，负责数字家庭电子产品产销。

2002 年投资成立上海广智技术发展有限公司，负责无线网络产品开发及销售。

2006 年投资成立仁宝网路资讯（昆山）有限公司，负责无线网络产品生产销售。

（二十四）合勤投资控股股份有限公司

1. 基本情况

合勤投资控股股份有限公司成立于 2010 年 8 月 16 日，是由合勤科技股份有限公司股份转换所成立的控股公司。公司旗下主要子公司分别为合勤科技与盟创科技，合勤科技主要以发展网通设备自有品牌"ZyXEL"为主，盟创科技则主要从事网通设备代工业务。现任董事长是朱顺一。

2. 发展历程

1987 年，朱顺一创办一隆科技，在桃园县龙潭乡（今桃园市龙潭区）成立实验室，是合勤科技的前身。

合勤科技成立于 1989 年 8 月 16 日，创业时主要生产类比调制解调器。1995 年，合勤生产的全台湾第一台 ISDN 路由器 Prestige 2864I 问世。1996 年，合勤科技总部迁入新竹科学园区的厂房，并于美国成立第一个海外子公司。1998 年，合勤科技开发出 ZyNOS（合勤网络操作系统，ZyXEL Network Operation System）。

2010 年 3 月 23 日，合勤科技董事会正式通过企业分割方案，依照"企业并购法"第 29 条，成立控股公司"合勤投资控股股份有限公司"（合勤投控，Unizyx Holding Corporation），依 1 ∶ 1 之换股比例将合勤科技股权让与合勤投控。8 月 16 日，合勤投控在台湾证券交易所股票上市，股票代码为 3704，挂牌价为 19.4 元；同时，合勤科技变成合勤投控 100% 持股的子公司，股票下市。10 月 15 日，合勤科技进行代工与品牌分家，分割成立盟创科技。

2011 年成立无锡盟创中国设计中心，成为集团旗下全球两大研发中心之一，同时也在无锡成立了盟创中国制造中心。

3. 经营状况

合勤投资控股股份有限公司专注于有线与无线宽带通信网络、新一代因特网、数字家庭多媒体与智能生活应用等领域产品的研发制造。合勤投资控股股份有限公司 2017 年全年累计营收额为 191 亿元，缴净利润 -5.7 亿元。

合勤控股投资云端技术多年，已发展出一套自有技术云端虚拟整合产品组合，建立了云端运算、云端智能及产品开发量能，以及软件授权服务营运模式。云端网络解决方案相关产品包括无线分享器、交换器、网络安全网关等三大产品线，提供企业有线、无线、资安一站式解决方案。

至于 5G 产品发展进度，目前合勤控股已推出 LTE for 5G，推出终端宽带产品并已开始销售。至于 5G 终端宽带产品会在 2019 年开发完成，并自 2020 年开始贡献营收。

4. 大陆投资情况

1994 年投资成立天津华勤通信设备有限公司，负责通信及网络产品生产、销售及技术咨询服务。

2001 年投资成立无锡盟创，负责通信及网络产品生产、销售及技术咨询服务。

2006 年投资成立上海众勤实业有限公司，负责通信及网络产品销售与技术咨询服务。

2009 年投资成立无锡研勤，负责通信及网络产品研发。

2010 年投资成立北京华勤天地科技有限公司，负责通信及网络产品销售、网络技术服务、转让及咨询服务。

2010 年投资成立上海蒙腾客通讯设备贸易有限公司，负责通信及网络产品销售、网络技术及转让服务。

（二十五）蓝天电脑股份有限公司

1. 基本情况

蓝天电脑股份有限公司是一家台湾知名的笔记本计算机代工生产企业，成立于 1983 年，总部位于新北市三重区，创办人暨董事长是许昆泰。

2. 发展历程

1998 年公司 100% 转投资大陆百脑汇商场，以收取租金为主。目前，百脑汇在大陆已有 25 个据点，其中多数为"自地自建"。虽然营收仅占集团三成，但获利贡献却高达六成，有稳定的租金收益和估计超过 1200 亿元台币的土地资产。

2012 年底，百脑汇开始转型，由传统卖场商家转为 IT 精品商场，引进大陆三大电信营运商进驻，销售通信产品，并结合餐饮业者，提升商场出租率及客流量。

2015 年 12 月 24 日，新规划旗下自营品牌"乐之"（Jspot）以店中店形式进驻广州百脑汇，商品和服务有物联网产品、高新科技、智能生活及健康管理、美容家电和创意设计周边五大品类。

2016 年新增饭店事业，长春凯悦酒店、洛阳凯悦嘉轩酒店及成都群光君悦酒店陆续开张。

3. 经营状况

蓝天电脑的营收主要分为两大部分，分别为笔记本电脑代工（约占 68%）、计算机通路商（约占 32%）。2017 年蓝天电脑累计营收额为 209 亿元，缴纳税款 7.8 亿元，净利润 15 亿元。

蓝天 2018 年积极拉升旗下高利基型产品线的比重，扩大在笔电市场中的蓝海商机，除了耕耘有成的电竞机款外，针对专业人士推出的高阶强效及轻薄机款，也在客户拉货下有所增长，到该年第三季度出货占比已提升至 51%，ASP（产品平均售价）亦较去年同期提升 6%。

针对持续激战的电竞笔电市场，蓝天更携手群创，采用其开出的特殊尺寸 16.1 寸面板，推出全球首款 16.1 寸并具 144Hz 画面刷新率及 3ms 反应时间的 IPS 窄边框屏幕系列机种，近期就将全面出货、抢攻年底欧美销售旺季及大陆市场。

4. 大陆投资情况

1998 年投资成立百脑汇电子信息（成都）有限公司，负责计算机生产销售及维修服务。

2001 年投资成立群光实业（武汉）有限公司，负责计算机生产销售及维修服务。

2002 年投资成立天津百脑汇电子信息有限公司、百脑汇电子信息（杭州）有限公司、百脑汇电子信息（沈阳）有限公司，负责计算机研发生产销售及维修服务。

2003 年投资成立百脑汇电子信息（郑州）有限公司、百脑汇（南昌）实业有限公司，负责计算机生产销售及维修服务。

2004 年投资成立百脑汇（哈尔滨）实业有限公司、青岛百脑汇科技实业有限公司、广州市百脑汇电子信息有限公司、百脑汇（西安）实业有限公司、百脑汇（武汉）实业有限公司，负责计算机研发生产销售及维修服务。

2005 年投资成立百脑汇（长春）实业有限公司、百脑汇（福建）电子科技开发有限公司，负责计算机研发生产销售及维修服务。

2006 年投资成立百脑汇（无锡）电子技术开发有限公司，负责计算机生产销售及维修服务。

2007 年投资成立凯巨百脑汇（合肥）电子信息有限公司，负责计算机生产销售及维修服务。

2008 年投资成立北京凯业电子科技有限公司、百脑汇（重庆）实业有限公司、百脑汇（惠州）电子信息有限公司，负责计算机研发生产销售及维修服务。

2009 年投资成立常州九洲百脑汇计算机城有限公司、上海百脑汇在线信息科技有限公司、无锡百脑汇电子市场有限公司、群光实业（西安）有限公司，负责计算机生产销售及维修服务。

2010 年投资成立汕头市百脑汇商场有限公司、大庆百脑汇电子信息有限公司、淄博百脑汇电子信息有限公司，负责计算机研发生产销售及维修服务。

2011 年投资成立德州百脑汇电子信息有限公司、鞍山百脑汇电子信息有限公司、营口百脑汇电子信息有限公司、贵阳百脑汇电子信息有限公司，负责计算机生产销售及维修服务。

2013 年投资成立武汉群百实业有限公司和泉州百脑汇实业有限公司，负责计算机生产销售及维修服务。

（二十六）奇鋐科技股份有限公司

1. 基本情况

奇鋐科技是国际上整体散热解决方案的专业供货商。身为台湾前二十大电子零组件供应制造商之一，创立于 1991 年，总部位于台湾。研发总部设立在台北、深圳、北京和上海；生产基地则设立于深圳、东莞、上海及苏州。现任董事长是沈庆行。

2. 发展历程

2011 年 5 月，公司与中国南车株洲公司合资成立"株洲南车奇宏散热技术有限公司"，中国南车株洲公司持股 55%、奇鋐持股 45%，合资公司主要在大陆从事轨道交通散热业务。

2016 年 4 月宣布，公司与万吉达科技办理股份转换。换股比例为每 1 股万吉达普通股换发现金 4 元，预定股份转换基准日为 2016 年 4 月 30 日。

3. 经营状况

奇鋐科技主要产品为散热片、风扇及鼓风机、CUP 散热器、风扇数组、笔电散热模块、热交换器、热管／均热板、水冷散热器、水冷板、TEC 散热器、LED 散热模块，主要应用于通信／网络、电力／能源、交通运输、LED 照明、服务器、个人计算机、笔记本电脑等领域。2017 年第三季度公司营收占比为：系统（DT & Server）散热模块 35%，通讯风扇 12%，移动通信散热 7%，计算机机箱 18%，触控 2%，摄像模块 3%，转轴 3%，系统产品 20%。2017 年奇鋐科技全年累计营收额 271 亿元，缴纳税款 3.3 亿元，净利润 9.4 亿元。

奇鋐公司 2018 年采取降低机壳与系统组装产品线比重的策略，转往提升毛利较稳定的散热产品线，产品组合逐步优化，影响毛利较大的机壳与系统组装也将重新议价，有利提升毛利率与整体营收。奇鋐在计算机机箱与系统组装的散热领域之外，更加强移动通信市场的开发，对今年营运有一定程度的帮助，而近期高速运算需求增加，挖矿商机更进一步带动奇鋐显示适配器的散热风扇需求，将成业绩新动能。

4. 大陆投资情况

2001 年投资设立奇宏电子（深圳）有限公司，负责计算机外设产品及计算机散热风扇等制造与买卖。

2001 年投资设立东莞明鑫电子有限公司，负责计算机及电子相关产品零组件制造与买卖。

2002 年投资设立庆业电子（上海）有限公司，负责笔记型散热模块制造及买卖。投资设立古河奇宏电子（苏州）有限公司，负责回焊机、锡膏印刷机及笔记型散热模块等制造与买卖。

2005 年投资设立东莞同和电子有限公司，负责薄膜按键生产及销售。投资设立古河电工（深圳）有限公司，负责汽车零组件制造及买卖。投资设立深圳兴奇宏科技有限公司，负责计算机外设产品及计算机散热风扇等制造与买卖。

2007 年投资设立嘉善万顺达电子有限公司，负责电子器材及摄影器材制造与买卖。

2011 年投资设立深圳市富世达通讯有限公司，负责各类型滑轨、转轴及五金冲压件模具生产与销售。投资设立奇宏电子（成都）有限公司，负责计算机及其外围零配件制造与买卖。

2013 年投资设立奇宏光电（武汉）有限公司，负责计算机外设产品及计算机散热风扇等制造与买卖。

（二十七）兆赫电子股份有限公司

1. 基本情况

兆赫电子股份有限公司是国际领先的网络通信解决方案供应商，成立于 1981 年 3 月 18 日，总部设置于新北市，于新竹、嘉义与深圳设有生产、研发和销售中心，现任董事长是黄启瑞。

2. 经营状况

兆赫电子股份有限公司主要研发和制造卫星、数字以及有线电视传输设备，产品包含低噪声降频器（LNB）、机顶盒（STB）、卫星通信与有线电视零组件（包含分歧器、放大器、多功能交换器）。2017 年兆赫电子累计营收额 87 亿元，缴纳税款 657 万元，净利润 2853 万元。兆赫积极转型，除了大陆生产线之外，台湾嘉义新厂生产线目前已在测试中，预计 2018 年底加入量产，另外还规划新竹新厂的兴建，预计 2019 年 3 月动工兴建。

（二十八）达方电子股份有限公司

1. 基本情况

达方电子是全球第一大笔记本电脑键盘制造商，成立于 1997 年，总部设立于桃园市龟山区，目前全球营运据点分布于两岸及日本、韩国、美国、捷克等地，现任董事长是苏开建。

2. 发展历程

2006 年开始拓展国际业务，4 月成立捷克子公司 Darfon Electronics Czech s.r.o.。6 月成立美国子公司 Darfon America Corp.。

2007 年成立韩国子公司 Darfon Korea Co，Ltd.。

2014 年成立荷兰子公司 Darfon Europe B.V.。

2015 年公司整并各工厂，台南厂转型生产高阶电动自行车及储能产品，深圳厂的电容及电感产品移至苏州厂生产，重庆厂及淮安厂以生产键盘为主。

2016 年公司关闭深圳厂，为配合客户将工厂迁至重庆。

3. 经营状况

达方电子的主要产品有：桌上型及笔记本电脑键盘、平板计算机与智能型手机使用之键盘及车用配件、光学鼠标、无线键盘鼠标套装、蓝牙耳机、VOIP Phone 等产品以及电源组件、整合通信组件等。2017 年达方电子累计营收额 177 亿元，缴纳税款 1.4 亿元，净利润 7.3 亿元。该公司主要有压电陶瓷组件与模块、完整的无线通信用天线及天线模块、一系列的线路保护组件三大产品线。达方未来要转向车用与 5G 市场，走高附加价值路线。同时，达方也将进入医疗领域，该领域属于利基型市场，虽然数量不多，但毛利很高。

4. 大陆投资情况

1999 年投资设立苏州达方电子有限公司，负责公司主要产品生产销售。2000 年投资设立苏州达方精密工业有限公司，负责模具开发制造。2001 年投资设立正方电子（深圳）有限公司，负责公司主要产品生产销售。2007 年投资设立淮安达方电子有限公司，负责公司主要产品生产销售。2012 年投资设立重庆达方电子有限公司，负责公司主要产品生产销售。

第二节　集成电路

一、产业发展概况

集成电路（Integrated Circuit，IC）就是把一定数量的常用电子组件，如电阻、电容、晶体管等，以及这些组件之间的连线，通过半导体工艺集成在一起的具有特定功能的电路。集成电路产业与半导体产业经常可以混用。严格讲，半导体产品按种类不同，主要分为集成电路、光电子、分立器件和传感器四部分。根据 WSTS 统计，2016 年集成电路销售占比 82%，光电子占比 9%，分立器件占比 6%，传感器占比 3%。由于多年来集成电路销售占半导体销售比重均达 80% 以上，因此市场上一般将 IC 代指为半导体。此外，集成电路按照不同功能用途区分，主要包括四大类：微处理器（市占率约 18%）、存储器（市占率约 23%）、逻辑芯片（市占率约 27%）、模拟芯片（市占率约 14%）。

目前，全球 IC 产业有两种商业模式：IDM（Integrated Device Manufacturer，集成器件制造）模式和垂直分工模式。IDM 是指从设计、制造、封装测试到销售自有 IC 产品，均由一家公司完成的商业模式；垂直分工是指 IC 的设计、制造和封装测试分别由专业的 IC 设计商（Fabless）、IC 制造商（Foundry）、IC 封装测试商（Package & Testing）承担的商业模式。目前来看，IDM 模式在全球仍占主要地位。2016 年全球 TOP20 厂商营收总额约占全球半导体销售额的 80%，其中，20 强中 IDM 厂商营收规模占比约为 68%，Fabless 占比为 18%，Foundry 占比为 14%。

从整体产业链来看，半导体上游主要包括材料和设备两个部分，中游 IC 生产包括"设计—制造—封装—测试"几个环节，下游应用主要集中在计算机、消费类电子、网络通信、汽车电子等领域。根据 SIA 的数据，2015 年全球半导体市场规模为 3352 亿美元，按照终端使用的需求占比，市场规模大小分别为通信（34.1%）、电脑（29.7%）、工业 / 公权力机关（13%）、消费电子（12.8%）、汽车（10.3%）。

IC 材料主要分为 IC 制造材料和 IC 封装材料。其中 IC 制造材料主要包括硅晶圆及基材、光掩膜版、光刻胶、电子气体、CMP 材料、靶材等；IC 封装材料包括层压基板、引线框架、焊线、模压化合物、底部填充料、液体密封剂、粘晶材料、锡球等。在 IC 制造材料中，硅晶圆的占比最高，达 32%，硅晶圆与掩膜版、电子气体、CMP 材料、光刻胶合计占比近 80%，是影响 IC 制造流程中最主要的材料。晶圆是 IC 加工的衬底，而从晶圆材料的发展历程来看，大致可划分为三代：第一代以锗、硅为代表；第二代主要是砷化镓、磷化铟；第三代为氮化镓、碳化硅等。目前大部分晶圆仍以硅为主要原料。从全球硅晶圆材料竞争格局来看，这一市场主要为日本厂商主导。根据 2015 年 SEMI 的统计，日本信越、SUMCO 是硅片生产行业的龙头厂商，两家企业合计约占市场份额的 50%。SEMI 报告显示，2016 年中国大陆 IC 制造材料市场规模为 65.3 亿美元，已经成为全世界第四大 IC 制造材料市场，仅次于台湾地区、韩国和日本。

IC 设备是 IC 生产的上游支撑设备，在 IC 设计、制造、封装测试等环节基本上都需要用到 IC 设备。按照功能用途的不同，通常 IC 设备分为 IC 制造设备、IC 封装设备、IC 测试设备三大类。其中 IC 制造设备种类最多、占比最大，比如光刻机、刻蚀设备、薄膜沉积等核心晶圆加工设备；IC 封装设备主要有键合机、塑封机等；IC 测试设备主要包括分选机、测试机、探针台等，适用于 IC 设计、制造、封装的末段测试。IC 设备行业具有较高的技术壁垒，目前欧美日厂商仍占据绝对主导地位。应用材料（Applied Materials）、阿斯麦（ASML）、东京电子、泛林（Lam Research）是全球前四大半导体设备制造商，市场份额分别约为 19%、18%、16%、15%。根据 SEMI 的调查，2016 年大陆半导体设备市场规模 64.6 亿美元，同比增长 31.8%，全球增速最快，成为仅次于台湾地区和韩国的第三大半导体设备市场。

IC 设计（Integrated Circuit Design），是将系统、逻辑与性能的设计要求转化为具体的物理版图的过程。IC 设计流程分为规格定制、硬体语言描述、仿真模拟验证、逻辑合成、电路模拟验证、电路布局与环绕、电路检测、光罩制作等几个步骤。根据 IC Insights 数据，在纯 IC 设计（Fabless）领域，美国占据最大市场份额，2016 年美国 IC Fabless 商合计产能占据全球的 62%。高通和博通是 IC Fabless 行业的龙头厂商，二者合计营收占前十名营收总和的 51%。2016 年，大陆 IC Fabless 企业数量已经达 11 家，合并市占率已经增至 10%。其中，华为海思、展讯已跻身全球 Fabless 商前十。

IC 制造是在晶圆上完成集成电路刻蚀的过程。IC 制造流程包括表层研磨、清洗、镀膜、多次光刻、离子注入、蚀刻、热处理、去疵、抛光、清洗、检验、包装等工序。国际龙头厂商已将工艺制程开发至 10 纳米级，台积电、三星等龙头厂商已实现 10 纳米制程量产，英特尔、格罗方德预计今年年底将实现量产。此外，台积电正率先开发 7 纳米工艺制程技术，并于 2018 年开始量产。根据 IC Insights 数据，在纯 IC 制造（Foundry）领域，台湾地区占据最大市场份额，2016 年台湾地区 Foundry 商合计产能占据全球的 73%。其中台积电营收为 285.7 亿美元，占据全球 58% 的市场份额。根据国际半导体协会（SEMI）的估计，2017 年至 2020 年间，全球将有 62 座新建晶圆厂投产，而其中将有 26 座晶圆厂坐落于中国大陆，占全球晶圆厂总数的 42%。而在新建的 26 座晶圆厂中，大部分为 12 英寸晶圆生产厂。大陆 IC 制造业的龙头企业中芯国际和华虹半导体近年来市场份额逐年提升，目前两家企业均跻身全球 Foundry 商前十。

IC 封装测试属于劳动密集型产业，产业整体进入壁垒不高。从区域分布看，主要集中于亚太地区。根据 IC Insights 统计，日月光、Amkor、长电科技、矽品为全球前四大封测厂商。大陆在劳动密集型的 IC 封测产业中已具备一定的竞争实力，同时 IC 封测也是大陆 IC 产业链中最具国际竞争力的环节。当前大陆封测产业呈现外商独资、中外合资和内资三足鼎立的局面，内资封装产业已形成一定的竞争力。根据 IC Insights 数据统计，长电科技、华天科技、通富微电等内资企业已进入全球封测企业前 20 名。

市场研究公司 Gartner 发布的 2018 年全球半导体市场初步报告的数据显示，全球半导体厂商 2018 年营收达到了 4767 亿美元，与 2017 年同比增长 13.4%。2018 年，存储半导体的营收增长了 27.2%，占据了半导体市场近 35% 的份额。存储半导体不但在整个半导体市场占比最大，其营收增长也是最快的。2018 年前 25 家半导体供应商的总收入增长了 16.3%，占市场的 79.3%，这是由于内存供应商集中在前 25 名。龙头厂商方面，三星电子 2018 年的半导体营收达 759 亿美元，半导体营收同比增长了 26.7%，市场份额为 15.9%，在全球排名第一。英特尔的半导体收入 2018 年达 659 亿美元，2018

年与 2017 年相比增长了 12.2%，市场份额为 13.8%，在全球排名第二。SK 海力士排名第三，营收为 364 亿美元，市场份额 7.6%，营收同比增长 38.2%，在全球半导体行业前十大公司中增速最快，年增长率排名第一。

美国作为整个半导体产业的发源地，在 20 世纪 80 年代以前，一直领先于全球的半导体产业市场。但进入了 80 年代，美国半导体产业经历了面世以来的第一次滑坡，整个产业在日本的攻击之下也几乎毫无还手之力。20 世纪 80 年代早期，美国半导体的销售额全球占比为 50%，但在 80 年代后期下滑了 19 个百分点。在接下来的 10 年，美国半导体产业开始复苏，到了 1997 年，美国重新将其半导体销售额全球占比提升到 50%，并将其领先地位一直保持到现在。在接下来的一段时间里，美国保持了他们在微处理器、模拟和存储等领域的竞争力，而他们在研发、设计和制程技术方面，也走在世界的前列。总部位于美国的半导体公司的销售额在 1997 年的时候仅为 709 亿美元，到了 2017 年，这个数字已经升到 1889 亿美元，年平均复合增长率达到 5.02%。总部设在美国的半导体公司的销售额占了全球 46% 的份额，而其他国家和地区在这方面的数字是在 5% 至 22% 之间。2017 年，81% 的美国本土的半导体硅晶圆是被美国半导体公司消耗。而总部位于亚太地区的公司，只消耗了美国总晶圆产量的 10%。

2017 年，美国的半导体出口总额达到 440 亿美元，位于美国出口产品第四的位置。排在前面的是飞机、成品油和汽车。从出口半导体种类上看，大部分的半导体产品都是被 PC 和智能手机等消费电子产品消耗掉，尤其是亚洲、拉丁美洲、东欧和非洲在这些产品方面的强烈需求，推动了整个市场增长。半导体产品是开发先进产品的必备组件。随着近年来市场的发展推动，半导体市场消耗量最多的产品逐渐被存储、逻辑器件、模拟和 MPU 等产品所占领，这四个类型产品在 2017 年的全球半导体销售额占比为 78%。

从芯片制造技术看，虽然芯片良品率取决于晶圆厂整体水平，但加工精度完全取决于核心设备，特别是"光刻机"。荷兰阿斯麦公司（ASML）的光刻机技术世界领先，日本的尼康和佳能也做光刻机，但技术远不如阿斯麦，因此无论是台积电、三星，还是英特尔，率先具备 7 纳米工艺都需要率先买到阿斯麦的光刻机。阿斯麦是全球唯一的高端光刻机生产商，每台售价至少 1 亿美元，2017 年只生产了 12 台，2018 年 24 台，2019 年预测生产 40 台。英特尔有阿斯麦 15% 的股份，台积电有 5%，三星有 3%。根据美国主导的《瓦森纳协定》，敏感技术不能卖，中国大陆、朝鲜、伊朗、利比亚均是被限制对象。

2017 年，半导体产业的总资本支出达到历史新高的 248 亿美元。随着电子产品制造的转移影响，亚太地区在 2001 年超越了其他国家和地区，成为全球最大的半导体消耗地。自那以后，该地区的市场份额在快速增长。2001 年，该地区的电子消耗总额为 398 亿美元，但到了 2017 年，总额高达 2490 亿美元，大陆更是这个地区电子产品的绝对主导地区。相比于光刻机，中国的刻蚀机要好很多，16 纳米刻蚀机已经量产运行，7—10 纳米刻蚀机也在研发试用。不过，离子注入机 70% 的市场份额是美国应用材料公司的，中国在 2017 年 8 月终于有了第一台国产商用机，水平还有相当差距。涂感光材料得用"涂胶显影机"，日本东京电子公司拿走了 90% 的市场份额。即便是光刻胶这些辅助材料，也几乎被日本信越、美国陶氏等垄断。2015 年至 2020 年，中国半导体产业计划投资 650 亿美元，其中设备投资 500 亿美元，用于购买进口设备就占 480 亿美元。

20 世纪 70 年代，台湾地区的集成电路发展之路发迹于封装环节，逐步推进、吸收创新外国先进技术；90 年代后，台湾芯片产业步入黄金时代，演变为设计、制造和封装三环节相互辉映的产业格局。台湾企业另辟蹊径，不与美日产业巨头抗争，从代工起步，谋求在全球芯片产业的一席之地。至此，台湾地区也紧随美国、日本、韩国在集成电路行业崭露锋芒，成为全球第四大半导体生产地。

20 世纪 70 年代中期，台湾地区从美国 RCA 公司引进 7 微米铝栅 CMOS 工艺技术，并派一批人员赴美培训，同时建立集成电路示范厂，于 1977 年 10 月开始制造集成电路。示范工厂运作到 1979 年，电子工业研究发展中心改组为电子工业研究所，讨论后决定筹组公司，而电子所进行更尖端的研发。1979 年 9 月在民间成立联华电子公司（简称"联电"）筹备处，并于 1980 年 5 月正式成立联电公司，在 1979—1981 年间陆续从电子所移转技术，建立台湾第一条 4 英寸芯片生产线，于 1982 年 4 月投产，并于 1984 年成立开发部门，自己进行产品和工艺的开发，从而走上良性成长阶段。1985—1986 年，电子所在执行"超大型积体电路（超大规模集成电路）计划"中建了一座 6 英寸晶圆实验工厂之际，"工研院"院长张忠谋提出将实验工厂转为民营专业代工公司，1987年2月第一家专业积体电路制造厂——台湾积体电路公司（简称"台积电"）由此产生，与飞利浦公司合作，接受飞利浦公司2微米超大型积体电路技术移转。从此开始，世界集成电路产业进入代工时代，始终由台积电领跑。

台积电不仅在代工营业额上遥遥领先，而且在技术水平上也已赶上美国。继联电和台积电之后，台湾成立一批集成电路制造公司，有代工模式的，也有IDM模式，如华邦、华隆微、旺宏、德基、茂硅、合泰、华智等，之后还有世界先进、南亚、力晶、茂德、华亚等。台积电成立后10年时间里，台湾集成电路产业迅速发展。1997年整个大陆集成电路营业额仅是台湾地区营业额的十分之一。20世纪90年代末期，台湾半导体整体重心从下游封装业为主，逐渐转变为利润较高的晶圆代工，并向更高附加值的IC设计业迈进。2003年，台湾的Foundry代工、封装、测试行业市场占有率达到世界第一，分别为70.8%、36.0%、44.5%，IC设计市场占有率也位列世界第二名。2004年台湾半导体总产值达到11400亿元，成为台湾地区首个兆元产业。

台湾的集成电路产业发展，大体上经历了以下几个阶段：

1. 发展萌芽阶段

在20世纪70年代末到80年代初，台湾为了发展半导体产业，开始从美国招揽专才回台发展。此阶段有两个代表性机构，一个是位于新竹县竹东镇中兴路四段195号的工业技术研究院。"工研院"成立于1973年，张忠谋曾任第三任院长。张忠谋于80年代中期在这里创建了第一家独立于半导体制造厂的"集成电路共同设计中心"和后来成为全球最大芯片代工厂的"台湾积体电路制造公司"。另一个是位于新竹交通大学校园内的"纳米组件实验室"。"纳米组件实验室"成立于1988年，其宗旨是培训半导体专业人才、协助学术界进行半导体材料制程与组件的研究和前瞻纳米技术研究。实验室常年对社会和企业开放，有计划地培训和培养半导体行业的专门人才。一手抓"海归"，一手抓"自我培养"，解决了发展这一新型产业初期所急需的各类人才。"工研院"的作用就像"孵化器"，一旦孵化成功，立即转移到民间实行民营产业化。而在前期的研发投入，完全由当局无偿投资。在80年代，台湾当局投入非常多。但等到 1990 年之后，民间的实力越来越强，台湾当局就由一个主导的角色转变为辅助的角色。

2. 设计与加工分开独立运行，创建代工新模式

原来半导体产业的模式除了通用电路生产厂（以生产存储器和 CPU 为主）之外，大部分是"IDM"集成电路制造商的模式（垂直整合模式），即集成电路产品的设计与加工是由一家公司完成。台湾在 20 世纪 80 年代后期创建了标准工艺加工厂或称代客加工厂模式。它基本上没有属于自己的产品，而以优良的加工技术（包括设计服务和制造）及优质的服务为客户提供加工服务。其客户群初期多为没有生产线的设计公司。这样做的结果是产生了大批的集成电路设计公司和封装测试公司，形成了一个集成电路设计、制造、封装测试新的分工模式。这些设计公司的出现大大降低了进入该行业的门槛，使得越来越多的投资人进入这个行业成为可能。由此带来的竞争和发展使得台湾的半导体工业在 20 世纪 80 年代末、90 年代初出现了一个前所未有的大好局面。

20 世纪 80 年代初期，台湾开始在 PC 和 PC 周边行业参与世界竞争，生产与 IBM 兼容的个人电脑，努力开拓台湾市场和世界市场，并很快取得成效。20 世纪 90 年代初，台湾开始进军存储器 SRAM/DRAM 市场，并很快在这一领域拔得头筹，占据了世界上存储器市场的半壁江山。PC 及 PC 周边产品的发展有力地推动了其上游产业——半导体产业的迅猛发展。以其制造技术为例，90 年代初，台湾开始引进各英寸晶圆厂，采用 0.5—0.35 微米制程。到 90 年代末，台湾的半导体制造技术已达到 0.25 微米。2001 年 8 月，台湾力晶引进 12 英寸生产线，采用 0.15 微米制程，标志着台湾半导体制造技术跨入世界先进行列。

3. 全球化发展战略和产业向中国大陆转移

1980 年成立的联华电子、1986 年成立的台积电，还有 1987 年成立的华邦电子，发展到今天，都无一例外地成为在全球化发展的公司。进入 20 世纪 90 年代以来，随着台湾地区产业成本的提升，国际上 IT 产业竞争的加剧以及海峡两岸加入 WTO，台湾高新技术产业向大陆转移的趋势增强。

今天台湾地区已经成为世界上最重要的半导体产业重地，尤其在晶圆代工方面具有世界领先水平。在 20 世纪 70、80 年代，美国及日本的大公司大多

采用垂直整合模式，如 IBM、Motorola、NEC、Toshiba 等，但运作上实际已逐步走向产业分工模式。垂直分工已经成为一种趋势。在台湾由于垂直分工而带来一个高效集中的巨大产业群，密集的设计公司、晶圆制造厂、封装测试厂，使任何客户和公司的任何市场需求或创意可以在很短的时间内得到解决，效率非常高。

台湾 IC 产业发展阶段情况汇总如表 4-3 所示。

表 4-3　台湾 IC 产业发展阶段

阶段	期间的代表性事件 / 现象
发轫期	1960 年台湾交通大学开始研究半导体； 1966 年台湾自制成功第一颗 IC； 1974 年"工研院"设立"电子工业研究发展中心"
技术引进期	1975 年"工研院"开始执行"IC 示范工厂设置四年计划"，并引进美；国 RCA 公司的 7 毫米 CMOS 制程技术； 1980 年有关部门开始搭建台湾的科技地标：新竹科学园区； 台湾本地的民营 IC 设计公司开始成立； 1984 年"工研院"电子所主导推动、为期 5 年的"超大规模集成电路"（VISI）； 技术发展计划（1984—1988）开始； 1987 年台积电成立并成为全球第一家专业晶圆代工制造厂商； 1988 年台积电公司（TSMC）的技术，仅比美国的大型 IC 制造公司（如德州仪器、Intel）晚 9 个月； 至 1988 年，台湾的 IC 设计公司已增加到 50 家

资料来源：作者综合参考整理。

2018 上半年台湾 IC 产业总体产值达到 12414 亿元（表 4-4），较去年同期增加 8.51%。其中，存储器与其他制造业增长最快，较 2017 年同期增加 36.57%，IC 制造业和晶圆代工分别增长 36.57%、10.2%。台湾晶圆代工业产业高度集中，其中前五大晶圆代工厂商（台积电、联电、力晶科技、世界和稳懋）在 2016 年的营收达到 11841 亿元，占台湾整体晶圆代工业总营收的 99.4%，台积电仍是全球晶圆代工业的第一大厂商，2016 年占全球晶圆代工市场 55.7% 的份额，保持全球第一；其晶圆代工营收占台湾晶圆代工业营收总和的 80%。从 2015 年以后，全球 IC 封装测试市场呈现出中国台湾、中国大陆和美国三大阵营的局面。其中，中国台湾对于全球 IC 封装测试代工市场的占有率最高，据"工研院"产业经济研究中心（IEK）的测算，2016 年已达到 55.9%。2016 年中国台湾整体 IC 封装测试代工业的产值规模为 4500 亿元，较 2015 年的 4413 亿元增长 2.0%。近年来，大陆的 IC 封装测试业发展十分强劲。通过不断创新和境内外的收购兼并，2016 年全行业营收规模达到 1564.3 亿元，比 2015 年增长 13%。

表 4-4　台湾 2018 年 IC 产业产值

项目	第二季度（新台币，亿元）	较上季（%）	较 2018 年同期（%）	上半年（新台币，亿元）	较 2017 年同期（%）
IC 产业产值	6382	5.8	11.5	12414	8.51
IC 设计业	1622	18.2	7.7	2994	3.1
IC 制造业	3530	−1.2	15.4	7103	13.32
晶圆代工	2987	−1.2	11.5	6091	10.2
存储器与其他制造	543	15.8	42.1	1012	36.57
IC 封装业	870	15.2	5.5	1625	1.88
IC 测试业	360	8.4	7.5	692	2.82

资料来源：作者综合参考整理。

台湾"工研院"IEK 预测，在智能物联趋势的带动下，台湾半导体产业未来有八大领域发展契机，包括：人工智能、5G 无线通信、物联网、工业 4.0/智能机械、车联网 / 自驾车、扩增 / 虚拟实境（AR/VR）、高效能运算（HPC）、软件及网络服务。预期未来智能物联应用多元，可能只要 90 纳米，甚至微纳米等级，就可以拓展新应用。在成本门槛降低的趋势下，可望刺激小型 IC 设计公司崛起，以创新应用服务取胜，驱动 IC 设计业的多元化发展。

二、两岸产业关系

台湾集成电路产业经过 40 多年的发展，不管是集成电路产品的设计和制造，还是集成电路产业链的建设都已形成非常完整的体系，尤其在集成电路制造服务领域，台湾地区处于全球领先地位。中国大陆则是半导体产品的最大市场。2016 年，中国大陆消费的半导体产品占到了全球的三分之一，其中很大一部分是用在通信、移动设备领域。

在 2018 年的集成电路产业生产领域，平均而言，台湾仍领先大陆 3—5 年。但除了晶圆代工与封测，其他领域差距正快速缩小，几乎已无落差。两岸半导体产值很可能发生交叉。（1）晶圆代工产业台湾领先 5 年以上，台积电领先中芯国际 2—3 个制程世代，5 年内差距难缩小；（2）封测产业台湾领先 3—5 年，台积电、日月光与江苏长电、天水华天相比，台积电封测技术仍领先 5 年，专业封测厂约领先 3 年；（3）材料与设备产业台湾领先 3 年，环球晶圆比上海新升半导体、中微半导体在硅晶圆领域仍领先 3 年以上；（4）存储器产业台湾领先约 1 年，力晶、南亚科、华邦比长江存储、合肥睿力暂时领先，但随着大陆厂商快速发展，技术可能将被赶超；（5）IC 设计方面两岸无差距，联发科和海思均采用先进制程，网通、驱动 IC 等成熟技术台湾仍领先。

从历史发展过程看，大陆集成电路产业与世界先进水平的差距经历了由小变大、又从大变小的过程。20 世纪 50—60 年代，在半导体晶体管和集成电路起步阶段，大陆落后美国 4—7 年。20 世纪 70 年代，在计划经济环境下，北方 878 厂和南方上无 19 厂（上海无线电十九厂）号称"南北两霸"，大陆集成电路工业生产初步形成，但建成投产和技术发展缓慢。1978 年在北京建成大陆第一条 2 英寸芯片生产线，滞后世界 12 年。1980 年在北京建成大陆第一条 3 英寸芯片生产线，滞后世界 8 年。1988 年在上海建成大陆第一条 4 英寸芯片生产线，滞后世界 13 年。1992 年在上海建成大陆第一条 5 英寸芯片生产线，滞后世界 10 年。1994 年在北京建成大陆第一条 6 英寸芯片生产线，滞后世界 8 年。1999 年在上海建成大陆第一条 8 英寸芯片生产线，滞后世界 11 年。2004 年中芯国际在北京亦庄经济技术开发区建成了大陆第一条 12 英寸芯片生产线，滞后世界只有 5 年。

中美在集成电路产业相关方面的比较如表 4-5、表 4-6、表 4-7 所示。

表 4-5　中美集成电路产业产量对比

年产量（块）	100 万	1000 万	1 亿	6 亿
美国	1964 年	1966 年	1968 年	1972 年
中国	1970 年	1976 年	1988 年	1996 年
落后时间（年）	6	10	20	24

资料来源：作者综合整理。

表 4-6　中美芯片生产线压片直径对比

硅片直径（英寸）	2	3	4	5	6	8	12
美国	1966 年	1972 年	1975 年	1982 年	1986 年	1988 年	1999 年
中国	1978 年	1980 年	1988 年	1992 年	1994 年	1999 年	2004 年
落后时间（年）	12	8	13	10	8	11	5

资料来源：作者综合整理。

表 4-7　中美集成电路产业集成度对比

规模	小	中	大	超大	特大
美国	1958 年	1964 年	1966 年	1976 年	1986 年
中国	1965 年	1972 年	1972 年	1986 年	1999 年
落后时间(年)	7	8	6	10	13

资料来源：作者综合整理。

大陆的半导体产业发展大致可以分为三个阶段：第一阶段为 1982—2000 年，搭框架阶段。提出以市场换技术，以北京、上海、无锡为中心建立半导体产业基地，尤其是 90 年代的无锡华晶，成为令人瞩目的半导体标杆性企业。第二阶段为 2000—2014 年，商业化阶段。2000 年国务院出台《鼓励软件产业和集成电路产业发展的若干政策》，2011 年国务院发布了《国务院关于印发进一步鼓励软件产业和集成电路产业发展若干政策的通知》，在税收和财政上给予半导体产业优惠政策，产业分工得以初步实现。晶圆厂迎来一波建设浪潮。第三阶段为2014—2030年，以2014年发展纲要颁布为起点的15年，进入跨越式发展推进阶段。2014年6月，国务院颁布了《国家集成电路产业发展推进纲要》，提出设立国家集成电路产业基金（简称"大基金"），将半导体产业新技术研发提升至国家战略高度；且明确提出，到2020年，集成电路产业与国际先进水平的差距逐步缩小，全行业销售收入年均增速超过20%，企业可持续发展能力大幅增强；到2030年，集成电路产业链主要环节达到国际先进水平，一批企业进入国际第一梯队，实现跨越发展。

2014年总规模近1400亿的国家集成电路产业基金的设立极大地提振了行业和社会对IC产业的投资信心，各地政府也纷纷设立基金，支持集成电路产业。截至2017年上半年，地方政府设立的集成电路投资基金规模已超过3000亿元。从投资去向看，国家集成电路产业投资基金更专注IC制造环节；从投资策略看，基金重点投资每个产业链环节中的骨干企业；从区域分布看，对北京、上海、武汉、福建、江苏、深圳的投资额占全部已投资额的90%。大基金产业链布局成效显著。大基金成立3年，所投项目55个，包括40家IC企业，涵盖集成电路完整产业链，总共承诺出资1003亿元，实际出资额为653亿元，在承诺投资额中，IC设计业、制造业、封测业、装备材料业的投资金额占比分别为17%、65%、10%、8%。中国半导体产业产值从2015年开始呈现爆发性成长，在国产进口替代需求、国家政策、资金支持以及创新应用四大成长动力的带动下，2017年中国半导体产业产值将一举突破5000亿元人民币关卡，达到5206亿元人民币，年增率高达20.06%。

大陆在IC制造方面比较落后，IC制程技术比世界最先进水平落后两代以上，时间上落后3年多。在2008年之前，大陆集成电路制造最先进的量产工艺还是130纳米，研发工艺为90纳米。而集成电路高端设备和材料还基本处于空白状态，完全依赖进口，产业链出现严重缺失。2017年，世界集成电路产业设计、制造和封测三业占比惯例为3：4：3。大陆IC设计、制造、封测的产业比重分别为3.8：26：3.6。世界集成电路产业28—14纳米工艺节点成熟，14/10纳米制程已进入批量生产，Intel、三星和台积电均宣布已经实现了10纳米芯片量产，并且准备继续投资建设7纳米和5纳米生产线。大陆

28 纳米工艺仅在 2015 年实现量产，且仍以 28 纳米以上为主（台积电 2018 年 10 月宣布，7 纳米工艺首次使用，5 纳米工艺半年后开始试产）。2016 年大陆设计业占比首次超越封测环节，根据《砥砺前行的中国 IC 设计业》数据，2017 年国内共有约 1380 家芯片设计公司，根据集邦咨询数据，2017 年中国 IC 设计业产值 2006 亿元人民币。根据 SEMI 数据，预计 2017 年至 2020 年间，全球投产的晶圆厂约 62 座，其中 26 座位于中国大陆，占全球总数的 42%。根据 Trend Force 统计，自 2016 年至 2017 年底，中国新建及规划中的 8 寸和 12 寸晶圆代工厂共计 28 座，其中 12 寸晶圆代工厂有 20 座，8 寸晶圆代工厂则为 8 座，多数投产时间落在 2018 年。大陆在建的 11 座 12 寸晶圆代工厂，如表 4-8 所示。

表 4-8　大陆在建的 11 座 12 寸晶圆代工厂一览表

厂商	地点	产能（千片／月）	生产项目	投资金额	投产进度
中芯国际	上海	70	晶圆代工	675 亿元	2018 年底
中芯国际	深圳	40	图像传感、逻辑电路、电源管理		2017 年底
华力微	上海	40	晶圆代工	387 亿元	2018 年
长江存储（武汉新芯）	武汉	40	16—14nm DRAM NAND Flash	240 亿美元	2020 年
晋华集成	泉州	60	Ⅲ-Ⅴ族化合物、内存和闪存	370 亿美元	2018 年初
紫光	深圳	40	内存＋闪存	300 亿美元	2019 年
台积电	南京	20	16nm CMOS	30 亿美元	2018 年下半年
力晶（晶合）	合肥	40	90nm 面板驱动；55—40nm CMOS	135.5 亿元	2018 年
Global foundries	重庆	20	晶圆代工（一期 CMOS；二期 FD-SOI，28nm)	100 亿美元	2018—2019 年
联电（联芯）	厦门	50	55—40nm CMOS	62 亿美元	2017 年底

资料来源：作者综合参考整理。

大陆的集成电路产业布局已初具雏形（图 4-1）。（1）上海。崛起年代：约 2000 年。主力发展领域：晶圆代工、IC 设计。代表企业：大陆规模较大晶圆代工厂中芯国际、华虹宏力、华力微电子、联发科竞争对手紫光展锐、华大半导体。（2）合肥。崛起年代：2015 年后。主力发展领域：记忆体、IC 设计。代表企业：合肥睿力（旧名长鑫）、晶合集成（台厂力晶与合肥市政府合资），台湾的联发科、群联电子、世芯电子都在此设子公司。（3）武汉。崛起年代：2016 年后。主力发展领域：存储器。代表企业：长江存储（紫光与武汉新芯联合）。（4）南京。崛起年代：2015 年后。主力发展领域：晶圆代工。台积电落脚后，吸引 200 家半导体企业，代表企业：紫光集团、欣铨科技、ASML、创意电子等。

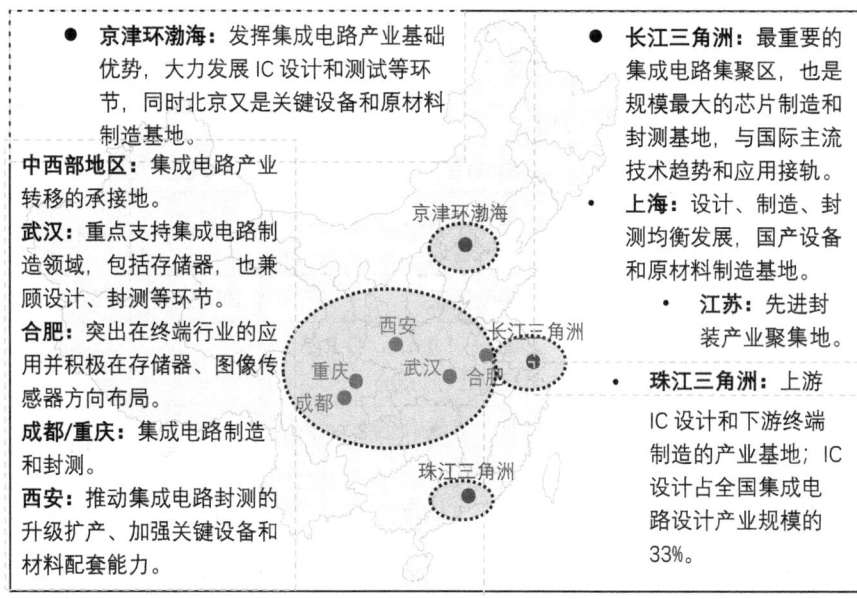

图 4-1　大陆的集成电路产业布局示意图

资料来源：作者综合整理。

大陆集成电路产业特点：一是市场需求旺盛。大陆具有全球最大规模的工业基础，电子信息产业年增长率超过 10%；亚太地区集成电路市场规模占全球市场的 61%；大陆集成电路占全球市场的 50% 以上，而且市场需求还在不断提升；大陆集成电路产值不足全球的 7%。二是发展空间大，但供需失衡。集成电路市场供给严重不足，芯片自给率只有 8% 左右；集成电路连续多年成为大陆第一大进口商品；90% 以上的芯片需要进口，出口增速不明显；大陆集成电路产业发展迫在眉睫。从趋势看，大陆集成电路产业规模增长迅速，从 2011 年的 1933 亿元提升至 2016 年的 4335 多亿元；集成电路产业增速区间为 18%—25%。集成电路全球产能向大陆转移，2017—2020 年全球计划投产晶圆厂为 62 座，其中 26 座设于大陆。产业结构布局更趋合理，设计、制造和封测三业并举，发展均衡（设计占比：37.9%；制造占比：26%；封测占比：36.1%）。

大陆前十大芯片设计公司（按 2017 年销售额排序）分别为：海思半导体（361 亿元）、清华紫光展锐（110 亿元）、中兴微电子（76 亿元）、华大半导体（52.1 亿元）、智芯微电子（44.9 亿元）、汇顶科技（38.7 亿元）、士兰微电子（31.8 亿元）、敦泰科技（28 亿元）、格科微电子（25.2 亿元）、中星微电子（20.5 亿元）。

大陆前十大芯片制造公司（按 2017 年销售额排序）为：三星（中国）半导体（274.4 亿元）、中芯国际（201.5 亿元）、SK 海力士（130.6 亿元）、英特尔半导体（大连）（121.5 亿元）、华润微电子（94.9 亿元）、台积电（中国）（48.5 亿元）、西安微电子技术研究所（27 亿元）、武汉新芯（22.2 亿元）、和舰科技（21.1 亿元）。中芯国际、华润微电子是大陆本土企业。

大陆前十大芯片封测公司（按 2017 年销售额排序）为：江苏新潮科技（长电科技最大股东，242.6 亿元）、南通华达微电子（通富微电最大股东，198.8 亿元）、天水华天电子（华天科技最大股东，90 亿元）、威讯联合半导体（78.9 亿元）、恩智浦（64.5 亿元）、英特尔产品（成都）（40 亿元）、安靠（39.5 亿元）、海太半导体（35 亿元）、上海凯虹科技（30 亿元）、晟碟半导体（29.4 亿元）。

随着全球集成电路产业向中国大陆转移的热潮不减，以及大陆强调信息化与工业化相融合，海峡两岸集成电路企业加深合作面临新的机遇。

一是大陆集成电路产业发展环境逐步完善，又有庞大的消费市场，如有华为、中兴、海尔、TCL 这样的系统公司，也有数百家集成电路设计公司，这些公司都在集成电路的供应链之内，然而，无论从集成电路制程技术还是从产品开发的角度而言，大陆业者起步较晚，尽管近几年设计公司以及制造工厂陆续兴起，逐步增长，但这些企业的设计、制造能力还远远不能满足庞大市场的需求，大陆所需的集成电路还是主要依靠进口。

二是台商对大陆市场存在高度关联性，通过两岸业者相互投资，可以确保台企的大陆市场不致流失。大陆的中芯国际的 14 纳米生产线刚刚上路，而台湾的台积电几乎拿下了全球 70% 的 28 纳米以下代工业务。美国、韩国、台湾地区已具备 10 纳米的加工能力，2018 年台积电刚刚上线了 7 纳米工艺，压过韩国三星，首批客户就是华为的麒麟 980 芯片，华为设计芯片，台积电制造芯片，两岸集成电路产业合作空间广阔。

三是台湾地区限于地震频发等因素，集成电路产业发展受到限制，不利于参与全球性竞争。占全世界产能约 58% 的纯晶圆代工厂位于地震高风险地区，尤其是位于地震带上的日本 与台湾岛，截至 2015 年 12 月，这些代工厂纯晶圆产能占全球 IC 产能的 39%。台湾地区越来越多的半导体制造和设计企业向大陆转移，台湾地区半导体厂商与大陆厂商合作的步伐需要加快。

海峡两岸集成电路产业合作发展迅速。在设计、制造、封装测试各个环节，台湾厂商发挥几十年积淀的专业特长，提升了大陆集成电路产业链水平，也为大陆 IC 产业带来了先进的技术和管理。台湾知名集成电路设计公司如联发科、联咏、威盛、奇景、扬智、凌阳、义隆等都已经在大陆投资设立了分公司。台湾集成电路制造公司在 21 世纪初在大陆发布的有关文件鼓励下，也陆续到大陆建芯片厂。最早的台湾团队在江苏苏州工业园区于 2001 年 11 月注册成立和舰科技（苏州）有限公司，建设一条 8 英寸芯片生产线，于 2003 年 5 月正式投产。2002 年 2 月在浙江宁波保税区注册成立中纬积体电路（宁波）有限公司，建设一条 6 英寸芯片生产线，从台湾台积电购买其一厂的二手设备，在 2004 年 6 月正式投产。紧接着，2003 年 8 月，台积电（中国）有限公司在上海松江科技园区注册成立，建设一条 8 英寸芯片生产线，于 2004 年 12 月投产。联电 2014 年 10 月到福建厦门合作建联芯公司，做代工。力晶 2015 年 5 月到安徽合肥合作建晶合公司，准备生产液晶面板 LCD 驱动电路。台积电于 2016 年 5 月到江苏南京成立台积电（南京）公司，独资建 12 英寸芯片生产厂，技术为 16 纳米，当年 7 月动土建厂，2018 年 4 月建成投产出片。联电 2017 年到福建晋江合作成立晋华公司，也于当年 7 月开工建设。

三、主要台湾企业

（一）台湾积体电路制造股份有限公司

1. 基本情况

台湾积体电路制造股份有限公司（台积电）是目前全世界最大的专业集成电路制造服务公司，也是全世界第三大半导体厂商，营业收入仅次于英特尔和三星。2018 年，台积电在美国《财富》杂志评选的全球最大 500 家公司排行榜中名列第 368 名。台积电总部位于新竹科学工业园区。目前公司在北美、欧洲、日本、中国大陆以及韩国等地均设有子公司或办事处，在全世界布局了 13 座晶圆制造工厂以及 4 座封测工厂，仅在 2017 年，台积电就以 258 种制程技术，为 465 个客户生产 9920 种不同产品。年营业收入 321 亿美元，相当于台湾 GDP 的 5.5%。公司创始人张忠谋，现任董事长是刘德音。

2. 发展历程

台积电的创立开始于 1986 年，由台湾地区工业技术研究院与荷兰飞利浦电子公司签约合资成立半导体制造公司，当时是由"工研院院长"张忠谋带着一群以"工研院"出身为主的工程师共同筹办。"工研院"的半导体技术则主要来自 20 世纪 70 年代中期技术，以及台湾地区出资 1000 万美元的 RCA 技术移转计划。台积电成立后，张忠谋出任董事长。1994 年，台积电在台湾证券交易所上市，1997 年台积电在美国发行存托凭证（ADR），在美国纽约证券交易所（NYSE）开始挂牌交易。2005 年 7 月，张忠谋辞去执行长职务，交由蔡力行接任。张忠谋仍然担任董事长。2009 年 6 月，蔡力行因"假 PMD（绩效考核制度）之名，实为裁员"之决策，引起员工反弹，并被外界认为台积电不诚信，冲击台积电形象，蔡力行遭张忠谋撤换，转任新事业组织总经理，张忠谋回任首席执行官。

2009 年 6 月，台积电成立新事业组织，由蔡力行担任其总经理，并于 2011 年 8 月 1 日切割成两家子公司：台积固态照明和台积太阳能。

2015年1月9日，台积电召开临时董事会，通过把持有的子公司台积固态照明公司全数股份以8.25亿元售予芯片光电，换算每股售出价格为1.46元，交易完成后，晶电将持有台积固态照明94%的股权，台积电则完全退出该公司，往后营运将由晶电及固态照明现有团队主导，原总经理陈家湘转任至台积太阳能继续担任总经理，并于2015年6月29日更名合并至芯片光电。8月25日，另一家子公司台积太阳能股份有公司，因业务发展已不具长期经济效益，于8月底结束工厂营运。公司将持续提供所有既有客户的产品保固，并于太阳能工厂结束营运后，邀聘所有厂内约365名同仁至台积公司任职。库存的太阳能模组将装置于台积公司的办公大楼与晶圆厂房。2015年底，台积电月产能达189万片8寸约当晶圆，是全球最大逻辑IC产能的半导体厂。

2016年，台积电在大陆的首座12寸晶圆代工厂正式在南京宣布动工，计划2018年投产。

2017年9月29日，台积电宣布未来3纳米工艺晶圆代工厂落脚台湾南部科学园区。预计最快2022年量产。10月2日，董事长张忠谋宣布2018年6月即将卸任董事长和总裁一职。张忠谋宣布刘德音接任董事长，魏哲家接任台积电总裁。

2018年8月3日，台积电三座12寸晶圆代工厂生产线遭WannaCry的变种病毒入侵，这是台积电成立以来首次遭病毒侵入电脑，进而影响晶圆代工厂机台设备关机的记录。

3.经营状况

2017年底，台积电宣布其5纳米芯片生产新厂将于2018年动土兴建，2019年上半年进入风险试产，3纳米芯片生产新厂的投资金额更超过200亿美元（逾6000亿元）。目前台积电的主要业务是依客户订单与其提供的产品设计说明来制造与销售集成电路以及其他晶圆半导体装置。提供前述产品之封装与测试服务、集成电路的计算机辅助设计技术服务，提供制造光罩及其设计服务。2017年合计总营收额9774亿元，缴纳税收529.9亿元，净利润3431.4亿元。2018年CEO魏哲家表示7纳米制程的芯片已经开始量产，台积电的5纳米制程将会在2019年底或2020年初投入量产。根据魏哲家的说法，7纳米的量产将使台积电12寸晶圆的总产能达到120万片，比2017年的 105 万片提升 9%。虽然没有详细说明具体的 7 纳米芯片订单和客户，但他表示到 2018 年底将有超过 50 个产品完成设计定案（Tape out）。其中，AI 芯片、GPU 和矿机芯片占了大部分的产能，其次是 5G 和应用处理器（AP）。至于更先进的制程，魏哲家表示增强版 7 纳米芯片 Tape out 将在 2018 年第三季度进行风险性试产，2019 年量产。同时，2019 年也会将 EUV 导入增强版 7 纳米制程，5 纳米芯片则会在 2019 年上半年风险性试产，主要的应用是高速运算。魏哲家打趣地说，台积电预计在 5 纳米芯片技术上投资了 250 亿美元。业界认为，5 纳米芯片的技术和开案成本将更上一层楼，有利于巩固其苹果独家供应商的地位。台积电从 iPad Pro 的 A9X 芯片开始就一直独家为苹果代工 A 系列芯片，据悉这主要就是由于台积电在制程工艺方面领先竞争对手三星所致。

4. 大陆投资情况

2003 年在上海投资成立台积电（中国）有限公司，负责 8 寸晶圆生产及光掩膜制造、针测、封装、测试及其相关服务，与集成电路有关的开发、设计服务、技术服务与咨询，销售公司自产产品并提供技术售后服务。

2016 年投资成立台积电（南京）有限公司，负责 12 寸晶圆生产及光掩膜制造、针测、封装、测试及相关服务；与集成电路有关的开发、设计服务、技术服务与咨询，销售自产产品并提供技术售后服务。

（二）联华电子股份有限公司

1. 基本情况

联华电子是岛内第二大、全球第二十大 IC 制造企业，也是台湾第一家半导体公司。它是台湾第一家提供晶圆制造服务的公司，也是台湾第一家上市的半导体公司，联电现共有 11 座晶圆代工厂，遍及亚洲各地，每月可生产超过 60 万片晶圆，目前在两岸及日本、韩国、新加坡、欧洲及美国均设有服务据点。公司于 1980 年在新竹科学工业园区成立，现任董事长是洪嘉聪。联电旗下的芯片设计公司例如联发科、联咏、联阳、智原科技等分别在不同领域居于领导地位。

2. 发展历程

联电与台积电，并称台湾晶圆代工"双雄"。一手创建联电的曹兴诚则与台积电董事长张忠谋，被认为是台湾半导体产业分量最重的两位企业家。曹兴诚的第一份工作是台湾当局"经济部"的公务员，之后进入"经济部"辖下新成立的"工研院"电子所任职。1976 年，台湾从美商 RCA 移转芯片制造技术，半导体行业开始起步。以"工研院"电子所为核心之一批人成为先遣的研发部队，在此背景下，33 岁已是电子所副所长的曹兴诚离开"工研院"，成为联电副总经理。

1980 年，作为台湾第一家集成电路公司的联电成立，因为原始股东中华开发、光华投资、华新丽华和华泰电子等公司的名称中，都有一个"华"字，于是便命名新公司为联华电子。和台积电专注于晶圆代工不同，联电除了加强在晶圆制造业的实力外，积极进军其他领域。由于不断成立新公司，联电也因此形成了一张紧密的关系企业网，联电与各子公司间互相持股，互相巩固，互蒙其利。例如，联电近年来因持股联发科已获利不菲。

1995 年，放弃经营自有品牌，转型为纯专业晶圆代工厂，并与美国、加拿大等地的 11 家 IC 设计公司合资成立联诚、联瑞、联嘉集成电路股份有限公司，同年 9 月 8 寸晶圆代工厂开始生产。

1996 年，因为客户质疑在晶圆代工厂内设立 IC 设计部门会盗用客户设计，联电将旗下的 IC 设计部门分出去成立联发科技、联咏科技、联阳半导体、智原科技、联笙电子、联杰国际。

1998 年，为了扩厂需求，取得合泰半导体晶圆代工厂。此外，为了扩展海外市场，取得新日铁半导体（UMC Japan）部分股权。

1999 年，在台南科学园区兴建 12 寸晶圆代工厂。

2000 年，联电集团进行跨世纪五合一（联电／联诚／联瑞／联嘉／合泰五合一），并于纽约证券交易所挂牌上市，产出半导体业界首批铜制程芯片及第一颗 0.13 微米制程 IC。

2004 年，联电旗下新加坡 12 寸晶圆代工厂迈入量产阶段，并完成硅统半导体购并案。

2009 年，正式完全收购新日铁半导体股权，并纳入子公司 UMCJ。

2013 年，取得苏州和舰科技晶圆代工厂。

2015 年，于厦门市转投资设立的联芯集成电路制造厂正式动工。

2018 年，联电宣布将以不超过 576.3 亿日元（约 160 亿元新台币）的金额，完全收购已持有 15.9% 股权的日本三重富士通半导体（Mie Fujitsu Semiconductor, MIFS），预计 2019 年 1 月 1 日完成股权转让，此外联电也宣布旗下位于大陆的子公司和舰科技，申请在上海证券交易所以 A 股挂牌上市。

3. 经营状况

联华电子完整的解决方案能让芯片设计公司利用尖端制程的优势，包括 28 纳米 Poly-SiON 技术、High-K/Metal Gate 后闸极技术、14 纳米量产、超低功耗且专为物联网（IoT）应用设计的制程平台以及具汽车行业最高评级的 AEC-Q100 Grade-0 制造能力，用于生产汽车中的 IC。2017 年全年合计营收 1492.8 亿元，缴税 11.7 亿元，净利润 66.3 亿元。

联华电子与高性能功率和传感器整合电路的全球领导者美商朗格公司 Allegro MicroSystems（AMI）共同宣布，两家公司签订晶圆专工的长期合作协议，确认联华电子持续成为 Allegro 最主要的晶圆专工制造商。这项协议涵盖双方在技术上的合作，使联华电子成为 Allegro 专属车用电子级技术供货商，并支持 Allegro 强劲的长期增长预测所需的晶圆产能。两家公司早在 2012 年就已签订协议，由 Allegro 将技术转移给联华电子制造并开始试产。

联华电子负责 8 寸晶圆营运的副总经理赖明哲同时表示："联华电子持续致力于开发稳健的特殊及车用电子技术，使之成为车用电子集成电路制造的晶圆专工领导者，不仅符合 ACE-Q100 标准的制造流程，公司所有的晶圆厂皆符合更严格的 ISO TS-16949 汽车产业质量管理系统。联华电子非常重视与 Allegro 的长期合作伙伴关系，除了车用电子芯片此项产品外，也很高兴借由这项新协议扩大日后合作范围，以支持他们未来的增长需求并帮助提升他们的市场地位。"

2018 年联电共有 11 座晶圆代工厂，其中 8 寸晶圆代工厂 7 座，6 寸晶圆代工厂 1 座，12 寸晶圆代工厂 3 座。12 寸晶圆代工厂分别是位于台湾南部科学工业园的 Fab 12A 厂、新加坡的 Fab 12 寸晶圆代工厂和福建省厦门市的

12 寸晶圆代工厂。

4. 大陆投资情况

2001 投资成立和舰芯片制造（苏州）股份有限公司，负责集成电路制造和销售。和舰科技 2003 年 2 月完成大陆建厂，启动第一期量产计划，到 2004 年 3 月，月产能已达 1.6W，和舰科技是当时仅次于中芯国际、华虹半导体的大陆第三大晶圆代工厂。

2009 年投资成立永盛（山东）能源有限公司，负责太阳能机电整合设计服务。

2010 年投资成立冠铨（山东）光电科技有限公司，负责 LED 外延片研发、制造及销售。投资成立华鸿（山东）能源投资有限公司，负责新能源投资业务。投资成立济宁华瀚光伏能源有限公司，负责太阳能电厂筹建、营运及维护。

2014 年投资成立联芯集成电路制造（厦门）有限公司，负责 12 寸晶圆及相关产品的生产、研发。联芯集成电路制造（厦门）有限公司是联华电子与厦门市人民政府及福建省电子信息集团合资成立的晶圆代工企业，公司主要提供 12 寸晶圆代工服务，可生产 40 纳米及 28 纳米节点制程产品，产能约为 5 万片 / 月，总投资额约 62 亿美元，厦门联芯厂自 2017 年底进入量产，2018 年底可达 2.5 万片。当前联芯集成已顺利导入 28 纳米制程并量产，这也是目前大陆技术水平最先进的 12 寸晶圆代工厂之一。厦门联芯在未来计划生产 22 纳米逻辑制程产品，28 纳米及 22 纳米制程是未来联芯集成公司的核心运营方向，同时在 MCU 技术平台也会有特色工艺进行布局。同年，投资设立联暻半导体（山东）有限公司，负责半导体技术开发；集成电路、电子芯片的设计、开发及技术服务。联暻半导体（山东）有限公司，总部设立在山东省济南市，公司主营业务为 SoC 设计服务，在大陆主要以 28 纳米制程项目合作为主。

（三）德州仪器股份有限公司

1. 基本情况

德州仪器（TEXAS INSTRUMENTS, TI）是世界第三大半导体公司，是移动电话的第二大芯片供应商，同时也是在世界范围内的第一大数字信号处理器（DSP）和模拟半导体组件的制造商，是研制出全世界第一个硅晶体管和

第一个集成电路的公司，也是开发出第一个声音合成芯片的公司，目前在 35
个国家 / 地区设立了分支机构。现任董事长是 Rich Templeton。

2. 发展历程

德州仪器以开发、制造、销售半导体和计算器技术闻名于世，主要从事
数字信号处理与模拟电路方面的研究、制造和销售。它也是数字信号处理器
（DSP）和模拟半导体组件的制造商，其产品还包括计算器、微控制器以及多
核处理器。2018 年至今营业收入 1497 亿美元，净利润 368 亿美元。

3. 经营状况

2016 年，TI 在汽车业务方面的营收已占到总营收的 18%，而 2013 年这
个数字还仅是 12%。如今，TI 在其产品组合中有 2000 多个汽车领域产品，
这也使 TI 产品在汽车市场日渐占据举足轻重的地位。随着汽车行业向电气化、
自动化和高效率转型，带来无数新挑战，需要采用新的方法来加快系统设计。
TI 希望基于其在汽车应用产品的研发经验以及对汽车设计的理解，帮助全球
汽车制造商开展新一代汽车系统的设计工作，官方数据显示，目前 TI 拥有
100 多种经过全面测试的汽车应用参考设计，包括模拟和电源管理集成电路
（ICs）、嵌入式处理器和 DLP 显示技术等。TI 希望给开发者全线的设计能力，
来研发下一代汽车系统，同时，通过技术对架构进行简化，想要做 ADAS 系
统研发的客户可以直接使用参考设计，其中将包含数据处理、多传感器融合等
各个模块。

4. 大陆投资情况

1986 年开始在北京市、上海市、深圳市及香港特区设立了办事处及技术
支持队伍，提供许多独特的产品及服务，包括 DSP 和模拟器件产品、硬件和
软件开发工具以及设计咨询服务等。德州仪器自 1986 年进入大陆以来，一直
高度关注大陆市场的发展。经过公司董事会批准的德州仪器大陆发展战略于
1996 年正式实施。为贯彻此战略，德州仪器除在大陆建立了庞大的半导体代
理商销售网外，还在北京市、上海市、深圳市及香港特区设立了办事处及技术
支持队伍，提供许多独特的产品及服务，包括 DSP 和模拟器件产品、硬件和
软件开发工具以及设计咨询服务等。

20 世纪 90 年代后期，德州仪器与国内众多知名厂商紧密合作，推出了无

线通信及宽带接入等众多产品。2000 年投资成立凯明信息科技股份有限公司，负责新一代无线多媒体信息终端产品的研发。进入 2000 年后，德州仪器与中外 16 家厂商合作成立的凯明信息科技股份有限公司，专注新一代无线多媒体信息终端产品的研发，致力于为产业界提供最先进的解决方案。德州仪器在积极与大陆企业合作开发符合中国市场需求的信息产品的同时，还不断推进数字信号解决方案（DSPS）的大学计划，以配合中国工程院校教育和研究项目，并且通过设立的培训中心，使中国的大学和研究机构掌握最先进的 DSP 与模拟器件技术，促进产品研用相结合。德州仪器在上海交通大学、清华大学和成都电子科技大学设立了 DSPS 技术与培训中心。从 1996 年至 2005 年底，超过 10 万多名学生通过所设的 DSPS 技术中心及实验室，进行了 DSP 课程的学习和培训。德州仪器在企业中则建立了 15 个联合 DSPS 实验室。

（四）南亚科技股份有限公司

1. 基本情况

南亚科技是岛内第四大 IC 制造公司，是动态随机存取存储器（DRAM）的领导厂商，目前拥有一座 12 寸晶圆厂。1995 年成立于新北市泰山南林园区，以台湾为主要营运基地，岛外的分支机构包括在中国大陆、日本、美国、德国的四个子公司。现任董事长是吴嘉昭。

2. 发展历程

2008 年 3 月 3 日，公司宣布与美光合作签署合作意向书（MOU），进行技术合作、共同研发，并建立合资公司，共同发展 50 纳米以下的 DRAM 技术和产品设计。

2008 年 10 月，原 Qimonda 所持有公司子公司华亚科 35% 的股权，以 4 亿美元代价转手给美国内存芯片厂美光（Micron），结束两者间合作关系。而公司与 Micron 结盟后，其制程技术亦从 Qimonda Trench 技术改为 Micron 的堆栈（Stack）技术。

2010 年，公司投资 IC 设计公司"补丁科技"。

2012 年 3 月，成立胜普电子股份有限公司。胜普为南科一厂，转型成为晶圆代工厂，截至 2013 年底，8 寸晶圆代工月产能约 4 万片。2014 年，世界先进集成电路股份有限公司以 21.8 亿元收购胜普。

2013 年 1 月，与美光签订终止共同研发合约及华亚科产能让与美光合约。

2015 年，公司通过 3.2 亿股现增案，引进金士顿及威刚两大厂资金，另与美光达成协议，取得 20 纳米以下制程授权。南亚科积极抢进利基型 DRAM 市场，集中下单给同属台塑集团的福懋科。公司并打入华为、中兴（为公司前两大客户）4G 通信设备供应链，大陆客户占比已提升至九成。12 月，公司将原持有的华亚科 24.2% 股权，全部售予美光，交割日为 2016 年第三季度；另取得美光私募股权入股美光，公司并可取得美光 20 纳米制程技术授权，深化双方策略联盟关系。

3. 经营状况

南亚科技股份有限公司在完成 DRAM（动态随机存取存储器）研发、设计、制造与销售量产 20 纳米 DDR3 产品后，成功推出 DDR4 产品，并将持续推出 LPDDR4 产品线；亦同时进行 10 纳米级的制程及产品研发。持续拓展产品多元化，近年积极经营利基型（非标准型）存储器市场，专注于消费型存储器、行动式存储器（Mobile DRAM）及客制化等核心产品线的研发、生产及销售。2017 年合计营收额 549.2 亿元，缴纳税款 15.4 亿元，净收入 402.9 亿元。

南亚科技将增加资本支出应对 20 纳米扩产，董事会通过 197.1 亿元资本预算案，将扩增 20 纳米月产能 1 万片，预计 2019 年第二季度产出，整体 2020 年产出估计将可增加 15%。

南亚科技目前每月总产能约 6.8 万片，月产出约 6.5 万片，其中，20 纳米制程月产出 3.5 万—3.6 万片，其余为 30 纳米制程。

应对市场需求，加上产品规划，南亚科技将扩产 20 纳米产能，预计 2018 年底至 2019 年初将陆续导入设备，初步规划月产出将增加 1 万片，新增的 20 纳米产能将于 2019 年第二季度底前产出，每月产出增至 4.7 万片；2019 年 20 纳米产品也将从现有的 DDR3 及 DDR4，增加消费性与低功耗产品。

南亚科技预计 30 纳米制程产出则将缩减，但 20 纳米的产出增加，增产后，2019 年每月总产出将增加至 7.3 万片规模，估计将带动南亚科技 2019 年产出增加 15%。

南亚科技 2018 年资本支出原定 115 亿元，配合这次 20 纳米产出扩增计划，2018 年资本支出将增加，确切增加金额则仍待估算。

4. 大陆投资情况

台塑、南亚、台化、台塑石化四大板块及其他百余家企业通过彼此交叉持股的方式组成台塑关系企业网。四板块企业决策一般由王永庆家族六人小组掌控。南亚塑胶应客户在价格、交期、研发及售后服务等各方面要求，自 1994年起在广州市、惠州市、厦门市及南通市等地设立各种塑胶产品的二次加工厂，1997 年将电路板事业部独立为南亚电路板股份有限公司，致力于印刷电路板与 IC 载板之生产、制造及研发工作，2000 年以后又在昆山市设立包括铜箔基板、环氧树脂、玻纤布、铜箔等印刷电路板电子材料产品在内的垂直整合工厂，建造聚酯纤维制品上、中、下游一贯生产体系的工厂，就近服务原有众多的三次加工客户。南亚昆山公司成立于 2000 年，占地 112 公顷，总投资 21 亿美元，员工 1.4 万人，是全球唯一集玻纤丝、玻纤布、铜箔、覆铜板、环氧树脂、PCB 产业链条为一体的工厂。主要产品是高信赖性汽车板、高精密 HDI 多层板、高层数通信板、IC 载板。2006 年投资成立南亚科技（深圳）有限公司，负责电子零部件、半导体相关设备、硅片、芯片、内存条的批发。目前南亚电路板已成长为全球电路板制造企业十强企业。

（五）力晶科技股份有限公司

1. 基本情况

力晶科技股份有限公司是岛内第五大 IC 制造厂商，并有望成为仅次于台积电和联电的台湾晶圆代工厂第三雄，是大中华区唯一拥有设计、制程开发、量产 NAND Flash 全面技术的企业，现任董事长是陈瑞隆。

2. 发展历程

力晶科技股份有限公司，1994 年成立于新竹科学园区。业务范围涵盖动态随机存取存储器（DRAM）、非易失性存储器（Flash）制造及晶圆代工两大类别。主要产品有 DRAM、Flash memory、Foundry Services、高压驱动 IC 代工服务、CMOS 视频感测器代工服务。力晶是存储制造起家，在存储市场高涨的年代，向银行借了很多钱，风光盖厂，可惜无法持续太久。为了维持技术的领先，花大钱买机台，跟着投入先进制程的研发，2008 年因高额的折旧及存储的大幅跌价，股价开始一路下跌，最后被下市减资。公司自 2010 年 9 月 14 日起，减资暨更名为"力晶科技股份有限公司"，又在 2011 年起开始转型晶圆代工。因此业内人士评价说，"这家公司能够谷底翻身的三个主要改变，一是减资，二是折旧，三是转型晶圆代工。"2017 年合计营收额 463 亿元，缴纳税款 10.3 亿元，净利润 80.7 亿元。

力晶创办人暨执行长黄崇仁对力晶的定位是要当"小台积电"。力晶在 2018 年 9 月 4 日宣布，旗下 100% 控股、专攻 8 寸晶圆代工的巨晶更名为"力积电"。预定 2019 年把力晶的 3 座 12 寸晶圆代工厂及相关营业、资产让与力积电；2020 年力积电将拥有 3 座 12 寸晶圆代工厂、2 座 8 寸晶圆代工厂及逾 6000 名员工，将以自有独特产品技术的专业晶圆代工厂为产业定位，在台湾申请重新上市，并开始着手在苗栗铜锣科学园区建设新厂，逐步提升产能。力晶公司看中竹科国际知名半导体产业聚落地位，以及铜锣园区已进驻厂商中不乏半导体产业链重要伙伴，如先进测试公司京元电子铜锣分公司，以及著名日商半导体材料公司如台湾福吉米、台湾纳美仕及台湾东应化，将可就近供应半导体制程所需关键化学材料及后段测试服务，提升营运效能。

近年来，力晶积极转型晶圆代工厂，2018 年宣布扩大在台投资，要砸 2780 亿元在竹科铜锣基地兴建 2 座 12 寸晶圆代工厂，2020 年动工，预计第一期 2022 年投产 1.5 万片，四期完成预计是 2030 年，届时铜锣厂总产能将达 10 万片，至此力晶也跃居台湾晶圆代工厂第三雄。

3. 经营状况

力晶科技股份有限公司业务范围涵盖动态随机存取存储器（DRAM）、非易失性存储器（Flash）制造及晶圆代工两大类别。主要产品有 DRAM、Flash memory、Foundry Services、高压驱动 IC 代工服务、CMOS 视频感测器代工服务。2017 年合计营收额 463 亿元，缴纳税款 10.3 亿元，净利润 80.7 亿元。

4. 大陆投资情况

2010 年投资成立晶旺光电（徐州）有限公司，负责发光效率 140lm/W 以上高亮度发光二极管、发光效率 140lm/W 以上发光二极管外延片（蓝光）、发光二极管芯片的设计与制造，销售自产产品，提供产品相关服务。2015 年投资成立合肥晶合集成电路有限公司，负责面板驱动芯片等产品的晶圆代工服务。力晶与合肥市政府合资的晶合积体电路 12 英寸晶圆厂在 2017 年投产启用，2018 年逐步放量，该厂产能 2 万片，主要是生产京东方面板所用驱动 IC，主要以内需市场为主。

力晶创办人暨执行长黄崇仁多次公开表示，力晶发展战略是着眼于"长期投资台湾、谋求员工与股东最大利益"，"去大陆投资是因为产能不足，但在赴陆投资后才感觉，台湾半导体还是最具竞争力，过去 20 年台湾半导体产业没有衰退，台湾科技业必须抓紧自己的优势，不能什么都想做，而台湾要兴建更多半导体厂，势必长期要更多稳定的电力"。

力晶自 2008 年起遇到经营困境，最高时期负债高达 800 亿元。截至 2014 年年底，力晶仍有 200 亿元的银行债务。业内评论认为，正是因为力晶的经营业务不佳，所以它才寻求向大陆发展，以期凭技术入股的方式，在大陆建设晶圆代工厂，打入大陆庞大的市场。此前，力晶曾经计划在重庆市投资建设 8 寸晶圆代工厂，但最终未成。合肥市正是目前大陆在半导体领域最激流勇进的城市之一。为了抓住国际集成电路产业转移的机遇，在 2013 年 10 月合肥市政府出台的《合肥市集成电路产业发展规划（2013—2020 年）》（简称《规划》），便曾提出"合肥芯"的中国"硅谷"之梦。按照《规划》，在 2015 年前，合肥市要开建特定领域的 2 条特定工艺和特色产品 8 寸或 12 寸生产线。在合肥市政府给出的优厚条件和资金支持的背景下，继台联电登陆厦门后，力晶在合肥市成为大陆迎来的第二座台湾 12 寸晶圆代工厂。

（六）华邦电子股份有限公司

1.基本情况

华邦电子是岛内第六大 IC 制造厂商，也是世界第五大 DRAM 供应商，是岛内目前唯一具自主开发制程技术能力之 DRAM 厂商，1987 年 9 月成立于台湾中部科学工业园区，目前在两岸及美国、日本、以色列等地均设有据点，现任董事长是焦佑钧。

2.发展历程

2008 年，公司将逻辑 IC 事业分割成立新唐科技，持有其 73% 股权。新唐产品线以消费性电子 IC、计算机 IC 两大产品线为主，并同时拥有一座 6 寸晶圆代工厂，月产能为 5 万片，其中在笔记本电脑中使用的嵌入控制器、个人计算机中使用的输出入 IC（I/O IC）及部分消费性 IC 方面，其全球市占率已高达 30% 以上。

2009 年 8 月，董事会通过与奇梦达签署绘图内存（Graphic DRAM-GDDR）产品转移及技术授权协议计划，过去 GDDR 市场由三星、海力士与奇梦达分食，市占率各三成，2008 年产值约 12 亿美元；华邦电取得技术授权后，以 65 纳米制程生产 GDDR3 和 GDDR5，规划 60% 产能帮尔必达代工、40% 产能生产自有品牌产品。

2014 年，华邦电 NOR Flash 陆续打入微软 Surface Pro 3、Samsung 智能型手机与 Amazon 电子书等供应链。

2015 年，公司推出的 32Mb 序列式 NOR Flash 打进三星 S6 / S6 Edge 供应链，Macbook 系列产品硬件规格也采用了华邦电 64Mb 序列式 NOR Flash。

2016 年，进一步获得三星新一代 Galaxy S7/S7 Edge 订单。

2018 年，执行 12 寸晶圆代工厂兴建计划及购买设备，第一期建厂、设备共计投资 203.6 亿元，初期月产能 2.85 万片。看好下半年 DRAM 与 Flash 市场增温，华邦台中厂持续扩产，预计 2019 年初的月产能将扩增至 5.4 万片。

目前华邦电生产之 Mobile RAM 与联发科功能手机平台合作，主要客户尚有英飞凌、Micron 与 Spansion、尔必达、奇梦达等。

3. 经营状况

公司分闪存 IC、DRAM 产品及记忆 IC 制造等三大事业群。闪存 IC 产品专注于微控制器消费性产品、语音 IC、多媒体 IC 及计算机逻辑产品，如输出入控制 IC、笔记本电脑键盘控制器（KBC）；内存产品则有 Commodity DRAM、Pseudo SRAM、Low-power DRAM、利基型 DRAM 及 NOR Flash。它是少数拥有晶圆代工厂之集成电路设计公司，同时也是全球利基型内存的主要供货商。2017 年合计营收额 475.9 亿元，缴税 12.7 亿元，净利润 58.2 亿元。

2018 年执行 12 寸晶圆代工厂兴建计划及购买设备。

4. 大陆投资情况

2001 年投资成立芯唐电子科技（上海）有限公司，负责提供有关产品销售方案及其应用软件之维修、测试及相关技术咨询服务。

2005 年投资成立华邦科技（南京）有限公司，负责提供计算机软件服务（IC 设计除外）。

2007 年投资成立芯唐电子科技（深圳）有限公司，负责提供计算机软件服务（IC 设计除外）、计算机及其外围设备、软件批发业。

2011 年投资成立华邦集成电路（苏州）有限公司，负责集成电路及其辅助设备的设计、研究、测试、销售及服务。

（七）世界先进积体电路股份有限公司

1. 基本情况

世界先进集成电路股份有限公司（以下简称"世界先进"）是岛内第七大 IC 制造厂商，也是世界第七大晶圆代工厂商，是高压及功率半导体制程全球晶圆代工的领导厂商之一。1994 年成立于新竹科学工业园区，拥有 3 座 8 寸晶圆代工厂，均在台湾，目前在中国大陆和台湾、香港，美国、德国、以色列、韩国等地皆设有销售及服务据点。现任董事长是方略。

2. 发展历程

2014 年，为解决产能吃紧问题及满足客户需求，世界先进参与元隆私募建立策略，取得元隆 3000 万普通股，总金额 1.5 亿元，为元隆第二大法人股东。公司自南亚科购得的胜普 8 寸晶圆代工厂加入营运后，晶圆出货量提升至 47.9 万片。市场调研机构 IHS Markit 统计数据显示，公司 2014 年市占率约 1.7%，为全球第八大晶圆代工业者。世界先进以 21.8 亿元收购南科子公司胜普，其中 4 亿元购买南科的 8 寸晶圆代工厂及厂区的 8 栋建筑，17.8 亿元则用于购买胜普的机器设备、零配件、存货，该厂 8 寸晶圆代工月产能约 4 万片。

2015 年 3 月底，公司宣布与 OTP IP 授权公司上峰科技签署合约，其授权范围包括 0.5μm—0.11μm 的混合信号、高压和 BCD 的 CMOS 制程，公司取得上峰科技的 I-fuse 技术，可应用于车用电子、功率管理、LCD 驱动

IC、物联网等领域。

目前公司主要客户为台积电，营收占其营收比重达二成以上，联咏与奇景的营收各约占其营收比重的二成，其他营收包括奕力、凌阳、瑞鼎、聚积、力士等的营收。

3. 经营状况

公司目前主要产品包括显示器相关驱动 IC，电源管理 IC 和分离式功率组件、高压模拟、BCD、超高压制程。在晶圆代工制程上，公司除陆续自台积电引进逻辑代工制程技术，在技术上移转台积电之 0.5μm、0.35μm、0.25μm、0.18μm、0.16μm、0.11μm 制程技术，且陆续开发多项特殊集成电路技术并量产。2017 年合计营收额 249 亿元，缴税 7.8 亿元，净利润 45 亿元。

4. 大陆投资情况

2017 年投资成立世积集成电路（上海）有限公司，负责在大陆的半导体产品营销及市场服务。

（八）旺宏电子股份有限公司

1. 基本情况

旺宏电子是岛内第八大 IC 制造厂商，目前在只读存储器（ROM）的市占率为世界第一，NOR Flash 市占率也为全球第一。于 1989 年创立于新竹科学园区，目前拥有 1 座 12 寸晶圆代工厂、1 座 8 寸晶圆代工厂及 1 座 6 寸晶圆代工厂。现任董事长是吴敏求。

2. 发展历程

2013 年 ROM 内存出货量为 2743 千片，NOR Flash 出货量为 2062 千片。

2014 年获通信用 36 纳米 4GB SLC NAND 订单。

2014 年 5 月底，将自行研发的 SLC 型 NAND Flash 芯片导入 12 英寸晶圆代工厂，且使用 36 纳米制程技术生产，包括 3V 和 1.8V 芯片，容量涵盖 1Gb—8Gb 芯片，同时也针对嵌入式和无线网络市场应用，推出以 NAND 为基础的 MCP 产品线，规划于 2014 年第二季度送样，下半年量产。

2015 年 1 月 20 日推出新的 NOR Flash 解决方案，具高效能、宽电压及超低功耗，还有 1.8V 512Kb—512Mb Serial NOR 系列，产品应用于穿戴式装置。公司锁定穿戴、车用、工控与物联网四大领域，除了 NOR Flash 获苹果 MacBook Air、MacBook Pro 等产品采用，同时获得三星智能手环 Gear Fit 订单。2015 年公司取得抬头显示器内建 NOR Flash 及 NAND Flash 订单，打入 BMW 汽车大厂供应链。

3. 经营状况

旺宏主要业务包括：（1）非挥发性内存：只读存储器（Mask ROM；XtraROM）、NOR 型闪存（NOR Flash）；（2）晶圆代工服务：次微米逻辑制程 / 高压 CMOS 及 BCD 制程、嵌入式 ROM/Flash/MTP/OTP 制程。2017 年企业累计营业额达到 342 亿元，缴纳税款 1917 万元，净利润 55.2 亿元。

旺宏近年来积极布局车用市场，2018 年已见明显成效，特别是在 ADAS 系统采用 NOR Flash 成为主流后，更让旺宏顺利打进全球前十大车厂供应链。事实上，过去汽车只有中控系统会应用到低容量 NOR Flash，但近几年来导入 ADAS 技术及应用后，对 NOR Flash 的需求不仅是在数量上的明显增加，容量也呈现倍数跳跃趋势。

以汽车仪表板来说，过去指针型的显示器仅需搭载 1Mb NOR，但现在仪表板改为数字显示器，还具备高解析屏幕及图标显示，或是支持 ADAS 功能显示等，所以搭载 NOR Flash 数量增加外，搭载容量需求也成长至 64Mb 以上。至于即将在各国政策中要求列为标准规格的胎压侦测、自动刹车等 ADAS 系统，也要个别搭载 NOR Flash 协助运算。

旺宏预估，2022 年全球 ADAS 系统出货量将上看 3.02 亿套，其中将包含自动驾驶、驾驶人监测系统、后视镜摄影机等产品，预计近年将可望进入较为自动驾驶含量更高的第三级（Level 3）ADAS 系统。业者指出，相较于 DRAM 或 NAND Flash 的产品周期最长只有 5 年，NOR Flash 可稳定供货 10 年以上，符合车用市场需求，随着 ADAS 应用持续开展，旺宏将成主要受惠者。

4. 大陆投资情况

目前投资设立了旺宏（香港）有限公司苏州代表处，旺宏（香港）有限公司深圳代表处负责大陆的行销、技术服务业务。

（九）稳懋半导体股份有限公司

1. 基本情况

稳懋半导体股份有限公司是岛内第九大 IC 制造厂商，全球最大砷化镓晶圆代工厂，全球首座以 6 寸晶圆生产砷化镓微波积体电路的专业晶圆代工服务公司。公司于 1999 年成立，总部位于林口华亚科技园区，现任董事长是陈进财。

2. 发展历程

2000 年持股 100% 的 WIN U 在美国加州投资设立，定位为搜集市场商情、提供咨询及售后服务。

2002 年持股 100% 的 WIN CAYMAN 于英属开曼群岛投资设立，从事欧美澳地区砷化镓晶圆销售业务，并作为控股公司间接投资 WinMEMS Holdings、稳银科技及 WinMEMS USA。

2004 年持股 26% 的连接器厂——宣德研发 RF 连接器。持股 21% 的英懋达光电开发砷化镓多接面太阳能电池。

2005 年 WinMEMS Holdings 为海外控股，转投资稳银科技，稳银科技经营半导体测试设备的研究、开发，且以微机电（MEMS）为核心技术，从事半导体晶圆测试设备——探针卡的研发、设计及制造。

2007 年投资 LED 晶粒厂——广镓光电，LED 与砷化镓所使用之磊晶圆片同属于 III-V 族半导体化合物，通过投资广镓，以取得磊晶圆相关技术。

2010 年 5 月广镓光电与晶电公司建立策略合作，晶电以增资发行新股受让广镓及参与广镓光电现金增资的方式取得广镓股份。公司持有广镓股票按 2.36 : 1 交换晶电公司股票，交换后共计取得晶电 1.69% 的股权。9 月，公司董事会通过与英业达、英华达、无敌合资设立英稳达股份有限公司，英业达与持股 100% 子公司英源达，分别持股 35% 及 5%，英华达持股比例为 10%，无敌持股比例为 5%、稳懋持股比例不超过 23%。英稳达主要生产多晶硅太阳能电池，厂房将设于桃园科学园区，第一期规划产能为 180MW，预计于 2011 年 5—6 月投产。

2016 年，公司跨入新产品线，规划自建一条龙产线，切入光通信芯片发射端（LD）激光二极管、接收端 PD（检光二极管）的生产，包括从磊晶、晶圆制造到测试，可提供客户 ODM 服务，预计 2016 年第四季度开出新产能，可应用于 2.5G、10G 至 25G 数据传输速率的产品。

3. 经营状况

稳懋领先全球研发 6 寸砷化镓基板，同时制作两种以上高效能的组件，以整合芯片制程上的技术，并缩小射频模块电路面积、降低成本。在 0.25μm 的 pHEMT 制程上拥有领先技术，在制程缩微方面，也已经切入 0.1μm 领域，高阶制程持续领先同业。2017 年企业总计营收额 170.9 亿元，缴纳税收 8.1 亿元，净利润 37.2 亿元。公司旗下共有 3 个生产基地，包含华亚 A 厂、华亚 B 厂、桃园龟山厂。截至 2018 年 7 月，公司月产能 3 万—3.2 万片。

稳懋 2017 年携手激光芯片供应商 Lumentum，独家供应苹果 iPhone X 的 3D 传感组件，带动当年度业绩大爆发；但 2017 年底也传出苹果投资另一家激光芯片供应商 Finisar，欲培育 3D 传感组件第二供应链的消息，市场忧心稳懋、Lumentum 地位恐动摇。随着时序将迈入苹果发表新机的第三季度，市场上仍未传出第二供应链送样给苹果认证的消息。对此，陈进财直言，3D 传感组件设计、认证、量产等三步骤，都相当旷日废时，绝非一朝一夕可完成，从目前状况观察，稳懋有信心在 2018 年仍是大客户独家供应商。

针对 2018 年 VCSEL 用量，陈进财强调"理论上会倍数成长"。随着业界技术愈来愈进步，能让生产 VCSEL 良率提高，届时生产成本就能压低，同时能扩大满足各种领域的 3D 传感需求。

此外，稳懋首季法说会释出财测，法人解读偏向保守，陈进财说明，稳懋一向谨慎看待市场，但若从 2018 年近期单月营收来看，较 2017 年平均仍成长超过二成，乐观看 2018 年营运将持续成长，整体业绩将优于 2017 年，呈现逐季成长的态势。

展望未来，陈进财乐观指出，5G 的市场需求将在 2020 年起飞，但第 1 支 5G 手机将在 2019 年推出，而目前全世界一线客户都在与稳懋合作开发中，无论从技术或者制程，公司均抢到市场先机，期盼全年业绩更胜 2017 年。

4. 大陆投资情况

目前公司在江苏省有六家子公司负责农牧养殖技术研发及买卖业务，在半导体领域还没有投资子公司。

（十）绿能科技股份有限公司

1. 基本情况

绿能科技股份有限公司是岛内第十大IC制造厂商，是多晶硅太阳能晶碇与晶圆制造领导厂商，也是全球前十大太阳能硅晶圆制造厂商之一，目前共有4个厂区，分别位于桃园、三峡、南科、山东。它是大同通过子公司尚志半导体股份有限公司于2004年7月投资成立的太阳能科技公司，现任董事长是林蔚山。

2. 发展历程

2011年3月公司与茂迪和福聚太阳能签订合资公司协议书，合资公司初期资本额为10亿元，出资比例为绿能40%、茂迪30%、福聚太阳能30%，新成立公司将从事太阳能长晶、切晶、晶圆的研发与制造、销售。

2012年1月，高效率太阳能硅晶圆需求高，绿能产品的产能利用率为9成。9月中，因太阳能市况不明朗，公司采取接单式生产，亦将长晶稼动率下降至50%，切片稼动率调整至70%。

2014年公司与茂迪、昱晶及旭晶展开策略合作，将其亏损的切片产能代管，增加产量、提升原料议价能力，在整合茂迪自有的太阳能硅晶圆产能250MW、旭晶产能400MW后，拥有长晶产能为2.8GW、切片产能为2.5GW。

2014年10月公司公告将与茂迪在硅芯片业务方面进行策略合作。

2015年5月，规划借由高阶芯片事业结合有关模块，及大同集团在系统端的支持，与国际大厂策略合作，以高效率技术来扩展高阶市场。

2015年7月，公司表示自有产能供不应求，与旭晶签订委外代工合约，进行长晶、切片代工。

3. 经营状况

目前公司分为两个事业处，一是芯片事业处。绿能科技使用各种硅材料，采用方向性固化铸造技术生产多晶硅晶锭，目前公司主要生产尺寸为125mm×125mm、156mm×156mm，厚度325—200μm多晶硅晶圆，另有其他特殊规格需求及单晶硅晶圆制造。二是薄膜事业处。绿能科技向美商应用材料公司购买整厂设备并进行技术移转，生产非晶硅薄膜太阳能电池，基板尺寸为 G8.5，主要生产尺寸为 2200mm×2600mm、1100mm×2600mm、2200mm×1300mm、1100mm×1300mm 等的产品。2017 年公司共计营收额 118 亿元，缴纳税额 0，全年净收入 −6.26 亿元。

绿能科技在 2018 Energy Taiwan 展中，以德国红点奖的轻量化太阳能模块作主轴，搭配新一代黑硅芯片与轻量化半切模块，规划展出包括太阳能屋顶、人行步道与太阳能机车充电站的三合一生活系列。

绿能科技表示，基于实现循环经济的理念，绿能将高效轻量化模块与三合一生态解决方案结合，规划在住宅、水域、公共娱乐空间和农业区域做太阳能系统发电。绿能专利轻量化模块具有高效耐腐蚀、耐压 10000Pa、效率提升 5% 的优点，并具有防滑、隔音、防碎、防火、防眩光等进阶功能。

绿能开发新一代黑硅芯片已经降低成本并提高效率。绿能湿蚀刻技术 MACE（Metal-Assisted Chemical Etching）制程中不使用氨水，同时回收银离子，使其兼顾环保并降低环境处理成本。绿能黑硅芯片加上 PERC 技术，估计可提升效率达 1%—1.2%，为 300W 多晶模块的高效趋势。

绿能科技强调，公司正逐步拓展海峡两岸暨香港的轻量模块市场，同时寻求国际具太阳能施工与建筑工法经验的经销商，希望借由其在地经验，加速打开全球市场。

4. 大陆投资情况

2008 年在山东省投资成立宇骏（潍坊）新能源科技有限公司，负责太阳能硅晶圆切片业务。

（十一）环球晶圆股份有限公司

1. 基本情况

环球晶圆是两岸半导体产业最大的 3 寸至 12 寸专业晶圆材料供货商，也是世界第三大的硅晶圆制造商，目前在全球 10 地设立 16 处营运生产基地，遍布中国大陆和台湾，以及日本、丹麦、波兰、韩国、意大利、马来西亚及新加坡等地。

环球晶圆股份有限公司的前身是中美硅晶制品股份有限公司的半导体事业处，中美硅晶集团于 1981 年成立于新竹科学工业园区，于 2011 年 10 月 1 日完成企业体的独立分割，正式将半导体事业出售分割，独立而成为环球晶圆股份有限公司，徐秀兰担任环球晶圆股份的董事长。

2. 发展历程

环球晶圆能够迅速发展成为世界第三大硅晶圆制造商，针对 TOPSIL、SEMI 的并购案起到了至关重要的作用。在这两次并购过程中，都面临了大陆大基金（中国国家集成电路产业投资基金）激烈的竞争，环球晶圆因在价格谈判上技高一筹而获得胜出。经过 2016 年的两次并购，结合 TOPSIL、SEMI 的创新技术和遍及全球的网络，营造规模经济、全球分工等有利条件，配合半导体行业景气向上翻扬、硅晶圆平均售价调涨，环球晶圆营运规模显著扩大，一举跻身世界前三大半导体晶圆制造商。

3. 经营状况

环球晶圆拥有完整的晶圆生产线，通过长晶、切磨、浸蚀、扩散、抛光、磊晶等制程，生产高附加价值的磊晶晶圆、抛光晶圆、浸蚀晶圆、超薄晶圆、深扩散晶圆等利基产品。产品应用已跨越电源管理组件、车用功率组件、信息通信组件、MEMS 组件等领域，客户遍及全球。2017 年全年的累计合并营收达 462.13 亿元，缴税 16 亿元，营业净利润 52.9 亿元，与 2016 年相比，大幅增长 150.8%。

半导体硅晶圆市场目前供不应求，抢货潮已从主流的 12 寸硅晶圆一路向下延伸至 8 寸、6 寸。环球晶未来会把资本支出集中在价格更高的 12 寸晶圆产能的提升上，8 寸的产能则通过合作伙伴来扩充，对 6 寸晶圆则不会再继续投入任何的资本，如果产能无法达到供应市场所需的程度，也不会降价来抢夺市场。

出于产能方面的需要，环球晶圆已与韩国地方政府达成合作扩厂协议，拟投资 4800 亿韩元（约 28.23 亿元人民币）在当地扩充 12 寸硅晶圆产能，预计 2020 年完成建厂。除了韩国之外，环球晶目前评估投资的地点，还包括日本和美国，须综合分析才会做出决定。

4. 大陆投资情况

环球晶圆于 1999 年在大陆成立了昆山中辰硅晶有限公司，目前为环球晶圆 100% 持有之子公司，此公司主要负责 4—8 寸晶圆的生产，是环球晶圆 16 个工厂中的一个，依靠台湾母公司的技术优势和研发支持，着重于切磨抛工艺的研发和生产，实现抛光晶圆。晶棒则由台湾地区及集团内部的意大利工厂和日本工厂进行供应。目前有员工超过 400 人，其中研发人员 20 余人，目前月产能达到 40 万片 4 寸 /6 寸硅片、8 万片 8 寸硅片，且 8 寸抛光硅片的产能还在不断提升中。在国内的客户通常是外延厂，主要为南京国盛、杭州士兰、新奥等。集团内 70% 的抛光晶圆都依靠美国和日本的外延厂进行外延加工，在昆山没有再设立新的外延工厂。

环球晶圆还与 Ferrotec 于 2017 年合作在上海投资建设 8 寸硅晶圆生产厂，目前一期已经完成，月产 15 万片，预计三期完成后月产达到 45 万片。在此次投资中，环球晶圆仅提供技术方面的支持。

此外，环球晶圆在大陆还少量投资于 SunEdison Shanghai（负责贸易业务）以及上海葛罗禾（负责销售及营销业务）。

（十二）联发科技股份有限公司

1. 基本情况

联发科技为全球第三大、亚洲第一大 IC 设计公司，研发的芯片每年驱动超过 15 亿台设备。在智能电视、语音助理设备（VAD）、安卓平板电脑、功能手机、光学与蓝光 DVD 播放器的芯片技术在市场上具有领先地位，移动通信芯片市占率则位居世界第二，为全球唯一横跨信息科技（IT）、消费性电子及无线通信领域的 IC 设计公司。联发科于 1997 年 5 月成立于新竹科学工业园区，先后在中国大陆、美国、印度和新加坡等地成立子公司，截至 2017 年，联发科技的累计净营收额达到 12109.8 亿元，位列台湾岛内第一名，现任董事长为蔡明介。作为台湾芯片设计龙头企业的联发科最初也只是联电旗下的芯片设计部门，后独立出来成为子公司。因此，已是亚洲第一的芯片设计教父的联发科董事长蔡明介见了一手创建台湾联电集团的荣誉董事长曹兴诚，还是要称后者为"老板""老长官"。

2. 发展历程

2004 年，蔡明介与正崴集团董事长郭台强合资成立手机设计公司达智，通过这家公司将委托的设计制造（ODM）的产品卖给客户。联发科了解到大陆消费者的需求，把他们擅长的多媒体技术（例如 MP3、调频收音机）的功能整合到手机里面去，首创一站手机解决方案整套方案，价格低廉，功能强大，且降低了生产手机的门槛，使手机的研发周期缩短到三个月以内，迅速占领了手机市场，到了 2008 年，手机芯片部门的收入在联发科整体营收中所占比例已经突破 50%，联发科也由此一路攀升成为世界前三大 IC 设计厂商。

2011 年，联发科正式加入由谷歌主导并组建的"开放手机联盟"，进军智能手机市场，通过一站式手机解决方案，很快抢占了入门级别市场。尤其是MT6589 芯片，推进了千元级别四核手机的普及。2011 年联发科在大陆的智能手机芯片出货量仅为 1000 万片，而在 2012 年底达到了 1.1 亿片。2011 年与 Wi-Fi 芯片厂雷凌科技合并，获取了 Wi-Fi、非行动应用程序、无线 DSL以及以太网技术，2012 年收购了位于瑞典的全球数字信号处理解决方案商扩芯，2014 年与当时世界市占率第一的数字电视芯片厂晨星半导体以换股合并。其后联发科发展迅猛，客户群涵盖索尼、宏碁和华硕等世界知名企业，2016年又完成了对立锜及弈力科技的收购案，时至今日，联发科已经占据岛内第一大 IC 设计企业的地位。

3. 经营状况

联发科提供创新的芯片系统整合解决方案，包括光储存、数字家庭（含高清数字电视、DVD 播放器、蓝光播放器）及移动通信等产品，通过不断的技术创新，联发科技已成功打入全球半导体供应链中。2017 年全年的累计合并营收达 2382.2 亿元，缴税 31.7 亿元，营业净利润 240.7 亿元。

联发科在大陆的市场曾经跟高通各分安卓手机一片天，虽然生产的芯片没有高通的处理器性能高，但是功耗和性价比却是压高通一头的，所以当时大陆的一些终端机甚至魅族的旗舰机都采用联发科的处理器芯片。随着时间的推移，高通的新产品性能越升越高，联发科的进步速度已经难以追赶，尽管有着较低的价格，但是相对于人们目前的性能需求，联发科已经逐渐不能满足。后来大陆已经很少有手机厂商采用联发科的处理芯片了，只有一些小的手机厂商采用联发科的芯片。

近年来，联发科在芯片领域的竞争对手越来越多，包括苹果 A 系列芯片、高通骁龙芯片、三星 Exynos、华为麒麟芯片、小米松果。联发科曾经凭借中低端芯片取得非常大的市场份额，而现在中低端市场竞争异常激烈，联发科份额出现了衰退。为了挽救颓废的市场，联发科在 2017 年曾宣称放弃高端芯片市场，将精力专注于中端智能手机市场。

2019 年初，有传言称联发科与小米终止合作。针对此事，联发科发表声明："联发科技与小米手机合作关系良好，合作案如常顺利进行中，并无暂停供货一事。"虽然联发科不可能与小米停止合作，但这样的传言也说明了联发科目前处境较为尴尬。目前占据中国手机市场高达 66% 市场份额的 OPPO、vivo、华为和小米都很少有机型采用联发科 SOC。

联发科曾有"山寨机专用"的标签，直到 2013 年才彻底摆脱这个"标签"，这一年小米推出红米品牌，搭载联发科 SOC 的红米手机成为爆款，联发科成为小米千元机的主力芯片供应商，此后双方一直保持稳定的合作。联发科一度向高端市场发起冲击，2015 年初，联发科在 MWC 上高调推出全新品牌"Helio"，同时发布 P 系列和 X 系列，前者冲击中端市场，后者冲击高端市场。随后，Helio X10 芯片首秀就搭载于 HTC M9 Plus 这样的高端机型上，可后面的 MX5 一举将 X10 拉低到 1799 元价位，而小米则将 X10 搭载于红米 Note2 这样标价 799 元的设备上，至此 Helio 高端形象被击碎。

随着 X 系列冲击高端失败，联发科将重心移至中端 P 系列，2018 年的 P60 于 OPPO R15 上进行首发，这款芯片在性能成绩上与骁龙 660 近似，随后 vivo 也跟进推出 X21i，似乎效果不错。但高通却反应迅速，推出高通骁龙 710，采用 10 纳米 LPP 工艺打造，一经上市就获得了很多品牌的青睐，打击了联发科中端市场。2018 年底，联发科发布了新一代 AI 芯片 Helio P90，却仍然采用 12 纳米制程工艺，定位或为中高端，CPU、GPU 的性能或许无法与骁龙 855、麒麟 980 相媲美，但是联发科却另辟蹊径，选择对比 AI 性能。

对于接下来的 5G 技术发展，联发科表示未来也会投入 mmWave 技术发展，预计也会应用在手机终端装置，但依然不会投入小型基站产品应用发展，认为此市场主要还是建立在如华为、Ericcson、Nokia 等服务设备商所掌握资源之上。现阶段诸如高通、三星、英特尔在内的厂商均着手布局小型基站，联发科目前并未计划跨入小型基站产品布局，除了考虑现阶段市场竞争效益相对较差，同时也跟本身采取市场主流技术发展有关，毕竟目前多数采用 Sub 6 频段的网络传输技术多半源自 4G LTE 相关规格，加上现阶段尚未准备在手机端布局 mmWave 技术应用，因此确实没有进入小型基站市场竞争的必要性。联发科过去 10 年陆续在英国、瑞典、芬兰设立研发中心，并且着重于移动通信技术应用发展，针对预计 2020 年全面商用的 5G 网络技术，更积极参与制定标准提出多项有效技术专利。

4. 大陆投资情况

2003 年投资设立联发软件设计（深圳）有限公司，负责开发、设计消费性电子产品的软件。投资设立晨星软件研发（深圳）有限公司，从事电子产品生产配套软件的研究、开发。投资设立联发科技（合肥）有限公司，负责消费类电子产品及软件的开发、设计、制作、销售及相关技术咨询、技术服务。

2004 年投资成立上海立隆微电子有限公司，为台湾立锜科技（Richtek）投资的子公司。主要产品为电源转换 IC、电源管理 IC、电源保护 IC，以及驱动 IC 与功率放大器。

2006 年投资成立联发博动科技（北京）有限公司，负责设计、开发、生产嵌入式软件和手机整体方案软件。

2010 年投资成立联发科软件（武汉）有限公司，负责消费类电子产品及软件的开发、设计、销售及技术咨询、技术服务。

2011 年投资成立旭新投资（上海）有限公司，在国家允许投资的领域依法进行投资；协助或代理其所投资的企业从国内外采购该企业自用的机器设备、办公设备和生产所需的原材料、元器件、零部件和在国内外销售其所投资企业生产的产品，并提供售后服务。

2012 年投资成立上海投资奕微半导体科技（上海）有限公司，研发 IC、车用电子产品、机电设备、机械配件及以上产品的技术研发与技术转让。投资成立奕力发科技（深圳）有限公司，负责计算机软硬件、电脑及其零配件、电子产品的设计、开发、批发、进出口及相关配套业务。

2014 年投资成立联发科软件（上海）有限公司，主要经营计算机软件制作，电子产品、通信产品的研发，销售自产产品并提供相关配套服务。

2017 年投资成立厦门星宸科技有限公司，负责软件开发，信息系统集成服务，信息技术咨询服务，集成电路设计，计算机、软件及辅助设备批发，其他机械设备及电子产品批发。

（十三）联咏科技股份有限公司

1. 基本情况

联咏科技为世界前十大、岛内第二大的 IC 设计厂商，其中显示器驱动 IC 领域市占率居世界第一。联咏科技的前身为联华电子商用产品事业部，自 1997 年成立于新竹科学园区至今，已在日本东京、香港、苏州、深圳、上海、成都、西安建立了子公司。现任董事长是何泰舜。

2. 发展历程

1997 年联电决定转型，因此将设计部门一一独立出去，成立了联咏。联咏成立初期以语音、电话等消费性产品为主力，后来再转型切入计算机周边 IC，当时更曾是键盘与鼠标控制器的全球最大供货商。

2000 年，联咏考虑 PC 周边产品成长受限，加上联电投资液晶面板厂联友光电，因此决定启动二度转型计划，挑战门槛更高的面板驱动 IC 产业。

2007 年底，宣布并购华邦电子转投资的其乐达科技，从驱动 IC 跨足其乐达的机上盒、数位相框、DVD 播放机等消费性产品线。

2010 年，联咏决定做驱动 IC，选择了跳过 6 寸直接到 8 寸制造厂投片，制程上也直接以 0.25 与 0.18μm 等当时的先进制程为主。由于这些策略都跟同业不同，对客户来说成本也比较高，联咏一开始并不顺利。但正是这样的决定奠立了日后联咏成为全球面板驱动 IC 行业龙头的基础，目前其在大尺寸面板驱动 IC 全球市占率可达两成。

3. 经营状况

联咏科技为岛内 IC 设计领导厂商，从事产品设计、研发及销售。主要产品为全系列的平面显示屏幕驱动 IC 以及行动装置与消费性电子产品上应用的数字影音，多媒体单芯片产品解决方案。目前已有员工 2471 人，2017 年全年的累计合并营收达 470.7 亿元，较上一年度增加 3.12%。缴税 9.2 亿元，营业净利润 50.2 亿元。

联咏科技 2018 年计划全力冲刺整合触控暨驱动 IC（TDDI）市场，目前已经顺利通过中国大陆和台湾、韩国及日本等面板厂认证，攻入中国大陆、韩国等面板厂当中，在 2018 年中高阶智能手机横扫市场带动下，联咏 TDDI 全年将可望挑战全屏幕规格持续出货 8000 万—9000 万套。

此外联咏还在积极布局车用驱动 IC，目前已切入 Tesla、Mercedes-Benz 的供应链，推出车用 AI 视觉方案。而随着此趋势，也促使 IC 设计业者投入提供 ASIC（特殊应用集成电路）设计的服务。

4. 大陆投资情况

2002 年投资成立咏传电子科技（上海）有限公司，负责集成电路系统应用软件修改、测试与相关咨询服务。投资成立联咏电子科技（苏州）有限公司，负责电子机器零组件、国际贸易及顾问服务。

2011 年投资成立联咏电子科技（西安）有限公司，负责集成电路系统应用软件的设计、研发、测试与相关咨询服务。

2015 年投资成立联咏科技（深圳）有限公司，负责集成电路系统应用软件的设计、研发、测试与相关咨询服务。

（十四）瑞昱半导体股份有限公司

1. 基本情况

瑞昱半导体目前是岛内第三大、世界前十大 IC 设计公司，全球第一大以太网和高速以太网芯片供应商，抢下全球近五成的市占率，同时在声卡领域处于行业领先地位，目前半数以上的 Windows 桌机和笔电均内置其声卡，是台湾第一家获取 ISO 9001 认证的 IC 设计公司。公司成立于 1987 年，位于新竹科学园区，现任董事长是叶南宏。

2. 发展历程

1987 年，叶佳纹、叶博任、叶南宏三兄弟与几名联电的研发工程师合力创办瑞昱半导体，以著名的螃蟹为企业标章。公司成立之初，以设计绘图芯片及网络控制芯片为主。1993 年，为集成资源，进行组织重整，将产品线分为通信网络、计算机周边及消费性产品等三大事业部。

1997 年，靠着其所推出的三合一网络芯片卡，展现出亮眼成绩，成功击败网络芯片龙头厂商英特尔，成为全球第一大以太网和高速以太网芯片供应商，抢下全球近五成的市占率。

截至 2016 年，瑞昱已经发展成为全球十大无晶圆 IC 供应厂之一。

3. 经营状况

瑞昱主要业务包括开发、设计、测试并销售各类型集成电路，目前有三大产品线：通信网络、计算机周边、消费性电子产品。产品的应用范围包括：日常生活中的电子用品，从一般消费性电子产品、计算机到多媒体与通信网络系统等。至今，瑞昱已发展出 400 多项产品，并获得专利超过 40 项。2017 年营业收入 416.9 亿元，缴税 2.34 亿元，净利润 33.9 亿元，位列岛内 IC 设计企业第三名。

从 2011 年开始，在 BMW 推动下，开放联盟开始跟瑞昱合作，瑞昱与车厂 tier 1 供货商，针对以太网物理层产品（PHY）的合作，借由 1 周 2 次，总数至少超过 50 余次的电话会议，建立了汽车产业对于半导体芯片各类要求的知识和合作关系（车联网业务密谋 7 年，在 2018 年 7 月底才被 BWM 和瑞昱公布，瑞昱布局车联网消息一出，股票迅速涨停）。

2018 年台北国际计算机展中，瑞昱首次在台湾正式展出车用网络芯片，未来车上每个需要联机的单位，都会有 1 颗瑞昱的网络芯片，瑞昱还能卖车用的网络交换器，当这个技术逐步渗透市场，瑞昱的商机就会水涨船高。市场上也传出，美系和日系汽车供应链厂商，也正积极跟瑞昱接触。2019 年，瑞昱还会推出比现有产品快 10 倍、带宽达到 1GB 的新产品。

4. 大陆投资情况

2001 投资成立瑞晟微电子（苏州）有限公司，负责各种集成电路、通信产品、计算机及周边产品、消费性电子产品、自动化机电产品及相关零组件的研发、设计、制造、封装、测试。

2004 年投资成立瑞昱半导体（深圳）有限公司，负责计算机外围系统产品、通信网络系统产品（国家限制除外）、多媒体系统产品、消费性电子系统产品及相关电子零组件、电路模块的软硬件开发与设计。

2006 年投资成立科缔纳网络系统（上海）有限公司，负责网络系统的研发、设计、安装与调试；集成电路的研发、设计；计算机软件的研发、制作。

（十五）奇景光电股份有限公司

1. 基本情况

奇景光电股份有限公司是岛内第四大、全球前二十大的 IC 设计厂商，专注于影像显示处理技术，是全球显示器驱动 IC 与时序控制 IC 领导厂商。奇景光电设立于 2001 年，总部位于台南，公司于中国大陆和台湾，及韩国、日本与美国均有布局。现任董事长是吴炳升。

2. 发展历程

奇景光电成立于 2001 年，那时候显示器产业并不景气，从事显示器驱动芯片业务的奇景光电发展缓慢。成立的 5 年内，奇景光电连年亏损。

2006 年，伴随全球经济复苏，液晶显示器产品呈现多元化和普及化趋势，奇景光电获得多家全球领导级手机大厂的订单，外接式硅基液晶控制芯片是其 2006 年最有潜力的芯片产品之一，能够满足大部分手机厂商的需求。同年 3 月，奇景光电成功在美国纳斯达克上市。

2008 年，奇景光电成为仅次于联发科的台湾第二大驱动芯片设计公司，也是全球最大的大尺寸液晶显示器驱动芯片供货商。与美国 3M 公司结成战略同盟，共同研发反射式硅基液晶移动投影机，提供整套驱动芯片和相关电子设备。

2013 年，全球搜索引擎巨头谷歌与奇景光电合作研发 Google Glass（谷歌眼镜）、头戴式显示器等设备所需的硅芯片和模块。

2017 年，奇景光电与手机芯片大厂高通合作，结合高通在电脑视觉功能方面的技术和奇景光电在晶圆、驱动与整合能力等方面的技术，以推动双方打造出改变视觉处理领域的突破性产品。

3. 经营状况

奇景光电的主要产品包括驱动 IC 与时序控制器、触控 IC、晶圆级光学组件与 CMOS 影像传感器模块、LCOS 与 CMOS 影像感测模块及自有 Color Filter。产品应用于电视、笔记本电脑、桌面计算机、手机、平板计算机、数字相机、汽车导航、虚拟现实装置以及其他多种消费性电子产品中。目前员工人数约 2150 人，在三大洲取得 3011 项专利，2017 年全年营收额达到 208.4 亿元，税后净利润达到 8.51 亿元。

2018 年，奇景主要成长动能来自大陆大尺寸面板厂产能增加、小尺寸智能型手机 in-cell TDDI 及车用驱动 IC。非驱动 IC 产品方面，成长动能则是来自持续增加出货的 WLO，以及 3D 感测整体解决方案开始出货。3D 感测整体解决方案成为 2018 年公司营收及获利的主要贡献者，并为奇景在 2018 年下半年开始创造更有利的产品组合。奇景预期，不久的将来需要第二阶段的资本支出以增加产能。第二阶段产能的生产线仍位于第一阶段同栋新厂房内（位于台南树谷园区总公司附近），使用第一阶段建造的一些无尘室和办公室空间，而新厂房有足够空间容纳超过第一及第二阶段目前预计的产能。奇景仍在收集客户意见和确认最终技术细节，一旦完成计划，将正式宣布第二阶段资本支出。

4. 大陆投资情况

2003 年投资设立奇景光电（苏州）有限公司，负责维修、测试显示器驱动集成电路、硅控液晶光阀、电视协调器、影像处理芯片组以及精密科学仪器。目前此子公司已在北京市、上海市、宁波市、合肥市分别建立分支机构。

2006 年投资成立皇景光电（深圳）有限公司，负责显示器驱动集成电路、硅控液晶光阀等电子产品的技术咨询服务；从事电子元器件、微型投影仪、光机模块的批发与进出口及相关配套业务。目前此子公司已在武汉市、重庆市、佛山市、厦门市、福清市建立分支子公司。

（十六）群联电子股份有限公司

1. 基本情况

群联电子是岛内第五大 IC 设计公司，也是亚太地区最大的闪存应用产品公司，是世界 USB 随身碟、SD 记忆卡、eMMC、UFS、PATA、SATA 与 PCIe 固态磁盘等控制芯片领域的领头者。群联电子于 2000 年 11 月成立于新竹，现任董事长是潘健成。

2. 发展历程

2007 年起通过私募引进策略伙伴，包括 Toshiba、Kingston 及 SK Hynix，增加 Flash 原料的稳定来源。

2010 年 10 月 25 日，公司宣布与全球 DRAM 模块龙头厂金士顿（Kingston）合资成立新公司，锁定内嵌式内存系统（Embedded memory system）及 MCP（多芯片封装）应用产品市场。内嵌式内存系统产品是整合闪存与控制芯片设计，可降低厂商应用闪存难度，而缩短产品设计时间。

2015 年 1 月 19 日，公司转投资内存模块厂宇瞻，总金额 3.8 亿元，持有 9.9% 股权，强化与宇瞻的合作，共拓军工规及特殊应用市场。

2015 年 2 月 7 日，公司为拓展 SSD 市场，宣布引进工业大厂研华参与公司私募案，认购 1500 张，原股东金士顿电子（KSI）也加码认购私募 10400 张，为公司第二大股东，总计募集金额为 21.42 亿元。

2015 年 4 月 22 日，公司公告将投资 5.7 亿元于合肥市设立营运据点，通过 100% 持股的萨摩亚群闪有限公司（GLOBAL FLASH LIMITED）转投资萨摩亚 Core Storage Electronic（Samoa）Limited 间接设立合肥兆芯。

2016 年 6 月 1 日，公司与印度代工厂 ELCINA 签订 MOU，预计于印度建立 USB 生态链。

2017 年 12 月 12 日，群联与金士顿扩大结盟，宣布合作推出 PCIe 接口 SSD，由群联提供支持 PCIe 接口的 NVMe 规格 SSD 控制 IC，产品规划应用于人工智能及云端运算等高效能运算（HPC）市场。

3. 经营状况

群联电子主要销售产品线为随身碟控制芯片及系统产品、快闪记忆卡控制芯片及快闪记忆卡、行动装置内嵌式控制芯片（eMMC、UFS）、固态硬盘控制芯片及应用产品。2017 年产品营收占比为：控制芯片 20%、消费性模块 50%、嵌入式模块 20%、其他（IP 与设计服务、商用 NAND Flash 模块）10%。2017 年全年营收 418.6 亿元，缴纳税款 9.6 亿元，税后净利润 57.6 亿元。

群联电子指出，2018 年内部研发团队不断顺应 3D NAND Flash 未来一统天下的趋势，持续扩大自家 SSD 控制芯片产品线的多元布局动作，截至目前，公司新一代 PS3111-S11、PS5008-E8/E8T 及 PS5012-E12 芯片解决方案的订单种类已破百件大关，这将是群联电子后续可以领先产业、市场及同业营运起飞的关键因素，配合云端服务应用仍然持续在终端市场快速拓展，加上第四季度向来是各家云端厂商的年底冲刺出货的旺季，群联电子新一代 SSD 控制芯片出货量赶上传统旺季的好消息，是公司后续营运表现渐入佳境的最大保证。

此外，群联电子新一代 PCIeSSD 控制芯片 PS5012 系列产品线全数采用台积电 28 纳米制程，并已完整通过国际 Flash 原厂的 3DNAND 规格对接测试，其主要界面为 Gen3×4 NVMe，传送速率将高达连续读取 3450MB/s、连续写入 3150MB/s，4KB 随机读取（IOPS）速度达 60 万次，最大容量可高达 8TB，相较于业界同等级芯片高出近 1 倍之多，这些芯片竞争优势让公司在拓展新兴人工智能（AI）、电竞 PC／笔电、商务行动 SSD，及企业级服务器等市场过程中，皆是无往而不利。此外，公司旗下 NAND Flash 控制芯片也完成针对 96 层以上的 QLC 3D NAND 产品布局动作，并可望陆续开始出货的动作。

4. 大陆投资情况

2012 年投资成立群鸿科技（深圳）有限公司，负责存储设备、电子产品及其零配件的设计、研发、批发、进出口及相关业务。

2015 年成立合肥兆芯电子有限公司，负责集成电路、系统及电子产品软硬件的研发、设计、生产、销售、技术服务等相关业务。

（十七）创意电子股份有限公司

1. 基本情况

创意电子是岛内第六大 IC 设计公司，是客制化 IC 领导厂商，1998 年成立于新竹，据点遍及中国大陆及欧洲、日本、韩国、北美，拥有员工 683 名员工，台积电为其最大股东，持有 35% 的股份，现任董事长是曾繁城。

2. 发展历程

2015 年研发的 28 纳米制程应用于 2016 年 Tape out，产品有 SSD、高速网通的产品、照相及影像产品与 Wi-Fi；量产部分产品包括应用于 4K TV、投影机、网通产品，及 eMMC 下一代产品与服务器控制芯片；规划量产的产品还包括 VR、图像处理相关，用于机器人或汽车防撞系统。

2016 年 3 月 17 日宣布增加两款 16 纳米制程的 LPDDR 3/4 物理层／控制器 IP，分别采用 16FF+（加强版）与 16FFC（精简版）。

2017 年 2 月 2 日，公司推出固态硬盘 ASIC 解决方案，包括特定应用的前端设计能力、先进制程设计流程、制造营运管理及采用台积电 28 HPC+ 制程技术的量产 IP 组合，并且提供 FPGA 系统仿真套件、封装与 PCB SI/PI 设计服务，以加速上市时间。同年，公司在南京市江北新区投资设立全资子公司创意电子（南京）有限公司，负责先进高端技术为主要发展方向的高端芯片设计。

3. 经营状况

创意电子的设计领域包括处理器、数字及混合讯号等硅智财组件与设计平台，业务主要分为四个阶段，第一阶段为 IP 的出售，属一次性费用，与客户洽谈成功后，几周就可认列营收。第二阶段为工程师处理设计所产生的费用。第三及第四阶段为设计定案及送样，产品设计完成交给客户后收费，如 Turnkey 客户则接着将产品送进晶圆生产厂进行产品量产。2017 年公司合计营收额 121.6 亿元，缴纳税款 1.33 亿元，净利润 8.55 亿元，位列岛内 IC 设计企业第六名。

创意在目前 16 纳米、7 纳米的产品方面的比重持续增加，且台积电（2330）7 纳米客户中，有很多也都是创意的接单，2018 年预计全年 7 纳米、16 纳米的订单会占比 NRE 逾半，在台积电独揽 7 纳米业务的情况下，创意未来 7 纳米业务也会因此受惠。

创意未来 3—5 年发展重心包括 AI、数据中心、网络方案等，AI 在 2018 年开始都在 NRE 及设计定案出现进度，在数据中心方面，除了机器学习外，7 纳米超级计算机客户也将应用于服务器端。另外，在 5G 进展上，基地台客户已进入设计定案阶段，2018 年 7 纳米已有比特币客户开始进入量产阶段，其他 7 纳米的接单也预计于明年下半年陆续进入量产，具有指标性意义，代表未来创意的先进制程量产将逐渐由比特币转换到 AI、5G、数据中心，结构将出现改变，也有效分散了虚拟货币的风险，更有利于营运表现。

4. 大陆投资情况

2009 年投资成立积优芯电子科技（上海）有限公司，负责集成电路产品及相关软件的评测、销售，并提供相关的技术服务和商业咨询。

2017 年在南京市江北新区投资成立创意电子（南京）有限公司，负责先进高端技术为主要发展方向的高端芯片设计。

（十八）慧荣科技股份有限公司

1. 基本情况

慧荣科技是岛内第七大 IC 设计厂商，拥有最多的控制芯片解决方案及相关技术专利，慧荣的 NAND Flash 控制芯片累计出货量超过 50 亿颗，居业界之冠，在全球 Merchant eMMC 及 Client SSD 控制芯片市场居领导地位。前身为 1995 年成立于美国加州硅谷的 Silicon Motion 与 1997 年成立于台湾新北市的慧亚科技（Feiya Technology Corporation），在海峡两岸暨香港、韩国、日本、美国均设有研发及营运团队，2005 年在美国 Nasdaq 上市，为亚洲第一家赴美挂牌的 IC 设计公司，现任董事长为 James Chow。

2. 发展历程

1995 年 Silicon Motion 成立于美国硅谷，1997 年慧亚科技成立于台北市。当时 Silicon Motion 的主要产品为行动绘图芯片，慧亚科技产品则为 NAND 芯片。但后来由于英特尔将北桥芯片与绘图芯片整合，使得 Silicon Motion 失去原有市场，在 2002 年经汉友创投牵线，两家公司于 8 月合并，合并后中文名称为慧荣科技，英文名称为 Silicon Motion, Inc.，同时将总部设于台湾的新竹县。

2005 年 3 月决定改至美国上市，于开曼群岛新设 Silicon Motion Techology Corporation，并进行股份转换，使慧荣科技成为新设公司 100% 持股子公司，同时申请终止兴柜交易并撤回公开发行。

2007 年 4 月以 9000 万美元并购韩国射频 IC 设计公司 Future Communications IC, Inc.

2015 年 7 月并购大陆 PCIe SSD 厂商宝存科技（Shannon Systems）。

3. 经营状况

慧荣科技主要的产品为控制芯片，应用于 SSD 及 eMMC 等嵌入式存储产品及闪存卡、U 盘等扩展存储产品。产品广泛应用于智能手机、平板电脑、PC 等消费型装置，并扩大应用于工业、企业、商业及其他领域，客户遍及全球，包括所有 NAND Flash 大厂、技术领先的 OEM 及多数的存储装置模块厂。慧荣控制芯片兼容性居业界之冠，支持英特尔（Intel）、美光（Micron）、三星（Samsung）、晟碟（SanDisk）、SK 海力士（SK Hynix）及东芝（Toshiba）所生产的各式闪存，包括其下一代的产品。在全球 Merchant eMMC 及 Client SSD 控制芯片市场居领导地位，前者主要用于智能手机及平板电脑内的 eMMC 嵌入式内存，后者用于 PC 及其他产品。2017 年慧荣科技合计营收额 136.2 亿元，净利润 8.2 亿元。

4. 大陆投资情况

2007 年投资成立慧荣科技（深圳）有限公司，负责电子产品、计算机软硬件开发，系统的设计、研发、批发、进出口及相关配套业务。

2008 年投资成立慧荣科技（北京）有限公司，负责研究、开发软件产品及信息技术，转让自有技术，系统集成，技术咨询、技术服务，计算机软件技术培训。

2015 年 7 月并购大陆 PCIe SSD 厂商宝存科技（Shannon Systems）。

（十九）晶豪科技股份有限公司

1. 基本情况

晶豪是台湾第八大 IC 设计企业，是台湾设计 DRAM（动态随机存取内存）第一名。技术研发领先所有竞争对手，晶豪早在 2000 年 3 月已经开发出 DDR DRAM，并开始量产，直到现在仍然是行业领导品牌。晶豪于 1998 年 6 月成立于台湾新竹科学工业园区，现任董事长是陈兴海。

2. 发展历程

公司于 1998 年成立，为利基型内存 IC 设计公司。为扩展公司业务，2005 年与集新合并，产品线扩展至模拟及混合信号 IC。

2014 年，公司的 2Gb LPDDR2 设计定案且送样，规划于 2014 年第四季度以 38 纳米投片量产，2015 下半年以 45 纳米投片量产 1GB LPDDR 2。

2015 年，宣布合并宜扬，合并基准日为 2016 年 6 月 8 日。

3. 经营状况

晶豪科技的 DRAM 产品广泛应用于 PC 外围、信息家电及消费性、通信等系统，目前已成功建立各种容量及接口规格的特定型 DRAM 产品线（包括 SDRAM、DDR I/II/III 及 PSRAM、低耗电 Mobile DRAM 等）；在闪存方面，亦已完成多种容量及接口类型的 NOR Flash 及 NAND Flash 的开发，可满足各种特定应用系统的需求。另外，晶豪科技也已经成功开发上述各项产品所需之"良品晶粒"（Known-Good-Die；KGD）产品及多芯片模块封装（MCP）的解决方案，以满足客户的各类需求。2017 年，晶豪科技总计营收

104.6 亿元，缴纳税款 1.13 亿元，净利润 8.62 亿元。

晶豪科技的 LPDDR 2/3 及 MCP 的出货明显提升，打进华为、联想、海尔等大陆系统大厂的 4K 电视、数位机上盒、行动网卡等供应链，由于搭载容量提升并顺利涨价，晶豪科技前景看好。

晶豪科技 2015 年顺利并购宜扬，取得 NOR Flash 产品线及硅智财，由于下半年 NOR Flash 市场缺货严重且价格大涨，晶豪科技因此直接受惠。业者指出，虽然目前全球 OLED 面板几乎只有三星一家供应商，但大陆面板厂已全面抢进，京东方 10 月将开始量产 OLED 面板并供货华为，晶豪科技可望成为大陆 OLED 面板的主要 NOR Flash 供应商。

4. 大陆投资情况

2011 年投资成立晶豪科技（深圳）有限公司，负责技术咨询及服务、售后服务。

2014 年投资成立宜希格玛科技（北京）有限公司，负责芯片、存储器、控制器和周边产品的设计研发、相关技术咨询，以及上述产品的批发、货物进出口。

（二十）瑞鼎科技股份有限公司

1. 基本情况

瑞鼎科技股份有限公司是岛内第九大 IC 设计公司，其大尺寸面板驱动市场占有率也可达 15%，在小尺寸面板领域市场占有率达 12%。2003 年 10 月公司成立于新竹科学园区，为友达转投资 LCD 驱动 IC 设计公司，现任董事长是黄裕国。

2. 发展历程

2003—2006 年均处于亏损状态，且未有产品出货，2006 年第一颗 Source IC 出货并开始量产，第一颗 Gate IC 正式出货。

2014 年 4K2K TV 市场渗透率由 8% 增加至 12%，驱动 IC 使用颗数也增加 2—3 倍，企业大幅度发展。

2015 年受到智能型手机尺寸增加、Apple 新机搭载 Full HD 分辨率等影响，其驱动 IC 分辨率同步提升至 HD 720、Full HD，再加上电视、笔记本电脑及显示器分辨率仍持续提升，企业得到进一步发展。

3. 经营状况

瑞鼎科技的主要业务为 LCD 驱动 IC，依应用分为大尺寸面板用驱动 IC 及中小尺寸面板用驱动 IC，大尺寸面板用驱动 IC 主要应用于笔记本电脑、显视器、液晶电视等，中小尺寸面板驱动 IC 则用于平板计算机、手机、数字相机、GPS 等手持装置及车用显示器。2017 年合计营收额 93.4 亿元，缴纳税款 5720 万元，净利润 3.92 亿元。

台湾瑞鼎科技股份有限公司在大陆布局 IC 设计业务，与昆山开发区就设立驱动 IC 芯片项目举行签约仪式。该项目总投资 1250 万美元。新公司设立后，将为显示器（TFT-LCD/AMOLED/LTPS）面板厂商提供完整解决方案，包括面板驱动 IC、触控 IC 芯片、时序控制 IC 芯片及电源管理 IC 芯片的设计、研发、委外制造、销售等业务。预计 2021 年可实现销售收入 2.4 亿元。

4. 大陆投资情况

2018 年 9 月投资成立昆山瑞创芯电子有限公司，负责为显示器（TFT-LCD／AMOLED/LTPS）面板厂商提供完整解决方案，包括面板驱动 IC、触控 IC 芯片、时序控制 IC 芯片及电源管理 IC 芯片的设计、研发、委外制造、销售等业务。

（二十一）硅创电子股份有限公司

1. 基本情况

硅创电子是岛内第十大 IC 设计厂商，是功能型手机 IC 驱动设计全球市场龙头企业。硅创电子于 1998 年在新竹县竹北台元科技园区成立，目前在非洲、中南美洲、东南亚等各个地区设有分支机构，在深圳市、上海市也设立了分处，现任董事长是毛颖文。

2. 发展历程

2014 年推出光感测组件及 G-Sensor，其中光感测组件主要供给大陆智能型手机厂，包括中兴、联想及小米，而公司也推出灵敏度较高的 PS Sensor，可侦测心跳，应用于穿戴式装置。面板驱动 IC 方面，公司产品已应用于穿戴式装置。MSTN 驱动 IC，应用于车载、办公室用品及工业产品亦有增长。

2015 年出货光感测组件约 8 千万颗，客户包括联想等手机品牌厂商，G-Sensor 加速度计出货量约 2 千万颗，主要以平板计算机为主，至于中小尺寸 LCD 驱动 IC，功能型手机用的出货量约 4.5 亿颗，全球市占率达六成，智能型手机 LCD 驱动 IC 约 3 千万颗。

从 2016 年开始，G-sensor 也获得大陆智能型手机厂采用，包括中兴、华为、酷派、联想；车用面板驱动 IC 之客户包括 Volkswagen、VOLVO 等；LCD 驱动 IC 客户有 LCM 厂久正、晶采；手机面板驱动 IC 客户有 Microsoft、Sony、三星、IC 通路商威健、益登。

2017 年产品销售区域比重为台湾占 9%、香港及其他地区占 91%。

3. 经营状况

硅创电子主要产品有：（1）手机面板驱动 IC：驱动 IC 整合周边组件，包括电容，且为了与模块厂 pin to pin 的设计兼容，其尺寸固定，公司拥有 40 项专利优势，同业难以超越。另外，因软板上没有组件，可挠度较高，可应用于穿戴式装置。产品均为零电容。（2）工业与车用面板驱动 IC：STN 驱动 IC 主要应用于事务打印机、血糖机、黑白复印机等。车用面板驱动 IC 则主要应用于小尺寸屏幕。（3）Soc：产品包括 G Sensor、P Sensor、8/16 位 MCU、AC/DC 110/220V 变压器、电源管理 IC 等。（4）投射式电容触控控制 IC：支持自动识别使用者触摸操作情境来自手指、被动触控笔或是手套等模式，应用于手机、平板计算机、车用中央信息控制面板、家电等。2017 年硅创电子共计营收额 94.3 亿元，缴纳税费 9703 万元，净收入 8.91 亿元。

4. 大陆投资情况

2003 年投资成立硅创科技（深圳）有限公司，负责计算器软硬件开发、销售和售后服务业务及提供相关技术咨询服务。

2005 年投资成立硅创科技（深圳）有限公司上海分公司，负责计算机软硬件的技术开发，销售自行开发的技术成果，并提供相应技术咨询服务。

2018 年投资成立合肥创发微电子有限公司，负责集成电路及系统软硬件的研发、设计销售及技术服务。投资成立合肥绿易软件有限公司，负责供货商管理软件的研发、设计销售及技术服务。

（二十二）日月光半导体制造股份有限公司

1. 基本情况

日月光半导体制造股份有限公司是全球第一大封测厂商，为两岸首家投入球状门阵列（BGA）封装技术量产的半导体封装厂商，1984 年成立于高雄市，目前在全球四大洲的 7 个国家布局了 17 座封测工厂。日月光集团创办人是张虔生与张洪本兄弟。1989 年在台湾证券交易所上市，2000 年美国上市。而其子公司——福雷电子（ASE Test Limited）于 1996 年在美国纳斯达克上市，1998 年在台湾上市。日月光集团在上海市、苏州市、昆山市和威海市设有半导体封装、测试、材料、电子厂。现任董事长是张虔生。

2. 发展历程

2015 年 12 月，子公司日月光封测（上海）公司公开招标张江二期厂房新建项目。

2016 年 5 月，宣布与矽品签署"共同转换股权备忘录"，确定将合意推动共组产业控股公司，且会在台湾地区与美国两地挂牌上市，由该控股公司同时取得日月光和矽品 100% 股权。双方将采各自存续模式。共同转换股份方面，日月光将以每 1 股普通股换发新设控股公司普通股 0.5 股；矽品每 1 股普通股换发现金 55 元为对价，同时由新设控股公司取得日月光和矽品 100% 股权。

2016 年 6 月，宣布与矽品签署共同转换股份协议，换股比例为 1：0.5，100% 并入日月光投资控股。2017 年 5 月，日矽结合案获美国联邦贸易委员会同意。

2018 年 1 月，矽品公告规划暂定于 4 月 17 日股票停止交易，矽品 ADR 也在同一天停止交易，转换成新台币 51.2 元等值美元现金；4 月 30 日新公司日月光投资控股公司挂牌交易上市，日月光和矽品将成为新投资控股公司 100% 持股子公司，各自独立营运。

3. 经营状况

日月光向客户提供 IC 及系统两大类的服务，一是 IC 服务材料：基板设计、制造；测试：前段测试、晶圆针测、成品测试；封装：封装及模块设计、IC 封装、多芯片封装、微型及混合型模块、内存封装。二是系统服务：模块及主板设计、产品及系统设计、系统整合、后勤管理。2017 年公司共计营收额 2904 亿元，缴纳税款 62.6 亿元，净利润 246.7 亿元。

2018 年 2 月，公司宣布通过旗下环旭电子，与高通在巴西新设合资公司，投资金额共 7050 万美元，分三阶段注资，各阶段注资皆有合约约定条件，在约定条件达成后才会进行。新合资公司主要业务为研发与制造具多合一功能的系统级封装（SiP）模块产品，应用在物联网、智能型手机相关设备领域。新厂规划 2020 年开始制造生产。

4. 大陆投资情况

2000 年投资成立日月光封装测试（上海）有限公司，负责半导体产品封装及测试业务。

2001 年投资成立日月光半导体（上海）有限公司，从事半导体材料制造业务。投资成立苏州日月新半导体有限公司，负责半导体封装测试及技术咨询服务等业务。投资成立日月光半导体（威海）有限公司，负责一般类之分离式元器件封装及测试业务。

2004 年投资成立日月光半导体（昆山）有限公司，负责半导体材料制造及半导体产品封装测试业务。

2005 年投资成立硅翔微机电系统（上海）有限公司，负责气体流量暨传感器制造及批发零售。投资成立环铨电子（昆山）有限公司，负责生产计算器辅助系统及高性能主板、无线网络通信卡等。

2010 年投资成立日月光集成电路制造（中国）有限公司，负责半导体封装测试、售后服务、咨询及厂房出租。投资成立无锡通芝微电子有限公司，负责半导体产品封装及测试业务。

2011 年投资成立云电贸易（上海）有限公司，负责电子产品及通信产品批发。投资成立环鸿电子（昆山）有限公司，负责提供电子产品设计及制造服务。

2012 年投资成立日月光投资（昆山）有限公司，负责投资控股业务。

2013 年投资成立环维电子（上海）有限公司，负责电子产品的研发及制造，新型电子元器件、计算器高性能主板、无线网络通信元器件、移动通信产品及模块、零配件的加工及维修，电子产品、通信产品及零配件的销售，第三方物流服务，从事货物及技术的进出口业务。

2014 年投资成立日月光贸易（上海）有限公司，负责货物及技术进出口等业务。投资成立环豪电子（上海）有限公司，负责电子元器件、计算器软硬件、通信设备及配件的销售，第三方物流服务，从事货物及技术的进出口业务，转口贸易，区内企业间贸易及贸易代理。

（二十三）矽品精密股份有限公司

1. 基本情况

矽品精密是岛内第二大IC封测厂商，也是全球第三大封装测试公司，仅次于日月光及Ankor封装测试大厂。1984年成立于台中市潭子，目前客户服务的据点包括台湾新竹市及台中市，中国大陆的苏州市、福建市，日本东京，新加坡，瑞士，美国加利福尼亚州的圣地亚哥、圣荷西及杭丁顿海滩市，美国亚利桑那州丹贝市，以及得克萨斯州刘易斯维尔市等地。目前拥有8座生产中心。现任董事长是林文伯。

2. 发展历程

2010年将LCD驱动IC封测设备卖给南茂，换取南茂15.8%的股权。

2012年斥资2050万美元，取得新加坡AEM集团旗下子公司MCT公司42.27%的股权，以掌握IC基板来源，包括覆晶封装（CSP）基板，及塑料球栅数组载板（PBGA）基板产品。

2013年，因拿下高通、联发科技封测订单，间接打进苹果iPhone供应链，此外超威替游戏机XBOX One及PS4制作加速处理器（APU），封测订单也由公司拿下。与京元电结盟，相互支持机台产能，进行封装及测试分工。

2015年8月28日，公司宣布与鸿海通过股权交换方式成为策略联盟伙伴，双方未来将在技术及业务上协同合作，提供整合服务方案，共同开发基板设计，整合产出有竞争力产品，其中公司将提供IC打线、晶圆级封装等技术，鸿海则以SMT、软板与模块组装等技术，整合下一世代系统级封装产品。策略结盟后，鸿海亦将成为公司最大股东。

2015年12月11日，紫光通过私募方式取得矽品约25%的股权。矽品苏州厂也规划与其合作。2016年4月28日，公告决议终止与紫光的私募案，并签署终止协议书以及终止策略联盟契约。

2016年5月，宣布与日月光签署"共同转换股权备忘录"，确定将合意推动共组产业控股公司，且会在台湾地区与美国两地挂牌上市，由该控股公司同时取得日月光和矽品100%股权。双方将采各自存续模式。在共同转换股份方面，日月光将以每1股普通股换发新设控股公司普通股0.5股；矽品每1股普通股换发现金55元为对价，同时由新设控股公司取得日月光和矽品100%股权。

2016年6月，宣布与日月光签署共同转换股份协议，换股比例为1：0.5，100%并入日月光投资控股。

3. 经营状况

矽品生产的产品包含先进的导线架类及基板类封装体，广泛应用于计算机、平板计算机、手机、机顶盒、液晶显示器、穿戴式装置、智能家电、人工智能、无人机、语音助理、物联网、指纹辨识器、智能汽车、虚拟现实／扩增实境、数字相机及游戏机等产品。2017年合计营收额835.5亿元，缴纳税收18亿元，净利润69亿元。

4. 大陆投资情况

2001年投资成立矽品科技（苏州）有限公司，负责封装及测试服务。

2017年投资成立矽品电子（福建）有限公司，负责封装及测试服务。

（二十四）力成科技股份有限公司

1. 基本情况

力成科技成立于1997年，是岛内第三大IC封测厂商，全球排名第五位的外包封测厂商，存储器封测量位于全球第一。1997年成立于新竹湖口工业园，目前在全球已经拥有数座世界级的厂房，各自分布在海峡两岸的新竹、竹南和苏州市、西安市，新加坡及日本，现任董事长是蔡笃恭。

2. 发展历程

2013年底，产能已扩充至24K Wafer／月。至于湖口新厂，规划于2014年年中全面进入量产，分别增加Bumping Flip Chip产能、Integration服务。

为配合Toshiba并购美国SSD业者OCZ Technology，接手OCZ在中坜的生产基地后，成为公司旗下另一SSD NAND封装厂，月产能约6万颗。

转投资 12 寸凸块厂聚成，月产能 1.6 万片，规划 2014 年上半年将产能拉高至 2.4 万片，年底目标 3.2 万片。

2014 年 4 月，向韩国 Nepes 购买新加坡 Nepes Pts 股权，完成收购后其具备量产 12 寸高阶电镀晶圆凸块制程的营运规模及现有设施。

2015 年 8 月中旬，购买湖口晶扬科技厂房，金额 5.21 亿元，用途为测试厂，2016 年建厂扩充完成。此外，公司在湖口附近规划建立 3D IC 工厂，2016 年进驻机器设备。10 月，与大陆的紫光集团签署策略联盟及认股协议书，紫光入股金额 194 亿元，取得力成 25% 股权，成为第一大股东。公司表示，将借此策略结盟，与紫光在全球投资的公司进行半导体产业供应链上下游整合，建立长期业务合作关系。公司与美光签订半导体封装投资合约，美光将在西安厂旁兴建新厂房，提供给力成新设子公司使用，2015 年底完工试车，2016 年初量产，初期为标准型 DRAM 封装，未来延伸至 Mobile DRAM 封装。

2016 年 3 月 25 日宣布，在西安与美光合作封装项目建厂完成，并正式量产。5 月初，购买晶电竹科厂房及附属设备，金额 6.2 亿元，用途为生产及研发，同时规划产能扩充计划。

2017 年西安厂标准型 DRAM 月产量超过 1 亿颗。与美光签订合约，收购美光持有日本上市公司 Tera Probe 39.6% 的股权，加计原持有的股权，合计总持有股权达 59.44%，并全数收购美光位于日本秋田的封测厂（Akita），美光秋田厂的 PoP 封装技术在车用及 IOT 应用具有领先地位。

3. 经营状况

公司主要产品是内存 IC 的封装测试，内存市场有两大主流，分别为 DRAM 及 FLASH 内存产品（晶圆及封装、铜柱凸块、SIP 与 3D IC）。标准型 DRAM 内存主要以计算机系统应用为主，Mobile DRAM 主要用于行动装置，如智能型手机、平板计算机及超轻薄笔电；FLASH 内存产品应用范围由既有的消费电子产品，拓展至固态硬盘及高阶智能型手机。2017 年公司合计营收额 596 亿元，缴纳税款 16 亿元，净利润 72.9 亿元。力成科技计划 2018 年资本支出约 150 亿元，封装、测试均投资各 30%，主要用于 NAND Flash 预烧测试。董事长蔡笃恭表示，未来每年资本支出 150 亿—200 亿元，现有技术足以涵盖至 2025 年市场需求。

4. 大陆投资情况

1995 年投资成立力成科技（苏州）有限公司，负责集成电路封装及测试。2015 年投资成立力成半导体（西安）有限公司，负责集成电路封装及测试。

（二十五）南茂科技股份有限公司

1. 基本情况

南茂科技是岛内第五大半导体封装测试公司，液晶显示器驱动 IC 封装测试产能排名位居全世界第二位，1997 年成立于新竹工业园区，目前有两大主要工厂，新竹工业园区的工厂以测试服务为主，而南部科学工业园区以封装服务为重点。现任董事长是郑世杰。

2. 发展历程

2012 年集团资本支出达 20 亿元，用于 LCD 驱动 IC 封测的 12 寸制程设备，70% 投入 LCD 驱动 IC 封测、凸块（Bumping）设备，30% 则用来投入铜线制程、晶圆级封装、测试设备与工具。

2013 年资本支出 25 亿—28 亿元，约有 50% 用以扩充 LCD 驱动 IC 的封测产能，30% 用于 WLCSP（晶圆级芯片封装）、MEMS 封装设备所需，20% 则投资于 IC 与晶圆测试所需设备。

2014 年 8 月，董事会决议收购易华电子 19% 的股权，投资金额超过 1.99 亿元，2014 年 8 月底完成交割。易华为 LCD 面板半导体驱动芯片所需的有机弹性基板 COF Tape 卷带供货商，月产能 3600 万片 COF Tape，规划 2015 年扩产至月产能 5000 万片；易华竞争对手为顾邦旗下欣宝电子，欣宝月产能 1 亿片 COF Tape。11 月，公告董事会决议通过与泰林合并案，合并案于 2014 年 12 月 30 日由临时股东会通过。2014 年度，公司将 ape 厂易华电子持股比例增加至 22%，主要是易华产品适用穿戴装置，符合客户对其封测的需求。

2015 年支出 1.15 亿美元，其中 30%—40% 投入加码 LCD 驱动 IC 测试产线，同时全面升级测试产线，整合 TDDI 方案新技术。另外资本支出的 20% 将用于扩充 2 条 12 寸凸块产线，单月金凸块产能增加至 4 万—5 万片，另 20% 投入先进覆晶封装制程。7 月，公告董事会决议成立特别委员会，评估母公司百慕大商南茂合并并入公司的可行性及与百慕大南茂协商合并案和其他相关事宜。

2016 年 1 月，董事会通过与百慕大南茂合并案，存续公司为南茂。5 月，公告与子公司宏茂微电子（上海）签订技术移转暨许可协议，相关技术包括 LCD 驱动器封测、晶圆凸块制造等技术，宏茂则支付公司技术移转费用。公司表示，其目的是为了拓展公司在大陆的 LCD 面板驱动器的封测、凸块制程业务，维持全球市占率。

3. 经营状况

南茂科技为 IC 封装及测试服务厂，产品有超薄小型晶粒承载器集成电路（TSOP）、细间距锡球数组封装（FBGA）、卷带式芯片载体封装（TCP）、卷带式薄膜覆晶封装（COF）及玻璃覆晶（COG）等封装及测试代工和金凸块制造（Gold Bumping）。2017 年累计营收 179.4 亿元，缴纳税款 3 亿元，净利润 30.2 亿元。

近年来，公司持续在传感器方面发力，布局电子罗盘、加速计、指纹辨识芯片封测领域，应对物联网传感器需求。其中，与日本旭化成电子持续合作电子罗盘封测；指纹辨识则是通过服务美系、台厂 IC 设计客户，切入大陆手机及平板计算机供应链。

随着 4KTV 渗透率持续增加，对 COF 需求仍相当强劲，加上高阶智能手机驱动 IC 自玻璃覆晶封装（COG）转向 COF 的效益已发酵，尤其是 12 寸细间距 COF 需求将逐季增加，南茂目前 COF 产能已接近满载水平，产能缺口不断扩大。由于市场需求畅旺、测试成本提升，南茂调涨 COF、COG、金凸块（Gold Bumping）代工价格，将有助于进一步提升营收及获利状况。

4. 大陆投资情况

2002 年投资上海宏茂微电子，负责集成电路封装及测试服务。近来通过募资开始扩展内存产线，以适应最大股东紫光的未来营运需求，同时，南茂从上海购置部分驱动 IC 设备回台。

（二十六）京元电子股份有限公司

1. 基本情况

京元电子股份有限公司是岛内第六大 IC 封测厂商，其测试业务位居全球第一名，1987 年成立于新竹，目前在中国大陆、北美、日本、欧洲、新加坡等地均设有业务据点。现任董事长是李金恭。

2. 发展历程

京元电子公司成立于 1987 年 5 月，在全球半导体产业上下游设计、制造、封装、测试产业分工中，已成为最大的专业测试公司。总公司坐落在台湾新竹公道五交流道旁，生产重镇则位于台湾苗栗县。最初有 40 多名员工，经过 30 余年的不断壮大，现在岛内外员工已有 7000 多名，跻身国际级的半导体测试大厂。子公司京隆科技公司及震坤科技公司，位于大陆的苏州工业园区，从事半导体封装及测试业务，为京元集团中国地区产销基地，就近服务大陆市场。另在北美、日本、欧洲、新加坡设有业务据点，给全球客户提供实时的业务服务。

京元电子在台湾的工厂占地约 10.8 万平方米，厂房楼地板面积约 31.6 万平方米，无尘室面积则达 12.6 万平方米。苏州的工厂占地约 4.45 万平方米，无尘室面积则达 1 万平方米。晶圆针测量每月总产能约 46 万片，IC 成品测试量每月总产能可达 6 亿颗。2013 年底，资产总额约为 373 亿元。如此庞大的专业测试规模，已经跃上国际半导体产业的舞台。

京元电子提供全球半导体市场制造后段流程的测试及封装业务。服务领域在测试部分，包括晶圆针测（约占 43%）、IC 成品测试（约占 50%）及晶圆研磨 / 切割 / 晶粒挑拣（约占 7%）等。产品线涵盖 Memory、Logic & Mixed-Signal、SOC、CIS/CCD、LCD Driver、RF/Wireless 及 MEMS，测试机台总数超过 2000 台。封装服务包含 TSOP/SOP、CMOS Sensor、QFN（RF）、LGA/SIP（RF）、CSP、Memory Card。

京元电子海外客户比重逐年提升至 49%，在主要客群形态上，fabless 厂约占 76%，foundry 厂约占 2%，其余 IDM 厂约占 22%。身为世界最大专业测试公司，京元电子集团获得在手机、无线通信、LCD 驱动 IC、绘图卡、特殊型 DRAM、NOR Flash、消费性电子产品 IC、MEMS 等市场的领导厂商给予的认证及下单，使得公司的营收快速增长，屡创新高，产品线结构也日趋稳固。

2015 年开始兴建铜锣二厂，生产测试项目包括微机电、影像传感器、功率放大器、电源管理芯片。公司同时也规划铜锣厂三、四期，占地面积约 4.6 万平方米。10 月底，公告规划转投资焱元投资，金额不超过 10 亿元；间接投资大陆的京隆科技（苏州）2000 万美元。

2016 年公司获 INTEL 子公司 IMC 代工 4G LTE 调制解调器芯片测试业务。IMC 于 2016 年获得 iPhone 7 的 4G LTE 调制解调器芯片订单。

2018 年 4 月下旬，铜锣三厂动土，计划 2020 年第一季度完工启用。

2018 年 8 月上旬，董事会决议通过 2019 年资本支出由 55 亿元提高至 65 亿元，用途为购置机器设备及厂房设施。董事会通过与东琳精密合并案，以东琳 1 股换现金 3 元为合并对价，由京元以现金方式支付东琳其他股东。

3. 经营状况

京元电子目前主要提供前段晶圆测试及后段 IC 成品测试服务，测试项目包括逻辑 IC、混合信号 IC、内存 IC、无线网络 IC、驱动 IC 及 IC 预烧测试。同时也提供晶圆研磨切割及卷带包装等整合性服务以及 CIS 传感器测试生产业务。目前京元实收资本额扩大至 120 亿元，是名列前茅的专业测试代工厂，2017 年营业额 196.87 亿元，2018 年突破 200 亿元大关。海外客户比重则逐年提升至 49%，主要客群形态上，fabless 厂约占 76%，foundry 厂约占 2%，其余 IDM 厂约占 22%。客户分布在手机、无线通信、LCD 驱动 IC、绘图卡、特殊型 DRAM、NOR Flash、消费性电子产品 IC、MEMS 等产业。京元电铜锣一厂及二厂的新增产能已经不太能够满足客户需求，苏州 A 厂的产能已满，京元提前在 2018 年进行铜锣三厂及苏州 B 厂等新厂动土，2019 年下半年可进入生产。为了抢攻 MEMS 器件封测市场，京元及菱生计划携手合作在台建立完整的 MEMS 封测生态系统，打进苹果 iPhone X 及非苹阵营的 3D 传感供应链，同时也打造出全球最大的 MEMS 器件封测代工生产链。

4. 大陆投资情况

总体而言，京元电子的生产据点，以台湾及大陆为主，台湾是生产重镇，包括新竹厂及苗栗厂，这几年逐渐将重心移转到苗栗铜锣厂，共分四期扩建，预计将砸下 120 亿元资金，每期平均约投入 30 亿元。一、二厂均已完工生产，主要以自制测试机台为主，涵盖 CMOS 感测组件、微机电（MEMS）组件、中低阶逻辑和通信芯片等测试。大陆部分目前集中在苏州市，有震坤与京隆两家 100% 持股的子公司，其中测试厂京隆早已获利，未来仍将继续扩大苏州生产基地与产能。京隆科技（苏州）有限公司 2002 年投资成立，负责半导体集成电路、电晶体、电子零组件、电子材料、模拟或混合自动数据处理机、固态记忆系统、升温烤箱及相关产品和零件的研发、设计、制造、封装、测试、加工和维修业务，是京元电子在大陆地区的唯一测试子公司。公司坐落在苏州市工业园区内，工厂占地 4.45 万平方米，无尘室面积则达 1 万平方米。晶圆针测量每月产能达 6 万片，IC 成品测试量每月产能可达 6 千万颗。测试机台总数已超过 300 台，其中驱动 IC、eFlash 的测试规模，已达大陆领先的地位。苏州震坤科技有限公司 2005 年投资成立，负责集成电路封装测试业务。

（二十七）华泰电子股份有限公司

1. 基本情况

华泰电子是岛内第七大 IC 封测厂商，是全球领先的电子代工制造服务 EMS 大厂，对高混合制造有独到的技术经验及全球性的好口碑。1971 年成立，目前总部位于高雄市楠梓加工出口区，在两岸和美国均设立了服务据点。现任董事长是杜绍尧。

2. 发展历程

1990 年，成品事业中心新厂房完成，正式加入生产。

1994 年，与英特尔签订胶带封装技术（TCP）移转合约。

1997 年，BGA 新产品正式进入大量生产。

1999 年，半导体事业中心收购北美封装大厂——IPAC，将生产触角延伸至北美。

2008 年，封测大楼完工启用，半导体事业中心人员、设备进驻生产。

2015 年，成品事业中心设立北部生产据点，就近服务现有客户及开发拓展潜在客户。

3. 经营状况

产品项目包括 IC 封装测试服务，服务项目涵盖：IC 及各种半导体零组件封装测试，电子制造服务印刷电路板布线、制造优化设计、测试优化设计、快速原型组装、印刷电路板组装量产、功能性 / 可靠度测试、系统组装等。

2017 年企业合计营业额 138.9 亿元，缴纳税款 −3672 万，净利润 −7.1 亿元。华泰切入任天堂 Switch 记忆卡供应链，随着 E3 大展任天堂公布多款重量级作品，华泰凭借 NAND Flash 封测获得大量日本厂商订单，游戏大作的加持也会是主要增长动能。此外，华泰计划通过耐高温高热的精密电子控制模组 EMS 业务切入石油探勘领域，该项业务毛利率大幅优于以往个位数百分比表现，新业务毛利率将站稳双位数。电子控制模组业务目前进入量产，华泰另外切入三大欧美客户验证阶段，其中欧系客户主要为卫星、航天相关领域，主要将交货给美国 NASA。

4. 大陆投资情况

2001 年投资成立华腾微电子（上海）有限公司，负责高阶通信用内存模块的设计、制造及销售业务。

2005 年投资成立苏州华祎科技有限公司，负责研发、承接各类电子产品零部件的基板表面黏着加工、零部件的插件焊接加工、相关测试、组装加工业务，销售自产产品并提供相应的技术维修和售后服务。

（二十八）颀邦科技股份有限公司

1. 基本情况

颀邦电子是岛内第八大 IC 封测企业，也是全球第一大驱动 IC 封装公司。公司在金凸块、晶圆测试、大尺寸面板卷带式封装、中小尺寸面板玻璃覆晶方面的产能为全球第一，是目前岛内唯一拥有驱动 IC 全程封装测试的公司。公司成立于 1997 年，目前总部位于新竹科学工业园区。现任董事长是吴非艰。

2. 发展历程

2010 年 4 月与飞信进行合并。合并后，包括芯片测试、覆晶薄膜、卷带式软板封装在内的产能由全球第二名跃升为全球第一，公司成为全球第一大驱动 IC 封装公司。11 月 30 日，通过台湾当局"经济部投资审议委员会"核准，以 8500 万美元收购大陆的颀中科技 47.73% 股权，加计原本持股 16.63% 股权，合计持股 64%。颀中的金凸块与 COF 产能分别为 4 万片、4000 万颗，为大陆的面板驱动 IC 封装唯一供货商。

2014 年 5 月，公司董事会通过与欣宝合并案，合并基准日为 2014 年 8

月1日。欣宝为生产LCD驱动IC卷带式封装载板的电子零件制造商，主要应用于大尺寸面板的卷带式封装。台系LCD驱动IC封装卷带材料主要供货商以欣宝、长华为主。

3. 经营状况

顾邦科技目前拥有新竹科学工业园区力行五路、展业一路两大厂房，主要从事凸块制造销售并提供后段卷带式软板封装、卷带式薄膜覆晶、玻璃覆晶封装服务，产品主要应用于LCD驱动IC。凸块是半导体制程的重要一环，即是在晶圆上所长的金属凸块，每个凸点皆是IC信号接点，种类有金凸块、共晶锡铅凸块及高铅锡铅凸块等。2017年企业累计营收额184.3亿元，缴纳税款5.3亿元，净利润23.1亿元。

LCD驱动IC封测厂顾邦2018年下半年将开始大啖苹果订单，目前顾邦已经确定独家拿下LCD版本的iPhone订单，至于其中一款OLED版本机种，顾邦也已经确定从LGD切入驱动IC封测供应链，等同于2018年苹果新机订单将大举回流至顾邦，2018年业绩将有机会大幅增长。

除了苹果订单大回笼之外，2018年市面上推出的智能手机清一色以全屏幕规格为主，带动整合面板驱动暨触控IC（TDDI）需求兴起，直接带动顾邦的金凸块封测产能提升。

2017年12月宣布出售大陆子公司顾中科技（苏州）股权给大陆面板龙头企业京东方与合肥地方政府基金，同时成立薄膜覆晶封装卷带（COF）厂，引进京东方和合肥市政府基金入股，共同抢占大陆面板IC封测市场。

4. 大陆投资情况

2004年投资成立顾中科技（苏州）有限公司，负责从事集成电路产品与半导体专用材料的开发、生产、封装、测试、销售及售后服务。

2005年投资成立飞信电子（昆山）有限公司，负责新型电子元器件投资开发、生产及销售。

2018年投资成立合肥奕斯伟封测技术有限公司，负责从事集成电路产品与半导体专用材料的开发、生产、封装、测试、销售及售后服务。

（二十九）超丰电子股份有限公司

1. 基本情况

超丰电子股份有限公司是岛内第九大 IC 封测厂商。超丰电子创立 1983 年，原名合德集成电路有限公司，1995 年增加集成电路封装及测试服务，并更名为超丰电子股份有限公司，总部位于苗栗县竹南镇，现任董事长为蔡笃恭。

2. 发展历程

2015 年 4 月，公司自地委建苗栗头份新厂第一期动工，2016 年 6 月完工投产。2016 年 10 月引进 8 寸 WLP Bumping 晶圆凸块生产设备，计划 2017 年量产，规划月产能为 8000 片。头份新厂 2017 年下半年第 3 层至第 5 层陆续进行装机建置产能，月产能 1.2 万片 8 寸晶圆凸块生产线及月产能 1000 万颗 WLCSP 生产线。2018 年完成先进 8 寸晶圆凸块及芯片尺寸晶圆级封装产能扩产，力成入主为超丰电子主要股东。

3. 经营状况

超丰电子的封装项目包括塑料双排列型集成电路、微缩型集成电路、塑料平方四方形集成电路、塑料扁平 J 形角集成电路、二极管集成电路等；测试服务项目包括晶圆测试及成品测试。经过封测后的 IC，主要应用于计算机、网络、通信、消费性电子产品（包括笔电、平板计算机、智能型手机、功能性手机、穿戴式装置、智能家电、机顶盒、车用电子、数字相机、游戏机、物联网、指纹辨识器等）。2017 年超丰电子合计营收额 119.5 亿元，缴纳税款 4.5 亿元，净利润 25.1 亿元。

2018 年国际大厂持续将封测代工订单扩大委外，超丰应客户需求扩产，并提升技术层次，争取晶圆级封装订单。超丰 2018 年完成先进的 8 寸晶圆凸块及芯片尺寸晶圆级封装（WLCSP）产能扩产，头份新厂 2017 年下半年第 3 层至第 5 层陆续进行装机建置产能，建置月产能 1.2 万片 8 寸晶圆凸块生产线以及每月 1000 万颗 WLCSP 生产线，未来将配合客户需求扩产，8 寸晶圆凸块月产能最高可扩大至 10 万片，WLCSP 每月产能可扩大至 1 亿颗。随着车用芯片快速成长，车用市场对功能安全系统的需求逐渐增加，超丰已顺利取得德国莱因（TUV）ISO 26262 汽车功能安全认证，从安全系数较低的车用电子芯片封装，跨入更高端的安全芯片封装。由于超丰目前国际半导体客户都是在车用芯片市场拥有不错的市占率，超丰 2018 年顺利卡位自驾车及 ADAS 应用芯片封测市场，有助于提升营收及获利表现。

（三十）福懋科技股份有限公司

1. 基本情况

福懋科技股份有限公司是岛内第十大 IC 封测厂商，公司成立于 1990 年 9 月，总部位于云林县斗六市。为台塑集团旗下福懋兴业基于产业转型需求而转投资成立，主要股东为福懋兴业。现任董事长王文渊。

2. 发展历程

2000 年开始与南亚科技合作，领先投入 DDR 相关产品，取得领先技术。

2007 年 3 月开始量产记忆卡产品。快闪记忆卡可适用于数字相机、录音器、卫星导航系统、扫描仪、手机、PDA 及 MP3 等产品。

2014 年，公司规划与客户合作开发标准型内存 30 纳米晶圆制程封装产品，加强行动装置电子产品 Mobile DRAM 与 NAND Flash 的相关产品应用。

2018 年 7 月 20 日，南亚科技与福懋兴业共同宣布，南亚科技以巨额逐笔交易方式，最多取得福懋兴业持有的福懋科技股票 84022 股，完成交割后，南亚科技持有福懋科技 19% 的股权，成为第二大股东。

3. 经营状况

福懋科技除了既有标准型内存的晶圆测试、封装、测试、模块及记忆卡、LED 晶粒、LED 封装代工以外，在封测方面，规划配合晶圆厂转型至消费型及车用工规电子产品，扩大利基型封测产品业务范围。为应对移动通信产品热销、云端运算商机发展，公司针对高速、低功率、低耗电的电子芯片需求，封装产品将延伸至高容量轻薄堆栈及系统级封装芯片。超薄型缩小型塑料集成电路 TSOP-Ⅰ、TSOP-Ⅱ 的胶体厚度仅 1 毫米；应用于手提式电子产品、手机、内存模块、个人计算机、PDA、硬盘驱动 IC、无线电话等产品。

模块产品方面，积极拓展云端服务器模块、USB、工业计算机、伺服马达控制器、汽车启动电池、强固型平板计算机等客制化模块新产品。LED 封装方面，致力于 LED 照明封装产品开发。2017 年企业累计营收额 78.9 亿元，缴纳税款 1.9 亿元，净利润 13.9 亿元。

在南亚科技取得福懋科技股权之后，将得以深化策略性合作关系，整合双方后段产品工程及封装测试资源，提升技术能力及整体营运绩效。同时也为双方创造公司价值及股东价值。福懋兴业总经理李敏章表示，随着 5G、人工智能、物联网和车联网等新应用的发展，福懋科技更需要先进封装技术的开发与导入。因此，南亚科技的参与投资，可促使南亚科技与福懋科技的合作关系更加紧密，同时加强福懋科技的技术开发能量，以应对未来产业需求。

第三节　新型显示

一、产业发展概况

显示技术主要指基于光电子材料与器件产生的图像再现技术。阴极射线管显示技术（CRT）是相对传统的显示技术而言的，已基本退出显示技术的发展舞台。随着数字化时代的到来，高清晰度的显示效果已成为当前各种显示技术的一个最基本标准，新型显示技术发展迅速，已进入发展的黄金阶段。新型显示技术是指能够实现特定清晰标准并广泛应用的主流技术，该技术大致可分为三类，包括基于器件的新型显示技术、基于芯片的新型显示技术和其他新型显示技术。基于器件的新型显示技术包括液晶显示技术（LCD）、等离子显示技术（PDP），且薄膜晶体管液晶显示技术和等离子体显示技术已发展成为显示主流技术，主要侧重于显示器件本身的开发。基于芯片的新型显示技术包括数字光学处理技术（DLP）、硅基液晶技术（LCOS），该类新型显示技术是立足于微型显示芯片的制造技术，在芯片发展中具有广阔的开发应用价值。其他新型显示技术包括有机电致发光二极管技术（OLED）、场发射显示技术（FED）、栅庄光阀系统技术（GLV）、激光投影显示技术、3D 显示技术、电子纸显示技术（下一代显示技术）等。其中，有机电致发光二极管技术是最具发展潜力的新型显示技术，3D 显示技术是最有生命力且终将成为显示技术共性平台的下一代显示技术。自 20 世纪 90 年代实现产业化以来，新型显示产业飞速发展，取代了阴极射线管显示产业，总产值超过 1000 亿美元，其中

90% 以上为液晶显示产业创造，新型显示产业发展迅猛。在全球范围内，面板生产技术主要集中在日本、韩国、中国台湾与中国大陆，上游关键技术则掌握在美国与日本等跨国公司手中，尤其是大尺寸面板生产技术主要掌握在台湾地区与韩国方面，中国大陆的技术则相对滞后，长期以中小尺寸面板生产为主。但目前情况已经开始改变。

由于日本与台湾地区的经济联系密切，夏普和爱普生 20 世纪 80 年代初先后在高雄和台中设厂，以生产大尺寸的 TN-LCD 为主。日本厂商的投资，刺激了台湾本地 LCD 产业的发展。1986 年后，台湾当局连续出台政策，鼓励扶植 LCD 产业的发展。1988 年，台湾"工研院"几乎与韩国三星同时开始对 TFT-LCD 技术攻关。1990 年，台湾就已经开建台湾第一条大尺寸 TFT-LCD 生产线，韩国三星的第一条大尺寸 TFT-LCD 生产线建立还是在一年之后。之后，台湾数家面板厂商先后获得美国 IBM、日本松下的技术授权，加上巨额资金的投入，台湾面板产业得到快速发展，孵化出瀚宇彩晶、奇美电子、广辉电子、中华映管、友达光电等面板厂商。除了建设面板生产线之外，台湾也积极引进海外企业，布局上下游产业链。在台南树谷工业园，曾经集中了有旭硝子（玻璃基板）、奇景（驱动 IC）、川铭（开发模具）、奇美材料（偏光板）、奇菱科技（背光模组）等厂家。对于玻璃基板，友达也拉来了美国康宁公司。台湾企业布局上游产业的做法，有利于保障面板厂商的供应链稳定。此外，台湾还形成了以宏碁、明基等为代表的笔记本电脑、显示器生产厂商，以消化台湾面板厂商的产能。

1999—2001 年，台湾面板制造产业进入起步阶段，全球市场影响力仍不足。1999—2001 年期间，台湾分别投产 LCD 生产线 4、2、5 条；而从全球投产的 LCD 线看，经历 1997—1998 年东南亚金融危机的生产线投产数低点后，1999—2002 年也实现恢复，分别投产生产线 9、9、11、11 条，供给方面实现快速放量。而在需求方面，笔记本电脑及台式电脑显示器全球销量增长保持在 30%—40%，量级为 2000 万—3000 万台；液晶电视机自 2000 年起才开始进入市场，尽管 2001—2003 年增速保持较高，但出货量绝对值不大，直到 2004 年起才对 LCD 面板出货量有所贡献，因而在 1999—2002 年间市场新增实际需求变化不大。在供过于求的情况下，面板价格大幅下滑，叠加台湾面板产业起步阶段供货量较小，出货单价下降主导了营收增速，导致 2001 年台湾面板产业营收出现负增长。

2002—2005 年，台湾面板制造厂商进入快速增长期。台湾地区在 2002 年提出"两兆双星"计划，为当地面板产业发展提供有力政策扶持，液晶面板产业迅速发展，市场份额一度超过韩国，位列全球第一。台湾地区面板业的顶峰，形成由友达光电、中华映管、广辉电子、奇美电子、瀚宇彩晶等组成的所谓"面板五虎"格局。后来，在国际金融危机前后，台湾地区液晶面板企业经历大洗牌，其中广辉电子并入友达光电，奇美电子被整合进鸿海集团旗下的群创，"面板五虎"格局被由群创、友达光电组成的"面板双虎"格局所取代。2001 年，由于 LCD 面板价格持续下跌，甚至跌破成本价，刺激了下游需求，市场迅速回暖。以友达光电为例，2001 年公司净利润为 - 67.1 亿元，而 2002 年由于下游需求回暖，公司实现扭亏，净利润达 60.2 亿元。在笔记本电脑以及台式电脑显示器出货量平稳增长的情况下，2003 年起液晶电视绝对出货量显著提升。在终端需求刺激下，2002—2005 年，台湾分别投产 2、5、4、6 条生产线，占此期间全球新投产生产线的 48%；友达、奇美、华映、群创、胜华、凌巨、统宝、广辉等 10 多家厂商群雄角逐，台湾面板产业营收增速也在 2005 年达到峰值的 144.7%。

2006—2007 年，台湾面板产业整合加剧，行业发展见顶。从 2006 年开始，受 2004—2008 年大陆面板厂商快速投资影响，台湾面板厂商在压力之下加快了行业整合，友达光电于 2006 年着手收购广辉电子，2009 年群创、奇美、统宝三家合并。行业集中度提升，台湾面板厂商营收在 2006—2007 年仍维持了较快的增速。2007 年为净利润达到最大值的峰值年。2008—2010 年，台湾面板产业在金融危机触底后略有反弹。2008 年全球经济遭受重创。由于台湾地区缺少下游产业的支撑，原本由台湾面板厂商供货的日本、韩国下游厂商取消了订单转而向本国的面板供应商采购面板；尽管 2009 年初大陆方面的 9 家电视厂商曾联合赴台采购面板，并且台湾地区与韩国协议垄断供货的行为使得面板价格短期提升明显，但仍难以扭转颓势，2008—2009 年台湾面板产业营收整体下滑。2010 年，市场有所回暖，台湾面板企业营收略有反弹。2010 年之后，台湾面板厂商进入下行区间。2010 年起，随着大陆面板厂商的崛起，台湾地区与日韩三强的市场份额被挤压，台湾地区的主要LCD面板供应商营收也呈现逐年下降的态势，2010年也成为台湾地区显示面板行业黄金十年的终结。

台湾企业生产的TFT-LCD液晶面板市场份额在21世纪初高达34.9%，一度曾经与韩国并驾齐驱。但台湾液晶面板企业主要从事液晶面板代工生产，相比之下，韩国三星、LG既从事液晶面板生产，又做液晶电视、显示器、手机等整机产品。而且在很长一段时间里，三星、LG的液晶电视有非常高的市场占有率。这就使韩国企业可以实现垂直整合，实现高利润，而把台湾面板企业作为自己的供应商，在市场竞争中，台湾面板企业处于劣势地位。

在2008年金融危机爆发后，全球面板厂商相继收缩。在成功抵御了金融风暴之后，大陆对电视液晶面板的需求基本不减，连续两次组织大陆九大彩电厂商赴台湾采购液晶面板。而且在此过程中，大陆企业并没有借机压价，而是给其留足了利润空间，采购总金额高达44亿美元，此举甚至一度被评价为"将台湾企业拉出了金融危机泥沼"。面对两岸可能产业联手给韩国面板企业造成的威胁，韩国企业采取了拉拢台企的策略，台湾企业在高价的诱惑下与韩国企业签订供货协议提升面板价格。在接下来的6个月时间里，面板价格涨幅达到了30%以上，导致大陆彩电企业再次陷入困境。台湾面板企业此举迫使大陆痛定思痛，决心打破大陆面板生产的空白，扶持本土面板企业发展，于是有了京东方、华星光电等大陆面板企业的崛起。WitsView研究资料显示，2017年上半年，京东方液晶显示器LCD、平板电脑显示器与笔记本电脑显示器的市场占有率均已经位居全球第一位。2018年大陆面板厂电视面板市占率将达到约38.64%，超越韩国的32.28%以及台湾面板"双虎"（友达与群创）的25.54%，位居全球第一位。

虽然LCD技术依旧是主流，而且LCD的技术分支中，比较高端的IPS、AFFS等显示效果也不错。但目前比较看好的下一代显示技术是OLED。OLED具有自发光、广视角、高对比度、低耗电、高响应速率、全彩化、制造简单等优点，韩国三星、LG等国际面板大厂都非常重视OLED技术，三星的OLED专利和技术更是一家独大。在OLED产品发展上，韩国三星垄断了电视与手机OLED平板的供货市场，三星OLED市场占有率达到98.3%，控制了苹果、华为等知名手机市场的此类平板供应。不过大陆面板产业发展迅速。2017 年 9 月，京东方宣布成都第六代柔性 AMOLED 生产线进展顺利，已正式投产，供应华为等手机厂商，预示着京东方将打破三星对 OLED 市场的垄断局面。可以说，目前大陆光电产业领域尤其是在面板产业领域，已与台湾并驾齐驱，单一企业市场占有率已超越台湾，在柔性 AMOLED 方面已领先台湾，全面超越台湾也是指日可待。京东方承担的科技部国家重点研发计划"量子点发光显示关键材料与器件研究"项目开发出 5 英寸 AMQLED 显示屏，AMQLED 的显示器件的结构类似于 AMOLED，区别在于 AMOLED 的发光光源为有机发光材料，而 AMQLED 的发光光源为无机量子点。更关键的是 AMQLED 可以实现全彩显示，其色域超过 100%。相比于 AMOLED 具有寿命长、色域广、成本低的潜在优势。特别是在大尺寸主动式发光显示领域，AMQLED 比 AMOLED 更具有比较优势。AMQLED 是有可能取代 AMOLED 的显示技术。相比之下，台湾在新技术研发上已然后继乏力。

二、两岸产业关系

2000 年，在民间企业强烈要求和市场需求下，台湾当局开始有条件开放低端液晶面板厂家对大陆投资。但岛内有些有远见的企业早就开始布局大陆。在大陆布局较早的台湾面板厂商——台湾中华映管 1994 年在福州市投资 6 亿美元，设立中华映管（福州）公司，为台商投资大陆的最大工业项目之一，主要生产各类显像管及零组件，年产值约为 8 亿美元。此后又投资 5000 万美元，在苏州吴江设立模组厂。2005 年与世界最大显示器制造商冠捷电子共同投资 6000 万美元，在福建省福清市合资设立福建华冠光电公司，生产显示器用液晶显示模组，年产量达 50 万块。2006 年，其全资控股的华映视讯公司接收另一家台资企业福州嘉溢电子公司持有的厦门厦华电子公司 32.64% 的股权，成为其第一大股东，同时参与厦华电子的液晶面板业务，在厦门翔安火炬产业区建设 4.5 代面板生产基地，计划年产液晶面板 500 万片。

最大的面板制造厂友达光电早在 2001 年便在苏州工业园区设立模组厂，年产量达 1000 万块；2006 年又在厦门市设立分公司，负责液晶面板后段模块制造、组装及销售。瀚宇彩晶早年在南京经济技术开发区设有一座模组厂，

2006 年又与全球第一大显示器制造商冠捷科技合资在武汉设立一座液晶模组厂，采取从背光模块组装到液晶显示器成品出货"一条龙"的生产方式，月产能为 20 万台显示器。群创光电尽管成立时间不长，但在台湾兴建面板厂的同时，也在深圳兴建一条 5 代线，并在厦门市设立一座模组厂，在深圳市和浙江省嘉善市各建一座液晶显示器组装厂。奇美电子在大陆设厂最晚，但发展的速度却最快。2004 年底在宁波出口加工区投资 3 亿美元，成立宁波奇美电子公司，包括液晶模组、液晶显示器、背光模组 3 个生产项目及一个相配套的进出口物流项目。后又投资 3000 万美元，在广东省佛山市设立南海奇美电子公司，从事背光模块组装。台湾"工研院"研究显示，目前台资在大陆设立的模组厂的产能比重已达到 55%，超越了台湾厂产能，而且未来在大陆设厂或扩厂的比例亦将增大，同时光灯管、偏光片后段切片等与模组关联性高的产业，也将相继赴大陆投资生产。如液晶显示光学膜片制造商华宏新技公司在大陆已投资设立 3 个生产基地，包括苏州长宏光电、惠州盛宏光电和宁波华宏光电，之后又在厦门市设立广宏光电公司，为友达光电、群创电子等在当地的面板厂就近供应液晶电视用扩散膜材料。

2006 年 6 月初，台湾当局"经济部"批准统宝光电公司与飞利浦电子显示系统（上海）有限公司合并案，统宝光电公司成为台湾第一家进入大陆中小尺寸液晶面板企业。鸿海集团的群创公司与深超光电合资在深圳市兴建一条 5 代生产线。但台湾当局仍一直限制高端液晶面板厂家对大陆投资，严重阻碍了两岸液晶面板产业的合作。2009 年，大陆出台鼓励液晶面板厂家产业政策，大陆本土企业加快投资新世代液晶面板产业，日、韩面板大厂如夏普、三星、LGD 等也加快在大陆的投资布局步伐，对台商液晶面板企业在大陆的发展形成强大压力。由于受制于岛内复杂的政治干扰，台湾当局的面板登陆开放政策不断出现反复，一再推迟，台湾液晶面板企业被迫寻求新的突破，开始通过技术与人才等"曲线"方式与大陆进行策略性合作。深圳华星光电 8 代生产线的技术合作方是来自台湾的液晶面板企业，同时从台湾奇美电子引进不少技术人才。2010 年初，台湾鸿海集团与大陆 TCL 集团达成合作协议，鸿海集团将旗下主要从事液晶面板生产的群创光电和奇美电子两家企业的上百名技术人员转移到 TCL，以拓展在大陆的液晶面板市场。

在此形势与市场压力下，台湾当局"经济部"2010年宣布一系列产业登陆政策，面板产业也有条件开放企业赴大陆投资。开放的主要内容是，将面板业登陆政策由过去的"禁止类"放宽为"一般类"，在"投资台湾优先"与"技术领先"原则下，允许在大陆设3座6代以上液晶面板厂。让原本"曲线"投资大陆的台湾面板企业可以通过合法的正规管道赴大陆投资。整个显示产业从技术到生产，由日本到韩国、再到中国台湾和中国大陆，是转移的趋势，台湾当局不得不顺应这一趋势。

大尺寸面板目前的全球产业格局主要是以韩国、台湾地区和日本厂商为主，未来随着第10.5代线产能的释放，大陆厂商的供应能力将超过台湾地区甚至韩国企业，成为最主要的大尺寸面板供应商。群智咨询（Sigmaintell）数据显示，预计2019年大陆面板厂在全球液晶电视面板市场中的产能市占率将超过40%，而到2022年将有望超过50%。目前，京东方旗下共有10座面板厂，兴建中的还有两座6代AMOLED面板厂和第二座10.5代TFT-LCD面板厂。近年来京东方新产能持续开出，2018年下半年已成为全球产能最大的面板厂。台湾两大面板厂友达光电、群创光电，以及韩国面板厂LG、三星只能发展高质化产品，提高产品售价，现阶段台湾地区和韩国的工厂力拼屏幕画质的超高对比技术，让屏幕画面的颜色能鲜明呈现。为了让显示面板达到超高对比要求，韩国面板厂力推OLED面板，台湾两大面板厂则是率先投入Mini LED、Micro LED面板，期待以高画质面板来抢攻高端市场，避开大量的低价竞争市场。两大韩国面板厂采用自发光的OLED面板技术，达到屏幕超高对比的效果，台湾两大面板厂则是采用非自发光，需要背光模块的液晶显示器（LCD）面板搭配Mini LED、Micro LED技术。

三、主要台湾企业

（一）友达光电股份有限公司

1. 基本情况

友达光电是全球前三、岛内第一大的光电显示研发及制造公司，亦是全球少数供应大、中、小完整尺寸产品线的厂商，大尺寸面板市占率为16.2%。公司 1996 年成立于新竹市科学园区，目前于中国大陆和台湾，以及美国、日本、韩国、新加坡、荷兰、捷克等均设立了营运据点。现任董事长是彭双浪。

2. 发展历程

2001 年 9 月联友光电及达碁科技合并，更名为友达光电，2006 年再度并购广辉电子。经过两次合并，友达得以拥有制造完备的大、中、小尺寸面板的各世代生产线。

友达旗下康利投资与长兴化工共同合资于 2006 年 7 月成立达兴，双方持股各约 30%，以生产 LCD 化学材料为主要营运项目，除了 LCD 相关材料外，并开发其他电子领域材料，包括太阳能、LED 及触控面板相关化学材料等。

2009 年 3 月，友达投资 3000 万美元，取得美国 SiPix Imaging 约 31% 的股权。SiPix Imaging 是一家电子纸生产商，采用电泳显示器技术，友达整合电子纸的上游材料，为量产电子书与电子卷标等产品做准备。6 月，宣布参与日本多晶硅及硅晶圆大厂 M.Setek 的现金增资，投资金额约为 1.25 亿美元，跨入硅晶圆领域上游。投入能源事业以布局上、中、下游整合解决方案为策略，100% 出资成立"友达能源技术公司"，以专注于能源系统整合，提供电力公司或电厂、工厂、商业大楼及住宅屋顶加装太阳能的终端服务。与大陆的彩电大厂四川长虹合资设立液晶电视面板后段模块厂——长智光电。

2010 年 3 月，与全球最大液晶电视机设计制造代工业者——冠捷科技，于波兰 Gorzow 合资设立液晶电视面板后段模块厂及电视整机设计代工厂，以深耕欧洲市场。4 月，与大陆彩电领导大厂 TCL 和海尔集团合资设立液晶电视面板后段模块（LCM）厂。5 月，与太阳能系统大厂 SunPower 合资，在马来西亚兴建太阳能电池厂，2012 年完成年产能 1.4GW，SunPower 太阳能转换效率达 20% 以上。同年，友达董事会通过参与 M. Setek 的现金增资计划，计划投资金额将不超过 150 亿日元，以强化在太阳能方面的策略布局。M.Setek 是日本太阳能上游多晶硅及太阳能高转换效率晶圆的技术领导厂商。友达为扩展低温多晶硅技术（LTPS），与日本东芝移动显示 TMDisplay 签署备忘录，以收购 TMDisplay 位于新加坡的子公司 AFPD 100% 股权，同时达成有关彼此知识产权的协议。

2011 年 5 月，友达投资 7.96 亿美元入股昆山龙飞光电，计划投资 8.5 代厂，友达持股 49%，昆山市府持股 51%。7 月，友达旗下友达晶材投资 12.5 亿元，标购彰滨工业区鹿港西二区 19.555 公顷土地，规划建造太阳能晶圆厂，生产多晶硅材料及长晶产品。

2014 年公司宣布子公司景智电子与辅祥将进行合并。

2015 年 2 月 13 日，友达董事会决议以每股 9.2741 元将持股 49% 的转投资——台湾凸版国际彩光其余股权全数收购，成为友达 100% 的全资子公司，总金额约 44.28 亿元。

3. 经营状况

友达光电目前的主要产品包括 TFT-LCD，又称为主动数组 LCD。产品应用于液晶电视、桌上型显示器、笔记本电脑、手机、平板计算机、车载面板、消费性电子产品等。AMOLED 3D 偏光式电视面板，技术延伸至平面照明领域——薄型照明灯具，发光效率达 50 流明 / 瓦，内建省电的高效率电源驱动器。另外还有电子纸及电子卷标、太阳能模块、彩色触控光笔功能内嵌式触控电子白板、触控面板。2017 年企业累计营收额 3410 亿元，缴纳税收 91 亿元，净利润 303 亿元。

友达光电是世界上第一个成功开发出最高分辨率、全彩色 TFT 驱动的 Micro LED 显示技术的公司。友达光电将展示 12.1 英寸 Micro LED 显示技术，通过尺寸小于 30 微米的 Micro LED 可实现 169 PPI 像素密度和 1920×720 的分辨率。每个像素都可以独立发光，以实现最佳的高动态范围和低功耗。抢占 Miro LED 市场。友达光电参加 2018 SID 显示周（Display Week 2018），展出全系列采用 Mini LED 背光技术的电竞显示器、电竞笔电及 VR 头戴式显示器显示屏，以超高亮度及高动态对比的极致画质，抢攻高阶电竞及利基型应用市场。此外，友达还积极布局汽车电子领域，推出一款超高清汽车驾驶舱显示器，采用直接粘接层压技术，充分融合了 12.3 寸仪表板、13.2 寸 CID 和 12.3 寸前排乘客座椅显示屏。这款大型流线型显示器采用了 AHVA 技术，具有较高对比度和亮度。

4. 大陆投资情况

2009 年 6 月，与大陆彩电大厂四川长虹于四川省绵阳市高新区，合资设立液晶电视面板后段模块厂——长智光电，双方持股比例为友达 51%、长虹约 49%。

2010 年 4 月，与大陆彩电领导大厂 TCL 和海尔集团合资设立液晶电视面板后段模块（LCM）厂，新厂分别在山东省青岛市海尔工业园区、广东省惠州市仲恺开发区。

2011 年投资成立合肥景智电子，由友达子公司景智与海尔合资设立，负责液晶模块生产业务。

2011 年 5 月，友达投资 7.96 亿美元入股昆山龙飞光电，现已更名为友达光电（昆山）有限公司，计划投资 8.5 代厂，友达持股 49%，昆山市府持股 51%。从事薄膜晶体管液晶显示面板（LTPSTFT-LCD）及其相关产品及零组件的研发、设计、生产并销售自产产品，从事电子产品的维修、检验检测服务。

（二）群创光电股份有限公司

1. 基本情况

群创光电是岛内第二大、全球第四大光电显示企业，也是全球唯一拥有完整大、中、小尺寸 LCD 面板生产线的厂商，及触控面板一条龙、全方位显示器提供者。2003 年成立于新竹科学工业园区，目前主要的 TFT 厂区位于台湾竹南、台南两地，模块厂则扩及宁波、南京、佛山、上海等地。现任董事长是洪进扬。

2. 发展历程

2009 年 10 月 1 日，元太与群创签订合作备忘录，取得群创 1 座 5 代厂的产能支援。

2010 年 3 月，与奇美电子及统宝光电合并，为液晶显示面板业界有史以来最大宗的合并案。合并后群创为存续公司，保留奇美电子为公司名。为区隔奇美品牌，2012 年 12 月再更名为群创光电。

2011 年 6 月，与富士康、香港伟仕计算机合作，以 CHIMEI 品牌营销与服务、群创的面板技术与制造、富士康与伟仕的通路与大陆物流等优势，扩张大陆市场。7 月 2 日，与夏普签订合作协议，共同采购电视用液晶面板材料，包括玻璃基板、彩色滤光片等及互相供应面板。

2014年2月，取得Samsung 50寸及Sony 65寸与75寸的4K、2K电视面板订单。

3. 经营状况

目前其主要产品包括，4K和2K超高分辨率、3D裸眼、IGZO、LTPS、AMOLED、OLED以及触控解决方案等。广泛的产品线更是横跨各式TFT-LCD液晶面板模块、触控模块，例如：电视用面板、桌上型显示器与笔记本电脑用面板、中小尺寸面板、医疗用面板、车用面板等。2017年群创光电累计营业额3291亿元，缴纳税款119亿元，净利润370亿元。

2017年12月，群创自创的专利DST（Deep Sensing Technology）技术特殊电极设计，模拟3D多指多阶按压触感，结合电容式触控与电阻，提供给手术、高压电等需戴手套的使用者使用。DST拥有三个主要特色，包括三维感应、多阶三维触控及非导体的触控，其制程较传统OGS良率更高、材料使用减少，公司规划结合曲面LCD技术，开发扩及消费性电子、车用、航天、IT与特殊应用等市场。

2018年8月，公司与全家合作，推出"23.1寸智能货架软硬件整合方案"，整合软件、影像识别与大数据人流分析，提供实体通路与电商业者O2O销售服务。

4. 大陆投资情况

2001年投资成立南京群志光电有限公司，负责LCD后段模块及其零组件制造与销售。

2003年投资成立国琏电子（上海）有限公司，负责电源供应器、调制解调器、ADSL等生产及销售。

2004年投资成立群康科技（深圳）有限公司和宁波群志光电有限公司，负责LCD后段模块及其零组件制造与销售。

2006年投资成立上海群志光电有限公司、佛山群志光电有限公司、宁波群辉光电有限公司，负责LCD后段模块及其零组件制造与销售。

2007年投资成立南京台康科技有限公司，负责LCD后段模块及其零组件制造与销售。投资成立南京群友光电有限公司，负责显示器及相关零件的买卖业务。

2008 年投资成立广州奥翼电子有限公司，负责电子纸制造与销售。

2011 年投资成立业成光电（深圳）有限公司，负责新型平板显示器、显示器及其零组件之开发、生产经营及售后服务。

2015 年投资成立宁波群安电子科技有限公司，负责 LCD 后段模块及其零组件制造与销售。

2018 年投资成立深圳群丰鸿科技有限公司，负责 MINI LED 研发及销售。

（三）光宝科技股份有限公司

1. 基本情况

光宝科技股份有限公司是岛内第三大光电显示公司，也是世界前三大的光驱供应商，成立于 1975 年，是台湾第一家上市的电子公司，总部设立于台北市内湖区。现任董事长是宋恭源。

2. 发展历程

光宝集团成立于 1975 年，最早是由生产发光二极体（LED）起家，1983 年率先推动股票上市，拥有台湾第一家挂牌上市的电子公司。2002 年率先推动 4 家上市公司进行合并。2010 年 6 月 15 日公司旗下的光宝移动（Perlos）与洋华合资成立公司，光宝移动持有 65% 的股权，而洋华则持有 35% 的股权。新公司主要从事生产手机的触控模块，在广东惠州设置生产据点。

2010 年 11 月 1 日公司旗下子公司光宝动力储能科技宣布将投资欧洲智能型快速充电解决方案提供商 Epyon Power，经由 Epyon Power 打入欧美市场，同时公司也取得 Epyon Power 的动力充电系统的亚洲代理权。

2011 年 9 月 23 日，晶电、光宝与大陆彩电厂康佳共同投资 1.2 亿美元成立晶品光电，于常州市开幕量产。晶电持股 60%，光宝持股 30%，康佳持股 10%。晶品光电为晶电在大陆第一家从磊晶的制程到晶粒生产的厂家，也是晶电第一家合资厂。2012 年，康佳退出投资，其持股为晶电承接。

2013 年 1 月 30 日，光宝宣布将通过 100% 持股子公司宝源收购建兴电，成为宝源 100% 持股子公司，再经由组织整合，建兴电将成为光宝 100% 持股子公司。

2013 年 2 月中，大立光与日本音圈马达大厂 TDK 及电子制造服务（EMS）

大厂光宝合资成立宏翔光电，规划主要产品为高阶 800 万画素以上的手机镜头模块。宏翔光电以外资模式成立，资本额 6 亿元，大立光主要通过旗下孙公司大阳科技投资，持股比率 30%—40%，为宏翔光电主导。2014 年 3 月底，光宝斥资 5 亿元购买宏翔剩余股权，于 2014 年 9 月合并宏翔光电。

2013 年 7 月，公司以 1830 万美元收购美国电源厂 Power Innovations 全部股权，该公司主要生产防风、防水、防震、防酸蚀等高阶备用电源及不断电系统（UPS），应用领域包括军事、航空、石油钻探、交通运输和医疗等特殊工业领域。

2013 年与 Tessera Technologies 全资子公司 Digital Optics 共同宣布签订 DOC memslcam 模块的生产协议。2014 年 5 月，光林再接获底特律公共照明局 5 万盏 LED 路灯订单。2014 年 6 月 1 日合并敦扬科技（股）公司。

2017 年光宝投资大爆发，继斥资 100 亿元在高雄成立汽车电子事业新厂与高雄营运中心后，光宝在常州市、苏州市分别设立新的汽车电子厂、SSD 厂，并将扩增广州厂手机相机模组产能，总额高达 35.5 亿元。

3. 经营状况

光宝提供的主要产品包括电源供应器、影像产品、光电产品 LED 等，广泛应用于计算机、通信、消费性电子、汽车电子、LED 照明、云端运算、工业自动化及生技医疗等领域，其中旗下产品包括光电产品、信息科技、储存装置、手持式机构件等，皆居全球领先地位。2017 年共计营收额 215 亿元，净利润 26 亿元，缴纳税款 7 亿元。

2018 年 5 月，公司与远传宣布合作推出 NB-IoT 解决方案，第一阶段锁定资产追踪管理，可应用于货柜追踪、物流追踪、长照看护等领域需求，同时已成功在远传 NB-IoT 网络上完成路测验证。6 月，公司联手意法半导体，共同打造全系列通信模块，并取得 Sigfox 官方认证，且可立即投入商用市场，还更进一步整合 Sigfox 蓝牙技术，推出多元双效模块。

4. 大陆投资情况

1995 年投资成立光宝电子（天津）有限公司，负责代工生产光电产品。

1997 年投资成立惠州市力信电子有限公司，负责生产销售各种计算机、电子、家电用变压器及外围配套材料。

1998 年投资成立光宝电子（东莞）有限公司，负责生产电子元件相关产品。投资成立光宝网络通讯（东莞）有限公司，负责信息产品制造及销售。

1999 年投资成立广州光宝移动工程塑料有限公司，负责从事移动电话模具、组装线设计、制造与销售。投资成立旭荣电子（深圳）有限公司，负责各式芯轴及橡胶制品、塑料制品、滚轮组件、橡塑料模具、激光器、音圈马达、触控模块、塑料窗口组件及玻璃窗口组件的生产经营。投资成立旭丽电子（东莞）有限公司，负责从事经营键盘生产及销售业务。

2000 年投资成立东莞旭福计算机有限公司和东莞致力计算机有限公司，负责系统产品生产及销售。投资成立光宝电子（广州）有限公司，负责打印机及扫描仪生产及销售。投资成立光宝科技（广州）有限公司，负责计算机机壳制造与买卖。投资成立建兴光电科技（广州）有限公司，负责光驱生产及销售。

2002 年投资成立敦扬科技（无锡）有限公司，负责电子产品加工、制造及销售。投资成立凯明信息科技有限公司，负责多媒体产品的设计及应用软件生产与销售。

2003 年投资成立北京光宝移动电子电信部件有限公司，负责移动电话模具、组装线的设计、制造与销售。投资成立光宝通信（广州）有限公司，负责移动通信终端设备制造及销售。

2004 年投资成立光宝电子通讯（广州）有限公司，负责移动通信终端设备制造及销售。投资成立深圳光宝移动精密模具有限公司，负责移动电话模具、组装线的设计、制造与销售。

2005 年投资成立闳晖科技（苏州）有限公司，负责汽车音响相关零配件、镁合金零配件及橡胶零配件等橡胶产品产销业务。

2005 年投资成立广州光宝移动电子部件有限公司，负责移动电话模具、组装线的设计、制造与销售。

2006 年投资成立力信科技（惠州）有限公司，负责生产销售各种计算机、电子、通信、家电用变压器、电感器、电源转换器、开关式电源供应器等新型电子元器件及外围配套材料。投资成立敦扬（广州）汽车电子有限公司，负责电子产品加工、制造及销售。

2007 年投资成立光宝（广州）精密模具有限公司，负责模具制造及销售。

投资成立光宝数码电子（东莞）有限公司，负责各种计算机附件制造及供应。投资成立建兴（广州）电子科技有限公司，负责光驱生产及销售。

2008年投资成立建兴光电科技（北海）有限公司，负责光驱生产及销售。投资成立光宝力信科技（赣州）有限公司，负责生产销售各种新型电子组件、电力电子器件。

2010年投资成立光宝科技（咸宁）有限公司、光宝科技（鹰潭）有限公司，负责生产与销售新型电子零件、电力电子零件。投资成立常州滨湖薄膜太阳能大棚公司，负责太阳能发电设备设计制造与销售。投资成立晶品光电（常州）公司，负责发光二极管及二极管显示品研究、生产、销售业务。投资成立宝威光电（惠州）有限公司，负责触控屏幕零组件及模块。投资成立光宝绿能科技（南京）有限公司，负责太阳能系统工程建设。

2011年投资成立光宝电源科技（东莞）有限公司，负责研发、生产及销售电子零部件、电力电子元器件、电源供应器、变压器及提供相关技术咨询。投资成立珠海光宝移动通信科技有限公司，负责移动电话模具、组装线的设计、制造与销售。

2014年投资成立光宝科技（上海）有限公司，负责节能设备生产及销售。

2017年在常州市、苏州市分别设立新的汽车电子厂、SSD厂，并将扩增广州厂手机相机模组产能，总额高达35.5亿元。

（四）奇美实业股份有限公司

1. 基本情况

奇美实业为岛内第一大电子化学品供货商，其中ABS树脂、PMMA树脂、导光板三项产品为全球最大供货商，也是全球主要的塑料与橡胶材料供货商，1960年由许文龙创立，总部设立于台湾台南，现任董事长是许春华。奇美现已并入群创。

2. 发展历程

1960年，许文龙创立奇美实业厂，以配合对聚苯乙烯的需求，与三菱油化合作推出一系列产品，并成为台湾首个聚甲基丙烯酸甲酯生产商；后来于1992年更名为奇美实业，并逐渐朝集团化发展。

1965 年，与三菱油化、三菱商事合资成立奇菱树脂公司，从事 PE 加工品生产。

1968 年，与日本三菱油化合资成立保利化学公司，生产聚苯乙烯（PS）产品。

1976 年，生产 ABS（月产 200 吨），是全台第一家 ABS 生产商。

1998 年，投入电子化学品研发制造。

与日本旭化成公司合资成立旭美化成公司，共同验证"非光气法、无溶剂"环保新制程，生产聚碳酸酯（PC）。

2001 年，奇美与日本 IBM 合资成立 International Display Technology Ltd.

2002 年，生产光学级用途导光板；开始生产聚碳酸酯（PC）。

2005 年，集团建立 CHIMEI 品牌，并更新识别系统。

2008 年，奇美实业与国乔石化正式签约，由镇江奇美合并镇江国亨，合并后镇江奇美 ABS 产能达 70 万吨，为大陆第一大 ABS 厂。

2009 年，LED 用荧光粉产品量产；为提升管理效率，合并子公司旭美化成股份有限公司。

昆山奇材资本总额为 1.5 亿美元、总投资额为 2.98 亿美元，原股东为昆山市政府与奇美，分别持股 51%、49%，2015 年 10 月 20 日，奇美宣布昆山市政府将股权全数转让至杭州锦江集团（46%）与浙江任远进出口（5%），奇美拥有公司的经营管理权及董事长和总经理派任权。

3. 经营状况

奇美实业为全球主要的塑料与橡胶材料供货商，产品项目众多，并广泛应用于生活中各式用品的加工制造，主要产品包含：ABS 树脂、SAN 树脂、PS 树脂、MS 树脂、PC 树脂、PC/ABS 树脂、ASA 树脂、Q 胶、PMMA 树脂、热可塑性弹性体（TPE）、聚丁二烯橡胶（HBR/LBR）、苯乙烯丁二烯橡胶（SSBR）等，近年来更跨足高值化领域、研发制造光电产业关键材料领域，供应导光板、电子化学品与荧光粉等产品。2017 年企业累计收入 1598 亿元，缴纳税款 42.8 亿元，净利润 130 亿元。

2017 年 11 月 16 日，公司宣布获得偏光片大厂日东的技术授权，于昆山厂导入全球首条 2.5 米幅宽生产线，规划在 2019 年第二季度投产，以供应 10.5 代面板需求。

2018 年 1 月 12 日，决议投资 10 亿元人民币设立西安子公司，以支应第三条 2.5 米超幅宽产线扩产，供应附近 10.5 代面板需求。

4. 大陆投资情况

1996 年投资成立镇江奇美化工有限公司，负责制造、销售、加工塑料原料系列产品。

1997 年投资成立东莞中化华美塑料有限公司和青岛中新华美塑料有限公司，负责经染色、造粒、改性的塑料原料及其制品的制造、销售业务。

2004 年投资成立丹阳新华美塑料有限公司和苏州新华美塑料有限公司，负责经染色、造粒、改性的塑料原料及其制品的制造、销售业务。

2005 年投资成立菱翔工程塑料（苏州）有限公司，负责工程塑料制造、销售。

（五）大立光电股份有限公司

1. 基本情况

大立光电股份有限公司是岛内第五大光电显示厂商，也是全球最大的手机镜头制造商。公司创立于 1987 年，前身是 1980 年由林耀英创立的大根精密光学股份有限公司，集团总部位于台中市南屯区精密机械园区，目前在台湾台中拥有 5 座工厂，在大陆布局 2 座工厂，现任董事长是林恩舟。

2. 发展历程

1995 年，投资大根香港有限公司，并以其转投资大根（东莞）来料加工厂，扩增产能及降低成本。

1998 年，转投资大阳科技股份有限公司，跨入数字相机领域，主要研发 VCM 产品，并通过太阳科技，持有 65% 的星欧光学，涉及隐形眼镜领域。

2003 年，投资设立苏州大立光电有限公司。

2013 年 2 月，与日本音圈马达（VCM）大厂 TDK 及光宝科技，三方合资成立宏翔光电，大立光电主要通过旗下孙公司大阳科技投资，公司由上游镜头跨足至下游模块厂。

2015 年初，公司为应对苹果新旧机种订单，斥资 20 亿元在台中地区租赁厂房，年底开始量产。

2017 年 6 月，投资约 3 亿元于控股公司"大立云康（LHT，Largan health tech）"，发展可检测睡眠的单导心电仪（ECG），已取得美国 FDA、中国 CFDA 认证，并通过南京丰生开始贩卖产品。

3. 经营状况

大立光电主要生产光学镜头及镜片，应用于扫瞄仪、相机、多功能事务机、液晶投影机、数字相机、手机镜头、背投电视、DVD 读取头、光学鼠标等。2017 年企业合计收入 531 亿元，缴纳税款 60 亿元，净利润 241 亿元。

大立光电斥资逾 200 亿元建设的台中新厂于 2017 年第四季度量产，新厂仍为手机镜头应用的延伸，主要针对照相功能，也是全塑设计，新产能也会带进新的生产方式，现有产能都会用得到，只是增加额外的功能，相关的应用新科技最快要等到 2020 年才看得到。

4. 大陆投资情况

1996 年投资成立大根（东莞）光电有限公司，负责生产和销售照相机镜头、扫描仪镜头光电器材、观景窗、数字式电子相机。

2003 年投资成立苏州大立光电有限公司，负责生产数字照相机及关键组件、光电子器件，销售公司自产产品。

2017 年投资成立金欧（上海）医疗科技有限公司，负责医疗器材科技领域内的技术开发及技术服务。投资成立南京大立云健康科技有限公司，负责健康管理、计算机与医疗器械技术开发、生产及销售医疗器械。

（六）欣兴电子股份有限公司

1. 基本情况

欣兴电子股份有限公司是岛内第六大光电显示厂商，也是全球第一大印刷电路板供应商，前身为新兴电子，于 1990 年 1 月重组并更改为现名，总部位于桃园龟山，现任董事长是曾子章。

2. 发展历程

2001 年，联电集团重组旗下的新兴电子，以欣兴电子为存续公司，再将群策电子、恒业电子合并。2009年欣兴电子以换股方式合并IC载板厂全懋后，成为当时台湾证券市场上股本最大的PCB厂。欣兴电子同时也是MSCI全球标准成分股之一。

2009年9月公司通过旗下控股公司UniSmart Holding Limited与BlueBay合作投资欧洲地区第三大PCB制造厂——德国PCB制造商RUWEL，以制造汽车用板与工业用板为主。

2015年6月公司股东常会决议分割软硬复合板事业，设立群浤科技股份有限公司。

3. 经营状况

欣兴电子主要从事印刷电路板生产销售及IC预烧测试代工，产品项目包含硬板PCB、软板PCB、HDI板、IC基板等。应用范围相当广泛，包含计算机及相关产业、通信业、消费电子业、汽车、航天军用、精密仪表及工业用产品等领域。2017年企业累计营收额650亿元，缴纳税款3.9亿元，净利润6.9亿元。

2017年欣兴电子为应对载板产线、软硬结合板（RFPCB）及大陆黄石厂投资，资本支出约99.6亿元，2018年将下降，目前预估约50多亿元。而建设中的中国湖北黄石厂第二季度可全线生产，由于初期生产量刚起步，2018年营收贡献仍相对有限。

4. 大陆投资情况

1998年投资成立昆山鼎鑫电子有限公司，负责电子零组件制造及销售。

2001年投资成立联能科技（深圳）有限公司，负责电子电组件制造及销售。

2004年投资成立欣兴同泰科技（昆山）有限公司，负责电子零组件制造及销售。

2005年投资成立苏州群策科技有限公司、苏州联致科技有限公司，负责电子电组件制造及销售。

2006年投资成立欣典电子科技（昆山）有限公司，负责电子零组件制造及销售。

2008年投资成立昆山三帝立体电路科技有限公司，负责电子零组件制造及销售。

2009 年投资成立联兴光电（深圳）有限公司，负责电子电组件制造及销售。

2010 年投资成立欣祥兴电子科技（山东）有限公司，负责电子零组件制造及销售。

2014 年投资成立黄石晶暐达光电科技有限公司，负责照明产品制造及销售。

2015 年投资成立黄石欣益兴电子科技有限公司，负责电子零组件制造及销售。

2016 年投资成立昆山欣富兴企业管理有限公司，负责企业管理信息及物业管理。

（七）达运精密工业股份有限公司

1. 基本情况

达运精密工业股份有限公司是岛内第七大光电显示企业，也是全世界前三大光学级压克力板（PMMA）与背光模块的设计、研发及制造公司之一。公司于 1989 年成立，前身是辅祥实业，在 2015 年更名为达运精密工业，目前总部设立于新竹县湖口乡，现任董事长是向富棋。

2. 发展历程

2010 年 2 月 10 日，友达旗下两家背光模块供货商奈普、达运合并。其中，达运精密为存续公司。

2014 年，友达通过旗下子公司景智电子与辅祥合并。景智电子主要业务为大尺寸液晶电视及显示器液晶背光模块制造，并切入液晶电视下游整机组装设计服务。合并后，公司原以中、小尺寸为主的背光模块厂转型为全尺寸背光模块供货商，并具备电视一条龙式制造服务。

2016 年，公司第一条 TAC 膜生产线产能约 3000 万平方米，新投资的第二条生产线产能约 6000 万平方米，于 2016 年 6 月开始生产出货。

2016 年 6 月 3 日，公司与日厂 Konica Minolta 签订合作契约，为 Konica Minolta 代工生产 TAC 膜。

3. 经营状况

公司隶属于明基友达集团，以全球布局的策略，生产液晶电视、个人显示器、笔记本电脑、车用显示器等专业背光模块产品。整合上游导光板及铁件供应链，并结合明基友达集团建立面板模块段组装制程，成为全世界前三大光学级压克力板（PMMA）与背光模块制造公司之一。2017年全年，达运精密合计营收额279亿元，缴纳税款1.9亿元，净利润3.8亿元。

友达集团旗下背光模组厂达运斥资9.15亿元，向富圆科技购买位于湖口的土地与厂房，用以扩充新业务产能。达运除了电视组装、半系统以及电视、笔电背光模组等产品之外，未来还将投入OLED制程所需的精密金属加工产品。

4. 大陆投资情况

2005年投资成立达运精密工业（苏州）有限公司，负责生产组装液晶显示屏、液晶显示器、液晶电视、背光源模块、灯具等相关产品。

2006年投资成立达运精密工业（厦门）有限公司，负责生产组装液晶显示屏、液晶显示器、液晶电视及其相关产品；生产组装背光源模组及其零部件、光电周边产品零配件。

2010年投资成立达运精密工业（成都）有限公司，负责生产与组装液晶显示屏、液晶显示器、液晶电视及相关产品、背光源模块及注塑件、冲压件类光电周边产品。投资成立达运精密工业（东莞）有限公司，负责生产和销售TFT-LCD平板显示屏、显示屏材料，并提供相关的配套服务。

2013年投资成立达运精密工业（青岛）有限公司，负责生产组装液晶显示屏、液晶显示器、液晶电视及其相关产品，背光源模块及注塑件，冲压件类光电周边产品零部件。

（八）中华映管股份有限公司

1. 基本情况

中华映管是岛内第八大光电显示企业，是世界上最重要的显示器制造厂和面板"五虎"之一，显示器产量为全球前三。公司是大同公司最重要的转投资事业，成立于1971年5月4日，目前总部设立于桃园市龙潭区，现任董事长是林蔚山。

2. 发展历程

1997 年该公司引进日本三菱技术，成为台湾第一个引进大尺寸 TFT-LCD 量产技术的生产厂，为台湾显示器进入平面化拉开序幕。

2009 年华映为了改善财务结构，办理 70 亿元的私募股，最后由仁宝电脑取得，使仁宝成为仅次于大同的握有华映 19.7% 股权的第二大股东。同年以旗下 4 家液晶模组公司各 75% 的股权借股福建闽东电机，也实现了首家台湾企业借股在大陆 A 股上市，即华映科技（集团）股份有限公司。

2015 年，华映宣布出售桃园八德厂的 4 代线给转投资公司凌巨，交易总金额约 18 亿元，2016 年完成产权移交。子公司华映（百慕大）及马来西亚华映（纳闽）将于大陆设立华映科技（集团），且于福建建省置 6 代线面板厂，玻璃基板尺寸为 1850×1500，月产能为 3 万片，2017 年下半年量产，总投资金额为人民币 120 亿元。其中孙公司华映科技将发行私募，金额为 84 亿元人民币。华映转投资保护玻璃厂科立视于第一阶段建置的 4.5 代保护玻璃熔炉已满载，5.5 代熔炉于 2016 年 7 月开始装机，10 月启用，12 月量产。2016 年 12 月初，公司宣布子公司福建华佳彩的三批面板制造设备，2017 年试产 IGZO 面板，应用于手机与平板。公司规划募资的 100 亿元人民币中，84 亿元用于华佳彩设立一座 6 代面板厂，设计月产能为 3 万片。

3. 经营状况

公司主要产品包括中、小尺寸面板产品，应用于笔记本电脑、手机、平板计算机、车载显示器、消费性电子产品等。

早年，台湾中华映管（下称"华映"）为 TFT-LCD 面板厂，后来因为市场竞争，在 2012 年转型为中小尺寸面板厂，旗下早期有两座 4.5 代厂和一座 6 代厂，后来受智能手机需求不佳影响，一座 4.5 代厂停产，仅剩 4.5 代、6 代厂各一座进行营运，但在 OLED 需求快速扩增下，这座 6 代厂价值也迅速递减。2018 年底，据台湾《电子时报》报道，华映 4.5 代厂、6 代厂都已停产，另有一条 4.5 代实验线也处于停工状态，而旗下的彩色滤光片厂同样也停摆。华映在台员工约有 4450 人，其中生产线上的直接员工约 1830 人。在生产线无预警停产后，员工显得人心惶惶。

2018 年 12 月 13 日，华映因无力偿债向法院申请重整及紧急出售。据台湾《经济日报》报道，华映方面表示，2018 年面板供过于求以及美国挑起的贸易争端，造成面板价格崩跌，经营辛苦，至今尚欠其在大陆的孙公司华映科技集团（下称"华映科技"）货款约人民币 33 亿元。债务危机将"致使营运资金严重不足而被迫停产，有暂停营业或有停业之虞"。大陆竞相投入 8 代、10 代新厂，华映面临激烈竞争，尽管已陆续卖掉一座 3.5 代厂、关闭一座 4.5 代厂以苦撑，仍躲不过重整命运。台湾《电子时报》报道指出，尽管 LCD 面板产业正步入长期供过于求的大循环，但包括友达光电、群创光电与瀚宇彩晶等在内的台厂的财务体质都算健全。而华映体质孱弱，亏损已久，加上 4.5 代线与 6 代线的设备老旧、生产效率低下，与新世代生产线相比，华映的生产线在效能上大打折扣。此外，该公司在产品布局、营运策略、技术深耕上，都有待提升。华映的产品策略没有跟上市场全面屏节奏，加上其在大陆工厂量产的时间点，很难让他们冒着风险选择激进的产品策略，所以"就又慢了一节"。华映科技董秘陈伟对《证券日报》也表示，华映近几年更为侧重对大陆上市公司的投资布局，反而在自身工厂的技术产业迭代方面稍有落后。

华映全资子公司中华映管（百慕大）股份有限公司，是福建省华映科技的最大股东，持股 26.37%。华映科技的第二大股东——福建省电子信息产业创业投资合伙企业（有限合伙），持股 13.73%，母公司为福建省电子信息（集团）有限责任公司，是福建省人民政府出资组建的电子信息行业国有独资资产经营公司和投资平台。获悉华映无法清偿债务后，华映科技发布《关于实际控制人重整的风险提示性公告》。其后华映科技接连发布两则公告，宣布公司监事刘俊铭、董事长林盛昌因个人原因申请辞去职务，不再担任公司其他任何职务。

4. 大陆投资情况

1994 年投资设立华映光电股份有限公司，负责计算机零部件、通信终端设备、光电子器件的制造。

2001 年投资设立华映视讯（吴江）有限公司，负责平板显示器、笔记本电脑、液晶电视及液晶显示屏模组制造、维修与销售。

2003 年投资设立华映视讯（福州）有限公司，负责平板显示产品及相关零部件的开发、设计、生产与售后服务。

2004 年投资设立福建华映显示科技有限公司，负责从事新型平板显示器件、液晶显示屏、模组及零部件的研发、设计、生产、销售和售后服务；模具制造；电子和电工机械专用设备制造；医疗仪器设备及器械制造；输配电及控制设备制造。

2005 年投资设立福建华冠光电有限公司，负责从事新型平板显示器件、液晶显示产品、模组及产品零部件的开发、设计、生产和售后服务。投资设立深圳华映显示科技有限公司，负责生产经营、维修液晶显示屏模块。

（九）南亚电路板股份有限公司

1. 基本情况

南亚电路板股份有限公司是岛内第十大光电显示公司，也是世界第一大电路板供应商。公司成立于 1997 年 10 月，总部位于台北市，原隶属于台塑集团旗下南亚塑料公司电路板事业部，1985 年开始营运，1997 年以转投资方式，独立成为南亚电路板股份有限公司。现任董事长是吴嘉昭。

2. 发展历程

1985 年开始营运，原隶属于台塑集团旗下南亚塑料公司电路板事业部，于 1997 年以转投资方式，独立成为南亚电路板股份有限公司，并由一般印刷电路板业务，转型专注于高阶印刷电路板及 IC 载板的生产、制造、研发业务。

2000 年转投资成立南亚电路板（昆山）公司并设厂；2002 年成立南亚电路板（美国）公司。2006 年正式在证交所挂牌交易。南亚公司为大股东之一，持股 66.97%。

2014 年受日本 NGK 全数委托 PC 的 MPU 用 IC 载板代工。

3. 经营状况

南亚电路板的主要产品包括：印刷电路板（PCB），应用于智能型手机、掌上型游戏机、导航系统、PDA、汽车用板、MP3 播放器。高阶手持式装置、笔记本电脑。覆晶（FC）载板、打线载板、芯片级尺寸封装，应用于内存、通信器材、无线通信产品、手机、手持式电子产品、消费性电子产品、笔记本电脑等。2017 年公司合计营收 266 亿元，净利润 −19 亿元。

4. 大陆投资情况

2000 在大陆投资成立南亚电路板（昆山）有限公司，负责生产高精密度电路板（包括柔性线路板）、矩阵式球垫表面粘装组件（BGA）及覆晶封装板（半导体封装用组件）等新型电子元器件。

（十）亿光电子股份有限公司

1. 基本情况

亿光电子是岛内第十一大光电显示企业，目前在全球 LED 市场占有率位居前五，是岛内最大的发光二极管（LED）制造商。1983 年成立，目前总部设立于新北市，现任董事长是叶寅夫。

2. 发展历程

亿光电子是由叶寅夫在 1983 年 5 月 28 日成立的，最早生产家电用的指示灯。2006 年时，亿光电子是台湾最大的发光二极管（LED）制造商，每月生产 18.5 亿个 LED，员工有 4000 多人。2007 年时，亿光电子 40% 的收益是来自手机上的背光 LED，并且开始延伸到笔记型电脑及电视机的背光 LED。

1989 年，苗栗县苑里镇亿光电子苑里厂成立。1991 年，亿光电子总部迁入新北市。2008 年，苗栗县苑里镇玉田里亿光电子苑里厂新厂房落成。2011 年，新北市树林区亿光电子全球营运总部落成启用。2012 年，亿光电子成立亿光固态照明。

2015 年，亿光电子以约 13 亿元取得铼德科技在苗栗县铜锣乡中兴工业区的土地和厂房。2016 年 8 月 25 日，亿光电子铜锣厂完成设厂总投资额约 100 亿元。

3. 经营状况

亿光电子可以根据各种不同的应用提供完整、全方位的解决方案，产品线包括 High Power LEDs, SMD LEDs, Lamps, Lighting Components, LED Lighting Modules, Digital Displays, Opto-couplers and Infrared Components 等。2017 年企业累计营业额 271 亿元，缴纳税款 2.6 亿元，净利润 12.4 亿元。

亿光电子目前正在开发用于高端显示器的 Mini LED 背光产品，以避免来自大陆背光板生产商的价格竞争。

亿光电子开发的 Mini LED 背光最初用于智能手机和汽车仪表板，显示面板制造商将于 2018 年第三季度或第四季度开始使用这种技术。尽管 Mini LED 背光将能带来更高的毛利，但收入贡献较小。

据悉，亿光电子已与客户合作开发用于智能手机、平板电脑、笔记本电脑和显示器的侧视 LED 背光设备，用于宽色域和高亮度液晶电视的直接式背光设备，以及定制的 LED 灯条和面板等，预计产能将在 2018 年第四季度开出。

4. 大陆投资情况

1986 年投资成立上海亚明照明有限公司，负责发光二极管灯具组装。

2001 年投资成立劲佳光电（昆山）有限公司，负责 STN 型液晶显示器后段组装及模块组装。

2002 年在苏州投资成立亿光照明（中国）有限公司，负责生产和销售发光二极管。

2008 年投资成立亿光电子（中山）有限公司，负责生产发光二极管相关零组件。

2010 年投资成立亿光电子（福建）有限公司，生产、销售发光二极管背光源及其相关零组件。投资成立亿曜科技（上海）有限公司，负责电子组件研发。

2013 年投资成立亿光照明管理咨询（上海）有限公司，负责研发及销售 LED 灯具照明。

2014 年投资成立劲佳光电（昆山）有限公司东莞子公司，负责 STN 型液晶显示器后段组装及模块组装。

2015 年投资成立中山亿光照明有限公司，负责研发及销售 LED 灯具照明。

（十一）晶元光电股份有限公司

1. 基本情况

晶元光电是岛内第十二大光电显示企业，是岛内第一大、全球前三大晶粒厂，亦是全球第一大 LED 磊晶厂商。1996 年成立于新竹科学工业园区，现任董事长是李秉杰。

2. 发展历程

2014年，晶电与国严运仪科中心及"中央大学"共同研发UV LED（紫外光发光二极管）制造技术，计划将透明导电膜以先进材料石墨烯取代氧化铟锡（ITO），提升发光效率。

2015年公司表示，UVA LED芯片已接到全球前两大美甲机企业订单；此外与日本客户合作开发UVC LED。公司与艾笛森联手拿下印度LED标案，金额逾3亿元。

2016年新产品将着重于四元/红光LED及红外线产品的生产，包括：Flip Chip、CSP、IR LED、UV LED，以及应用于功率组件的GaN-on-Si、用于车尾灯与方向灯照明的四元LED。

2017年公司与鸿利智汇签订4年期车用LED芯片供货合约，项目涵盖四元LED、蓝光LED等。新产品集中于Mini LED、Micro LED、VCSEL磊芯片等，其中，公司与台湾地区（友达、群创）、中国大陆及韩国的面板厂与手机厂共同开发Mini LED作为发展Micro LED的中继站。其Mini LED晶粒尺寸约100微米，与50微米以下的Micro LED不同，2018年推出应用在小间距显示屏、电视、手机背光及车用显示器等方面的产品。公司2015年以既有的4英寸MOCVD机台设备投入VCSEL磊芯片生产，现阶段以光通信产品为主。因VCSEL磊芯片使用在测距、人脸辨识上较LED精准，2018年增加7—15台6英寸MOCVD机台，用以生产VCSEL磊芯片。

3. 经营状况

公司目前的主要产品包括四元（红黄光）LED磊芯片及晶粒、氮化物（蓝绿光）LED磊芯片及晶粒、紫外线/远红外线LED晶粒，产品应用范围包括户外大型屏幕、仪表板、车灯、家电指示灯、电话背光源、手机背光源、计算机及外围指示灯、工业、显示器背光源、农业、医疗、景观、室内、户外照明等。另外，有近年来开发的新产品集中于Mini LED、Micro LED、VCSEL磊芯片，还未有大的产能开出。2017年企业累计营业额为104亿元，净利润4.8亿元。

晶元光电生产的40微米Mini LED正在由中国大陆和韩国厂商进行室内和室外精细间距显示器的验证，2018年底开始生产。目前，精细间距显示器中最小尺寸的 LED 是 60 微米。使用 40 微米 Mini LED 芯片可以将间距减少到 0.6—1.0 毫米，但是其成本会更高，因为对于相同尺寸的显示器而言，精细间距显示器所使用的芯片数量是普通显示器的 5—10 倍。对于 25 微米 Mini LED 芯片而言，巨量转移仍存在技术瓶颈。晶元光电采用了贴片式巨量转移技术，可以批量生产 25 微米芯片，但生产成本仍然过高。2018 年底开始生产用于 27 英寸游戏 LCD 显示器面板以及 100 英寸以上面板背光的 Mini LED 产品。

4. 大陆投资情况

2004 年投资成立中科晶电信息材料（北京）（股）公司，负责砷化镓单晶体和芯片研发、生产及销售业务。投资成立宁波璨圆光电有限公司，负责发光二极管磊芯片及晶粒买卖。

2006 年投资成立广东晶科电子（股）公司，负责发光二极管外延、芯片与模块、光源产品的研发、生产、销售业务。投资成立晶宇光电（厦门）有限公司，负责发光二极管晶粒生产销售业务。

2009 年投资成立江苏璨扬光电有限公司，负责发光二极管磊芯片及晶粒生产销售业务。投资成立晶元宝晨光电（深圳）有限公司，负责发光二极管晶粒销售业务。

2010 年投资成立冠铨（山东）光电科技有限公司，负责发光二极管磊芯片及晶粒生产销售业务。合作投资成立亿光电子（福建）有限公司，负责生产及销售发光二极管背光源及其相关零组件。

2011 年投资成立东华圆（吴江）科技有限公司，负责发光二极管应用产品研发、生产及自产产品销售。投资成立开发晶照明（厦门）有限公司，负责发光二极管磊芯片及晶粒生产销售业务。

2012 年投资成立江苏中科晶元信息材料有限公司，负责砷化镓单芯片的技术开发、技术转让、技术咨询及相关的技术服务；砷化镓单芯片制造、加工、销售。

2013 年投资成立华瑞光电（惠州）有限公司，负责发光二极管器件封装的研发、制造及销售；背光模块、照明模块等及其配套产品的研发、制造及销售。

2014 年投资成立晶品光电（常州）有限公司，负责发光二极管磊芯片及晶粒生产销售业务。投资成立晶阳照明（浙江）有限公司，负责 LED 灯丝、灯泡与灯具及其应用产品的开发、制造及销售业务。

2015 年投资成立北京中科晶元光电材料有限公司，负责生产蓝宝石衬底、图形化蓝宝石衬底。

（十二）瀚宇彩晶股份有限公司

1. 基本情况

瀚宇彩晶股份有限公司是岛内第十三大光电显示公司，成立于 1998 年，目前总部设立于台北市信义区，目前共有 4 处生产基地，分别位于台湾南科和大陆的南京市、武汉市、吴江市。现任董事长是焦佑麒。

2. 发展历程

2013 年 12 月，彩晶以 42.25 亿元买下和鑫旗下的 5.3 代触控厂房和设备，用于生产外嵌式（on cell）触控面板。

2014 年 7 月 8 日，公司认购和鑫的私募案，每股价格 7.1 元，共取得 23.94 万张，金额总计约 16.99 亿元。

2015 年公司表示，中、小尺寸面板需求成长逐步放缓，决议将南京厂的 2 个厂房进行整并，把宝丽南京的触控模块业务整并至南京翰宇彩欣，与南京翰宇彩欣的生产线推展为一条龙生产，可提升生产效率、降低生产成本，整并后出售宝丽南京相关土地、厂房与设备。

2016 年 9 月 9 日，彩晶出售宝丽南京厂房，出售金额为人民币 2.18 亿元，出售利益为人民币 6500 万元。

3. 经营状况

公司主要产品包括各种 TFT-LCD 产品：（1）液晶显示器用 TFT-LCD：19 英寸（SXGA）具高亮度、高对比度、高色彩饱和度、快速反应功能特性产品。（2）笔记本电脑用 TFT-LCD：14 英寸轻薄省电 16：9 LED Notebook 面板。（3）平板计算机用 TFT-LCD：7—10.1 寸广视角面板搭配多点触控产品，提供平板计算机应用使用，以满足此一高速成长的市场需求。（4）中、小尺寸各式应用 TFT-LCD：1.44—10.1 寸等多样化面板尺寸产品，提供 Netbook、数字相框、智能型手机、语言学习机、PMP、个人导航、可携式 DVD、车用屏幕、工业用屏幕等应用使用，以满足市场消费者多样化需求。（5）自有品牌商品：Hannspree、Hanns.G Tablet PC、TV、显示器等产品。2017 年企业合计营收额 237 亿元，缴纳税款 1.3 亿元，净利润 67 亿元。

4. 大陆投资情况

2001 年投资成立南京瀚宇彩欣科技有限责任公司，负责电子零组件制造。

2005 年投资成立瀚斯宝丽科技（上海）有限公司，负责消费性电器产品的批发零售。

2008 年投资成立瀚斯宝丽显示科技（南京）有限公司，负责电子零组件制造。

（十三）茂迪股份有限公司

1. 基本情况

茂迪是全球前十大太阳能电池制造厂，也是台湾第一大太阳能电池制造商。公司成立于 1981 年 6 月 3 日，成立初期主要生产与销售 DMM 数字式三用电表，后成立光电事业部。目前总部设立于新北市深坑区，现任董事长是曾永辉。

2. 发展历程

2008 年与韩国 DC Chemical（DCC）签订 2 份总计 8 年、采购总金额达 58 亿元的供料合约；依该合约，DCC 将自 2008 年起至 2015 年提供多晶硅给茂迪；第 1 份合约系 2008 年单一年度，第 2 份合约期限则为 2009—2015 年。

2010 年 3 月与伊藤组土建株式会社于日本成立合资公司 Itogumi Motech，并取得位于日本北海道的太阳能光电模块厂。茂迪与多晶硅厂福聚、硅晶圆厂绿能结盟，为应对大陆太阳能厂商的价格竞争，共同出资成立硅晶圆新公司，进行上下游垂直整合。新公司资本额暂定 10 亿元，持股比率分别为绿能持有 40%，茂迪、福聚各持有 30%。12 月 30 日宣布，公司生产的太阳能逆变器符合德国 VDE 测试机构的测试，为亚洲第一家完成该标准测试与取得证书的逆变器厂商，有利于将产品扩展至德国市场。

2014 年规划在南科厂、昆山厂新增产线，产能于 2014 年 9 月陆续开出，年底前增至2GW；除了既有厂房扩线生产以外，规划投入昆山厂扩建新厂房，设立太阳能电池产品矿发制造销售据点。2014年6月上旬，董事会同意子公司茂迪（苏州）新能源与昆山经济技术开发区管委会签订建厂规划意向书。

2015年下半年，并购强茂旗下的大陆厂艾德，其中艾德贡献260MW的产能，皆已开始全产能稼动。12月公司通过子公司昆山茂迪与中国硅晶圆大厂阳光能子公司锦州锦懋合资成立模块厂阳光茂迪，预计初期先建置200MW产能，茂迪持股19%。

2016年，与阳光能（9157）合资成立模块厂，初期产能200MW。

2016年在太阳能电池产能方面，台湾的桃园厂为1000百万瓦、南科厂为1200百万瓦，大陆的昆山厂为880百万瓦、徐州厂为260百万瓦、马鞍山厂为400百万瓦。

2017年下半年，与屏东县政府签署合作备忘录（MOU），将建置总容量400MW的太阳能发电厂。

3. 经营状况

茂迪的主要产品有以下几个类别：

（1）可编程直流电源供应器：提供稳定且干净的直流电源，应用于计算机、手机、IC设计、LED、汽车电子、电池、电子书等较精密的电源测试，再搭配自动化的程序测试，以给客户提供快速生产的解决方案。

（2）太阳能电源转换器：将太阳能电池的输出电能直接转换为市电，并与市电并联使用，其主要功能为转换直流电成为交流电。

（3）太阳能电池：将太阳光能转换成电能的半导体产品组件，一般做成标准模块或者建筑整合型模块，供应给模块制造客户或系统整合商。

（4）太阳能电力系统：利用太阳能发电技术，提供独立电源与市电并联使用。还可应用于消费性电子产品，例如手表、充电器、灯具电源，偏远地区如有关离岛、山区发电系统、住宅用电、产业工商用电电力系统，紧急防灾用电力系统等。

2017年茂迪全年累计营收额232亿元，缴纳税款1.8亿元，净收入 -30亿元。

2018年6月公司表示，受大陆太阳能新政策影响，供应链产品价格下跌，长晶价格已跌破现金成本，公司产能利用率已降到二成至三成，为减少亏损，因此调降产能利用率，暂停南科厂太阳能硅晶圆长晶生产业务。

4. 大陆投资情况

2006 年投资成立茂迪（苏州）新能源有限公司，负责研发、制造、加工硅晶圆、硅晶粒、硅芯片等半导体专用材料，太阳能电池片，太阳能组件。

2015 年投资成立茂迪（徐州）新能源有限公司，负责太阳能电池加工及制造。

2015 年投资成立茂迪（马鞍山）新能源有限公司，负责研发、制造、加工硅晶圆、硅晶粒硅芯片等半导体专用材料，太阳能电池片，太阳能组件。

2017 年投资成立茂迪（马鞍山）能源科技有限公司，负责研发、制造、加工、销售硅晶圆、硅晶粒、硅芯片相关半导体专用材料，太阳能电池片及太阳能组件。投资成立茂迪（马鞍山）组件有限公司，负责研发、制造、加工与销售硅晶圆、硅晶粒、硅芯片相关半导体专用材料，太阳能电池片及太阳能组件。

（十四）旗胜科技股份有限公司

1. 基本情况

旗胜科技是岛内第十五大光电显示公司，PCB 电路板全球市占率为岛内第二位，其母公司 NIPPON MEKTRON 于 1968 年成立于日本东京，目前在海峡两岸及欧美、韩国、东南亚等地区均设立有分支机构。在台湾的子公司于1987 年成立于高雄，董事长为早濑弘人。

2. 发展历程

1979 年 4 月合并化学品制造公司正和化成株式会社。

1989 年向德国 Freudenberg 公司的子公司 Gymphlex（负责 FPC 业务）收购 40% 股权。

1994 年在泰国、香港设立分支，同年台南工厂设立。

1997—2005 年分别在珠海市和苏州市各设立一家子公司。

2007 年投资成立珠海龙山工厂。

2011 年 4 月从母公司 NOK 株式会社承接了 HDD 及移动设备精密零件

业务。

3. 经营状况

公司的主要产品为柔性电路板（FPC），应用于手机、显示器、笔记本电脑、可穿戴设备、精密橡胶和树脂零件、机器人以及车用 FPC 等。2017 年企业合计营业额 988 亿日元。

根据 NOK 公布的财报资料，车用需求虽强劲，不过受高阶智能手机使用需求减少拖累，2017 年度 NOK "电子零件事业" 营收年减 1.6%—3%，约611.01 亿日元，营益受惠于良率改善、汇率因素而暴增 369.6%，至 29.63 亿日元。

NOK 指出，因预估车用、高阶智能手机使用需求将增加，因此 2018 年度（2018 年 4 月至 2019 年 3 月）电子零件事业营收预估将年增 3.8%—3%，约 750 亿日元，营益将大增 36.2%，至 70 亿日元。

2018 年 6 月宣布旗下从事 FPC 事业的 100% 持股子公司日本旗胜（Nippon Mektron）将投资约 120 亿日元扩增 FPC 相关生产体制。

4. 大陆投资情况

1997 年投资设立珠海紫翔电子科技有限公司，负责生产和销售自产的印刷电路板及其半成品和配套的零组配件（包括模具、工具、卡具、包装材料等）、大容量磁盘驱动器部件，以及提供上述产品的售后服务；线路板元器件、IC 芯片的装配、销售及检测；承接柔性印刷线路板的来料加工。

2002 年投资设立苏州紫翔电子科技有限公司，负责生产印刷电路板及其半成品和配套的零配件、线路板测试仪、线路板测试治具、功能测试仪、贴合治具、设定治具、折曲治具及其他模治具、精密橡胶和树脂零件。

2009 年投资设立深圳紫弘电子贸易有限公司，负责销售自产产品。

（十五）敬鹏工业股份有限公司

1. 基本情况

敬鹏工业股份有限公司是岛内第十六大光电显示企业，也是全球第一大汽车 PCB 制造厂商。1979 年 9 月成立，目前总部设立于桃园县，有桃园、平镇、泰国、常熟四地六个厂区。现任董事长是黄维金。

2. 发展历程

1987 年在桃园厂设立第一条全自动生产线，1988 年设立第二条，负责生产单层板。

1989 年为开拓东南亚市场，转投资设立 DRACO PCB CO.LTD 专业生产印刷电路板。同年敬鹏泰国厂 DRACO 开始量产。

1991—1995 年设立桃园厂第三条全自动产线，设立桃园二厂并开始量产，并且购入平镇厂生产双层板。

2005 年开始少量生产 HDI，2006 年开始量产 HDI。

2007 年子公司出售敬鹏（苏州）电子有限公司 49% 控股权予合资股东。

3. 经营状况

敬鹏工业的主要产品为 PCB 电路板，包括 HDI、多层板、双面板、铝基板、银贯孔、铜贯孔、厚铜板、单面板、银跳线、炭塑跳线等，广泛应用于消费性产品、通信产品、工业产品、汽车电子电源供应器、汽车电子（ABS、引擎控制模块）、照明设备、背光模块等。2017 年敬鹏工业累计营业额 236 亿元，缴纳税额 7.4 亿元，净利润达到 15 亿元。

公司计划未来将加强产品的技术研发，深化生产自动化及智能化，同时加强布局亚洲生产基地，持续扩大产能。同时，公司已于 2017 年对泰国公司 Draco 的持股比例提高至 99.58%，推动泰国多层板产能的扩充计划，以争取东南亚及南亚的商机。

4. 大陆投资情况

2006 年投资成立敬鹏（常熟）电子有限公司，从事新型仪表元器件和材料（柔性线路板）生产、加工，半导体、元器件专用材料（软硬复合板、印刷电路板）开发、生产、加工，新型电子元器件（高密度互连积层板）制造、加工，并提供相关售后服务。2018 年已于常熟开始扩建新的厂房空间，2019 年可投产。

（十六）景硕科技股份有限公司

1. 基本情况

景硕科技是岛内第十七大光电显示公司，是全球 Flip Chip 基板供应商，成立于 2000 年 9 月，是华硕转投资的公司，总公司位于桃园市新屋区，在岛内有石磊、清华、杨梅、新丰四厂，在大陆有苏州厂。现任董事长是郭明栋。

2. 发展历程

2011 年资本支出 20 亿元，用于兴建月产能 2000 万颗载板的苏州厂，于 5 月完工，并决定提高支出到 30 亿元，在第四季度将苏州厂产能扩充至 5000 万颗，使全年 BT 载板最大月产能增加 30%。

2012 年转投资隐形眼镜公司晶硕（持股 100%），该公司主要产品为软性隐形眼镜的研发和生产。

2014 年 2 月，规划自地委建新丰厂房工程。同年 4 月中旬开始动工，2015 年下半年部分完工的厂房即可营运，使用面积 3 万坪，产能配置上 BT 及 ABF 各半。初期可生产 20/28 纳米产品，最终投产 14/16 纳米高密度载板。为配合客户投产，14/16 纳米的部分会在 2016 年开始生产。

2017 年度，公司额外增加 20 亿元的资本支出，用于扩增新丰厂产能。年度资本支出共 62 亿元。

3. 经营状况

景硕科技主要产品有：PBGA 基板、多晶模块 BGA 基板、CSP 芯片尺寸大小型用基板、高散热型 Cavity Down 基板及 TEBGA 基板、覆晶式基板与覆晶式芯片尺寸基板、覆晶式薄膜 COF。应用于模拟、数字、Power 控制电路及内存、逻辑 IC 控制的 IC、Flash、高速 DRAM、逻辑芯片等产品。2017 年景硕科技累计营业额 223 亿元，缴纳税款 1.9 亿元。净利润 3.4 亿元。

景硕科技计划 2018 年投资 40 亿元，主要扩充 mobile DRAM 载板，以新丰厂为主，少部分则扩充类载板。

4. 大陆投资情况

2000 年投资设立百硕计算机（苏州）有限公司，负责研发、生产及销售新型精密电子元器件、线路板及相关产品，并提供售后服务。

2007 年投资成立苏州统硕科技有限公司，负责印刷电路板（非高密度细线路者）产销业务。

2012 年投资设立晶硕隐形眼镜（上海）有限公司，负责医疗器材销售。

2013 年投资成立苏州翔硕贸易有限公司，负责印刷电路板（非高密度细线路者）及相关产品材料买卖业务。

（十七）硕禾电子材料股份有限公司

1. 基本情况

硕禾电子材料股份有限公司是岛内第十九大光电企业，在铝浆、背银浆、正银浆行业全球市占率皆达 30% 以上，均在世界排名前三。原属于国硕科技的太阳能材料化学事业部，于 2006 年起由国硕陈继仁研发技术团队，结合"工研院"太电中心的高效率太阳能技术、"工研院"材料所合作计划，与工业局辅导计划，开始研发适用于太阳能电池的各项导电浆料（正面银浆、背面银浆、背面铝浆）。总部设址于新竹县新竹工业区。现任董事长是陈继明。

2. 发展历程

2011 年 12 月，硕禾宣布规划投资 2 亿元设立太阳能系统控股公司，以转投资太阳能电厂或相关模块及系统设计公司。

2012 年 10 月，硕禾位于台南学甲的 1.2MW 太阳能电厂，于 2012 年 6 月并网供电后，月发电量为 16 万度。硬件投资总计 6000 万—7000 万元，4 甲土地成本为 2000 万元，总成本约 9000 万元。

2013 年 5 月，宣布入股欧洲太阳能模块厂（排名前三大），取得可转换公司债，金额 228.7 万欧元，同时也规划共同建置太阳能电厂。8 月，公司通过其 100% 持有的子公司禾迅投资，转投资日本永和电力株式会社 100% 股权，跨入日本太阳能电厂控股平台，同时拓展硅芯片、电池片、模块等太阳能相关产品在日本市场的出海口。

2014 年 1 月，转投资子公司禾迅投资取得帕劳规模 5MW 的地面型太阳能电厂标案，2014 年 7 月签约，2015 年上半年可并网卖电。7 月，公告投资日本千叶 BEST SOLAR 太阳能电厂，金额 1.69 亿元。

2015 年 5 月，位于日本福岛的太阳能电厂，并网启用。7 月，公司旗下子公司禾迅投资日本福冈县太阳能电厂，计 4.54 亿元。8 月，公司公告以 6.6 亿日元（约 1.77 亿元）在日本冈山设立太阳能电厂，规模约 2MW，预计 2016 年第一季度启用。12 月 9 日，公司公告与盐城经济技术开发区管委会签订投资协议，以建立公司在大陆长期发展的基地。同年公司新推出"无铅配方"的正银浆，并已开始出货。

3. 经营状况

硕禾电子材料的主要产品为银浆、铝浆及银铝浆，为硅晶类太阳能电池主要原料之一，银浆主要用来做太阳能电池的正面电极；铝浆则做背面电极与电场增加电池转换效率，而银铝浆则应用于太阳能电池背面，作为模块串联的导线。2017 年硕禾电子材料合计营收额 96.7 亿元，缴纳税款 6700 万元，净利润 −2.4 亿元。

2017 年底，台湾太阳能导电浆大厂硕禾表示已默默耕耘电池正负极材料长达 5 年之久。硕禾总经理黄文瑞表示，预计 2018 年年中的营收贡献将转趋显著，目前锁定大型电动巴士应用，台湾已出货，大陆则正在送样验证中。电池芯最主要的材料就是正负极材料、隔离膜、电解液，硕禾锁定正负极材料进行研发，已投入长达 5 年的时间，目前出货量仍小，累计约 200 千克，但未来的发展潜力可期，随着电动车市场的蓬勃发展，动力电池、储能系统等相关材料的营收可望超越太阳能导电浆。

4. 大陆投资情况

2011 年投资成立苏州硕禾电子材料有限公司，负责光伏制程调试技术服务等。

2016 年投资成立盐城硕禾电子材料有限公司，负责光伏制程调试技术服务等。投资成立盐城硕钻电子材料有限公司，负责线材材料生产制造与销售。

（十八）台郡科技股份有限公司

1. 基本情况

台郡科技股份有限公司是岛内第二大、全球前十大 PCB 软板厂商。在 1997 年 12 月于台湾的高雄县成立，1999 年 2 月开始进行量产，目前在海峡两岸均设有工厂和办事处。现任董事长是郑明智。

2. 发展历程

2004 年合并耀郡科技股份有限公司与昆山厂——淳华科技（昆山）有限公司，资本额增为 7.93 亿元。

2015 年预计 Roll to Roll 高阶细线路产品营收占公司营收比重由原先的

五成提升到八成。同年新增触控模块应用软板产线。

3. 经营状况

台郡科技股份有限公司主要从事各类软性印刷电路板生产与销售，产品包括软性单层板、软性双层板、软性多层板、软硬结合板等，产品应用涵盖手机、笔电及平板计算机、液晶显示器、消费型电子产品等。2017 年企业累计营业额 258 亿元，缴纳税款 8.2 亿元，净利润 30.6 亿元。

苹果供应链成员台郡科技于 2018 年 9 月表示，将投资 105 亿元进驻高雄和发产业园区，9 月 12 日与高雄市府签约。台郡科技董事长郑明智信心满满地表示，期许未来公司在毫米波发展上拿下全球第一，要继日月光、瑞仪之后，成为高雄第 3 个高科技龙头产业。

针对 5G 移动通信及毫米波的发展，在高雄大发园区深耕 20 年的台郡科技，此次在和发产业园区购置 6 公顷土地扩建新厂，初期投资金额 105 亿元，估计未来 5 年将带来 2500 个就业机会。

4. 大陆投资情况

2002 年投资成立郡业电子科技（上海）有限公司，负责研发、生产和加工柔性线路板等新型电子元器件。

2004 年合并耀郡科技股份有限公司与昆山厂——淳华科技（昆山）有限公司，负责柔性线路板等新型电子元器件研发、制造及销售等业务。

2017 年成立郡昆科技（苏州）有限公司，负责柔性线路板等新型电子元器件研发、制造及销售等业务。

（十九）金像电子股份有限公司

1. 基本情况

金像电子股份有限公司（GCE）是岛内前十大印刷电路板厂商之一，致力于多层板的研发生产。公司创立于 1981 年，目前除总部台湾中坜厂外，还设立了苏州、常熟厂。现任董事长杨承泽。

2. 发展历程

1988 年开始致力于多层板技术研发，1989 年开始量产 6 层板，1990 年开始量产 8 层板。

1998 年挂牌上市，开始筹划苏州厂。2003 年苏州厂产能达到 41806 平方米／月。

2010 年收购弘捷电路（常熟）有限公司，2012 年更名为常熟金像科技有限公司。

2015 年大陆三厂承接汽车用板，埋铜板产品成功开发，开始布局汽车电子。

3. 经营状况

金像电子股份有限公司早期产品线以 NB 板、光电板、网通板为主，逐步提高高毛利的服务器板及网通板比重，降低低毛利的 NB 板比重，并退出光电板生产。2017 年企业合计营业额 192 亿元，缴纳税款 649 万元，净利润 −2.7 亿元。

PCB 厂金像电子 2017 年底表示开始布局车用板市场，效益可望自 2018 开始显现。金像电子董事长杨承泽表示，公司启动转型，过去以生产笔记本电脑（NB）为主的常熟厂将转以生产汽车板为主，希望 3—4 年内汽车板营收能占常熟厂营收的一半。杨承泽强调，公司除已生产汽车电子，未来将发展 5G 基地台。

金像电子于 2017 年 11 月 16 日下午举行法说会：公司过去以 NB 板为主，受到 NB 市场低迷影响，金像电子营运亦受到冲击，不过公司努力调整产品结构，转攻云端服务器、资料库中心及网通产品，目前服务器产品营收占总营收比重约为 48%，网通产品营收约占 22%，NB 相关产品营收占比已降至 24%。

4. 大陆投资情况

苏州金像电子有限公司苏州厂产能约 139355 平方米，常熟金像电子有限公司以生产 NB 板为主，产能约 120774 平方米，常熟金像科技有限公司则是生产平板 NB 及高阶 NB，产能约 18580 平方米。

据扬州商务局 2018 年 7 月 12 日报道，台湾金像电子股份有限公司首席执行官黄盛郎和台湾亚邦国际科技股份有限公司董事长陈皇志来维扬经济开发区考察，维扬经济开发区就微电子产业园情况做了详细介绍，双方确认将进一步加强合作，促进项目早日达成。

（二十）志超科技股份有限公司

1. 基本情况

志超科技股份有限公司是位列岛内前十的印刷电路板厂商，也是全球最大光电板厂商。创立于1998年，总部设立于桃园市平镇，目前在台湾的高雄、平镇，大陆的苏州市、中山市、遂宁市、厦门市、江阴市均设有工厂。现任董事长是徐正民。

2. 发展历程

2008年6月公司通过私募方式取得统盟电子的股权，并取得经营权，截至2012年公司持有统盟股权的比例约45%。

2010年2月公司与联华实业、联成化学、神达计算机等公司签署合作备忘录，并且将入股该集团转投资祥丰电子，第一阶段先取得55%的股权，之后分阶段取得100%的股权。

2010年9月公司以公开收购方式取得宇环科技股权，成为宇环最大股东，截至2012年公司持有宇环股权的比例约为44%。

2011年光电电板产业基本成熟，成长放缓，开始布局资讯面板业务，以NB板和手机板为主。

2015年5月公司董事会通过，拟购买经分割与减资后的台湾日立化成工业股份有限公司80%股权，投资金额约为2.57亿元。通过此次投资案，志超科技跨足汽车板领域，客户包含日系及美系车，产品以汽车A/V显示屏用PCB为主。

3. 经营状况

志超科技的主要产品包括2—6层液晶显示器用板、6—12层笔记本电脑用板、HDI、LED板、铝基板、显示器背光模块、照明模块。2017年企业累计营业额225亿元，缴纳税款3亿元，净利润8.2亿元。

志超买下在台湾高雄的日立化成PCB厂，并独立成为志昱科技，让志超由全球第一大的光电板厂进一步切入汽车板市场。2018年4月，志超主管指出，2017年志超对志昱进行增资、扩张产能，预估月营收将成长到1.4亿元，也是2018年营收成长的重点之一。

同时，志超目前在四川的遂宁厂也开始对大陆面板厂京东方接单生产光电板。

4. 大陆投资情况

2000 年投资成立祥丰电子（中山）有限公司，负责生产、销售各类电路板。

2001 年投资成立统盟（无锡）电子有限公司，负责印刷电路板加工制造。

2006 年投资成立志超科技（苏州）有限公司，负责生产、销售各类电路板。

2008 年投资成立江阴信捷正电子有限公司，负责生产、销售各类电路板。

2012 年投资成立志超科技（遂宁）有限公司，负责生产、销售各类电路板。

2016 年投资成立信翔（厦门）科技有限公司，负责销售各类电路板。

（二十一）隆达电子股份有限公司

1. 基本情况

隆达电子股份有限公司是台湾 LED 产业中唯一垂直整合上游、中游、下游制程到照明产品应用一条龙生产的国际级 LED 领导企业。母公司为友达光电，2008 年成立于台湾新竹科学园区，现任董事长是苏峰正。

2. 发展历程

2013 年，隆达合并威力盟电子，业务得到扩张。

隆达于 2014 年 8 月 27 日宣布与美国 Cree 签订长期合作协议，Cree 持股比重约 13%，隆达向 Cree 提供蓝光 LED 晶粒，且得到 Cree 的 LED 晶粒与组件相关的专利授权。

在产能方面，隆达至 2014 年底的 LED 封装产能达 14 亿颗 / 月；在晶粒扩产方面，2015 年上半年前段产能扩至 35 万片。

3. 经营状况

隆达电子产品主要包括氮化铟镓（InGaN）磊芯片与晶粒、LED 封装及模块（主要应用于液晶电视、笔记本电脑及液晶显示器等）。2018 年公开发表全系列最新 LED 产品，包括 Micro LED 晶粒、UFP I-Mini RGB 模块以及 mini LED 背光灯板，展现了公司在 LED 微型化技术趋势中的领先能力。其中，Mini LED 背光产品已开始出货，应用于高阶电竞笔电及高阶绘图显示器；另外，小间距显示屏 LED 产品也已开始送样，未来可望应用于商业用公众显示器；车用光学模块产品已量产出货，应用于欧洲火车头灯。智能头灯系统打入大陆客户供应链，主要特色在于可感测对向来车，调整车灯照射范围；IR LED 应用于传感器、生物辨识；UV 打入美国美甲机大厂。

4. 大陆投资情况

2010 年投资成立达亮电子（苏州）有限公司，负责生产发光二极管外延片、灯条及模块。

2011 年投资威力盟电子（苏州）有限公司，负责冷阴极灯管、发光二极管及电子信息产品电路板表面黏着之产销业务。

2013 年投资成立达亮电子（厦门）有限公司，负责生产发光二极管外延片、灯条及模块。

2017 年投资成立达亮电子（滁州）有限公司，负责生产发光二极管外延片、灯条及模块。

（二十二）嘉联益科技股份有限公司

1. 基本情况

嘉联益科技股份有限公司为全球前十大及岛内第一大软式电路板专业制造厂商，成立于 1992 年，总部位于台北树林。嘉联益分别于江苏省昆山市、苏州市及深圳市设生产基地，并分别于美国、芬兰、新加坡等国家以及香港、东莞市、成都市、厦门市等地设置子公司及办事处。现任董事长是蔡长颖。

2. 发展历程

1999 年转投资美国分公司 Circuit Service LLC，拓展业务布局。

2000 年开始在大陆布局，先后在昆山市、苏州市与深圳市设立子公司及工厂。

2003 月，嘉联益合并百稼科技，嘉联益因此成为当时台湾软板厂第一大、世界十大软板厂之一。

2014 年嘉联益战胜旗胜打进苹果供应链，此时它在全球软板排名仅第七，市占率只有原本苹果主要供货商——全球软板龙头旗胜（Nippon Mektron）的五分之一。

3. 经营状况

嘉联益科技股份有限公司为全球前十大暨台湾第一大软式电路板的专业制造商，该厂产品应用于手机、触控面板、平板电脑、平板显示器、笔记本型电脑、卫星导航、汽车电子及医疗器材等多个领域。2017 年嘉联益科技股份有限公司累计营业额为 129 亿元，缴纳税款 1775 万元，净利润 2260 万元。

2018 年嘉联益积极扩张观音新厂，目前建坪达 3 万坪（1 坪约等于 3.3 平方米）左右，为树林厂的 2.5 倍，8 月所有机台都已安装到位，部分制程会先行投产，9 月开始配合苹果 LCD 新机进行拉货。环保方面，嘉联益先后在苏州和昆山面临环保政策冲击，随着观音新厂的量产，将有可能提升公司在台湾厂区的营收比重。

4. 大陆投资情况

1998 年投资成立嘉联益电子（昆山）有限公司，负责生产电路线板、柔性线路板、刚挠结合多层线路板。

2002 年投资成立嘉联益科技（苏州）有限公司，负责生产、加工柔性电路板，组装各类膜片开关及其组合件，封装集成 IC 柔性电路板组装。

2004 年投资成立嘉联益科技（深圳）有限公司，负责生产经营柔性线路板及新型电子元器件。

此外，还在东莞市、成都市、厦门市设立了办事处。

（二十三）耀华电子股份有限公司

1. 基本情况

耀华电子股份有限公司是全球前十大 HDI 电路板供货商，也是岛内第三大手机板制造商。公司在 1984 年 12 月于新北市土城工业区创立，目前在台湾、上海市均布局有工厂。现任董事长是张元铭。

2. 发展历程

2007 年 8 月公司投入太阳能电池事业，宜兰利泽太阳能厂动工，于 2008 年 6 月兴建完成并正式投产。

2010 年 8 月公司将太阳能事业部门分割，并成立耀祥光电，资本额为 5.5 亿元，公司 100% 持有。

耀祥光电为太阳能电池厂，2011 年年初共有两条生产线，年产能为90MW。于 2011 年年底新增第三条年产能 80MW 生产线，但因近期太阳能市场情况不佳，扩产进度已经递延。

3. 经营状况

耀华电子股份有限公司生产的产品从早期 PC 使用的多层板，升级至智能装置使用的高密度互连增层板，同时跨足太阳能电池事业，成立耀祥光电股份有限公司负责太阳能电池生产研发。2017 年耀华电子合计营收额 181 亿元，缴纳税款 2925 万元，净利润 6.5 亿元。

4. 大陆投资情况

1995 年投资成立上海展华电子有限公司，负责加工、生产柔性线路板，多层印刷电路板，印刷电路板组件以及刚挠印刷电路板。

2005 年投资成立实密国际贸易（上海）有限公司，负责各种医疗器材、电子产品及太阳能设备的买卖。

2009 年投资成立神州富盛科技（北京）有限公司，负责技术推广、技术咨询；零售食品添加剂、机械设备、电子产品、化工产品（不含危险品）。

2012 年投资成立富乔（东莞）玻纤有限公司，负责玻璃纤维布研发产销业务。

2018 年投资成立上海展华电子（南通）有限公司，负责高密度互连积层板、多层挠性板、刚挠印刷电路板的研发、生产、加工。

（二十四）中强光电股份有限公司

1. 基本情况

中强光电股份有限公司是台湾第一家液晶背光模块制造商，背光模块及数字投影机的出货皆为全球第一大，并且率先开发量产全球最小、最轻的 VGA 单片液晶投影机及 XGA DLP 投影机。中强光电 1992 年 6 月 30 日成立于新竹科学园区，营运据点遍布台湾地区（新竹科学园区、竹南科学园区、台南科学园区、新竹工业区）、中国大陆及美洲、欧洲等地。现任董事长是张威仪。

2. 发展历程

2002 年 1 月，成立奥图码科技股份有限公司，转投资投影机品牌，研发及销售投影机及外围产品，种类包括可携式商务型投影机、专业级高亮度投影机、家庭剧院投影机、专业剧院级投影机、四合一 DVD 投影机等，是全球第二大投影机品牌。

2002 年 2 月，于新竹科学园区成立扬明光学股份有限公司，主要从事光学引擎关键零组件及光学引擎的研发、设计、制造及销售。

2009 年第二季度，宣布与大陆家电大厂 TCL 合资设立背光模块厂，工厂位于 TCL 惠州厂，2009 年 10 月投产，月产能约 40 万片。

2010 年 12 月 7 日，公司与日本触控面板制造大厂郡是（Gunze）合资于广州兴建触控面板新厂，主要生产 10 寸的电容式触控面板，月产能为 20 万片。

2014 年 6 月收购台龙转投资的中小尺寸 LCM 厂广桥光电，规划厂房调整由 Open Cell 段生产至 LCM。广桥光电的 4.5 代线月产能为 1.2 百万片，规划最大产能可增加至 2.4 百万片。

2017 年下半年起，将公司的新事业独立成 5 家子公司，分别为宇康医电（发展体适能评测软件及分析平台）、诚屏科技（智能显示屏方案）、谱巨科技（手持式光谱仪及云端服务平台）、中光电智能云服（公共推播、智能零售、智能校园）、中光电智能机器人（商用无人机安控解决方案）。

3. 经营状况

中强光电是一家数位投影机、互动式影像投影系统、影像讯号处理盒、影像投影模组、液晶背光板、触控模组以及工业或医疗用显示器制造、设计及研发公司。2017 年中强光电累计营收额为 531 亿元，缴纳税款 5.2 亿元，净利润 17 亿元。

中强光电意图加强其在显示和光学发展技术方面的领先地位，于 2018 年初宣布与光波导设计和制造商 WaveOptics 达成合作协议。中强光电的总裁补充说："WaveOptics 会利用规模技术提供无与伦比的性能。该模块计划能够实现 AR 的商业化，让 WaveOptics 更快地打入新市场，并推动中强光电（Coretronic）成为横跨亚洲、北美和欧洲的全方位显示系统供应商。"

4. 大陆投资情况

2001 年投资成立昆山伟视光学有限公司，负责设计、研发及生产投影机。

2001 年投资成立昆山扬明光学有限公司，负责研发、制造光学引擎及相关光学电子器材。

2002 年投资成立苏州璨宇光学有限公司，负责研发、制造背光模块及相关零组件。

2002 年投资成立苏州璨鸿光电有限公司，负责研发、制造面板模块及其相关零组件业务。

2003 年投资成立苏州扬明光学有限公司，负责研发、制造光学引擎及相关光学电子器材。

2005 年投资成立昆山扬皓光电有限公司，负责数字投影机、液晶显示器及相关零组件的研发、加工、制造。投资成立上海璨宇光电有限公司，负责研发、制造背光模块及相关零组件，销售公司自产产品并提供相关的售后维修服务。投资成立璨宇光学（南京）有限公司，负责研发、制造背光模块及相关零组件。

2006 年投资成立宁波璨宇光电有限公司，负责研发、制造背光模块及相关零组件。投资成立扬璨光学（苏州）有限公司，负责研发、加工、制造背光模块用光学膜产品。

2007 年投资成立广州璨宇光学有限公司、苏州扬旭科技有限公司，负责研发、制造背光模块及相关零组件。

2008 年投资成立广州扬旭光电科技有限公司，负责研发、加工、制造液晶显示器导光板。

2008 年投资成立扬昕光电科技（南京）有限公司，负责制造与销售压克力板及导光板。

2010 年投资成立上海扬拓系统工程，负责智能化工程及电子零组件销售，并提供相关配套服务。

2011 年投资成立扬郡光电（广州）有限公司，负责研发、加工、制造显示器零组件。

2015 年投资成立苏州璨宇光电，负责研发、生产、加工背光模块、液晶模块、液晶电视。

2017 年投资成立苏州璨曜光电有限公司，负责研发、制造背光模块及相关零组件。投资成立昆山扬烨光电有限公司，负责数位投影机模组产品、光谱仪、激光及其他高清晰度数字投影装置模组产品的生产。

（二十五）丰艺电子股份有限公司

1. 基本情况

丰艺电子股份有限公司是业界领先的 LCD 液晶显示板产品代理商，成立于 1986 年，总部设立于台北市内湖区，目前在中国大陆和香港地区以及美国、新加坡、日本、荷兰均设有子公司或服务据点。现任董事长是陈澄芳。

2. 发展历程

1999 年开始着眼于系统整合业务，发挥软件、光学、机构、机电技术优势，提供从研发到制造的完整解决方案。取得联友光电（Unipac）TFT-LCD 液晶显示板产品代理，与联友光电（Unipac）策略联盟，成为小尺寸 TFT-LCD 液晶模块产品制造销售的策略伙伴。

2007 年，为强化软件方面的技术能力，丰艺电子并购软件开发商远联科技，使之成为旗下子公司，提供完整的软硬件产品与系统开发服务。

2013 年 8 月，公司为加强整体竞争力及专业分工，已将特定应用产品事业群分割给子公司劲丰，公司则单纯致力于电子零组件的代理业务，而劲丰则专注于制造业务。

3. 经营状况

丰艺电子股份有限公司的主要产品包括 LCD 驱动板卡、嵌入式板卡、open frame 触控式荧幕等。2017 年产品营收结构为特定应用及液晶显示面板相关产品（占 40%）、线性 / 分布式组件（占 37%）、应用芯片（占 7%）、其他（包括图像处理 IC、微电脑控制器、LED 及内存等，占 16%）。2017 年公司累计营业额 184.8 亿元，缴纳税款 8487 万元，净利润 4 亿元。

4. 大陆投资情况

目前丰艺电子在上海市、深圳市分别设立了丰艺电子（上海）有限公司以及嘉合丰电子（深圳）有限公司，负责在大陆的行销及贸易业务。另外在昆山市、青岛市也设有办事处。还未在大陆设立工厂。

（二十六）恒颢科技股份有限公司

1. 基本情况

恒颢科技公司为岛内领先的 NB 供货商，市占率约有三成。公司成立于 2010 年 12 月，为仁宝集团子公司，总部设立于新竹县湖口乡新竹工业区，目前在台湾、江苏省昆山市均设立有工厂。现任董事长是许振昌。

2. 发展历程

2013 年度，恒颢科技推出全新投射式电容薄膜触控方案——FilAgree，成功打入高阶 Notebook 市场。

3. 经营状况

恒颢科技主要从事投射式电容触控面板及关键零组件研发、制造与销售等相关业务，产品的应用与销售以笔记本电脑为发展主轴，扩展至智能型手机、平板计算机、AIO 与穿戴、家电、工控及车载产品。恒颢的优势之一在于强大的产品垂直整合，包括产品的保护玻璃（Cover Glass）、触控传感器（Touch Sensor）、显示器模块（LCM）开发设计制造、直接贴合（Direct Bonding）以及系统半成品组装。

2017 年第四季度，恒颢科技董事长许振昌指出，恒颢在消费市场以笔记型市场为发展主轴，积极转向车载与工业触控领域，目前已在送样并积极参展布局。

4. 大陆投资情况

恒颢光电科技（昆山）有限公司为仁宝集团子公司，成立于 2010 年 12 月，注册资本额超 1000 万美金，主要从事触控显示器、触控屏幕等敏感元器件研发、设计、生产，同时销售自产触控类产品，并提供售后服务。

（二十七）华宏新技股份有限公司

1. 基本情况

华宏新技是背光模块光学膜片最大专业制造裁切厂，也是岛内扩散膜第一大制造商。公司 1973 年成立，目前总部设立于高雄市前金区，陆续在苏州市、惠州市、宁波市、厦门市及青岛市等地设厂。现任董事长是张瑞钦。

2. 发展历程

1973 年公司成立初期，产品为研发耐磨地板及耐酸碱用环氧树脂，2000

年拓展业务，官田厂开发 LCD 背光模块用扩散片、反射片产品，开始投入 LCD 光学材料产业。

2003 年分割镁合金事业部，与日本 YAMAHA FINE TECH 合资成立宏叶新技股份有限公司。

2006 年合并聚美光科技股份有限公司，导入精密涂布技术与制程。

2008 年与郡是株式会社合资设立郡宏光电股份有限公司，生产 ITO 导电薄膜。

2012 年 LCD 光学材料成功打入日系 TV 品牌客户供应链。

2015 年扩大光电材料的服务范围，包括印度、土耳其等新兴市场，并提升利基型产品自制率与销售、优化代工产品组合及附加价值。

2016 年华宏宣布与英国无镉量子点及纳米材料厂商 Nanoco Technologies Limited 技术合作，运用 Nanaco 的无镉量子点材料及华宏薄膜加工技术，生产无镉量子点薄膜，提高显示器色彩饱和度，应用于高解析的 4K、8K 液晶电视等产品。

3. 经营状况

华宏新技的主要产品有 LCD 光学膜，包括扩散膜、反射片、扩散板、聚光片、复合式光学膜、导光板及微黏性保护膜等光学膜片。还有触控传感器、TFT 面板导电层、机能材料、光机热等。2017 年华宏新技累计营业额 82 亿元，缴纳税款 1200 万元，净利润 5237 万元。华宏新技 2018 年初表示，2018 年大尺寸面板产能面积将从 2017 年 187.9 万平方米增加至 2018 年 202.4 万平方米，年供给面积增加 7.7%；大尺寸面板中，2017 年电视面板最终需求量约 261 百万片，预计 2018 年将增长至 269.5 百万片。

4. 大陆投资情况

2000 年投资成立广州悠广光电科技有限公司，负责灯箱、LED 光电组件及照明产品生产组装。

2005 年投资成立盛宏光电（惠州）有限公司，负责 BMC 材料及成型品、扩散膜、反射片等 LCD 材料产销业务。

2007 年投资成立厦门广宏光电有限公司，负责 LCD 显示器用光学膜产品生产加工、LCD 用模块组装及设计。

2007 年投资成立宁波长宏光电科技有限公司，负责生产销售新型平板显示器件、LCD 用光学膜片等。

2010 年投资成立青岛长宏光电科技有限公司，负责生产销售新型平板显示器件、LCD 用光学膜片等。投资成立惠州市新耀贸易有限公司，负责 BMC 材料及成型品、扩散膜、反射片等 LCD 材料销售业务。

2014 年投资成立青岛益宏新型材料有限公司，负责碳素石墨制品生产及销售。

第四节　智能制造

一、产业发展概况

根据 2016 年 12 月 8 日工业和信息化部、财政部发布的《智能制造发展规划（2016—2020 年）》的定义，智能制造（Intelligent Manufacturing，IM）是基于新一代信息通信技术与先进制造技术深度融合，贯穿设计、生产、管理、服务等制造活动的各个环节，具有自感知、自学习、自决策、自执行、自适应等功能的新型生产方式。智能制造源于人工智能的研究。一般认为智能是知识和智力的总和，前者是智能的基础，后者是指获取和运用知识求解的能力。智能制造应当包含智能制造技术和智能制造系统。智能制造系统不仅能够在实践中不断地充实知识库，而且还具有自主学习功能，有搜集与理解环境信息和自身的信息，并进行分析判断和规划自身行为的能力。智能制造产业链涵盖感知层、网络层、执行层和应用层四个层次，其中感知层主要包括传感器、RFID、机器视觉等领域；网络层主要实现信息传输与处理，主要包括云计算、大数据、智能芯片、工业以太网等技术领域；执行层主要为智能制造终端集成产品，包括机器人、数控机床、3D 打印设备等；应用层主要为智能生产线。

1988 年美国 P.K.Wright 和 D.A.Bournede 在 *Manufacturing Intelligence* 一书中提出，"智能制造"是利用集成知识工程、制造软件系统及机器人视觉等技术，在没有人工干预条件下智能机器人独自完成小批量生产的过程。智能制造产业链涵盖智能装备、工业互联网、工业软件及将这些环节有机结合的自动化系统集成和生产线集成等。智能制造产业包括以高档数控机床、工业机器人、3D 打印等为代表的智能制造装备工业，以智能家电、智能汽车、智能穿戴设备为代表的智能制造消费品工业，以及与之相关的个性化定制服务、全生命周期管理、网络精准营销及在线支持服务等生产性服务业。智能制造集软件、电子、控制、机械为一体，以智能生产终端为核心，主要由三大方面构成。（1）"云"：工业大数据及云计算。比如《中国制造 2025》要推动的是智能化和信息化，而非仅仅自动化。自动化设备产生的大量数据通过传感系统等路径，实现采集、反应和预测，形成可行为的大数据（Actionable Data），帮助制造形成从生产到销售的整个闭环。（2）"网"：工厂内物联网及覆盖产业链整体的工业互联网。目前国内制造业信息化升级，可以采用传感器、RFID、机器视觉、人脸识别等 20 余种方式来实现工业数据的采集并汇总至中央控制平台，这是打造工厂内物联网及产业链整体互联网的"基石"。（3）"端"：智能机床、机器人、传感器、机器视觉等智能生产设备，AGV、服务机器人等智能物流设备以及智能制造在其他领域的应用，如新能源汽车、能源互联网、智能制造装备等。智能生产终端是核心，最先受益且业绩弹性巨大。从长期角度来看，智能生产设备后续的竞争力取决于其对硬件与软件结合的能力。智能制造的主要过程是将智能装备（包括但不限于机器人、数控机床、自动化集成装备、3D 打印等）通过通信技术有机连接起来，实现生产过程自动化；并通过各类感知技术（传感器、RFID、机器视觉等）收集生产过程中的各种数据，通过工业以太网等通信手段，上传至工业服务器，在 MES/DCS 软件系统的管理下进行数据处理分析，并与企业资源管理软件（例如 ERP）连接，提供最优化的生产方案或者定制化生产，最终实现智能化生产。上游是制造行业的零部件以及感知层次的相关产品；中游包括网络层的相关信息技术、管理软件和平台软件等；下游是执行层和应用层，以工业机器人、智能机床、3D 打印为产品构成的自动化生产线和智能工厂。

智能制造发展需经历自动化、信息化、互联化、智能化四个阶段。其中，自动化为淘汰、改造低自动化水平的设备，制造高自动化水平的智能装备；信息化为产品、服务由物理到信息网络，智能化元件参与提高产品信息处理能力；互联化为建设工厂物联网、服务网、数据网、工厂间互联网，装备实现集成；智能化为通过传感器和机器视觉等技术实现智能监控、决策。台湾制造业自动化发展在经历了程序化（资本密集产业阶段，1982—1991年）、整线化（技术密集产业阶段，1991—2001年）、电子化（创新密集产业阶段，2001—2011年）后，已经于2011年步入运用物联网、智能机器人、大数据及精实管理技术推动联网智能智造及服务系统的智能密集产业阶段。

台湾当局"行政院"2015年推动的"生产力4.0发展方案"，主要策略即是结合台湾智能机械及通信优势，运用物联网、智能机器人及大数据等技术，再加上精实管理，使产业迈入4.0阶段，其中重点扶持的产业就是智能机械制造。蔡英文上台以后提出以台中地区为中心，打造智能机械创新之都，让机械业结合物联网，往工业4.0前进。多年来，台湾大力发展智能型产业，包括"云端运算""智能电动车""绿建筑"与"发明专利产业化"，运用创新发展能力，开创新世代的荣景。具体内容包括：

（1）云端运算：台湾的信息科技（IT）制造产业在全球占有优势地位，具备云端数据中心服务器、储存、网络等硬设备的自主制造与平价供应能力。此外，台湾的通信（ICT）基础建设完备，人才素质佳，已使台湾奠定信息化社会的领先地位。为维持信息科技竞争力，让台湾成为云端运算产业的科技佼佼者，"行政院"2010年宣布推动"云端运算产业发展方案"，于5年内投入240亿元经费，刺激企业研发投资127亿元，促成制造、服务业等其他方面投资1000亿元，并提供5万个就业机会，达成云端服务应用体验1000万人次，可创造1兆元的产值。

（2）智能电动车：规划通过建立CO_2排放与油耗标准以健全发展环境、推动示范运行、提高消费者购车诱因、健全友善使用环境及辅导产业发展五大发展策略，于2016年成为世界智能电动车发展的典范，并落实台湾建立低碳岛的政策目标。迄今为止，台湾已实施免征电动车辆货物税5年，计划于2020年成为全球前五大智能电动车输出地，年产量120万辆（内销20万辆，外销100万辆）。

（3）智能绿建筑：运用通信高科技软实力的成就与节能减碳之绿建筑结合，落实推展智能绿建筑产业，通过创新技术研发、健全法制规范、培训专业人才及办理示范应用推广，全面提升生活环境质量，开创产业发展新利基，并成为领先国际之典范，落实台湾建立低碳岛之政策目标。全面推动智能绿建筑创新生活应用，带动相关技术开发及产业发展，并进一步促进台湾在智能绿建筑产业的发展，达到领先全球的目标。

（4）发明专利产业化：台湾地区每年在德国、瑞士、英国及美国等地举办的国际发明展中屡获佳绩。发明专利产业化的方案整合产学研资源，建立专利技术产业化服务机制，通过建置专利加值辅导顾问中心、辅导商品化验证服务、强化台湾技术交易整合服务中心功能、辅导发明专利商品化等措施，以达到建立专利技术产业化成功典范及推动台湾成为专利技术交易的先进地区的愿景。2010 年至 2015 年台湾投入 118 亿元，促成 5700 件专利技术达成授权及让与，进而产业化并带动民间投资 200 亿元，衍生经济效益 1130 亿元。

除了以上四大智能产业，2017 年，台湾当局"科技部"在"行政院"报告了"AI 的科研战略"，计划 5 年将投入 160 亿元执行五大策略，逐年诞生多处 AI 创新研究中心，以及在中科、南科设机器人制造基地。该报告指出，第一项策略是研发服务，将建构 AI 主机，以 4 年 50 亿元整合台湾资源，提供大规模共享的高速运算环境，孕育 AI 技术服务公司；第二是创新加值，将设立 AI 创新研究中心，以 5 年为期，每年投入 10 亿元；第三是创意实践，将打造智能机器人创新基地，4 年预计投入 20 亿元，落实机器人软硬整合与创新应用；第四项产业领航策略，提出半导体射月计划，4 年将投入 40 亿元经费，全力协助半导体业进入 AI，培育顶尖半导体制程与芯片设计人才。

1. 智能机械

台湾 90% 的机床及零部件厂商集中在大台中，台湾中部地区成为全球唯一的机床及零部件产业聚落。台中工业区及台中精密机械园区已创造 5000 亿元产值、6.1 万个就业机会，分别占大台中精密机械总产值逾 1/2、就业总人数逾 1/5。已摘下全球单位面积产值第一、密度最高精密机械聚集地的"双冠王"。

台湾地区机械工业同业公会将 2015 年定为"智能机械制造元年"，启动台湾智能机械的研发生产，宣传智能机械助力台湾机械产业转型发展的重要性。2016 年为智能机械行动年，诸如推动 4G 智能宽频应用，举办亚太通信科技联盟大赛，营造机械产业发展良好环境等；协助龙头企业美光在台扩大投资；推动台湾螺丝螺帽转型升级；分两波创建 12 家智能机械示范厂等。2017

年为智能机械整合年，致力于创造机械产业的新商业模式。台湾机械工业工会明确产业转型与构建未来发展方向的思路，着力于提升机械技术层级，从点到线再到面不断实践，打磨智能机械制造。譬如远东机械铝轮圈制动化生产线、台中精机 V4.0 智能化自动加工生产线，都是从点到线再到面打磨出来的智能工厂生产线。

2. 智能机器人

（1）机器人主体。机器人主体分成工业机器人与服务型机器人。2013 年台湾工业机器人产值约 526 亿元，超过一半为来自零组件与整合服务的贡献，在市场能见度较低的情况下，单纯机器人主体仅有 78 亿元，占比不到二成。2016 年台湾工业用机器人出口突破 1 亿美元，2011—2016 年间平均年增长 4.5%。目前岛内能够生产工业机器人的企业有上银科技、台达电子、鸿海集团等。

（2）关键零部件。它包括伺服马达与控制系统，代表厂商为台达电、鸿海旗下的赐福科技，及上银科技、勤堃机械、盟立、瑞颖、亚德以及研华旗下未上市公司研华宝元数控等企业。目前世界主要智能型机器人制造厂家所使用的工业主机板，有一部分是由台湾的威盛公司所生产。

（3）系统整合。这是台湾的优势，例如盟立、均豪、和椿、阳程、东台等企业，都在各自的擅长领域开拓市场。订制化系统整合能力的高低，是机器人系统整合商获利高低的关键。与机器人相关的自动化设备也为台湾厂商持续耕耘的领域之一。川宝、致茂、志圣、阳程等皆为其中有名的企业。

与此同时，参考美国 ROBO-STOX LLC 公司所创立的全球机器人与自动化指数股票型基金（简称"ROBO-STOX 基金"），可以发现除了美、德、日的重量级企业外，其中也收进了台湾的 5 家公司，排名世界第四位，这 5 家台湾企业分别是上银科技、台达电子、鸿准精密、亚德客与东元电机公司。其中上银科技是台湾最早投入机器人产业的代表，也是唯一有工业机器人出口的上市公司，现在已是全球第二大制造厂，市场占有率达 40%；台达电子公司的优势是电控零部件；而鸿准精密是鸿海（富士康）集团的子公司，具有"产品平价化、普及化"的制造能力；东元电机公司则以云端机器人全新概念，在台湾率先发表全系列云端智能家电；亚德客（Air Tac）公司是生产机器人控制组件、气动组件的企业，超过 90% 的零件为自制。

台湾机器人相关上市企业情况如表 4-9 所示。

表 4-9 台湾机器人相关上市企业及 2013 年营收业绩

产业类别	产品	公司	2013 年营收（百万元新台币）
上游零组件	气动元件	亚德	7275
	线性滑轨	直得	943
	线性滑轨、滚珠螺杆	上银	12486
	伺服马达	台达电	177053
	陀螺仪	菱生	6048
	轴承	瑞颖	1001
工业电脑	控制系统	研华	30656
		精联	1965
		欣技	1431
		凌华	6480
设备商	印刷电路板自动曝光机	川宝	1151
	检测设备	致茂	10171
	机器人	盟立	6585
	印刷电路板压校机、曝光机	志圣	3440
	检测设备	德律	4084
	半导体设备	京鼎	2592
	FRD 自动化设备	阳程	3400
	FRD 自动化设备	均豪	2561
机械系统	机器人零部件	亚崴	2993
		程泰	5882
		东台	7688
整合商	仓储、物流系统	广运	7633
	气体等供应系统	帆宣	14042

资料来源：作者综合参考整理。

　　20 世纪 80 年代台湾倡导工业自动化政策，开始投入产业用机器人相关应用发展，"工研院"投入工业机器人的研发。但关键零组件多为进口，使得整机产品成本高，竞争力不足，投入厂商多转为代理销售及系统整合，间接影响多轴工业用机器人产品与技术的发展。20 世纪 90 年代台湾厂商大多进口工业机器人与产业线，自动化主要朝着各式夹具设计制造、系统整合服务等项目发展。"工研院"所培育出的专业人员投身产业界后发展出如盟立自动化、均豪精密工业等有能力协助光电业、半导体业设备厂设置生产线的业者。这一时期，台湾 ICT 产业快速成长。同时，由于大陆出台各种优惠条件，让以工业生产为主的台湾制造业，大量外移到大陆。21 世纪以后，除了工业用机器人外，台湾陆续有教育、娱乐、伴侣、照护等原型机器人产品产出。清洁机器人崭露头角，松腾为全球第二大品牌。台湾开始大力推广智能型机器人产业、厂商工程及自动化能力与系统整合服务能力（即智能自动化）。台湾工业用机器人关键零组件本土化，机器人品牌陆续诞生。"工研院"在智能机器人的发展上扮演产业领头羊的角色。2005 年科技发展策略会议提出，向产业用机器人自产化、发展平价专用型机器人、强化机器人与制程设备系统整合能量，并推动自创品牌，以亚太市场为主要目标进行发展。而机器人更是智能机械产业推动方案中关键的智能技术元素之一。台湾智能机器人产业在上述政策的带动下，已有业者完成智能机器人产品的研发量产，并建立自有品牌，接轨智能机械及制造业智动化商机列车。面对全球高龄化与少子化趋势，台湾岛内亦陆续有业者投入发展服务型机器人。总体而言，台湾智能机器人产业正处于稳定成长阶段。台湾当局"国贸局"进出口贸易数据显示，台湾地区 2016 年出口的工业用机器人总数量为 29153 台，主要输往中国大陆及德国，占 2016 年出口总数的 61%，整体呈现逐渐成长趋势，从出口产品平均单价来看，机器人类型以直角坐标、单轴等少轴数机器人为多。台湾工业用机器人的年度新增装置数量，2016 年增长至 7569 台，工业用机器人的需求来源由无尘室扩展至一般制造业应用，且近三年受惠于半导体产业设厂投资以及制造业转型智能生产，带动市场需求成长。

　　台湾服务型机器人发展方面，台湾业者主要以家用清洁与教育娱乐机器人开发制造为主。清洁机器人部分业者如松腾（Matsutek）以自有品牌推出产品；以代工为主的业者有昆盈（代工 Neato）、金宝电子（代工 iRobot）等业者，且松腾另有承接代工业务。台湾清洁机器人产值规模约 37 亿元，年产量 50 万台以上；松腾实业的清洁机器人产量则占全球市场前三大（占比 10% 以上）。2016 年教育娱乐机器人部分，台湾主要投入业者包括祥仪企业、益众科技、普特公司、利基应用科技等，祥仪企业主打伺服机模块及人形格斗机器人产品，并结合观光产业，成立机器人梦工厂，在台湾市场占有一席之地。此类型的机器人及零组件产品市场规模约 15 亿元。此外，在医疗照护机器人方面，台湾业者有信文达公司代理达文西机器人，以及上银科技投入内视镜扶持机器手臂、下肢肌力训练机等，下肢肌力训练机已获得 CE、欧盟认证，开始销往台湾外医疗单位使用。另有鸿海、华硕与宏碁等知名大厂投入商业服务、居家陪伴等服务型机器人产品市场。

3. 智能电动车

（1）从生产层面来看。首先，从台湾生产电动车的关键零组件厂商来看，其在国际发展电动车辆之初，即已供应零组件给国际大厂，并提供客制化的设计研发服务，如富田电机、公准精密、致茂电子及能元科技等，都获得国际大厂的肯定，成为美国 Tesla Motor、德国宝马 Mini-E 等电动车制造商的零件供应者，供应其马达、电池模块及动力控制模块等关键零组件。

除了具有国际水平的关键零组件业者外，台湾在电动车辆整车发展上也已进入商业化量产阶段。在电动机车方面，目前台湾从事电动机车开发与生产的厂商超过 20 家，产品类型包含轻型与小型电动机车，其中华汽车、光阳、益通等厂商的电动机车已通过 TES 标准（Taiwan E-Scooter Standard）的严苛性能验证，取得"政府"车辆购买补助资格。另外益通、必翔等电动机车厂商，已将产品营销至欧洲等国家，为台湾电动机车在国际市场上打响了知名度。

在电动汽车整车方面，台湾的裕隆集团已完成自有品牌——纳智捷 Luxgen-M7 智能电动车的开发，这是以 MPV 车型为基础的电动车，由台湾的厂商提供关键零组件，其中包括能元科技所提供的电池模块、富田电机供应的马达技术、台达电子提供控制支持，以及宏达电提供的智能信息平台等。此外还由美国 ACP 公司提供技术整合服务，以 350 公里的长距离续航力，结合智能与人性的电子化设备。

（2）从推动成果来看。台湾自 2010 年开始推行智能电动车发展以来，已经取得了多项成果。例如，截至 2013 年，台湾当局已促成电动车辆产业投资金额达 100.5 亿元，协助 31 家厂商从事电动车整车及关键零部件的研发，台湾"工研院"、车辆中心、金属中心、"中科院"、裕隆集团华创车电技术中心等研究机构组成"台湾电动车研发联盟"。目前台湾电动车均以先导运行为主，截至 2014 年 12 月 4 日，共计有 8 个专案 315 辆电动车 559 座充电设施。在电动汽车方面，截至 2016 年，台湾已经建成的电动汽车充电桩约 600 个，超过 360 辆电动汽车在运营；而电动大巴的市场投放量约在 250 辆。

为了推动电动车产业发展，台湾当局各"部会"皆全力推动各项政策措施落实，利用政策力量来建设适合该产业发展的环境。目前已有 7 家电动汽车厂商，包括纳智捷汽车、华德动能、必翔电动车、酷比汽车、中华汽车、皆盈绿动能与日产，共 9 款电动车辆通过其"交通部"安审测试，已可正式领牌上路运行。

2016 年底，台湾当局修改"货物税条例"，继续给予电动车 5 年免货物税的优惠，配合第三期先导运行计划推出。乐观预估，5 年内台湾电动车的销售数量可以成长至近 6000 辆的水平，较过去 6 年仅有的 700 辆电动车而言可谓销售数量大增。电动车未来年度产量产值推估如表 4-10 所示。

4. 智能纺织业

根据台湾"纺织业拓展会"统计资料，2015 年台湾纺织业产值约 5320 亿元，纺织品出口值为 3456 亿元，贸易顺差达 2352 亿元，为台湾第三大贸易顺差产业，并造就 16 万余个就业机会。台湾智能纺织品结合了 IT 产业、医疗用健康看护、居家生活、运动、安全防护及保护，给予用户更友好的产品运用与服务，使用微电子与高技术的新科技，纺织品正往多功能且可携带式的方向发展。为加速跨域整合推动纺织业智能化，在台湾当局"经济部"及"纺织产业综合研究所"协助下，"台湾智能型纺织品联盟"（TSTA）已在 2017 年 3 月 31 日成立，约 40 家业者加入，成员包含上游材料、纺织、电子 / 系统、认证单位、设计 / 通路等领域。

表 4-10 台湾智慧电动车未来年度产量产值推估

年度	电动车销售量（辆）（BEV）	电动车		产业小计（新台币亿元/年）
		制造产业值（新台币亿元/年）	服务产业值（新台币亿元/年）	
2010—2011	500	10	4.4	14.4
2012	1000	20	7	27
2013	1500	30	11	41
2014	12000（含外销5000）	240	346	2746
2015	25000（含外销10000）	500	103	603
2016	60000（含外销15000）	1200	312	1512
2030	1200000（含外销1000000）	24000	7560	31560

资料来源：台湾经济主管部门："经济部智慧电动车发展策略与行动方案"，2010年4月。

二、两岸产业关系

随着第四次工业革命的到来，智能制造成为驱动制造业发展核心动力。为引导制造业升级，近年来，中国政府相继发布了《工业互联网发展行动计划（2018—2020年）》《促进新一代人工智能产业发展三年行动计划（2018—2020年）》《工业互联网网络建设及推广指南》等。2016年12月，发布《智能制造发展规划（2016—2020）》，指出到2020年智能制造发展基础和支撑能力明显增强；到2025年，智能制造支撑体系基本建立，重点产业初步实现智能转型。中国智能制造产业细分领域可分为3D打印、智能装备、工业软件、通信技术、工业物联网。2018年中国智能制造业产值规模将达1.69万亿元。

中国虽然是制造业大国，但是区域技术发展不平衡，信息化水平发展参差不齐，标准化程度低，处于工业2.0（电气化）、3.0（数字化）并存阶段，大部分行业的制造企业都处在走好2.0、迈向3.0的阶段。未来随着人工成本的攀升及低端制造业转移，中国制造业将被动进入大规模机器生产阶段，尤其是劳动密集型企业。从区域分布来看，中国智能制造示范企业主要集中以在北京市、山东省等为核心的环渤海地区，与以上海市、江苏市、浙江市等为核心的长三角地区，以广东省为核心的珠三角地区，以四川省、河南省、安徽省为核心的中西部地区，初步形成了"四大区域"集聚发展的良好格局。截至 2018年，华东地区智能制造试点示范项目数量最多，达到 136 个，占据了全国总示范项目数的 45%；其次是华北地区，智能制造试点示范项目数量为 38 个，占全国总示范项目数的 12%。总体上来看，中国智能制造呈现"东强西弱"发展态势。以山东省、江苏省、浙江省、广东省等为代表的东部沿海城市，经济实力雄厚、科技资源丰富，智能制造发展相对较快，大型制造企业已基本实现从机械化向自动化的转型，在推动企业从数字化向软件化、网络化、智能化升级方面处于国内领先水平。而以四川省、陕西省、甘肃省等为代表的中西地区工业化水平相对较低，制造企业普遍处于从机械化向自动化升级的阶段，智能制造发展及普及水平低于东部沿海地区。

国际统计机构 Statista 的资料显示，2017 年中国大陆的工具机消费位列世界第一，占全球总额的 32.5%，超过排在其后的美国、德国、日本、意大利等地的总和。台湾地区机械工业同业公会的统计则显示，同年台湾地区工具机零组件出口总额有 49.7% 输往中国大陆，而除了美国和日本以外，其他主要出口国家均为"一带一路"沿线国家。德勤发布的《2018 年中国智能制造报告》指出，中国大陆已是全世界最大的工业机器人消费市场，未来 5 年也会是增长速度最大的市场，未来甚至将超过北美、日本及德国的消费总额。

台湾地区在精密机械与关键零组件方面具有全球性竞争力，尤其台中是全球精密机械产业聚集密度最高的城市，则台湾地区在具有"机械之母"的工具机产业方面去年出口总额占全球出口总额的比重位居第 4 位，专利申请案排名全球第 6 位。今后，台湾精密机械企业应当结合自身优势，加速向智能机械转型升级，同时把握机遇、积极融入大陆智能制造的供应链，进而向"一带一路"等全球市场输出。此外，许多台湾智能工厂整体解决方案供应商已积累多年经验，并且具有各自专攻行业的独到优势，面对大陆和"一带一路"沿线国家在智能工厂建设上的庞大商机，不少有实力的台企已经摩拳擦掌甚至捷足先登，例如新汉已经抢下陆资面板和电动车大厂的智能工厂系统工程，而佳世达也已跨足大陆的智能工厂市场。智能化工厂环境的完整建设一般需要大额投资，这对于拥有充沛资金的大型集团而言并非难事，但对于众多中小型企业来说便是非常大的成本负担。台湾产业生态正好是以中小企业占多数，使得当前台湾的智能工厂解决方案供应者也专门为中小企业打造合适的产品服务，例如能够为中小型工厂提供智机联网的智能机上盒、轻量级的智能工厂物联网管理云平台，以及打通各种工业通信技术的工业级闸道器，这些解决方案同样可以服务于大陆和共建"一带一路"的中小型制造企业。

两岸发展智能制造的诉求日趋明显。两岸产业基础、贸易基础与合作基础良好，为两岸智能制造的发展提供了契机，未来空间巨大。一是产业基础。台湾电子信息产业布局好，其周边设备、软件技术也有一定的成绩，研发能力强。台湾智能机器人产业发展迅猛，已成为重点支持与发展的产业，是全球智能机器人设计与生产的重要区域。数据显示，全球工业机器人 2021 年出货量达到 63 万台，年均增长率达 16.4%，其中美、德、中国大陆、韩国和日本占 75%，而台湾地区居第 6 位，已成为重要的市场。中国大陆已连续三年成为全球最大工业机器人消费市场，2016 年工业机器人产量达到 27 万套，同比增长 34.3%。良好的产业基础，为两岸软硬件合作提供了巨大的空间。二是贸易基础。多年来，机电产品贸易一直是两岸商品贸易中的主体部分，大陆已连续 12 年成为台湾机电产品的第一大出口市场。据海关统计，2016 年两岸贸易中的机电产品贸易额为 1382.63 亿美元，占两岸贸易总额的 77%，其中机电产品出口占大陆对台商品总出口额的 61.7%，进口占大陆自台商品总进口的 81.4%。目前，台企正在向精密微小型方向发展，但台湾投资环境欠佳，加强与大陆在产业上的合作，是提升软硬件的一大契机。而大陆整合国际资源的速度在加快，机器人制造、3D 打印等技术也发展迅猛，对半导体、高端机床也有很大需求，市场前景可期。三是合作基础。目前海峡两岸都处于经济转型期，大陆鼓励台商投资的方向没有改变，两岸在科技、管理、服务以及国际化等方面各有优势，可以通过优势互补促进两岸智能制造业的交流与合作。台湾拥有先进的技术和产品基础，更关键是它的国际化程度很高；而大陆具备很好的技术人才和广阔的市场优势，两岸合力完全可以达到世界领先的水平，创造一个新的智能时代。台湾产学研合作开展良好，有关部门营造了良好的创新创业环境，并依托高校开展专业人才培训，"政府"、高校、企业之间形成了良性互动，有力推动了科研成果转化和人才培养。

中国政府高度重视智能制造发展，2015年5月发布《中国制造2025》，指出实行智能制造、绿色制造等五大工程和强化工业基础能力、深入推进制造业结构调整等九大任务，全面推进实施从"制造大国"向"制造强国"转变。2016年3月颁布《机器人产业发展规划（2016—2020年）》，着力发展机器人关键零部件、推进重大标志性产品率先突破、培育龙头企业；2016年5月印发《国务院关于深化制造业与互联网融合发展的指导意见》。不仅如此，在"十二五"期间，围绕智能制造装备、技术、服务机器人等，研究制定系列规划，如《智能制造装备产业"十二五"发展路线图》《智能制造科技发展"十二五"专项规划》《服务机器人科技发展"十二五"专项规划》《智能制造装备产业"十二五"发展规划》等。与此同时，中国工业和信息化部公布智能制造试点示范项目名单，而各地也加快布局智能制造产业园。台湾在2015年推动"生产力4.0"发展方案，设立生产力4.0推动办公室，以智能自动化为基础，重点推动设备智能化、工厂智能化与系统虚实化，发展新一代资讯技术，主要利用物联网、智能机器人及大数据等技术进行先进制造与服务。两岸在智能制造、物联网、云计算等多项计划发展的战略性新兴产业方面不谋而合，应加强"生产力4.0"计划与《中国制造2025》深度对接，以合作共创双赢。

三、主要台湾企业

（一）士林电机股份有限公司

1.基本情况

士林电机成立于1955年，资本额52亿元，营业规模（2015年）为200亿元（合并子公司报表）。董事长许育瑞。员工人数在台湾有1837人、大陆有1648人，另外在越南还有454人，主要产品为车用电装品、重电产品、抵押开关、工控产品、自动化设备。

生产事业部门包括：台湾的电装品事业处、重电事业处、机器事业处、自动化事业处，大陆有常州士林三叶、无锡士电、福州士电、常州三菱士电、厦门士电、苏州士电、苏州电力设备、三叶士电、常州零部件、三叶士林（武汉）、三菱低压（厦门）、士林科技（深圳）、星锐自动化设备（上海），越南有越南士电、越南士林电机电力设备，销售网络包括：台湾的台北分公司、新竹分公司、台中分公司、台南分公司、高雄分公司，大陆有深圳分公司、厦门分公司、上海分公司、青岛分公司、北京分公司、苏州士电、苏州电力设备、潘阳办事处、长春办事处、哈尔滨办事处、天津办事处、济南办事处、南京办事处、重庆办事处、武汉办事处、苏州办事处、杭州办事处、中山办事处、广州办事处、成都办事处、福州办事处。

2. 发展历程

1955 年自台湾工矿公司转民营，成立士林电工股份有限公司。1961 年改组易名为士林电机厂股份有限公司。1962 年创办人许金德就任董事长。1963 年与三菱电机株式会社签订技术合作协议。1966 年产制大型变压器与汽、机车用电装品。1973 年成立新工厂，专事无熔线断路器与电磁开关的生产。1979 年建立资讯系统，成立湖口重电厂。1984 年成立自动化事业处，开始产销可编程式控制器（PLC）等电子产品。1990 年许淑贞继任董事长。1993 年士电仰德大楼动土开工。1995 年成立大陆子公司（常州士电、厦门士电）。1996 年与 OMRON 开展技术合作。1997 年士电仰德大楼正式落成启用，成立越南士电子公司。1998 年设立新竹电装厂。2001 年成立无锡士电大陆子公司和福州士电大陆子公司。2003 年许育瑞接任董事长。2004 年福州士电、越南士电新建厂房落成启用。2005 年成立士林电机（苏州）电力设备公司，生产配电盘。2006 年与日本 Mitsuba 合资成立三叶士林电机（武汉）有限公司。2008 年成立士林电机（美国）子公司。2009 年成立士林电机（澳洲）子公司。2010 年成立士林科技（深圳）公司，成立菲律宾办事处。2011 年与三菱电机合资成立三菱电机低压电器（厦门）有限公司。2012 年无锡士电与日本 Diamond 电机开展技术合作，进行点火线圈 OEM 代工生产。2013 年成立常州士林汽车零部件有限公司，与日本 Missuba 合资成立常州士林三叶电机有限公司。2015 年承制核三厂变压器正式运载，苏州士电新厂落成。

3. 经营状况

经营范围：车用电装品、重电产品、低压开关、工控产品、产业设备、数位家电产品（代理）。各项产品种类占比为：电力配电类 49.02%，车辆零件类

24.87%，自动化设备及零件类 21.89%，其他类 4.22%。

重电类产品主要销售地区为：美洲、东南亚及台湾地区内销；开关类产品销售地区则以东南亚、中国大陆、中东及台湾地区内销为主；自动化设备类销售地区以中国大陆为主；自动化零件类销售地区则以台湾地区内销为主；电装品类销售地区则以台湾地区内销、中国大陆及欧美外销为主。

公司事业群包括以下四个：

（1）电装品事业群。电装品事业群成立于 1965 年，主要从事汽、机车电装品及直流马达的研发、制造与销售，产品项目包含交流发电机、起动马达、燃油泵、磁石发电机、雨刮系统、风扇马达、汽车引擎控制器、电动窗开关、点火线圈与直流马达等，以优质的产品行销岛内外，并在 2005 年进军重机与车辆市场，范围扩及世界一级车厂（BRP、POLARIS、BMW、ARCTIC CAT），备受各界肯定与车厂一致好评。

（2）低压开关事业群。本事业群自 1973 年起，即专注于低压开关的研发、生产及销售，为台湾地区市占率第一的领导品牌，并用数十年累积了扎实深厚的根基，积极往海外市场拓展，迄今已在中国大陆及东盟、中东、中南美、西非、西欧等国拥有广大绵密的销售据点及经销网络，稳定而坚定地朝"布局全球"的目标前进。

为打造国际级的全球供应链，将台湾制造的优质产品推向全球，除设立两岸分工资源调达的生产基地、持续不断地提升自主开发能力，更要通过精密模具、自动化部门及国际电工学会认证的短路试验室，加速新产品、新机种的开发及发展品质与效率兼具的核心制程，而产品要通过 CCC、KEMA、TUV、cULus、CSA、SIRIM、SNI 等国际及当地国认证的严格测试标准，证明产品规格、品质、性能皆达国际水准。为追求精益求精，完备核心竞争力，遂与日本三菱、大崎电机、美国奇异等国际大厂策略联盟，进行技术合作与优势整合，共同进军国际市场。主要产品包括真空断路器、空气断路器、无熔线断路器、漏电断路器、电磁开关、马达保护开关、电源自动切换开关、壁上开关、漏电保护插座。

（3）重电事业群。1955 年，士林电机经由公营事业转为民营时，就已经开始生产变压器产品。经历数十年的经验累积与积极研发，已生产出台湾最高等级的 345kV 1260MVA 超高压变压器于核电厂中运转。产品除供应台湾电力公司使用外，亦通过士林电机全球化的行销网络，供应给全球各大公民营客户，遍及美国、加拿大、澳大利亚、菲律宾及东盟等国，拥有卓越实绩。

目前公司已与当局机关、岛内各大高科技产业（积体电路、光电等）及民间各大型传统企业展开合作，在业界享有品质卓越的评价。主要客户有台湾电力公司、台湾中国石化公司、台湾"中钢"公司、电信局、台北捷运、高雄捷运、台湾高铁、台北金融 101 大楼等。

（4）自动化事业群。士林电机为配合岛内产业朝智慧化、科技化、数位化的发展，成立了自动化事业群。自 1984 年成立迄今，不断地自主研制及代理知名品牌的各项自动化关键零组件（FA 工控产品），并在岛外设立生产据点（苏州）及营业据点（华东／华北／华南、东南亚及海外新兴市场等），亦积极延揽高科技产业精英与管理人才，以期为产业升级及工业自动化提供更完善的产品与服务。

自动化事业群的主要产品有：士林 FA 产品（可编程式控制器、变频器、AC 伺服系统、人机界面等），代理的三菱各项 FA 产品（可编程式控制器、变频器、AC 伺服系统等）、Panasonic FA 产品（感测器、激光标志机、FA 用影像处理装置等），及自动化系统整合服务（电脑整合弹性制造系统、专用机开发设计、Robot 整合应用等）。

4. 大陆投资情况

2017 年 1 月 1 日至 12 月 31 日，投资大陆公司情况如下：

常州士林三叶电机有限公司，主要营业项目为机车用起动马达、磁石发电机、起动开关制造销售业务，实收资本额 19283.5 万元，公司直接或间接持股比例为 55%，投资方式为通过第三地公司再投资大陆。

厦门士林电机有限公司，主要营业项目为各式开关、继电器、断路器等产品及零件的生产、贩售、技术咨询与售后服务，实收资本额 39111.5 万元，公司直接或间接投资持股比例 100%，投资方式为通过第三地公司再投资大陆。

苏州士林电机有限公司，主要营业项目为电容器、变压器、电动机及其他电子零件制造销售业务，实收资本额 40158.4 万元，公司直接或间接持股比例为 100%，通过第三地公司再投资大陆。

无锡士林电机有限公司，主要营业项目为机车用磁电机及起动电机、移动及传动设施起动电机、发电机及直流电机制造销售业务，实收资本额31255.2万元，公司直接或间接持股比例为100%，投资方式为通过第三地公司再投资大陆。

福州士林电机有限公司，主要营业项目为直流电动机、旋转式液体泵、机动车辆燃料泵及其他控电或配电用器具制造销售业务，实收资本额10119.2万元，公司直接或间接持股比例为100%，投资方式为通过第三地公司再投资大陆。

常州三菱电机士林电装品有限公司，主要营业项目为机车用起动电动机、磁石发电机、点火线圈及其他控电或配电用器具制造销售业务，实收资本额16751.2万元，公司直接或间接持股比例为49%，投资方式为通过第三地公司再投资大陆。

士林电机（苏州）电力设备有限公司，主要营业项目为高低压开关、开关柜、数位电表、变压器、电容器、电抗器、桥架及相关产品制造销售业务，投资方式为通过第三地公司再投资大陆。

三叶士林电机（武汉）有限公司，主要营业项目为汽车用冷却风扇、雨刮系统、启动马达、燃料泵、电子控制系统及其他汽车电装品及其配套零件制造、销售及售后服务业务，实收资本额23081.1万元，公司直接或间接持股比例为45%，投资方式为通过第三地公司再投资大陆。

星锐自动化设备（上海）有限公司，主要营业项目为各式开关、继电器、断路器等产品销售业务，实收资本额12435.5万元，公司直接或间接持股比例为100%，投资方式为通过第三地公司再投资大陆。

士林科技（深圳）有限公司，主要营业项目为电子产品、机械设备、机电设备、工业电动化设备、塑料用品的技术开发、设计、技术咨询、技术转让、批发、佣金代理、进出口及相关配套业务，实收资本额3200万元，公司直接或间接持股比例为100%，投资方式为通过第三地公司再投资大陆。

厦门成宇交通器材有限公司，主要营业项目为生产制造汽、机车五金材料以及电子零件、各种冲床制品零件、工作母机、机械工具，实收资本额7267.9万元，公司直接或间接持股比例为100%，投资方式为通过第三地公司再投资大陆。

三菱电机低压电器（厦门）有限公司，主要营业项目为低压断路器、电磁开关等低压电器产品及其零部件的研发、制造和售后服务、相关技术咨询服务，实收资本额 19480.5 万元，公司直接或间接持股比例为 30％，投资方式为通过第三地公司再投资大陆。

常州士林汽车零部件有限公司，主要营业项目为机车用起动马达、磁石发电机、起动开关制造销售业务，实收资本额 18394.8 万元，公司直接或间接持股比例为 100％，投资方式为通过第三地公司再投资大陆。

（二）东元电机股份有限公司

1. 基本情况

东元电机股份有限公司成立于 1956 年 6 月 12 日，1973 年 11 月 5 日在台交所上市，股票代码 1504，创办人为林长城、林和引、林波士、钱水木、孙炳辉，董事长邱纯枝，总经理邱纯枝，副总经理连昭志，主营业务为重电产业。东元电机初期从事马达生产，至今东元集团已跨入重电、家电、资讯、通信、电子关键零组件基础工程建设、金融投资及餐饮、服务等多面向的发展领域，目前是台湾最大的重电厂商，更积极参与岛内重大工程建设，目前事业版图横跨全球五大洲 40 余国、百余城市。

2. 发展历程

1956 年东元电机股份有限公司创立；1960 年在岛内自制第一部 300 匹马力马达；1962 年产品开始外销越南、泰国等地；1965 年首创每 4 分钟自动化生产一台 30 匹马力以下马达；1966 年马达外销新加坡、马来西亚、菲律宾；成功自制岛内第一部 1000 马力马达；1969 年设立台安电机股份有限公司，生产各种开关、VS 控制盘；1972 年设立淡水厂生产计算机、电视机、冷气机，开始经营家电事业；在新加坡成立海外第一家分公司——德高公司；1973 年东元电机股票公开上市；1975 年与日商三菱株式会社合作生产超薄型电冰箱；1978 年首创岛内最大 5000 马力 8P 极电动机；1979 年创立东讯股份有限公司；1980 年与美国西屋合资成立美国西屋马达公司；1981 年创立联昌电子公司；1983 年在岛内首创三机一体四季型冷气；1986 年与美国西屋电器公司合资成立美国西屋马达公司，在岛内首创无尘无菌室专用空调机；1990年东元成立安心食品服务股份有限公司，从日本引进摩斯汉堡，引进日本乐雅乐，创立乐雅乐食品公司，正式进入餐饮及服务产业；1993年设立财团法人东元科技文教基金会；1995年并购美国西屋马达公司，成立美国东元西屋马达公司；1998年成立菱光科技股份有限公司；1999年创立东捷股份有限公司，进军资讯服务产业；2000年东元与有关部门合作建设南港软体工业园区，并将东元总公司搬迁至南港软体园区；2001年东元与德国、日本业者及岛内企业共同标得台"卫生署健保局"健保IC卡专案；2003年无锡东元电机公司启动量产；2004年成立东元集团综合研究所；2005年与日本安川电机合资成立"东元安川马达公司"；2007年投入风电产业，成功研发2M级风力发电机，发表TECO GO ECO减碳护地球企业宣言，致力绿能产业；2010年东元200万瓦级风机正式在内蒙古运转成功；2011年台安科技（无锡）新厂落成；2012年2MW大型风机获台湾精品金质奖，盛大发表全系列车电马达；2013年东元土耳其公司于伊斯坦布尔开张，同年与"工研院"签订电动化动力系统备忘录，发展特种电动车市场；2014年成立湖南东元风能有限公司；2015年东元集团与"中钢"集团携手成立新能风电股份有限公司，并购意大利加速器大厂Motovario S.p.A.公司，跨足动力传动系统；2016年无锡绿色工厂冲压中心启用，无锡电工线获美国绿色建筑协会（USCBC）领先能源与环境设计（LEED）金奖；2017年中坜正式启用"马达固定子自动化生产中心"，东元电机与芬兰机电公司Visedo签署了一项关于产销暨技术合作协议。

　　3.经营现状

　　东元电机主要产品包括机电产品、电控产品、电力工程与设备、家电产品、新能源产品、物联网服务。

　　（1）机电产品。机电产品研制为东元创建以来的核心事业，拥有自主研发设计中心，全球化生产基地、行销与服务网络，布局链完整绵密。具体产品包括中高压马达、低压马达、车电马达、减速机、中高压变频器、低压变频器、无熔线断路器、电磁接触器。

　　（2）电控产品。东元电控产品提供具前瞻性的自动化产业应用服务，项目涵盖伺服驱动技术、PLC、HMI人机界面、伺服马达与机器人系统整合产品，协助客户导入自动化、智能化解决方案，满足制造厂商产线弹性化、省能源化、高效能化的需求，提升工业生产的产能与效能。

（3）电力工程与设备。东元电力事业整合集团内多元化工业产品，包含机电工程、电力设备等产品（GIS、配电盘、发电机），及关系企业安华机电公司（产业自动化系统整合）、安达康科技公司（汇流排）、安柏电机公司（照明及防爆器材）等的产品。

（4）家电产品。东元自1971年跨足家电事业至今，已建立全方位的家电产品线，面对高度成熟的家电市场，东元利用自主研发的控制与驱动技术结合网络通信技术，将家电产品引入节能、环保与智能化三位一体的新领域，完整体现智能家居的新境界。东元家电分为三大产品群：家用和商用节能空调产品、大型生活家电绿能产品和小型精致家电产品，同时也提供民生应用智能解决方案，各类产品皆以制造、装配、销售及维修综合服务为主要工作与使命。

（5）新能源产品。东元积极投入绿能产品研发，以坚强机电实力为基础，致力发展风力发电机、电动车与太阳能发电厂。东元为台湾岛内唯一具有风机整机生产实力的绿能大厂，2010年即发表全台首个自制2MW永磁风力机组，带领台湾成为全球第八个有能力制造风机的地区，并于2011年在内蒙古风场并网运转发电。车电产品主力发展"特种电动车"，已于菲律宾苏比克湾量产，协助当地汰换老旧柴油车辆，降低营运成本的同时创造洁净环境。具体产品包括风机产品、电动车产品、太阳光电产品。

（6）物联网服务。东元电机结合关系企业安华机电、东讯和东捷资讯，研发云端相关产品及系统服务，不但强调节能效率，也通过物联网建构便捷、安全、高效能的生产线，向生产力4.0的目标迈进。目前东元已在桃园中坜的厂房建置自动化生产线，未来东元可将经验标准化，协助其他中小企业工厂提升至工业4.0。

未来，东元将持续深耕核心事业，朝智能化产品、提供系统解决方案等高附加价值方向积极发展，并致力于拓展高科技事业，以"节能、减排、智能、自动"为目标，建构一个宏观、高品质的世界级品牌。

4. 大陆投资情况

2000年起，东元电机进军大陆市场，并且投资设厂生产，2006年东元电机成立安台创新科技（厦门）有限公司，江西东元厂区落成启用。2007 年东元电机成功研发 2MW 风力发电机，另成立福建东元精工有限公司与青岛东元精密机电有限公司。

电机马达是东元集团 50% 以上营业收入来源的核心业务产品。自 1995 年并购拥有百年历史的美国西屋电机以后，东元电机有了长足的发展。2015 年在全球的电机生产基地有：台湾地区、美国德州、澳大利亚悉尼、新加坡、马来西亚、印尼、泰国、越南、中东（沙特阿拉伯）、大陆的无锡市、苏州市、南昌市和福建省福安市，销售服务网点遍布全球五大洲，TECO 东元电机已发展为全球工业马达的领导品牌。为统筹管理东元电机在大陆的销售推广工作，特于 2012 年 8 月成立上海东元德高电机有限公司，并整合苏州东元电机有限公司（已迁往青岛东元）、无锡东元电机有限公司、江西东元电机有限公司、福建东元精工有限公司等四大电机生产基地。同时作为东元集团在中国大陆的销售总部，提供台湾东元及美国东元西屋等工厂生产的异步、同步、直流等各种电动机。

青岛东元创立于 2009 年，由台湾马达业的龙头东元电机公司与台湾钢铁业的龙头台湾中国钢铁公司合资设立，建厂阶段日本钢铁业伊藤忠丸红投资加入，使股东结构更加健全。

南昌东元电机有限公司成立于 2004 年，是专业研制、生产、销售各类健康空调的企业。南昌东元电机有限公司是台湾东元电机集团的子公司之一，是东元在大陆的重点生产经营基地。南昌东元电机有限公司是红土地上的第一个东元，它引入台湾东元高级专业人才，凭借源源不断的创新能力，长盛不衰的科技优势，诸多的发明专利，成立了实力雄厚的研发部，引进国际先进的生产设备，铸就从空调开始的一系列白色家电的设计、研发、制造、国内外销售、服务体系。丰富东元品牌的内涵与质感，满足红土地消费者个性化的需求。

（三）台全电机股份有限公司

1. 基本情况

台全电机是五百大企业之一，公司位于台北市南京东路三段 346 号 7 楼，工厂地址为桃园县龙潭区高原村福源路 138 号，以生产汽、机车电装品及汽车空调系统为主。董事长钟双麟，创立日期为 1970 年 4 月 29 日，资本额为 42525 万元，工厂土地 76616 平方米，工厂建设用地 26470 平方米，员工人数 2000 人。

2. 发展历程

创业时期掌握脉动，开创市场先机：1965 年创立联成工业股份有限公司，1970 年创立台全电机股份有限公司；集团化时期分进合击，集团优势有效发挥：1974 年创立台全金属股份有限公司，1976 年与日本日立金属株式会社进行技术合作，1980 年创立台全精密股份有限公司；茁壮时期精进专业领域，扩大企业生产线：1985 年与日本 DENSO 技术合作，1988 年扩建厂房导入自动生产线，1990 年台全电机增资为 1.1 亿元，生产无刷马达；国际化时期经营版图由台湾走向世界：1994 年天津三环乐喜新材料有限公司、上海台全电机有限公司成立，1995 年台全电机取得经济部商检局 ISO 9002 认证，1996 年投资兴建福州泰全电机有限公司，1999 年印度台全电机有限公司成立，2002 年创立惠州东风工业有限公司，2003 年台全电机取得 ISO-14001 认证，2004 年创立福州泰全工业有限公司，2005 年台全电机取得 ISO/TS16949 认证，2007 年创立福州联城实业有限公司。

3. 经营现状

公司以生产汽、机车电装品及汽车空调系统为主，并供应岛内外客户。主要产品有：EPS（有刷 EPS 马达、EPS 马达、ATV EPS 马达）、REPS（REPS 马达）、二轮电装（启动马达、飞轮组合、定子组合、飞轮加定子组合、稳压整流器、电子点火器、脉波）、四轮电装（拉门马达、后举门马达、前雨刷马达、后雨刷马达、电动椅马达、风扇马达、Air pump 马达、车用压缩机、雪车用驱动马达）、特殊马达（割草机马达、足部按摩机马达、播种机马达）、冷气电装（汽车空调系统、暖气总成、散热器风扇总成、散热器风扇、后空调总成）。

4. 大陆投资情况

总公司投资设立北京中科三环高技术（股）公司、三环乐喜新材料有限公司、惠州东风易进工业股份有限公司、上海泰全电机有限公司、福州泰全工业有限公司、福州泰全电机有限公司、福州聊城实业有限公司。

（四）建准电机工业股份有限公司

1. 基本情况

建准电机工业股份有限公司成立于 1980 年，产业类别是机械设备制造修配业、专用生产机械制造修配业，员工 500 人，公司地址是高雄市前镇区新衙路 296 巷 30 号。建准电机自成立以来，即以 SUNON 品牌行销世界，为全球散热马达风扇领导厂商，在台湾地区的高雄设立全球营运总部，并通过美国、法国、德国、日本、中国香港、中国大陆的子公司与生产据点，构成一个绵密的行销与制造网络。

2. 发展历程

1980 年公司成立，资本额 100 万元，专注于高精密小马达、散热风扇研发及制造销售。1981 年取得"中央标准局"核发的 SUNON 商标证书，同年台北厂成立。1983 年获美国 UL 标志。资本额增至 500 万元，变更组织为股份有限公司。1984 年成立高雄厂。1986 年资本额增至 1000 万元。1987 年取得第一张专利许可证。成立财团法人圣渊启仁中心，服务多重障碍儿童，克尽社会责任。1988 年资本额增至 2100 万元。1989 年资本额增至 15000 万元。1990 年冈山厂建厂完成。1991 年资本额增至 17000 万元。大量生产自行研发成功的直流无刷散热扇。1995 年通过 ISO 9002 认证。资本额增至 36000 万元。成立香港及台北办事处。推出超小、超薄散热扇。1996 年取得 ISO 9001 质量认证。成立新加坡与欧洲办事处。与"工研院"光电所技术合作开发"高倍速 CD-ROM 光驱主轴马达"。1997 年设置南海厂，正式开始海外生产制造。成立美国办事处。1998 年 9 月正式挂牌上柜，资本额增至 69900 万元。通过 ISO 14001 认证。1999 年盈余转增资为 96400 万元。新产品 GM、GB 系列正式问世。成立美国子公司。转投资又中科技，专责 DVD 主轴马达及模组化的研发制造。推出磁浮风扇马达系列产品。2000 年 9 月，公司股票上柜转上市挂牌。资本额增至 120900 万元。成立法国及日本子公司。2001 年于台湾高雄成立建准发明创新中心。推出无刷直流振动马达。昆山厂成立。资本额增至 16.01 亿。2002 年于台湾高雄设立全球营运总部。资本额增至 180900 万元。推出 8×8×5 毫米微型风扇。2003 年与公立中山大学产学合作成立"公立中山大学建准研发中心"。资本额增至 196000 万元。2004 年推出新产品磁浮 AC 风扇。2005 年全面提供符合 RoHS 指令的规范产品。通过 OHSAS 18001 认证。2006 年通过 ISO/TS 16949 认证。2007 年推出 8 毫米、3 毫米尺寸微型风扇、鼓风扇与模组产品。佛山建准电子有限公司迁厂及生产线扩线完成。2008 年推出极静音风扇系列产品。通过 IECQ QC 080000 认证。推出新一代磁浮马达风扇 ME 系列。发表 LED 室内照明灯泡散热模组。2009 年推出 Super Green Fan 绿能风扇（SG 4028）。推出 DR MagLev Motor Fan 防阻微尘磁浮马达风扇。2010 年推出正反转智慧除尘风扇技术。每年定期实施 GHGs 盘查作业并取得 SGS 第三方查证证书。推出 LED 照明散热模块系列产品。2011 年成立广西北海厂。2012 年推出 IP 防护等级系列风扇。2013 年推出 Ultra Micro Cooling Device 系列产品。2014 年推出 400W 高功率 LED 照明散热解决方案。推出 ECO 直流变换气扇系列产品。推出智能型手机散热保护壳。2015 年推出超节能直流马达换气扇。毫米风扇系列产品被广泛应用于计算机棒、无人机、电子口罩以及虚拟实境穿戴装置中。2016 年推出双流新风机。推出超节能 EC 轴流风扇。推出 ATEX 防爆系列风扇。2017 年推出商用大型侧吸滤网换气扇。推出 VF 高效能系列风扇。

3.经营现状

建准电机以发明创新立业，重视研发人才的培育与延揽，2001 年于台湾高雄成立发明创新中心，这个集结 200 多名不同国家工程师的研发团队，为集团发明创新的驱动引擎，在超小型、智慧型马达的领域上引领业界，屡次缔造世界第一的亮丽表现。建准电机多年来致力于马达风扇这个散热领域的发明创新，领先业界，开发无数前瞻性的创新技术与原理，至 2008 年底，已于全球通过专利核准达 1367 件，申请中案件亦有 485 件，总计 1852 件。2004 年美国麻省理工学院《科技评论》杂志刊载，在全球企业科技实力强度排名中，建准名列全球第 48 位，台湾第 4 位。

公司主要商品及服务有：（1）DC/AC 无刷散热风扇及鼓风机；（2）DC/AC 无刷马达；（3）毫米科技风扇与鼓风扇；（4）NB 散热模组；（5）LED 室内照明灯泡散热模组；（6）高品质数位传输线；（7）风扇配件（保护网、电源线）。为了迈向国际市场，扩大营运版图，台湾建准积极展开全球布局，2004 年于台湾高雄成立企业营运总部，作为经营决策的中心及价值创造的基地。台湾建准营运总部为统筹全球营销策略的总指挥，整合企业资源展开研发设计、全球营销与生产制造的布局规划，以发明创新为技术升级、打造核心的高价值生产能力和高效率的营销支持，创造更高附加价值的产品服务。建准电机于台湾高雄设立企业营运总部，结合欧洲、美国、中国大陆等地的子公司与办事处，全球超过100个经销代理商及1000余个销售服务据点，构成一个范围广达全球五大洲的客户服务与技术支持网络。应大规模量产需求，SUNON在台湾高雄与广东省佛山市、江苏省昆山市以及广西壮族自治区北海市，共拥有四座设备齐全的专业制造工厂，生产8—250毫米全系列风扇产品、0.1—60瓦的马达产品和各式散热模块产品，通过ERP系统的管理，可配合客户实时与弹性化的需求，散热模块产品与AC/DC风扇产品产能可各达2000万台及2700万台，量产能力更居业界之冠。

为了提供客户最佳制造质量与更完整的质量验证，台湾建准电机除了建构生产线信息回报系统（EMS）之外，在生产组装及检验自动化设备的设计与建置方面，更是超越业界水平，投入大量人力物力，导入最新的软硬件设备，如冷却模组产品全面单机自动化生产、自行开发生产线自动化检测仪器、可同时六点热阻量测的热全检系统、产品独立条形码的设计等。

4. 大陆投资情况

公司在广东省佛山市、江苏省昆山市以及广西壮族自治区北海市都建有设备齐全的专业制造工厂。

（五）大同股份有限公司

1. 基本情况

大同股份有限公司设立于1918年，总部位于台北，创办人为林尚志，产业为综合工业，产品包括资讯、重电、家电。大同公司为台湾首批上市企业之一，为全球性综合大厂。大同为台湾媒体评选的最能代表台湾的品牌之一。

2. 发展历程

1918年创办人林尚志董事长创设协志商号，以"正诚勤俭"的精神与实践，先后完成新店溪堤防等600多项工程，以优良的工作成绩建立社会信用。1942年林挺生就任董事长。大同初级工业职业学校（今大同高中）开办，由林挺生担任首任校长。1947 年成立大同公司职工福利委员会。林挺生当选为南区工矿"立法委员"、台湾省工业会理事长、台湾区机器工业同业公会理事长、台湾区电工器材同业公会理事长。1949 年推出第一台自有品牌的自制电扇。产销大同马达，奠定台湾马达制造基础。1956 年创办大同工业专科学校（今大同大学），由林挺生担任首任校长。1957 年首创公开招募优先股，从"同仁公司"进步为"社会投资公众公司"。1960 年创制大同电锅，开启岛内"厨房电化革命"。1962 年 2 月 9 日正式在台湾证券交易所上市挂牌，为首批16 家上市企业之一。1963 年第一家奉准办理蓝色申报，成为"信用纳税"的模范公司。重电机器厂在台北建设完成，开始生产配电变压器。1966 年创设"利润中心"制度。成立桃园电线电缆厂。1967 年林挺生选任为中国国民党中央常务委员、台北市党部主任委员。1968 年大同制钢机械股份有限公司正式更名为大同股份有限公司。1969 年联合同业创办中华电子投资公司；推出大同宝宝及大同歌；创制大同彩视。1970 年营业额超过 22 亿元，居民营事业首位；成立福华电子公司。1972 年林蔚山就任总经理。1974 年成立电扇外销标准保税工厂。1980 年外销绩优，为岛内电机、电子外销第一名，获"行政院长奖"。1981 年外销产品与包装优良设计获"行政院长奖及经济部长奖"。1985 年公司首次以岛内公司身份获台湾外销业绩第一名和"行政院长金质奖章"。1987 年进出口总额第一名，1988 年获"行政院长奖"。电子总厂获第二十九届"世界技能竞赛金牌奖"。1990 年增建光纤电缆工厂及电力线工厂。1991 年资策会评定大同资讯产品为内外销第一名。大同公司与中华映管公司1992 年出、进口业绩优良，1993 年获"行政院长"颁发特等奖。重电桃园二厂新电力线厂于 4 月 20 日正式开工。1995 年大同奥的斯公司自立开发的商用型电扶梯正式启用，并接获台北市捷运系统电扶梯订单。1998 年成立大同（上海）有限公司，生产马达、发电机、变压器、配电盘等重电产品。1999 年大同工学院改名为"大同大学"。

2000 年大同（上海）有限公司第一期厂房建设完成，马达及发电机正式投产。中华映管公司股票上柜。2001 年总公司成立全球运筹管理处。中华映管公司股票上市。2002 年获颁"经济部"资讯业电子 A B 计划"合作无间"奖。2003 年大同世界科技公司参与公立台湾科学教育馆营运签约。完成全球电子化供应链金物流计划（CD 计划）。2004 年拓志光机电公司成立。绿能科技公司与 GT Solar Technologies 签订多晶硅晶片（Poly Silicon Wafer）生产线的合约，生产太阳能电池用硅晶片。大同生科公司成立，独家取得 SeQual 制氧技术，主要产品为"医疗用氧气呼吸器"（Oxygen Generator for Clinical Therapy and Home Health Care Uses）。成立大同压缩机（中山）有限公司，专责生产各类压缩机。尚志资产开发公司推出"大同晶钻"高级住宅，顺利完销。2005 年董事会通过家电事业部越南投资案。桌上型电脑系统事业部门与精英电脑公司合并，大同公司成为精英电脑公司第一大股东。获"经济部工业局"颁发的第六届"工业永续精锐奖"。设立大同电线电缆科技（吴江）有限公司。董事会核准成立大同越南公司案，先期建置家电厂。2006 年绿能科技公司登录兴柜。2007 年被《中国时报》评选为"最能代表台湾的产品品牌"；获"桃园县长青企业卓越奖"（重电）；成立大同电信公司，并取得 WiMAX 南区营运执照。大同越南家电电子责任有限公司正式投产大小家电。尚志半导体公司于 10 月 15 日登录兴柜。福华电子公司投资知光能源科技公司，跨足太阳能电池模组市场。中华映管公司投资凌巨科技公司，深耕中小尺寸面板。大同生科公司携带型氧气制造机 Eclipse 获美国《华尔街日报》年度科技创新奖医疗器材组优胜奖。

2008 年绿能科技公司于 1 月 25 日正式挂牌上市。"环保署"统计大同为岛内最积极推动绿色消费企业第一名。华映光电公司举行中小尺寸液晶模组厂开工典礼暨第一亿支映像管产出庆祝典礼。尚志半导体公司投资灿圆光电公司，垂直整合 LED 中上游产业。设立大同电机科技（越南）公司，产销电线电缆产品。

2009 年大同电信公司成为台湾第一家 WiMAX 营运商，领先于澎湖开台营运。大同大学打造台湾第一个 WiMAX 实体校园网络。大同综合讯电公司成立"快速维修中心"，以证照技术提供现场家电维修服务，打造 100% 顾客满意度。台湾中华映管公司引进策略合作伙伴仁宝集团，扩大面板出海口。尚志精密化学公司 9 月登录兴柜。绿能科技公司转投资宇骏（潍坊）新能源科技有限公司在山东省潍坊市设立硅晶圆切片厂，扩充硅晶圆产能。绿能科技公司山东省潍坊市薄膜后端模组封装厂动土。尚志半导体公司股票 12 月 23 日上市。

2010 年依股东常会决议办理减资，减资比例 57.86868536%，即原股票每千股换发 421.3131464 股，原旧股票于 2011 年 3 月 24 日至 4 月 10 日停止市场交易，4 月 11 日减资完成，新股上市。新能源事业部于三峡设立长晶中心，生产多晶硅晶锭，跨入太阳能长晶事业。尚志精密化学锂电池正极材料厂房及节能办公大楼动土。绿能科技南科分公司太阳能长晶切片厂动土兴建。大同 21.5" LED 背光液晶显示器获 2011 年德国 iF 奖 Audio & Video 类殊荣。大同公司与"中钢"公司合作开发出高效率低排碳的 3HP4P 交流感应马达，通过世界级验证机构立恩威（DNV）碳足迹查证，创马达产品碳足迹查证的世界首例。

2011 年三峡长晶中心正式量产。发行 1.5 亿美元 3 年期零利率的海外有担保可转换公司债（ECB），每张债券面额为 10 万美元，按面额 100% 发行，发行日为 2011 年 3 月 25 日，到期日为 2014 年 3 月 25 日，上市地点为新加坡证券交易所，转换价格以新台币 7.74 元计算（达最高上限 20% 溢价发行），该转换价格于 4 月 11 日减资完成、新股重新挂牌后，调整为 18.3711 元，可转换为 57306.2 万股的普通股，转换汇率为新台币 29.57 元兑换 1 美元。该 ECB 超额认购达 10 倍以上，为成功的海外募资案例。公司还活化资产并创造公司与股东最大利益，出售北投厂土地及厂房。

2012 年进军大陆房地产业，尚志资产开发选定江苏省宿迁市进行在大陆的首波土地开发计划；获 2012 第三届"数位时代绿色品牌大调查"家电国产品牌第一名，家电类别特优。大同公司出售 100% 大同电信持股给威达云端。

2013 年大同旗下台湾中华映管公开收购凌巨科技普通股股权并取得经营权，强化在中小尺寸手机模组及触控方案上的竞争力。台湾中华映管出售 100% 深圳华映显示科技公司股权给华星光电，有效活化资产。

2014 年大同再获台湾企业永续奖大型企业科技电子制造业铜奖。获第五届"数位时代绿色品牌大调查"家电类特优荣耀。继取得新北、南投、台中、屏东、台南、高雄等地的公有房舍太阳光发电系统标案后，再度赢得"2014年度澎湖县政府经管县有房舍设置太阳光电发电系统标租作业"案，成为全台拥有最多公有房舍建置经验的太阳光电服务（PV-ESCO）商。大同提供给菲律宾最大钢铁厂 Steel Asia Manufacturing Corporation 优质高效马达及电力电缆产品，受邀参加该厂建于 Davao 的新厂落成典礼。

2016 年标得新北市公有房舍太阳光电发电系统建置案，该案并导入微电网，可维持紧急负载用电，预防风灾过后成为孤岛。与东吴大学多元产学合作创造双赢，奠定跨校合作新里程碑。获"经济部"颁发节电楷模奖。获台北市节能领导奖特优奖。大同、华映、绿能同获台湾企业永续奖。标得"2016年度台北市公有房地提供设置太阳光电发电设备使用"案，该案率先运用"PM2.5 监测系统"与"轻量化太阳能模组"两项创新。

2017 年标得桃园公有掩埋场太阳能系统案，该案为台湾地区最大公有掩埋场太阳能系统建置案，并与 2016 年大同标得的桃园市公有房舍太阳光电系统案以及埤塘水上型太阳光电系统案，全数整合纳入同一套管理系统，并上传到智慧云端平台。大同复合料理无水锅获"2017 台湾精品银质奖"。大同标得新北市板桥果菜市场太阳光电停车棚案。大同标得高雄本洲污水处理厂屋顶太阳光电系统案。"台泰产学合作"大同泰国公司与泰国东方科技学院签约。大同、华映、绿能再获台湾企业永续奖。

2018 年大同智慧家庭云服务、大同分离式电子锅、晶钢电锅获"2018 台湾精品奖"。大同七美智慧低碳岛获"2018 智慧城市创新应用奖"。

3. 经营现状

大同公司致力于能源与节能相关的产品、系统与服务，三大事业群提供从智慧电网、智慧社区到智慧家庭所需的各种节能、高效率消费电子及家电产品、马达、电力设备与自动控制产品，结合资通信技术的系统整合，以及由产品至系统完善、即时的各项服务。在智慧电网方面，结合"系统事业群"及"电力事业群"以提供各式智慧电表、通信模组与集中器、FTU/FRTU、高效／节能马达与变压器、配电盘等产品，以及 AMI 通信系统与控制中心、先进配电自动化、智慧变电站与发电厂等系统整合解决方案与技术服务。

在智慧社区方面，系统事业群提供整合太阳能发电、储能系统及其他再生能源的微电网，家庭节能、安全防护与健康照护的 SHMS 系统，与企业用管理节能智慧大楼 SBMS 系统等完整解决方案及技术服务。在智慧家庭方面，整合"消费事业群"及"系统事业群"，提供智能化、节能及环保的家电产品、

IP 摄影机及监控系统、智慧家庭闸道器、节能监测器、环境感测器等产品及先进的智慧家庭应用解决方案，可通过手持装置 Apps 操作，联结云端服务，提供节能、便利、安全及健康的智慧生活。

大同集团横跨光电、能源、系统整合、工业系统、品牌通路、资产开发等产业，其中上市柜公司包含中华映管（2475）、福华电子（8085）、尚志半导体（3579）、绿能科技（3519）、尚志精密化学（4738：兴柜）、精英电脑（2331）、大同世界科技（8099）等。

大同公司主要分为电力事业群、消费事业群、系统事业群三大事业群，制造及产销运筹体系涵盖中国大陆以及欧洲、美洲、东南亚等全球 12 个国家和地区，向全球客户提供优异的产品、完善的物流运筹、快优的服务网络。

4. 大陆投资情况

家电事业：大同电子科技（江苏）有限公司，产销新型平板显示器、笔记型电脑、平面显示板、家电产品；大同压缩机（中山）有限公司，产销制冷用压缩机及其零组件。

销售网点：吴江大同电子贸易有限公司，主营电子产品、仪器仪表设备、家电产品、制氧机的批发及进出口业务。

马达事业：大同（上海）有限公司，产销交/直流电动机、发电机、变速机、变频器、变压器、可编程式控制器（PLC）、马达控制开关、控制盘及其组件、各式配电盘及配电器材、电机系统工程、空调系统工程、机床、数控机床。

重电事业：大同电线电缆科技（吴江）有限公司，漆包线、镀锡线、电子线（极细铜轴线、PV Cable 光伏电缆、高强度铁氟龙电子线、PV 汇流带）产品制造及销售。

（六）裕隆汽车制造股份有限公司

1. 基本情况

裕隆汽车制造股份有限公司成立于 1953 年 9 月，是台湾汽车专业制造商之一，裕隆汽车前身是裕隆机器制造有限公司，由严庆龄创办。裕隆汽车的创立，开启了台湾战后发展汽车工业的历史，同时带动了台湾汽车相关产业的蓬勃发展。经营范围为汽车、零件、保修及其他，上市日期为 1976 年 7 月 8 日，股票代码 2201，公司地址在苗栗县三义乡西湖村伯公坑 39 号之 1。董事长是严陈莉莲，总经理是姚振祥。

2. 发展历程

1953 年创办人严庆龄创立裕隆机器制造股份有限公司，资本额为 200 万元。1957 年与日产自动车株式会社签订技术合作合约。1960 年正式更名为裕隆汽车制造股份有限公司。1976 年股票正式于证券交易所集中市场上市。1981 年于桃园龟山工业区成立工程中心，专责汽车设计开发工作；三义工厂第一期工程竣工，开始正式生产。1983 年速利小轿车外销中东及加勒比海地区，开台湾自产小轿车外销之先河。1986 年第一辆岛人自行设计开发的新车——飞羚 101 正式上市；同年成立"吴舜文新闻奖助基金会"。1991 年累计生产量突破 100 万辆。1995 年实施厂办集中。1997 年举办第一届"裕隆木雕金质奖"。1998 年工程中心正式升格为裕隆亚洲技术中心（YATC）。1999 年投资菲律宾日产（NMPI），进入东南亚市场；开始发展汽车水平周边事业，提供给消费者全方位的服务。2000 年取得法国雷诺汽车台湾地区代理权；与大陆的东风汽车签订合资合同，进入大陆市场。2001 年 PDM 系统正式上线，为岛内第一家开发国际化研发整合系统的汽车厂。2003 年裕隆企业分割重组为"裕隆汽车"及"裕隆日产汽车"两家公司；独家赞助制作大象林旺标本。2005 年参与投资成立华创车电技术中心股份有限公司，进行创新车用电子模组研发；与通用汽车合资成立裕隆通用汽车股份有限公司，经营 BUICK、CADILLAC、OPEL 等品牌销售。2008 年成立纳智捷股份有限公司，发展汽车自主品牌。2009 年设立裕隆酷比公司，行销自创品牌汽车 tobe。2010 年于越南平阳省及胡志明市成立 LUXGEN 汽车生活馆；东风裕隆汽车公司成立，以 LUXGEN 品牌正式进入大陆市场；于多米尼加成立 LUXGEN 首座海外汽车生活馆；裕隆与东风汽车于北京正式签订合资合同；LUXGEN EV 电动车正式挂牌，是岛内第一家通过认证挂牌的电动车。2011 年东风裕隆汽车公司首款车型 LUXGEN 大 7 SUV 在杭州正式下线。2012 年中东地区第一家 LUXGEN 汽车生活馆于阿曼正式开张。2014 年 NMPI 日产菲律宾汽车公司分割成为 NPI 及 UMPI 两家公司。2015 年主动认购 189 万度绿色电力，成为岛内首家认购绿电的汽车业者。2017 年台湾中华信用评等公司授予裕隆汽车的长期企业信用评等为"twA"，短期企业信用评等为"twA-1"，展望"稳定"；LUXGEN 品牌成立即将 10 年，于裕隆三义工厂举行"LUXGEN 第 10 万台新车下线典礼"；裕隆建设公司（原裕元建设公司）更名成立。

3. 经营现状

（1）整车制造品牌。裕隆汽车（1953），厂址在台湾苗栗，产品品牌：日产（NISSAN）、纳智捷（LUXGEN）；中华汽车（1969），厂址在台湾桃园，品牌：三菱（MITSUBISHI）；东风裕隆汽车（2010），厂址在浙江省，品牌：纳智捷（LUXGEN）；广州风神汽车（2001），厂址在广东省，品牌：日产（NISSAN）；东南汽车（1995），厂址在福建省，品牌：三菱（MITSUBISHI）、东南（SOUEAST）；UMPI（菲律宾工厂）（1982），厂址在菲律宾马尼拉，品牌：日产（NISSAN）。

2003 年，裕隆汽车将研发及行销部门分出而成立裕隆日产汽车，与日本日产汽车进行更紧密的合作；裕隆汽车则进行多品牌汽车代工业务。中华汽车以商用车及休旅车见长，历年外销整车至世界各地，近期则全力拓展中东市场。另顺应环保趋势，研发自有品牌"e-moving"电气二轮车，成功跨足绿能产业领域。裕隆汽车也与大陆许多汽车公司有合作。

公司旗下的零组件厂体系完备，长年与日本及欧美等国际大厂维持紧密的合资、合作关系。主要生产的关键零组件包括：后轴、传动轴、仪表板、保险杆、挡风玻璃、安全带、车架、车身钣件、座椅、弹簧、水箱、引擎等。多家工厂获得日本设备协会"TPM 优秀赏"及品质认证，产品除供应岛内需求外，亦通过国际分工，输销东南亚及欧美等地。

（2）行销通路事业。日产车系：裕信、裕新、裕昌，三菱车系：汇丰、顺益，纳智捷车系：北智捷、桃智捷、中智捷、南智捷、高智捷，东风裕隆车系：杭州华智、杭州华佑、上海裕民、深圳裕智、广州元智、福建裕新、宁波裕昌、珠海裕信、苏州裕顺、长沙裕麓，东风日产车系：广州元都、深圳裕朋、珠海福特恩工贸、南京汉虹、武汉裕信、上海裕兴、孝感裕丰、青岛元皇、苏州风神、苏州风顺、苏州诚隆、吴江连诚，东南车系：广州华佑、东莞华顺、四川华威、天津华鸿，其他车系：庆通汽车、南京裕尚、苏州诚利、江门骏兴。

广泛布建行销据点,运作方式采用直营或与经销商合资经营,以利贯彻顾客至上的行销理念。旗下台湾行销据点区分为日产车系、三菱车系、纳智捷车系。旗下大陆行销据点,分为东风裕隆车系(纳智捷品牌)、东风日产车系(日产品牌)、东南车系(三菱品牌、东南品牌)及其他车系等。

(3)汽车水平周边事业。它包括裕融企业、格上租车、新安东京海上、裕隆电能、新鑫公司、行冠企业、行将企业、行快科技、祥硕兴业、宏硕文化、正源科技、前瞻、行毅、格上租赁(苏州)、格上租赁(上海)、裕融租赁(苏州)、浙江诚易、裕国(杭州)、晶慧(上海)。

公司提供全方位服务,服务内容涵盖汽车融资、汽车保险、汽车租赁、中古车买卖、充电站、电池租赁、快速保修、道路救援等。配合集团在大陆事业的发展,先以汽车租赁布点经营,后续将朝汽车保险、汽车融资等方向拓展经营领域。

(4)纺织事业。它包括台元纺织、台文针织、嘉裕、台享、德州元济纺织、中山元菱、元茂纺织、无锡湖嘉、上海台元、元裕纺织、上海凯纳尔、立元制衣(越南)、台元纺织(南非)。

以台元纺织为中心,结合台文针织及嘉裕公司,构建自纺纱、织布、染整、品牌服饰至销售通路之一贯化产销体系。台文针织凭借制衣管理经验,融入台元纺织研发布品特长,自创 ZMO 品牌,提供高机能材质运动休闲及居家生活服饰。

嘉裕公司为台湾地区知名西服产销公司,于台湾主要城市设立直营店与百货专柜,另于大陆多个城市设置服饰代理专柜。嘉裕公司除拥有自创品牌 CARNIVAL 外,亦代理销售 ARMANI 等世界知名品牌服饰。持续布建大陆、香港等经贸通路,协同拓展中国大陆和台湾,越南及南非各厂点业务,以深耕海内外产销价值链。

(5)投资事业。它包括新扬投资、力大投资、华立投资、新扬管理顾问、生扬管理顾问等。直接投资,包括上市与非上市公司投资,其范畴涵盖汽车、半导体、光电、通信、网络、软件及生物科技等产业。创投基金管理,受托经管非本集团所属创投基金公司;主要业务为投资非上市公司专业评估、参与投资或管理，以及投资案出售等。提供标的投资事业企业经营管理与咨询服务，以提升标的投资事业经营绩效。

（6）营建事业。为寻求资源利用最大化，公司陆续在自有土地上开发建设，创造价值。开发兴建多功能商城、工业园区、厂房、高级住宅等，代表作品如三义汽车工业区、新店"蓝天极景"、台元科技园区及新店"行遍天下 Auto Mall"等。

另外，股票上市公司（台湾证券交易所）有裕隆汽车、中华汽车、裕隆日产汽车、江申工业、裕融企业、嘉裕。

4. 大陆投资情况

公司设有大陆总部（杭州）、北京办事处、上海办事处。东风裕隆汽车由裕隆汽车与东风汽车公司于杭州萧山合资成立，生产自有品牌纳智捷（LUXGEN）车系。集团在周边亦参与布建数家零组件厂，齐力支援生产与及时掌握现况。广州风神汽车由裕隆日产汽车及东风汽车有限公司合资成立，生产日产品牌乘用车。东南汽车由中华汽车与福建省汽车工业集团在福州青口合资成立，2006 年日本三菱汽车成为新合资伙伴。东南汽车及周边 30 余家零组件厂，蔚为东南汽车城，具有快速反应、运输成本较低、交货便捷等竞争优势。纳智捷汽车，经营自主研发汽车品牌 LUXGEN，以提供消费者预先设想、超越期待的服务。裕佳汽车，为专业柴油重车代理商，经销日产柴 UD 以及东风汽车商用车。华创车电运用台湾汽车及电子科技产业优势，研发自有车型，加入大中华经济圈的竞逐行列，研发重点兼含电动汽车及燃油汽车。

（七）台湾中华汽车工业股份有限公司

1. 基本情况

台湾中华汽车工业股份有限公司是台湾商用汽车制造商，成立于 1969 年 6 月 13 日，主营汽车及相关零组件的制造、销售，总部位于桃园市杨梅区秀才路 618 号，董事长严凯泰，员工人数 2043 人（截至 2017 年 12 月），资本额为 138.41 亿元，2017 年营业额为 389.08 亿元。台湾中华汽车初期采用技术转移的方式负责生产三菱汽车商用车，而后三菱汽车与三菱商事才以转投资的方式投资 25% 的中华汽车股份。台湾中华汽车持续开发岛内外市场，自行研发新型车款，并且设立汽车开发研究中心，而后与福建省汽车工业集团有限公司合作设立东南汽车，如今已是台湾前两大车厂之一。台湾中华汽车在台湾设有两处工厂，一处是总部所在地杨梅工厂，杨梅厂主要负责冲压、涂装，以及轿车、RV（休旅车）和商用车的组装；另一处是以压铸、变速箱等零部件加工，发动机和大中型货车的组装等为主的新竹厂。

2. 发展历程

1969 年由严庆龄创立台湾中华汽车，资本额为 1 亿元；1970 年公司与三菱自动车工业株式会社签订技术合作合约；1973 年杨梅工厂建厂完成，并正式生产"复兴"（Fuso）大货车及"得利卡"（Delica）小货车；1986 年三菱自动车工业株式会社、三菱商事株式会社正式投资公司，各取得 19% 及 6% 的股权；1988 年台湾中华汽车自行设计的"威利"（Varica）轻型商用车开发成功，正式生产；1993 年第六代"菱帅"（Lancer）轿车正式上市，并且此年台湾中华汽车总产量突破 50 万辆，公司股票正式挂牌上市；1998 年台湾中华汽车总产能突破 100 万辆。同年，转投资大陆的东南汽车获得建厂执照、展开建厂工程；1999 年东南汽车公司竣工投产，台湾中华汽车亚洲技术研发中心（CARTEC）大楼竣工，并成立"中华汽车原住民文教基金会"；2000 年台湾中华汽车在阿曼的马斯喀特建立第一个挂着"CMC"品牌的专卖展示所，"Freeca"在大陆正式上市，中文品牌为"富利卡"；2001 年台湾中华汽车连续 5 年蝉联台湾自产汽车市场产销冠军；2002 年台湾中华汽车旗下华中汽车与顺益关系企业旗下的顺益汽车合并，顺益汽车为存续公司；2003 年台湾中华汽车、德国戴姆勒—克莱斯勒公司及福建省汽车工业集团公司三方共同合作产销朋驰（BENZ）轻型客车，自主开发"Veryca"，成功进军国际市场，"Space Gear"成车外销菲律宾，东南汽车取得在大陆生产轿车产品许可；2005 年台湾中华汽车与科威特 AMG 集团正式签约，外销深耕阿拉伯市场，Lancer 销售量突破 30 万台，成为汽车市场单一车种销售冠军。同年，台湾中华汽车与戴姆勒－克莱斯勒集团签署合作备忘录；2006 年与戴姆勒—克莱斯勒集团签订为美国克莱斯勒生产挂道奇（Dodge）品牌车辆的合作意向书，将由台湾整车外销至墨西哥，由戴姆勒—克莱斯勒集团技术授权生产的 Chrysler Town & Country 正式下线。2007 年福建戴姆勒汽车工业有限公司在福建省福州市建厂奠基；2010 年跨足绿能产业发布电动二轮车 e-moving；2012 年 LANCER FORTIS 出口中东市场，台湾中华汽车开启与三菱自动车合作模式，以产销分工共同进军国际；2013 年自主品牌新达 LEADCA 3.5 吨商用车全新上市；2015 年自主研发双赢 ZINGER，并以中华汽车车款全新上市；2016 年成功取得三菱自动车 Global Sources 采购统合体系青睐，首批模具外销至印尼；2017 年中华汽车亚洲技术研发中心（CARTEC）主导开发 GRAND LANCER 全新上市；2018 年中华菱利 A180/A190 全新上市。

3. 经营现状

台湾中华汽车从 1988 年 12 月自行研发的第一款轻型商用车——威利（VARICA）上市开始，不断以精进自主开发能力为目标，投入资源与精神追求更卓越的造车技术，并从初期的商用车领域跨足乘用车领域，成为台湾商用车及乘用车领导品牌，尔后因应全球绿能、节能趋势，2010 年推出自主 GreenTrans 品牌进军电动机车及电动自行车市场，并以 e-moving 系列车款满足法人与自然人推动绿能运具的需求，成为台湾电动机车领域的先行者，以持续创新经营理念，厚植中华汽车在汽车及绿能相关产品的技术实力及经验。

台湾中华汽车共生产制造 5 个品牌，三菱品牌有轿车、休旅车及商用车共 4 个车系；中华汽车自有品牌有商旅车与商用车共 3 个车系；中华电动二轮车品牌共 2 个车系；AGV 无人搬运车共 2 个车系；三菱 Fuso 品牌有商用车共 2 个车系。

为提高自主开发的技术能力，台湾中华汽车于 1999 年 6 月耗资超过 60 亿元成立台湾中华汽车亚洲技术研发中心（China Motor Asia Research & Technology Center，简称 CARTEC），培养中华汽车的设计、改型及验证产品的能力，以因应台湾市场需求变化并开拓外销商机。展望未来，将凭借过去 40 余年来所累积的经验，持续为台湾汽车设计制造写下一页新局。

4. 大陆投资情况

1995 年中华汽车工业股份有限公司与福建省汽车工业集团公司合资成立东南（福建）汽车工业有限公司，并同步引进 35 家台湾专业汽车零部件厂商紧密环绕其周围，形成一个具有国际先进水准和自主发展能力的专业汽车生产基地。1998 年，东南汽车首款产品"得利卡"（Delica）隆重上市，开创东南汽车商用车领域的辉煌。2000 年 3 月，多功能商务旅行车"富利卡"正式在大陆量产。

（八）东阳事业集团

1. 基本情况

东阳事业集团成立于 1952 年，创办人吴篙，产品包括汽机车塑胶、钣金部品、冷却部品（水箱、冷凝器、车用风扇）、模具、涂料。在亚洲（台湾和大陆）、美洲（美国）、欧洲（意大利）共设有 25 个生产据点。员工人数 9664人，其中台湾地区 4081 人，中国大陆 5266 人，美、欧 317 人。董事长吴永丰、副董事长吴永茂、总裁吴永祥。东阳事业集团专注于交通器材研发销售 50余年，发展至今已成为一个以汽车内外装塑胶及钣金零件为核心的企业集团。

2. 发展历程

1952 年吴篙创立东阳实业厂。1967 年改制为东阳实业厂股份有限公司，在台南市青年路生产自行车及机车零组件。1968 年扩厂迁至台南市安南区。1973 年开始外销机车零件至印尼、越南等东南亚国家，为开拓 AM 市场的先行者。1976 年开始生产汽车用塑胶零件。1978 年外销汽车零件到中东地区国家。1980 年设立台北办公室，拓展外销市场。1981 年生产出第 1 支国产保险杆（福特跑天下）。1984 年与日本三星轮带技术合作，引进 RIM 技术生产PU 保险杆。1987 年成立总经理室，推动目标管理制度，开办干训班，加强人才培训，展开东阳管理制度化的新页。1988 年与日本 SHIGERU 技术合作，引进汽车仪表盘生产技术。1989 年成立研究发展中心，致力于材料、制程及工法改善。1993 年获得福特六和 Q1 品质奖；创办人吴篙董事长荣退，吴永丰接任董事长，吴永茂为总经理。1994 年东阳股票上市；与重庆大江集团合资设立重庆大江渝强塑料制品有限公司，进军大陆 OEM。1995 年独资设立福州东阳塑料制品有限公司，为东南汽车重要协力厂商之一。1996 年与日本NIPPON BEE 合资成立敦阳化工股份有限公司，生产塑胶涂料；在美国得克萨斯州设立 TYGP 生产据点。1998 年在意大利设立 TYGE 汽车零件专业生产工厂及销售据点；与日本 NIPPON BEE 合资设立广州恩碧涂料有限公司；台湾开亿股票上市。2000 年与日本 NIPPON BEE 合资设立长春恩碧涂料有限公司；与日本 NIPPON BEE 合资设立天津恩碧涂料有限公司。2002 年与一汽集团合资设立长春一汽富阳东阳汽车塑料零部件有限公司。2003 年与哈飞汽车集团合资设立哈尔滨哈飞东阳厂。2004 年与大江工业集团合资设立重庆大江东阳塑料制品有限公司；与日本 NIPPON BEE 在武汉设立武汉恩碧涂料有限公司。2005 年设立大协西川东阳汽车部件（南京）有限公司；与日本立松合资设立广州东阳立松模具制造有限公司。2006 年东阳集团研发、设计中心成立；大协西川东阳首批 Tier 1（MAZDA 2）量产。2007 年与美国 IAC 集团合资设立武汉翔星汽车部件有限公司。2010 年合并台湾开亿。2011 年与广州零部件集团合资设立长沙广汽东阳汽车零部件有限公司；成立长春一汽富维东阳汽车塑料零部件有限公司佛山分公司；吴永祥荣任东阳事业集团总裁，吴永茂荣任东阳事业集团副董事长。2012 年成立襄阳东阳汽车零部件有限公司（2014 年 7 月完工量产）；成立佛山东阳汽车零部件有限公司（2014 年 8 月完工量产）。2013 年成立"技术研发中心"，统筹材料研发、工艺研发、大陆分部及集团试验室。2014 年 AM 零件自动仓储系统上线，中央仓库和钣金厂各一座自动化仓库，10 月完工。2015 年东阳实业厂通过严格的 IAOB（国际汽车监督局）见证稽核，顺利取得 ISO/TS 16949 证书，为台湾第一家通过稽核的 OEM 厂；获国瑞汽车协力会年度"安全卫生管理体制评核"A 级厂商；裕隆日产协力体系设计开发绩优奖；AM 五厂量产，年产能 270 万支；7 月取得中国平安保险 AM 汽车零件生产标准认证，东阳保险杆为首个通过 NSF 认证的产品。2017 年 OEM 第 2 条电镀线（三价铬、沙丁镍）量产，2017 年完工，年产能 48 万支；扩增物流中心 15000 坪，增加 27 道货柜码头，2017 年中完工；OEM 第 1 套水性涂装设备投产。2018 年 OEM 新增 1 套中小物涂装设备。

3. 经营现状

公司早期致力于相关产品及销售通路整合，以迅速拓展国际市场，东阳事业集团因而成为台湾交通器材行业最具专业规模的企业集团。近年来，在全球化、专业化策略推动下，东阳事业集团于中国大陆和台湾，以及泰国、美国、欧洲等区域设立生产工厂及行销据点，扩大市场竞争利基，俨然成为全球汽车碰撞零件业最专业、规模最大、最具竞争力的企业集团，并设立总管理处，专司资源分配、协调及整合，并负责集团长程规划、新事业投资评估以及集团内共同性管理制度推动，以奠立企业集团永续成长的基础。

公司主营产品包括塑胶、钣金、模具开发等。除台湾台南厂和在福州设的营业据点外，还有东阳立松，它是东阳与日本立松共同合资设立的，具有塑胶材料、产品设计、模具开发技术优势。

4. 大陆投资情况

公司在设计服务方面有 2017 年在广州独资设立的东阳（广州）技术研发服务厂（客户包括海峡两岸及美日等车厂）。塑胶产品方面有 1952 年独资设立的东阳实业厂（客户为全球客户）；1994 年与重庆大江工业集团合作在重庆市巴南区渔洞大江工业园内成立的重庆大江渝强（客户包括长安铃木、长安汽车、成都丰田）；1995 年在福建省福州市闽侯县青口投资区独资成立的福州东阳（客户为福州东阳、东南汽车、江铃汽车、吉利汽车）；2003 年与长春一汽富维汽车股份有限公司在长春高新技术产业开发区合作成立的长春一汽富维东阳（客户为第一汽车、一汽大众、一汽轿车）；2004 年与重庆大江工业集团在重庆市渝北经济技术开发区合作成立的重庆大江东阳（客户为长安福特）；2005 年与大协西川株式会社在南京市江宁经济技术开发区合作成立的大协西川东阳（客户为长安马自达）；2007 年在南京市江宁经济技术开发区独资成立南京东阳（客户为大陆客户）；2007 年与 IAC 集团在湖北省武汉市经济技术开发区合资成立武汉翔星（客户为东风日产、东风本田、通用汽车）；2011 年与广汽集团在湖南省长沙市经济技术开发区合资成立长沙广汽东阳（客户为广汽菲亚特、广汽三菱）；2011 年与长春一汽富维东阳合资成立长春一汽富维东阳（佛山）（客户一汽大众）；2012 年在广东省佛山市乐平工业园独资成立佛山东阳（客户为东风日产、广汽丰田）；2012 年在湖北省襄阳市宜城市雷河开发区独资成立襄阳东阳（客户为东风日产、郑州日产、英菲尼迪）；2017 年与长春一汽富维东阳在汽车产业新城合资成立长春一汽富维东阳（青岛）（客户为一汽大众）；2017 年与长春一汽富维东阳在天津市一汽大众华北基地成立长春一汽富维东阳（天津）（客户为一汽大众）。钣金部品方面包括 2008 年与广州经济技术开发区合资成立的广州东阳立松（客户为日本立松）。塑胶涂料方面包括 1999 年在广州南沙经济技术开发区成立的广州恩碧涂料；2000 年在长春市东南湖大路 1726 号成立的长春敦阳化工；2001 年在天津西青经济开发区成立的天津恩碧涂料；2004 年在武汉市经济技术开发区成立的武汉恩碧涂料；2005 年在南京化学工业区成立的南京恩碧涂料。

（九）新普科技股份有限公司

1. 基本情况

新普科技成立于 1992 年 4 月 16 日，董事长宋福祥，公司总部位于新竹县湖口乡八德路二段 471 号。2001 年 11 月 27 日上柜，股票代码 6121，产业类别为电脑及周边设备业，主要业务为电池制造业电池组装配（笔记型电脑电池组、行动电话电池组）、研发及销售。公司是全球第一大电池模组制造供应商，年度营业额 580 亿元（US $1.8B），2017 年末实收资本约 18.49 亿元，2018 年市值约 342.2 亿元。全球有超过 14000 名员工，每年提供超过 2 亿个电池组。市场上每 4 个电池组中，就有一个为新普集团制造。

2. 发展历程

1992 年公司成立，定名为新普有限公司，资本额为 500 万元，经营各种可携式电池组加工买卖。1996 年资本额增为 2000 万元，公司名称变更为新普股份有限公司。1997 年迁厂至新竹县湖口乡中正路二段 196 号，9 月推动 ISO 9002 品保制度并取得认证。1998 年董监事改选，经营权改变，选任宋福祥担任董事长。变更公司名称为新普科技股份有限公司，朝高科技及产品多样化发展。2000 年实收资本额达 3 亿元。证期会核准公司股票公开发行。2001 年转投资 SIMPLO Technology（BVI）Co., Ltd. 及 SMP Holdings International Incorporated，以作为大陆投资的第三地控股公司。迁入位于新竹县湖口乡八德路二段 471 号的新址营运。盈余转增资 6480 万元，实收资本额达 3 亿 6480 万元；11 月 27 日正式挂牌柜台。2002 年推动并取得 ISO 9001 2000 年版认证；成功开拓新客源，岛内一线大厂广达（Quanta）及国际大厂新惠普（HPQ）正式量产；发行岛内第一次无担保转换公司债，金额 5 亿元，发行期限 3 年；取得 UL 认证并获得授权，可自行进行 UL 认证测试。上海子公司兆普电子（上海）有限公司正式竣工投入量产。2003 年推动并取得 ISO 14001 环境管理系统认证；成功开拓新客源，国际大厂戴尔（DELL）

正式量产；取得 TUV 认证并获授权可自行进行 TUV 认证测试。2004 年推动 OHSAS 18001 职业安全卫生管理系统认证。2005 年成功开拓新客源——国际大厂苹果（Apple）的正式量产。2006 年常熟子公司新世电子（常熟）有限公司正式竣工投入量产。2010 年于大陆成立合资企业发展电动车用电池组。2011 年重庆子公司新普科技（重庆）有限公司正式竣工投入量产。2013 年成功导入智慧型手机电池生产出货；于新竹县湖口乡投资设立中普科技股份有限公司。2004 年于常熟设立子公司华普电子（常熟）有限公司。中普于常熟设立子公司太普电子（常熟）有限公司。2016 年中普分割成立新公司嘉普科技股份有限公司。

自 2003 年起，公司先后于上海、江苏常熟及重庆建立生产基地。产业布局朝向国际化发展，建立起遍布亚洲、美洲及欧洲的全球供应链。在多年努力耕耘之下，新普科技已成为多家国际知名大厂合作伙伴，月产能屡创新高，笔记本电脑电池全球市占率第一，并获得美国《福布斯》杂志、美国《商业》周刊、《天下》杂志等岛内外多项肯定，更于 2009 年被纳入美国摩根士丹利成分股，建立起世界级的领导地位；同年营收已超过 10 亿美元并持续快速成长。

近年来节能意识抬头，新普科技亦基于深厚的笔记本电脑电池研发基础，积极投入节能产业，自 2008 年起已自行发展动力电池、储能系统、充电设施等新能源技术，同时间更与岛内外相关领导厂商进行各项目电池组技术合作。为确保生产品质及善尽企业责任，新普科技自 2002 年起，先后通过 ISO 9001 品质管理认证、ISO 14001 环境管理认证及 OHSAS 18001 职业安全卫生管理认证，并持续进行相关领域品质管理更新认证。新普科技具备弹性生产能力，严格的制程控管，完整的生产履历系统。此外，全面自行研发自动化生产、测试、检验治具设备及高智能仓储系统，达到高效率与高品质的产品水准。为了保证产品的安全与可靠度，并缩短产品安规验证时程，新普科技于 2000 年起，投入庞大经费建立锂电池安规与可靠度测试实验室，并先后获得美国 UL、德国 TUV-SUD、法国 LCIE，以及中国台湾 TAF、上海化工研究院等实验室认证。

3. 经营现状

新普科技的产品包括：笔记型电脑电池、各式手持应用电池、电动自行车电池、电动摩托车电池、纯电动车与油电混合车电池、电动巴士电池、储能系统、充电器与充电站、电池快速更换系统。2011 年，更开发出包含电池系统、车载充电机、直流转换器及车辆控制系统的电动车全方位解决方案，并已完成新普一号纯电动车开发平台，且进行实际路测，为新普的技术研发能力再创高峰。新普科技以原有深厚的笔记本电脑电池研发为基础，提供强而有力的支援，致力投入新能源技术开发与整合。

4. 大陆投资情况

新普科技（重庆）有限公司成立于 2010 年 9 月，位于重庆市沙坪坝区综合保税区 B 区，是台湾新普科技股份有限公司在大陆投资的独资企业。以笔记型计算机电池模块相关新技术研发、组装为主。公司总投资 9001 万美元，注册资本为 3001 万美元，现已成为全球最大的笔记本电脑制造商。它主要以生产电池组为主，其中 Notebook 电池组已成为全球第一大供应商，合作客户有 ACER、大众、志合、英业达、广达、纬创、DELL、HP、APPLE、LG等。另外，在大陆还设有常熟公司（新世电子常熟有限公司）、上海公司（兆普电子上海有限公司）、苏州公司（苏州宏益科技有限公司）。

（十）顺达科技股份有限公司

1. 基本情况

顺达科技股份有限公司为 1998 年成立，产业类别为电力机械设备制造业电池制造业，是台湾最大的电池制造公司之一，员工人数 2038 人，公司地址为桃园县龟山乡林口华亚科技园区华亚一路 66 号 3 楼。

2. 发展历程

1998 年公司设立，原名为华得科技股份有限公司，资本额 500 万元，主要营业项目为笔记型电脑及手机用镍氢电池组、锂电池组；变更公司名称为华得电池股份有限公司。2000 年通过 ISO 9001 国际认证。2001 年设立Dynapack Technologies（Cayman）Corporation，间接投资大陆孙公司华得电子科技（苏州）有限公司，后改名为顺达电子科技（苏州）有限公司，持股 100%；现金增资 4500 万元，资本额增为 5000 万元；变更公司名称为华得国际科技股份有限公司。2002 年工厂迁至桃园县龟山工业区；改选董事，钟聪明担任公司董事长；现金增资 1 亿元，资本额增为 1.5 亿元；变更公司名称为顺达科技股份有限公司，公司所在地迁至桃园县桃园市兴华路 21 巷 1 号 4 楼；笔记型电脑电池组通过国际大厂 HP 公司认证；PDA 电池组通过国际大厂 HTC 公司认证；现金增资 1 亿元，资本额增为 2.5 亿元。2003 年盈余及资本公积转增资 7800 万元，资本额增为 3.28 亿元。取得日系大厂绿色伙伴认证。2004 年现金增资 49800 千元，资本额增为 3.778 亿元。盈余及资本公积转增资 122200 千元，资本额增为 5 亿元。2005 年盈余转增资 8500 万元，资本额增为 5.85 亿元；通过子公司 Dynapack Technologies（Cayman）Corporation 间接投资大陆孙公司昆山顺阳电子科技有限公司，持股 100%。2006 年大陆孙公司顺达电子科技（苏州）有限公司开工建厂；完成大陆孙公司昆山顺阳电子科技有限公司新厂建设，开始试产笔记型电脑电池组；取得国际大厂 Dell 公司认证；盈余转增资 1.345 亿元，资本额增为 732240 千元；现金增资 1.25 亿元，资本额增为 8.64436 亿元；完成大陆孙公司顺达电子科技（苏州）有限公司自建新厂。2007 年大陆孙公司顺达电子科技（苏州）有限公司盈余转增资人民币 60432 千元，折合美金 7900 千元；盈余转增资 62542 千元，资本额增为 986339 千元；选任副董事长，戴晓阳担任公司副董事长；总经理戴晓阳退休，该职位由董事长钟聪明兼任。2008 年经由子公司 Dynapack Technologies（Cayman）Corporation 转投资设立顺达科技（香港）股份有限公司，持股 100%；子公司 Dynapack Technologies（Cayman）Corporation 将其拥有的大陆孙公司顺达电子科技（苏州）有限公司及昆山顺阳电子科技有限公司 100% 股权转让给顺达科技（香港）股份有限公司。2008 年改选董事，钟聪明担任公司董事长并兼任执行长；委任杨照民为公司总经理；盈余转增资 128889 千元，资本额增为 1151186 千元；取得 IECQ QC 080000 危害物质过程管理系统国际认证。2009 年公司迁至桃园县龟山乡华亚科技园区现址；发行私募台湾省内无担保转换公司债 1000000 千元，引进策略联盟伙伴台达电子工业股份有限公司。盈余转增资 114364 千元，资本额增为 1282814 千元。2010 年设立子公司顺阳投资股份有限公司，持股 100%。2011 年改选董事，钟聪明担任公司董事长。杨照民总经理升任为公司执行长；许诸静执行副总经理升任为公司总经理。私募台湾省内无担保转换公司债 1000000 千元全数转换为普通股，资本额增为 1517310 千元。与致茂电子股份有限公司及禾联股份有限公司共同取得桃园县龟山乡"机场捷运 A7 站开发区产业专用区（A 标）招标投资案"。取得国际大厂 ASUS 公司认证。2014 年法人董事台达电子工业股份有限公司转让股份超过选任当时所持有公司股份数额的二分之一，依有关规定当然解任。改选董事，钟聪明担任公司董事长。2015 年取得国际大厂 Microsoft 公司认证。选任副董事长，杨照民担任公司副董事长。执行长杨照民退休。2017 年改选董事，钟聪明担任公司董事长；华龙财务顾问股份有限公司担任公司副董事长。取得国际大厂华为公司认证。

3. 经营现状

顺达科技股份有限公司是一家专业生产电池组的电子资讯厂，主要产品为笔记型电脑锂离子、锂聚合物、镍氢智慧型电池组、Mobil 手机电池研发、PACK 制造及销售，主要的客源有岛内 NB 各 ODM 系统大厂及手持式装置系统大厂，同时积极与世界一线大厂合作开发新型智慧型电池。目前也有相关 IA Product（PDA 手机、UMPC、智能手机）智慧型电池组研发与制造，未来可预见这些产品将具有爆发性成长。公司组织完备，包括研发、销售、制造、财务、人资及其他后勤部门，目前总公司在林口华亚科技园区内，另在江苏省设有吴江厂及昆山厂两厂。

4. 大陆投资情况

顺达电子科技（苏州）有限公司于 2001 年 3 月 9 日在苏州市吴江区市场监督管理局登记成立。法定代表人钟聪明，公司经营范围包括电脑、通信用各类锂离子电池组、镍氢电池组等。注册资本 8000 万美元，企业地址为吴江经济技术开发区花港路 8 号。

昆山顺阳电子科技有限公司成立于 2005 年，注册资本 1000 万美元，所在地址为江苏省昆山综合保税区 B 区桃园路 68 号，经营范围为生产电脑、通信用各类锂离子电池组、镍氢电池组、新型电子元器件；无线通信模组（FM 插接模组、MP3 音乐模组）；各式充电器；并销售自产产品；提供相关的技术服务，物流仓储服务（不含运输）；提供相关配套件的批发进出口。

（十一）广隆光电科技股份有限公司

1. 基本情况

广隆光电科技股份有限公司是台湾铅酸蓄电池专业制造行业唯一一个上市公司，设立日期为 1990 年 1 月 25 日，上市日期为 2002 年 1 月 22 日，股票代号 1537，总公司地址为南投市南岗工业区自立三路 6 号。在台湾地区的工厂为广隆厂（1990 年）、利隆厂（1995 年），在越南的工厂为滨沥厂（1996 年）、德和厂（2007 年）。实收资本额 8.17 亿元。主要营业项目为再生能源储能系统用电池、通信交换机及电信机房用电池、UPS 电源用电池、电动车用电池、启动用电池。

2. 发展历程

1990 年广隆电池核准设立南岗工厂区。1991 年取得 UL 美国产品安全标准；开发完成免保养电子密闭式电池。1993 年与"工研院"材料所合作深度放电用密闭式铅酸电池开发 2 年计划；开发完成摄影机系列电池。1994 年申请台湾商标 KLB 注册核准；取得商品检验局 ISO 9002 国际品质合格认证。1995 年开发完成免保养机车密闭式电池；与"工研院"材料所合作电动机车用电池技术研究开发 2 年计划；开发完成高容量密闭式电池。1996 年加入保税工厂，通过"国防"评级；越南厂设立。1997 年获颁客户满意度金质奖。1998 年电脑中心扩建，完成各单位光线网络连线；开发完成电动脚踏车电池；获评台湾精品奖。1999 年开发完成电动机车用电池；合并利隆工业股份有限公司。2001 年公司更名为广隆光电科技股份有限公司。2002 年股票（1537）正式挂牌上市。2003 年成立美国办公室。2007 年越南德和厂新厂落成投产。2008 年越南德和厂第二期扩建工程完成。2009 年越南德和厂第三期扩建工程完成。2010 年越南德和厂第四期扩建工程完成。2012 年越南德和厂第五期扩建工程完成。2014 年越南德和厂第六期扩建工程启动。2015 年 MSCI 将广隆列入 MSCI 全球中小型股指数成分股；越南德和厂第六期扩建工程完成。2016 年越南德和厂第七期扩建工程进行中。

3. 经营现状

广隆光电除了在台湾地区的首座工厂外，另在越南增建了 2 座现代化的生产基地，三厂厂区已开发面积共计有 25.2 万平方米。通过 ISO 9001、

TL 9000、ISO 14001、OHSAS 18001、ISO 17025 认证，公司自有品牌
"LONG" 的电池产品，在精准制造及确保产品遵循依品质管理系统下，全系
列密闭式电池产品皆通过 UL 安规标准。另针对欧洲区安控市场的高品质需求，
亦通过了德国 VdS 的认证，品质深受岛内外知名跨国企业的厚爱与认可，产
品适用于多用途、循环使用、高功率、电动车、深循环以及再生能源与太阳能
等，是高性价比与信赖性的最佳选择。

广隆光电科技作为岛内唯一取得保税工厂及股票上市的铅酸蓄电池专业制
造厂。近五年以来每年电池出货数达 30% 的复成长，创造高达 40 亿元的营
业收入。为求分散生产风险与扩大销售市场，采取国际分工的产销政策，早在
1996 年即于越南的滨沥县设厂，为最早于当地建立电池生产基地并 100% 投
资的外资企业。后于 1999 年与 2000 年分别完成 ISO 9001 与 ISO 14001 认
证，2002 年通过 OHSAS 18001 认证，并于同年于台湾挂牌上市。至 2007
年又完成占地达 20 万平方米的越南德和厂兴建，2008 年通过 TL 9000 通信
电子业品质系统验证，并于 2009 年底起至 2016 年持续进行德和厂生产基地
扩建工程。

全球据点包括：总公司，位于台湾南投市自立三路 6 号；越南德和厂，位
于越南隆安省德和县德和东社德美工业区；越南滨沥厂，位于越南隆安省滨沥
县滨沥市镇第二市区正秋街 40 号；美国联络窗口，位于加利弗尼亚州新港滩
市丹伯里（1 CAPE DANBURY，NEWPORT BEACH，CA 92660）。

4. 大陆投资情况

广隆电池工业股份有限公司台湾分部直属有北京公司，地址为北京市海淀
区上地十街 1 号院 2 号楼。

（十二）加百裕股份有限公司

1. 基本情况

加百裕工业股份有限公司，员工人数在台湾约 200 人，昆山约 1300 人；
资本额在台湾有 86800 万元，昆山有 1500 万美元；土地面积在台湾有 3163
平方米，昆山有 34000 平方米；建地面积在台湾有 2650 平方米，昆山有
12000 平方米；台湾公司设立于 1997 年 11 月 20 日，昆山公司设立于 2002

年 12 月，主要产品为笔电、平板电池组，网通产品电池组，智慧型手机电池组，电动工具电池组，电动载具电池组，储能、备用电源电池组；董事长黄世明，营运地区总部分别为台湾桃园市龙潭区工五路 128 号和江苏省昆山市高科园汉浦路 1111 号。

2. 发展历程

1997 年投资创立加百裕工业股份有限公司，登记资本额 1358.7 万元，实收资本额 1358.7 万元。1999 年与日本 NEC 技术合作，开始投入量产 NB 电池组；通过 ISO 9002 认证。2000 年全面导入 Work Flow ERP、Notes 等 e 化管理流程；成立 Celxpert Holdings Ltd.（BVI），间接对加百裕（昆山）电子有限公司投资。2001 年取得 UL、TUV 工厂认证。2002 年加百裕（昆山）电子有限公司正式成立。2003 年总公司通过 ISO 9001：2000 认证。2005 年昆山厂通过 ISO 9001：2000 认证。2006 年昆山厂通过 ISO 14001：2004 认证；总公司通过 ISO 14001：2004 认证；总公司通过上海化工院 UN 38.3 认证。2007 年正式上柜挂版买卖。2008 年昆山厂通过 OHSAS 18001：2007 认证。2009 年总公司通过 ISO 17025：2005 认证，以及 IECQ 测试实验室品质要求的所有项目认证；总公司与昆山厂通过 QC 080000：2005 认证。2010 年昆山厂通过 ISO 9001：2008 认证；总公司通过 ISO 9001：2008 认证。2012 年研发量产动力型电池模组，应用于电动工具、太阳能储能系统等产业；总公司与昆山厂通过 QC 080000：2012 认证。2017 年昆山厂通过 ISO 9001：2015 认证；昆山厂通过 ISO 14001：2015 认证；总公司通过 ISO 9001：2015 及 ISO 14001：2015 认证。2018 年印尼厂正式成立。

3. 经营现状

加百裕身处快速成长的电池能源产业，主要服务笔记型电脑、消费性电子、手机及未来的汽车燃料电池等产业，提供设计、制造及服务的电池组业务，持续专注于电池组的开发与设计，并以提供最高附加价值，协助客户提高商品性能及 Time-To-Market 最佳效益为努力方向。加百裕的经营理念为"诚信务实"，与所有的客户建立互信及承诺品质保证以确定提供最即时及最好的产品，同时以"创新卓越"来提供给客户最好的服务及支援；企业愿景是"成为守护地球环境，提供替代次世代能源的企业"。

4. 大陆投资情况

加百裕（昆山）电子有限公司，主营锂电池、电池充电器、电动车充电器、带开关电位器、玻璃釉电容器、电子元器件、接插件、塑胶件、笔记本电脑电池、手机充电器、开关电源等。

（十三）新盛力科技股份有限公司

1. 基本情况

新盛力科技股份有限公司位于台湾高雄市 806 高雄加工出口区西 15 街 1 号，设立日期为 2004 年 6 月，主营业务是锂离子电池模组研发、制造与销售，员工 340 人，实收资本 45620 万元。

2. 发展历程

2004 年通过 ISO 14001 认证；高雄厂通过 ISO 9001/ISO 14001 认证。2005 年苏州厂成立；苏州厂通过 ISO 9001 认证；高雄厂通过 GMP 认证；苏州厂通过 ISO 14001 认证。2006 年高雄厂通过 Sony Green Partner 认证；高雄厂通过 ISO 13485 认证。2007 年台湾一千大制造业排名第 465 名；高雄厂通过 ISO/TS 16949 认证。2008 年台湾一千大制造业排名第 331 名。2009 年苏州厂获 OHSAS 18001 认证；苏州厂测试仪器通过 UN38.3 认证；苏州厂通过 QC 080000 Certified、SIP TIS 2217-2548 Certified、SIP Sony Green Partner Certification 等认证；千大制造业排名第 229 名。2010 年，LEV 电池模组产品线 E-Bike（24V—36V）& E-Scooter（48V—72V）开始生产；QA Lab. 取得 UL 实验室认证。2011 年，ESS/UPS 储能系统电池模组产品线开始生产。2013 年 STL Battery Pack 获得全台首张 UL1973 认证。2014 年 QA Lab. 顺利取得上海化工研究院（SRICI）实验室认证。2015 年岛内五千大企业制造业营收净额排名第 914 名及电池业第 6 名。2016 年 STL Battery Pack 获得全台首张 UL60730 认证；5 月号《天下》杂志公布 2015 年台湾制造业成长最快企业，名列第 47 名。2017 年岛内五千大企业制造业营收净额排名第 835 名及电池业第 5 名。

3. 经营现状

新盛力科技股份有限公司，坐落于高雄市的高雄加工出口区，主要的营业项目为锂离子电池模组研发、制造与销售业务。公司产品主要应用在动力工具、轻型电动交通工具及储能系统装置等产业,并能依据客户的不同需求,建议电池的选配,以多样貌的生产方式满足客户需求。在品质、环保及安全的认证上,公司已取得多项认证,如 ISO、IATF、IECQ、UN、UL 等认证,并设立自有实验室,可加速客户产品开发及推至市场的时间。

4. 大陆投资情况

新盛力科技(苏州工业园区)有限公司于 2004 年 11 月 18 日在苏州工业园区市场监督管理局登记成立。法定代表人张中秋。公司经营范围包括:研发电池组及其组件、计算机、电子通信产品及零组件;从事电池组及其组件、计算机、电子通信产品及零组件、电子产品、金属制品、金属材料(贵金属除外)、机电设备及其零组件、机械设备及其零组件、办公自动化及其零组件的研发、生产及销售工作。

（十四）东贝光电科技股份有限公司

1. 基本情况

东贝光电科技股份有限公司设立于 1993 年 6 月 26 日,资本额 41 亿6672 万元,股票代号 2499;员工人数 1019 人;主要产品为光电元件、封装产品、车用应用产品、照明应用产品;董事长吴庆辉,总经理吕格维,发言人翁聪智;总部位于新北市三重区光复路一段 88-8 号 10 楼,公司营运涵盖地区包括中国大陆和台湾,以及韩国、美国等地。

2. 发展历程

1993 年创立东贝光电科技股份有限公司,资本额 1000 万元,专业生产红外线发光二极体及各种发光二极体指示灯等电子零件。取得"二极体料带之改良结构"专利。1996 年顺利进入日本遥控器市场,成为主要遥控器供应商。取得"具红外线传输功能之滑鼠结构"专利。1997 年 3 月,于美国加州设立美国子公司(Unity Microelectronics Inc.)负责北美地区销售业务。9 月,成立雅置投资有限公司从事来料加工管理业务。12 月,通过 ISO 9001 认证。1998 年 2 月,取得"医疗点滴之警示装置"专利。5 月,于日本设立日本子公司(BOHA JAPAN CO., LTD.)负责日本地区销售业务、研发及资讯。购入台北科技城新厂，总面积约 5600 平方米。

2000 年 1 月，于韩国设立韩国子公司（UNITY KOREA CO., LTD），负责韩国地区销售业务及资讯。4 月，迁厂至新购置的台北科技城厂房，扩大生产规模。12 月，通过 QS 9000 认证。2001 年 12 月，通过 ISO 14001 认证。2002 年 2 月，挂牌上市。7 月，发行台湾省内第一次无担保转换公司债 5.5 亿元。2003 年 7 月，成立西萨摩亚日聚有限公司，从事发光二极体相关事业投资。2004 年，通过 ISO/TS16949 汽车业品质管理体系国际标准认证。发行台湾省内第二次无担保转换公司债 8 亿元。台湾一千大制造业第 750 名。2005 年 12 月，台湾一千大制造业第 703 名。2006 年 1 月，依产品线成立光电、照明及红外线三大事业部。3 月，买回库藏股 500 万股。现金增资发行新股 2500 万股。2008 年买回库藏股 700 万股。2009 年私募现金增资 20 亿 1200 万元，实收资本额增为 30 亿 9204.6 万元。2010 年发行第三次无担保转换公司债 15 亿元。现金增资发行新股 1500 万股，实收资本额增为 33 亿 4467.3 万元。2011 年认股权凭证转换 274 万元，实收资本额增为 33 亿 4741.3 万元。认股权凭证转换 250 万元，注销库藏股 237.5 万股，实收资本额 33 亿 2391.3 万元。可转换公司债转换普通股 29.4 万元，实收资本额 33 亿 2420.7 万元。资本公积转增资 4881.3 万元，实收资本额 33 亿 7302 万元。2012 年认股权凭证转换 51 万元，注销库藏股 700 万股，实收资本额 33 亿 353 万元。认股权凭证转换 33 万元，实收资本额 33 亿 386 万元。2013 年买回库藏股 1000 万股。2014 年注销库藏股 1000 万股，实收资本额 32 亿 386 万元。认股权凭证转换 283 万元，实收资本额增为 32 亿 669 万元。购入五股新厂，土地面积约 6000 平方米、建筑面积约 21000 平方米。2015 年买回库藏股 515.7 万股。注销库藏股 515.7 万股，实收资本额 31 亿 5512 万元。现金增资发行新股 5800 万股。

3. 经营现状

公司所营业务主要包括：（1）各种发光二极体指示灯、红外线发光二极体、发光二极体数位显示器、时钟显示器、光耦合器、滑鼠组件、电源供应器、二极体用导线、电子线、各类电子工业用导线研究开发、制造、加工、买卖业务。（2）光电元件、零组件、成品、系统设备制造及买卖业务。（3）半导体元件、零组件制造、买卖业务。（4）光纤系统设备设计、制造、买卖业务。（5）各种电子机械、零件及电子用零件制造、加工、买卖业务。（6）各种电子、电机、自动化机械设备、设计、制造、加工、买卖业务。（7）电脑周边设备零配件制造、加工、买卖业务。（8）前项有关原、物料批发买卖业务。（9）前各项有关产品进出口贸易业务。（10）代理前各项有关岛内外厂商产品报价投标及经销业务。（11）除许可业务外，经营非禁止或限制业务。

2017 年公司商品、服务项目的营收情况为：光电元件（用于家电、通信、电脑、汽车等产品的背光源及指示光源）营业额为 431355.9 万元，营业额占比为 75%；照明产品（用于室内及室外照明、车用照明）营业额为 134194 万元，营业额占比为 23%；红外线产品（用于家电、通信、汽车、滑鼠、遥控器发射与接收元件）营业额为 8323.2 万元，营业额占比为 2%。

4. 大陆投资情况

销售据点分为亚洲地区（台湾三重与大陆的深圳市、北京市、苏州市，及韩国 LEDAZ）和北美地区（美国得克萨斯州）。生产据点有扬州厂、杭州 OEM 厂、台湾三重厂和竹南 OEM 厂。

（十五）中国电器股份有限公司

1. 基本情况

中国电器创立于 1955 年 2 月 1 日，品牌名称为东亚照明，负责人周丽真，资本额为 39.8 亿元。比起创立时资本额 350 万元，增长 1000 多倍。公司员工人数逾 300 人。工厂有新竹厂、新营厂。1990 年 1 月 16 日在台湾证券交易所正式挂牌上市。

2. 发展历程

1955 年召开创立大会，订定章程，资本额定为 350 万元，设于台北市怀宁街 17 号。1956 年与日本东京芝蒲电气株式会社技术合作制造电灯泡。1963 年新竹厂日光灯工厂落成，日本三菱给予其技术指导，东亚牌日光灯上市。1964 年成立高雄营业所。1967 年新竹厂汽车灯泡工厂建筑完成，与日本来福电球技术合作，生产汽车灯泡。1969 年配合台湾省道路照明发展，与日本三菱技术合作，水银灯正式上市。1973 年桃园厂正式开工，主力生产灯具及安定器。1974 年兴建竹东厂。1981 年成立台南营业所。1984 年成立桃园营业所。1986 年"经济部"核准公司转投资华芝玻璃股份有限公司。1990 年公司股票正式在台湾证券交易所股份有限公司挂牌上市。2002 年在桃园厂设置太阳能光电模板封装生产线。2009 年公司与美国 Cree Inc. 就照明产品技术及市场开发策略联盟。2013 年投资设立中电开发股份有限公司，从事土地开发建设事业。公开收购启耀光电股份有限公司，与其策略联盟生产 LED 产品。2014 年 8 月捐赠（高雄市政府）2000 盏 LED 多功能照明灯，协助高雄气爆受灾户，尽企业社会责任。2015 年 6 月公司新营厂获"行政院劳动部职业安全署"无灾害工时记录绩优单位。12 月公司美东菱厂 ISO 9001 及 ISO 14001 取得财团法人金属研究发展中心认证证书。2016 年 1 月取得云林县设置 LED 路灯工程标案。6 月取得彰化县设置 LED 路灯工程标案。8 月取得嘉义县设置 LED 路灯工程标案。

3. 经营现状

公司自 1955 年成立以来，即以品质、诚信、研发、人本为经营方针，1962 年以"东亚"为其照明品牌行销于台湾市场，经过将近半个世纪的奋斗，获无数技术认证与肯定，并成为台湾照明产业龙头。同时中电将本身定位为一"专业照明制造服务公司"，不论是售前服务、售中服务，还是售后服务，都能提供给客户全方位的照明解决方案。

公司所营业务主要为：

（1）各种电器、照明产品、铜杆、无熔丝开关、干电池及附属品制造与销售。

（2）前项有关产品进出口贸易业务。

（3）代理岛内外厂商产品报价、经销及投标业务（期货除外）。

（4）委托岛内外厂商从事各种电器用品加工制造及销售。

（5）其他项工业制品制造业、陶瓷及陶瓷制品制造业、交通标志器材批发业、厂房出租业、仓库出租业、发电输电配电机械制造业、电子零组件制造业、照明设备制造业、电池制造业、电器批发业、电池批发业、电子材料批发业、照明设备工程业。

主要产品为各式日光灯、灯泡、卤素灯、高压放电灯、汽机车灯泡、办公室照明、住宅照明、商业照明、户外照明、特殊照明等，以及各式安定器、太阳能板、太阳能发电系统、风力发电系统、LED、光纤、热水器、卫浴商品等。

2017 年度主要产品销售净额、营业额占比为：照明产品销售净额 140776.1 万元，营业额占比为 52%；绿能产品销售净额 125736.3 万元，营业额占比为 47%；租金收入销售净额 4046.3 万元，营业额占比为 1%。

生产基地：光源研发生产基地新竹厂，位于台湾新竹县湖口工业区。生产项目有节能荧光灯管及 LED 光源。生产设备有一秒一支日光灯管高速生产线、LED 光源组装生产线、锂铁电池组装生产线。灯具研发生产基地新营厂，位于台湾台南市新营工业区。生产项目有各式节能灯具及高功率安定器。生产设备有 DQ 自动化生产线、20W41 系钣金自动化生产线、激光自动切割机、液体涂装设备、FMC 转塔式冲剪复合机、CNC 折床冲床设备、安定器自动化生产设备。

主要投资子公司有三家，分别为中创科技股份有限公司、东亚岱亚照明器材股份有限公司、华芝玻璃股份有限公司。中创科技股份有限公司位于台湾新竹县湖口乡光复北路 81 号，主要是节能光源、智慧照明系统、IOT 智慧系统的开发销售；东亚岱亚照明器材股份有限公司位于台湾新北市土城区亚洲路 32 巷 20 号，主要制造、销售美术灯具；华芝玻璃股份有限公司位于台湾台北市松山区敦化北路 170 号 6 楼（联络办公室），主要制造与销售照明用玻璃壳及玻璃管。

（十六）长亨精密股份有限公司

1. 基本情况

长亨精密股份有限公司成立于 1987 年 10 月 24 日，董事长纪一珍。公司位于高雄市路竹区路科十路 9 号，2007 年在兴柜挂牌，股票代码 4546。长亨精密主营业务为航太飞机引擎零组件，自 1997 年切入飞机引擎零组件市场以来，坚持以创新去进行不断地超越，建立生产航太引擎关键性零组件所需的完整生产技术、工程能力及高达 33 项国际航太高阶特殊技术认证，并开发出全球最畅销商用飞机空中巴士 A320 系列和波音 737 系列所配备 CFM56 引擎的高阶风扇叶片、压缩器组合件、热段高压扩散器等，已成为上述航太引擎关键性零组件全球供应商。长亨精密公司还是全世界独家首创"四轴设备取代五轴设备"机械工程技术的厂商，与汉翔公司同是国际航空飞机引擎制造供应链 Tier 1 层级的专业制造商，并持续投入可观的研发费用，技术能力获得国际航空大厂的肯定。

2. 发展历程

1997 年转型进入航太市场，导入生产管理作业电脑化（MIS）；加拿大 QMI 公司 ISO 9002 品质系统认证合格；导入企业资源规划整合系统（ERP）；2001 年导入法国达梭航太级高阶 CATIA、CAD/CAM 系统；2003 年加拿大 QMI 公司 AS 9100 航太品质系统认证合格；2004 年成功开发飞机引擎扇叶片段最高阶 3D 叶片，全世界独家首创以"四轴机取代五轴机"机械工程技术并获得认证；取得放电加工、细孔放电加工及线割等航太高阶特殊技术认证；2006 年建立飞机引擎风扇叶片段高阶 3D 叶片专制线——本洲厂开始量产营运；2007 年取得发蓝、固膜、清洗、酸洗、珠击、萤检、碳化钨喷涂、铜镍铟喷涂、金相检验、硬度测试、电浆喷涂检验、发蓝巨观金相检验、拉力试验、化学槽液分析等航太高阶特殊技术认证；取得授权制造 CFM56-5 飞机引擎风扇段高阶 3D 叶片，应用于空中巴士 318/319/320/321 型飞机；2008 年取得授权制造 CFM56-7 飞机引擎风扇段高阶 3D 叶片，应用于波音 737-600/700/800/900 型飞机；2009 年取得硅胶涂层、铝硅涂层、真空热处理、真空硬焊、析出硬化、应力消除、孔加工等航太高阶特殊技术认证；2010 年飞机引擎环形组件（压缩器／燃烧器／扩散器）高雄科学园区专制厂完工启用；正式成为美国最大飞机发动机制造商奇异（GE）公司在台零组件生产的第二家供应商（第一家为汉翔公司）；2011 年取得授权制造 CFM56-5 引擎压缩器组合件；取得冲蚀测试、氩焊、激光焊接、T400 涂层、T800 涂层、电弧熔射等航太高阶特殊技术认证；2012 年取得激光切割、激光刻字等航太高阶特殊技术认证；成功开发飞机引擎压缩器高阶模组，并成为风扇段高阶 3D 叶片、热段高压扩散器等的全球极少数的专业供应商；2013 年获选台"经济部"重点辅导中坚企业；公司以独家首创的极精密七轴 EDM（放电技术），成功开发 CFM56 飞机引擎热段高压扩散器，后续规划大量投产；通过台"经济部"业界开发产业技术计划，计划名称为"航空涡轮风扇发动压缩器模组开发计划"；以 90 元承销价格于 7 月 30 日兴柜挂牌成功。2015 年扩建高科二期厂；2016 年成功进入新世代 LEAP 引擎供应链体系，成功领先开发 LEAP-1B 热段压扩散器首件；获得美国 GE 公司 B787 所用引擎 GENX-1B 出气导向叶片合约，开始建设无人工厂（热段高压扩散器专制厂）；2018 年新建高科三期厂，为公司高端航太业务揭开新篇章。

3. 经营现状

自 1997 年切入飞机引擎零组件市场以来，长亨精密除陆续建立生产航太引擎关键性零组件所需的完整生产技术、工程能力及高达 33 项航太级特殊制程技术能量外，还开发出 CFM56 飞机引擎高阶风扇叶片、压缩器组合件、热段高压扩散器等航太引擎关键性零组件，展现长亨优越的研发及创新能力。

除致力于工程技术研发外，长亨精密以极精密的机器设备和完善的航太品质管理系统（AS 9100）为骨干，严格管控各制程品质，落实有效的进出货管理，以符合国际品质标准与客户品质要求，并以达到六标准差（6δ）为最终品质目标；持续开发有潜力的产品和市场，成为全球航太产业专业供应体系中不可缺少的合作伙伴。

公司主要营业内容为航太飞机引擎零组件研究、开发、设计、制造及销售，营业项目包括机械设备制造业、其他机械制造业、电子零组件制造业、航空器及其零件制造业、模具制造业和国际贸易业。

公司主要从事飞机引擎零组件制造，多项产品市场占有率为全球第一，包括：CFM-5B 及 CFM-7 风扇段进气叶片、CFM-5B 低压压缩器模组、CFM-5B 热段高压扩散器、LEAP-1B 热段高压扩散器及 LEAP 涡轮外气封支座群组等。

专制厂区包括路竹高科厂（总公司），高科厂系专门从事压缩器定子模组（Compressor Vane Assembly）、热段高压扩散器（OGV Diffuser）、燃烧器（Combustor）等航太精密环形零组件生产的专制厂；冈山本洲厂，主要从事航太引擎中极精密高阶风扇叶片的制造。

核心技术上，长亨拥有多年航太产品制程开发、设计及产品制造经验，主要技术分为三大类：一是高阶精密机械工程，二是超合金冲压成形工程，三是航太特殊制程技术工程。

主力产品包括飞机引擎高阶风扇叶片、飞机引擎压缩器组件、飞机引擎热段高压扩散器、飞机引擎热段燃烧器组合件、超合金冲压成形零组件、航太次组合件和其他产品。公司主要产品 2017 年营业额占比为：飞机引擎叶片 45.84%、飞机引擎热段高压扩散器 18.10%、飞机引擎组合件 7.46%、飞机引擎次组合件 21.52%、飞机引擎零件和其他 7.08%。

长亨精密长期投入可观的研发费用，并积极建立认证能量，曾在短短 3 年间就完成了 50 件技术认证，在国际航空产业堪称世界第一。长亨公司以"成为国际航太飞机引擎最主要的专业供应领导厂商"为目标，长期专注航太引擎关键性零组件技术发展与生产制造，"创新、专注、负责"是长亨精密的经营理念，也是长亨团队迎接市场挑战的态度。

（十七）致茂电子股份有限公司

1. 基本情况

致茂电子成立于 1984 年 11 月 8 日，主营产品为电子资讯相关产业，台湾员工人数 1725 人，公司地址为桃园县龟山乡华亚科学园区，股票代码 2360，董事长黄钦明。实收资本额 41.2 亿元，2017 年合并营收 149.01 亿元，营运据点为台湾桃园总公司、新竹与高雄分公司。

2. 发展历程

1984 年致茂电子成立。1993 年成立 Chroma ATE Inc.（U.S.A.）。1994 年通过 ISO 9002 认证。1995 年 CNLA 认证实验室成立。1996 年在台挂牌上市。1997 年通过 ISO 9001 认证。1998 年成立中茂电子（深圳）有限公司；获产业科技发展奖。1999 年林口新厂启用；成立 Chroma ATE Europe B.V.。2000 年合并全华科技股份有限公司。2002 年成立竹科分公司。2003 年成立创新技术研发中心。2004 年公司成立 20 周年，桃园营运总部落成启用。2006 年苏州新厂落成启用；分割特殊材料事业部，成立日茂新材料股份有限公司。2007 年成立晶测电子股份有限公司；并购神杰科技股份有限公司，成立制造资讯系统事业部；并购威光自动化科技股份有限公司。2008 年成立 Chroma Japan Corp.。2009 年收购博测光机电股份有限公司；通过 2008 年的 ISO 9001 认证。2010 年通过 ISO/TS 16949 认证；高雄新厂扩充；被 Finance Asia 评选为 2010 年台湾"最佳管理企业""最佳公司治理"及"最佳中型企业"等多项殊荣。2011年收购致惠科技股份有限公司。2012年取得由UL颁发的全球第一套SAE J1772通信协定自动化评测系统认可证书；Chroma Systems Solutions收购QuadTech Inc.。2013年获第一届卓越中坚企业殊荣。2016年投资Quantel Pte Ltd.并使其成为东南亚子公司。2017年获金贸奖最佳贸易贡献奖；投资太奇云端股份有限公司并使其成为子公司；成立兆晟纳米科技股份有限公司；成立德国分公司。

3. 经营现状

致茂电子成立迄今约39年，从过去以创新技术、市场、导向、专案管理为主的研发策略，发展出业界领导品牌的电源及视频领域的测试仪器及系统，近年来更致力于半导体/IC测试解决方案、液晶模组测试解决方案、实体影像检视、PXI测试仪器及系统研究和发展，已不再满足于台湾岛内仪器领导厂商的头衔，未来将更积极扩大营运版图，如发展绿能产业（电动车、太阳能等）。公司将把关键技术延伸至绿色与能源等洁净相关行业中，发展出多项创新与技术领先产品，朝世界知名品牌的专业厂商愿景迈进。

业务范围包括：电脑与周边设备软硬体、电脑自动化测试系统、精密电子测试仪器、信号产生器、电源供应器、制造资讯系统、整合式量测与自动化解决方案及通信电源供应器材等的设计、装配、制造、销售、维修、保养、校正及代理等。2017年度产品营业额占比为：量测仪器设备66.25%、特殊材料13.79%、自动化运输工程设备17.03%。

4. 大陆投资情况

中茂电子（深圳）有限公司成立于1998年，法定代表人黄钦明，注册资本3000港元，位于深圳市南山区南油登良路天安工业村四栋八层，经营范围包括：电子测量仪、信号图形发生器、测试治具、测试线、测试盒、半导体测试设备及其配件、液晶模组测试设备及其零配件、视频与色彩测试设备及其零配件、光学检测仪器及其零配件、电源供应器及其零配件、通用及可靠度测试设备及其零配件、LED测试设备及其零配件、太阳能电池测试设备及其零配件、条形码设备及周边相关产品、计算机软硬件的租赁。

（十八）德律科技股份有限公司

1. 基本情况

德律科技股份有限公司成立于 1989 年 4 月，上市日期为 2002 年，主营产品为自动测试设备，员工人数为 700 多名，主要产品为组装电路板测试机、IC 测试机、印刷电路板测试机。公司拥有在台湾市场占有率第一的 ICT 测试厂牌，亚洲第一家获得 ISO 9001 认证的 ICT 自动测试设备厂牌，首获台湾精品奖的 ICT 自动测试设备厂牌。

2. 发展历程

1989 年成立德律科技有限公司；1990 年成功研发 TR518 制造缺陷分析仪；1991 年友讯购买第一台 TR518；1994 年引进 HP TestJet 技术，成为大中华区首获授权品牌；1996 年推出 TR518FE 超高速测试设备，获颁第五届台湾精品奖；1997 年推出 TR518FR 多功能测试设备，再次获颁第六届台湾精品奖；1999 年推出 TR6005 半导体测试设备，获《天下》杂志"台湾前百大快速成长企业"殊荣；成立德律泰电子（深圳）有限公司；2000 年推出 TR8001 组装电路板测试机；成立竹北据点；2001 年获得 TestJet 技术永久授权；于台湾证券柜台买卖中心挂牌上柜；成立德律泰电子（苏州）有限公司；2002 年 TR8001 组装电路板测试机，获颁第十一届台湾精品奖；于台湾证券交易所挂牌上市；成立 Test Research USA, Inc.；2003 年成立 Test Research Singapore Pte Ltd；2005 年成立德律泰电子贸易（上海）有限公司；2007 年成立 TRI Test Research Europe GmbH；2008 年成立 TRI Japan Corporation；林口新厂房落成启用；获 EM Asia Innovation Award 最佳供应商奖；2009 年参与国际测试大会（ITC）介绍 VregTest Solution；2011 年获《福布斯》"亚洲 200 家最佳中小企业"殊荣；TR7007 SPI 获得 2011 Global SMT & Packaging Magazine 全球技术奖；2012 年 TR7600 SII AXI、TR5001T TINY ICT 机种皆获 2012 Best in Test 最佳测试产品奖；2013 年 TR7680 AXI、TR7007 SII SPI 机种皆获 2013 Best in Test 最佳测试产品奖；2014 年推出 TR7500 SIII 3D, TR7700 SIII 3D AOI, TR7600F2D AXI 以及 TR7007 SII Plus SPI 机种获 EM Asia Innovation Award 最佳供货商奖；TR7007 SII Plus SPI 获 2014 Best in Test 最佳测试产品奖；2015 年 TR7600M AXI 获 2015 EM 亚洲创新奖；2016 年获 2016 EM Asia Innovation Award 最佳供货商奖；2017 年 TR5001 SII SERIES ICT 获 2017 EM 亚洲创新奖。

3. 经营现状

德律科技成立于 1989 年 4 月，致力于成为电子、信息与通信产业的自动测试设备领导者。借由坚强的研发团队，持续不断地研发组装电路板的自动检测技术，以精准的测试设备协助客户提升产能并精确掌控产品品质。德律已建立全球销售与服务网络，以提供给客户最及时与可靠的服务。德律于 1995 年通过 ISO 9001 认证，2002 年在台湾发行股票上市。产品在全球的市占率已是名列前茅，许多产品线亦获得多个重要奖项，例如 Best in Test，EM Asia Innovation Award 等。此外，德律的产品获得多家国际知名大厂认证。目前德律在美国、马来西亚、德国、日本与韩国等世界各地设立子公司，更在 30 多个国家设立代理商，营销服务据点遍布全球。

4. 大陆投资情况

德律泰电子（苏州）有限公司成立于 2001 年 4 月 12 日，注册资本 258.9 万美元，地址为苏州工业园区杏林街 78 号新兴产业工业坊 4 号楼 B 单元，经营范围为：生产和销售电子精密测试仪器、计算机辅助设计测试仪器及工模具、电子测试仪器、精密测试仪器相关零部件及其计算机辅助设备，精密测试仪器的保固维修、售后服务；从事半导体、电路板相关测试设备、III 类射线装置的批发、佣金代理（拍卖除外）、进出口及相关的技术咨询服务。

德律泰电子贸易（上海）有限公司成立于 2005 年 7 月 5 日，注册资本 390 万元，地址为上海市徐汇区桂平路 470 号 14 幢 6 层 6C 室，经营范围：半导体、组装电路板及影像光学测试仪器、设备的批发，佣金代理（拍卖除外）；上述商品的进出口；提供相关技术咨询、售后服务以及上述商品的维修服务，测试设备的经营性租赁，租赁财产的残值处理及维修。

（十九）由田新技股份有限公司

1. 基本情况

由田新技股份有限公司成立于 1992 年 5 月 23 日，股票代码 3455，公司地址为新北市中和区连城路 268 号 10 楼。由田新技股份有限公司为两岸最大的自动光学检测（AOI）设备商，也是连续 20 年全台湾营收最大的 AOI 公司，和第一个营收超过 10 亿元及 20 亿元的台湾 AOI 公司。

2. 发展历程

1992 年由田新技股份有限公司成立。1999 年推出首台台湾自制 BGA IC Substrate AFVI 检测设备。2002 年推出首台台湾自制 Flip Chip AFVI 检测设备。2003 年推出首台台湾自制 TFT-LCD 点灯 API Mura 检测设备；推出首台台湾自制 Roll to Roll 软板检测设备。2005 年获"经济部"产业科技奖。2006 年推出首台台湾自制的 Color Filter AOI 检测设备，开始提供高世代面板检测设备。2007 年台湾首家股票上柜 IPO 之 AOI 设备公司；推出首台台湾自制 PCB AFVI 检测设备。2009 年 BGA IC Substrate AFVI 检测设备市占率全球第一。2010 年高世代面板检测设备累积销售数量全球第一；推出首台台湾自制 Touch Panel AOI。2011 年 TFT-LCD 点灯 API Mura 检测设备市占率全球第一。2012 年 PCB AFVI 首度销售至泰国；IC Substrate/Flip Chip AFVI 首度销售至菲律宾及新加坡；台湾智慧财产管理规范（TIPS）验证登录证书；推出软板 Flex Printed Circuit 自动光学检测设备。2013 年推出 PCB GB 系列自动光学检测设备；推出 PCB Total Solution 自动光学检测设备；入围第二届中坚企业名单。2015 年推出 SMT 检测设备；开发首台 API+ 外观检测设备；成功开发 API 自动线；开发首台外观检测过滤系统；G8.5 Color Filter AOI 获得第十八届杰出光电奖。2016 年推出堆叠式 / 弹匣式两用 SiP 自动光学检测设备；首次销售 in-line TP AOI 至 G6 触控面板生产线；开发小尺寸 API 检测设备，推出业界最大尺寸 110Q API；软板自动光学检测设备打入国际大厂供应链。推出类载板检测设备；开发 AI 深度学习系统。推出 DeMura Mura 自动检修设备；面板检测设备销货至高世代面板产线，G8.6 出货领先同业；推出自动光学引导设备（AOM）。2017 年面板检测设备销货至 G10.5 面板生产线，出货领先同业；推出 Advance DM 自动光学检测设备；推出半自动 PCB 外观检查机。

3. 经营现状

由田新技股份有限公司以近 30 年累积的深厚机器视觉（Machine Vision）

核心技术，整合光学取像系统、影像处理逻辑演算技术、机构设计、精密机械与运动控制等，提供完整解决方案，应用于各式工业品管检测，取代传统人工目检，大幅提高品管效益。除总公司外，还设有南科分公司和三处工厂。

业务范围：研究开发、生产制造及销售自制检测系统，包括 IC 机板自动光学检测设备、TFT-LCD 自动光学检测设备、微小硬度自动量测系统、影像处理系统。其中 PCB/IC 机板检测系统营业额占比为 29.23%，LCD 检测系统营业额占比为 68.58%。IC 载板 AVI 设备、LCD 前段 AOI 设备、LCD 模组段 API 设备，连续 10 年市场占有率全球第一，手机用软板 AVI 设备市场占有率和汽车用面板 AOI 设备市场占有率均位列两岸第一位。

在客户及产业开拓方面，完成七大产品线布局，包含显示器前段、显示器模组、封装基板、COF、半导体、PCB 及 AI 系统，完整延伸既有技术及客户，营运效能可期。取得大陆最大软板厂扩厂订单，同时在软板全自动机与手动机方面领先；取得台湾最大 COF 厂封装大单，为全台重要供应商；取得两岸最大 AI 智能软体订单，完成客户验证；取得韩系软板厂 5G 布局扩厂外观检测订单，成功布局海峡两岸及海外龙头客户。

4. 大陆投资情况

在大陆设有上海子公司、南京办事处，并在北京市、昆山市、合肥市、宁波市、武汉市、福州市、莆田市、厦门市、东莞市、深圳市、佛山市、珠海市设有客服中心。

（二十）为升电装股份有限公司

1. 基本情况

公司成立于 1979 年，位于台湾彰化县福兴乡彰鹿路 6 段 546 巷 6 号，公司主营胎压传感器，2007 年于兴柜市场挂牌交易，股票代码 2231。公司是通过 ISO 9002 & QS 9000 & ISO/TS 16949 及 ISO 14000 国际认证的绩优公司，在台湾、上海等皆设有制造工厂，是世界专业汽车电机开关领导厂商。成立以来，凭借最坚强的经营团队、最先进的技术及最具竞争优势的价格与服务，不断创新与成长，奠定了最佳的商机与信誉。

2. 发展历程

1979 年于台北市内湖区成立为升股份有限公司。1994 年成立贸易部门，产品营销迈向国际化。2000 年通过 ISO 9002 国际品保系统验证。2003 年通过 QS 9000（汽车零件供应业品保系统验证）。2004 年公司名称变更为"为升电装工业股份有限公司"；由"经济部投审会"核准设立上海为彪股份有限公司。2005 年通过 ISO/TS 16949 品保系统验证；获"经济部"第八届小巨人奖；通过 ISO 14001 验证；导入 ERP 信息系统。2006 年现址新建厂房，落成启用。2007 年股票于兴柜市场挂牌交易；股票公开发行；上海厂开始运作。2009 年公司股票上柜挂牌。2010 年投资美国 ITM 公司，正式进军美国通路市场；公司股票上市挂牌；在台成立研发中心。2011 年办理员工认股权转增资 534.75 万元，累计实收资本额达 6058.9 万元。2013 年获 2013 年台北国际汽车零配件展创新产品奖。2016 年设立子公司——升科科技股份有限公司，并取得 53.75% 股权，进军车用毫米波雷达及先进驾驶辅助系统（ADAS）领域；"通用型胎压感测器及设定工具"获台湾精品奖；取得至鸿科技股份有限公司 51.28% 股权，积极布局车联网领域；成立财团法人为升电装教育基金会，落实社会公益。2017 参与子公司为升科科技股份有限公司现金增资，累计取得 56.89% 股权，强化集团于车用毫米波雷达及 ADAS 领域布局；为升集团以 77GHz 毫米波雷达技术实现前车防撞警示系统（FCWS, Forward Collision Warning System），通过国际认证单位德国 TUV NORD 测试，为两岸车用领域第一家通过 ISO 15623 及大陆 GB/ T 33577 标准测试的公司；获第四届卓越中坚企业奖；为升集团车用盲点侦测系统（BSD）产品通过国际认证单位德国 TUV NORD 测试，为两岸车用领域第一家通过 ISO 17387 标准测试的企业，为升集团正式进军 ADAS 市场，为行车安全贡献心力。

3. 经营现状

为升电装工业股份有限公司成立迄今已近 34 年，专事于汽车内装开关及传感器专业生产销售。对于各大车厂的车种和车型投入大量的研发资源，同时进行模具开发工作，期待能满足客户一次购足的需求。作为电装电子零件专家，主要专业制造产品系列分为：汽车机电产品系列（汽车控制开关、汽车引擎控制系统传感器、车身安全系统传感器）、汽车电子产品系列（汽车胎压传感器、局域网络控制总线应用产品）、ADAS 产品系列（乘用车雷达产品、商用车雷达产品、露营车雷达产品、摩托车雷达产品）。

为升科技股份有限公司是为升电装全额投资的子公司，拥有专业研发团队。在毫米波雷达领域已累积多年经验与技术，应用在车用盲点侦测与前视防撞雷达等产品上，并由 24GHz 的毫米波雷达演进至 77GHz 毫米波雷达系统，有毫米波雷达侦测实验室，并建有两条雷达自动化组装生产线。

4. 大陆投资情况

中国上海厂（为彪汽配制造有限公司）有办公楼、装配间、模具间、宿舍共四栋，厂房面积约 5500 坪，主要产品为汽车电子产品、PUR-TPMS 胎压侦测系统、汽车配件、模具及 OEM 客户产品。具有完整的开发设备与设计人员，先进的模具制造、冲压、射出和 SMT、DIP、组装等制程能力，加上卓越的质量测试设备和质量系统，以创造出客户满意的产品为目标。

（二十一）固纬电子股份有限公司

1. 基本情况

固纬电子股份有限公司成立于 1975 年 9 月，营运总部位于台北县土城市中兴路 7-1 号，主要生产电子测试仪器，是台湾创立最早且最具规模的专业电子测试仪器大厂，2000 年于台湾证券交易所挂牌上市。固纬创业团队以电源供应器起家，以量测技术为核心，专注精密电子量测仪器研发，并开创岛人自制电子测试仪器的先河，开发出岛内第一台液晶数位式示波器，也是台湾唯一有能力产制数位示波器及频谱分析仪的厂商。固纬电子从单一系列电源供应器的产品研究开发发展到多元化产品专业研发、代理、行销，成为台湾规模最大、产品最齐全的专业电子仪器制造厂，除了提供岛内产业界及学术教育界更优质、更经济实惠的量测解决方案外，也在全球量测仪器市场中占有一席之地。

2. 发展历程

1975 年固纬电子公司正式成立；资本额 100 万元；第一代数字式电表GDM-8035 上市。1980 年第一代示波器 GOS-935/GOS-955 上市。1981年第一代电源供应器 GPS-3020 上市。1983 年成立高雄营业所。1985 年成立台中营业所；首部20MHz示波器GOS-522上市。1989年成立马来西亚分公司；设立马来西亚厂。1991年于美国加州成立INSTEK分公司。1993年获第二届优良产业科技发展优等奖，同年通过ISO 9002认证。1996年马来西亚厂通过ISO 9002认证。1998年台湾厂通过ISO 9001认证；首款DDS函数讯号产生器SFG-830系列上市。1999年股票正式挂牌上柜，同年通过ISO 14001认证。2000年核准通过转为股票上市公司；取得TAF认证的标准电量试验室；首部1GHz频谱分析仪GSP-810上市。2001年成立苏州工厂；台湾首部自制100MHz数位示波器GDS-830上市。2002年台湾厂取得ISO 9001：2000认证。2003年苏州厂通过ISO 9001：2000认证。2004年在上海成立大陆营业总部暨售后服务中心；第二代250MHz数位示波器GDS-800系列上市。2005年固纬30周年庆；成立全球营运总部（台北县土城市）；导入全新企业识别标志。2006年日本分公司成立于东京；自行研发3GHz频谱分析仪GSP-830上市，率先进军国际市场。2007年韩国分公司成立。2008年轻巧型数位示波器GDS-1000系列上市。2009年获台湾品质学会品质团体奖二星奖。

3. 经营现状

固纬电子据点遍布海峡两岸，乃至美、日、韩及马来西亚等地，产品行销服务全球80余国。仪器产品阵容一应俱全，包括示波器、频谱分析仪、信号源、电源供应器、基础量测仪器等300多项产品，是提供各式电子量测解决方案的世界级公司。

公司主要产品包括电子测试仪器（示波器、信号产生器、数位电表、元件/安规测试器、频谱分析仪、电源供应器、其他量测仪器、逻辑分析仪、相关配件）、环境测试仪器（环境测试设备、恒温恒湿设备、振动试验设备、冷热冲击试验机、其他代理的环测设备）、进口代理产品（一般量测仪器、材料测试设备、分析仪表设备、AC/DC电力源、安规测试设备）、自动测试设备（记忆体测试设备、锂电池测试器）、影像监控系统（数位影像网络监控系统软件、数位影像监控设备）。

4. 大陆投资情况

公司投资两岸，以两地生产分工来创造竞争优势。台湾厂负责新产品研发，苏州厂负责成熟产品生产制造，广州市兴创力高科技有限公司代理有关业务。

（二十二）群光电子股份有限公司

1. 基本情况

群光电子成立于 1983 年 2 月，股票代码 2385，地址是新北市三重区的光复路，主营业务为电脑周边产品制造，公司人数约 17000 人，年营业额接近 500 亿元，除整体营运稳定外，获利状况也逐年提升，是台湾岛内绩优厂商之一，名列证交所"台湾中型 100 指数成分股"，更名列台湾百大企业之列。群光电子也是全球跨国企业，在苏州市、东莞市以及海外（捷克）都设有工厂，另于美、德、日等地皆设有分公司。

2. 发展历程

1983 年公司创立，从事电脑周边产品贸易业务；1985 年开始生产 APPLE 及 IBM 相容产品键盘，营业额达到 3900 万元；1986 年营业额达到 2.93 亿元，约为上年度的 7.5 倍；1987 年成立开发可携式个人电脑专案；1988 年 PC CLONES MAGAZINE 将公司列入世界生产电脑键盘五大厂；1989 年键盘 KB-5581 获优良产品设计奖；泰国厂正式开工生产，开创公司海外生产事业；成立主板事业部；1990 年高效电子（股）公司成立，经营电源供应器产销；其进出口业绩使公司升为岛内百大企业；正式投资 Chicony Overseas Inc（群光海外公司，COI），握有 100% 股权；1993 年五股企业总部落成启用；1994 年在大陆的键盘厂正式启用及量产；1996 年结束主机板事业部的营运，通过群光海外公司间接投资群光英国公司，经营键盘销售；1997 年高效公司股票在泰国挂牌上市；1998 年键盘月销量达 250 万台，业绩升为全球第一位；通过群光海外公司间接投资群光电子（东莞）有限公司，经营键盘生产和销售；1999 年股票在台交所挂牌上市；2000 年通过群光海外公司间接投资设立群光电子（苏州）有限公司，经营电脑键盘生产销售，及电脑键盘在大陆内销业务；2002 年成立群光捷克公司，深耕欧洲客户，扩展市场；2004 年通过有康电子（股）公司间接投资产销光学仪器新钜科技（股）公司，原始持有股权 28.31%；2006 年笔记型电脑内建相机模组及电脑相机业绩升为全球第一位；2007 年群光英国公司结束营运；2011 年通过群光海外公司间接投资群光电子（重庆）有限公司，经营键盘、数位影像产品生产及销售。群光电能科技（股）公司间接投资群光电能科技（重庆）有限公司，经营电源供应器及 LED 灯具的生产及销售。

2012 年办理盈余（含员工红利）转增资 31334.619 万元，增资后实收资本额为 675778.209 万元；2013 年 1 月 3 日群光电能科技（股）公司股票在兴柜挂牌，并于 11 月 8 日完成挂牌上市；2014 年列名台湾证券交易所"台湾高新 100 指数"成分股，与台北科技大学共同成立群光—北科研发中心，列名台湾证券交易所第一届公司治理评选得分前 20%，列名台湾证券交易所"公司治理 100 指数"成分股，台湾证券交易所自 7 月 1 日起，调整产业类别由"电脑及周边设备业"转列为"电子零组件业"类股；2016 年列名台湾证券交易所第二届公司治理评选得分前 20%；2017 年"群光智慧绿能大楼"获台湾智慧绿能建筑铂金奖。

3. 经营现状

群光从事电脑周边产品制造，主要的四大产品线为输入装置产品、携带式键盘模组、视讯影像产品以及相机镜头模组，其中，在键盘、网络摄影机以及笔电相机模组方面，公司已成为全球领导制造商，运动型摄录影机与外接式平板电脑键盘，自 2012 年起亦开始快速成长。

在全体员工多年努力之下，群光每一年都有优异的绩效表现，除整体营运稳定外，获利状况也逐年提升，被纳入证交所"台湾中型 100 指数成分股"，连续 3 年被《天下》杂志评选为"台湾百大制造业"，多次被海内外媒体评选为绩优厂商。

4. 大陆投资情况

在大陆设有东莞、江苏分厂及北京办事处，群光电子台湾总部负责研发与业务开发，主要生产基地位于大陆。生产基地从供应商采购来的多为半成品，少数原物料为塑胶、铁、铝、锡、金等，其他供应厂商包括餐饮、交通、大楼保全、办公室设备、环境清洁维护厂商等。

群光电子（东莞）有限公司成立于 1998 年 9 月，为全球最大计算机键盘及 PC 摄像头专业制造厂，位于广东省东莞市清溪镇三中管理区。主要进行110 多种计算机键盘（桌面型和笔记本型）及数种数码相机的生产及出口，主要客户为 MICROSOFT、IBM、HP、DELL、SONY、NEC、Philips 等大型跨国公司。

苏州群光电子有限公司是群光电子在大陆的第三个生产基地，系专业键盘制造厂，产销量占世界首位，数码相机生产及销售获得良好口碑。主要客户有 IBM、COMPAQ、HP、DELL、MICROSOFT、PANASONIC、NEC、HP、DELL、MICROSOFT、PANASONIC、PALM、WISTRON、方正、浪潮、东海等。

（二十三）精华光学股份有限公司

1. 基本情况

精华光学股份有限公司成立于 1986 年，是全球第五大隐形眼镜制造公司，为台湾最早跨足国际市场的隐形眼镜制造及销售服务厂商。迄今，公司不仅隐形眼镜产销在台湾市场占有领先地位，更拥有完整的大陆及海外行销团队。公司和厂区位于新北市汐止区及基隆市，面积总计 13000 坪。因为隐形眼镜属医疗器材范畴，在全球主要国家均须另行申请贩售许可证或国家标准才可销售，是少数进入门槛很高的产业。精华光学于 1996 年即通过 ISO 9001 与 CE 认证，之后陆续通过台湾当局"卫生署"GMP 认证、美国 FDA 510（K）及加拿大 CMDCAS 等认证，表现了精华光学放眼全球的宏观布局。

2. 发展历程

1986 年精华光学成立，生产全系列车削式隐形眼镜。1990 年采用高精密 CNC 电脑车床制造隐形眼镜。1994 年于荷兰设立销售据点，行销欧美各国。1996 年通过 ISO 9001 系统认证、欧盟医疗器材 EN 46001 系统认证及欧盟 CE 产品认证。1997 年汐止二厂设立，生产注模式球面产品。1999 年通过"卫生署"GMP 系统认证。2000 年大量生产注模式球面隐形眼镜。2001 年生产各式抛弃式散光隐形眼镜；产品取得美国 FDA 510（K）上市许可；投资设立美国子公司（OCI）。2002 年生产各式彩妆隐形眼镜；通过符合加拿大 CMDCAS 之 ISO 13485：1996 认证。2003 年精华帝康每日抛非球面软性隐形眼镜上市。通过 ISO9001：2000 认证及欧盟医疗器材 ISO 13485：2000 认证。2004 年股票于台湾 OTC 市场挂牌；获德勤亚太地区高科技高成长

500 强。2005 年连续第二年进入德勤亚太地区高科技高成长 500 强。2006 年扩充产能，购置新大楼；精华帝康彩色抛弃式软性隐形眼镜片上市。通过符合加拿大 CMDCAS 之 ISO 13485：2003 认证。2007 年生产大楼（康宁厂）正式营运。帝康日抛非球面软性隐形眼镜上市；获《福布斯》杂志评比亚洲 2007 年度收益 10 亿美元以下最佳 200 企业之一。2008 年帝康彩色日抛软性隐形眼镜上市。投资设立大陆子公司（上海帝康）。获第五届台湾优良品牌。帝康散光日抛软性隐形眼镜上市。2009 年获《福布斯》杂志评比亚洲 2008 年度收益 10 亿美元以下最佳 200 企业之一。2010 年帝康臻亮彩色日抛隐形眼镜上市。2011 年帝康臻亮彩色日抛隐形眼镜获 2011 年台湾精品奖。获 2010 年台湾优良企业品质奖。帝康日抛非球面软性隐形眼镜获国家生技医疗品质奖医疗保健器材类银牌奖。2012 年帝康彩色日抛软性隐形眼镜、帝康散光日抛软性隐形眼镜，双双获台湾精品奖。2013 年帝康臻魅彩色日抛软性隐形眼镜上市。帝康彩色月抛软性隐形眼镜上市。2014 年获杰出生技产业金质奖；帝康臻魅彩色月抛软性隐形眼镜上市。2015 年帝康日抛非球面—渐进多焦隐形眼镜上市，并获第二十四届台湾精品奖。2016 年帝康硅水胶日抛软式隐形眼镜上市。

3. 经营现状

为迎接新经济时代的来临，精华光学除了持续引进先进的设备与制程，不断加以研究改良，使得精华现有的设备能发挥高水准的性能，更留意产业发展趋势，经营自有品牌、OEM、ODM 乃至 Private Label，通过精华光学的研发团队，提供客户镜片设计、包装、证照申请等全套服务。产品主要行销至欧洲、北美、日本、中东等地，更积极迈向庞大的中国大陆市场。

4. 大陆投资情况

光学产品商贸有限公司是台湾精华光学股份有限公司在大陆的子公司，成立于 2008 年，注册资本 180 万美元。经营范围有：角膜接触镜相关材料及成品、眼镜及配件、角膜接触镜护理用品的批发、佣金代理（拍卖除外）及进出口业务，并提供相关配套服务。

第五节　现代食品

一、产业发展概况

现代食品主要包括绿色食品、海藻食品、宇航食品、微生物食品、基因食品、纤维素食品、保健食品、超高压食品、仿真食品、方便食品。食品产业在台湾经济发展过程中扮演举足轻重的角色，曾被台湾列为重点发展的工业部门之一。

20世纪50—70年代食品工业是台湾经济发展的先驱，加工的食品行销国际市场，赚取外汇，支持工业的发展，并通过农产品加工来增加农产品的价值，提升农民所得，从而带动农业发展，繁荣农村经济。80年代以后，台湾食品工业的角色逐渐转为满足岛内食品需求、提高民众生活素质为主。90年代以来，随着岛内食品需求趋于饱和，台湾食品产业朝着"立足台湾、放眼世界、布局全球"的方向发展，一方面积极进行全球化布局，其中大陆是台湾食品产业最主要的布局重点，迄今台商食品业者深耕大陆市场已有20年，累计投资3000多件，极大地推动了海峡两岸食品产业的互动繁荣和互利双赢。另一方面则大力发展本岛内销市场，推动本地消费升级；针对不同的消费群体，更加重视食品的安全与营养，改进产品品质，培育产品品牌，利用先进的生物技术和营销手段，对传统食品工业进行改造升级，开发保健食品、特色食品、调理食品、便利食品等高层次、高附加值、加工技术密集型的新兴食品，一些高端产品还再次打入欧美市场。

台湾的现代食品行业大致分为三类：一是以台湾市场为主的非酒精饮料、冷冻食品、快餐面与使用植物油等主要行业；二是近年来在市场上盛行的保健食品业与鲜食业等新兴行业；三是与食品产业紧密关联的饲料、食品调味料、食品包装、食品机械与餐饮服务等食品周边行业。现阶段台湾食品工业正在向"生技产品形象"发展：除传统制品品质提升与包装改善外，以讲究技能型的健康食品、讲究栽培方式的有机食品以及导入基因工程技术的基因改造食品三大项目更为瞩目。

台湾现代食品产业上中下游分类：（1）食品产业源头——农产品原物料。

食品产业的源头就是农产品原物料，如小麦、黄豆、玉米及淀粉等。因台湾自给不足，多需境外进口，故原物料成本受境外原物料报价及国际汇率影响甚巨。农产品原物料主要有四种，将分别介绍。小麦：主要供应地为美国、澳大利亚及阿根廷，可供面粉及饲料使用。淀粉：主要供应地为泰国及印度尼西亚等东南亚盛产粮食的大国，可供作果糖使用。玉米：主要供应地为美国、巴西及阿根廷，供饲料使用。黄豆（俗称大豆）及黄豆粉：供应地同玉米，可作为油脂和饲料。如前所述，台湾的农产品原物料都由境外进口，并没有相关公司。（2）食品产业上游——大宗物资。农产品原物料不可能由消费者直接处理，需要有人把它加工成方便民众或工厂直接使用的产品，故大统益和联华等公司出现了，他们将最初始的农产品初步加工成人们或下游厂商可食用或使用的方式，如联华将小麦加工成面粉，大统益、福懋将黄豆萃取成大豆油，台荣、环泰将淀粉加工成果糖，大成、卜蜂则是将玉米及黄豆加工成牛、鸡、猪的饲料。（3）食品产业中游——食品加工制造。食品大宗物资生产完成后，即送往食品加工厂，制造成可以直接食用的产品。统一将面粉加工成平民美食"方便面"；南侨除了将面粉加工成面食外，也生产著名的南侨水晶肥皂；佳格则生产有名的桂格大燕麦及葵花油；味全主要营收来自乳品，林凤营鲜乳就是其品牌；天仁贩卖茶饮和茶叶；F—康乐主要生产胶原蛋白等保养品，主要销售东南亚。（4）支持产业——食品机械。生产食品还需要机械的帮助，原物料借机器顺利加工制造并包装，将其卖给下游业者，如宏全在台湾为统一制造瓶盖、饮料填充和PET瓶；新麦为家乐福、85℃客制化烘焙设备，借由机械的双手烘焙出令人垂涎三尺的面包，卖至零售通路让消费者品尝。（5）食品产业下游——销售通路。销售通路分餐饮或零售，餐饮有广为人知的王品餐饮集团及卖烘焙面包及咖啡的85℃、F—美食，零售通路有随处可见的全家及统一超商，由于这是直接接触消费者的通路，故非常重视品牌和营销，以建立消费者对其品牌认知和信任。

2016年底台湾食品产业工厂登记家数有6417家；2017年底约有6513家。雇用员工方面，食品产业2016年底雇用员工131538人；产值方面，食品产业（不含烟草制造业）2016年产值6063亿元，2017年产值6128亿元，增长1.07%。根据"行政院主计总处"公布的消费者物价指数（CPI），2017

年 7—9 月分别为 105.83、105.99、105.99，其中食物类（118.12、118.91、119.12）及外食类（113.87、114.03、114.37）物价指数均高于整体物价水平。台湾当局积极推动生产力 4.0，目标为快速提高生产力，活化台湾薪资水平，将以 3C、金属加工、工具机、食品、医疗、物流、农业七大产业先行。

饮料产业方面，2017 年非酒精饮料产业生产总值为 506.5 亿元，占食品产业（不含烟草业）生产总值 6128 亿元的 8.3%，为食品产业前五大行业之一。2017 年非酒精饮料产业进口总值 37.24 亿元，出口值 66.71 亿元；目前非酒精饮料产业仍以台湾岛内消费为主轴。由于非酒精饮料制造业为食品业中与国际技术衔接自动化程度最高，且采用国际通行原料最多的产业，在市场自由化政策下竞争激烈。

非酒精饮料产品依产品性质不同可概分为果蔬汁、碳酸饮料、咖啡饮料、运动饮料、茶类饮料、机能饮料、包装饮用水（矿泉水）、传统饮料及其他饮料 9 类，其中果蔬汁、碳酸饮料、矿泉水、运动饮料、茶类饮料及咖啡饮料被纳入台湾民生产业主要产品之列。根据台湾当局"经济部统计处"数据，2017 年饮料制造业营运中工厂家数近 500 家，营运厂家以中小型企业为主，投入研发以大企业居多，较大型厂商大部分兼有生产综合食品业务，广告营销资金相对于小厂较为充裕，且投资风险承担力较高，在市场上大多为先发品牌，产品销售上大多位居领导地位，市场集中度高，属于寡占市场竞争态势。依据"经济部统计处"统计资料，2017 年台湾岛内非酒精饮料产业产值约 506.5 亿元，占食品产业（不含烟草业）生产总值 6128 亿元的 8.3%，为食品产业前五大行业之一。2017 年非酒精饮料产业产值较 2016 年衰退 8.4 亿元（−1.63%），推估其可能与台湾人饮料偏好改变及饮用咖啡人口增加，消费者求新求变及减糖风行等趋势相关。饮料生产量（以果蔬汁、碳酸饮料、矿泉水、运动饮料、茶类饮料及咖啡饮料等计）2433128 千升，较 2016 年减少 2.20%，销售量为 2642482 千升，较 2016 年减少 1.78%，销售值达到 466.94 亿元，较 2016 年略下滑 0.8%。各项饮品销售量占比方面，以茶类饮料销售量占比最高，2017 年比重约达 50.7%，其次是咖啡饮料的 13.5%，而运动饮料近三年在各项饮品中销售量占比最低。台湾各类饮品内销状况，2017 年台湾岛内饮品总内销为 527.79 亿元，2017 年除了果蔬汁、矿泉水与茶类在内销及产值方面尚有小幅度增长外，其余多略为下滑。

台湾当局"财政部关务署"统计资料显示，2017 年台湾岛内非酒精饮料产业进口值约为 37.24 亿元，主要的进口来源为中国大陆（17%）、日本（9%）、法国（9%）及美国（8%）等；而出口值约为 66.71 亿元，主要的出口地为大陆（22%）、美（14%）、日（13%）、韩（10%）等。

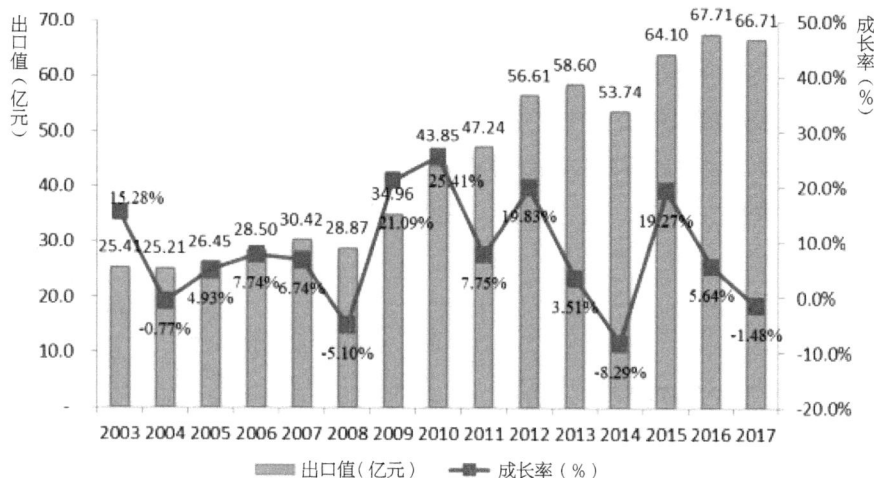

图 4-2　2003—2017 年台湾非酒精饮料产业统计图

注：2017 年 12 月数值为预估值。

资料来源：根据台湾"海关"进出口统计数据整理。

烘焙炊蒸食品产业。依据台湾当局"经济部统计处"统计资料，台湾烘焙炊蒸食品厂商数约 541 家，近五成厂商集中于北部地区新北市（154 家）、台中市（70 家）、桃园县（61 家）、高雄市（57 家）等。其中多数厂商为小型企业，六成以上厂商所拥有员工数低于 20 人，厂商设备比重从过去的 1.7% 增加至 2.5%，促使全年营业收入逐年增长，2017 年产值达 284.63 亿元（图4-3）。2017 年台湾岛内烘焙炊蒸食品业产值约为 285 亿元，近五年产值持续增长。产品占比分别是其他烘焙炊蒸食（包括面包、蛋糕、西点、中式米制/面制点心、糕粿糯类制品等）占 76%、饼干占 24%，其中近两年饼干类占比下降幅度略大。鲜食/食品工厂为大型工厂，采自动化生产，产品由连锁及非连锁零售通路销售；连锁面包店则以中央工厂生产方式，供应连锁面包店产品，主要利用小型自动化生产设备进行生产，相较于大型工厂来说，产量少、质量及调配易控制；由于经营店数多、名气较大，与传统面包店相比，消费者较有购买意愿。独资传统面包店业者相对来说，研发技术较不足，无法定期推出新品，产品样式复杂且销货量不易预估，造成产品滞销或报废，主要消费者以邻近民众为主。超市／量贩店烘焙品多数是机械化生产，属小型中央工厂的规模。近年来面包和蛋糕销售通路越来越多样化，除一般面包店外，超市、便利商店、量贩店等逐渐成为重要通路，各通路所销售产品种类也有所差异，例如面包店及超商以传统面包为主；咖啡店、餐厅、饭店等则以三明治及蛋糕等点心居多。目前台湾岛内产品销售通路以烘焙店为主，销量约占60%以上，超商通路销量占比约20%，量贩店与超市则占比各约7%。

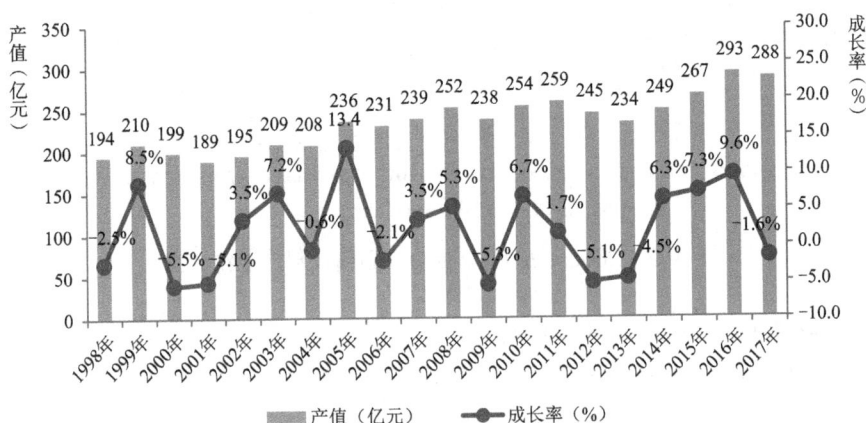

图4-3　台湾烘焙炊蒸食品产业产值变化趋势图

注：2017年12月数值为预估值。

资料来源：台湾当局"经济部统计处"：工业生产统计年报（2017年11月）。

台湾岛内烘焙炊蒸食品业者除自行生产之外，也进口境外烘焙炊蒸食品销售至台湾岛内市场，同时，台湾岛内贸易商也通过买卖将台湾岛内烘焙炊蒸食品外销至国际市场，或进口烘焙炊蒸食品，经加工或不加工包装后，再外销至国际市场，因此，台湾外销烘焙炊蒸食品金额比台湾岛内烘焙炊蒸食品工厂直接外销金额高（图4-4）。

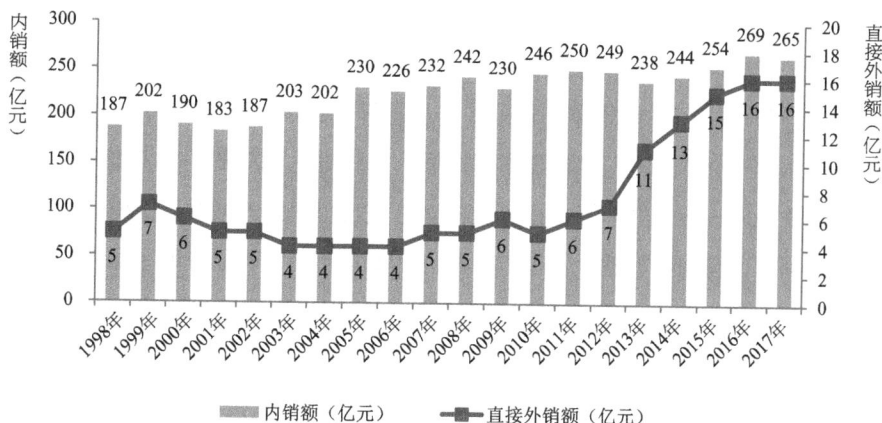

图 4-4 台湾岛内烘焙炊蒸食品工厂内销与直接外销金额变化趋势图

注：2017 年 12 月数值为预估值。

资料来源：台湾当局"经济部统计处"工业生产统计年报（2017 年 11 月）。

保健机能性食品产业横跨食品产业与生物医药产业，能调节机能，可发挥保健功效的食品均在此列。保健机能性食品包括机能性食品、膳食补充食品、特殊营养食品以及经其"卫生福利部"认证的健康食品等。由于品项不易归类，主要归入"未分类其他食品制造业"。依据财团法人中华谷类食品工业技术研究所（简称"谷研所"）进行的台湾岛内保健食品产业现况研究结果，2016 年台湾岛内保健食品产值约达 750 亿元，相较前一年度增长 5%，受到大环境经济不景气影响，连带影响台湾岛内保健食品市场，产值增长力道趋缓，但目前台湾岛内保健食品产业仍是兼具内、外销潜力的明星产业。

目前，市售产品主力要求的保健食品功效前 5 名分别为肠胃道保健、护肝、免疫调节、护眼及营养补充，未来具发展潜力的保健食品功效为推迟衰老、减重减脂、免疫调节、调节血脂及护眼，而免疫调节及护眼在现在及将来都是多数台湾岛内业者看好的保健食品功效项目。若以产值推估，约有 67% 自产保健食品在实体通路贩卖，主要通路为超市、超商及量贩店、药局、药妆店等，约有 33% 在虚拟通路贩卖，主要通路包括直销、讲习贩卖、诊所、医院、赡养院、网络等。

台湾岛内保健食品生产制造厂约有 200 家以上，以传统食品厂为主，中、西药厂及生技业者也在近年竞相投入。厂家规模以中小企业居多，内销比例占76%，平均每家工厂员工人数在35人左右。台湾岛内保健食品制造业主要采取的经营模式为自有品牌、自行制造及自行营销（30%），其次以代工为主（19%）。由于台湾岛内保健食品市场规模小，较难达到经济规模，而此种制造及营销并行之一条龙经营模式，能借由垂直整合提高生产效益。此外，代工是台湾岛内业者普遍实行的经营模式，在仍不确定市场需求动态时，寻求代工合作能降低生产成本及产品进入市场销售风险。若以整体营业额分布来看，近六成业者保健食品年营业额在1亿元以下，仅少数业者（约占5.4%）年营业额达10亿元以上。2014—2015年，台湾岛内保健食品营收消长分布显示，约有近七成业者表示营业额呈现正成增长，其中营业额增长5%以上者占多数，约有二成业者表示营业额呈现负增长，近一成业者表示营业额增长持平，由此可知台湾岛内保健食品产业未来前景仍看好，产值仍有很大增长空间。

目前台湾岛内保健食品制造所需原料或素材约有60%仰赖境外进口，业者应用的前5名原料／素材品项依序为保健植物的根、茎、叶、花、果实、种子（60.3%），细菌（55.3%），真菌（50.2%）、发酵食品或其代谢物、纯化酵素（46.6%），人工合成营养素（41.4%），此5种原料来源素材为目前市场需求度高的品项，应用在目前市售主力保健食品的开发方面。微生物来源素材大多购自台湾岛内，其他植物来源素材、人工合成营养素等为台湾岛内仍无法达到实质生产规模以提供台湾岛内市场自给自足的素材品项，主要由境外进口。在采购原料素材时，除了功效及安全性以外，消费者对素材的认知程度、风味接受度、加工适性及技术门槛等因素也有重要影响。

目前，保健食品产业技术取得方式前3种为自行研发（42.73%）、学研单位支持或产学合作（28.18%）、台湾岛内外厂商技术合作（12.73%）等。尤其是保健食品业者在研发方面的态度仍然保守，希望能由自己掌握关键技术，因此自行研发广为业者采纳，而寻求产学合作模式累积研发能量，也是业者取得相关技术的主要方法之一。分析目前及未来发展技术需求得知，目前亟须的技术需求包括微生物发酵、萃取浓缩、配方调配及包装充填技术等，而未来则倾向微生物发酵、生理活性功效安全性评估、萃取浓缩等技术需求，由此可知微生物发酵及萃取浓缩技术不论目前或未来都是业者欲发展的关键技术。

台湾岛内保健食品相关制造业者主要经营方式，以自有品牌贩卖、自行制造与销售为主。其次以代工为主，代工经营模式除提供贴牌生产（OEM），也提供委托设计与制造（ODM）的客制化服务。营销方式多元化，若以产值分布推估，实体通路产值占比约达63%，虚拟通路产值约占37%，主要销售通路为超市、超商、量贩店（46.16%），直销、讲习贩卖（25.23%），药局、药妆（8.87%）等，有关调查指出，饮料、饮品及一般食品形态保健食品为台湾岛内主力保健食品品项，此类型产品主要在超市、超商、量贩店、实体通路铺货贩卖，而胶囊、锭状、口服粉末或浓缩液品项主要通过直销、讲习、药局、药妆店进行销售。一般而言，保健食品虽以品质及功效为主要产品要求点，然而，保健食品营销致胜关键最终仍取决于成功的营销策略及通路布局，通过经营直销体系成功创造台湾岛内保健食品本土品牌知名度的业者，如葡众企业、双鹤集团、穆拉德加捷生技、连法国际等公司，为保健食品品牌开创了新局。近几年来，保健食品业者在营销上不断推陈出新，力求突破，有业者结合戏剧进行置入性营销，并配合热门戏剧时段进行高频率广告渗透，例如娘家滴鸡精、益生菌等产品，已成功塑造"娘家"本土保健食品品牌形象，打响知名度。此外，近来亦有业者与大众运输业高铁公司合作，将产品信息刊登在列车上的e商店目录中，供旅客选购，形成了新形态的营销模式。

二、两岸产业关系

目前以"康师傅"方便面起家的顶新国际集团是台商在大陆食品行业中最大的投资者。它以中小企业身份赴大陆投资，终于发展成为台湾知名品牌企业，可以说是近几年来台商赴大陆投资最成功的案例。顶新集团于1958年创立于台湾彰化，从事工业用油、油脂和农业肥料的销售与生产，顶新企业在台湾最风光的时候也不过只有30多名员工，后以天津为总部到大陆拓展市场，如今已是不可同日而语。这与近年来由于双薪家庭增加，工作与时间的压力造成现代人在外就餐的比例愈来愈高有关。根据调查，九成的上班族是外食族，六成五的上班族常因加班而误餐，这使商店几乎成为最受欢迎的超大食堂，所以鲜食产品与方便面销售旺盛、前景广阔。由于食品行销必须以品牌挂帅，"康师傅"及其他一些台湾"名店""名厨"则会具竞争优势。冷冻食品在台湾食品出口中占有重要地位，在外销食品中有高达 60% 的比例，但在大陆的销售却不是很好。因为大陆的冷冻食品以丰富的原料为支撑，因此冷冻果菜、冷冻肉品及冷冻水产品有较强的竞争优势，而且冷冻食品对加工层次要求较低。这样，台湾食品虽然在冷冻调理食品的调配与包装技术上优于大陆，但存在价高的劣势，在外销市场中处于不利的地位。台湾厂商要想走出困境，只有推出精致特制的产品，同时改变经营策略，扩大宣传，建立品牌价值。在乳品市场上，台商更是群雄逐鹿中原。先是旺旺跨入南京市，并在南京市江宁区建了一个 2 亿美元的"庞大牧场"；随后"康师傅"与日本朝日啤酒和伊藤忠商事公司成立合资企业，在广州市投资数亿元建厂，大举进军乳业市场。据业内人士透露，另有一些台商与大陆乳品厂家的合作项目正在紧锣密鼓地进行。从这些情况来看，台商为了更稳妥、更迅速地发展，也为了减少风险，大多打算同大陆乳业厂家合资，以他们丰富的食品营销经验和对食品安全的重视加上大陆厂家已有的基础来共同发展乳制品业。

　　米果市场的第一品牌台湾宜兰食品公司，其品牌是家喻户晓的"旺旺"，如今在大陆人人都知道它的"你旺，我也旺"的广告语。宜兰公司在进军大陆市场前已在岛内经营了 20 年，"旺旺"的牌子逐渐打响，但台湾的市场规模有限，企业的扩展面临瓶颈。为了寻求发展，他们转向大陆投资并取得成功，从而改变了宜兰食品的命运。公司于 1992 年开始在大陆投资，短短的两年时间，营业额已是台湾市场的两倍，在大陆站稳脚跟后，还成功地在新加坡以"旺旺控股公司"上市，公司自称"建厂的速度永远赶不上市场的需求"。上海酱油、酱菜第一品牌已是台资"老蔡"牌。这是一个具有传奇色彩的故事，当年的蔡庆贤以一个岛内普通酱油原料商身份只身杀入上海滩，经过三进三出上海后，选中了杭州湾北岸金山山阳工业区作为落户之处，短期内迅速崛起，一跃发展为上海最大的台湾食品厂商之一。

　　台湾的水果因 2005 年连战"破冰之旅"带回的"厚礼"而大大受益，大陆对之实行的"零关税及食品绿色通道"政策，为台湾水果进入大陆市场提供了价格竞争优势及保质保鲜的方便运输。目前国家质检总局允许产自台湾地区的 18 种水果进入大陆市场，如菠萝、香蕉、番荔枝、椰子、枇杷、梅、李、柿子、莲雾、槟榔等，这基本上涵盖了台湾生产的主要水果。该政策不仅台湾农民受益，大陆也受益，而且台湾水果大多是反季产品，与海南水果在时间上、市场上形成互补，使整个水果市场呈现一片繁荣景象。大陆目前有9省市建立了"海峡两岸农业合作试验区"，14省市建立了"台湾农民创业园"，为台湾果农等农业企业家在大陆投资创业提供了有利条件。

三、主要台湾企业

（一）统一企业股份有限公司

1. 基本情况

统一企业股份有限公司为台湾最大的知名食品厂，成立于1967年8月25日，总部位于台南永康，初期主要业务为经营民生必需的相关食品。随着业务开拓，产品线项目增加，成长为庞大的控股公司。集团旗下组织的业务包含食品饮料、流通与零售、其他业务等。现任董事长为罗智先。

2. 发展历程

1969年，统一企业开始筹备生产方便面，与日清制粉技术合作，随后在泰国投资设厂，在香港设立经销商。

1972年，统一企业分设四个事业部：面粉部、食品部、饲料部、油脂部。

1975年，统一企业因接管台湾中国乳业公司桥头厂而成立乳品部，并与明治乳业进行技术合作。

1979年，统一企业与美国南方公司签约，引进7-Eleven经营（由日本7-Eleven授权经营），成立超商部。

1987年，统一企业挂牌上市，7-Eleven立成为统一超商股份有限公司。

1989年，统一成立棒球队（统一狮），与味全食品（味全龙）、三商企业（三商虎）、兄弟大饭店（兄弟象）共同成立中华职业棒球联盟。

20世纪90年代，统一企业走出台湾地区，并在中国大陆以及印度尼西亚、泰国等地展开投资计划。

2008年度陆续停售单价较低的方便面产品，产品数由200多项减少到约100项，重心放在中、高价位市场，虽使营收规模减小，但有助于改善亏损状况。

统一以近 3000 万元人民币建设广西巴马统一矿泉水厂，于 2009 年 8 月 16 日正式投产，推出"巴马天然水"。

2010 年 12 月中旬，统一（中国）投资公司再转投资成立 10 个饮料厂（含 3 个水厂）、1 个瓶坯厂（武汉紫统）、增资两个旧厂（北京饮品、昆山统一），投资金额 1.8 亿美元。

2011 年度统一中控规划投入 27 亿元人民币，60% 用于饮料设备、40% 用于方便面设备。位于重庆市璧山区及甘肃省白银市的工厂已开始动工，璧山厂第一期产能包括 2 条饮料线、2 条 PET 瓶线、2 条方便面线，白银厂为饮料生产基地，2 座工厂于 2012 年 7 月投产。

2011 年 8 月，公司表示统一中控开发武穴矿泉水厂、衡山湘潭矿泉水厂、婺源矿泉水厂。

2011 年 8 月上旬，公司宣布出售旗下统一武藏野、台湾无印良品、统一信息股权予统一超商公司，总交易金额 4.5 亿元。

2011 年 12 月，宣布加码投资越南饮料市场，间接增资西贡饮料 Tribeco，投资金额 2580 万美元。

2012 年 6 月下旬，与王老吉签订生产供应战略合作协议，代工生产红罐王老吉。

2012 年 9 月下旬，公司与中化共同宣布，研发的三高健康产品将开始在中化 2 万多个医疗院所、药局专业通路销售。双方规划，第一阶段先在 900 家诊所及 500 家药局开始贩卖，之后再逐步增加销售通路。

2013 年 6 月中旬，取得太子建设 3 席董事，监察人则派出 2 名自然人担任。

2013 年底，集团整合资源，旗下统一实业规划新建 3 个 PET 厂，承接统一业务。

2014 年度起，规划大陆市场咖啡及肉品（牛肉干）事业目标，初期规划咖啡厂集中在大陆沿海地区，已在西南地区有 4 座肉品（牛肉干）厂。

2015 年 7 月，公司宣布与日本阪急阪神百货店合作关系将于 2016 年 3 月合约届满时结束，旗下统一阪急百货也将更名。

3. 经营状况

统一企业 2017 年主要产品及营收占比如下：乳品 30.71%、饮料 28.31%、方便面 11.87%、畜产与水产饲料 4.61%、面包 7.24%、调味品 3.07%、面粉 2.57%、肉品 1.14%、冷冻食品 0.81%、冰品 0.66%、油脂 0.16%。2017 年统一企业累计营业额 3999 亿元，缴纳税款 165 亿元，净利润 600 亿元。

2017 年"双十一"前夕，阿里巴巴零售通和统一企业（中国）投资有限公司于杭州正式签署全国战略合作协议。双方未来将在智能分销体系、品牌建设、精准营销等方面展开多领域深化合作，双方的牵手，标志着统一企业新零售和数字化战略进入新的发展阶段。此前，统一企业与零售通在食品、乳饮产品上已建立了较为稳定的合作基础，特别是在江苏江阴地区的试点合作中，门店订单、产品质量及物流配送皆得到了正面的市场反馈。目前在河南、成都、广东等地区部分统一企业经销商已经陆续与零售通直接展开合作。

双方达成共识，统一企业将与零售通在虚仓（经销商）、前置仓、经销商管理系统、售点共享和大数据运用上展开深入合作。统一企业将凭借渠道资源、品牌优势与具有良好兼容性的零售通平台实现有机融合并相互赋能，在将更多优质产品带入三四线城市的同时，研发生产出更多优质的、消费者需要的产品。

统一企业未来也将与阿里巴巴零售通在数据洞察及共享方面展开合作，尤其是终端购物者画像的精准洞察以及经销体系的全面融合与升级，为中国消费者带来更多便捷、美好的消费和购物体验。

双方表示，接下来将会对统一经销商择其优在全国层面陆续接驳零售通体系，从基本的订单、物流、配送、服务合作开始，逐渐引入大数据营销模式，在实现品牌商高效、高覆盖需求的同时，提升经销商规模和收益，推动整个经销体系的生态共赢。

4. 大陆投资情况

上海松江统一企业有限公司，负责仓储服务。

上海神隆生化科技有限公司，负责原料药、中间体等产品代理及销售等。

上海统一企业有限公司，负责方便面、饮料及其他食品生产与销售。

上海统一企业饮料食品有限公司，负责方便面、饮料及其他食品生产与销售。

上海统超物流有限公司，负责物流及仓储。

山西统一企业有限公司，负责方便面、饮料及其他食品生产与销售。

山东统一银座商业有限公司，负责超级市场业务。

山东统超物流有限公司，负责物流及仓储。

中山统一企业有限公司，负责水产、畜产、宠物饲料生产与销售。

内蒙古统一企业有限公司，负责方便面、饮料及其他食品生产与销售。

天津统一企业有限公司，负责方便面、饮料及其他食品生产与销售。

天津统一企业食品有限公司，负责面粉生产与销售。

巴马统一矿泉水有限公司，负责矿泉水生产与销售。

北京统一饮品有限公司，负责方便面、饮料及其他食品生产与销售。

白银统一企业有限公司，负责方便面、饮料及其他食品生产与销售。

石家庄统一企业有限公司，负责方便面、饮料及其他食品生产与销售。

合肥统一企业有限公司，负责方便面、饮料及其他食品生产与销售。

成都统一企业食品有限公司，负责方便面、饮料及其他食品生产与销售。

成都统实企业有限公司，负责塑料软包装制造。

江苏统一企业有限公司，负责方便面、饮料及其他食品生产与销售。

呼图壁统一企业西红柿制品科技有限公司，负责番茄制品生产与销售。

宜昌紫泉饮料工业有限公司，负责方便面、饮料及其他食品生产与销售。

昆山统一企业食品有限公司，负责方便面、饮料及其他食品生产与销售。

昆明统一企业食品有限公司，负责方便面、饮料及其他食品生产与销售。

杭州统一企业有限公司，负责方便面、饮料及其他食品生产与销售。

武穴统一企业矿泉水有限公司，负责矿泉水生产与销售。

武汉统一企业食品有限公司，负责方便面、饮料及其他食品生产与销售。

河南统一企业有限公司，负责方便面、饮料及其他食品生产与销售。

长白山统一企业（吉林）矿泉水有限公司，负责矿泉水生产与销售。

长沙统一企业有限公司，负责方便面、饮料及其他食品生产与销售。

长沙统实包装有限公司，负责空罐销售。

长春统一企业有限公司，负责方便面、饮料及其他食品生产与销售。

阿克苏统一企业有限公司，负责方便面、饮料及其他食品生产与销售。

青岛统一饲料农牧有限公司，负责水产、畜产、宠物饲料生产与销售。

南昌统一企业有限公司，负责方便面、饮料及其他食品生产与销售。

南宁统一企业有限公司，负责方便面、饮料及其他食品生产与销售。

哈尔滨统一企业有限公司，负责方便面、饮料及其他食品生产与销售。

重庆统一企业有限公司，负责方便面、饮料及其他食品生产与销售。

徐州统一企业有限公司，负责方便面、饮料及其他食品生产与销售。

桂林紫泉饮料工业有限公司，负责方便面、饮料及其他食品生产与销售。

泰州统一企业有限公司，负责方便面、饮料及其他食品生产与销售。

泰州统一超商有限公司，负责物流及仓储。

泰州统实企业有限公司，负责方便面、饮料及其他食品生产与销售。

浙江统冠物流发展有限公司，负责物流及仓储。

陕西统一企业有限公司，负责方便面、饮料及其他食品生产与销售。

张家港统清食品有限公司，负责油脂、油粕、饲料、面粉生产与销售。

统一（上海）保健品商贸有限公司，负责各种保健品、药妆日用品生产与销售。

湛江统一企业有限公司，负责方便面、饮料及其他食品生产与销售。

湖南统一企业有限公司，负责方便面、饮料生产与销售。

无锡统一实业包装有限公司，负责空罐制造。

无锡统和新创包装科技有限公司，负责空罐制造。

华穗食品创业投资企业，负责产品生产和销售等。

贵阳统一企业有限公司，负责方便面、饮料及其他食品生产与销售。

新疆统一企业食品有限公司，负责番茄制品、方便面、饮料及其他食品生产与销售。

烟台统利饮料工业有限公司，负责饮料生产与销售。

宁夏统一企业有限公司，负责方便面、饮料及其他食品生产与销售。

漳州统实包装有限公司，负责塑料软包装制造。

福州统一企业有限公司，负责方便面、饮料及其他食品生产与销售。

福建统一马口铁有限公司，负责马口铁皮制造。

广州统一企业有限公司，负责方便面、饮料及其他食品生产与销售。

德记洋行实业（上海）有限公司，负责各类食品及饮料批发等业务。

郑州统一企业有限公司，负责方便面、饮料及其他食品生产与销售。

济南统一企业有限公司，负责方便面、饮料及其他食品生产与销售。

沈阳统一企业有限公司，负责方便面、饮料及其他食品生产与销售。

婺源统一企业矿泉水有限公司，负责矿泉水生产与销售。

（二）康师傅控股有限公司

1. 基本情况

康师傅控股有限公司是大陆最大的台资食品公司，曾用名顶益（开曼群岛）控股有限公司，是一家总部位于天津、在香港交易所上市的台资工业公司，由台湾彰化县魏姓四兄弟创办。现任董事长为魏应州。

2. 发展历程

1989 年首次在大陆投资，成立合资企业"北京顶好制油有限公司"，生产销售"顶好清香油"。1989—1991 年，在济南市、秦皇岛市、通辽市开设 3 家合资企业。

1994 年，在广州市、杭州市、武汉市、重庆市、西安市、沈阳市设立生产厂。

1996 年，顶新集团收购"德克士"。

1998 年，以康师傅方便面在大陆发迹的顶新国际集团返台投资，取得味全 15% 的股权，取代黄烈火家族成为味全企业的最大股东。魏应行、魏应允出任味全董事长和副董事长。1999 年，增持味全股份至 19.96%。但是味全股票大跌，又受亚洲金融危机影响无法抛售不动产变现，顶新集团不得不寻求外界资金支持。

1999 年 6 月 15 日，顶新集团与日本三洋食品集团达成策略联盟合作协议，顶新将以每股港币 0.8 元出售顶益（开曼岛）控股有限公司 33.14% 股权给三洋食品株式会社，总金额达 1.43 亿美元。

2005 年 10 月 26 日，朝日啤酒连同伊藤忠商事以 9.5 亿美元价格向康师傅控股公司收购康师傅饮品控股公司 50% 股本。

2008 年 11 月 21 日，伊藤忠商事株式会社将以 7.1 亿美元获得持有康师傅 36.6% 股权的大股东顶新集团的两成股权。

2011 年 11 月 4 日，百事旗下全资子公司 FEB 将把其在华 24 家装瓶厂间接持有的 72% 的股权全部转让给康师傅控股，以换取其在康师傅饮品（康师傅在中国的饮料业务的控股公司）9.5% 的直接权益。FEB 将获授发行期权，以按全面摊薄基准将其于康师傅饮品控股的间接权益增至 20%。交易完成后，公司及百事分别持有康师傅饮品 90.5% 及 9.5% 的股权；另外，百事之前于中国持有的罐装资产，现时为康师傅饮品控股持有。

2012 年 4 月 9 日，康师傅控股旗下康师傅方便食品投资公司与卡乐比（Calbee）及伊藤忠商事签订协议，在中国设立合资公司，以从事生产及销售休闲食品业务，康师傅方便食品、卡乐比及伊藤忠商事将各持有合资公司 45%、51% 及 4% 的股权。

2012 年 9 月 3 日，康师傅以总代价约 4.84 亿元向大股东顶新出售味全 11.61% 股份，料录得收益约 3.85 亿元，完成后康师傅持有的味全权益将由 17.16% 降至 5.55%。

2015 年 3 月 18 日与星巴克合作在中国生产、销售即饮咖啡。

2015 年 11 月 5 日康师傅终止与日本零食生产商卡乐比及日本综合商社伊藤忠商事的合资关系，收购两公司持有其合资企业卡乐（杭州）所有股权。

2016 年 8 月 12 日，恒生指数有限公司宣布把康师傅剔出恒生指数成分股，在 2016 年 9 月 5 日生效。

2016 年 8 月 30 日，康师傅在 2016 年上半年获利重挫逾六成，上半年营收 41.91 亿美元，年减 13.9%；毛利率为 31.64%，年减 1.25%。且对手统一企业中国控股公司获利首次超过康师傅。

2016 年 9 月 30 日，朝日啤酒以 3.3 亿美元减持康师傅饮品的 10% 股份给合资伙伴，持股量降至 20.4%。

2017 年 1 月 2 日，顶新集团证实该品牌因"灭顶行动"，台湾康师傅于元旦正式解散。据内部指出，台湾分部主要是负责器材进口和租借工作，2015 年开始就无实质业务，所以决定及早撤除，而大陆康师傅业务并不受影响。

2016 年 8 月 18 日，康师傅与英国联合饼干公司签署代销协议，康师傅食品即日起取得麦维他（McVitie's）所有相关产品在大陆的经销权。

2017 年 2 月 10 日，康师傅与上海英联食品饮料公司签署合作协议，2018 年 5 月 1 日起，获授权在大陆独家生产和销售阿华田麦芽营养即冲饮品系列产品。

2017 年 6 月 30 日，朝日啤酒以 6.12 亿美元出售康师傅饮品控股有限公司剩余的 20.4% 股份给合资伙伴，即康师傅控股有限公司。

3. 经营状况

康师傅控股有限公司主要产品及 2017 年营业额所占比重分别为：饮料 55%、方便面 42%、方便食品 1%，其他 2%。2017 年企业累计营业额 589.5 亿元人民币，缴纳税款 72 亿元人民币，净利润 225 亿元人民币。

消费理念的改变、网络外卖的崛起、高铁的迅速发展等多重因素对这一行业造成了冲击。康师傅开始进行高端化转型，寻找突破口。"5 元钱"这是如今主流方便面品牌确立的高端品种的重要指标分界线，零售价 5 元以上算是高端产品，5 元以下则是中低端产品。面对近几年行业的颓势，"走高端化"路线已成为各大方便面巨头的共识。康师傅从 2016 年开始就陆续推出了以"少添加、浓郁、美味、健康、营养"为要求的熬制高汤系列面，包括胡椒、豚骨、金汤品种，抢占高端方便面市场。

4. 大陆投资情况

康师傅方便面在市场上的成功，更加坚定了顶新在大陆生根发展的决心，于是在天津经济开发区，制面一厂、制面二厂和调料厂相继落成投产，生产规模不断扩大。此后又先后建成纸箱厂、PSP 碗厂、包膜厂、塑料叉厂等配套服务厂商，形成了产业的垂直整合，为康师傅的进一步发展奠定了坚实的基础。康师傅相继在广州市、杭州市、武汉市、重庆市、西安市、沈阳市等地设立生产基地，从方便食品事业发展到包括糕饼事业、饮品事业等在内的多个事业领域，是目前世界上最大的方便面生产企业。如今，康师傅系列产品不仅行销国内，并行销至美国、加拿大、新加坡、西欧及俄罗斯。

（三）中国旺旺控股有限公司

1. 基本情况

中国旺旺控股为知名食品及饮料大厂，其产品定位为休闲零食，该公司自1983年开始在台湾生产米果，并以自有品牌"旺旺"营销。1992年投资大陆市场，已成为大陆的综合食品厂商。董事长是蔡衍明。

2. 发展历程

旺旺集团的起源可追溯到位于台湾宜兰县冬山乡的宜兰食品工业股份有限公司。宜兰食品成立于1962年，从事罐头食品的代工与外销。

1976年，宜兰食品经营权由蔡阿仕接手。年仅20岁而且只有初中学历、板桥高中肄业的蔡衍明自告奋勇参与公司的营运。1977年，蔡衍明即以总经理身份接掌宜兰食品经营权，推出"浪味鱿鱼丝"，造成公司惨赔1亿元以上。

1979年，宜兰食品开始借由自创品牌"旺旺"及吉祥物"旺仔"，重新开拓台湾市场。之后因看好日本米果有厚利可图，而找上日本米果大厂岩冢制菓代工，后来取得岩冢制菓技术授权。

1983年，商标定名为"旺旺"。通过与台湾民间信仰结合的行销手法，旺旺陆续推出的新产品如"旺仔牛奶糖""旺仔小馒头""旺旺仙贝酥""旺仔雪饼"等皆有不错的成绩。

1989年，旺旺在大陆注册"旺旺"商标，是第一个在大陆注册商标的厂商。1992年，蔡衍明舍弃竞争日趋激烈的大陆沿海省份，到湖南长沙设厂，成为湖南省第一家外资厂商，开始了旺旺在大陆的米果生意。由于旺旺是大陆第一家米果厂商，丰厚的利润吸引了大批厂商跟进，造成毛利一路下滑；于是旺旺以扩大经济规模的策略应战，一方面极力压低成本，一方面以低价逼退跟进者，最后不但稳住了战局，也达到85%的市场占比。

1996年，旺旺曾以旺旺控股公司名义，在新加坡股票交易所挂牌上市；但因交投反应不好，结果蔡衍明在2007年决定把公司私有化，撤回在新加坡的上市。

2007年，台湾力霸集团发生金融事件"力霸案"，旺旺陆续开始购入该集团旗下公司的股份；以增资的方式入股力霸集团旗下的上市公司友联产物保险，并更名为旺旺友联产物保险。

2009 年，旺旺集团跨足媒体产业，买下面临巨额亏损的台湾中国时报、工商时报、中国电视公司、中天电视等多家媒体，由于电子媒体经营权易手需经"国家通讯传播委员会"审核，虽然该委员会通过两家电子媒体的董、监变更案，但核准出售中包含要求董监事不得重复、设置独立董事、独立摄影棚等七项附款，引发争议，面对此一争议旺旺集团强烈不满并动用媒体反击。

2009 年 6 月 9 日，《中国时报》于头版刊登广告，针对被旺旺集团认定曾发表"污蔑"言论的"祸源"要求道歉，否则将采取法律行动。10 日，7 名曾公开发言、投书或撰写报道批评该集团的学者与记者陆续收到警告诽谤刑责与求偿的存证信函，成为台湾新闻传播史上媒体意图控告批评者的先例。

2011 年 11 月初，公司宣布与日本森永结盟，在南京合作设厂生产乳制品，同时不排除规划生产婴幼儿奶粉。至于拓展市场方面，公司表示除了大陆市场，规划考虑进入印度尼西亚市场，并在当地设厂生产。

2012 年 4 月上旬，公司宣布与日本鲜食生产商日洋株式会社、日本经营的 7-Eleven 株式会社，共同合作成立旺洋公司，进军北京及天津市场，规划便利食品模式（便当、三明治等食品），4 月底、5 月初正式量产销售，每天将生产 20 万—25 万份产品，供应北京市场。

2013 年 6 月 1 日，壹传媒公告壹电视卖给有"有线电视台三大霸主之一"外号的年代董事长练台生。

3. 经营状况

公司主要产品项目包括：米果类（营收占比 24.2%，雪饼、仙贝、小小酥）；乳品及饮料（营收占比 50.9%，风味牛奶、乳酸饮料、即饮咖啡、碳酸饮料、凉草茶及奶粉）；休闲食品（营收占比 24.7%，糖果、碎冰冰、果冻、小馒头、豆类、果仁）。2018 年第一季度公司营收占比为：乳品饮料 47%、休闲食品 24%、米果 28%。2017 年度企业累计营业额 203 亿元人民币，净利润 31 亿元人民币。

旺旺在 2018 年 4 月起已开始陆续推出新产品，如莎娃酒、大口爽喉茶、乳酸水、邦德咖啡及冻痴（常温冰激凌）等，灌装邦德咖啡也在华东的校园及办公室推出，主要针对年轻客户群，市场反应良好。

旺旺管理层表示，传统渠道会继续深耕，非传统渠道（电商、母婴店、现代渠道及海外市场）将会进一步扩展，包括继续推出渠道专项产品，并针对年轻客户群在电商等平台上吸引其注意力。2017 年非传统渠道收入占总收入比例达到约 20%，预计 2018 年以后将会有进一步提升。

海外市场方面，旺旺已开始实施在越南设厂计划，预计将于 2019 年尾至 2020 年初投产，主要将供应当地及周边东盟市场。并正在留意泰国、印度尼西亚及欧美市场的开拓机会。

4. 大陆投资情况

截至 2018 年 3 月 31 日，旺旺在大陆有约 10000 名经销商，417 间营业所，35 个生产基地，90 间工厂。

（四）大成长城企业股份有限公司

1. 基本情况

大成长城企业股份有限公司是两岸最大的白肉鸡电宰加工厂商，成立于 1960 年 12 月 28 日，总部设立于台南市，营运范畴遍及台湾海峡两岸，在印度尼西亚、越南、马来西亚、缅甸等地也有业务，现任董事长是韩家宇。

2. 发展历程

1971 年设立永康第二油脂厂，推出"大成"牌高级色拉油。

1972 年成立宝福农牧公司，开始进行现代化养猪。

1973 年与长城面粉厂进行合并，改名为大成长城企业股份有限公司。

1982 年与统一企业、泰华油脂合资成立大统益公司。

1987 年与美国中央黄豆公司合组全能营养技术公司。1988 年与印度尼西亚金轮集团签约，成立金大成公司。1989 年与美国汉堡王合作，成立家城公司。

1990 年开始布局大陆市场，成立大成辽远农牧公司。

2003 年与世界第一大饲料厂商 LOL 成立大成蓝雷公司。

2012 年投资大成北京芳草地餐饮街。

2017 年 10 月与缅甸 Myint Investment Group 合资，投入 3000 万美元成立新公司，初期以饲料与种鸡为主。

3. 经营状况

大成长城企业股份有限公司的主要产品包括：饲料——饲养鸡、鸭、鹅、猪、牛、羊、鱼、鳗等用；肉品——生鲜鸡肉及其加工品，主要供应快餐餐饮、便当业及生鲜超市等；油品——色拉油、葵花籽油等主要食用油；消费食品——鸡肉松、面条（粉）等。2017 年大成长城累计营业额 759 亿元，缴纳税款 6.9 亿元，净利润 26.5 亿元。

4. 大陆投资情况

1990 年投资成立辽宁大成农牧实业有限公司，负责饲料产销。

1992 年投资成立大成万达（天津）有限公司，负责鸡肉、饲料产销。

1993 年投资成立大成食品（天津）有限公司，负责面粉相关产品生产及销售。

1994 年投资成立上海寰城季诺餐饮管理有限公司，负责意式餐饮烘焙及服务管理。

1995 年投资成立大成宫产食品（大连）有限公司，负责鸡肉加工品产销。

1996 年投资成立大成美食（上海）有限公司，负责肉品、冷食加工调理品产销。

1997 年投资成立大成农牧（营口）有限公司，负责饲料产销。

1997 年投资成立大成农牧（铁岭）有限公司，负责鸡肉、饲料产销。

2000 年投资成立大成食品（大连）有限公司，负责鸡肉、饲料生产与销售。

2002 年投资成立昆山泰吉食品企业有限公司，负责食品加工。

2003 年投资成立大成昭和食品（天津）有限公司，负责面粉相关产品生产及销售。

2005 年投资成立上海迅食餐饮管理有限公司，负责中式连锁快餐。投资成立大成农牧（黑龙江）有限公司，负责饲料生产与销售。投资成立华邦（天津）生物科技有限公司，负责饲料产销。

2006 年投资成立东北农牧（长春）有限公司，负责饲料生产与销售。投资成立湖南大成科技饲料有限公司，负责饲料生产与销售。投资成立大成永康营养科技（天津）有限公司，负责饲料生产与销售。投资成立大成良友食品（上海）有限公司，负责面粉相关产品生产及销售。

2007 年投资成立大成农技饲料（沈阳）有限公司，负责饲料生产与销售。

2008 年投资成立青岛大成饲料科技有限公司，负责饲料产销。投资成立大成食品（河北）有限公司，负责饲料产销。投资成立大成食品（盘锦）有限公司，负责饲料产销。

2009 年投资成立大成农技（葫芦岛）有限公司，负责饲料产销。投资成立大成农牧（河南）有限公司，负责饲料产销。

2010 年投资成立全能生物科技（天津）有限公司，负责饲料产销。

2012 年投资成立山东大成生物科技有限公司，负责饲料产销。投资成立台畜大成食品（大连）有限公司，负责猪肉产销。

2015 年投资成立大成欣叶餐饮管理（北京）有限公司，负责中西式连锁快餐。

（五）徐福记国际集团

1. 基本情况

徐福记国际集团在糖果市场上的销售额与占有率都长期稳居大陆第一名。徐福记创办者徐氏兄弟，曾分别在台湾经营徐记食品、徐福记食品、安可食品、巧比食品等知名品牌，被誉为"二十年金字招牌"。1992 年在东莞市创立东莞徐福记食品有限公司，结合之前成功的台湾市场销售经验，1994 年创建"徐福记"品牌，以新年糖果进入市场，成功奠定糖点行业的营运基础。

2. 发展历程

来自台湾的徐氏四兄弟于 20 世纪 90 年代初正式在广东省东莞市投资创立东莞徐福记食品有限公司，连年被评为纳税先进单位，1997 年成立了 BVI 徐福记国际集团，顺利完成了跨国投资。BVI 徐福记国际集团是以登记注册的英属维京群岛的徐福记控股公司为主体，由国际知名的新加坡 TRANSPAC（汇来集团）管理基金、仲华海外投资基金与台湾徐福记食品公司及香港徐记洋行，于 1997 年集资美金 3200 万元共同成立的国际控股集团，旗下控股东莞徐福记食品有限公司、东莞徐记食品有限公司、台湾徐福记食品有限公司、安可食品有限公司、泰国徐记两合公司及香港徐福记贸易有限公司。

1997 年新加坡汇亚集团加入徐福记营运行列，共同成立 BVI 徐福记国际集团后，注册成立东莞徐记食品有限公司，专门经营徐福记品牌，使其保持在中国糖点领域的持续发展。东莞徐福记食品有限公司拥有固定资产 4.57 亿元人民币，工厂占地面积达 30 万平方米，共有 30 多个大规模的生产车间，110 条现代化流水生产线，拥有各类生产、技术、管理、营销人员共 1 万余名，其中高级品管员 23 名，资深化验师 15 名。2006 年，徐福记在新加坡上市。2011 年，为实现企业永续经营与品牌百年的愿景，徐福记与雀巢集团携手合作。2012 年，徐福记品牌糖果在大陆连续 15 年赢得市场销售第一名。2014 年获 2013 年度外资企业纳税第一名、广东纳税百强，徐福记品牌糖果在大陆连续 16 年赢得市场销售第一名。

3. 经营状况

公司主要的生产基地坐落于广东省东莞市，总占地面积超过 50 万平方米，拥有 47 个大型现代化车间，220 条一流自动化生产线，736 台尖端的高速包装设备。主要生产糖果、糕点、沙琪玛、巧克力及果冻等糖点休闲食品，散、包装类超过 1000 多个款式，其中新年糖是其主打产品。每日产能超过 1500 吨，拥有超过 2900 个 40 英尺货柜的自动化仓储物流调拨能力，以强大的效率充分供应市场。自 1998 年以来，公司在糖果市场上的销售额与占有率都稳居国内第一名。

2018 年深耕健康领域，徐福记与雀巢孵化器推出健康零食品牌"自然食客"，主打"营养师联合开发，口味创新，种类多样，个性定制"，旨在解放大家的美食享受天性，在体会零食的有益价值的同时，享受更有趣的个性化体验。精选高品质食材，由坚果、蔬菜干、冻干水果、黑巧克力等多类美味混搭而成，提供超过 30 多种美味选择，消费者还可按个人爱好和场景自由搭配成主题零食盒子。"自然食客"还与粉丝成立"不正经零食研究所"，粉丝可定期参与新品研发和主题盒子共创，经历从想法到产品的创作。

4. 大陆投资情况

徐福记产品畅销大陆 31 个省、市、自治区，有 122 家销售分公司、27 家营业所的 1 万多名销售人员，经营及管理现代化渠道中超过 2.8 万个可掌控的终端零售点。1992 年，东莞徐福记食品有限公司成立。1997 年，新加坡汇亚集团加入营运行列，成立 BVI 徐福记控股有限公司，东莞徐记食品有限公司设立。1998 年，设立北京、上海、广州分公司。1999 年，设立东城分公司。2000 年，设立成都、南京、杭州、苏州、青岛分公司。2001 年，设立深圳分公司。2002 年，设立福州、长沙、沈阳、西安、武汉分公司；东莞东城物流中心正式启用。2003 年，徐福记控股公司在西萨摩亚设立高海贸易有限公司；设立合肥、南昌、郑州、昆明分公司。2004 年，设立南宁、珠海、重庆、贵阳、天津、石家庄、太原、哈尔滨分公司。2005 年，设立宁波、灌南、济南、金华、温州、南充、自贡、兰州、新疆、常德、衡阳、襄樊、黄石、荆州、长春、大连、厦门、汕头、晋江、开平、湛江、清远、凤岗、惠州、佛山分公司；成都物流中心正式启用。2006 年，设立浦东、临沂、绍兴、湖州、嘉兴、无锡、唐山、呼和浩特、南阳、柳州、黄浦、海口、长安分公司。2007 年，设立蚌埠、普宁、锦州、赣州、宜昌、扬州、南平、肇庆、信阳、白云、台州、南通、孝感、湘潭、临汾、洛阳、景德镇、漳州、常德、南宁分公司。2008 年，设立济宁、安庆、岳阳、潍坊、徐州、邵阳、涵江、乐山、九江、盐城分公司；沈阳物流中心正式启用。2009 年，设立龙岗、大理、曲靖、桂林、怀化、番禺、宝安、昌平、齐齐哈尔、青山、中山、阜阳、鞍山、宝鸡分公司；清溪物流中心正式启用；位于河南省驻马店市的河南厂开始投入生产。2010 年，设立韶关、株洲、茂名、北海、梅州、遵义、佳木斯、宜春、吉林、大同、周口、鹤壁、绵阳、邢台、常州、银川、咸宁、泰安、万州分公司；2011 年，雀巢与徐福记正式结成合作伙伴关系；河南物流中心正式启用。2012 年，设立宣城、西昌、玉林、汉阳、连云港、滨海、潮州、朝阳、南阳、郴州分公司；湖州物流中心正式启用。

2012 年 8 月 28 日有消费者向深圳福田法院起诉家乐福、徐福记两家公司，诉指徐福记生产不合格食品。法院判决认为，徐福记将原料带入的食品添加剂在标签上的标注与国家相关文件的规定不符，徐福记在涉案产品标签上标注添加了 TBHQ、BHT 与事实不符，违反了《中华人民共和国食品安全法》的规定，必须对消费者做出相应赔偿。徐福记 2012 年 12 月 13 日召开新闻发布会，称绝无违法添加抗氧化剂，并将依法提起上诉。会后，徐福记向媒体记者出示了三份检测报告，三份均显示为合格。该案件对徐福记的投资扩张造成一定影响。尽管如此，2013 年徐福记销售额还是突破 60 亿元大关。直到现在，行业里还没有对手能真正撼动徐福记的地位。

（六）佳格食品股份有限公司

1.基本情况

台湾佳格食品股份有限公司为台湾前三大食品企业之一，更是台湾第一大健康营养品公司和岛内最大谷物营养品供货商。公司于 1986 年 8 月 8 日成立于台北市，接收了桂格燕麦片公司在台湾的全部资产与员工，并获得美国桂格燕麦片公司的授权，在台湾成为桂格产品唯一的制造与营销代表。1994 年挂牌上市。现任董事长曹德风。

2.发展历程

美国桂格公司 1978 年看好食品产业全球化的趋势，在台湾投资了 400 万美元，兴建食品工厂，在台湾致力于推广燕麦食品。1986 年，美国桂格公司调整全球策略为集中营运，决定暂停台湾分公司的业务。佳格食品（股）公司于 6 月 6 日设立，购买美商桂格台湾分公司的资产，并获得桂格食品在台营运权，达成商标许可协议，同年 8 月 8 日取得营利事业登记证，正式在台营运。公司年营业额约 2 亿元。1991 年公司提出了"麦片的名字叫桂格"的口号，成功打响品牌，进而超过雀巢成为台湾"燕麦王"。1993 年设立新加坡佳格食品（股）公司及苏州佳格食品有限公司，生产谷类相关食品。1998 年设立喝好水（股）公司从事包装饮用水制造，推出桂格喝好水、"得意的一天"健康纯水。1999 年设立佳乳食品（股）公司从事酸奶制造，其产品为优沛蕾品牌系列产品。取得福乐乳品相关厂房、机器及商标，推出福乐系列乳品。2011 年 7 月宣布将健康食品业务从台湾市场扩展至大陆市场。2012 年度，保健食品生产线投产。

3.经营状况

佳格的主要产品项目包括奶粉类（成人奶粉类）、燕麦类、食用油类、保健饮品类、婴儿食品类。2017 年佳格食品全年累计营业额 264 亿元，缴纳税款 5.4 亿元，净利润 22.1 亿元。

2018 年佳格向法人说明，由于好市多即将要进军大陆，已经找佳格配合生产符合相关认证的产品，可望随好市多进入大陆市场。另外在通路的布局上，佳格也与新兴通路京东、阿里巴巴等结合推广网销；佳格厦门厂也接代工订单，但仍以推广自有品牌为主。法人看好佳格在通路的布局，尤其是即将落脚上海的好市多，其强大的营销及销售实力可望带动佳格等供货商的成长。另外一个重要布局为直销牌照，由于佳格布局保健产品多年，因此也有意通过争取直销牌照深耕大陆，佳格于将加速申请中国保健食品直销牌照。至于奶粉市场，大陆婴童奶粉市场受平均生育率逐年下降影响，市场较 2017 年同期衰退 4%，加上佳格 2017 年受供货商法国奶粉原料污染事件影响而下架回收，2018 年上半年推出新品，但市场需要时间适应和转换，特别是婴童类的产品较具挑战，佳格针对奶粉污染事件已向法国提出求偿。

4. 大陆投资情况

2001 年投资成立上海佳格食品有限公司，负责制造及销售食用油品及营养食品等。2012 年投资成立佳格食品（中国）有限公司，负责制造及销售食用油品及营养食品等。2015 年投资成立佳格食品（厦门）有限公司，负责制造及销售食用油品及营养食品等。在大陆，目前佳格集团拥有佳格投资（中国）有限公司、佳格食品（中国）有限公司及上海佳格食品有限公司等事业体，总注册资本超过 3 亿美元。同时，佳格中国集团营销业务体系也已深入各省，达 300 多个地级城市。

（七）味丹企业股份有限公司

1. 基本情况

味丹企业股份有限公司是目前世界三大味精厂商之一，也是百事公司在台湾的第二代总代理。1970 年由味正食品工业改名为味丹企业股份有限公司，总部设立于台中市沙鹿区，现任董事长杨头雄。

2. 发展历程

1952 年，协成商行成立。1954 年，杨深波与二弟杨清堂、三弟杨棋楠、四弟杨清钦在台中县沙鹿镇北势头创立味正食品厂，以生产麸胺酸钠（味精）为主。1962 年，味正食品厂公司化，定名为味正食品工业股份有限公司。1970 年，味正食品工业改名为味丹企业股份有限公司。1973 年，成立快餐面厂，开始生产快餐面。

1974 年，投资东海绿藻工业股份有限公司，跨足生物科技产业。

1985 年，成立饮料厂，开始生产罐装饮料。

1991 年，在越南同奈省龙城县福泰社成立味丹（越南）企业股份有限公司。

1992 年，在上海成立上海味丹企业有限公司，味丹企业的饮料厂获得"农委会"CAS 认证与日本农林水产省果实饮料 JAS 认证。

1996 年，在厦门成立茂泰食品（厦门）有限公司，味丹企业与东海发酵工业合并为味丹企业股份有限公司。

2004 年 7 月，味丹国际（控股）收购上海味丹企业股份有限公司资产及味精业务，上海味丹企业股份有限公司改名为上海味丹企业有限公司，并定位为中国区营运中心。

2005 年 11 月，味丹（越南）企业完成收购味泰木薯淀粉有限公司，改名为味友责任有限公司。12 月 22 日，味丹国际（控股）与山东雪花生物化工股份有限公司签约，合资成立山东味丹雪花实业有限公司，上海味丹食品有限公司改名为上海皇品食品有限公司。

2006 年，味丹企业转投资品冠行销股份有限公司，负责营业铺销，同时也于全台设立了 11 个行销子公司。

2012 年，味丹心茶道健康青草茶获健康食品许可证。9 月 10 日，味丹子公司群岳企业预定南投县埔里镇扩充"多喝水"包装工厂，限位于该镇内埔社区的有机花农与茭白笋农在三个月内搬走，引发当地农民抗争；经上下游新闻市集披露后，网友发起拒喝"多喝水"运动。9 月 13 日，群岳企业决定停止此投资设厂方案。

2014 年，卷入 2014 年台湾食品安全事件。因多项产品使用问题油品而回收下架。

3. 经营状况

味丹企业的主要产品包括：味味 A 排骨鸡面、味味一品系列快餐面、随缘系列快餐面、双响炮系列快餐面、多喝水、碱性竹碳水、味丹心茶道青草茶、休闲食品等。2017 年，味丹累计营收额 3.2 亿美元，净利润 1874 万美元。

2017 年味丹国际在大陆市场录得 1325.7 万美元，较 2016 年的 1675.5 万美元下降了 20.9%。下降幅度不可谓不大，但所幸的是大陆市场并不是味丹国际的重点市场。

味丹主要的销售市场是越南（占其总收入48.8%），之后是日本（占其总收入20.1%），第三是ASEAN（占其总收入10.3%），第四才是中国大陆市场（8.5%）。味丹表示，"因为了解中国市场的激烈竞争，所以故意发展其他更有利可图的市场"。

4. 大陆投资情况

1992年投资成立上海味丹企业有限公司，负责食品生产、销售、流通，酒、食品添加剂、食用农产品（不含猪、牛、羊等畜产品）的批发。另外在重庆市、天津市设有子公司。

1992年投资成立厦门味丹食品有限公司，负责碳酸饮料制造，瓶（罐）装饮用水制造，果菜汁及果菜汁饮料制造，含乳饮料和植物蛋白饮料制造，固体饮料制造，茶饮料及其他饮料制造，味精制造，酱油、食醋及类似制品制造，其他调味品、发酵制品制造，食品添加剂制造。

2005年投资成立山东味丹雪花实业有限公司，负责生产和销售味精、谷氨酸钠、袋装谷氨酸、复混肥。

（八）农生企业股份有限公司

1. 基本情况

2002年正式设立农生企业股份有限公司，已陆续设立总公司路竹厂、永安厂、屏东厂、彰化厂等生产与储运基地。"农林牌"饲料为企业品牌。现任董事长杨世昌。

2. 发展历程

2002年开始参与禽类屠宰制造业。

2006年配合家禽电宰政策，冷冻屠宰厂房及机器设备大规模更新完成。

2007年冷冻鸭肉、冷冻鸡肉开始直接外销日本、韩国。

2007年从荷兰进口的全自动禽类电宰设备安装完成。

2010年嘉义饲料厂启用。

2014年取得高雄永安饲料厂。

2015年彰化厂试营运。

3.经营状况

农生企业股份有限公司主要生产饲料，从事合作饲养业务，生产冷冻鸭肉、冷冻鸡肉。农生企业股份有限公司 2017 年累计营收额 91 亿元，缴纳税款 5300 万元，净利润 4.7 亿元。

（九）台湾卜蜂企业股份有限公司

1.基本情况

台湾卜蜂企业股份有限公司为世界三大饲料厂之一，有全亚洲最大、最现代化的鸡肉加工厂，1977 年成立于台北市，母公司为泰国正大集团，台湾卜蜂目前在海峡两岸，以及美国、墨西哥、比利时、葡萄牙、泰国、新加坡、日本、印度尼西亚、马来西亚、越南、缅甸、印度、土耳其等地均设立子公司。现任董事长是郑武樾。

2.发展历程

1997 年旅泰爱国华侨所属的卜蜂集团，为响应鼓励华侨回乡投资的号召，决定到台湾投资有关生产事业。8 月，正式登记设立台湾卜蜂饲料股份有限公司，公司设立在台北，并开始筹划建厂，厂址选在高雄永安工业区。公司在台湾率先推广优良的粒状饲料，领导饲料工业迈入了新的里程。

1988 年成立肉品加工事业处，于南投兴建家禽电动屠宰厂，公司亦于该年更名为台湾卜蜂企业股份有限公司。

1989 年转投资香港沛式有限公司，并朝着国际化、多元化、一贯化的目标奋力前进。

1993 年转投资时时乐食品企业股份有限公司，从事西式连锁餐饮业，由传统性生产事业转型成为多角化消费性事业。

1998 年台湾卜蜂公司与泰国卜蜂集团在美国亚拉巴马州共同投资设立种鸡生物科技中心、计算机化全自动控制饲料厂，从事现代化的肉品食品加工及营销通路的建立等项目经营。

2002 年转投资金农生命科学股份有限公司，正式加入生物科技的先进行业。

2011 年公司应对消费者未来饮食趋势的变化，在南投新建一座亚洲最先进的冷冻微波调理鲜食加工厂。另在高雄新建一座全植物性饲料厂，符合 ISO

22000、HACCP及欧盟、美国、日本的肉品安全标准，供应家禽、家畜更纯净健康的无药物性、无动物性原料来源的饲料，顺应全球农畜食品业要求生物安全的未来趋势潮流。

2016年为开展蛋鸡及相关事业，公司与其他合作伙伴分别合资设立瑞牧食品股份有限公司及瑞福食品股份有限公司。

3. 经营状况

台湾卜蜂主要从事饲料及加工性熟料制造销售业务，鸡肉、猪肉、鸭肉的饲育屠宰，各种肉品加工，以及生物技术研发。2017年台湾卜蜂累计营业额198亿元，缴纳税款3.6亿元，净利润14.8亿元。卜蜂董事长郑武樾2018年表示，外在环境危机四伏，尤其是中美贸易战已让白肉鸡产业面临前所未见的威胁。不只美国鸡肉强势攻台，8月后波兰和巴西等新兴国家也向台湾当局申请鸡肉进口，公司呼吁应采取保护措施，如SSG非关税贸易障碍等，加强产品查验与标示，防范肉品混充等。

4. 大陆投资情况

1992年投资设立连云港正大农牧发展有限公司，负责饲料生产、家禽饲养及销售。

（十）黑松股份有限公司

1. 基本情况

黑松企业股份有限公司是岛内第二大碳酸饮料供货商，前身是进馨商会，于1925年4月创办，1931年"黑松"品牌的汽水上市，1981年更名为现名。总部设立于台北市，现任董事长张斌堂。

2. 发展历程

1931年"黑松"品牌的汽水上市，1970年改组为黑松饮料股份有限公司，1981年更名为现名，1999年3月正式在证交所挂牌交易。

2008年4月正式承接台湾三得利系列产品在台代工生产事务。

2008年10月与日本清酒公司辰马本家策略联盟，总代理销售黑松白鹿系列清酒。

2009年12月开始与金门酒厂达成战略合作，双方共同经营38度金门高梁酒，运用既有各种通路，拓展其市占规模及酒类市场的销售业务，取得 50 度以上金门高粱酒台湾地区总经销权。

2012 年 8 月与中国医药大学合作，结合生技研发新品。

2014 年 2 月 19 日公司宣布，取得日本梅酒第一品牌"CHOYA"台湾独家代理权，首波引进 13 款梅酒。

3. 经营状况

饮料产品为黑松企业主要营收来源，项目包括黑松沙士、黑松汽水等碳酸饮料；黑松、绿洲、果汁 C 系列果汁饮料；黑松茶花，就是茶等系列绿茶、乌龙茶饮料；及 FIN、运动补给饮料、韦恩咖啡、欧香奶茶、黑松天霖纯水、梅子果醋饮等。

酒类产品包括：经销代理金门高粱酒，人头马君度白兰地，皇家豪帝堡、凯斯堡、卡莎诺雅、无尾熊之森等系列红酒，马瑞那白酒、气泡酒系列，黑松白鹿、高清水、剑菱清酒，CHOYA 梅酒。

2017 年黑松企业累计营业额 91 亿元，缴纳税款 1 亿元，净利润 5.4 亿元。2018 年黑松首开先例，在松烟文化园区周边设"黑松沙士清爽 der 选物店"快闪店，在饮料消费旺季与暑假期间针对年轻客群强化品牌形象，并推出周边商品，强化减糖碳酸饮料在市场的能见度。

4. 大陆投资情况

苏州厂于 2004 年 4 月落成，有两条生产线，生产果蔬汁、蛋白饮料、茶饮料、咖啡饮料、运动饮料、健康补给饮料、合成饮料、发酵饮料等，自有品牌的产品销售成长最高，市场以华东、华南为主。2011 年增加间接投资 600 万美元，月产能约 300 万箱。

（十一）大统益股份有限公司

1. 基本情况

大统益股份有限公司是岛内大豆油及大豆粉最大供应商，豆粉与色拉油的市占率超过 30%。1982 年 5 月成立，总部及工厂位于台南官田，创始时是由统一、大成长城、益华、泰华等公司合资筹建，现任董事长是罗智先。

2. 发展历程

1982 年由统一企业股份有限公司、泰华油脂工业股份有限公司、大成长城企业股份有限公司、益华股份有限公司合资筹建。1984 年提油一厂建厂完成并顺利生产，日产能 2200 吨。1990 年精油厂建厂完成并顺利生产，开始生产精制大豆色拉油。1998 年提油二厂建厂完成并顺利生产，日产能 2500 吨。二厂完成后，全厂日总产能提升至 4700 吨，成为台湾最大的黄豆提油厂。2000 年创立转投资事业"美食家食材通路股份有限公司"。2016 年通过清真验证。

3. 经营状况

大统益的主要产品包括黄豆粉、色拉油、食用黄豆等品项，涵盖大豆色拉油、芥花油、棕榈油及油炸专用油等。2017 年企业累计营收额 169 亿元，缴纳税款 1.7 亿元，净利润 8.3 亿元。大统益走稳健经营路线，在岛内口碑较好，每年均有获利，且过去 10 年每年配发现金股利。大统益作为台湾最大的油脂制造商，主要产品为色拉油，豆粉与色拉油市占率超过 30%，也是亚洲最大的黄豆油厂，有投资实力和扩张意愿。

（十二）中联油脂股份有限公司

1. 基本情况

中联油脂是岛内一流的黄豆制品厂商，成立于 1995 年，由福寿实业、福懋油脂、泰山企业三家著名油脂厂共同投资设立。厂房设置于台中港区内，现任董事长是詹逸宏。

2. 发展历程

1995 年 3 月，福寿实业、福懋油脂、泰山企业发起成立中联油脂。

1998 年 11 月，油脂厂建厂及试车完成，开始量产。

2007—2011 年进行产品线扩张，增设脱壳豆粉系统、大豆磷脂质系统、前脱壳豆粉系统。

3. 经营状况

中联油脂股份有限公司主要生产黄豆油、黄豆粉及其他黄豆相关产品。2017 年中联油脂累计营业额 65 亿元，缴纳税款 1500 万元，净利润 6300 万元。

2018 年 4 月中联油脂向台湾港务股份有限公司租用台中清水食品加工专

业区土地，面积 76302.82 平方米，具体目的系签订长期土地租赁契约永续经营并进行产能扩张规划，依契约约定得依原约优惠条件再续约 10 年。

（十三）福寿实业股份有限公司

1. 基本情况

福寿实业股份有限公司是岛内规模最大的油脂生产供货商，也是岛内第一大的宠物食品制造公司和生产供应厂商。成立于 1955 年 2 月，总部位于台中沙鹿，现任董事长是洪尧昆。

2. 发展历程

1965 年公司名称变更为洽发实业股份有限公司，并登记"福寿牌"为商标。创设配合饲料厂生产家畜、家禽配合饲料。

1971 年与日本协同饲料株式会社签约进行技术合作（禽畜饲料）。

1980 年创设综合饲料总厂（禽畜饲料厂、微粉饲料厂、谷物熟化厂、补助饲料厂、副产加工厂）。

1982 年创设台中港油脂厂（台中港关连工业区）。

1984 年洪炳煌接任第三任董事长，与东食株式会社、协同饲料株式会社进行技术合作（宠物食品）。

1989 年于台中港厂内创设食品厂、芝麻加工厂，分别生产福寿健康素肉及喜瑞尔谷物食品，与芝麻油系列产品。

1994 年转投资福寿新实业股份有限公司，兴建五股综合工业大楼。

1996 年创设鹿港厂肥料生物科技（彰滨工业区）。

2012 年公司成立有机部门，在南投租用土地建立牧草生态园区，饲养牧草生态鸡，其园区规划可饲养 3.4 万只鸡，并同时开始加强营销，首度打入台糖量贩店通路。

2013 年 2 月底公司表示，规划以 3 年期间，增加牧草蛋鸡的饲养量至 1 万只，鸡蛋产能提升至 8000—10000 颗；高畜黑猪方面，2013 年度起扩大放牧区，规划以 3 年时间将高畜黑猪饲养量提高至 1000 只以上；牧草土鸡方面，共饲养 1.5 万只。

2016 年公司针对肉鸡新事业成立洽富实业股份有限公司，于台中梧栖打造全新厂房，引进台湾首座欧规气冷白肉鸡电宰设备，电宰规模可达每月 8 万只。

3. 经营状况

福寿实业主要产品如下：配合饲料、宠物食品、油脂产品、单味产品、有机肥料、大宗谷物及其他。2017 年福寿实业累计营收额 108 亿元，缴纳税款 186 万元，净利润 5500 万元。

福寿实业董事长洪尧昆曾在法说会上表示，公司 2018 年成立 AI 办公室，就是希望通过更自动化的生产，提高制程效率。他指出，福寿 2018 年上半年获利比 2017 年好，主要受到食粮及肉品加工两大事业带动，整体而言，他对下半年营运看法乐观。

4. 大陆投资情况

1992 年投资设立了厦门福寿实业有限公司，负责水产、畜禽、饲料和水产品、农副产品、植物油脂加工生产。

（十四）联华食品工业股份有限公司

1. 基本情况

联华食品工业股份有限公司为岛内休闲食品、鲜食制造大厂，海苔类食品在岛内市占率达 60%、坚果类在岛内市占率达 70%，均为岛内第一名。公司成立于 1970 年 7 月 7 日，总部位于台北市，是 7-Eleven 及统一超商主要合作伙伴之一，现任董事长李开源。

2. 发展历程

1968 年，联华贸易行于台北县五股乡设立联华食品厂，开始将经营方向由大宗谷物买卖交易转向食品加工业。

1970 年，联华贸易行改组为联华食品工业股份有限公司，资本额 300 万元，李国衡任董事长。

1987 年，推出"万岁牌"坚果系列产品，进入坚果市场；同年，"满天星""卡迪那"洋芋片上市。

1993 年，成立北京联华食品工业有限公司，进入大陆市场。

2001 年 4 月，成立酒品事业部。2001 年 9 月，成立鲜食事业部。9 月 11 日基隆大武仑鲜食厂竣工启用，开始量产供应统一超商鲜食产品；同年，成立新疆喀什卡迪那农业科技有限公司，从事果树种植。

2007年，推出"万岁牌坚果饮"，进入冲调类产品领域。

2009年，成立"新生活事业部"，创立"KGCHECK"品牌，正式跨足保健食品市场。

2011年，推出"荷卡厨坊"（CHEF HOKA）意大利浓汤面，进入泡面市场。该年年度营业额突破50亿元。

3. 经营状况

2017年联华食品工业股份有限公司的主要产品及营收占比为：鲜食类49%、坚果类18%、休闲食品18%、海苔类11%、冲调类2%。2017年联华食品股份有限公司累计营收额70亿元，缴纳税款8760万元，净利润4.1亿元。

过去联华食品以台湾内销市场为主，为了加大营运动能、配合"南向政策"，公司2017年也成立外销处，开始朝海外市场拓展。继2017年前往澳大利亚、新加坡、中国香港等地布局，预计2018年将前往越南、印度尼西亚、马来西亚等东南亚地区。

4. 大陆投资情况

1993年投资成立北京联华食品工业有限公司，负责生产糖果、膨化食品、海苔类食品；分装坚果。

2001年投资成立新疆喀什卡迪那农业科技有限公司，负责农、林、牧、园艺的综合开发，以及农产品（粮食除外）的销售。

（十五）泰山企业股份有限公司

1. 基本情况

泰山企业股份有限公司为岛内知名传统食品大厂，成立于1960年10月，总部位于彰化田中，在台北市设有总管理处，现任董事长是詹逸宏。

2. 发展历程

1960年，詹玉柱四兄弟成立泰山油脂，詹玉柱之子詹仁道接任总经理。泰山企业形成企业集团，进入食品饮料业。

1988年，与日本日光超商（Nikomart）进行技术合作，创立福客多便利商店。

2004 年购入全家便利商店股权。截至 2012 年 7 月，持股比例达
20.74%。另外，也转投资中联油脂公司，持股比例 33.33%；转投资福客多商
店，持股比例 73.92%。

2009 年，前进大陆，直营甜品小店"仙草南路"。

2010 年取得北京同仁堂的台湾总经销权，主要锁定养生、保健食品与饮
品市场，产品包括雪蛤、燕窝饮品与平价山楂露。

2017 年，大陆事业部门经营多年亏损连连，詹岳霖请辞董事长，生产机
能性饮料保力达 B 的保力达集团通过旗下的擎达投资、海洋投资与和理三家
公司，拿下其逾 12% 的股权，保力达成泰山第二大股东，持股仅次于詹氏家族。

2018 年 3 月 12 日，泰山企业跟手摇饮料品牌日出茶太、COMEBUY、
水巷茶弄异业合作成"茶摊一条街"，在各大超商上市。

3. 经营状况

泰山企业股份有限公司的主要经营产品包括：豆粉产品：精选黄豆、黄豆
粉、高蛋白黄豆粉；油脂产品：色拉油、葵花籽油、葡萄籽油、橄榄油、好
理油、HSF 健康油品系列及其他健康调和油等产品；饲料产品：猪、牛、鸡、
鸭、水产等完全饲料及契约鸡；食品产品：仙草蜜、八宝粥、养生珍馔、冰镇
红茶系列、纯水等；冷藏食品：冷藏仙草蜜、冰镇系列产品、泰山点心系列产
品、机能性饮料等。2017 年累计营收额 76.8 亿元，缴纳税款 2687 万元，净
利润 3.2 亿元。

近两年来，泰山屡屡推出令人眼睛一亮的创新产品，也采用不同于以往的
营销宣传手法与消费者互动，突破框架，创造市场机会新亮点。2019 年预计
继续挑战能量饮料市场。

4. 大陆投资情况

1996 年投资成立泰山企业（昆山）食品有限公司，负责生产及销售未发
酵与未加料产品。

1996 年投资成立泰山企业（漳州）食品有限公司，负责生产销售食品、
饮料、点心、罐头等产品。

2009 年投资成立江苏大迈餐饮管理有限公司，负责现制现售面包等食品。

2009 年投资成立厦门仙草南路商贸有限公司，负责饮品店业务。

2011 年投资成立成达餐饮投资管理（四川）有限公司，负责现制现售面包等食品。

（十六）爱之味股份有限公司

1. 基本情况

爱之味股份有限公司为岛内知名食品大厂，创立于 1971 年 6 月 26 日，原名称为国本产业股份有限公司，生产猪鸡饲料；1983 年 9 月更名为爱之味。总部及工厂位于嘉义民雄，现任董事长是陈冠翰。

2. 发展历程

1971 年，国本产业股份有限公司成立。1983 年 9 月，国本产业更名为爱之味股份有限公司。

1991 年，爱之味推出巧克力饮料"浪情巧克力"，由郭富城担任代言人，在电视广告结尾，郭富城对女主角说的话"你是我的巧克力"成为当时台湾流行语。

1994 年，爱之味推出椰奶饮料"莎莎亚椰奶"，广告歌由庾澄庆作曲、黄大炜主唱。

2011 年，爱之味成为燕京啤酒台湾总代理，爱之味与燕京啤酒成立燕京爱之味国际股份有限公司。

2011 年 4 月 12 日，燕京啤酒在台北 W 饭店举办台湾市场上市发布会，燕京爱之味国际公司开始运营。

2012 年投资香港钰统食品公司 4000 万港币；2012 年 12 月下旬，规划释出旗下台湾第一生化科技 32% 持股。

2014 年 6 月 27 日至 2015 年 3 月 4 日，爱之味陆续释出台湾第一生化科技股权，释股理由是扶植台湾第一生化科技股票上市，股权交易完成后仍持有台湾第一生化科技 60.14% 股权。

2015 年 12 月公司与雀巢进行品牌授权合作，拿下以"雀巢茶品""NESTEA"等商标为品牌的雀巢茶品台湾市场生产、销售、研发权利，合约授权时间为 10 年。

3. 经营状况

主要产品以传统食品、甜点、罐装饮料、宝特瓶装饮料为主，计有酱菜类、调理类、甜点类、饮料类、鲜采系列、油品类、冲泡谷物类、纯浓燕麦系列、五谷奶系列、珍珠薏仁露系列、紫心地瓜系列、营养品系列、保健食品系列、冷藏（甜点）（鲜采）系列。2017 年营业占比分别为：传统类 25%、甜点类 17%、饮料类 37%、谷奶类 13%、油品类 2%、保健食品 1%。

2017 年爱之味股份有限公司累计营收额 41.5 亿元，缴纳税款 676 万元，净利润 1.5 亿元。

爱之味企划总监陈泰和说，2018 年第四季度公司代理的雀巢饮品会出口到香港，目前已进入相关程序作业，预计很快就会有结果，而东南亚及中国大陆将是雀巢产品第二阶段的拓展市场。此外，鉴于国际食品发展趋势，2019 年是植物奶产品元年，加上燕麦属于西方惯性食用的产品，爱之味纯浓燕麦预计明年销往欧美市场，将成为新的成长引擎。

4. 大陆投资情况

1994 年投资设立上海爱之味食品公司，负责生产罐头、加工糖果外包装、委外加工包装食品及销售自有产品。

1999 年投资设立漳州片仔癀爱之味生技食品公司，负责凉茶及护肝或顾肝茶（饮）等饮品的生产销售。

2009 年投资设立厦门爱健商贸公司，负责经营日用百货、食品、饮料、化妆品、化工原料。

2011 年在北京成立合资工厂，同时成立北京三元爱之味饮品销售公司，三元持股 30%、爱之味国际持股 28%、麦士马持股 22%、燕京啤酒集团持股 10%、京泰国际持股 10%，主要负责销售爱之味的产品。

2012 年投资设立山东爱之味食品科技公司，负责食品、饮料及其包装材料生产项目的建设。

2015 年投资设立东润堂健康生技公司，负责果蔬饮料、蛋白饮料、茶饮料、咖啡饮料、植物饮料、瓶（桶）装饮用水、碳酸饮料的开发、生产与批发。

（十七）鲜活控股股份有限公司

1. 基本情况

鲜活控股股份有限公司为多元化果汁饮品原料供货商、水果食材饮品生产厂商。1998年2月于江苏昆山成立鲜活实业（昆山）食品工业有限公司，2001年设立鲜活控股股份有限公司，主要营运地及生产工厂位于江苏昆山，由大陆回台挂牌，现任董事长是黄国晃。

2. 发展历程

1999年公司开始投产并销售果汁产品。公司的第一个合作客户是快可立。

2001年公司以研发作为市场导向，成立研发部门，以提供更优质、更多样化的商品给客户选择。

2002年10月，上海分公司成立。更加有效地服务上海餐饮客户以及把握华东地区餐饮流行趋势。

2007年9月，导入供应链管理模式。供应链的建立为生产销售体系模式带来了重要的转变。从2007年开始，公司以每年50%的成长速度迅速扩大市场。

2008年全自动生产设备引进，产能得到很大提升。

2012年2月，与上海赵屯草莓合作社签订草莓基地管理与采购协议，将原料的安全纳入产品履历中的可追溯系统。

3. 经营状况

2017年公司主要产品及营收占比为：浓缩果汁55%、果粉9%、果粒36%。2017年，鲜活控股股份有限公司累计营收额29.2亿元，缴纳税款1.6亿元，净利润2.9亿元。

除持续进行新品开发外，目前公司已进行扩产以应对客户的庞大需求，其中已着手开发三年时间的豆粉原料产品，将在昆山厂完成新产线扩充后开始量产，豆粉可作为豆奶、甜品、烘焙产品及其他豆制品的原料，可望有效强化冬季线产品。其昆山、广东与天津三厂的新厂扩建完成后，将为公司发展注入新的动力。

4. 大陆投资情况

2009年投资设立鲜活果汁工业（昆山）有限公司，负责果汁、蔬菜汁、蛋白饮料、固体饮料及其他饮料等生产和销售。

2014 年投资设立上海光裕堂饮料有限公司，负责饮料、预包装食品、现调机、咖啡机、茶一体机、电子产品的批发、进出口、佣金代理，现调机、咖啡机、茶一体机的租赁。

2014 年投资设立广东鲜活果汁生物科技有限公司，负责水果制品领域的技术开发和技术服务。饮料、水果制品、功能性水果提取物、水果酵素产品的生产与销售。

2014 年投资设立鲜活果汁工业（天津）有限公司，负责饮料加工。

2017 年投资设立苏州鲜南食品有限公司，负责食用农产品的初级加工及销售，食品生产、销售及进出口业务。

（十八）中华食品实业股份有限公司

1. 基本情况

中华食品实业股份有限公司是岛内第一大豆腐制品厂商，成立于 1980 年 5 月，前称为恒义食品实业股份有限公司，于 2013 年 7 月 3 日公告股东会通过更名为现名。总部位于高雄大树，现任董事长是陈民权。

2. 发展历程

1982 年于高雄县大树乡设立生产工厂，生产盒装中华豆腐、豆花为岛内首创。

1990 年于屏东潮州设立第二工厂，开始从事饮料专业生产。

1992 年中华饮料系列投入大陆、香港市场。1993 年成立香港子公司。

1998 年屏东新厂扩建完成，高雄厂取得食品 GMP 认证。

2013 年公司更名为中华食品实业股份有限公司。

3. 经营状况

中华食品实业股份有限公司的主要产品包括：豆腐类——超嫩、火锅、鸡蛋、家常、凉拌、有机豆腐、油豆腐、汤豆腐、黄金豆腐。甜点类——豆花类（花生、杏仁、水果）、爱玉类（柠檬）及果冻类（草莓）。冷冻类——冻豆腐、油豆腐、炸豆腐、百页豆腐、贡丸、中华火锅料理。以委外代工方式生产，主要为鱼浆炼制品。另外，公司也生产干品类产品，以委外代工及进口方式销售具有健康养生作用的蒟蒻及寒天产品，目前蒟蒻产品已成为团膳餐饮通路第一品牌，其市场占有率达 60%。2017 年中华食品累计营收额 14 亿元，缴纳税款 5260 万元，净利润 2.6 亿元。

中华食品坚持全面采用非基因改造黄豆生产，受消费者青睐，品牌力渐渐加大，2018 年第三季度黄豆等原物料价格维持平稳，对中华食品获利有正面帮助，公司为追求生产效益及产能更新考虑，评估高雄大树厂和屏东潮州厂两厂合一案，预期将花上 1 年左右的时间定案，投入资金也在评估中。

（十九）宏亚食品股份有限公司

1. 基本情况

宏亚食品股份有限公司为岛内主要的巧克力制造厂商，2012 年建立岛内第一个巧克力观光工厂。1976 年 6 月 14 日创立于新北市永和，现在总部位于新北市新店，现任董事长是张豪城。

2. 发展历程

1976 年创立于新北市永和，并设厂桃园八德市，开始产销七七巧克力系列产品。

1981 年完成全台湾行销点布局；1985 年设立礼坊食品公司，跨足喜饼市场；1990 年总部搬迁至新北市新店。

1997 年八德新厂投产，占地 3 万平方米，投资 10 亿元，公司产能得到跃升。

1998 年在上柜市场挂牌，2001 年转上市挂牌。

2012 年成立岛内首个巧克力观光工厂，运营"巧克力共和国"项目。

3. 经营状况

宏亚食品股份有限公司的主要产品有：77 乳加巧克力、大波露巧克力、77 新贵派、77 巧菲斯、77 蜜兰诺松塔、礼坊喜饼、礼坊弥月礼盒、礼坊年节礼盒。2017 年宏亚食品累计营收额 19 亿元，缴纳税款 414 万元，净利润 507 万元。

宏亚食品在 2017 年因为农历的闰六月，造成淡季延长，使获利表现不佳，2018 年则因节庆营销期档期有利，包括年头及年尾送礼市场的商机，对于业绩的成长有明显挹注效果。

第六节 生物医药

一、产业发展概况

生物医药产业作为生物科技领域里的主要部分，它的定义随着时代的发展及各个国家拥有的资源与社会需求不同，其定义与范畴也因国、因地有所不同。根据谢炅廷 2005 年发表的《生物医学产业之竞争策略与商业模式分析》，1982 年 OECD 对生物科技的定义为：应用自然科学与工程的原理，依微生物、动物、植物等生物体进行物料加工以得到产品的技术称为生物科技，将生技应用到医药领域，便成为生物医药。1984 年美国 OTA（Office of Technology Assessment）将生物科技定位：为利用各种生物体或其部分用以改良或增进动物、植物或微生物的特定用途；OTA 更进一步于 1998 年定义新的生物科技为：利用生物系统开发商业制品及其流程，使用于基因重组、单株抗体、生物工程的新技术。

根据美国华尔街股市统计的前一百大生技公司名单，目前美国生技产业最主要的发展领域，也是美国生技公司主要的经营范围可分为 18 个类别（表 4-11）。

表 4-11　美国生技产业主要发展领域表

类别名称	英文译名
抗体	Antibodies
免疫学	Immunology
抗感染	Anti-infection
脂质药物	Lipid Drugs
心血管	Cardiovascular
神经生物学	Neurobiology
细胞为主	Cell-based

续表

类别名称	英文译名
新化学	Novel Chemistry
混合化学	Combination Chemistry
核苷酸为主	Nucleotide- based
药物传输	Drug Delivery
重组 DNA、蛋白质、多肽	Recombinant DNA,Proteins,Peptides
基因治疗	Gene Therapy
小分子设计	Small molecule rational design
基因体学	Genomics
目标阵列 / 药物开发	Target Array/Drug Development
荷尔蒙调控	Hormone Regulation
疫苗	Vaccines

资料来源：作者综合参考整理。

美国为目前全球生技产业发展最成熟的国家，由这些主要的生技发展项目可以看出，以人类疾病医疗为主的生技产业是主要的趋势，不但市场需求大，其产值与获利能力也相当可观。台湾当局"经济部工业局"定义的生技产业也主要围绕生物医药展开，生物医药产业涵盖十分广泛，其范畴以生物工程、制药、医疗器材为三大核心领域。具体包括：生物制剂中的基因工程蛋白质药物、血液制剂、疫苗及毒素、过敏原制剂再生医疗，干细胞，生医材料，脐带血储存以及基因治疗。

台湾医药业是在光复后发展起来的，当时药品十分紧缺，1947 年岛内有 10 多家规模很小、设备简陋的制药厂，生产一些成药及进口原料药分装。20 世纪 50 年代，台湾当局制订了药厂建设标准，分为甲、乙、丙三种等级，当时生产的制剂以片剂为主。60 年代鼓励引进外资和技术，一批外资及合资制药企业在台湾建立，开始生产多种剂型。七星化学制药、永丰化学工业、化学合成、正峰化学制药公司等少数几家原料药厂相继投产，生产解热镇痛药和氯霉素等，以供台湾市场为主。70 年代制药工艺技术逐步提高，台湾当局鼓励生产岛内未生产的原料药，原料药厂达到 40 余家，品种也多达 100 多种。

第一波生技产业热潮。20世纪80年代初，随着岛内生物、化学、医学基础研究取得重要进展，台湾掀起第一波生技产业热潮。台湾当局1982年修订"科学技术发展方案"时，把生物技术和肝炎防治增列入八大重点发展科技领域之中，并组织实施由"国科会""卫生署""农委会""经济部""中研院"等共同参与的生物技术大型研发计划。其中，"国科会"负责推动学术研究，在1983年4月提出"发展台湾生物技术及生物工业方案"，依据当时岛内已有的科研力量及未来需求，拟定了七大亟待开发的项目，包括：利用遗传工程试制乙肝疫苗、免疫球蛋白及肝炎试剂；引进与应用融合瘤技术；引进组织培养及大规模生产技术；升级及应用酶工业技术；升级发酵工业技术及开发其产品；开拓生物化学工程；推动血液科技研究。该计划同年开始实施，5年间共支持专题计划128项，使用经费高达12272万元，使遗传工程技术在岛内奠定了良好的研究基础，更有一些成果获得相关专利。

此外，在生物制药、中医药科学化和农业生物领域，"国科会"还组织"中研院"和一些大学及医学院的研究所，开展多种大型综合性研究，取得良好开端，1989年又开始动工建造"国家实验动物繁殖中心"。"中研院"也先后成立分子生物研究所及生物医学科学技术研究所，开展蛋白质工程及基因治疗的基础研究，包括酶、胜肽（也称缩氨酸）、蛋白与基因调控等的结构分析、定位、突变技术与新功能的开发、电脑模拟研究等。

台湾当局"经济部"1982年协助食品工业发展研究所成立菌种保存及研究中心（2002年更名为生物资源保存及研究中心）；1984年又仿照"工研院"的运营模式，出资成立财团法人生物技术开发中心，协助推动生物技术的研究发展，开始进行用遗传工程制造第二代肝炎疫苗的生产试验；1991年又成立财团法人制药工业技术发展中心（2004年更名为医药工业技术发展中心），以协助岛内企业从事药品研发，提升台湾整体制药产业水平。

第二波生技热潮发生在20世纪90年代中期，为追赶世界发达国家先进科技水平，时任台湾地区领导人李登辉提出将台湾建设成为亚太地区研究重镇和高科技制造中心的所谓"科技岛计划"。为此，台湾当局"行政院"1995年发布"加强生物技术产业推动方案"，并成立"生物技术产业指导小组"，从法规制度、投资环境、专案研究计划、人才培训、建设生技园区等方面着手，制定加快推动生物技术产业发展的各项措施。

1997 年 4 月，台湾当局"行政院"召开"第一次生物技术产业策略会议"，正式将生物技术产业列为继电子、信息、通信产业后的另一个"明星产业"，以后每年召开一次会议（2002 年后与其他"产业策略会议"合并）。在 1998 年"第二次生物技术产业策略会议"上，决定将以蛋白质药物、中草药、诊断检验试剂为重点的制药与生物技术研究列入岛内发展计划。为了集中力量，台湾当局"行政院"仿照成功推动资讯产业的模式，成立了包括"国科会""经济部""农委会""卫生署""教育部"与"中研院"在内的跨"部会"指导小组来共同配合推动生物技术产业发展。

台湾当局"经济部"提出"发展台湾成为亚太制造中心——生物技术与制药工业推动计划"，并成立"生物技术与制药工业发展推动小组"，制定了关于生物技术发展策略与措施，提出健全有关规定体系、推动投资、研究发展、技术转让、培育与使用生物技术人才、保护知识产权，以及相互认证等措施，目标是把台湾地区建设成为国际生物技术企业研发与产业化的重要环节及亚太地区生物技术产业研发制造与运营中心，并希望以此促进民间企业的相关投资。其后，又制定"促进企业开发产业技术办法"，将生物技术产业列为十大新兴工业之一，鼓励企业投资研究发展。"工研院"也在 1999 年成立生物医学工程中心（后更名为生技与医材研究所）。

台湾当局"卫生署"1996 年 11 月公布"药品优良临床试验规范"（简称 GCP）；1998 年 7 月成立医药品查验中心，协助技术性审查、咨询与"法规"草拟，并全面推动 GCP 的实施及实地查核。台湾当局在推动生技与制药产业发展过程中，发现医疗器材产业最适合岛内企业发展。为此，"经济部"将原来的"生物技术与制药工业发展推动小组"改名为"生物技术与医药工业发展推动小组"（简称"生技医药产业发展推动小组"），同时"行政院"修订"加强生物技术产业推动方案"，将医疗器材纳入推动项目。到 1999 年，岛内生技医药产业年产值约为 60 亿。

（一）生医科技岛计划

随着 21 世纪以来全球生物科技风卷云起，台湾当局雄心勃勃，在"挑战

2008 发展重点计划（2002—2007 年）"中，将生物技术产业列为"两兆双星"产业之一，并在 2005 年 4 月提出"生医科技岛计划"，内容包括建立民众健康资讯数据库、台湾生物资料数据库以及临床试验与研究体系 3 项重点计划，分别投入 100 亿、30 亿与 20 亿元资金。台湾当局修订后的"加强生物技术产业推动方案"将设立生技产业聚落列入推动项目之中，在北、中、南各地区共设立 3 个"中央主导型园区"，包括南港生物科学园区、新竹生物医学园区和屏东农业生物科技园区，以及 6 个地方主导型或与当地产业经济结合的园区，包括高雄生物科技园区、宜兰县海洋生物科技园区、嘉义县香草药草生物科技园区、彰化县花卉园区、台南县兰花生物科技园区等，掀起推动生技产业发展的第三波热潮。"国科会"从 2002 年到 2010 年同时组织实施多期大型"农业生物技术国家型科技计划""生物制药国家型科技计划"和"基因体国家型科技计划"，共投入 317.6 亿多元，可谓下了血本。

2007 年 5 月，台湾当局宣示，将辅导生技产业成为台湾下一个"兆元产业"，并发布岛内唯一经过其"立法院"批准通过的"生技新药产业发展条例"，包括提供相关的激励措施，鼓励技术提供者运用研发成果自行创业，或将研发成果转让给生技新药公司，协助其后续研发活动，借以畅通上、中、下游的成果转让机制，促成研发型生物技术新药公司的大量创设，并借由奖励研发型生物技术新药公司、培训与延揽生技新药研发人才、鼓励技术创新及技术引进、引导资金投入、改善审查效率、协助厂商技术辅导、促进产学合作等手段，提振台湾生物技术产业的发展。

这是台湾首次就某项产业提出的投资奖励规定，有效适用期至 2021 年，即 2009 年台湾"促进产业升级条例"到期废止后，生技产业成为台湾唯一享有租税优惠的产业，为台湾生技制药产业的发展起到重要作用，也因此吸引了一大批在海外学习和工作的留学生、华裔专家学者回台湾创业。2016 年台湾地区也将生技产业列入"五加二产业创新推动方案"，并核定"生医产业创新推动方案"，期能提升台湾生技产业的成长动能与国际竞争力。

（二）生物医药产业发展现状

按照台"内政部"统计，台湾 65 岁以上老年人口比率于 2017 年已达到

13.8%。"国家发展委员会"推估，2018 年老年人口比率将正式达到高龄社会 14% 的门槛；2026 年可达 20%，进入超高龄社会。人口老化为台湾生技医疗产业带来新的商机。

人口老化带来的医疗成本增加也呈现在其医疗保健支出上，2016 年台湾地区医疗保健支出约 1.869 兆元（图 4-5），相较于 2015 年增长 4.7%，约占台湾地区 GDP 的 6.3%，人均医疗保健支出亦增长 4.4%，达 46219 元。

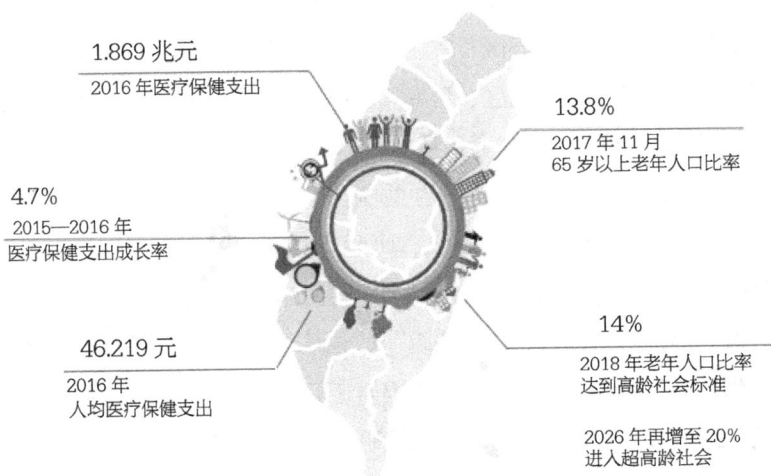

图 4-5　台湾地区人口与医疗支出指标图

资料来源：1. 台湾当局"内政部"，人口统计资料（2017.12）；2. 台湾当局"卫生福利部"，民众医疗保健支出统计资料（2017.05）；3. 台湾当局"发展委员会"人口推估资料（2017.12）。

台湾生技制药领域涵盖新药开发公司与制药公司两大类，其中新药开发公司因产品仍在研发阶段，收入主要来自授权金，且需要稳定资金投入研发；制药公司已有产品上市，但受到健保药价调控的影响，利润空间有限，海外市场已成为台湾制药公司业务成长的重要推力。勤业众信《2017 年新药研发与并购白皮书》中，台湾兴柜以上的生技制药公司之授权（含 license-in 与 license-out）案件，由 2012 年的 7 件逐年增加，2016 年已达 24 件。除了因为台湾药品研发活动渐趋热络之外，还受资本市场开始关注生技医药类股，资金动能推动台湾生技制药公司的授权交易活动增加的影响。加上新药研发成果浮现，在授权市场上水涨船高。另外，厂商为了持续拓展市场，通过授权交易将研发成果推进至国际市场，更利于创造更多营收，形成良性循环。

台湾新药开发公司有许多产品陆续进入第二期及第三期临床试验，已陆续启动国际授权或合作谈判，其中小分子药为台湾主轴。台湾近五年授权多以小分子药为主。初步观察 2017 年的新药开发案件持续增加，可预见 2018 年因各公司新药临床试验进度的推进，将带来更多授权机会。另外，学名药、挑战 Paragraph Ⅳ 的学名药及改良新药等，因在研发时程上较新药快速，亦成为台湾主要学名药厂的目标。台湾制药产业仍以原料药及学名药为核心，由于健保持续推动药价控制措施，利润空间有限，台湾制药产业近年积极拓展岛外市场，外销至欧美或东盟等市场，或聚焦产品线差异化，如专科用药，因此近年销售授权案件也持续增加。

生技制药产业受到法规高度监管，近年国际上在新药上市审查流程、质量监管与数据追溯等方面陆续更新相关法规内容，尤其是美国、欧盟等陆续推出新措施以提高审查效率，鼓励创新，台湾业者亦紧盯法规更新动态，适时调整研发策略。台湾有关主管机关"卫生福利部"也努力推动有关规定更新，但有许多规定议题仍待解套，如健保药品的差别定价、专利联结制度及审查效率的提升等。其中专利联结制度是为配合加入《跨太平洋伙伴关系协定》（TPP）及"台美贸易暨投资架构协议（TIFA）"所设。台"立法院"于 2017 年 12 月"三读"通过"药事法部分条文修正草案"，其中引进了"硬性专利联结"制度，学名药厂需取得其产品原开发药厂（即专利权持有人）的同意或默许，方可取得学名药上市许可。未来台湾学名药厂申请上市许可时，须主动告知"卫生福利部"及原开发药厂未侵害药品相关权利，如果原厂认为有侵权疑虑，可提侵权诉讼，"卫福部"会暂停核发许可证 15 个月以进行审查，但若学名药厂胜诉，可获特定期间的市场销售专属期。虽然此举将大幅影响台湾学名药厂未来产品上市策略，然而目前台湾地区与美国的自由贸易协议有诸多变量，相关配套仍有待产业界与主管机关进一步讨论。

台"经济部"统计信息网数值显示，2017 年台湾生物制剂类产值约为 14.81 亿元，较 2016 年的 11.6 亿元增长 27.7%。其增长来自流感疫苗采购量增加及海外市场的拓展，使生物药品产值逐渐提升。"关税总局"进出口统计数据显示，2017年生物制剂出口总额达约6亿元，较2016年大幅增长2倍。主要出口地为中国大陆以及美国、印度、澳大利亚、英国等。其增长主要因素为外销金额的增加与人类医用疫苗持续增长。在生物制剂进口方面，2017年生物制剂进口总额约223亿元，较2016年增长42.9%。台湾地区生物制剂以进口产品为主，主要进口地为美国、德国、爱尔兰、瑞士与法国等。

台湾地区在生物医药专利数量上位于全球第七位（8221个），研发支出位列第六（2013年303.32亿美元），公司数量位列第四（350个制药公司，490个应用生物技术公司），IPO位列第四（4家公司募资2.043亿美元），职位有71850个。台湾本土最成功的生物制药公司为Medigen，目前市值已超过20亿美元。

二、两岸产业关系

大陆推动《中国制造2025》，将引导外资投向新一代资讯技术、机器人、节能汽车、新材料及生物医药等十大重点领域，并鼓励外商在大陆设立全球研发中心，加强促成与外国企业技术合作；涵盖范围与政策工具之广，前所未有。其中"新一代资讯技术产业"中多项与台湾目前发展的半导体、智能制造及生技医药等"5+2创新产业计划"重叠。生物医药产业正成为两岸产业合作的一个新亮点。台湾经历了"十年沉潜"，亦有"十年教训"，如今终于走出了研发困局，量产时机日益成熟；而大陆经过数十年经济快速增长，民众健康意识加强，生物医药成为最具竞争力的产业之一。一个有技术优势，一个有市场容量，生物医药迎来了两岸大合作的最好时机。

中国大陆目前是全球第三大药品市场，并且是台湾生技业最重要的外销市场。台湾前十大药厂有八家以各种形式进入了大陆，另外，南光制药公司获得了6张销往大陆的药证，康联公司与大陆合作研发大肠癌针剂产品，健亚公司与大陆石药集团也合作研发药品。不过，台湾生技业外销大陆的规模，与大陆市场的规模相比，市场占有率仍然极低。因此，大陆是台湾生技业最为看中的市场，在台成立研发中心，在大陆成立行销中心，正成为台生技业者的共识。

三、主要台湾企业

（一）乔山健康科技股份有限公司

1. 基本情况

乔山健康科技股份有限公司（简称"乔山健康"）成立于 1975 年，主要从事跑步机、电动按摩椅、健身器材等医疗器材设备制造、批发及零售业务。公司于 2003 年在台湾证券交易所挂牌上市，注册资本为 304017 万元，现总资产为 2260483 万元。拥有 Johnson International Holding Corp., Ltd、乔山健康科技（上海）有限公司等 41 家控股子公司。乔山健康目前拥有 Matrix、Vision 和 Horizon 三个自主品牌，是目前亚洲第一、世界前三大的国际专业运动健身器材集团公司，以"健康、价值、共享"为企业经营理念，专注于健康科技事业的发展。

乔山健康的主要竞争优势为重视品质与创新，拥有优秀的国际研发团队和精湛的制造技术。产品已通过 ISO 9001、ISO 9002 及 ISO 14001 等认证，并达到日本 SG、美国 UL/ETL、加拿大 CSA、德国 GS 和欧盟 CE 等国际性产品安全标准。该公司产品连续多年获得台湾精品金银质奖、台湾百大品牌、日本 G-Mark 设计大奖、美国 IDEA 国际设计大奖等称号。

2. 发展历程

1975 年，乔山健康于台湾设立。

1976 年，乔山健康与美商 IVANKO 合作生产举重器材，并于三年内成为世界最大供应商。

1980—1995 年，世界著名健身器材公司 UNIVERSAL、TUNTURI、SCHWINN、TRUE、OMRON、MIZUNO 等主要公司皆在乔山健康进行研发与生产。

1996 年，乔山健康在美国并购 Trek Fitness 公司，将其更名为"EPIX"，创立自主品牌"Vision"。此后，乔山健康通过该公司扩大其在美国的销售渠道，将产品销往美国市场，并由此进入健康医学科技产业的国际舞台。该公司产品于同年通过了 ISO 9001 认证。

1997 年，乔山健康的产品通过了日本制品安全协会 SG 认证。

1998 年，乔山健康在英国收购 JHTUK 公司。同年，乔山健康的 7 项产品入选美国消费者文摘年度 "BestBuy" 称号。

1999 年，乔山健康在美国创立子公司 "Horizon Fitness"，并运营自主品牌 "Horizon"。

2000 年，乔山健康在德国创立子公司 "JHT Germany"。同年，乔山健康获得第十一届台湾品质优良案例奖、第九届台湾发明奖以及第三届小巨人奖。

2001 年，乔山健康上海分公司成立，随后在大陆设立 "世代健身器材子公司"。同年，乔山健康在美国创立子公司 "MATRIX Fitness"，负责自主品牌 "MATRIX" 在健身俱乐部市场的经营。

2002 年，乔山健康在台湾开设 Johnson 健身器材连锁店，开始探索自有零售道路。

同年，乔山健康的 MATRIX 重量训练器材获得日本设计大奖，该公司的产品通过 ISO 14001 认证及美国 FDA 认证。

2003 年，乔山健康股票在台湾证券交易所公开上市，证券代码为 1736。同年在美国成立北美研发中心 "JHTNARD"，在台湾开设 "乔山 JOHNSON 健身器材" 连锁店，在法国、西班牙创立子公司 "JHT France" "JHT Iberia"。

2004 年，乔山健康在日本成立子公司 "JHT Japan"，并在美国成立北美研发中心 "JHTNA"。

2005 年，乔山健康在意大利、泰国、马来西亚分别成立子公司 "JHT Italia" "JHT Thailand" "JHT Malaysia"。

2006 年，乔山健康在荷兰、巴西、香港分别成立子公司 "JHT Netherlands" "JHT Brazil" "JHT HongKong"。同年获得福布斯 "Asia's Best Under a Billion Award" 以及最佳亚洲百万企业奖，是亚洲首次且唯一上榜的健身器材企业。

2007 年，乔山健康入选台湾十大国际品牌，位列第 9 名。同年，该公司产品 Horizon Evolve 超轻薄电动跑步机获得台湾精品金质奖。

2008 年，乔山健康入选台湾十大国际品牌，位列第 12 名。同年，获得

"Brandon Hall Research 最佳学习银奖"。

2009 年，乔山健康入选台湾二十大国际品牌。该公司 Matrix 品牌入选全球知名连锁俱乐部 Gold's Gym "年度最佳合作伙伴"。Matrix T7xe 电动跑步机及 Matrix FT300、Functional Trainer 获得台湾精品银质奖，Matrix T7xe 获得美国 IDEA 工业设计大奖。

2010 年，乔山健康并购澳大利亚 PBM 公司，并改名为 "JHT-A"。乔山健康的 Vision 产品连续 15 年获得美国 "BestBuy" 称号。

2011 年，乔山健康获 TaiSPO 的 "创新产品奖"。

2012 年，乔山健康凭借其营业收入成为全球第三大健身器材集团。上海分公司入选乔山上海高新技术企业。乔山健康并购北美 Magnum 公司作为第四个生产基地，并成立韩国子公司—JHT Korea，成为旗下第 18 家子公司。

2013 年，乔山健康在越南和波兰成立子公司。2007—2013 年，乔山健康连续 7 年入选台湾二十大国际品牌。

2014 年，乔山健康全球第 20 家子公司成立，全球连锁销售专卖店达 222 家。乔山上海公司获得高新技术企业奖项。

2015 年，乔山健康成立四十周年，为扩大在北美市场的销售市场，乔山健康并购了加拿大经销商 Stak 及北美通路品牌 Second Wind。同年，按摩椅总部由台湾地区移往日本大阪，全球连锁销售专卖店达 233 家，全球子公司达 24 家。

2016 年，乔山健康全球第 26 家子公司——丹麦子公司成立。同年并购美国加州健身器材零售专卖店 BusyBody，在美国的直营专卖店达到了 100 家，此外乔山健康全球连锁销售专卖店达 313 家，连续多年成为 "全球最大最专业健身器材零售连锁公司"。

2017 年，在德国慕尼黑体育用品博览会（ISPO Munich）上，乔山健康首度在欧洲推出 Matrix 品牌的高级家用健身器材系列商品。

2018 年获第二十六届台湾精品奖，S-Force Performance Trainer 获得 ISPO Award 金质奖。

3. 经营现状

公司主要产品分为四大类：运动健身器材，主要包括电动跑步机、室内健身车、椭圆训练机、划船器材；美体器材，主要包括电动按摩椅以及脚背肩颈按摩器材；训练配件，主要包括健身配件、哑铃、瑜伽用品、拳击手套以及护具；运动心率表等。

公司目前拥有41个海外子公司。乔山健康主要通过Johnson International Holding Corp., Ltd.（子公司之一）和Johnson Health Tech Canada Inc.（子公司之一）进行对外直接投资。除位于大陆的乔山餐饮管理（上海）有限公司以及乔富贸易（上海）有限公司从事食品销售外，其余子公司均主营健身器材的制造和心肺复苏健身机、重量训练机等运动器材的贸易。

从其财务报告上看：从2016年到2018年第三季度，资产总额稳定在2250000万元，但负债逐渐增加，导致其权益总额和每股净值逐渐降低；截止到2018年第三季度，乔山健康营业收入达到了1440911.8万元，比同期收入增长了9.71%，同期的营业成本增加7.53%，营业费用增加10.83%，虽然营业收益为负值，但比同期提高了9.11%。

从其财务数字上看：乔山健康短期偿债能力在削弱，长期偿债能力不断增强；企业资金周转加快，流动性较高，资产获取利润的速度加快，营运能力不断改善。

4. 大陆投资情况

乔山健康是通过子公司Johnson International Holding Corp., Ltd再投资大陆公司。

2004年，乔山健康科技（上海）有限公司成立，主要经营项目为健身器材的制造以及国内国际贸易业务，注册资本为10亿1029.6万元。该公司在2012及2014年入选上海高新技术企业。

此外，乔山健康科技在大陆的投资企业还有：乔山健身器材（上海）有限公司、乔山餐饮管理（上海）有限公司以及乔富贸易（上海）有限公司。其中，乔山健身器材（上海）有限公司主营健身器材的制造和对外贸易，注册资本为12.88亿万元；乔山餐饮管理（上海）有限公司以及乔富贸易（上海）有限公司主营食品销售，注册资本分别为7256.6万元和29905万元。

目前乔山健康在大陆的四家子公司均处于亏损状态。

（二）百略医学科技股份有限公司

1. 基本情况

百略医学科技股份有限公司成立于 1981 年 11 月 10 日，主要经营项目为数字温度测量系统、微处理妇女生理周期自动指示等产品的制造、批发和零售。2001 年 3 月 29 日，百略医学科技在台湾证券交易所挂牌上市，注册资本为 109997 万元，现总资产 581855.8 万元。拥有 19 个海外子公司和 6 个大陆子公司。百略医学科技是台湾最大的数字医疗供应商，全球最大的数字体温测量产品供应商，同时也是全球电子血压测量产品的三大供应商之一。

百略医学科技的经营理念是通过其"Microlife"所提供的产品与服务，让每个人有能力来管理自己和地球的健康，让人类和星球再获得健康。企业的核心价值是自律、信任、支持和延伸。2018 年 3 月 21 日，百略医学科技宣布被摩根士丹利旗下满得投资全资收购。同年 10 月 4 日，百略医学科技停止上市。

2. 发展历程

1981 年 11 月 10 日，百略医学成立于台北市内湖区，成立时实收资本为 100 万元。主要营业项目为生产并销售数字温度测量系统、微处理妇女生理周期自动指示器等产品。

1982 年 10 月，现金增资 300 万元，新增微电脑控制器营业项目。公司地址迁至台北市建国北路。自主研发个人基础体温测量系统，获布鲁塞尔发明展的金牌。

1985 年，数字体温测量系统量产上市，获美国 FDA（食品药物管理局）认证通过。

1986 年 5 月，公司地址迁到台北市士林区，同年 8 月现金增资 800 万元。

1988 年，新增加与环境保健有关的温湿度控制产品。

1990 年，9 月现金增资 4000 万元，同年 12 月购入位于台北市大南路的办公楼。

1992 年，公司产品电毯温度控制器通过美国 UL 认证。

1993 年，公司产品腋下体温计取得台湾专利。

1995 年，数字血压测量系统量产，并于同年 2 月通过 ISO 9001 认证，

10 月，数字体温测量等产品通过 CEMark 认证。

1996 年 10 月，百略医学科技取得 Digital Fever Thermometer Having an Illuminated Display 美国专利。

1998 年 8 月，购入位于内湖瑞光路的办公大楼。同年 12 月办理股票分割，面值由每股 1000 元分割为每股 10 元。12 月现金增资及盈余转增资本至 19900 万元。

1999 年 7 月，股票开始公开发行，实收资本增资至 35000 万元。同年 12 月收购 Microlife AG 48.20% 的股权，截至年底已累计取得 99% 股权，强化了在欧洲的销售渠道。同年 12 月取得 Microlife Investments Corp. 100% 股权，在研发和策略投资上占据优势。

2000 年 5 月，耳温枪成功量产上市。8 月公司正式更名为"百略医学科技股份有限公司"。8 月，红外线耳温枪通过美国 FDA 认证。10 月，公司盈余转增资本，资本公积增至 50200 万元。

2001 年 3 月 29 日，百略医学科技正式在台湾证券交易所上市。8 月，公司盈余转增资本，资本公积增至 70560 万元。

2002 年，百略医学科技推出高血压管理助理及风险管理血压计等系统产品。5 月，美国电毯事业子公司正式营运。6 月，发行 42000 万元可转换公司债。8 月，公司盈余转增资本，资本公积增至 85000 万元。

2003 年 9 月，公司盈余转增资本，资本公积增至 89550 万元。同年 12 月百略医学科技与专业白光背光模组厂商翔远光电科技（股）公司签订合作合同。

2004 年，研发出测量心律不齐技术的血压测量产品。12 月，宏国电子（深圳）厂成立。

2005 年 5 月，与美国心脏协会签署合作协议，推广 Heart Profilers 线上服务。同年 7 月全球唯一针对孕妇设计且通过认证的居家测量血压计在欧美上市。

2007 年 9 月，盈余转增资本，资本公积增至 118487.736 万元。同年 11 月，库存股注销股本至 117670.036 万元。

2008 年 6 月，Microlife Watch BP 公司在瑞士推出世界上第一套总体血压评估系统。

2012 年 10 月，推出心房颤动血压计系统产品。

2014 年 2 月，第一个心房颤动筛检站在宜兰罗东博爱医院成立，让民众们可为自己的健康把关，并让各病患和民众自主测量，加强自我健康管理。

2016 年 4 月，市场调研机构 IHS Markit 将百略医学科技排名为全球第三大消费性医疗器材公司。

2018 年 3 月 21 日，百略医学科技宣布被摩根士丹利旗下满得投资全资收购。同年 10 月 4 日，百略医学科技停止上市。

3. 经营现状

公司主要产品有：血压管理产品，主要包括手腕性血压计和手臂性血压计；体温管理产品，主要包括婴幼儿使用奶嘴体温计、儿童与成年人用红外线耳温计、大型字幕显示体温计、标准笔式体温计等；气喘管理产品，主要包括尖峰呼气流量计、气喘分析师软件及喷雾治疗器；电热产品，提供给使用者更舒适、方便的操作方式；体重管理产品，主要包括体重计、体脂计、卡路里测量仪。

公司目前拥有 25 个海外子公司，位于全球各地。其中，位于岛外的 19 个，位于中国大陆的 6 个。除位于新加坡的 Procare 与 MMH、位于英属维京群岛的 Malacca 以及位于美国的 MHS 主要负责对外投资外，其余子公司均主要负责医疗用品的生产和经营。

从其财务报告上看：从 2017 年 6 月到 2018 年 6 月，资产总额稳定增加，达到在 581855.8 万元，但负债波动较大；截止到 2018 年第二季度，百略医学科技营业收入达到了 90972.1 万元，比同期收入有所减少，同期的营业成本有所增加，营业费用有所增加。

从其财务数字上看：百略医学科技凭借低成本的优势，毛利率和营利率皆高于产业平均数。资金周转加快，流动性较高，资产获取利润的速度加快，维持高毛利的同时，也带来营收的成长。

4. 大陆投资情况

百略医学科技在大陆共有 6 家子公司。

鸿邦电子（深圳）有限公司，投资 8702.8 万元港币，主营电子温度计、血压计等制造和销售业务。

华略电子（深圳）有限公司，投资 20 万美元，主营电子温度计、血压计等制造和销售业务。

宏国电子（深圳）有限公司，投资美元 200 万元，主营电热毯制造和销售等业务。

宏国源塑料（深圳）有限公司，投资 100 万美元，主营塑料生产。

一祥国际贸易（上海）有限公司，投资人民币 353.6 万元，主营电子温度计、血压计等制造和销售业务。

宏威电子（安徽）有限公司，投资 540 万美元，主营电热毯制造和销售等业务。

目前除华略电子（深圳）有限公司、宏国源塑料（深圳）有限公司、一祥国际贸易（上海）有限公司处于盈利状态外，其他三家子公司均处于亏损状态。

（三）岱宇国际股份有限公司

1. 基本情况

岱宇国际股份有限公司成立于 1990 年，主要经营健身器材的制造、批发及零售。公司于 2004 年 10 月 24 日在台湾证券交易所挂牌上市，证券代码为 1598。岱宇国际注册资本为 194922.4 万元，现总资产为 650830.3 万元。拥有日本岱宇公司、岱宇（上海）商贸有限公司等 18 家控股子公司。岱宇国际是 Spirit Fitness、SOLE Fitness、XTERRA Fitness、Spirit Medical Systems Group、Fuel 和 Dyaco 的制造厂、官方授权厂及国际经销的总部。

岱宇国际深知研发技术革新的重要性，因此与具高国际知名度的浩汉产品设计股份有限公司（Nova Design）共同合作，以创造出更贴近消费者需求的设计理念。除此之外，岱宇国际亦与台湾师范大学运动科学研究所及专业健身教练一同开发出最符合人体工学、操作便利的产品。岱宇国际在研发与设计上的投资耗费巨大。

2. 发展历程

1990 年，岱宇国际股份有限公司正式于台北成立。

1994 年，岱宇国际在美国洛杉矶成立客户服务中心。

2008 年，岱宇国际收购美国 Spirit Manufacturing Inc. 并正式取得

SPIRIT 品牌。并在台湾彰化县和美镇全兴工业区自建厂房及办公大楼，正式开始自主生产。同年，岱宇国际通过 ISO 9001 认证。

2009 年，岱宇国际导入 SAP 系统，加强企业资源调控并提升工厂生产力。同年，岱宇国际取得 XTERRA 在健身器材市场的品牌授权，并开发其相关商品。

2010 年，岱宇国际在大陆成立子公司——岱宇上海商贸，开拓大陆市场。此外，岱宇国际正式与美国 SOLE Fitness 签约，取得独家国际经销权。同年，岱宇全兴厂通过 ISO 13485 认证。

2011 年 10 月 24 日，岱宇国际正式在台湾证券交易所挂牌上市，证券代码为 1598。

2012 年，岱宇国际在日本成立岱宇日本销售公司，扩展日本销售市场。此外，美国 Jonesboro 物流总部正式落成启用。

2013 年，岱宇国际收购加拿大公司、台湾咏安运动科技股份有限公司以及中国东莞达宇运动器材有限公司。同时，岱宇国际决定发展医疗复健器材，正式成立医疗复健部，并取得 XTERRA 商标权。

2014 年，岱宇国际创立运动机能服饰与周边配件品牌 CLUB FIT；创立小型健身器材及配件品牌：SPIRITTCR。此外，在台正式成立岱宇集团直营零售门市：Runner's 跑动时尚。

2015 年，为强化北中部销售服务据点，桃园大兴店及台中大远百专柜正式运营。历经 2 年的重建作业，彰化岱宇全兴新厂于 7 月正式运转作业。

2016 年，全商用系列心肺训练产品正式研发量产。

2017 年，岱宇国际收购德国公司。

3.经营现状

公司主要有以下品牌：Spirit Fitness，主要包括跑步机、椭圆机和运动脚踏车；CLUB FIT，主要包括运动机能服饰；XTERRA Fitness，主要包括跑步机、运动服饰等；SOLE Fitness，主要包括跑步机、椭圆机和运动脚踏车。

公司目前拥有 18 家子公司，主要位于中国大陆、美国、加拿大、日本、英国等地。主要从事一般投资、一般进出口和销售、一般制造和销售、健康管理咨询等业务。

从其财务报告上看：从 2016 年到 2018 年第三季度，资产总额持续稳定增长，达到 650830.3 万元，但负债逐渐增加，导致其权益总额和每股净值逐渐降低；截止到 2018 年第三季度，营业收入达到了 395889.9 万元，比同期收入增长了 35.27%，同期的营业成本增加了 20.15%，营业费用增加了 15.10%，营业收益比去年同期提高了 1026.85%。

4. 大陆投资情况

岱宇国际在大陆一共有四家分支机构，其中三家分别为：岱宇（上海）商贸有限公司、东莞岱宇运动器材有限公司、锡顿金属制品（嘉兴）有限公司，主要经营一般进出口及销售业务。三家公司均由岱宇国际通过第三地投资成立的 Dyaco International Holiding Limited 再投资成立。该会计年度截至 2018 年第三季度，除岱宇（上海）商贸有限公司亏损 798 万元港币外，其余两家公司均为盈利状态。

第四家分支机构岱宇健康科技（北京）有限公司，由岱宇（上海）商贸有限公司于 2018 年投资成立，为岱宇国际在大陆最新投资的分支结构。该公司主要经营健康管理咨询业务，截至 2018 年第三季度，亏损 46 万元人民币，处于亏损状态。

（四）泰博科技股份有限公司

1. 基本情况

泰博科技股份有限公司成立于 1998 年，以生化科技、医疗电子与光学技术为核心技术，主要负责血糖机、血压机、耳温枪、血氧浓度计、雾化器、体重机、心电图机、验孕试片、排卵试片、糖化血色素分析仪、多参数生理量测仪等医疗设备的设计、研发、生产及销售，横跨居家医疗、医院诊所、检测分析及远距医疗四大领域。公司于 2009 年在台湾证券交易所挂牌上市，现注册资本为 80482.3 万元，总资产为 735062.1 万元，成为台湾第一大血糖计专业制造商。泰博科技现有福尔联合股份有限公司、乔联科技股份有限公司等 19 个控股子公司。泰博科技的经营理念是：坚持诚信正直；专注于专业医疗仪器制造服务本业；放眼世界市场，国际化经营；注意长期策略，追求永续经营。

泰博科技的四个核心价值是：诚信、创新、承诺以及伙伴关系。

2. 发展历程

1998 年，泰博科技成立，主要提供医疗设备的解决方案。

2002 年，泰博科技成立第一家医疗器材制造工厂并成为顶尖的制造商，提供血糖计、血压计、耳温枪等医疗器具的制造设计服务。

2003 年，产品通过 ISO 13485/GMP 认证，并通过欧洲 CE 认证。

2004 年，产品通过美国 FDA 认证。

2006 年，产品获台湾金峰奖及品质表彰金奖。

2007 年，泰博科技全球营销总部成立。

2009 年，泰博科技台湾股市上市（股票代码 4736），成为台湾第一大血糖计专业制造商。

3. 经营现状

公司主要产品为血糖机、血压机、耳温枪、血氧浓度计、雾化器、体重机、心电图机、验孕试片、排卵试片、糖化血色素分析仪、多参数生理量测仪等医疗设备。

公司目前拥有 19 个控股子公司，分别是福尔联合股份有限公司、乔联科技股份有限公司、泰达精密科技股份有限公司、亚太远见股份有限公司、泰瑞特科技股份有限公司、Fora Care Inc.（USA）、Fora Care Taxes, Inc.、Fora Care Technology Canada, Inc.、Foracare Japan、Fora Care SUIS-SEAG、普阳开发科技股份有限公司、苏州美商福尔医疗仪器有限公司、福瑞科技股份有限公司、BioCare（BVI）、苏州乔阳医学科技有限公司、苏州鼎洋盛贸易有限公司、御康国际股份有限公司、智慧视觉科技股份有限公司、Smart OTC GmbH。投资方式除泰博科技直接投资外，还通过福尔联合股份有限公司、乔联科技股份有限公司进行间接投资。子公司经营项目均为医疗器材设备买卖。

从其财务报告上看：从 2016 年到 2018 年第三季度，资产和负债持续增长，2018 年第三季度，总额分别达到 735062.1 万元、369627.5 万元，同时，导致其权益总额和每股净值达到新高：365434.6 万元及 43.65 元；2018 年第三季度，泰博科技营业收入达到了 117685 万元，比同期收入增长了 45.75%，同期的营业成本增加了 37.33%，营业费用增加了 38.28%，税前净利润比同期增加了 58.75%。经营状况良好。

4. 大陆投资情况

苏州乔阳医学科技有限公司，主要经营电解质分析仪、尿液试纸、检验仪、心电监护仪、血液透析监测仪及其相关产品，注册资本为 3810.4 万元。

苏州美商福尔医疗仪器有限公司，主要经营第二类医疗器材进出口、批发及佣金代理，注册资本为 6370.4 万元。

盐城华一医用仪器有限公司，主要经营笔式电子体温计、额温计及耳温枪产品的研发、制造，注册资本为 2544.7 万元。

苏州鼎洋盛贸易有限公司，主要经营机械设备器材、五金交电、电子产品、仪器仪表等产品销售业务。

（五）五鼎生物技术股份有限公司

1. 基本情况

五鼎生物技术股份有限公司，于 1997 年 12 月设立于新竹科学园区，主要产品为利用专利生物感应技术所研发的检测仪器和检测试片。公司于 2000年在台湾证券交易所挂牌上市，股票代码 1733，现注册资本为 99726.7 万元，总资产为 263994.4 万元。拥有 Apexbio Investment Limited、苏州五鼎生技医疗器械进出口贸易有限公司等 4 家控股子公司。

五鼎生物的目标是发展成全方位的生物科技公司并积极从事研究、开发、生产、制造、销售生物技术相关产品的工作。目前已利用自行研发的先进生物感测技术 "Biosensor" 成功开发出掌上血糖测试系统、自我检测尿酸测试系统和多功能生化小型自我检测系统。产品均已陆续通过 ISO、FDA、GMP、SFDA 认证，并与跨国药厂集团及欧美亚医疗经销商签订长期产品共同推广合作。

五鼎生物的企业愿景是：公司定位为专业生物技术研发、制造、销售的高科技公司。产品以医疗保健、药物、食品为主，环保为辅，通过阶段性的发展，积极规划成为全方位的生技公司。公司的企业使命是致力于开发小型以及操作简便的居家自我检测仪器，让每一个人都能充分享受健康和快乐的生活。

2. 发展历程

1997 年 12 月 2 日，五鼎生物在新竹科学工业园区成立。

1998 年 4 月，获得营利事业登记证，开始正常销售。

1999 年 5 月，产品通过 ISO 9001 和 EN 46001 认证。完成二代虹吸（微量）血糖试片的研发工作。

2000 年 6 月，五鼎生物在台湾证券交易所挂牌上市，股票代码 1733。

2001 年 1 月，二代（GlucoSure）及三代（GlucoSmart）血糖仪套件通过美国 FDA 510（K）认证。

2002 年 1 月，新租创新二路合勤科技厂房以扩大生产规模。

2003 年 9 月，"纳米电化学生物感测器的开发"获科技开发产业技术计划补助。

2004 年 3 月，罗氏生化公司对五鼎及其美国代理商提起专利侵权民事诉讼。

2005 年 6 月，美国印第安纳州南区法院宣判罗氏生化公司不公正取得"268"专利，五鼎生物胜诉。

2006 年 3 月，力行新厂开始营业。

2007 年 2 月，Assure 4 System 通过美国 FDA 510（K）认证。

2008 年 4 月，Gluco Sure Voice 通过美国 FDA 510（K）认证。

2009 年 2 月，合并永伦科技股份有限公司。

2010 年 1 月，引进国际甲骨文企业资源规划（ERP）系统。

2011 年 4 月，血糖计 Auto Sure Voice 3 通过美国 FDA 510（K）认证。

2012 年 1 月，CAL-1A 通过美国 FDA 501（K）认证。

2013 年 1 月，获台湾第一届卓越中坚企业奖。

2015 年 10 月，通过 ISO 14001 和 OHSAS 18001 认证。

3. 经营现状

公司主要产品分为四大类：家用监测类，主要包括 Gluco Sure Plus 速利测血糖测试仪、Gluco Sure ADVANCE 欣瑞血糖测试仪、Gluco Sure Voice 欣声语音血糖测试仪、QisSENSE 佳盛时语音血糖测试仪、QisSENSE

佳盛时血糖测试仪、Gluco Cloud 欣云云端血糖测试仪、Gluco Sure VIVO 欣活语音血糖测试仪、Gluco Sure Light 欣巧血糖测试仪、Gluco Sure HT 新速利测血糖测试仪；多功能监测类，主要包括 MultiSure 必立康血糖 / 尿酸测试仪、MultiSure GC 必立康血糖 / 胆固醇双功能测试仪、MultiSure GK 必立康血糖 / 血酮双功能测试仪、Cardio Chek 心康四合一多功能测试仪、Cardio Chek 心康七合一多功能测试仪；专业用监测类，主要包括 Hemo Smart GOLD 益红测血红素测试仪、Hemo Smart GOLD 益红测血红蛋白测试仪、UASure 优速尿酸测试仪、Eclipse A1c 五鼎糖化血色素检测仪、THEEDGE 竞速乳酸测试仪、Gluco Sure ADVANCE II 欣瑞二代血糖测试仪、Gluco Sure Poc 欣舒测专业型血糖 / 血酮连线测试仪、AgriPro II 农药二代测试仪；健康管理类，主要包括定期检测糖化血色素（HbA1c）。

公司目前拥有 4 个海外子公司。其中，五鼎生物直接投资 Apexbio Investment Limited 和 Omnis Health LLC，分别从事投资控股和医疗器材进出口贸易等业务；五鼎生物通过 Apexbio Investment Limited 间接投资 Apexbio China Investment Ltd.，其主要业务为大陆的投资控股；Apexbio China Investment Ltd. 在大陆投资设立了苏州五鼎生技医疗器械进出口贸易有限公司，主要经营医疗器材进出口贸易等业务。

从其财务报告上看，从 2016 年到 2017 年第三季度，五鼎生物的资产和负债持续增加，所有者权益逐渐下降；2017 年第三季度到 2018 年第三季度，资产和负债开始下降，所有者权益增加；2018 年第三季度营业收入 55534.8 万元，比去年同期增加了 16.07%；营业成本为 36585.8 万元，比去年同期降低了 -2.57%；营业费用比去年同期增加了 14.12%；税前净利润达到 10269.3 万元，比去年同期增加了 253.77%。经营状况良好。

4. 大陆投资情况

五鼎生物在大陆投资了一个子公司，即苏州五鼎生技医疗器械进出口贸易有限公司。该公司主营医疗耗材及医疗机械设备批发业务，实收资本 3539.4 万元，是通过第三地投资设立的 Apexbio China Investment Ltd. 再投资而成立的。本期投资收益为 -586.6 万元，目前处于亏损状态。

（六）太平洋医材股份有限公司

1. 基本情况

太平洋医材股份有限公司成立于 1977 年，主要生产医疗用耗材、医疗用仪器设备、医院气体，负责相关工程的设计规划施工，产品已通过 ISO 13485、CE 及 GMP 等认证，集产品开发设计、生产制造、销售服务于一体，医疗器材外销欧、美、日等 80 多个国家和地区。公司于 2001 年在台湾证券交易所挂牌上市。公司注册资本为 66015.2 万元，现总资产 365276.8 万元。拥有 1 家控股子公司太医精密工业股份有限公司。太平洋医材的经营理念是诚信、责任、专业，目标是成为区域内首屈一指的医疗器材制造服务商。

2. 发展历程

1977 年，太平洋医材股份有限公司成立。

2001 年，在台湾证券交易所挂牌上市，股票代码 4126。同年，铜锣耗材厂通过 ISO 9001 及 CE 认证。

2002 年，铜锣耗材厂取得 GMP 认证，同年，铜锣设备厂通过 ISO 9001 认证。

2003 年，铜锣设备厂通过 GMP 及 UL 认证。

2004 年，太平洋医材发行第一次无担保转换公司债。

2005 年，铜锣耗材厂新厂落成启用。

2006 年，第一次无担保转换公司债终止上柜买卖，自动仓储系统在 8 月正式启用。

2008 年，太平洋医材获第五届资讯揭露评鉴评比进步奖。发行第二次无担保转换公司债。

2009 年，铜锣新厂第一期厂房营造及自动仓储工程完工。

2010 年，太平洋医材购置铜锣三厂土地及建物。第二次无担保转换公司债终止上柜买卖。

2011 年，"墙内嵌式医疗气体治疗柜"获工业设计类金点设计产品奖，太平洋医材进入第八届资讯揭露评鉴评比 A+ 级前 10 名。

2012 年，太平洋医材进入第九届资讯揭露评鉴评比 A++ 级前 10 名。

2013 年，进入第十届资讯揭露评鉴评比 A++ 级前 5 名，成立子公司太医精密工业股份有限公司。

2014 年，太平洋医材通过 CG 6009 通用版公司治理制度评量认证。于铜锣科学园区设立太平洋医材股份有限公司铜科分公司。

2015 年，太平洋医材进入第一届上市公司治理评鉴排名前 5%。

2016 年，太平洋医材铜科厂正式落成。

2017 年，太平洋医材进入第三届上市柜公司治理评鉴排名前 5%。

3. 经营现状

公司主要产品分为：医用耗材系列产品，主要包括混合型密闭式抽痰套、耐用蓄瓶（Polysulfone）、可折式引流管穿刺针、感控型痰液收集器、三腔式精密尿袋；气体工程系列产品，主要包括横式医疗气体集中装置（强化玻璃）、Ohmeda 型墙式出口、抽吸过滤器、2 合 1 指针式减压表、Ohmeda 型支架。

公司目前拥有 1 个子公司太医精密工业股份有限公司，成立于 2013 年，位于台湾，主营工业塑胶、零件、模具等制造和设备租赁。初始投资金额为 10000 万元，本期收益 219.2 万元。

从其财务报告上看：从 2017 年到 2018 年第三季度，资产总额稳定在 360000 万元左右，负债总额稳定在 140000 万元左右，权益总额稳定在 220000 万元左右；2018 年第三季度，太平洋医材营业收入达到了 47903.3 万元，比去年同期收入增长了 2.64%，同期的营业成本增加 4.78%，税前净利润降低 10.68%。

（七）华广生技股份有限公司

1. 基本情况

华广生技股份有限公司成立于 2003 年，是一家从事生物科技与医疗检测系统的领导企业。主要经营 GM700SB、GM700S、GM700、GM720、GM550、GM300、GM260、GM100、GM700 Pro 血糖测试系统。公司于 2010 年在台湾证券交易所挂牌上市，股票代号为 4737。注册资本为 59446.8 万元，现总资产为 429912.8 万元。如今华广生技已于欧洲、美国、亚太地区以及澳大利亚成立子公司，目前拥有 7 家控股子公司。企业愿景是创造让人们"安心使用"的家用医疗量测器材，使其可以正确管理及控制自己的健康。

2. 发展历程

2003 年 4 月，华广生技创始于台中大里。同年 10 月成功研发出第一代血糖监测系统。

2004 年 11 月，通过 CE 验证并通过 ISO 13485 品质系统验证；12 月，华广生技正式登记注册成立公司。

2005 年 1 月，瑞特 GM300 系列取得 FDA510（K）字号；4 月，成立瑞士子公司；5 月，瑞特 GM300 系列正式上市；6 月，通过台湾 GMP 质量系统验证；8 月，瑞特 GM300 系列通过中国 SFDA 产品验证。

2006 年 2 月，华广生技成立深圳子公司。

2007 年 3 月，瑞特 GM100 系列正式上市；7 月，通过 TNO 产品系统验证；8 月，通过 ISO 13845 质量系统验证及 CMDCAS 审核。

2008 年 2 月，华广生技成立美国子公司；3 月，瑞特 GD500 采血笔正式上市；8 月首次销售委托加工产品。9 月，瑞特 GM100/110 系列取得 FDA510（K）字号；10 月，华广生技与瑞商糖尿病注射系统领导品牌 Ypsomed 达成策略联盟。

2009 年 1 月，登录兴柜市场，公司代号 4737；4 月，通过 KGMP 质量系统验证；5 月，瑞特 GM550 系统正式上市；7 月，瑞特 GM100/110 系列产品通过中国 SFDA 产品验证。

2010 年 12 月，现金增资挂牌上市，股票代号 4737。

2011 年 3 月，成立澳大利亚子公司 Bionime Australia Pty Ltd.；7 月，购买土地预备扩建自有厂房。

2012 年 1 月，美国奇异 GE 集团选择华广生技正式推出 GE 品牌血糖仪；12 月，全新产品 Unio 出口欧洲。

2013 年 3 月，新厂与办公大楼建设完成。

2015 年 1 月，在大陆成立平潭子公司；4 月获得"附挂生物传感器的胰岛素量测笔"新型专利。

2016 年 4 月，尿酸检测仪、胆固醇检测仪共 9 项相关产品成功通过 GMP 医疗器材优良制造验证；8 月，通过巴西国家卫生监督局的 ANVISA 质量系统验证。

2017 年 6 月，推出全新瑞特 Rightest 识别。

2018 年 2 月，通过 ISO 27001 ： 2013 信息安全标准验证；3 月成立马来西亚子公司 Bionime（Malaysia）SDNBHD。

3. 经营现状

公司主要产品为血糖测试系统，主要经营型号为 GM700SB、GM700S、GM700、GM720、GM550、GM300、GM260、GM100、GM700 Pro；其次生产和销售血糖试纸和采血笔。

公司目前拥有 5 个境外子公司：

Bionime GmbH，位于瑞士，主要经营血糖仪及测试片的买卖业务，初始投资 752.9 万元。

Bionime Incorporated（BVI），位于英属维京群岛，主要进行投资控股，初始投资 9806.4 万元。

Bionime USA Corporation，位于美国，主要经营血糖仪及测试片买卖业务，初始投资 34319.3 万元。

Bionime Austrialia Pty Limited，位于澳大利亚，主要经营血糖仪及测试片买卖业务，初始投资 1004.2 万元。

Bionime（Malaysia）SdnBhd，位于马来西亚，主要经营血糖仪及测试片买卖业务，初始投资 526.6 万元。

从其财务报告上看：从 2016 年到 2018 年第三季度，资产持续减少，总额为 429912.8 万元，权益总额持续减少；2018 年第三季度，华广生技营业收入与营业成本相比去年同期增加了 27%，营业费用增加了 41.64%，税前净利润降低了 43.58%。

4. 大陆投资情况

华广生物科技（深圳）有限公司，主营血糖测试仪及测试片买卖业务，实收资本为 2752 万元。截止到 2018 年第三季度，投资收益为 1321.5 万元。

华广生物技术（平潭）有限公司，主营血糖测试仪及测试片买卖与医疗器材制造业务等，实收资本为 5082.6 万元。截止到 2018 年第三季度，投资收益为 982.3 万元。

（八）邦特生物科技股份有限公司

1. 基本情况

邦特生物科技股份有限公司成立于 1991 年，从事血液透析耗材、血管内治疗耗材及其他各种医疗耗材的专业制造与研发，并于 2001 年在台湾证券交易所挂牌上市，股票代码为 4107。现注册资本 69298.3 万元，总资产为 268338.5 万元。

邦特生物的销售业务总部位于台北，生产、研发、售后部分及公司目前在宜兰的两座厂房等处共有 380 多位员工，厂房占地 20000 平方米。厂房拥有最先进的设备，并且通过 GMP、ISO 13485、欧盟 CE 0434 及美国 FDA 510（K）等认证。

邦特生物的使命是提升人类生活品质。愿景是永续经营，迈向国际领导品牌；创新精进，建构医疗服务总汇；团结共荣，共享公司经营成果。

2. 发展历程

1991 年 11 月，成立班拓生物科技股份有限公司，登记资本为 3000 万元，实收资本为 3000 万元。公司地址在台北市。

1995 年 2 月，取得医疗器材许可证。

1998 年 8 月，第一家研发药用软袋成功。9 月，通过国际标准组织 ISO 9001 认证。

1999 年 5 月，通过欧洲共同体医疗器材制造品质保证 CE 认证。12 月，获得美国 FDA 510（k）上市核准。

2001 年 10 月，在台湾证券交易所挂牌上市，股票代码为 4107。

2002 年 3 月，实收资本额为 39800 万元。4 月，新产品 TPU 导管－双 J 型及猪尾巴引流导管，通过欧洲共同体 CE 认证。

2003 年 11 月，通过国际标准组织 ISO 13485 认证。

2006 年 4 月，投资江苏常熟分公司，并开始量产出货。

2007 年 7 月，通过美国 FDA 检查。7 月，将中国大陆分公司所有股权出售给德商 FMC 集团，并与其达成战略联盟，签订经销合约；同月，成功开发新产品：小回圈猪尾巴引流导管、J 型引流导管、血管摄影导管、经皮肾造瘘引流导管组。

2008 年 3 月，邦特生物将原二厂扩建。12 月，成功开发新产品：经皮胆道引流导管组、Malecot 引流导管、多腔式尿动力导管、300—600psi 连接管。

2009 年 9 月增资，实收资本为 78276.936 万元；12 月，成功开发新产品：血液透析导管、Cartridge 血液透析回路管组、HDF 用 Safeline 血液透析回路管组、尿动力连接管 TUB 500type、血液透析机压力监测器保护套。

2010 年 12 月，成功开发新产品：周边血管球囊扩张导管、输尿管支架、穿刺导入系统组、经皮穿肝胆囊引流导管组（PTCD）、膀胱镜针。

2013 年 2 月，巴丹工厂成立，总面积 34288 平方米，主要生产医疗器材与一次性医疗耗材。

3. 经营现状

该公司产品主要包括高品质医疗耗材：血液透析回路管、内瘘管翼状穿刺针、保护套、血液透析过滤转接管（含或不含逆止阀）、输液软袋、精密输液套、引流袋、吹气过滤管及各式外科引流导管；全系列医疗零件：血液透析回路管零件、经皮引流导管零件、输液软袋零件、内瘘管翼状穿刺针零件、精密输液套零件等；全系列 TPU 体内导管：双 J 型输尿管引流导管组、猪尾巴引流导管组、经皮经胆道引流导管、经皮肾造瘘引流导管组、血液透析导管组；其他医疗耗材，封闭式抽痰管等；全系列血管内介入放射产品：血管扩张球囊导管、血管摄影导管、导引鞘、CT/MRI 造影用注射筒套组、亲水性导引钢线等。

从其财务报告上看：从 2016 年到 2018 年第三季度，资产总体增加，总额为 268338.5 万元，权益总额总体呈上升趋势，为 219782.6 万元；2018 年第三季度，邦特生物营业收入与营业成本相比去年同期增加了 14.90%，营业成本增加了 19.97%，营业费用增加了 10.99%，税前净利润增加了 7.04%。

4. 大陆投资情况

2006 年 4 月，投资江苏省常熟市分公司，并开始量产出货。2007 年 7 月将中国大陆分公司所有股权出售给德商 FMC 集团。

（九）联合骨科器材股份有限公司

1. 基本情况

联合骨科器材股份有限公司成立于 1993 年，总部设立于台北，主要销售的产品为骨科植入物（人工关节）与相关手术器械，联合骨科致力于骨科植入物与器械研发，从产品开发设计、生产制造到终端全球市场行销达到完全垂直整合。公司于 2004 年在台湾证券交易所挂牌上市，股票代号为 4129。注册资本为 80450.9 万元，现总资产为 487770.8 万元。联合骨科在欧洲、美洲、亚洲与非洲等 38 个国家销售其制造的人工关节。如今联合骨科分别在上海以及美国、瑞士、法国、日本成立了子公司。联合骨科的核心价值是诚信、负责、快乐和创新。

2. 发展历程

2012 年，套环与骨骼固定系统获得台湾新型专利；脊柱内固定器钛网系统、Bipolar II 双极半髋人工关节、优磨陶瓷髋关节系统、U2 翻修式骨柄获得中国 SFDA 注册许可；U2 钛喷涂式髋臼杯获美国上市许可；在美国成立子公司 UOC USA Inc.。

2013 年，UTF stem 与 Cage System 通过中国 SFDA 认证；PSA Augment 增加规格、U-Motion II 优磨二代全髋臼系统、UTF stem-reduced 股骨柄、UTF stem-reduced 大尺寸股骨柄、U-Motion II PS+Cup 优磨二代钛喷涂层加厚髋臼杯通过美国 FDA 认证；U-Motion II 优磨二代全髋臼系统、UTF stem-reduced 股骨柄、Femoral Heads 金属球头、PSA Augment 增加规格品项、GTF II 二代大粗隆股骨柄、Biolox Option 衬套式陶瓷股小球、Century II 世纪脊椎二代固定系统通过台湾 TFDA 认证；CMA 胫骨组件，XUC/UTF stem-reduced#12、13、14/GTF II 通过欧盟 CE 认证。

2014 年，颈长 2.5 & 7.5mm 股小球、人工膝关节部件填补块、优磨二代全髋臼植入物（钛喷涂型全髋臼外帽 & Delta 陶瓷全髋臼内衬）通过中国 CFDA 认证；骨水泥式抛光股骨柄、史令飞颈前路骨板系统二代、优华解剖型骨板系统、钛喷涂式大粗隆股骨柄二代、全高交联聚乙烯式髋臼杯、优磨二代钛喷涂加强型全髋臼外帽、凡斯前方钉板固定系统、#12-#14 窄版楔形骨柄、胫骨基座填补块、骨柄偏心配接件、高耐磨高贴合式聚乙烯胫骨关节面衬垫、模组式胫骨基座与胫骨关节面衬垫通过台湾 TFDA 认证；再置换式股小球与 42mm 全高交联聚乙烯式髋臼杯、世纪脊椎固定系统二代、凡斯前方钉板固定系统、优磨二代全髋臼植入物（HA 钛喷涂加强型与钛喷涂加强型全髋臼外帽）、全高交联聚乙烯式髋臼杯与钛喷涂式大粗隆股骨柄二代、骨水泥式抛光股骨柄通过欧盟 CE 认证；股骨端植入物（金属珠涂布式后十字韧带保留型）、股骨端植入物（骨水泥式后十字韧带保留型）、高耐磨聚乙烯胫骨关节面衬垫、模组式胫骨基座、胫骨基座填补块与胫骨关节面衬垫通过美国 FDA 认证。

2015 年，优磨二代 Delta 陶瓷全髋臼内衬、优磨二代 Delta 陶瓷股小球尺寸 40mm、股骨柄 #1—#11 通过中国 CFDA 认证；U2 股小球，Ø22mm U2 胫骨关节面衬垫中间尺寸、U2 股骨端植入物中间尺寸、世纪脊椎固定系统第二代骨螺丝新增产品通过台湾 TFDA 认证；U2 胫骨关节面衬垫中间尺寸、U2 股骨端植入物中间尺寸、U2 股骨柄，珠结式，矩阵型通过美国 FDA 认证；U2 股小球 Ø22mm、U2 双极半髋植入物 22mm ID、U2 全聚乙烯胫骨组件、U2 胫骨关节面衬垫中间尺寸、U2 股骨端植入物中间尺寸通过欧盟 CE 认证。

2016 年，"联合"楔形骨柄 #12—#14 通过中国 CFDA 认证；"联合"康膝人工膝关节抗氧化高耐磨聚乙烯胫骨关节面衬垫、髌骨植入物、U2 高耐磨聚乙烯胫骨关节面衬垫（稳定加强型、骨髁限制型）以及胫骨关节面衬垫（骨髁限制型）、U2 全聚乙烯胫骨组件、U2 股小球、骨水泥式髋臼杯抗氧化高耐磨聚乙烯髋臼杯、双极半髋人工髋关节（内径 22mm）通过台湾 TFDA 认证。

2017 年，"联合"史令飞颈前路骨板系统第二代、"联合"康膝人工膝关节高耐磨聚乙烯胫骨关节面衬垫、"联合"康膝人工膝关节模组式胫骨基座、"联合"优磨二代全髋臼植入物高耐磨聚乙烯全髋臼内衬通过中国 CFDA 认证；"联合"康膝人工膝关节高耐磨聚乙烯胫骨关节面衬垫（稳定加强型、骨髁限制型）通过美国 FDA 认证；"联合"优士达二代肿瘤重建型人工髋关节通过台湾地区 TFDA 认证。

3. 经营现状

公司主要产品包括：人造髋关节，主要型号为 U-Motion II、U-Motion II、UT 减少茎、UCP 茎、双极 II 系统、U2 HA 茎、U2 矩阵多孔茎、U2 修订版、GTF II 茎、BIOLOX Option、U2 骨水泥柄、全 XPE 杯、修订股骨头；人造膝盖，主要型号为 U2 膝关节系统、CMA 底板、U2 膝关节 APT、

XUC 插件、U2MBC 膝盖、PSA 修订版膝盖。

除大陆子公司外，公司目前拥有 10 个子公司：

United Medical（BVI）Corporation，注册地为英属维京群岛。主要经营业务为投资控股、商品买卖，目前注册资本为 0。

UOC America Holding Corporation，注册地为英属维京群岛。主要经营业务为投资控股、商品买卖，目前注册资本为 23293.3 万元。

UOC Europe Holding SA，注册地为瑞士。主要经营业务为投资控股，目前注册资本为 35843 万元。

United Biomech Japan，注册地为日本。主要经营业务为买卖、批发，目前注册资本为 5130.9 万元。

冠亚生技股份有限公司，注册地为台湾。主要经营业务为买卖、批发、制造，目前注册资本为 61344 万元。

Lemax Co., Ltd，注册地为英属维京群岛。主要经营业务为投资控股，目前注册资本为 0。

UOC USA, Inc.，注册地为美国。主要经营业务为买卖、批发，目前注册资本为 23293.3 万元。

United Orthopedic Corporation（Suisse）SA，注册地为瑞士。主要经营业务为买卖、批发，目前注册资本为 4998.7 万元。

United Orthopedic Corporation（France），注册地为法国。主要经营业务为买卖、批发，目前注册资本为 15284.6 万元。

柏凌医疗器材股份有限公司，注册地为台湾。主要经营业务为买卖、批发，目前注册资本为 480 万元。

4. 大陆投资情况

山东新华联合骨科器材股份有限公司，主要经营业务为植入物、人工关节的生产和销售，注册资本为 99400.2 万元。公司是由联合骨科直接投资。

联合医疗仪器有限公司，主要经营业务为人工植入物、医疗器材及制造设备、人造关节的生产和销售，注册资本为 15969 万元，包含技术作价人民币3000 万元。

（十）镱钛科技股份有限公司

1. 基本情况

镱钛科技股份有限公司成立于 2004 年，总部位于台中市精密机械科技创新园区，主要经营专业为医疗器材产品的制造、批发及零售。公司于 2012 年 11 月在台湾证券交易所挂牌上市，股票代号 4163。现注册资本为 40238 万元，现总资产 298565.7 万元。拥有 Aoltec 公司、台微医公司等 3 家子公司。

镱钛科技的经营理念是：诚正信实、创新服务、客户满意、永续经营。

2. 发展历程

2004 年，成立镱钛科技股份有限公司，主要从事相关精密扣件、五金零组件的制造和销售；总公司设于台中市工业区。通过台"卫生署"GMP、ISO 14001：2004 认证。投资成立德国子公司 Intai Technology GmbH、Dussldorf，从事贸易业务等营业项目。投资美国子公司 Aoltec International Inc. 从事批发、零售及贸易业务等营业项目。

2005 年，镱钛科技取得制造业、贩卖业药商许可执照。

2006 年，镱钛科技通过 ISO 13485 认证、CE 认证、TS 16949 认证。

2007 年，陆续取得台湾"医疗器械注册证"项目，包括：骨科手术器械、金属接骨螺钉、金属接骨板、中空螺丝钉、脊柱固定系统。

2008 年，镱钛科技通过主要客户国际医疗器材大厂认证，并提升为"总公司级"医疗器械金属加工产品的合格供应商；投资成立香港子公司 Ever Golden International Limited 从事贸易买卖业务等营业项目。

2009 年，镱钛科技通过 AS 9100 认证；陆续取得其他项目的"第二等级医疗器材许可证"，包括牙科支柱、骨钉骨板植入物、脊髓固定系统、颅颜骨固定系统。

2010 年，镱钛科技动工兴建精密机械园区新厂。完成 ISO 9001：2008 换证工作。

2010 年，镱钛科技通过 CE 认证。

2012 年，镱钛科技营业地址迁至台中市南屯区精科路 9 号；在台湾证券交易所挂牌上市，股票代号 4163。牙科产品取得欧盟 CE 及台湾 TFDA 上市许可。通过 ISO 13485 认证。

2013 年，通过 OHSAS 18001 ： 2007 认证；牙科产品通过美国 FDA 上市许可。

2014 年，通过 ISO 13485 认证。发行第一次可转换公司债券。

2015 年，牙科产品取得大陆 CFDA、新加坡 HSA 上市许可。成立台湾子公司瑞钛医疗器材股份有限公司。

3. 经营现状

公司主要产品分为三大类：医疗器材用产品，主要为开腹式及内视镜腹腔手术器械零件（如：直线型切刀、微创手术打洞刀具等）、开腹手术器械零件（如：钉针弹片、缝合器底座、拔钉器、切刀吻合器等）、脊椎钉、骨钉、骨板、牙科植牙用植体及其周边产品等，其中又以内视镜腹腔手术相关器械的精密金属零组件为主；精密扣件产品，主要为精密五金扣件及金属加工零组件；微波开关产品，主要为高功率微波机械开关和相关组件与辅助系统。

公司目前拥有 3 个子公司：Aoltec 公司，位于美国，主营业务为医疗器材及精密五金零件的销售；Ever Golden 公司，位于香港，主营业务为医疗器材的销售；台微医公司，位于台湾，主营业务为医疗器材的制造和销售。

从其财务报告上看：从 2016 年到 2018 年第三季度，资产总额为 298565.7 万元，资产、负债及所有者权益均为增长趋势，其中，负债增长较快；截止到 2018 年第三季度，营业收入达到了 51596.9 万元，比同期收入增长 5.92%，同期的营业成本减少了 0.99%，营业费用增加了 7.21%，营业收益提高了 39.36%。

（十一）雅博股份有限公司

1. 基本情况

雅博股份有限公司成立于 1990 年，主要从事居家照护用医疗器材的制造和销售，专注伤口照护与呼吸治疗两大领域，在防压疮气垫床系统（Support Surfaces）、呼吸治疗产品（Respiratory Therapy）及医疗设备（Medical Equipments）方面提供完整的产品系列和服务。公司于 2004 年在台湾证券交易所挂牌上市，股票代码为 4106，现注册资本为 83385.5 万元，现总资产 262722.6 万元。拥有 Apex Global Investment Ltd.、Apex Medical USA

Corp. 等 20 个海外子公司和 4 个大陆子公司。

雅博股份已通过 190 项世界级安全性认证、337 项医疗产品认证，包括美国食品药品管理局（FDA）的 510（K）、欧盟医疗器材指令（MDD）93/42/EEC，同时具备来自中国国家药品监督管理局（NMPA）、澳大利亚药物管理局（TGA）、加拿大卫生部（Health Canada）、台湾当局"卫福部食品药物管理署（TFDA）"的许可。

雅博股份的企业理念是互敬互重，真情关怀、健康生活。企业愿景是为客户、股东与员工创造价值，同时加强公司的获利能力。经营理念是诚信、专业和创新。

2. 发展历程

1990 年，雅博股份成立于台北。

1997 年，雅博股份投资美国 BestCare 公司。

1999 年，雅博股份投资荷兰 APEXMEDICALBV。

2000 年，投资 APEXGLOBAL INVESTMENT LIMITED，为雅博股份在大陆的投资做准备。成立上海雅博医疗器械公司，作为大陆的生产基地。

2001 年，投资 Apex Medical USA CORP. 作为美洲地区的销售公司。

2002 年，正式挂牌公开买卖。

2003 年，雅博总部正式进驻土城。

2004 年，雅博股份在台湾证券交易所挂牌上市，股票代码为 4106。设立西班牙子公司 Apex Medical SL 作为欧洲地区的销售公司。

2006 年，为拓展东欧、中东、中南美洲、东南亚以及大中华地区的销售市场，增加投资 Apex Medical SL。

2011 年，合并新骏实业股份有限公司。

2012 年，投资英国 Westmeria Health care Ltd.，于中国正式成立昆山雅护医疗器械有限公司。

2015 年，收购英国医材公司 Westmeria，成立 Apex Medical Ltd. 英国分公司。

2016 年，投资德国 SLK Vertriebs GmbH 和 SLK Medical Gmbh，各持有 50% 股权。

2017 年，雅博股份收购英国 Nexus 特殊专业病床公司。

3. 经营现状

公司主要产品分为四大类：伤口照护产品，主要为减压气垫床、减压气垫床（自动调压型）、减压坐垫；呼吸治疗产品，主要为 iCH Auto 自动型单阳压呼吸器、XT Auto 自动型单阳压呼吸器、XT Fit 固定型单阳压呼吸器等；医疗设备，主要为高温蒸汽灭菌锅；辅具医材，主要为活动轮椅。

公司目前拥有 20 个海外子公司，位于全球各地。

Apex Global Investment Ltd. 位于英属维京群岛，主要负责对各子公司投资。

Apex Medical USA Corp. 位于美国，主要从事医疗器材的销售业务。

Apex Medical SL 位于西班牙，主要从事医疗器材的销售业务。

Apex Medical Global Cooperatie UA 位于荷兰，主要负责对各子公司投资。

新骏实业股份有限公司位于台湾，主要从事医疗器材制造的销售业务。

Apex Medical Corp. India Private Ltd. 位于印度，主要从事医疗器材的销售业务。

Apex Medical（Thailand）Co., Ltd. 位于泰国，主要从事医疗器材的销售业务。

Apex Medical Respiratory Ltd. 位于英国，主要负责对各子公司投资。

岩成科技事业股份有限公司位于台湾，主要从事医疗器材制造和销售业务。

Apex Medical Investment GmbH 位于德国，主要负责对各子公司投资。

Comfort Pro Investment Corp. 位于毛里求斯，主要负责对各子公司投资。

Max Delight Holding Limited 位于萨摩亚，主要负责对各子公司投资。

Apex Medical Corp. India Private Ltd. 位于印度，主要从事医疗器材的销售业务。

Apex Medical Respiratory Ltd. 位于英国，主要负责对各子公司投资。

Apex Medical Europe SL 位于西班牙，主要从事医疗器材的销售业务。

Apex Medical France 位于法国，主要从事医疗器材的销售业务。

Apex Medical Ltd. 位于英国，主要从事医疗器材销售与租赁业务。

SLK-Vertriebs 位于德国，主要从事医疗器材的销售业务。

SLK-Medical 位于德国，主要从事医疗器材的销售业务。

Nexus DMS Limited 位于英国，主要从事医疗器材的销售业务。

从其财务报告上看：从 2016 年到 2018 年第三季度，资产、负债、所有者权益总额较为稳定，2018 年第三季度分别达到 262722.6 万元、101610.7 万元、161111.9 万元。截止到 2018 年第三季度，营业收入、营业成本比同期营收均减少了 12% 左右，税前净利润比去年同期降低了 15.37%。

4. 大陆投资情况

雅博股份在大陆有 4 个子公司，均通过第三地区投资设立的 100% 持股子公司再投资：

上海雅博医疗器械有限公司，主要从事医疗器材制造与销售业务，注册资本为 2335.2 万元。

雅博（昆山）医疗器械有限公司，主要从事医疗器材制造与销售业务，注册资本为 23110.3 万元。当期营业亏损 957.7 万元。

昆山可崴塑胶制品有限公司，主要从事塑胶塑件制造与销售业务，注册资本为 2531.6 万元。

昆山雅护医疗器械有限公司，主要从事医疗器材的销售业务，注册资本为 804.1 万元。当期营业盈余 39.6 万元。

（十二）豪展医疗科技股份有限公司

1. 基本情况

豪展医疗科技股份有限公司成立于 1996 年，是以生物科技、居家护理健康仪器为主的专业电子医疗器材的研发、设计、制造公司。公司于 2010 年在台湾证券交易所挂牌上市，股票代码为 4735。注册资本为 34111.4 万元，现总资产 112255.4 万元。拥有 Double Harvest Inc.、Avita（Mauritius）Corporation、圆瑞国际股份有限公司 3 家境外控股子公司和豪展医疗科技（吴江）有限公司等 4 家大陆子公司。

豪展医疗的企业使命是"以科技改善人类生活"。企业理念为：团队合作（团队合作、尊重伦理、秉持道德、齐心创造更好的品质）、创新思维（不断研发创新，融合新科技，将更好更精准的产品推向市场）、客户满意（以核心技术生产制造高品质产品，为顾客提供更好的服务，创造新的价值，让客户满意）。

2. 发展历程

1996 年，豪展医疗于台湾成立。

1998 年，成立医疗产品事业部。获得德国创新专利。

1999 年，耳温枪获得台湾地区销售额总冠军。

2000 年，新产品获得美国创新专利。体脂率测量技术取得美国创新专利。

2001 年，血压计获得台湾地区销售额总冠军。

2002 年，上肢血压计获得台湾地区销售额总冠军。

2003 年，在江苏省吴江市成立大陆分公司。

2006 年，在大陆建立 HOME 品牌。

2007 年，在美国获得 BPM 专利。

2008 年，非接触型体温计获得台湾地区销售额总冠军。

2009 年，非接触型体温计销售达到 10 万支。

2010 年，非接触型体温计在中国大陆以及美、德等地获得创新专利。4 月，在台湾证券交易所挂牌上市，股票代码为 4735。

3. 经营现状

公司主要产品为耳温枪、臂式血压计、腕式血压计、血糖计、吸鼻器等，公司通过 GMP 认证、FDA 认证、欧盟 CE 认证、ISO 13485 认证，并取得多项国内外专利。公司目前拥有 3 家境外子公司，均由豪展医疗直接对外投资：

Double Harvest Inc. 位于萨摩亚，主要经营医疗器材相关产品的销售业务，注册资本为 321 万元。

Avita（Mauritius）Corporation 位于毛里求斯，主要负责对外投资，注册资本为 20507.1 万元。

圆瑞国际股份有限公司位于台湾地区，主要经营医疗器材相关产品的销售业务，注册资本为0。

4. 大陆投资情况

豪展医疗科技（吴江）有限公司，主要经营医疗器材相关产品的生产和销售业务，实收资本为16791.5万元。当期投资收益为2441.7万元。

豪展医疗科技（苏州）有限公司，主要经营精冲模、精密型腔模、专业塑胶件生产及智能型传感器的生产和销售业务，实收资本为1557万元。当期投资收益为11.7万元。

上海康庄医疗器械有限公司，主要经营医疗器材相关产品的生产和销售业务，实收资本为1549.6万元。当期投资收益为−284.2万元。

苏州豪桀医疗器械有限公司，主要经营医疗器材相关产品的生产和销售，实收资本为221.4万元。当期投资收益为−3.6万元。

（十三）讯映光电股份有限公司

1. 基本情况

讯映光电股份有限公司成立于2004年，主要经营血糖仪、血糖试片以及医疗设备器材的研发、生产与销售，通过多项品质认证，包含ISO 13485认证以及GMP认证，产品获得美国FDA 510（K）、欧洲CE 0123以及中国大陆SFDA等核准上市，并拥有多项产品专利。公司于2010年在台湾证券交易所挂牌上市，股票代码为4155。注册资本为76249.8万元，现总资产173080.6万元。讯映光电拥有4家境外子公司（Prodigy Diabetes Care、LLC、欧克株式会社等）和1家大陆子公司广州讯扬科技有限公司。

2. 发展历程

2004年，讯映光电股份有限公司于台湾新竹成立。主要从事血糖仪与血糖试片的研发与试产。

2007年，讯映光电通过ISO 13485认证和台湾GMP认证。"欧克葡萄糖试验系统"通过美国FDA认证、欧洲CE认证。

2008年，第一批血糖仪与血糖试片正式出货，全语音血糖仪开发完成。

2009—2010年，"欧克免设码血糖监测系统"通过美国FDA认证；多款血糖仪及试片开发完成，并通过各项认证。

2010年12月，"金管会证期局"核准补办公开发行。同月在台湾证券交易所挂牌上市，股票代码为4155。

2011年迄今，多项医疗器材研发、认证，进入市场。

2013年5月，讯映光电新大楼正式启用。

3.经营现状

公司主要产品分为五大类：血糖仪、雾化器、血压计、云大夫生资系统及辅具。其中，血糖仪主要包括欧克语音血糖监测系统、OK-1欧克血糖仪、OK-1B欧克免设码血糖、OK-9C欧克安心血糖监测系统。

公司目前拥有以下子公司：

Prodigy Diabetes Care，LLC，位于美国，主要从事医疗器材销售业务，原始投资金额为46200万元。

欧克株式会社，位于日本，主要从事医疗器材的批发、零售业务，原始投资金额为120.7万元。

欧克健康国际股份有限公司，位于台湾地区，主要从事医疗器材的批发、零售业务，原始投资金额为1500万元。

普安智慧股份有限公司，位于台湾地区，主要从事医疗器材的无店面零售业——糖尿病患照护服务平台，原始投资金额为125万元。

从其财务报告上看：从2016年到2018年第三季度，资产总额有所减少，2018年第三季度资产总额为173080.6万元；负债持续降低，权益总额呈上升趋势。截止到2018年第三季度，营业收入为26675.5万元、比去年同期降低了23.50%，营业成本为18298.3万元、比去年同期降低了30.36%，税前净利润比去年同期上升了6.94%。

4.大陆投资情况

广州讯扬科技有限公司，主要经营电子材料及医疗器材的制造、批发和零售业务，实收资本为2394.5万元，本期营业亏损175.8万元。

（十四）长庚医学科技公司

1.基本情况

长庚医学科技公司成立于2009年4月13日，初期注册资本为1500万元，是长庚医疗体系中的专业医疗仪器设备的研发与制造公司。长庚医学在2011年合并长庚医疗器材股份有限公司（成立于1999年）和长庚医疗科技（厦门）有限公司（成立于2007年），公司产品包含病房用设备、医学影像及生理监测仪器等，例如：病床、推床、儿童床、E化护理车、药车、急救车、彩色超音波仪、连线型血压计、生理监测仪与连线型血糖照护系统等。

"提供贴心的产品，营造安心的照护"是长庚医学的坚持与承诺。

2. 发展历程

2009年4月13日，长庚医学成立。

2011年，长庚医学并购长庚医疗器材股份有限公司（成立于1999年）与长庚医疗科技（厦门）有限公司（成立于2007年）

3. 大陆投资情况

长庚医疗科技（厦门）有限公司，于2007年开始投资兴建，工厂位于福建省厦门市集美区中亚城工业园区，产品线涵盖高档电动病床、ICU重症监护病床、儿童病床、推床、护理工作车及病房相关产品。采用高精密的自动化生产设备，以最新技术、工艺并配合严格的品管，确保提供医疗院所高水平、高质量的产品。

长庚医疗科技（厦门）有限公司的经营理念是：以人为本、崇尚优质；追求合理、止于至善；永续成长、服务大众。品质承诺是：提供贴心的产品、营造安心的照护。核心价值是：创新、优质、人本、贡献。

（十五）医扬科技股份有限公司

1. 基本情况

医扬科技股份有限公司成立于2010年，是一家专业的医疗IT公司，为医疗机构提供全系列的医疗产品，包括医疗工作站、医疗平板电脑、床边信息娱乐终端、护理车和MTA（移动式远程医疗终端）系统等。公司在台湾证券交易所挂牌上市，股票代码为6569。现注册资本为20007.5万元，现总资产为127025万元。拥有ONYX HEALTH CARE USA, INC.、医宝智人股份有限公司等4家子公司，其中包括大陆子公司。医扬科技"ONYX"这一品牌迅速成长为专业的医疗及临床IT产品市场的领导者之一。

医扬科技的企业优势在于杰出的设计。医扬科技从创建公司开始就一直努力加强在设计方面的能力。具体来讲，医扬科技的三大优势在于：自有品牌，医扬科技可提供价格合理的，包括标签、标志和包装设计在内的快速定制服务；ID 或孔位设计，医扬拥有足够的 ID 能力和机械供应链资源，使其在 ID 和机械设计上具有竞争力的价格；ODM 产品设计，医扬科技旗下的 ODM 专职团队，在基于 NRE 成本和客户的系统要求下可提供从设计、开发到生产的一系列服务。

2. 发展历程

2003 年，医扬科技第 1 台医疗工作站诞生。

2005 年，医扬科技 ONYX-175 获设计奖。

2007 年，医扬科技获得 ICU 监护订单。

2008 年，医扬科技成立欧洲分公司。

2010 年，医扬科技成立美国分公司。

3. 经营现状

公司产品主要包括：MATE 智能医疗工作站、移动医疗车专用电脑、超薄医疗平板电脑、床边信息娱乐终端、移动式医疗平板计算机、医疗显示器、医疗级嵌入式分体机、完备的电源解决方案、ORION- 医院 IT 管理软件包、医疗工作站附件、床边信息娱乐终端附件。

公司目前拥有 3 家非大陆子公司，分别是：

ONYX HEALTH CARE USA，INC.，位于美国，主营业务为医疗用电脑及周边装置的销售，投资金额为 6105 万元，当期投资损益为 -284.7 万元。

ONYX HEALTH CARE EUROPEBV，位于荷兰，主营业务为医疗用电脑及周边装置的行销支援和维修，投资金额为 354.8 万元，当期投资损益为 143.4 万元。

医宝智人股份有限公司，位于台湾地区，主营业务为医疗机器人的研发和销售，投资金额为 1656 万元，当期投资损益为 -458.7 万元。

从其财务报告上看：从 2016 年到 2018 年第三季度，资产总额为 127025 万元，上升趋势明显；权益总额呈上升趋势。截止到 2018 年第三季度，营业收入为 35705.4 万元、比去年同期降低了 11.36%，营业成本为 22859.4 万元，比去年同期增加了 3.64%，税前净利润比去年同期上升了 255.18%。

4. 大陆投资情况

医扬科技在大陆的子公司为医扬电子科技（上海）有限公司，主营业务为电脑和周边装置的销售。实收资本为 4578.8 万元，当期投资损益为 −420.7 万元。

（十六）榕懋实业股份有限公司

1. 基本情况

榕懋实业股份有限公司主要从事医疗器材的研发与生产业务，已经超过 24 年，部分产品产量已经位居世界第一位，已通过 FDA、ISO 9001、ISO 13485、JIS、GMP、CE 认证。其生产的品质检验仪器包括分光仪、万能拉力试验机、三次元量测仪、工业用显微镜、高度规、镶埋切割设备、微电脑硬度计。

企业的社会责任是：本着诚实守信的公司理念，严格遵守商业道德规范，保护知识产权和隐私。通过实施最佳运营流程和利用完全透明的财务报表来创造企业价值，为股东创造最大利润，积极参与社会和公益事业，采用具有环保意识的设计理念，利用环保材料，减少对地球的污染冲击，为有需要的人研究和开发更多福利产品并保护客户。公司有高利率的产品——寿险（PLI），以确保消费者保护环境。公司只使用符合环保规定的材料和包装，有助于当地经济发展，因为榕懋 99% 的产品出口。在可能的情况下，公司将影响供应链以履行企业社会责任。

公司的愿景是：公司将利用这些理想生产高品质、创新的产品，并努力成为世界上最专业的医疗设备制造商之一。

2. 经营现状

公司主要产品为：电动升降病患移位机、手动油压升降病患移位机、辅助站立移位机、医院护理床、老人社区床、居家床、洗澡床、婴儿床、剪刀式超低床、注射／抽血台架、诊疗椅、医院污衣车、病历车、站立椅、复健学步车、舒适躺椅、浴室洗澡椅、医院用餐桌、复健平衡架、氧气筒台车、便溺椅、复健产品、照护产品、福祉产品。

公司主要设施包括：焊接机器人、弯管机、数控全自动木材切割机、自动切管圆锯、多头钻孔机、冲孔机等。

公司主要质量保证设备有：三维几何计量、二维计量、标准电脑控制材料强度测试仪、工业显微镜测量、盐雾喷雾器测试仪、扭矩计等。

（十七）联和医疗器材股份公司

1.基本情况

联和医疗器材股份公司成立于 20 世纪 90 年代，主要经营灭菌包材、IV 输液延长管方面的医疗耗材，以及医疗级包装材料的生产和销售。联和医疗通过 GMP、EU、FDA、ISO 13485 认证，目前为亚洲第二大灭菌包装袋制造厂。联和医疗除了 OEM 之外，也拥有自己的品牌 Sigma（十美牌），产品销往全世界。

2.经营现状

联和医疗的主要产品为：麻醉仪器设备、耗材、呼吸仪器设备、有关耗材、整形美容、手术器械、医材、居家护理复健 Home Care 系列产品、医院诊所各项设备器材、平面个体袋、平面管袋、立体个体袋、立体管袋、成卷个体袋、成卷纸、自黏袋、医疗包装纸、灭菌指示胶带。

（十八）必翔实业股份有限公司

1.基本情况

必翔实业股份有限公司成立于 1983 年，成立初期即致力于医疗器材研发，于 1989 年成功研发出世界第一台四轮电动代步车，获得欧盟及美日等 20 余国发明专利，并通过美国 FDA、加拿大 ADP、欧盟 CE Mark、ISO 9001、ISO 14001、ISO 13485、GMP 等认证。必翔实业自己的品牌"SHOPRIDER"，在 80 多个国家广为销售。2000 年在台湾证券交易所核准上市，于 2001 年挂牌成为首家以生技医疗类产业上市的公司，于 2018 年退市。

必翔实业在 2005 年投资高效无污染的磷酸铁锂电池和电动自行车市场产业，2007 年成功研发出具无污染、不爆炸、不起火、循环使用寿命长、可进行大电流充放电等特性的环保电池，适合电动汽车、UPS、电动手工具机、风力发电系统使用。2008年10月法国巴黎汽车展上，必翔实业以独步全球的电池技术推出全电动汽车，2009年推出电动轻型机车。

必翔实业的公司理念是：不断创新、研究、永远领先；品质保证、服务社会；迈向国际化，成为世界领导品牌。

2.发展历程

1983年，成立必翔实业有限公司，注册资本为500万元。

1984年，购地建厂。

1987年，必翔实业增资为1670万元。

1988年，必翔实业增资为5000万元。公司名称变更为"必翔实业股份有限公司"。

1989年，必翔实业"四轮T型把手残障用车"获得美国专利。"四轮电动代步车"通过美国FDA认证及日本交通技术管理协会JIS认证。

1992年，通过加拿大ADP认证。

1993年，通过荷兰TNO、澳大利亚TGA认证。

1994年，增资为9000万元。

1995年，通过欧盟CE Mark认证。

1996年，增资为18000万元。

1997年，"电动轮椅"通过美国FDA认证，通过美国医疗保健福利金全额给付认证。

1998年，盈余转资本55980万元。通过ISO 9001认证。

1999年，通过ISO 14001认证。盈余转资本72774万元。

2000年9月，台湾证券交易所核准上市案。盈余转资本94833万元。

2001年3月21日，股票挂牌上市。盈余转资本128436万元。通过ISO 13485认证。

2002年，迁至新厂。资本额增资为129598万元。盈余转资本155818万元。

2003年，盈余转资本164409.009万元。

2004年，盈余转增资为170541.28万元。

2005年，盈余转增资为173446.693万元。并购太电电能公司，更名为必翔电能高科技股份有限公司。必翔公司正式跨足磷酸铁锂动力电池事业。

2007 年，转投资必翔电能。

2008 年，扬明实业（浙江）有限公司建厂竣工典礼，正式生产电动代步车出口欧美。于日本设立 SHOPRIDER JAPAN 株式会社子公司。转投资必翔电能与法商 MICROCAR 策略联盟产制的电动汽车，在巴黎全球车展展示。

2009 年，转投资设立必翔电动汽车股份有限公司，资本额 10 亿元。

2010 年，成立德国子公司，作为欧洲发货中心。成立必翔德国子公司，负责欧洲行销与售后服务。电动机车获得欧规型式审验认证合格。

2011 年，成立必翔电动汽车股份公司，正式进入电动汽车领域。

2012 年，在上海成立大陆行销总部，开始拓展大陆市场。成立必翔银发事业股份公司，正式进入老人银发事业。

2013 年，成立卢森堡欧洲行销总部，负责欧洲行销业务。

2015 年，必翔电能高科技股份公司核准公开发行，为上市做准备。

3. 经营现状

该公司主要产品为：轮椅车、代步车、电动自行车等。

鉴于必翔事业已退市，目前只能找到 2016 年的相关财务信息。2016 年年末资产总额为 48.41 亿元，全年逐渐减少。负债总额保持在 11 亿元左右，权益总额为 36.95 亿元。

4. 大陆投资情况

必翔事业在大陆存在两个子公司，分别是上海必翔医疗器械有限公司和上扬明实业（浙江）有限公司

（十九）热映光电股份有限公司

1. 基本情况

热映光电股份有限公司成立于 2000 年，主要致力于以红外线技术为研发基础，发展相关应用产品。成立之初，热映光电着重于居家保健（Personal Health Care，简称 PHC）产品的研发，目前已有三条产品线：医疗用红外线耳温枪／额温枪生产线、非接触式红外线测温仪生产线、二氧化碳侦测仪生产线。热映光电已通过 ISO 9001 与 ISO 13485 认证。同时，医疗用红外线耳温

枪/额温枪也通过欧盟 CE、美国 FDA、中国大陆 CPA 产品认证。

热映光电的企业愿景旨在设计制造高品质医疗保健相关器材，以协助人们有能力且得以健康地生活；使热映光电成为贡献社会、人人尊敬的公司。

2. 发展历程

2000 年 6 月，热映光电股份有限公司成立，实收资本为 1562.5 万元。11 月，第一支红外线一秒耳温枪 Working Sample 出厂，推出 TH889 新型 ID 耳温枪。

2002 年，推出 TH1 新型 ID 耳温枪、TH83 新型 ID 耳温枪、TN1 多用途红外线非接触温度仪、新型 TH80N 无耳套式耳温枪。TH809 耳温枪取得大陆生产及销售资格。正式搬迁进入新竹科学工业园区，地址为新竹科学园区工业东九路 3 号 1 楼。

2003 年，推出红外线额温枪、多用途红外线非接触温度仪、多用途红外线非接触温度仪、工业用红外线非接触温度仪、多用途红外线温度仪。通过 TUV ISO 9001 ： 2000、ISO 13485 ： 2000 认证。

2004 年，推出 TN305 系列工业用红外线非接触温度仪、多用途红外线非接触温度仪、多用途红外线非接触温度仪；正式投资宝安康电子（北京）有限公司、昆山热映光电有限公司。

2007 年 12 月，热映光电正式在台湾证券交易所上市。现金增资 2375 万元，增资后实收资本为 20190 万元。

2012 年 3 月，取得中华人民共和国制造计量器具许可证。

3. 经营现状

公司目前拥有 3 家境外子公司和 2 家大陆子公司。其中，3 家境外子公司为：

热映（毛里求斯）公司位于毛里求斯，主要营业项目为投资。投资金额为 33922.8 万元。

热映（伯利兹）公司位于伯利兹，主要营业项目为投资。投资金额为 2193.4 万元。

热映（萨摩亚）公司位于萨摩亚，主要营业项目为投资。投资金额为 2193.4 万元。

从其财务报告上看：从 2016 年到 2018 年第三季度，资产总额稳定于
80500 万元；权益总额稳定于 66300 万元。截止到 2018 年第三季度，营业收
入为 19925.6 万元，比去年同期增加了 7.76%，营业成本为 15334.2 万元，比
去年同期增加了 6.58%，税前净利润比去年同期降低了 12.15%。

4. 大陆投资情况

热映光电在大陆投资的子公司有两个，分别为：

宝安康电子（北京）公司，主要营业项目为测量用电子零件及健康医疗器
材的销售，注册资本为 1984.1 万元。当期投资收益为 205.6 万元。

昆山热映公司，主要营业项目为测量用电子零件及健康医疗器材制造和销
售，注册资本为 32051.3 万元。当期投资收益为 −197.9 万元。

（二十）台湾维顺工业股份有限公司

1. 基本情况

台湾维顺工业股份有限公司成立于 1995 年，位于台中工业区。台湾维
顺先后通过德国 RW-TUV ISO 9002、RW-TUV ISO 9001、ISO 13485
TUVNORD、美国 FDA 等认证。目前已在美国成立分公司。

2. 发展历程

1995 年 1 月，筹备设立新公司。

1995 年 3 月，台湾维顺工业股份有限公司成立于台中工业区五路四号。

1996 年 5 月，开始推动 ISO 9002 品质认证。

1996 年 10 月，通过 RW-TUV ISO 9002 认证。

1999 年 7 月，正式迁厂至现址台中市工业区 25 路 6 号。

2003 年 8 月，通过 RW-TUV ISO 9001 认证。

2004 年 1 月，鼎新 ERP 企业资源规划系统正式上线。

2007 年 11 月，通过 ISO 13485 TUVNORD 认证。

2008 年 12 月，产品获第十七届台湾精品奖。

2009 年 12 月，产品获第十八届台湾精品奖。

2010 年 12 月，产品获第十九届台湾精品奖。

2012 年 12 月，S12X、S17、P25 产品获第二十一届台湾精品奖。

2013 年 12 月，S19、S19T、P19 产品获第二十二届台湾精品奖。

2014 年 12 月，HW5、HW5J 产品获第二十三届台湾精品奖。

2015 年 4 月，PF7S 获第二十三届台湾精品银质奖。

2015 年 12 月，HW6F、HW6R、S19P 产品获第二十四届台湾精品奖。

2016 年 3 月，产品 HW6F 获德国 Red Dot 2016 产品设计大奖。

2016 年 4 月，S19P 获第二十四届台湾精品金质奖。

2016 年 12 月，S21、HW8 产品获第二十五届台湾精品奖。

2017 年 2 月，产品 S21 获第二十五届台湾精品银质奖。

2017 年 11 月，S19V、HW9 产品获第二十六届台湾精品奖。

2018 年 11 月，P35 产品获第二十七届台湾精品奖。

3. 经营现状

公司产品主要为轮椅、铝合金轮椅、便器椅、洗澡椅、电动轮椅、电动代步车、医疗、复健相关产品。

（二十一）优盛医学科技股份有限公司

1. 基本情况

优盛医学科技股份有限公司（ROSSMAX）成立于 1988 年，创立时以设计生产、行销电子文具为主，1980 年开始转型，以电子式血压计为发展方向，1983 年手腕式血压通过 FDA 核准在美销售，2003 年正式上市，股票代码为 4121，同年 9 月生产线移至大陆。产品包括健身、减肥、高血压、呼吸护理、发热管理、热疗和疼痛治疗、伤口愈合以及睡眠障碍领域的保健产品，所有产品均在 80 多个国家和地区销售，并根据最新质量标准进行临床验证和批准。

2. 发展历程

1988 年，优盛医学成立于台北。

1992 年，ROSSMAX 是日本以外第一家生产 WRIST BLOOD PRESSURE MONITORS 的公司。

1994 年，ROSSMAX 通过 FDA 认证。

1996 年，通过欧洲 CEMARK 认证。

1997 年，研发了用于上臂血压监测仪的真正模糊技术。

1999 年，已发运超过 200 万台血压计。

2000 年，在内湖科技园区建立 ROSSMAX 总部。

2001 年，在大陆市场推出 MEDIPRO BRAND。

2002 年，上海的全面综合生产设施正式开始生产。

2005 年，ROSSMAX JAPAN 成立。

2007 年，获得 BHS 和 ESH 的临床验证，获得最高可能的 AA 等级。

2008 年，成功开发 REST 条件技术（HSD）。

2009 年，优盛医学成功开发了 AM/PM AVERAGING MODE。

2010 年，ROSSMAX SWISS 成立。

2011 年，优盛医学引入新的企业识别系统，成功开发了 AM/PM 平均模式。

2012 年，ROSSMAX INDIA 成立。

2013 年，研发用于雾化器的 MESH 技术。

2015 年，研发 BLUETOOTH & WIRELESS OPEN App 解决方案，适用于血压监测仪。

2017 年，研发用于脉搏血氧仪的动脉检查技术（ACT）。

3. 经营现状

公司目前拥有 14 个海外子公司，分别是：TOP UNICORN HOLDINGS LIMITED、TRANS WORLD DEVELOPMENTS LIMITED、互宜投资（股）公司、MEDIPRO INC.、禾燊医学科技（股）公司、禾果医学科技（股）公司、瑞盛医学科技（股）公司、胜霖药品（股）公司、瑞盛医学科技（股）公司、永安医学（股）公司、PEAK WEALTH HOLDINGS LIMITED、RMJ CO.LTD.、Rossmax Swiss GmbH、胜霖药品（股）公司。

从其财务报告上看：从 2016 年到 2018 年第三季度，资产总额为 227875.5 万元，呈下降趋势；权益总额为 133775.7 万元，呈下降趋势。截止到 2018 年第三季度，营业收入为 79656.5 万元、比去年同期降低了 4.40%，营业成本为 54418.1 万元，比去年同期增加了 5.53%，税前净利润为 529.6 万元，比去年同期下降了 74.26%。

4. 大陆投资情况

优盛医学在大陆有 3 个子公司。

优盛医疗电子（上海）有限公司，主营业务为：设计、制造及销售普通诊察器械、医用电子仪器设备、物理治疗设备、临床检验分析仪器、负压吸引装置、医用制气设备、吸入器、体重计、心跳计、计步器及其零配件，注册资本为 23076.9 万元，本期投资收益为 911.6 万元。

上海健保贸易有限公司，主营业务为：电子血压计、电子体温计、血糖仪、血糖试纸及相关零配件的批发和进出口业务，注册资本为 1330.8 万元，本期投资收益为 −195.1 万元。

尚钧医疗科技（安徽）有限公司，主营业务为：研发生产和销售电子血压计、电子体温计、红外耳式体温计、红外额式体温计、压缩式雾化器、超声式雾化器及其零配件等，注册资本为 18315 万元，本期投资收益为 −641.4 万元。

（二十二）明基三丰医疗器材股份公司

1. 基本情况

明基三丰医疗器材股份公司成立于 1989 年 3 月 21 日，是台湾规模较大的医疗设备专业制造商之一，是明基友达集团进入医疗产业重要的策略布局。公司在台湾证券交易所上市，股票代码为 4116。明基三丰以制造医院用的外科手术室设备、一次性消毒用耗材及医院特殊工程为主要业务，三丰所生产的产品已经通过 GMP、ISO 9001、ISO 13485 及 CE 的国际认证。

公司拥有 1 座龟山厂，截至 2017 年，公司产能为手术台 2100 个、手术灯 1400 个、医疗耗材 1000 万个。公司规划开发的产品包括手术室整合系统（iQOR）——远程医疗及生理资讯整合、新型手术台、经济型弹簧臂、改良型免针接头、新型点滴输液套、矽质导管、第三代可携式超音波、手术台碳纤维床板与相关配件、密闭式抽痰管、取药系统等。

2. 发展历程

明基三丰医疗器材股份有限公司成立于 1989 年 3 月 21 日，前身为佳世达旗下的三丰医疗器材股份有限公司，创立初期以行销医疗耗材、设备为主要业务。

1998 年，与医疗设备大厂扬泰 Novel Medical 及东阳 Eastern Medical 策略联盟合并后为存续公司。

2010 年 2 月，BenQ 明基集团购入股份，取得三丰经营管理权。

2011 年 6 月，更为现名。

3. 经营现状

产业结构与供需：公司属于医疗器材业的医疗设备和耗材类的中下游。医疗器材产业链上游为医疗器材的各类材料及零件供应商，中游为医疗器材制造商，下游产业为医疗器材的代理销售及通路商。

销售状况：公司产品以外销为主，截至 2017 年，产品销售地区占比为：亚洲 51%、台湾地区 44%、美洲 2%、欧洲 2%、其他 1%。公司于 2016 年 2 月结束其 Cardinal Health 代理权。

公司产品：公司主要研发及生产销售手术室周边设备，包含手术台、手术灯等医用家具，并拥有整合影像及电脑资讯技术。

公司目前拥有 6 家非大陆子公司：联亚国际股份有限公司、高望投资有限公司、怡安医疗器材股份有限公司、明基口腔医材股份有限公司、明基听力股份有限公司、虹韵国际贸易股份有限公司。

4. 大陆投资情况

明基三丰在大陆有 3 家子公司，2018 年第三季度均为亏损状态。

明基三丰医疗器材（上海）有限公司，主营业务为国际贸易、转口贸易等贸易代理，注册资本为 3052.5 万元。

怡安医疗器械贸易（苏州）有限公司，主营业务为医疗器材批发、零售等，注册资本为 641 万元。

三丰东星医疗器材（江苏）有限公司，主营业务为医疗器材批发、零售等，注册资本为 8871 万元。

（二十三）昕琦科技股份有限公司

1. 基本情况

昕琦科技股份有限公司成立于 1999 年，主要提供隐形眼镜设计、研发和制造服务。自成立以来，昕琦科技依托专业技术与先进设备，深耕隐形眼镜市场，致力于发展高品质、高效能且多样化的抛弃式隐形眼镜，是目前少数具世界专业水平的隐形眼镜研发及制造公司。

除了积极设计研发、提升专业生产和光学技术，昕琦科技致力于追求高品质产品生产，于 2000 年起陆续通过美国 FDA、欧洲 CE、国际 ISO 9001、医疗级 ISO 13485、中国大陆 SFDA 及 GMP 认证。

昕琦科技的经营理念是：以精益求精的研发技术，创造高品质且符合市场需求的产品；致力提升专业技术及设计能力，生产安全与舒适的镜片；提供交期快且品质稳定的合作保证、高效能且多样化的生产力，以满足多元化的市场需求。

2. 发展历程

1999 年，昕琦科技正式成立，资本额为 625 万美元。

2000 年，厂办迁址至新竹德安科技园区，通过 ISO 9001 及 ISO 13485：1996 认证。

2001 年，昕琦科技通过 GMP、CE 认证，独立成功研发"渐进式铸模制程系统"，成功研发全规格 38%、42%、55%、65% 含水率的隐形眼镜。

2002 年，昕琦科技展开试验性量产。

2003 年，导入 MIL-STD105E 产品抽样计划，季抛隐形眼镜成功上市。

2004 年，昕琦科技全自动包装中心成立，日抛隐形眼镜成功上市。

2005 年，昕琦科技研发彩色镜片获大陆医疗器材及日本厚生省医械制造商认证，通过 ISO 13485：2003 认证。

2006 年，昕琦科技第二生产线正式量产。

2007 年，昕琦科技第二厂房落成，第三生产线正式量产。

2008 年，第四生产线正式量产，三明治夹层彩色隐形眼镜成功上市。

2009 年，成功拿到美国 FDA 510K 上市许可。

2010 年，ANSI Class I 抗 UV 软性隐形眼镜上市。

2011 年，第五生产线投产，彩色日抛成功上市。成功进入美洲市场。

2012 年，扩充最新型彩色眼镜生产线 2 条，购置杨梅新厂 12000 平方米。

3. 经营现状

公司主要产品为：隐形眼镜。目前客户遍及全世界。公司目前没有海外子公司。

从其财务报告上看：从 2017 年到 2018 年第三季度，资产呈下降趋势；负债总额呈上升趋势，所有者权益呈下降趋势。截止到 2018 年第三季度，营业收入为 30957.3 万元、比去年同期降低了 6.61%，营业成本为 26518.2 万元，比去年同期增加了 1.38%，税前净利润比去年同期下降了 89.24%。

4. 大陆投资情况

重庆昕琦科技有限公司，主要经营项目为隐形眼镜销售，实收资本为 1571.9 万元。

（二十四）明达医学科技股份有限公司

1. 基本情况

明达医学科技股份有限公司成立于 2009 年，主要生产 Crystalvue 产品，包括 OCT、眼底照相机、下巴托、数码显微镜摄像头、眼压计、胃肠内窥镜一次性装置。公司于台湾证券交易所上市，股票代码为 6527，注册资本为 21420 万元，总资产为 57361.9 万元。凭借领先的技术和专业的研发经验，Crystalvue 提供 ODM/OEM 制造，设计和生产医疗设备。

公司的愿景是成为台湾地区乃至全世界最负盛名的医疗器械供应商。公司的使命是为台湾地区乃至全世界的所有诊所和医院提供高质量的医疗器械。

2. 发展历程

2009 年，公司成立。

2010 年，第一批眼科产品发货给客户，通过 ISO 13485 和 ISO 9001 认证。

2011 年，Fundus 相机原型展示。

2012 年，大规模生产眼底照相机。

2013 年，批量生产数码显微镜相机。

2015 年，获 TFDA TonoVue 证书。

2016 年，TonoVue 获台湾杰出光电产品奖。

2017 年，TonoVue 获得台湾优秀奖。

2018 年，通过 NFC-700CE 认证

3. 经营现状

公司主要产品为：眼底照相机和自动非接触式眼压计。

公司目前拥有 1 个子公司：奥微医学科技股份有限公司。

从其财务报告上看：从 2016 年到 2018 年第三季度，资产总额为 57361.9 万元，上升趋势明显；权益总体呈上升趋势。截止到 2018 年第三季度，营业

收入为 25505.1 万元，比去年同期上升了 5.51%，营业成本为 18412.8 万元，比去年同期降低了 1.33%，税前净利润比去年同期上升了 114.93%。

（二十五）台湾特浦股份有限公司

台湾特浦股份有限公司为株式会社トップ在台湾地区设立的分公司，从事医疗器材批发业务，注册资本为 17000 万元。公司成立于 1983 年，总部位于日本，经营理念为提供优良医疗用具，对人们的健康与福祉做贡献。

（二十六）合世生医科技股份有限公司

1. 基本情况

合世生医科技股份有限公司成立于 1996 年，主要制造和销售血压计、血糖仪等各类健康照护产品。公司 2004 年在台湾证券交易所挂牌上市，股票代号为 1781，注册资本为 47407.6 万元，总资产为 68438.2 万元。合世生医拥有 6 家境外子公司和 2 家大陆分公司。

公司的使命是：以革新的观念、严谨的科学方法，提升医材的准确度、方便性及多元的精密功能，向全球医界及广大消费者提供更为可靠的健康照护产品。公司理念：品质是企业生命的价值核心，也是企业延续的命脉。

2. 发展历程

1996 年，合世公司成立。

2000 年，现金增资 1900 万元，资本额增加至 3000 万元。

2003 年，购买新北市中和区建一路 186 号作为营运总部。

2004 年，获第十二届产业科技发展奖、生技医药组优等奖。

2004 年，公司在台湾证券交易所挂牌上市，股票代号为 1781。

2006 年，苏州厂完工量产。

2008 年，实收资本额 3.5 亿元。

2010 年，发行第一次有担保转换公司债 1 亿元。

2011 年，发行第二次有担保转换公司债 1.5 亿元。

2012 年，实收资本额 4.2 亿元。

2014 年，实收资本额 4.7 亿元。

3. 经营现状

公司主要产品为：臂式和腕式电子血压计、血糖仪和血糖试片、呼吸治疗器。公司目前拥有 6 个海外子公司：

H & LINTER NATIONAL CO., LTD. 位于萨摩亚，主要营业项目为一般投资。

CHAMPION GREAT LIMITED 位于萨摩亚，主要营业项目为一般进出口。

GRAND TECHNOLOGY CORPORATION 位于萨摩亚，主要营业项目为一般进出口。

帝宝生医股份有限公司位于台湾地区，主要营业项目为医疗器材批发 / 零售。

EMPIRE TREASURE CORPORATION 位于萨摩亚，主要营业项目为一般进出口。

RICHLINK CO., LTD. 位于毛里求斯，主要营业项目为一般投资。

从其财务报告上看：从 2016 年到 2018 年第三季度，资产总额为 68438.2 万元，上升趋势明显；负债比去年同期增加了 63.18%，权益总额呈下降趋势。截止到 2018 年第三季度，营业收入为 20083.5 万元，比去年同期提高了 26.19%，营业成本为 17585 万元，比去年同期增加了 29.06%，税前净利润比去年同期下降了 41.05%。

4. 大陆投资情况

合世医疗电子（苏州）有限公司，主要营业项目为测量仪器及用具的制造和销售。注册资本为 18931.7 万元。

合泰医疗电子（苏州）有限公司，主要营业项目为测量仪器及用具的制造和销售。注册资本为 3084 万元。

这两家公司均通过第三地区之孙公司 RICHLINK CO., LTD. 再投资，2018 年第三季度均处于亏损状态。

（二十七）鼎众股份有限公司

1. 基本情况

鼎众股份有限公司成立于 1984 年，成立初期为医疗设备代理商，销售国际医疗品牌的设备产品。

代理产品的 20 年中，鼎众持续研发自有产品，在手术室设备领域已成为台湾重要的医疗设备品牌，以 Mediland 自有品牌营销全球。鼎众专注于研发手术室核心设备，产品包括手术灯、手术台、手术台附件、手术室影音整合控制系统、医用吊塔等产品。鼎众目前于台湾林口及南京各有一生产基地。

鼎众股份品牌价值是信守承诺、专注创新、服务至上。

2. 发展历程

1984 年，鼎众股份有限公司于台北成立。取得美国起义公司医疗仪器台湾地区代理权。

1986 年，在林口成立现代化公司，从影像医疗诊断设备跨入研发医疗设备。

1988 年，收购诠安企业，取得美国 Mdetronic 代理权，跨足心脏医疗设备产品推广。

1989 年，推出国产 P1050 系列手术台以及 G 系列的医疗卤素灯产品。

1991 年，进军大陆市场，在北京成立美众医疗设备股份有限公司。

1992 年，与美商奇异公司前总裁威尔许在台签署成立合资公司的合资意向书。与 Amsco 签订 ODM 合约。鼎众在台营业额突破 10 亿元。

1993 年，与美商奇异公司合资成立的起义鼎众医疗股份有限公司正式在台成立。

1994 年，鼎众在大陆正式完成营销体制布局，在大陆的营业额超过 5000 万美元。

1998 年，开始投入手术等生产，新式单罩式手术灯在台研发成功。

2000 年，全力从事自有品牌的研发。

2001 年，与美国知名医疗仪器厂商 Medtronic 达成合资协议，成立美敦力鼎众股份有限公司。

2002 年，推展企业内部改造，公司由进口型业务转变为自有品牌出口型业务。

2003 年，投资设立南京厂，开拓大陆市场。

2004 年，自有品牌营收首度超过 1000 万美金。

2005 年，美迪兰（南京）医疗设备有限公司成立。

2006 年，推出 Cmax 200 系列手术台床产品。

2007 年，推出 Emax 200 系列手术台产品及 SL 750、EL 600 系列手术等产品。

2008 年，推出 Emax 300 系列手术台产品及手术室影音整合控制系统。

2009 年，推出 Amax 9000 Plus 手术台产品。

2010 年，推出 SlimLED 手术灯产品。

2011 年，推出 MediLED Duet、SlimLED Plus 系列手术灯产品、MediLED 3 检测灯产品、MediLED image 手术室影音整合系统。国际市场推出 MediPort 吊塔产品。

2012 年，鼎众林口厂扩建，推出 MediLED 1 检测灯产品、MediLED Solo 手术灯产品。

2013 年，推出 Amadis 手术台产品。

2014 年，推出 ORLED 手术灯、ORPORT 吊塔等产品。

2015 年，推出 Artemis 手术台、SunLED 检查灯等产品。

2016 年，鼎众成立消毒事业部门，推出超紫光灭菌机器人 Hyper Light。推出 MediCORE 一体化整合系统。

2017 年，推出 Ares 8000 模块化手术台、Gmax 电动手术台。

3. 大陆投资情况

1991 年进军大陆市场，在北京成立美众医疗设备股份有限公司。目前在山东省、广州市设有办事处。

美迪兰（南京）医疗设备有限公司成立于 2002 年 6 月 25 日，主要致力于医疗器械的设计、开发、生产、批发及相关技术服务。

（二十八）福永生物科技股份有限公司

1. 基本情况

福永生物科技股份有限公司成立于 2002 年，持续专注于开发、制造与销售血糖监测系统及各项医疗和相关器材。公司坐落于新竹科学工业园区，交通便利，各项设施完善。产品通过美国 FDA、欧盟 CE 的认证，向市场与客户提供最优质的医疗仪器及专业的产品开发与生产服务。

公司于台湾证券交易所上市，股票代码为4183，注册资本为23800万元，总资产为40130.7万元。

2. 发展历程

2002年，福永生物科技成立。

2004年，品质系统通过 ISO 13485 认证。

2005年，工厂通过台湾优良制造商认证。

2007年，生产全球第一台具备蓝牙传输功能的血糖监测系统。

2009年，生产全球第一台内建软件与整合采血笔功能的血糖监测系统。

2011年，生产全球第一台可连接 iPhone 的血糖监测系统。

2012年，生产全球第一台可传输资料至机器人的血糖监测系统。

2014年，生产全球第一台整合蓝牙传输，拥有采血笔功能的血糖监测系统。

2015年，生产等同医疗级吸乳器。

2016年，生产全球首支智能型血糖表。

3. 经营现状

公司主要产品为：血糖监测系统。公司目前没有子公司。

从其财务报告上看：从2016年到2018年第三季度，资产和负债下降趋势明显；权益总额呈上升趋势。截止到2018年第三季度，营业收入为10779.4万元、比去年同期提高了4.00%，营业成本为8290.6万元，比去年同期增加了8.58%，税前净利润比去年同期下降了79.85%。

（二十九）聿新生物科技股份有限公司

1. 基本情况

聿新生物科技股份有限公司成立于1999年，总公司现设于苗栗县竹南镇，拥有三个研发与生产单位：竹南厂从事居家检验仪器及试剂生产、竹科厂从事保养品生产、中科研究室及台南厂从事虾红素和生物能源开发。

聿新生物开发量产出易美测血糖监测系统和检测试片、易立测血糖／胆固醇／尿酸多功能监测系统和检测试片，以及玻尿酸（透明质酸）生技保养品，并积极拓展国内外市场。

聿新生物于2013年在台湾证券交易所上市，股票编号为4161。

聿新生技秉持"品质超群，顾客满意"的品质策略。

2. 发展历程

1999 年，聿新生物科技股份有限公司成立于新竹科学园区。

2001 年，成立新竹科学园区分公司。

2003 年，成功开发透明质酸高保湿精华露。通过 ISO 9001 认证：2000/ ISO 13485 认证。

2003 年，与台湾糖业股份有限公司签订诗丹雅兰生产制造代工合约。

2005 年，提出可由苹果螺卵分析取得天然虾红素的原物料方法并申请专利。

2007 年，开发出血糖 / 尿酸 / 胆固醇三功能测试仪。成立子公司威旺生医科技股份有限公司，从事绿能产业开发。

2009 年，全球首创血糖 / 尿酸 / 胆固醇 / 血红素四合一功能测试仪。竹南企业总部与竹南新厂落成启用。取得马来西亚商科士威有限公司（e-Cosway）台湾分公司 ODM 买卖合约。9 月成立中部科学园区分公司。12 月投资子公司威旺生医科技股份有限公司，从事绿能产业开发。

2010 年，竹科分公司保养品厂通过 ISO 22716 认证（国际 GMP 认证）。

2011 年，在台湾证券交易所上市，股票编号为 4161。

2012 年，完成竹南总公司厂房扩建。生物感测器抛弃装置取得大陆专利授权（专利号：ZL201120242236.8）。

2013 年，在台湾证券交易所上市，股票编号为 4161。

2017 年，台南新市区天然虾红素厂落成启用。

3. 经营现状

公司目前拥有 6 个子公司，其中，包括 5 个非大陆子公司：威旺生医科技股份有限公司、长鸿国际生技股份有限公司、AMPLE DRAGON GLOBAL LIMITED、聿健生物科技股份有限公司、Bioptik-Cayman Incorporated。

从其财务报告上看：从 2016 年到 2018 年第三季度，资产总额为 157514.9 万元，较为稳定；负债大幅度上升，导致权益总额呈下降趋势。截止到 2018 年第三季度，税前净利润比去年同期降低了 196.49%。

4. 大陆投资情况

广东聿新生物科技（股）公司，主要营业项目为化妆品制造、销售；化妆品原材料、半成品及成品进出口贸易，实收资本为 1223 万元。该公司是通过第三地投资设立的公司再投资的。

（三十）敏成股份有限公司

1. 基本情况

敏成股份有限公司成立于 1990 年，主要从事不织布材料、医疗特材的创新设计和生产销售。公司于 2011 年在台湾证券交易所挂牌上市，股票代码为 4431，注册资本为 19181.6 万元，总资产为 47460 万元。敏成股份有 4 家子公司：台湾地区 3 家、开曼群岛 1 家。

2. 发展历程

1990 年，敏成股份成立于台北市，注册资本额为 1000 万元，实收资本额为 1000 万元。

1992 年，在新屋厂建置第一套熔喷生产线。

1998 年，敏成股份通过 ISO 9001 ： 2000 认证。

2004 年，公司迁址至新屋，并在新屋厂新设第二套熔喷生产线。

2006 年，在新屋厂建置第三套熔喷生产线。

2009 年，在新屋厂建置第四套熔喷生产线。

2010 年，在新屋厂建置第五套熔喷生产线。盛弘医药（股）公司取得公司股份，共计 452 万股。

2011 年，在台湾证券交易所挂牌上市，股票代码为 4431。

2012 年，注册资本额增为 20000 万元，成立上海敏弘无纺布科技有限公司。投资絃邦科技，取得 80% 股权。成立事业二处，经营布服业务及特殊医疗耗材业务。

2013 年，中坜厂落成。公司营业地址变更至桃园县中坜市合圳北路二段 545 号。

2014 年，出售上海敏弘无纺布科技有限公司。

2015 年，投资设立膜王生医科技股份有限公司，投资金额 1500 万元，持股比例 75%。增资絃邦科技（股）公司，投资金额 1000 万元，持股比例 81.8%。

2018 年，通过 ISO 13485 ： 2016 认证。

3.经营现状

公司目前拥有 4 家子公司：緁邦科技股份有限公司、膜王生医科技股份有限公司、Puriblood Medical（Cayman）Inc.、普瑞博生技股份有限公司。

从其财务报告上看：从 2016 年到 2018 年第三季度，资产、负债、权益总额呈上升趋势。截至 2018 年第三季度，营业收入为 22269.4 万元，比去年同期降低了 5.21%，营业成本为 24558.7 万元，比去年同期减少了 2.33%，税前净利润比去年同期降低了 37.12%。

参考文献与数据来源

主要参考文献

1. 陈介玄：《班底与老板——台湾企业组织能力之发展》，联经出版事业股份有限公司，2001 年。

2. 丁锡镛主编：《台湾企业永续成长的竞争策略》，岚德出版社，1994 年。

3. 刘仁杰：《重建台湾产业竞争力》，远流出版事业股份有限公司，1997 年。

4. 赖英照：《台湾金融版图之回顾与前瞻》，联经出版事业公司，1997 年。

5. 李纪珠主编：《台湾金融改革之路》，财团法人"国家政策研究基金会"，2004 年。

6. 李宗荣、林宗弘编：《未竟的奇迹，转型中的台湾经济与社会》台湾"中央研究院"社会所，2017 年。

7. 林建山：《台湾企业原理观念、经验与现实》，环球经济社商略印书馆，1991 年。

8. 彭光治：《股戏——走过半世纪的台湾证券市场》，早安财经文化有限公司，2003 年。

9. 邱毅：《金融风暴中的台湾》，独家出版社，1999 年。

10. 瞿宛文、安士敦：《超越后进发展：台湾的产业升级策略》，联经出版事业股份有限公司，2003 年。

11. 商业周刊编辑部：《旧产业、新舞台》，商智文化事业股份有限公司，2004 年。

12. 沈中华：《金融市场：全球的观点》第 3 版，新陆书局股份有限公司，2009 年。

13. 沈中华、王俪容、吕青桦、吴孟纹：《金融机构在中国的机会与挑战》，智胜文化事业有限公司，2010年。

14. 谭淑珍：《核心竞争力：台湾企业迈向成功的典范》，时报国际广告股份有限公司，2004年。

15. 王鹤松：《当前金融问题与政策》，台湾商务印书馆股份有限公司，2007年。

16. 王喜义：《台湾股市及证券交易所》，中信出版社，1992年。

17. 王伟霖：《两岸经贸新契机——金融与智慧财产篇》，财团法人新台湾人文教基金会，2010年。

18. 吴美慧：《再造东隆五金——转危为安浴火重生重整实例》，财讯出版社，2007年。

19. 谢国兴：《台南帮：一个台湾本土企业集团的兴起》，远流出版事业股份有限公司，1999年。

20. 许龙君：《台湾世界级企业家领导风范》，智库股份有限公司，2004年。

21. 许嘉栋等：《台湾金融体制之研究》，财团法人中华经济研究院经济专论，1985年。

22. 许庆修：《两岸股市论》，五南图书出版股份有限公司，2003年。

23. 叶银华：《蒸发的股王——领先发现地雷危机》，商智文化事业股份有限公司，2005年。

24. 于宗先、王金利：《台湾金融体制之演变》，联经出版事业股份有限公司，2005年。

25. 于宗先、王金利：《台湾中小企业的成长》，联经出版事业股份有限公司，2000年。

26. 于宗先，王金利等：《两岸股市面面观》，喜玛拉雅研究发展基金会，2004年。

27. 翟本瑞：《十字路口的台湾经济》，文笙国际金融出版公司，2006年。

28. 张绍台等：《台湾金融发展史话》，台湾金融研训院，2005年。

29. 张维安编：《台湾的企业组织结构与竞争力》，联经出版事业股份有限公司，2001年。

30. 赵文衡：《台湾崛起——从停滞到高飞的经济跃升》，御书房出版有限公司，2003 年。

31. 周添城、林志诚：《台湾中小企业的发展机制》，联经出版事业股份有限公司，1999 年。

32. 朱延智：《产业分析》，五南图书出版股份有限公司，2003 年。

33. 台湾中华征信所企业股份有限公司：《台湾地区大型企业排名 TOP5000（2005）》，台湾"中华征信所"，2005 年。

34. 台湾中华征信所企业股份有限公司：《台湾中型集团企业研究（2016版）》，台湾"中华征信所"，2016 年。

35. 台湾中华征信所企业股份有限公司：《台湾中型集团企业研究（2018版）》，台湾"中华征信所"，2018 年。

36. 台湾中华征信所企业股份有限公司：《台湾中型集团企业研究（2012版）》，台湾"中华征信所"，2012 年。

37. 台湾中华征信所企业股份有限公司：《台湾中型集团企业研究（2020版）》，台湾"中华征信所"，2020 年。

38. 台湾中华征信所企业股份有限公司：《台湾中型集团企业研究（2017版）》，台湾"中华征信所"，2017 年。

39. 台湾中华征信所企业股份有限公司：《台湾中型集团企业研究（2019版）》，台湾"中华征信所"，2019 年。

40. 台湾中华征信所企业股份有限公司：《台湾地区中型集团研究（2014版）》，台湾"中华征信所"，2014 年。

41. 台湾中华征信所企业股份有限公司：《台湾地区中型集团研究（2013版）》，台湾"中华征信所"，2013 年。

42. 台湾中华征信所企业股份有限公司：《台湾地区大型集团企业研究（2008 年版）》，台湾"中华征信所"，2008 年。

43. 台湾中华征信所企业股份有限公司：《台湾地区大型集团企业研究（2015 年版）》，台湾"中华征信所"，2015 年。

44. 台湾中华征信所企业股份有限公司：《台湾地区大型集团企业研究（2016 年版）》，台湾"中华征信所"，2016 年。

45. 台湾中华征信所企业股份有限公司：《台湾地区大型集团企业研究

（2018 年版）》，台湾"中华征信所"，2018 年。

46. 台湾中华征信所企业股份有限公司：《2017 年版台湾地区大型集团企业研究：服务集团篇》，台湾中华征信所企业股份有限公司，2017 年。

47. 台湾中华征信所企业股份有限公司：《2015 年版台湾地区大型集团企业研究：服务集团篇》，台湾中华征信所企业股份有限公司，2015 年。

48. 台湾中华征信所企业股份有限公司：《2017 年版台湾地区大型集团企业研究：传产集团篇》，台湾中华征信所企业股份有限公司，2017 年。

49. 台湾中华征信所企业股份有限公司：《2017 年版台湾地区大型集团企业研究：金融证券篇》，台湾中华征信所企业股份有限公司，2017 年。

50. 台湾中华征信所企业股份有限公司：《2015 年版台湾地区大型集团企业研究：传产集团篇》，台湾中华征信所企业股份有限公司，2015 年。

51. 台湾中华征信所企业股份有限公司：《2015 年版台湾地区大型集团企业研究：金融证券篇》，台湾中华征信所企业股份有限公司，2015 年。

52. 台湾中华征信所企业股份有限公司：《2017 年版台湾地区大型集团企业研究：资讯科技篇》，台湾中华征信所企业股份有限公司，2017 年。

53. 台湾中华征信所企业股份有限公司：《2015 年版台湾地区大型集团企业研究：资讯科技篇》，台湾中华征信所企业股份有限公司，2015 年。

54. 台湾中华征信所企业股份有限公司：《2013 年版台湾地区大型集团企业研究：纺织、塑化篇》，台湾中华征信所企业股份有限公司，2013 年。

55. 台湾中华征信所企业股份有限公司：《2012 年版台湾地区大型集团企业研究：纺织、塑化篇》，台湾中华征信所企业股份有限公司，2012 年。

56. 台湾中华征信所企业股份有限公司：《2012 年版台湾地区大型集团企业研究：金融证券篇》，台湾中华征信所企业股份有限公司，2012 年。

57. 台湾中华征信所企业股份有限公司：《2012 年版台湾地区大型集团企业研究：资讯科技篇》，台湾中华征信所企业股份有限公司，2012 年。

主要机构网站

58. 台湾当局"经济部"网站：http://www.moea.gov.tw/Mns/populace/home/Home.aspx。

59. 台湾当局"经济部国贸局"网站：http://www.trade.gov.tw/。

60. 台湾当局"财政部"网站：http://www.mof.gov.tw/ct.asp?xItem=70253&CtNode=2471&mp=1。

61. 台湾当局"交通部"网站：http://www.motc.gov.tw/ch/home.jsp?id=568&parentpath=0,1。

62. 台湾当局"内政部"网站：https://www.moi.gov.tw/。

63. 台湾当局"中央银行"网站：http://www.cbc.gov.tw。

64. 台湾当局"主计总处"网站：http://www.dgbas.gov.tw/ct.asp?xItem=2878&CtNode=1678&mp=1。

65. 台湾当局"经济建设委员会（经建会）"网站：http://www.cepd.gov.tw/。

66. 台湾当局"行政院金融监督管理委员会"（简称"金管会"）网站：http://www.fsc.gov.tw/ch/。

67. 台湾当局"农业委员会"（简称"农委会"）网站：http://www.coa.gov.tw/show_index.php。

68. 台湾当局"国家通信传播委员会"（简称"通传会"）网站：http://www.ncc.gov.tw/。

69. 台湾当局"公平交易委员会"（简称"公平会"）网站：http://www.ftc.gov.tw/internet/main/index.aspx。

70. 台湾当局"公共工程委员会"网站：http://www.pcc.gov.tw/pccap2/TMPLfronted/ChtIndex.do?site=002。

71. 台湾当局"行政院原子能委员会"（简称"原能会"）网站：http://www.aec.gov.tw/。

72. 台湾对外贸易发展协会网站：www.taitra.org.tw。

73. 台湾工业总会网站：http://www.cnfi.org.tw/kmportal/front/bin/home.phtml。

74. 台湾商业总会网站：http://www.roccoc.org.tw/。

75. 台湾工商协进会网站：http://www.cnaic.org/。

76. 台湾大百科全书网站：http://taiwanpedia.culture.tw/web/

content?ID=100502。

　　77. 台湾区电机电子工业同业公会网站：http://www.teema.org.tw/about-teema.aspx?unitid=92。

　　78. 台湾中小企业协会网站：http://www.nasme.org.tw/front/bin/home.phtml。

　　79. 工商建设研究会（简称"工商建研会"）网站：http://www.cicd.org.tw/cicd/。

　　80. 青年创业协会（青创会）网站：http://www.careernet.org.tw/modules.php?name=web&file=about。

　　81. 纺织业外销拓展会（纺拓会）网站：http://news.textiles.org.tw/about%20ttf/aboutttf.htm。

　　82. 台北市进出口商业同业公会网站：http://www.ieatpe.org.tw/index.asp。

　　83. 证券暨期货市场发展基金会网址：http://www.sfi.org.tw/。

　　84. MoneyDJ 理财网网站：https://www.moneydj.com/kmdj/wiki/wikihome.aspx。

　　85. 台湾经济研究院：https://tie.tier.org.tw/number_db/company/dbmain.aspx。

主要企业网站

　　86. 鸿海科技集团网站：https://www.foxconn.com/zh-tw/。

　　87. 和硕联合科技股份有限公司网站：https://cht.pegatroncorp.com/。

　　88. 仁宝电脑工业股份有限公司网站：https://www.compal.com/。

　　89. 纬创资通股份有限公司网站：https://www.wistron.com/。

　　90. 英业达股份有限公司网站：http://www.inventec.com.tw/。

　　91. 微星科技股份有限公司网站：http://www.msi.com.tw/。

　　92. 正崴精密工业股份有限公司网站：https://www.foxlink.com/。

　　93. 宏达国际电子股份有限公司网站：http://www.htc.com.tw/。

　　94. 佳世达科技股份有限公司网站：https://www.qisda.com/tw。

95. 可成科技股份有限公司网站：https://www.catcher-group.com/。

96. 啟碁科技股份有限公司网站：http://www.wneweb.com/。

97. 技嘉科技股份有限公司网站：https://www.gigabyte.cn/。

98. 研华股份有限公司网站：https://www.advantech.tw/。

99. 亚旭计算机股份有限公司网站：https://www.askey.com/。

100. 中磊电子股份有限公司网站：https://www.sercomm.com/contpage.aspx?langid=10&type=info&L1id=8&L2id=21。

101. 精英计算机股份有限公司网站：https://www.ecs.com.tw/。

102. 士林电机股份有限公司网站：https://www.seec.com.tw/。

103. 东元电机股份有限公司网站：https://www.teco.com.tw/。

104. 台全电机股份有限公司网站：http://www.taigene.com.tw/zh/home.php。

105. 建准电机工业股份有限公司网站：https://www.sunon.com/eu/index.aspx。

106. 大同股份有限公司网站：https://www.tatung.com/。

107. 国瑞汽车股份有限公司网站：http://www.kuozui.com.tw/。

108. 裕隆汽车制造股份有限公司网站：https://www.yulon-motor.com.tw/。

109. 中华汽车工业股份有限公司网站：https://www.china-motor.com.tw/。

110. 东阳事业集团网站：http://www.tyg.com.tw/traditiona-responsibility.html。

111. 新普科技集团网站：https://www.simplo.com.tw/。

112. 顺达科技股份有限公司网站：https://www.dynapack.com.tw/h/Index?key=iczce。

113. 广隆光电科技股份有限公司网站：https://www.klb.com.tw/zh-tw。

114. 加百裕工业股份有限公司网站：https://www.celxpert.com.tw/。

115. 东贝光电科技股份有限公司网站：http://www.unityopto.com.

tw/zh-tw/Home。

116. 汉翔航空工业股份有限公司网站：http://www.aidc.com.tw/tw/。

117. 中国电器股份有限公司网站：http://www.chinaelectric.com.tw/news.php。

118. 长亨精密股份有限公司网站：http://www.chaheng.com/chinese/index.php。

119. 致茂电子股份有限公司网站：https://www.chromaate.com/tw/index。

120. 德律科技股份有限公司网站：https://www.tri.com.tw/en/index.html。

121. 乔山健康科技股份有限公司网站：http://www.johnsonfitness.com.tw/。

122. 百略医学科技股份有限公司网站：https://www.microlife.com.tw/。

123. 岱宇国际股份有限公司网站：https://dyaco.com/en。

124. 泰博科技股份有限公司网站：http://taidoc.com/tw/。

125. 五鼎生物技术股份有限公司网站：https://www.apexbio.com.tw/。

126. 太平洋医材股份有限公司网站：http://tw.pahsco.com.tw/。

127. 华广生技股份有限公司网站：https://cn.bionime.com/。

128. 邦特生物科技股份有限公司网站：http://bioteque.007swz.com/。

129. 联合骨科器材股份有限公司网站：https://www.unitedorthopedic.com/。

130. 镱钛科技股份有限公司网站：http://ir.intai.com.tw/。

131. 雃博股份有限公司网站：https://www.apexmedicalcorp.com/cn/index.html。

132. 豪展医疗科技股份有限公司网站：https://www.avita.com.tw/en/index/。

133. 长庚医学科技公司网站：http://www.cgmc.com.tw/。

134. 医扬科技股份有限公司网站：https://www.onyx-healthcare.com/index_en.php。

135. 联和医疗器材股份公司网站：http://www.sigma.msc.com/。

136. 必翔实业股份有限公司网站：http://www.pihsiang.com.tw/default.aspx。

137. 热映光电股份有限公司网站：https://www.radiantek.com.tw/ch/contact/。

138. 优盛医学科技股份有限公司网站：http://www.rossmax.com.tw/zh/。

139. 明基三丰医疗器材股份公司网站：https://www.benqmedicaltech.com/。

140. 统一企业股份有限公司网站：https://www.uni-president.com.tw/。

141. 康师傅控股有限公司网站：https://www.masterkong.com.cn/big5/。

142. 中国旺旺控股有限公司网站：want-want.com/tw/about/。

143. 大成长城企业股份有限公司网站：https://www.dachan.com/。

144. 徐福记国际集团网站：https://www.hsufuchifoods.com/。

145. 台湾佳格食品股份有限公司网站：https://www.sfworldwide.com/。

146. 味丹企业股份有限公司网站：http://www.vedan.com.tw/。

147. 农生企业股份有限公司网站：http://mail.non-sheng.com.tw/webmail。

148. 黑松企业股份有限公司网站：https://www.heysong.com.tw/。

149. 大统益股份有限公司网站：https://www.ttet.com.tw/。

150. 中联油脂股份有限公司网站：http://www.cuoc.com.tw/tw/main/。

151. 福寿实业股份有限公司网站：https://www.fwusow.com.tw/。

152. 联华食品工业股份有限公司网站：https://www.lianhwa.com.tw/。

153. 泰山企业股份有限公司网站：http://www.taishangroup.com/。

154. 爱之味股份有限公司网站：https://www.agv.com.tw/。

155. 鲜活控股股份有限公司网站：http://www.myfreshjuice.com/。

156. 中华食品实业股份有限公司网站：https://www.herngyih.com.tw/。

157. 宏亚食品股份有限公司网站：https://www.hunya.com.tw/。

经济数据来源

158. 历年中国统计年鉴，中国统计出版社。

159. 历年中国经济年鉴，中国经济年鉴社。

160. 历年 *Taiwan statistical data book*，台"经建会"编印。

161. 历年"中华民国统计月报"，台"行政院主计处"编印。

162. 历年进出口贸易统计月报，台"财政部统计处"编印。

163. 历年两岸经济统计月报，台湾经济研究院、台"行政院陆委会"编印。

164. 历年金融统计月报，台"中央银行经济研究处"编印。

165. 历年"国民经济动向"统计季报，台"行政院主计处"编印。

166. 历年薪资与生产力统计月报，台"行政院主计处"编印。

167. 历年人力资源统计月报，台"行政院主计处"编印。

168. 历年物价统计月报，台"行政院主计处"编印。

169. 历年资讯工业年鉴，台"经济部技术处"委托"财团法人资讯工业策进会"编印。

170. 国际货币基金组织：http://www.imf.org/external/country/CHN/index.htm。

171. 世界贸易组织：http://www.wto.org/english/res_e/res_e.htm。

172. 世界银行：http://www.worldbank.org/。

173. 世界竞争力年报：http://www02.imd.ch/wcy/。

174. 中国国家统计局：http://www.stats.gov.cn/。

175. 中国商务部：http://www.mofcom.gov.cn/。

176. 大陆台湾经贸网：http://www.chinabiz.org.tw/。

177. 集团企业法人"国家政策研究基金会"：http://www.npf.org.tw/。

178. 台湾证券交易所：http://www.tse.com.tw/statistics/essayF.htm。

179. 台湾当局"金管会"：http://www.banking.gov.tw/Layout/main_ch/index.aspx?frame=3。

180. 集团企业法人资讯工业策进会：http://www.iii.org.tw/index1. htm。

电子数据文库

181. 两岸关系数据库。

182. TWS 台湾学术期刊数据库。

183. 中国社会科学文库。

184. 中国知网 CNKI。

185. 维普期刊全文数据库。

186. 万方中国学术期刊数据库 COJ。

187. 中国学位论文全文数据库 China Dissertations Database。

188. 中国地方志数据库。

189. 畅想之星电子书平台。

190. 爱学术 IRESEARCHBOOK。

191. 中华数字书苑。

192. 科学智库。

193. ProQuest 学术平台。

194. 剑桥期刊回溯库。

195. 汉斯开源国际学术期刊。

196. ScienceDirect 期刊全文数据库。

197. Wiley 期刊数据库。

198. SAGE 回溯期刊全文数据库。

199. Turpion 网络版期刊回溯文档数据库。

200. Springer 在线回溯数据库。

致谢

本书资料涉及面较广，编写时间较长。早在中国社会科学院台湾研究所工作时就开始零星收集相关资料，其间获得过单位领导和同事们的大力协助，对于一些不易查找的数据向笔者提供相关图书杂志资料或数据来源，在此向各位所领导、经济室、资料室、综合室、科研室、办公室等众多相关同事深表谢意。

本书动笔始于南开大学台湾经济研究所工作时期。感谢曹小衡所长、舒萍教授、李月副教授、周呈奇副教授等几位老师的支持，以及蔡礼辉、崔叶寒、罗丹等同学参与资料搜集工作。撰写工作在笔者受聘某上市公司任职首席经济学家期间仍在继续，感谢笔者团队的认真投入及对相关企业的细致了解，为本书丰富内容提供了大量有益素材。

撰写本书的这些年间，相关主管部门领导的支持和信息交流也令本人受益匪浅。在此感谢国台办的孙亚夫前副主任、仇开明局长、马晓光局长、刘晓辉副巡视员、张世宏局长、陈斌华副局长。感谢商务部的孙兆麟副司长、朱骏处长、杨涛处长、李晓辉处长。感谢外交部的李文慈副司长、黄刚副司长、黄学虎处长、李一君处长。

还要感谢相关机构主管领导与企业家朋友。感谢全国台湾同胞投资企业联谊会驻会常务副会长兼秘书长程金中先生、全国台研会执行副会长王升先生、商务部国际贸易经济合作研究院台港澳研究中心主任刘雪琴女士、漳州台协会长林伯彦先生、旺旺集团驻京首席代表林天良先生、台湾半导体协会理事长卢超群先生。

成稿之前与相关研究领域的学者专家交流，有助于本书的内容修正。感谢闽南师范大学吴彬镪书记、李顺兴校长、肖庆伟副书记、陈丽丽院长、郑文海书记、陈顺森副书记，福建社会科学院李鸿阶副院长、中华文化发展促进会辛旗常务副秘书长，北京大学李义虎院长，清华大学巫永平副院长，中国人民大学黄嘉树教授与王英津教授，北京联合大学李维一院长，厦门大学李鹏院长、李非教授、邓丽娟教授、唐永红教授等多位学者专家。

相关台湾学者、专家朋友在交流中也为本书有所贡献，在此特别感谢：已故的台湾中国文化大学教授庞建国先生、台湾地区经济部门前主管尹启铭先生、台湾海基会前副董事长兼秘书长高孔廉先生、台湾中华经济研究院副院长王健全先生、台湾中华经济研究院大陆经济研究所所长刘孟俊先生、台湾资讯工业策进会资深顾问兼研究总监陈子昂先生、台北金融研究发展基金会董事长周吴添先生、中国国民党前主席特别顾问兼大陆事务部主任黄清贤先生、台湾工业技术研究院副所长张超群先生。

最后，要感谢九州出版社的各级领导和编辑们的辛苦付出，特别感谢张黎宏社长、王守兵副社长、王海燕责编的大力协助。

朱磊

2022 年 8 月